本书是国家社会科学规划基金资助重大项目
"西方马克思主义在中国的历程及影响研究"
（项目批准号：16ZDA099）的最终成果

国家出版基金项目
NATIONAL PUBLICATION FOUNDATION

天津市重点出版扶持项目

西方马克思主义在中国的历程与影响研究 上册

陈学明 等◎著

天津出版传媒集团

天津人民出版社

图书在版编目（CIP）数据

西方马克思主义在中国的历程与影响研究：上、下 / 陈学明等著. -- 天津：天津人民出版社，2020.11
ISBN 978-7-201-16370-3

Ⅰ.①西… Ⅱ.①陈… Ⅲ.①西方马克思主义—传播—研究—中国 Ⅳ.①B089.1②D61

中国版本图书馆 CIP 数据核字(2020)第 155438 号

西方马克思主义在中国的历程与影响研究
XIFANG MAKESI ZHUYI ZAI ZHONGGUO DE LICHENG YU YINGXIANG YANJIU

出　　版	天津人民出版社
出 版 人	刘　庆
地　　址	天津市和平区西康路35号康岳大厦
邮政编码	300051
邮购电话	（022）23332469
电子信箱	reader@tjrmcbs.com

策划编辑	王　康
责任编辑	王佳欢
责任校对	张擎国
装帧设计	明轩文化·王　烨

印　　刷	河北鹏润印刷有限公司
经　　销	新华书店
开　　本	710毫米×1000毫米 1/16
印　　张	46
插　　页	12
字　　数	700千字
版次印次	2020年11月第1版　2020年11月第1次印刷
定　　价	189.00元

目 录

上 册

下　册

第三编　>>>>>

西方马克思主义对中国哲学社会科学若干学科的影响　/　443

第四编 >>>>>

西方马克思主义对中国意识形态、社会现实的影响 / 561

导　论

西方马克思主义在中国传播和产生影响已有四十多年的历史了。在这个过程中,出现了急需探讨的问题,这些问题构成了本书的总体问题。它们是,如何评估西方马克思主义在中国四十多年来的历程与影响? 如何分析西方马克思主义四十多年来在中国所产生的积极效应与消极作用? 如何吸取四十多年来研究西方马克思主义的经验教训,从而更好地开展西方马克思主义研究? 这三个问题是有着内在联系的,归结起来就是回顾、总结与反思西方马克思主义在中国的历程与影响。

本书的主要内容有以下四个方面:

一、关于西方马克思主义在中国传播和产生影响的过程的研究

西方马克思主义是在 20 世纪 70 年代末 80 年代初传到中国来的,至今已有四十多年的历史,按照其在中国传播和产生影响的过程,大致可以分为三个阶段:第一阶段,从 20 世纪 70 年代末至 80 年代末;第二阶段,从 20 世纪 90 年代初至 21 世纪初;第三阶段,从 21 世纪初至今。我们对这三个阶段分别加以描述。在第一阶段,西方马克思主义研究在中国的积极意义就是,促使人们从对马克思主义教条、僵化的理解中摆脱出来,为中国人民实现思想解放提供了强大的思想武器;在第二阶段,中国关于西方马克思主义研究的一个重大意义就是,为增强马克思主义信念提供了推动力,为正确地总结苏联解体、东欧剧变的教训提供借鉴;进入 21 世纪以后,中国的西方马克思主义研究的现实意义主要表现在,为开辟中国特色社会主义道路提供理论资源。

二、关于西方马克思主义早期代表人物和若干流派在中国影响的研究

要真正了解西方马克思主义在中国的历程与影响，必须深入到西方马克思主义的具体代表人物和流派，即从这些具体代表人物和流派出发，进行探究。回顾西方马克思主义在中国四十多年的传播和产生影响的过程，它主要是借助于一个个鲜活的代表人物和流派来实现的。留在中国人脑海里的，主要是西方马克思主义的一个个代表人物和流派。我们在这里分别论述了西方马克思主义的三个早期代表人物在中国的影响、法兰克福学派在中国的影响、萨特及其存在主义的马克思主义在中国的影响、阿尔都塞及其结构主义的马克思主义在中国的影响、生态马克思主义在中国的影响、市场社会主义在中国的影响、文化唯物主义在中国的影响、西方激进哲学在中国的影响、西方马克思主义的现代性理论在中国的影响。

三、关于西方马克思主义对中国哲学社会科学若干学科影响的研究

西方马克思主义在中国理论上所产生的影响，一个重要方面是对中国的哲学社会科学的各个学科产生影响。四十多年来，中国哲学社会科学的各个学科都获得了长足的发展，而这种发展无不打上西方马克思主义的烙印。西方马克思主义对这些学科的影响既反映在对这些学科的基本构架、基本方法的影响上，也表现为对这些学科的基本理论的影响上。西方马克思主义对这些学科的影响，直接涉及中国现实社会的发展。在这四十多年中，中国哲学社会科学的各个学科在建设与发展过程中都发生过重大争论，这些争论往往都与西方马克思主义在中国的传播相关，特别是在哲学和美学领域，几乎所有争论都是由西方马克思主义在中国的传播所引起的。当然，西方马克思主义对中国哲学社会科学各个学科的影响，既有正面的，也有负面的。在所有这些学科中，哲学、文学、经济学、新闻传播学受西方马克思主义的影响尤甚。这里，我们着重剖析西方马克思主义对这几个学科的影响。

四、关于西方马克思主义对中国意识形态、社会现实影响的研究

研究西方马克思主义对中国所带来的影响，最后必须落实到对中国这几十年的历史进程的影响的研究，即对中国的意识形态、社会现实的影响的研究，对马克思主义的中国化、中国特色社会主义理论的形成与发展的影响的研究。也就是说，要探讨西方马克思主义为解决中国的现实问题，为马克思主义的中国化，为中国特色社会主义提供了什么样的理论资源。当然，对这种影响的研究，既有从"实然"层面上的研究，即考察业已产生的实际影响，又有从"应然"层面上的研究，即探讨潜在的影响，探讨那些尽管由于各种原因还没有充分展现，但按照内在的逻辑必然会在时空变换的维度上表现出来的影响。我们从各个角度展开这一研究。在主要展现西方马克思主义在中国所产生的积极影响的基础上，我们也集中适当地揭示了西方马克思主义在中国的负面效应。我们探讨了西方马克思主义与中国模式、西方马克思主义与"马克思主义理论研究与建设工程"、西方马克思主义与当今中国新哲学的构建、西方马克思主义与中国的现代化建设之间的联系；我们揭示了西方马克思主义的总体性理论对当今中国的启示、西方马克思主义的现代性批判理论对当今中国的启示、西方马克思主义的存在方式理论对当今中国的启示、西方马克思主义的生态理论对当今中国的启示、西方马克思主义的公正理论对当今中国的启示；在这一基础上，我们又分析了西方马克思主义对中国产生的消极影响及其原因。

对于西方马克思主义在中国的影响研究，国内一些学者已做过一些探讨，并取得了不少成果。但综观已有的相关探讨，存在着以下不足之处：第一，对西方马克思主义在中国的历程与影响的研究与整个中国的西方马克思主义研究相比较而言是滞后的；第二，即使对西方马克思主义在中国的历程与影响进行了一些反思、总结，但这种反思和总结呈碎片化，严重地缺乏系统性；第三，对西方马克思主义在中国的历程与影响所做出的反思、总结，往往只是停留在现象上，缺少寻根究底的追问；第四，对西方马克思主义在中国的历程与影响的反思、总结，不少是属于"外在的"，没有身临其境的感觉；第五，在反思、总结西方马克思主义在中国的历程与影响时，有些学者对

一系列重大问题持回避态度，以至于对有些重大问题至今没有明确和相对一致的看法；第六，对西方马克思主义在中国的历程与影响的反思、总结，缺少明确的目的，更缺少把这种反思、总结的成果转化为现实的研究范式的自觉性。

本书针对这些不足之处，努力加以突破和创新：既然目前国内外对西方马克思主义在中国的历程及影响的研究具有"小""散"的特点，总体研究比较偏少，我们就进行系统、全面的研究；既然目前国内外对西方马克思主义在中国的历程及影响的研究带有"表面性""外在性"的倾向，我们就把研究引向了深入；既然目前国内外对西方马克思主义在中国的历程及影响的研究往往对一系列重大问题持回避态度，我们则直面这些问题；既然目前国内外对西方马克思主义在中国的历程及影响的研究缺少把探讨的成果转化为现实的研究范式的自觉性，我们则在这种转化上下功夫。

本书主要的学术价值表现在：第一，通过对西方马克思主义在中国历程与影响的反思，对西方马克思主义的性质，特别是对其与马克思主义的关系加以正确的定位；第二，通过对西方马克思主义在中国的历程与影响的反思，对西方马克思主义在中国所产生的积极意义与消极影响做出了概括；第三，通过对西方马克思主义在中国的历程与影响的反思，对西方马克思主义向马克思主义中国化所提供的思想资源做出了分析；第四，通过对西方马克思主义在中国的历程与影响的反思，揭示了西方马克思主义与中国特色社会主义理论体系的正、负两个方面的关联性；第五，通过对西方马克思主义在中国的历程与影响的反思，总结了它向中国各个学科的渗透和所产生的影响，包括哲学、美学、经济学、新闻传播学等。

本书主要的应用价值表现在：第一，中国的西方马克思主义研究进行到今天，实际上对于这一项研究下一步究竟如何深入有效地展开这一问题，许多研究者是茫然的。主要原因在于，他们对自己所进行的研究缺乏正确的认识，从而产生了盲目性。本书通过对西方马克思主义在中国的历程与影响的全面反思，总结出如何正确面对西方马克思主义的规律性的东西，从而对今后中国的西方马克思主义研究产生现实的指导作用。引导国内学界更自觉、主动、正确地研究西方马克思主义，更好地鉴别、消化、吸收和利用西方马克思主义。第二，目前在马克思主义这个一级学科下面设有名为"国外马克思主义"的二级学科,相对于其他五个二级学科,"国外马克思主义"这个二级学科发展最为缓慢。这与对西方马克思主义在中国的历程与影响缺少正确的认识相关。从一定意义上说,本书的研究是直接为建设和发展"国外马克思主义"这个二级学科服务的。本书为"国外马克思主义"这个二级学科的发展提供了思想资料与可操作的指导性意见。

本书也具有重要的社会价值。以习近平同志为核心的党中央一再重申,马克思主义是中国人民进行中国特色社会主义建设的指导思想,必须加强马克思主义在意识形态领域的指导地位。但实际上,目前对于这一问题在国内,特别是在思想界认识是严重不足的。正确认识当今中国,仍然需要马克思主义。这是一项刻不容缓的任务。中国的西方马克思主义研究是整个马克思主义研究的一个重要组成部分。总结与反思西方马克思主义在中国的历程与影响的过程,实际上也就是增强对什么是马克思主义,如何面对马克思主义,如何实现马克思主义在中国化与时代化的正确认识的过程。我们借助于这一研究,增加了马克思主义的说服力。中国人民正在从事中国特色社会主义建设的伟大事业,进行这一建设需要有各种思想资源。其中,西方马克思主义显然是一项重要的思想资源。我们阐述了西方马克思主义究竟为中国特色社会主义理论提供了什么样的思想资源,它还能提供什么样的资源,以及阐述了为什么说在一定意义上,这种思想资源是不可替代的,例如,对中国道路的合理性与合法性的说明。让西方马克思主义从正面、反面和侧面为当代马克思主义、为中国特色社会主义服务。

本书力图解决的关键性问题有:

第一,对中国这四十多年来的西方马克思主义研究做出总体性的评估,即描绘这四十多年中国的西方马克思主义研究之路是如何走过来的,经历了哪些曲折与反复,有着什么样的经验与教训。

第二,对西方马克思主义与中国改革开放的历史进程的联系做出正确的描述,即分析西方马克思主义在当今中国所产生的实践意义,以及对中国改革开放进程的作用。

第三,对西方马克思主义为中国特色社会主义理论体系所提供的思想资源做出恰如其分的揭示,即探讨西方马克思主义对形成和完善中国特色社会主义理论体系方面的理论意义。

第四,对西方马克思主义向哲学、美学、经济学、历史学、马克思主义基本理论等各个一级学科的渗透做出合理的剖析,即剖析这些年中国的各个哲学社会科学的一级学科的建设与发展,是如何受西方马克思主义的影响,以及受到了哪些影响。

第五,总结研究西方马克思主义的经验和教训,为在中国进一步开展西方马克思主义研究提供建设性意见。

通过解决这些关键问题,本书力图在学术观点方面实现突破、创新或推进:

第一,有关西方马克思主义在中国的历程与影响的学术观点的突破、创新与推进。例如,对西方马克思主义在中国广为流传的必然性的分析、对西方马克思主义在中国所产生的积极效应与消极影响的概括、对西方马克思主义为中国特色社会主义提供思想资源的揭示、对西方马克思主义渗透于中国各个学科的探讨、对中国研究西方马克思主义的经验和教训的总结等。

第二,有关西方马克思主义的学术观点的突破、创新与推进。例如,对"西方马克思主义"这一概念的界定、对西方马克思主义的"定性"、对西方马克思主义与马克思主义相互关系的揭示、对西方马克思主义历史作用的分析、对西方马克思主义在当代世界学术思想坐标系上位置的确定等。

第三,有关马克思主义的学术观点的突破、创新与推进。例如,对马克思主义三个组成部分关系的认识、对马克思早期思想与晚期思想相互关系的探讨、对马克思的思想与恩格斯的思想相互关系的研究、对历史唯物主义与辩证唯物主义相互关系的剖析、对注重物质因素的作用与注重精神因素的作用相互关系的探究等。

第四,有关中国特色社会主义的学术观点的突破、创新与推进。例如,对中国特色社会主义道路的合法性与合理性的论证、对中国特色社会主义如何应对目前面临的挑战的说明、对中国特色社会主义会引向人类新文明的展望等。

本书尚有许多不足之处,主要体现在:一是前后稍有重复,逻辑上也许有不顺畅之处,整体上的把握不足;二是理论上有待进一步提高,有的地方缺乏深度;三是有些观点有待深入思考,进一步完善。所有这些不足之处今后有机会一定认真弥补,切实改正。同时敬请读者提出批评意见。

第一编 >>>>>

西方马克思主义在中国传播和产生影响的过程

西方马克思主义是在 20 世纪 70 年代末 80 年代初传播到中国来的，至今已有四十多年的历史，按照其在中国传播和产生影响的过程，大致可以分为三个阶段：第一阶段是从 20 世纪 70 年代末至 80 年代末，第二阶段是从 20 世纪 90 年代初至 21 世纪初，第三阶段是从 21 世纪初至当今。下面，我们就对这三个阶段分别加以描述。

第一章 从 20 世纪 70 年代末至苏联解体、东欧剧变

20 世纪 80 年代前后(从 1978 年改革开放到 1991 年苏联解体),中国在改革开放的大环境中迎来了"思想解放"的时代,尤其是西方马克思主义的传入,给国内马克思主义理论界带来了广泛和深刻的理论震动和理论影响,也促使国内理论界对马克思主义的认识,从苏联教科书体系的束缚中解放出来,在改革开放和社会主义现代化建设的社会历史实践中发展和繁荣马克思主义研究,开创马克思主义的新理论和新思想,具有非常积极的理论和现实意义。

一、20 世纪 80 年代前后西方马克思主义传入中国的背景和缘起

西方马克思主义在中国的传播,严格说来始于 20 世纪 60 年代初期,在这一时期,一些西方马克思主义的思想和著作就开始译介到国内,但在"左"的政治氛围中,西方马克思主义通常作为批判的对象,被视为"资产阶级反马克思主义的修正主义思潮"。自 1978 年"真理标准问题大讨论"之后,西方马克思主义研究才得以真正展开。

(一)西方马克思主义传入中国的历史背景

新中国的西方马克思主义研究,始于 20 世纪 70 年代末。当时国内百废待兴,正面临着思想解放,确立以经济建设为中心,反思"文化大革命",以及解决长期以来社会积累的各类矛盾的艰巨任务。当时的中国再一次面临着

"向何处去"(即中国社会主义向何处去)的问题。改革开放的开启给人们的思想带来了极大的解放，社会的急剧变化和深刻转型给人们的心理带来了普遍的波动和种种精神困惑。这些都要求当时国内的马克思主义研究从封闭僵化的环境中走出来，走向全方位开放性的研究。

关于真理标准问题那场大讨论，冲破了长期以来"左"的思想的束缚和教条主义的禁锢，极大地推动了全国范围内的思想解放，同时也复苏了国内理论研究的生机。理论界在探讨、研究和总结改革开放和社会主义现代化建设中所遇到的新情况新问题的进程中，还提出研究当代国际各种思潮的任务，尤其是对当代西方的马克思主义、社会主义展开研究。其中的一个重要思潮，就是西方马克思主义。西方马克思主义的传入不仅因为这一思潮与国内以苏联教科书体系为蓝本的正统马克思主义的研究对象、领域和问题意识有着亲缘性的关系，而且它对当代西方资本主义社会的批判，对苏联社会主义的分析及对革命、社会主义和乌托邦的反思，毫无疑问会在当时国内理论界引起共鸣性的回响，因而很难否认它在马克思主义发展史上的地位，以及与马克思主义的密切关系。

新中国成立以来，国内对马克思主义的研究长期受到"左"的思想和教条主义的干扰，将苏联版本的马克思主义视为马克思主义的本来形态，以此来把握马克思主义的基本理论和基本原则，以及它对现代思想史和现代社会史的革命性变革的意义；在理论研究中，时常将马克思主义教条化，因而在对待当代国外马克思主义社会主义研究问题上，往往是否定批判的多，肯定接受的少；政治性批判的多，学术性研究的少；抽象定性的多，具体研究的少。当然，任何一个时代的思想解放都是一个逐步展开的过程，这一点反映在 20 世纪 80 年代前后国内西方马克思主义研究界也是如此。所以西方马克思主义的传入，以及对以苏联体系为蓝本的正统马克思主义的挑战，都自觉不自觉地推动了国内理论界尤其是马克思主义研究界的思想解放。

(二)西方马克思主义传入中国的历史缘起

在改革开放之前，新中国的马克思主义研究基本是苏联教科书体系一统天下的局面，但国内理论界基本是将 20 世纪众多西方思潮视为"资产阶级思潮"加以批判性研究的。早在 20 世纪六七十年代,就有诸如卢卡奇(又被译为"卢卡契")的《青年黑格尔》《存在主义还是马克思主义》,萨特的《辩证理性批判》,梅洛-庞蒂的《辩证法的历险》等西方马克思主义的若干著作被译介到国内。但国内理论界普遍将西方马克思主义这一对西方社会有着重要的理论、政治和社会影响的思潮,视为"反马克思主义"的修正主义思潮,表面上虽然与马克思主义有着千丝万缕的联系,但其实质是"资产阶级的反动思潮"。

国内最早研究西方马克思主义的学者是中国社会科学院的徐崇温教授。早在 20 世纪 60 年代初,他就将美国实用主义的马克思主义者悉尼·胡克介绍到国内,并将其诸如《对卡尔·马克思的理解》《从黑格尔到马克思》(部分)、《理性、社会神话和民主》(部分)等著作翻译到国内来。此外,还有丁象恭、徐懋庸、麻乔志等人对法国存在主义的马克思主义者萨特及其著作思想的译介和研究。①在此期间,一些西方马克思主义代表人物,如创始人卢卡奇的思想及其著作也出现在国内理论界的相关译介论文中。②

国内理论界真正开始对西方马克思主义展开研究,是 1978 年关于"真理标准大讨论"之后的事了,但在此之前的 1977—1978 年,胡乔木主持中国社会科学院工作,中央领导同志要求他向中国社会科学院提供一份有关"西方马克思主义"的材料,这一任务最后落到了徐崇温教授的肩上,徐教授花了几个月的时间搞了一份六千字的材料交给胡乔木,然后上报中央。③紧接着中联部西欧局的同志邀请徐崇温讲授葛兰西,继而高等教育部邀请他赴上海、哈尔滨等地高校讲授"西方马克思主义"课程,随后在许多高校、党校、军队院校、社会科学研究机构相继介绍西方马克思主义。1978 年后,《哲学译

---

① 例如,麻乔志翻译的《萨特尔的存在主义的"人道主义"——现代两大哲学的比较》,徐懋庸的《萨特尔关于人道主义、人性、自由的言论摘译》,丁象恭的《萨特尔同那维勒关于人道主义和人性问题的讨论》(均发表于《世界哲学》,1966 年 Z1 期)等论文就对萨特的存在主义、人道主义和马克思主义思想进行了译介。(注:译介时间与方式不同,萨特与萨特尔为同一个人。)

② 例如,一之翻译的《异化与对象化 评卢卡奇〈青年黑格尔〉一书》(J.伊波利特)(发表于《哲学译丛》,1964 年第 1 期),陈文瓒、傅乐安的《共产主义意识问题》(《世界哲学》,1962 年 Z1 期)等译文、论文就涉及卢卡奇的异化思想。

③ 参见徐崇温:《"西方马克思主义"研究在我国的开展》,《江西师范大学学报》(哲学社会科学版),2012 年第 1 期。

丛》开始大量刊登西方马克思主义的代表性论文,与此同时,国内研究者开始翻译、介绍和研究西方马克思主义的思潮、流派、代表人物及其著述思想。

20世纪70年代末至80年代初,国内兴起的西方马克思主义研究一方面是思想解放的结果,与改革开放的大环境是相呼应的;另一方面,它是中国马克思主义理论界面向世界和未来开放的反映,是中国理论界脱离过度政治化的逻辑,向正常的社会和学术生态回归的体现。

(三)20世纪80年代前后国内西方马克思主义研究的代表性人物及其成果

20世纪80年代前后,随着国内理论界对西方马克思主义研究的深入,逐步出现了一批介绍和研究西方马克思主义的代表性人物,如徐崇温、陈学明、李青谊、李忠尚、江天骥、张本、胡义城、张西平、杜章智、张翼星,这些人的成果代表了这一时期国内西方马克思主义研究的最高水平。

首先是徐崇温。在我国西方马克思主义的研究中,徐崇温堪称"中国研究'西方马克思主义'第一人"。早在1977—1978年,他因政治任务的需要,就开始了对西方马克思主义的研究。

1982年,天津人民出版社出版了他的五十万字专著——《西方马克思主义研究》。该书出版后,立即引起了广泛的社会影响,《哲学动态》《瞭望》《求是》《中国日报》等权威性的报刊都发表文章和述评,高度评价该书的思想学术贡献,甚至中国香港的《广角镜》和中国台湾的《中国论坛》都有相关的评论文章。这部专著第一次系统地向国内介绍了西方马克思主义的产生、发展、代表性流派、任务及其著述思想,并关于西方马克思主义阐明了自己的观点,认为西方马克思主义是当代西方社会的一种"左"的激进思潮,它具有两重性:一方面,这一思潮试图用西方各唯心主义哲学来解释、发挥、补充和结合马克思主义,由此形成西方马克思主义的各种不同的流派,并与马克思列宁主义相抗衡;另一方面,西方马克思主义既对当代西方的资本主义展开分析,又对苏联模式的社会主义展开批判,对于马克思主义突破苏联体制的束缚是有意义的。徐崇温因此指出,我们不能将西方马克思主义与马克思主义本身简单地等同起来,但这一思潮又是我们重新认识资本主义和社会主义的重要参考资料。

随着徐崇温这一专著的出版，关于西方马克思主义及其各流派代表人物的思想著述的介绍和评述开始进入哲学、政治学、社会科学等方面的刊物、著作或学术词典中。

在此基础上，徐崇温开始深入研究西方马克思主义几大主要流派，出版了诸如《法兰克福学派评述》（独著，1980 年），《萨特及其存在主义》（合著，1982 年），《存在主义哲学》（主编，合著，1986 年），《结构主义和后结构主义》（合著，1986 年）等著述。为了"能够不凭想象、凭主观上的好恶，而是根据客观事实，根据原著，对'西方马克思主义'的性质和作用做出正确的判断"[1]，徐崇温在重庆出版社的支持下，主编中国第一部关于西方马克思主义的译著丛书，即"国外马克思主义和社会主义研究丛书"，该丛书于 1989 年、1990 年、1997 年分三批出版。徐崇温著述丰富，在 20 世纪 80 年代前后是国内西方马克思主义研究界的执牛耳者。

其次是陈学明。在国内西方马克思主义研究界，复旦大学的陈学明是最早进入这一领域的人物之一，他与徐崇温一道在当时被誉为西方马克思主义研究界的"北徐南陈"。在 20 世纪 80 年代，陈学明以"薛民"为笔名发表、出版了一批具有代表性的西方马克思主义论文和著述。

1989 年，他与俞吾金为复旦大学哲学系的"当代国外马克思主义哲学"编写的《国外马克思主义哲学流派》，是一部较为系统地介绍西方马克思主义思潮的教科书，在国内理论界产生很大影响。该部著作介绍了"西方马克思主义"和"东欧新马克思主义"的二十二位思想家和七十四部著作，并对西方马克思主义给出了自己的总体性判断，认为应当从总体上对西方马克思主义做出符合实际的价值判断，肯定其合理的有价值的东西，否定其不合理的错误的东西。1991 年，陈学明将十数年来的研究成果积累成书，出版了《西方马克思主义论》。这部专著遵循一般与个别相结合的顺序，既深入探讨西方马克思主义的来龙去脉，又逐一分析西方马克思主义的代表人物，是国内一部比较权威的总体性研究西方马克思主义的著作。

20 世纪 80 年代前后，陈学明还出版了诸如《逃避自由》（弗罗姆著，陈学

---

[1] 徐崇温：《我国"西方马克思主义"研究发展》，中国社会科学网，2011 年 11 月 21 日。

明译,1987 年),《寻找自我》(弗罗姆著,陈学明译,1988 年),《弗洛伊德的马克思主义》(陈学明著,1989 年),《马尔库塞的六本书》(陈学明著,1989 年)等著作,并发表大量相关论文。

此外,还有李青谊、衣俊卿、张西平等人在 20 世纪 80 年代后期较早进入西方马克思主义的研究领域。

李青谊,北京大学教授,是国内较早进入西方马克思主义领域的代表人物之一,早在 1986 年就出版了《阿尔都塞与"结构主义马克思主义"》和《"西方马克思主义"与当代资本主义理论》等专著。有必要指出,《阿尔都塞与"结构主义马克思主义"》还是我国理论界最早评价西方马克思主义的专著之一。

衣俊卿,黑龙江大学教授,也是一位较早研究西方马克思主义的代表人物,他的主要研究领域为"东欧新马克思主义"。他在 1990 年发表了《实践派的探索与实践哲学的述评》一文,在 1993 年出版了《东欧的新马克思主义》,开启了文化哲学研究和日常生活批判研究,在国内理论界有较大影响。

张西平是徐崇温的学生,也是较早研究西方马克思主义的代表人物之一,1985—1988 年在中国社会科学院读书期间,便开始研究西方马克思主义思潮,尤其是卢卡奇思想。他在《历史哲学的重建》(1997 年)中对卢卡奇与西方马克思主义做了一个整体性的考察,在国内理论界产生了一定影响。

除了这些代表性人物及其研究成果以外,国内理论界产生了一系列总论性、流派性和人物介绍研究性的专著、译著和论文,为后来的西方马克思主义研究奠定了理论基础。

其中,总体性的译介和研究西方马克思主义的著作主要有:《评苏联和"西方马克思主义者"的辩证法理论》(徐崇温著,1979 年),《西方马克思主义探讨》(安德森著,高铦等译,1981 年),《"西方马克思主义"译文集》(杨树、石武选译,1986 年),《"新马克思主义"析要》(李忠尚著,1987 年),《折断的理性翅膀——"西方马克思主义"哲学批判》(张一兵著,1990 年),《西方马克思主义概论》(阿格尔著,慎之等译,1991 年)等。

当然,还有诸如《近现代西方主要哲学流派资料》(《哲学译丛》编辑部,1981 年),《现代西方哲学述评》(刘放桐,1981 年),《现代西方哲学流派》(王克千,1983 年),《现代西方哲学教程》(夏基松,1985 年),《当代西方哲学思潮概要》(郑杭生,1987 年)等一些关于现代西方哲学的综述性著作,也将西方马克思主义作为重要思潮流派,纳入相关章节的写作之中。

专门性地译介和研究西方马克思主义代表性流派、思潮和人物的专著和译著主要有:《卢卡契文学论文集》(两卷,该书编辑委员会编,1981 年),《法兰克福学派——批判的社会理论》(江天骥编,1981 年),《批判存在主义对辩证法的理解》(弋·雅·斯特烈尔措娃著,车铭洲译,1981 年),《葛兰西传》(朱塞佩·费奥里著,吴高译,1983 年),《论文学》(葛兰西著,吕同六译,1983 年),《卢卡奇自传》(杜章智编,1986 年),《萨特其人及其"人学"》(黄颂杰等编,1986 年),等等。

代表性的论文有:《"西方马克思主义"述评》(徐崇温,《社会科学辑刊》,1979 年第 2 期),《论研究"西方马克思主义"的重要性》(徐崇温,《北方论丛》,1980 年第 6 期),《谈"西方马克思主义"的"左"的倾向》[薛民、敦庸,《复旦学报》(社会科学版),1981 年第 2 期],《"西方马克思主义"的由来和发展》[薛民、敦庸,《复旦学报》(社会科学版),1982 年第 2 期],《"西方马克思主义"的主要特征试析》[薛民、敦庸,《上海师范大学学报》(哲学社会科学版),1983 年第 2 期],《当代西方马克思主义研究现状》(易克信,《国外社会科学》,1983 年第 3 期),《"西方马克思主义"与当代西方马克思主义思潮》[张本,《武汉大学学报》(人文科学版),1985 年第 3 期],《对"西方马克思主义"若干哲学理论问题的再认识》(荣剑,《马克思主义研究》,1986 年第 1 期),《"马克思学"、"西方马克思主义"、"新马克思主义"的异同》(李忠尚,《教学与研究》,1986 年第 6 期),《关于"西方马克思主义"研究中的若干问题》(徐崇温,《马克思主义研究》,1987 年第 1 期),《西方马克思主义与人道主义》[黄楠森,《北京大学学报》(哲学社会科学版),1987 年第 1 期],《"西方马克思主义"是一个含糊的、可疑的概念》(杜章智,《马克思主义研究》,1988 年第 1 期),《"西方马克思主义"与列宁主义》[张翼星,《北京大学学报》(哲学社会科学版),1988 年第 1 期],《当前"西方马克思主义"问题新争论之我见》(翁寒松,《马克思主义研究》,1989 年第 1 期),《关于"西方马克思主义"的争鸣》(叶汝贤、蒋斌,《哲学动态》,1989 年第 8 期),《哪些思想家是"西方马克思主义"的主要代表人物》(陈学明,《现代哲学》,1990 年第 1 期),《"西方马克思主义"并非马克思主义》(师戟,《高校理论战线》,1990 年第 4 期),《西方"马克思主义"传播研究状况》(姜克安,《国际新闻界》,1991 年第 1—3 期),《评"西方马克思主义"》(陈学明,《社会科学辑刊》,1991 年第 5 期)等。

二、20 世纪 80 年代前后西方马克思主义传入中国的基本历程

这一时期,西方马克思主义在中国的传播,与它直接发生关系的对象就是在国内理论界占统治地位的苏联教科书式的马克思主义,因而如何把握这一思潮与占据正统地位的苏联马克思主义之间的关系问题,便是该时期西方马克思主义研究的主导性问题。因此,从这个视角看,该时期国内的西方马克思主义研究大致可以划分为四个阶段。

(一)苏联马克思主义批判或"格义"西方马克思主义的阶段(1978—1982 年)

国内的西方马克思主义研究刚刚起步时,基本上按照苏联教科书体系,对其展开批判,用苏联马克思主义来"格义"(认识和批判)西方马克思主义各种思潮。当时的理论界普遍将西方马克思主义视为"十月革命后,欧美资本主义国家出现的一股资产阶级反马克思主义的修正主义思潮"[1]。早在 20 世纪 20 年代初,西方就有政客"呼吁创造一种'西方马克思主义',妄图同列宁主义相抗衡"。西方马克思主义就是"既反对第二国际的新康德主义,又反对第三国际的庸俗唯物主义",在对现代资本主义的分析和对社会主义的展望上,在革命的战略和策略问题上"提出的不同于列宁主义的见解的意识形态"。[2]

这一阶段,国内研究者一般都将西方马克思主义视为马克思主义的修正主义思潮,将以列宁主义为源头的苏联马克思主义视为马克思主义的正统。西方马克思主义是第一次世界大战之后,无产阶级革命在俄国取得胜利而在欧洲各国相继失败的背景下,在西方资本主义国家产生的思潮,这一思潮在"政治上同列宁主义相抗衡"、在"哲学上同辩证唯物主义和历史唯物主

---

① 徐崇温:《"西方马克思主义"述评》,《社会科学辑刊》,1979 年第 2 期。
② 徐崇温:《论研究"西方马克思主义"的重要性》,《北方论丛》,1980 年第 6 期。

义立场相对立"。

国内主流观点认为,西方马克思主义虽然"以马克思主义自居",但在20世纪欧洲各国苏维埃革命失败之后,它普遍宣称"革命主观性的危机""意识形态的危机""马克思主义的危机",并且认为"列宁哲学思想只是用来证明布尔什维克政治斗争中发展起来的一种特殊的粗陋的社会主义模式的意识形态",因而是一种非马克思主义的思潮。①此外,列宁主义版本的马克思主义主张"哲学的党性原则",哲学的党性原则是从恩格斯提出的哲学基本问题中引申出来的,根据哲学斗争的特点而提出来的,但对于这一点,西方马克思主义是不接受的,它们主张搞"多元的马克思主义",在这个意义上也是反马克思主义的。②其"代表人物也不讳言同'正统'的或'经典'的马克思主义的对立",认为"没有'原始的''纯粹的'马克思主义,只有不断被创造的马克思主义",因而它们"当然不是真正的马克思主义"。③

(二)西方马克思主义研究突破苏联马克思主义体系的阶段(1982—1987年)

在这一阶段,国内西方马克思主义的研究开始突破苏联教科书的评判体系,径直探讨西方马克思主义诸代表性的任务、流派和思潮对马克思主义、资本主义、社会主义和革命与评判问题的认识、理解和把握。

这一时期国内理论界对西方马克思主义的认识更加全面,对这一思潮的评价更加公允,认为"整个'西方马克思主义'连同它本身的缺陷,都是二十世纪变化了的资本主义世界的产物"④。例如,有观点指出,俄国十月革命之后,尤其是列宁逝世之后,西方资本主义世界的确发生了马克思、恩格斯和列宁无法预料的变化,西方马克思主义的早期代表人物对此也的确进行了严肃的思索,因而并不能将早期西方马克思主义"对革命的悲观预期"和

---

①②　余源培:《论马克思主义发展史上的列宁主义阶段——兼评"西方马克思主义"对列宁哲学思想的诘难》,《复旦学报》(社会科学版),1982年第5期。

③　薛民、敦庸:《"西方马克思主义"的主要特征试析》,《上海师范大学学报》(哲学社会科学版),1983年第2期。

④　张战生:《"西方马克思主义"刍议》,《马克思主义研究》,1986年第3期。

"对意识形态危机的意识"简单地批判为对马克思主义的违背或叛离。甚至有观点主张，"'西方马克思主义'应该在整个马克思主义的发展史中占有自己的位置"，在某种意义上，可以认为西方马克思主义是"当代资本主义社会的马克思主义"。①

　　这一时期，国内理论界普遍认为，西方马克思主义是在第一次世界大战后出现，在第二次世界大战后获得发展，20世纪60年代后在西方世界产生广泛影响的一种思潮。对于西方马克思主义是否是马克思主义的问题，这时理论界也开始持有一种审慎的态度。例如，有学者指出，西方马克思主义"是真的马克思主义，还是假的？它果真是像其自诩的那样是适合现代工业社会的、向前推进了的马克思主义，还是打着马克思主义旗号的反马克思主义？"对于这一问题，还是"不下结论为好"。②当然还有更为积极的观点，认为"西方马克思主义不止是一种哲学思潮，同时也是一种社会主义思潮"，因为它是反资本主义的，对资本主义持有一种总体性的革命和批判态度。③西方马克思主义思潮对资本主义的分析、对苏联模式的批评、对社会主义的憧憬和对革命的希望等内容"虽然包含着种种错误，但它毕竟提供了西方现代左翼激进主义者思考解决有关当代人类面临的种种迫切问题的极其有价值的思想资料"④。

（三）西方马克思主义"反向格义"苏联马克思主义的阶段（1987—1989年）

　　这段时间，国内开始在理论界引发一场历时数年，扩展到《人民日报》等十多家报刊关于西方马克思主义研究的争鸣和论战。理论界对西方马克思主义的理解不仅开始突破苏联马克思主义教科书体系，还出现对苏联马克思主义的"反向格义"，即反向检视、分析和批评。

① 张战生：《"西方马克思主义"刍议》，《马克思主义研究》，1986年第3期。
② 薛民、俊达：《关于西方马克思主义的几点思考》，《哲学动态》，1986年第11期。
③ 参见许九星、韩玉芳：《第十六讲——西方马克思主义》，《当代世界社会主义问题》，1986年第3期。
④ 徐崇温：《关于"西方马克思主义"研究中的若干问题》，《马克思主义研究》，1987年第1期。

这一"反向格义"进程的第一个体现,就是将西方马克思主义从"西方资产阶级思潮"中剥离出来,归属于马克思主义的发展史中。这种观点认为,"马克思主义发展史"不只是"马恩列斯的著作史",而且要反映"马克思主义发展的多样性","尽管现在对'西方马克思主义'作出全面评价的条件尚不成熟,但它是现代形形色色的马克思主义发展形式中的一种形式,这是可以肯定的"。①马克思主义思想是与社会主义运动关联在一起的,从这一视角出发,有观点指出,西方马克思主义"不仅发端于社会主义的思想和实践,又得到了苏联社会主义模式的严重弊端的反推力",因而"把批判苏联斯大林主义作为自己批判理论的一个部分"。②

鉴于此,国内理论界一些研究者开始从西方马克思主义的哲学观念、对欧美资本主义和苏联社会主义的批判性分析,以及对革命、自由和解放的憧憬与反思等视角,来检视、分析和批判以苏联教科书体系为蓝本的正统马克思主义。例如,在哲学上试图用"实践一元论"或"实践本体论"来取代"物质一元论"或"物质本体论",③重新解释马克思的新唯物主义,或者用"总体性"和"主体性"来改造客观辩证法,④将辩证法归结为主体-客体辩证法,或者用主体或总体辩证法来批判、否定和改造恩格斯和列宁的"客观辩证法"或"自然辩证法",⑤等等。虽然西方马克思主义各思潮流派试图用当代西方各哲学流派去解释、发挥、补充和"结合"马克思主义,但国内这些研究认为,西方马克思主义对苏联马克思主义的反思,以及对马克思主义本来面貌的探索,对于中国从苏联教条主义的束缚中解脱出来,重新回归马克思主义经典作家的研究,为马克思主义正本清源,推动当代中国马克思主义原理教科书体系的改革是有裨益的。

---

①　薛民:《论西方马克思主义在马哲史中的地位》,《复旦学报》(社会科学版),1987 年第 1 期。

②　宗锦福:《"西方马克思主义"与当代社会主义》,《社会主义研究》,1987 年第 1 期。

③　参见黄德良:《"西方马克思主义"实践观述评》,《毛泽东邓小平理论研究》,1987 年第 2 期。

④　参见雍建雄:《浅论"西方马克思主义"的总体性理论》,《湘潭大学学报》(哲学社会科学版),1989 年第 1 期。

⑤　参见谢斌:《西方马克思主义与自然辩证法》,《北京社会科学》,1987 年第 3 期。

（四）西方马克思主义研究的徘徊反思和前进阶段（1989—
1991 年）

这一阶段由于受到国内 1989 年政治风波和国外苏联解体、东欧剧变的
影响，国内的西方马克思主义研究处于徘徊前进阶段，而苏联东欧对西方
马克思主义的传统判断开始重新浮出水面。

西方马克思主义刚开始出现，就被当时共产国际代表人物斥为"异端的
马克思主义"。苏联东欧理论界一直承袭这种观点，把西方马克思主义视为
假马克思主义，视为一种在"新马克思主义"旗帜下的反马克思主义。新中国
的理论界直至改革开放初也持有苏联东欧的这种观点。

由于这一时期的国际国内氛围，理论界重新拾起这种观点，认为西方马
克思主义并非马克思主义。持有这一观点的人认为，西方马克思主义打着
"重新发现、设计"马克思主义的旗号，其实是在曲解马克思主义，制造"早期
马克思与晚期马克思"和"马克思与恩格斯、列宁"的对立，其实是肢解马克
思主义，企图将列宁主义从马克思主义中剥离出来；西方马克思主义对当代
资本主义社会的批判虽然深入尖锐，但由于陷入了抽象人性论，因而无法触
动资本主义制度，他们精心绘制的"人道主义社会"无非是理想化、抽象化和
普遍化的资本主义社会而已；西方马克思主义将当代资产阶级思想流派视
为马克思主义的"来源、补充和结合物"，这只能说明它是属于资产阶级范畴
的理论思潮；西方马克思主义的一个"共同特征"就是，与无产阶级和社会主
义运动相脱离，在理论上表现为由政治经济学批判退回哲学批判，由现实历
史批判退回文化批判，这与马克思主义的形成和发展是正相背离的。[①]所以
西方马克思主义是对马克思主义的背叛和遗弃，是"打着马克思主义旗号的
反马克思主义的资产阶级思潮"[②]。

虽然如此，国内的西方马克思主义研究还是进入了徘徊前进的阶段。不
论是改革初期对西方马克思主义的"左"的判断，还是 20 世纪 80 年代中期

[①]　参见师戟：《"西方马克思主义"并非马克思主义》，《高校理论战线》，1990 年第 4 期。

[②]　李伦：《坚持马克思主义历史观——关于"东西方马克思主义历史观""优劣论"的质辩》，《辽
宁师范大学学报》（社会科学版），1991 年第 6 期。

对它的右的判断,在这一时期都受到严肃的反思。这为后来的西方马克思主义研究确立了正确的态度和立场,就是"以马克思主义为指导",来研究西方马克思主义,服务于"我们坚持和发展马克思主义之目的"。①

三、20 世纪 80 年代前后国内对西方马克思主义若干观点的研究

20 世纪 80 年代前后,国内理论界对西方马克思主义的研究主要是将其放置在诸如哲学世界观、对当代资本主义的分析、对苏联社会主义的批判,以及对革命的憧憬或反思等马克思主义的基本议题中, 总体性地把握和认识这一思潮,试图对这一思潮给出总体性判断。理论界关于西方马克思主义的各种不同思潮、流派、人物及其代表性著述思想的研究,都自觉或不自觉地从属于对这一思潮的总体性的判断或分析。

(一)对哲学问题的探讨

众所周知,唯物论、辩证法和实践观是马克思主义哲学的基石,究其实质,马克思主义哲学乃是一种实践的、辩证的唯物主义哲学。然而西方马克思主义,在针对实践原则、辩证法和唯物论等问题上,都提出了与苏联马克思主义不一样的见解,因而对于马克思主义哲学也有着不一样的理解和把握。

1. 20 世纪 80 年代前后国内理论界对西方马克思主义实践观的争论

马克思主义哲学与以往一切哲学不同的重要内容和根本标志之一就是,马克思主义将实践引入哲学,所以马克思又将自己的哲学称为"实践的唯物主义"。因此,从卢卡奇到法兰克福学派,从存在主义的马克思主义到结构主义的马克思主义,从人道主义的马克思主义到科学主义的马克思主义,无不对实践范畴产生强烈的兴趣,都用了大量的篇幅谈论实践。

但对于实践概念或实践原则的理解, 西方马克思主义得出了与苏联马克思主义不一样的观点,这就是"实践的一元论"或"实践的本体论",用以取

---

① 陈学明:《评"西方马克思主义"》,《社会科学辑刊》,1991 年第 5 期。

代"物质的一元论"或"物质的本体论"。西方马克思主义认为,"没有无主体的客体,没有无客体的主体"(列斐伏尔语),在马克思主义那里,克服主体与客体二元对立的,实现主客体之统一的范畴乃是社会历史的实践范畴。这一观点对于20世纪80年代的国内理论界来说,具有强烈的冲击力,也引来了马克思主义研究者的持久论战。

对于苏联版本的正统马克思主义来说,西方马克思主义将实践原则上升到本体论的高度,无异于"从根本上取消了马克思主义的唯物主义"①。他们认为,西方马克思主义"把实践抽象地实体化,从而用主体-客体原则同格之类的东西去否定外部自然界的客观存在",继而"主张主客体、物质和精神统一于实践,实际上不过是黑格尔唯心主义实践观的另一种说法而已"。②"马克思主义的实践观是以'物质一元论'作为自己的基本前提",唯其如此,"马克思主义才跟形形色色的唯心主义区分开来"。③所以正统马克思主义与西方马克思主义在实践观上的对立,其实是马克思主义与非马克思主义的"两种'实践观'的对立"④,马克思主义哲学唯物论的"理论基石是物质一元论,而不是超越唯物和唯心对立的'实践一元论'"⑤。

2. 20世纪80年代前后国内理论界对西方马克思主义辩证法的探讨

对于西方马克思主义来说,不存在没有主体性原则的纯粹客体性的辩证法,辩证法的内在根据就是主体性。黑格尔那种纯粹概念或思维范畴之间的辩证法或逻辑学,在本质上根植于作为思维的"主体-客体"的辩证法,但在西方马克思主义的语境中,这种辩证法是唯心论的或思辨学的,马克思主义哲学的根本贡献就在于,在社会历史存在而非意识形态化的思维观念中,把握"人在他所创造的客观世界中的主体-客体之间的关系"(布洛赫语)的辩证法。

西方马克思主义对辩证法的主体性原则的揭示与正统马克思主义对客

---

① 朱庆祚、欧力同:《实践的观点和唯物主义——从"西方马克思主义"的"实践观"谈起》,《社会科学》,1980年第3期。

② 张汝伦:《西方马克思主义实践观述评》,《社会科学辑刊》,1983年第5期。

③ 黄德良:《"西方马克思主义"实践观述评》,《毛泽东邓小平理论研究》,1987年第2期。

④ 胡义成:《简评"西方马克思主义"的实践观》,《辽宁师范大学学报》(社会科学版),1981年第2期。

⑤ 王兰媛:《西方马克思主义的"实践一元论"》,《高校理论战线》,1990年第3期。

体性的辩证法的凸显是相互对立的。这一对立直接关系国内理论界关于马克思主义的辩证法、唯物论和实践观之间关系的讨论,也直接冲击着苏联马克思主义对唯物辩证法或自然辩证法的基本理解。20 世纪 80 年代,国内的马克思主义研究界基本上将西方马克思主义的"主体-客体辩证法"视为列宁曾经批判过的"原则同格论","与马克思所创建的唯物主义辩证法有着根本的分歧"①。

西方马克思主义与苏联马克思主义之间的对立集中表现在恩格斯和列宁所倡导的"自然辩证法"批判和辩护上。对于西方马克思主义来说,自然如果作为单纯的客体,是不存在辩证法的,因而"只有对于自然界的认识才是辩证法的,自然界本身并不是辩证法的"(施密特语)。西方马克思主义对自然辩证法的否定,受到以苏联为正统的国内马克思主义研究者的反击。他们认为:"西方马克思主义将主客体关系,将任何自然的关系扩展为辩证法的唯一因素,并由此只承认社会历史的辩证法,这一思想是错误的"②;"那种离开物质第一性的前提,把纯粹活动提升为绝对,用'谓语'作为主客体出发点和归宿的辩证法,并不是马克思的'实践唯物主义'的方法,而是黑格尔的表达方法"③。

3. 20 世纪 80 年代前后国内理论界对西方马克思主义唯物论的争鸣

唯物论是马克思主义的根本哲学立场。只是对于西方马克思主义来说,马克思的新唯物论统一于社会的或历史的实践原则,而不是统一于客观的或自在的物质原则;苏联马克思主义则针锋相对,认为物质的第一性和统一性是唯物论的基石,物质的"一元论或本体论"是唯物论的题中之义。

西方马克思主义认为,马克思的唯物论是区别于旧唯物论的新唯物论,这种唯物论不是从单纯实体或客体的角度而是从主体或实践的角度,即从主体方面把对象、客体和感性现实当作人作为主体的感性活动,当作实践去把握。因而他们主张,应当将实践原则上升为本体论原则,即从实践本体论的角度去认识和把握马克思的新唯物论,自然、社会和思维统一于人的历史

---

① 艾珲:《"西方马克思主义"辩证法理论述评》,《毛泽东邓小平理论研究》,1987 年第 3 期。

② 谢斌:《西方马克思主义与自然辩证法》,《北京社会科学》,1987 年第 3 期。

③ 沈耕、毛怡红:《历史的主客体概念与历史观的基本问题——兼评西方马克思主义的"主体和客体的辩证法"》,《哲学研究》,1987 年第 7 期。

性的实践,而不是统一于抽象性的物质原则,游离于人的社会历史实践的、抽象的、纯粹外在的自然就是一个"无",是一个纯粹形而上学的抽象。

西方马克思主义对马克思新唯物论的实践本体论解释直接冲击了苏联马克思主义对马克思新唯物论的物质本体论理解,因而在20世纪80年代的国内理论界,引起激烈的争论。国内马克思主义研究界对此的反驳是,"实践总是人的实践,没有人就没有人的实践,那么,人就成了世界的本原"[1],由此必然导致人本主义或唯心主义。西方马克思主义"抽去实践是一切客观物质性活动的精髓部分,把实践篡改为凌驾于唯物论和唯心论的'绝对者'",这是把马克思的唯物论"修正为唯心论"。[2]他们认为,"一切唯物主义都主张世界统一于物质"[3],马克思的新唯物主义不论在任何意义上都不可能否认这一点;西方马克思主义的"实践一元论"或"实践本体论"是"'克服'了唯物主义的一元论而陷入了唯心主义的一元论"[4],实际上"是费希特主观唯心主义思想在现代的复辟"[5]。

(二)对政治问题的探讨

我们知道,西方马克思主义在形成之初,在政治问题上就提出了与列宁主义不同的主张,因而在其后续的发展中,西方马克思主义不论是对当代资本主义的分析、对苏联社会主义的批评,还是对社会主义的希望、对乌托邦的憧憬,都与以列宁主义为源头的正统马克思主义不同。

1. 20世纪80年代前后国内理论界对西方马克思主义关于当代资本主义批判的研究

对当代资本主义社会的分析和批判是西方马克思主义的一项中心议题,因此在20世纪80年代前后,国内一些研究者对那种将西方马克思主义

① 朱庆祚、欧力同:《实践的观点和唯物主义——从"西方马克思主义"的"实践观"谈起》,《社会科学》,1980年第3期。

② 胡义成:《评"西方马克思主义"的实践观》,《宁波大学学报》(教育科学版),1982年第1期。

③ 王兰媛:《西方马克思主义的"实践一元论"》,《高校理论战线》,1990年第3期。

④ 黄德良:《"西方马克思主义"实践观述评》,《毛泽东邓小平理论研究》,1987年第2期。

⑤ 张康之:《实践本体论是主体化的本体论——评西方马克思主义的实践本体论》,《河北学刊》,1991年第1期。

思潮视为资产阶级思潮的观点提出异议，并且认为它是马克思主义发展史的一个分支，只是这一观点在当时的理论界并不被普遍接受。

对于当代西方资本主义社会，西方马克思主义用了诸如"垄断资本主义"（基希海默）、"国家资本主义"（波洛克）、"后市场社会"（阿多尔诺）、"晚期资本主义"（詹姆逊）、"有组织的资本主义"（哈贝马斯）、"发达工业社会"（马尔库塞）等一系列概念和理论加以描述，认为西方发达社会已经沦为"工业装置"，沦为技术奴役下的"畸形社会"。对于西方马克思主义诸如此类的批判性分析，20世纪80年代的国内理论界通常认为是有意义和价值的，要发展马克思主义，就必须对当代西方社会进行深入认识，而"研究、参考和分析'西方马克思主义者'提供的思想资料，又是必由途径之一"①。

但西方马克思主义对当代资本主义社会的批判不再是建立在马克思主义政治经济学的基础上，而是由政治经济学向哲学回归，走向哲学批判和社会文化批判，由资本统治批判走向技术统治批判。这一点，西方马克思主义的中后期尤其明显。不仅如此，西方马克思主义在批判发达资本主义社会的同时，对马克思主义政治经济学的劳动价值论和剩余价值进行批评，认为它过时了、失效了。这一点自然受到当时国内理论界的批判，并且认为西方马克思主义的此类批判其实是"用对资本主义社会的抽象的表现形式的批判取代对资本主义社会的内在本质的批判，掩盖资本主义社会各种痼疾产生的根源"②。所以当时理论界一般认为，西方马克思主义对资本主义的诸多批判并不是马克思主义的批判。

2. 20世纪80年代前后国内理论界对西方马克思主义关于苏联社会主义批评的探讨

西方马克思主义与苏联马克思主义之间的矛盾和对立，不仅表现在其理论形式上，还表现在对社会主义的苏联模式的批判和辩护的分歧上。20世纪80年代前后，西方马克思主义传入中国，自然也引起国内学术界对西方马克思主义关于苏联社会主义分析和批判的研究。

---

① 徐崇温：《论研究"西方马克思主义"的重要性》，《北方论丛》，1980年第6期。
② 王祥俊、范群松：《"西方马克思主义"评析》，《广西师范大学学报》（哲学社会科学版），1991年第1期。

　　西方马克思主义开始形成的时候,就有人开始对苏联体制展开批判。例如,柯尔施认为,苏联的国家所有制取代资本私有制,"工人阶级不会获得更人道的生活和劳动方式"。西方马克思主义发展到中晚期,对苏联社会主义体制也展开了全方位的批判,他们将苏联社会主义体制描述为"官僚化的社会主义"(马尔库塞)、"粗陋的共产主义"(弗洛姆)、"独裁主义的社会主义"(霍克海默),与此相关联,他们认为,随着马克思主义在苏联"获得胜利,成为官方学说或'制度化'",马克思主义也就成为"控制大众的意识形态",成为"固定僵化的信条"和"社会控制的工具",因而它的生命力也就"从此枯萎了"。

　　西方马克思主义对苏联社会主义体制的批评,与戈尔巴乔夫的改革和新思维对苏联体制的反叛相呼应,构成苏联在20世纪80年代中国的基本形象。西方马克思主义的此类批评,在当时国内理论界也形成了一定的冲击和反响。因而国内也有研究者对此做出积极评价,认为"对苏联模式的现实社会主义的批判"是西方马克思主义的"三大主题"之一,他们"以思辨语言为武器,研究时代提出的新课题,回答社会主义遇到的新挑战","给西方世界的社会主义运动带来了新的生机"。①西方马克思主义针对苏联社会主义体制的一系列批评,国内理论界一般也认为"许多是中肯的,切中苏联模式弊端的",原则上也是正确的,但他们往往将"苏联模式同社会主义制度本身混淆或等同起来"无疑是错误的。②

　　3. 20世纪80年代前后国内理论界对西方马克思主义关于革命、社会主义和乌托邦的认识

　　西方马克思主义的另一项议题,就是对革命的展望,以及对社会主义或乌托邦的憧憬和反思。20世纪80年代前后,随着西方马克思主义传入中国,国内理论界对这一思潮关于革命、社会主义和乌托邦的憧憬和反思也展开了热烈的研究和探讨。

　　众所周知,西方马克思主义是20世纪20年代在反思苏维埃革命向西欧各国传播遭遇失败和挫折的基础上产生的,是"对在20世纪出现的政治条件下革命行动的理论基础的变幻不定而做出的回答"(博特莫尔语),它对

---

① 宗锦福:《"西方马克思主义"与当代社会主义》,《社会主义研究》,1987年第1期。

② 甄化:《"西方马克思主义"》,《前线》,1987年第5期。

革命有着与列宁主义不一样的认识和思考。这就是后来在西方马克思主义阵营中逐渐形成的"总体革命论"。对于西方马克思主义来说，资本主义社会是一个由技术的抽象统治所导致的"总体异化"的社会，因而针对资本主义的革命只能是总体性的。①这种"总体性"的革命观曾经是 20 世纪 60 年代欧美等西方国家一些"新左翼"运动的指导思想，然而随着 1968 年席卷西方世界的五月风暴的退潮，这一观念在西方社会政治领域也衰落了。五月风暴之后，西方马克思主义从总体上由政治革命回归到理论批判，这一批判不仅涵盖了欧美资本主义和苏联社会主义的现实，还涵盖了科学社会主义本身。西方马克思主义的这一批判所遗留下来的也只有对乌托邦的单纯憧憬了。

对于西方马克思主义关于革命、社会主义和乌托邦的批判与反思，当时国内理论界的态度基本是批判性的，认为西方马克思主义对发达资本主义的总体性批判在哲学上或许是"最成功的"，但在涉及"如何变革现实世界"的政治问题上，这一思潮是"最不成功的"。②因为西方马克思主义由政治经济学批判走向哲学或社会文化批判，由资本的抽象统治批判走向技术的抽象统治批判，因而这一批判只能离"科学社会主义"越来越远，也只能表现出一种"乌托邦幻灭的悲观情绪"③。

四、20 世纪 80 年代前后国内关于西方马克思主义的若干争论

20 世纪 80 年代前后，国内对西方马克思主义各思想流派的不论是综合性研究还是专门性研究，都从属于理论界对西方马克思主义的总体性质，以及与马克思主义的总体关系的判断。当然不同研究者有着不同的判断，他们之间自然也就产生争鸣和论战。尤其是 1988 年理论界关于西方马克思主义性质问题的争论，掀起了国内西方马克思主义研究由介绍性研究为主转向实质性问题的讨论热潮。

这场讨论的缘起是，杜章智首先在《现代哲学》《马克思主义研究》等刊

①　参见金光俊、孙纯良：《评"西方马克思主义"的"总体革命"论》，《社会科学战线》，1991 年第1 期。

②　宗锦福：《"西方马克思主义"与当代社会主义》，《社会主义研究》，1987 年第 1 期。

③　赵玉瑾：《"西方马克思主义"批判性理论概述》，《哲学动态》，1989 年第 8 期。

物发表文章,对国内以往的西方马克思主义研究提出批评意见,《人民日报》转载了他的文章。徐崇温随即在《人民日报》《马克思主义研究》等报刊发文与杜章智商榷,对之提出反批评,以维护自己的立场、方法和结论。随后其他一些学者陆续发表文章,对一方进行附议,《中国日报》英文版于 1988 年 10 月 4 日和 12 月 5 日两次详细报道道论战的情况,引起国际国内关注,中国台湾于该年出版了《大陆西方马克思主义争论集》。

这场讨论不仅涉及西方马克思主义的性质问题,而且涉及马克思主义研究的一元化和多元化问题,涉及实践唯物论、辩证唯物论及马克思主义的哲学形态的争论问题。这场历时数年的争论对国内西方马克思主义研究的深入和拓展有着不可低估的影响。

(一)关于西方马克思主义之存在问题的争论

徐崇温和杜章智的争论引起的国内理论界关于西方马克思主义的论战,直接缘于"西方马克思主义"这一概念是否成立,西方马克思主义这一思潮是否存在问题的争论。

"西方马克思主义"这一概念是由柯尔施于 1930 年在《〈马克思主义和哲学〉问题和现状——一个反批判》一书中首次提出来的,其含义是指以他和卢卡奇为代表的与列宁主义相对立的另一种类型的马克思主义;后来,梅洛-庞蒂在 1955 年的《辩证法的历险》中承袭了柯尔施提出的这一概念,并且赋予其较为宽泛的内涵;1976 年,佩里·安德森的《西方马克思主义探讨》一书,探讨在更广泛的意义上使用这一概念,并对西方马克思主义这一思潮进行总体性的描述。

对于"西方马克思主义"这一提法是否严谨,以及与此相关的,西方马克思主义这一思潮是否客观存在,杜章智是持否定意见的。他认为"'西方马克思主义'在国外并不是一个被人们普遍接受的、有确定含义的概念"①,这一概念不仅"不能反映国外马克思主义发展的现状",而且"把马克思主义与非马克思主义混为一谈","接受这一概念的人在国外马克思主义研究中只是

---

① 杜章智:《谈谈所谓"西方马克思主义"问题》,《现代哲学》,1988 年第 1 期。

占极少数"。徐崇温则认为,杜章智的说法有失偏颇。他指出,"西方马克思主义"这一概念是从柯尔施、梅洛-庞蒂、佩里·安德森而来,在西方理论界已经有着特定的含义和指称,因而不能轻易否定。

杜章智认为,在西方知识界,根本就不存在一个叫"西方马克思主义"的思潮,因为"在这些从事马克思主义理论研究或者自称马克思主义者的人们当中,有真正的马克思主义者,有的只是激进主义者、知识的探求者或者马克思主义的同路人,还有少数反马克思主义者"①。他因此主张:"不妨把他们统统作为对马克思主义的探索看待。似乎可以说,它们就是当代国外的马克思主义。"②理论界有一部分学者与杜章智的观点相类似,他们认为,西方马克思主义是对马克思主义进行某种"非正统观念"的重新诠释和"非正统路线"的重新探索,因而不能先入为主地用框架定性,不能笼统地一概而论,③应当从马克思主义自身发展和分化的历史,结合国际社会主义实践,对"当代西方的马克思主义"分别进行具体而全面的研究。

对此,徐崇温提出不同看法。他指出,西方马克思主义的存在是一个客观事实,是否赞成西方马克思主义这一思潮,那是另一回事。他认为,无论把西方马克思主义说成反马克思主义的,还是说成马克思主义的现代化,都有所偏颇,应当"把它看成一种和马克思主义有区别、西方社会中的左翼激进主义思潮"④。

(二)关于西方马克思主义之性质问题的争论

杜章智等人否定"西方马克思主义"这一概念的合法性,以及否认这一思潮存在的客观性,从而主张用"国外马克思主义"这一更加中立的泛称概念涵盖这一领域,其"根本立意在于纠正以往那种全盘否定'西方马克思主义',致使'西方马克思主义'成为一个贬义概念的失误"⑤。所以关于西方马

---

①②　杜章智:《"西方马克思主义"是一个含糊的、可疑的概念》,《马克思主义研究》,1988 年第 1 期。

③　参见张翼星:《怎样分析"西方马克思主义"的性质》,《中州学刊》,1989 年第 2 期。

④　徐崇温:《关于"西方马克思主义"研究中的若干问题》,《马克思主义研究》,1988 年第 1 期。

⑤　翁寒松:《当前"西方马克思主义"问题新争论之我见》,《马克思主义研究》,1989 年第 1 期。

克思主义之存在问题的争论直接关系另一个问题，即西方马克思主义的性质问题的争论。

在关于西方马克思主义的性质问题上，20世纪80年代前后的理论界基本存在两种相互对立的观点：一种是信奉苏联东欧的正统观念，即认为西方马克思主义是"披着马克思主义外衣"的非马克思主义或反马克思主义思潮，是资产阶级性质的修正主义思潮；另一种是赞同西方一些"新左派"思想家的观念，即将西方马克思主义视为"发达资本主义的马克思主义"，是马克思主义"在当代西方发达社会的表现形式"。

在杜章智看来，传承自柯尔施、梅洛–庞蒂和佩里·安德森的"西方马克思主义"概念"带有严重托洛茨基主义倾向"，以此来概述国外马克思主义的全貌，显然是以偏概全，很难做到真实呈现出国外马克思主义的发展现状。不仅如此，他还认为，卢卡奇、葛兰西和柯尔施等所谓西方马克思主义的早期理论家，其实"都是杰出的马克思主义者"，应当将他们从通常所谓的西方马克思主义阵营中划分出来，归属于马克思主义理论家的阵营。①对此，徐崇温提出反驳意见。他指出，西方马克思主义是否是客观的存在事实与这一思潮是否是马克思主义，这是两个问题，承认西方马克思主义的存在与对这一思潮做出正确的评价并不矛盾。

对于徐崇温和杜章智关于西方马克思主义性质问题的争论，有学者指出，杜章智等人提出要"科学分析当代国外马克思主义的重要代表人物，避免'唯我独尊''唯我独马'等，这无疑是合理的，但他们只是提出了问题，并没有解决问题，徐崇温似乎无形中达到或者说接近达到其批评者所追求的东西"②。这些学者赞同徐崇温的观点，认为西方马克思主义是一种客观存在的思潮，是在西方发达资本主义社会发展起来的另一种形式的马克思主义。

对于这场争论，有学者总结道："目前争论各方之所以对'西方马克思主义'有不同的理解和评价，一个重要原因就是用以划分是否是马克思主义的标准不统一。"③这场争论表面上是"西方马克思主义"概念是否存在，是否可取，实质上争论的焦点是如何为"西方马克思主义"名下的各流派和其他非

---

① 参见杜章智：《谈谈所谓"西方马克思主义"问题》，《现代哲学》，1988年第1期。

② 西平、一明：《"西方马克思主义"的讨论与展望》，《哲学动态》，1989年第4期。

③ 叶汝贤、蒋斌：《关于"西方马克思主义"的争鸣》，《马克思主义研究》，1989年第4期。

正统马克思主义流派的定性问题。

(三)关于马克思主义研究的一元还是多元问题的争论

徐崇温和杜章智关于西方马克思主义思潮争论的一个核心问题，就是关于这一思潮的评价问题，是像苏联东欧的正统观点那样，认为西方马克思主义就是"打着马克思主义旗号的反马克思主义"，还是像欧美一些左翼学者那样，认为这一思潮就是"现代化的发达资本主义的马克思主义"？这一争论涉及用什么样的理论参照系去评价西方马克思主义的问题。

就其实际而言，我们很难苛求西方马克思主义各流派对马克思主义做出一致性的解释，这已经为这一思潮流派纷呈的多样性特征所证实，因此有观点主张用多样化的马克思主义的视角或立场来研究西方马克思主义。倘若如此，我们能否承认对马克思主义解释的多样性或多元化特征？"马克思主义发展史"到底是"几个经典作家、领袖人物的'一线单传'的过程"，还是各种左翼人士"创造性地运用和阐释马克思主义的'一源多流'的过程"？[①]这一争论又涉及一个非常重要的问题，即马克思主义研究应当是一元还是多元的问题。

对于这一问题，就有学者明确主张，"应当将西方马克思主义研究的多元性与马克思主义本身的一元性相结合，作为正确对待国外马克思主义的研究原则"[②]。他认为，马克思主义自诞生之日起，就形成了多元研究的格局，但马克思主义的研究、解释和运用的多元化并不意味着马克思主义本身的多元化。马克思主义只有一个，这就是马克思、恩格斯所创立并为后世的共产主义活动家和理论家所发展、所丰富的无产阶级革命和解放理论；马克思主义的发展需要多元化的解释、研究和运用，这是马克思主义发展的内在动力机制。马克思主义的多样化发展"不仅体现于成功地夺取了政权的社会主义国家，而且包括当代资本主义国家内的多样化探索"[③]。这就要求将国际共产主义运动之外的各种马克思主义研究成果纳入视线。这位学者反对使用

---

① 彭赟：《研究"西方马克思主义"的方法论和价值观思考》，《国外社会科学动态》，1989年第1期。

② 易谌：《马克思主义研究的多元化和"西方马克思主义"》，《国外社会科学动态》，1989年第1期。

③ 余文烈、慎之：《"西方马克思主义"发展新趋势评介》，《现代哲学》，1988年第4期。

"西方马克思主义"这一特称概念,并且指出,如果贬义地运用"西方马克思主义"概念,那么就会视"正统"为真理,从而排斥甚至压制马克思主义对多元化的研究、解释和运用;如果将"西方马克思主义"概念作为褒义词运用,那么就会以"正统"为桎梏,导致背叛马克思主义的一元性。

对此,徐崇温提出不同意见。他认为,在对待何为马克思主义的问题上,一元论和多元论是不能并存的,那种关于马克思主义研究的多元化和马克思主义本身的一元性之间的关系的提法本身就是自相矛盾和自相冲突的,倘若如此,马克思主义的一元论也只是"一种名存实亡的假象",而且在多样性和多元化的检验标准中,也无法坚持马克思主义自身的统一性和真理性。①

(四)关于实践唯物论和马克思主义哲学形态问题的争论

"实践唯物论"的提法最早见于 1988 年。1988 年 9 月下旬,《哲学动态》编辑部、中国人民大学哲学系、解放军装甲兵工程学院联合召开"全国实践唯物主义研讨会",《哲学动态》第 12 期以专刊形式将会议论文公开发布。大规模的论战一直持续到 1989 年末,论战的文章在《光明日报》《哲学动态》《求是》《北京大学学报》等报刊发表。"实践唯物论"的论战之所以是 20 世纪 80 年代末国内马克思主义研究界的一件大事,乃是由于这一争论或论战直接关系马克思主义哲学形态的建构。当然,这一论战也因此分为两大派:一派坚持"物质本体论"或"物质一元论",坚持辩证唯物论和历史唯物论的苏联式二分法,但不反对"实践唯物论"这一概念的运用;另一派坚持"实践本体论"或"实践一元论",认为马克思主义的哲学唯物论就是实践唯物论。"于是,一场关于马克思主义哲学是应当坚持辩证唯物论,还是应代之以实践唯物论的争论,在哲学界热烈地展开了。"②

在某种意义上甚至可以说,正是由于西方马克思主义传入中国,引发了国内理论界关于马克思主义哲学形态——是辩证唯物论还是实践唯物论——的持久论战。在这一理论背景下,西方马克思主义论战双方都将"实

---

① 参见徐崇温:《关于马克思主义的一元和多元的问题》,《国外社会科学动态》,1989 年第 6 期。

② 《〈"实践唯物主义"专辑〉编前语》,《哲学动态》,1988 年第 12 期。

践唯物论"作为马克思主义的哲学唯物论,作为评判西方马克思主义的理论尺度,而双方对实践唯物论的理解存在根本分歧,又使关于西方马克思主义问题的争论与马克思主义哲学形态问题的争论关联在一起。

徐崇温在一系列关于实践唯物论的文章中,屡次指出马克思主义的新唯物论是实践唯物论,反复强调西方马克思主义之所以不是马克思主义,乃是这一思潮背离了马克思主义的哲学世界观——实践唯物论。他认为,实践唯物论包含着两个相互联系的基本点:一方面,强调劳动实践具有创造财富、改造世界的伟大历史作用,因而引入了马克思主义的世界观;另一方面,马克思主义的实践概念强调外部自然界的优先地位和对劳动实践的自然制约作用,因而是唯物论的范畴。徐崇温正是基于对实践唯物论的这一理解来评判西方马克思主义。

对此,杜章智等不少学者提出反对意见。他们认为,徐崇温用作评价尺度的"实践唯物论"并不是马克思主义,而是"苏联哲学教科书式"的"旧哲学"。①马克思阐述的"新唯物论"是以人的社会历史实践为本体基础的,自然、社会、思维"三位一体"的唯物论,而不是脱离人的社会历史存在的抽象的物质或自然本体论。针对这类观点,徐崇温提出反驳意见。他指出,马克思主义的实践概念是以劳动为基础的,不仅没有把自然或物质世界排除出去,还强调优先性的自然或物质世界对劳动实践的中介性的限制或约束作用。所以马克思主义是实践唯物论,而不是"实践本体论"或"实践一元论",更不是以之为基础的"实践唯心论"。

五、20 世纪 80 年代前后西方马克思主义传入中国的历史意义

改革开放以来,各种西方思潮涌进国门,在 20 世纪 80 年代的中国,可能只有西方马克思主义与国内马克思主义研究界发生如此深刻的关联。西方马克思主义传入中国,一方面,推动了国内理论界的思想解放;另一方面,它对西方资本主义和苏联社会主义的分析和批判,促使国内理论界更好地认识和反思西方体制和苏联体制的问题,继而从西方和苏联的双重教条中

---

① 参见翁寒松:《当前"西方马克思主义"问题新争论之我见》,《马克思主义研究》,1989 年第 1 期。

解放出来,为中国道路的开辟奠定了理论和文化基础。

(一)20世纪80年代前后西方马克思主义的传入带来了国内理论界的思想解放

1978年中国改革开放带来了思想解放,西方马克思主义也由此传入中国,打开了国内研究西方马克思主义的大门,这既是思想解放的标志,理论界的诸如"萨特热""尼采热""《手稿》热"和"卢卡奇热"等都是思想解放的表现,同时也促成了新的思想解放。

在这场思想解放运动中,不乏西方马克思主义的身影。其中一个重要标志,就是西方马克思主义传入中国,间接或直接参与了20世纪80年代几乎所有的重要思想讨论,诸如人道主义与异化问题、主体性与启蒙问题、实践唯物论与马克思主义哲学形态问题,等等。

西方马克思主义所推动的思想解放的直接后果,就是引发对以恩格斯和列宁为源头的、"辩证唯物论"和"历史唯物论"为基本形态的斯大林化的苏联马克思主义的解构,引发对以苏联教科书体系为蓝本的正统马克思主义的怀疑,以致相当一部分学者受到西方马克思主义的启发,用"实践唯物论"来指称马克思主义的新的哲学形态,建构马克思主义新的哲学体系。很难想象,如果没有西方马克思主义的传入,20世纪80年代的国内理论界对苏联马克思主义的质疑、对马克思主义哲学形态的反思和哲学体系的建构是否还有可能。

(二)西方马克思主义对欧美资本主义的批判深化了中国对资本主义的认识

西方马克思主义的一个重要议题,就是对当代欧美发达资本主义进行批判性的分析和解剖,只是它与正统马克思主义的一个明显区别是从后者的政治经济学批判复归哲学批判,回归社会文化理论批判。尽管如此,西方马克思主义因为有着与生俱来的左翼批判立场,所以对当代西方社会有着清醒的认识。西方马克思主义传入中国,对西方发达的工业社会和商业文明的分析和批判自然也被译介到国内来,这对 20 世纪 80 年代的中国,无疑是一针"清醒剂"。

众所周知,在当代中国史上,20 世纪 80 年代是一个思想解放的时代,这一时代中国的思想文化极其活跃,并由此产生了深远的影响。但在 80 年代,历经多年封闭的中国刚开始改革开放,对当代西方文明并未深入了解,各种西方思潮在中国走马灯似的"旗帜"变幻,为当时的中国描绘出一幅理想化的浪漫图景,使 80 年代的思想运动经历了一场持续数年的"西学热"和"西化热"。

西方马克思主义对西方资本化、工业化和技术化文明的分析和批判,为 80 年代的中国描绘了另一幅更为真实晦暗的西方图景。随着西方马克思主义传入国内,这一思潮对当代西方资本主义社会的批判性分析,让 20 世纪八九十年代的中国从华而不实的"西学热"和"西化热"中冷却下来,为其深入认识当代西方社会,提供了"必不可少的思想资源"。

(三)西方马克思主义对苏联社会主义的批判深化了中国对社会主义的认识

西方马克思主义的另一项议题,就是对以苏联模式为代表的传统社会主义体制的考察、分析和批判。西方马克思主义对待苏联的态度经历了很大变化,早期对苏联持同情和支持的态度,后来转化为批判的态度,特别是苏共二十大之后,西方马克思主义各流派从各自角度出发,对苏共和苏联体制展开批判。随着西方马克思主义传入中国,这一思潮对苏联模式的分析和批判在国内理论界也引发了反响。

20 世纪 80 年代中国的思想解放运动在很大程度上可以被视为对以"文革"为代表的极"左"路线和体制的反叛,以及对以苏联为原型和蓝本的传统体制或模式的思想和文化反叛。因而有观点认为,80 年代的思想运动是现当代中国继五四运动之后的第二次启蒙运动。只是五四运动针对的是两千多年的中国封建传统,80 年代的启蒙针对的是社会主义的苏联模式或传统体制。所以西方马克思主义对苏联社会主义的分析和批判便成为这一时期思想解放运动所援引的重要理论资源。

1989—1991 年苏联解体、东欧剧变标志着社会主义的苏联模式或传统计划体制黯然退出了历史舞台，这也表明了西方马克思主义对苏联社会模式的批判在某种程度上是有道理的，也是切中要害的。这些思想资源为国内理论界反思苏联模式与社会主义的前途命运提供了可资借鉴的观点、视角和分析方法。

（四）20 世纪 80 年代前后西方马克思主义的传入深化了改革中的中国对现代化的认识

20 世纪 90 年代后，中国经过短暂调整，通过邓小平南方谈话和中国共产党第十四次全国代表大会，确立了社会主义市场体制的改革方向，进入了快速的发展和深刻的转型之中，中国经济的发展引发整个社会的转型，迅速引起世界的关注。中国的改革开放在历经 80 年代的目标探索期，到 90 年代的框架确定期，日益使人们认识到，中国正在经历千年未有的巨大变革，正在由传统的农业或农村社会向现代的工业或城市社会转变。

在这一历史进程中，西方马克思主义对西方现代城市社会和工业文明的批判性分析，以及对更加理想的社会或文明的憧憬或希望，便成为这一时期国内理论界分析正在向市场化、工业化、城市化转型的中国社会的不可回避的理论资源，也是这一时期国内反思现代化或现代性问题的不可或缺的理论参照。

今天的中国，它的问题的症结在于，它一方面向工业文明、市场建制和城市社会转型，以实现社会主义现代化的目标，另一方面又要警惕城市和工业文明，以及资本主义社会的弊端、问题和危机。正是在这一问题上，联系西方马克思主义关于现代社会的资本、技术和工业批判，来反思中国的现代化运动，引导中国特色社会主义的道路选择，"既享受现代文明成果，又避免现代文明的各种负面效应"[1]，应是当今中国理论界的一项重要议程。

---

① 陈学明：《西方马克思主义研究在当今中国之意义》，《思想理论教育》，2016 年第 3 期。

第二章　从苏联解体、东欧剧变至美国金融危机

　　苏联解体、东欧剧变无疑是 20 世纪即将落幕之际发生的具有世界历史性的重大事件。苏联模式及其社会主义现代性方案破产这一历史性事件,在整个思想界催生了社会主义"失败论"、马克思主义"过时论"和"历史终结论"等各种思潮。加之在中国特色社会主义市场化的改革实践过程中,出现了贫富分化、生态危机、消费异化等"现代性"问题,这些因素使得这一时期中国学界的西方马克思主义研究主题发生了重大转化,由原先关于西方马克思主义是否以及在多大程度上属于马克思主义的理论性质的讨论,转移到了对西方马克思主义对于中国特色社会主义现代化的当代意义的关注。简言之,这一时期西方马克思主义在中国的传播总体上具有明确的问题导向和现实关切的特点。有学者指出,随着我国社会主义现代化实践的深入展开,我国社会发展呈现出前现代、现代和后现代三种发展格局,西方马克思主义所倡导的技术理性批判、消费主义文化价值观批判等主题为我国学术界所理解,学者们开始把西方马克思主义理论当作解决中国现代化实践过程中出现的现代性问题的重要思想资源,并由此从否定西方马克思主义理论转向肯定西方马克思主义理论。[①]

　　总体来看,这一时期西方马克思主义在中国的传播特点主要体现为如下方面:第一,西方马克思主义主要人物及其代表性成果的陆续译介,为更多学者特别是中青年学者从事西方马克思主义研究提供了必要的文献资

---

　　① 参见王雨辰、孙珮云:《论西方马克思主义在中国的解释史及其影响》,《马克思主义与现实》,2018 年第 4 期。

源;第二,就研究对象来说,由对以卢卡奇、柯尔施、葛兰西为代表的西方马克思主义早期代表人物和法兰克福学派等西方马克思主义经典流派、人物的研究,拓展到了"批判的马克思主义""生态学马克思主义""市场社会主义"和"分析的马克思主义"等众多流派的研究,这一时期西方马克思主义在中国的传播和研究出现了百花齐放、欣欣向荣的可喜局面;第三,就研究主题来说,这一时期中国学界的西方马克思主义研究主要围绕意识形态问题、消费异化问题、现代性问题、科学技术社会效应问题等方面开展了专题性研究,并取得了许多理论成果,标志着西方马克思主义在中国的传播和研究向纵深化方向发展。

一、苏联解体、东欧剧变后西方马克思主义主要流派及其代表性著作在中国的译介和出版

20 世纪八九十年代,由徐崇温主编、重庆出版社组织国内相关学者翻译出版的"国外马克思主义和社会主义研究丛书",为深入推进西方马克思主义在中国的传播和研究可谓立下了汗马功劳。尽管各种原因导致这部丛书的翻译存在着一定程度的"学术瑕疵"和"理论视差",但为深度推进西方马克思主义在中国的传播和研究提供了宝贵的文献资源和思想资源。这部丛书分四批陆续出版,时间跨度长达十余年。就其研究对象和研究内容来说,既有对西方马克思主义主要人物代表性著作的个案翻译,又有对西方马克思主义经典流派的评述性研究;既有对西方马克思主义的专题性研究,又有对西方马克思主义主要流派、代表人物及其重要著作的综合性研究。

(1)西方马克思主义主要人物代表性著作的个案翻译。主要包括早期西方马克思主义创始人的经典著作,如卢卡奇的《历史与阶级意识》(张西平译),《关于社会存在本体论》(上、下卷,白锡堃、张西平、李秋零译),柯尔施的《马克思主义和哲学》(王南湜、荣新海译),《卡尔·马克思》(熊子云译),葛兰西的《实践哲学》(徐崇温译)等;法兰克福学派主要代表人物的著作,如霍克海默的《批判理论》(李小兵等译),霍克海默和阿多尔诺的《启蒙辩证法》(洪佩郁、蔺月峰译),阿多尔诺的《否定的辩证法》(张峰译),马尔库塞的《理性和革命》(程志民等译),《单向度的人》(张峰、吕世平译),哈贝马斯的《交

往与社会进化》(张博树译),《交往行动理论》(第一、二卷,洪佩郁、蔺青译)等;分析的马克思主义,如 G.A.柯亨的《卡尔·马克思的历史理论》(岳长龄译),约翰·罗默的《社会主义的未来》(余文烈等译),威廉姆·肖的《马克思的历史理论》(阮仁慧、钟石韦、冯瑞荃译)等;东欧新马克思主义和南斯拉夫实践派,如尼科利奇的《处在 21 世纪前夜的社会主义》(赵培杰、冯瑞梅、孙春晨译),阿格妮丝·赫勒的《日常生活》(衣俊卿译),马尔科维奇和彼得诺维奇的《南斯拉夫"实践派"的历史和理论》(郑一明、曲跃厚译)等。此外,还有悉尼·胡克的《对卡尔·马克思的理解》(徐崇温译),列斐伏尔的《论国家》(李青宜等译),德拉-沃尔佩的《卢梭和马克思》(赵培杰译),威廉·赖希的《自然的控制》(岳长龄、李建华译)等一批西方马克思主义理论家的重要著作。

(2)西方马克思主义经典流派及其代表人物的评述性研究。如徐崇温的《"西方马克思主义"论丛》《用马克思主义评析西方思潮》《民主社会主义评析》,欧力同和张伟的《法兰克福学派研究》,余文烈的《分析学派的马克思主义》等都是对西方马克思主义经典流派评述性研究的力作。此外,陈学明的《哈贝马斯的"晚期资本主义"论述评》、欧力同的《哈贝马斯的"批判理论"》和张伟的《弗洛姆研究》等,代表着这一时期国内学者对西方马克思主义代表人物的评述性研究成果。

(3)西方马克思主义的专题性研究。这方面的研究成果主要包括:李青宜的《"西方马克思主义"的当代资本主义理论》、郑一明的《"西方马克思主义"文化哲学思想研究》和冯宪光的《"西方马克思主义"美学研究》等。

(4)西方马克思主义主要流派、代表人物及其重要著作的综合性研究。俞吾金、陈学明主编的《国外马克思主义哲学流派新编》,陈学明、张志孚主编的《当代国外马克思主义研究名著提要》(上、中、下三卷本)是这方面研究的代表性成果,全面地梳理归纳了西方马克思主义主要流派、代表人物并对其重要观点进行了导读式的研究,集中汇集了这一时期国内学者对西方马克思主义译介、评述的理论成果。在此基础上,陈学明主编的《西方马克思主义教程》作为西方马克思主义教科书,系统阐述了卢卡奇等早期西方马克思主义、法兰克福学派,以及列斐伏尔、沙夫、詹姆逊、德里达等重要理论家的主要思想,堪称西方马克思主义的经典教材,对推进西方马克思主义在中国的广泛传播和深度研究起到了重要的基础性作用。

二、苏联解体、东欧剧变后中国学界的西方马克思主义研究热潮

随着西方马克思主义主要流派及其重要著作在中国的陆续出版、译介，20世纪90年代中国学界迅速掀起了一波西方马克思主义研究热潮。主要体现在与西方马克思主义相关的重要国际学术会议上中国学者频繁亮相，各种学术活动纷纷举办，甚至出现了"井喷"现象，"中国当代国外马克思主义研究会"等学术团体和复旦大学"国外马克思主义研究中心"等学术机构的陆续成立，都标志着这一时期西方马克思主义在中国的传播达到了空前盛况。

（1）"国际马克思主义大会"等相关的重要国际学术会议上，中国学者频频亮相。为了跟踪国外马克思主义研究的最新动态，及时掌握国外马克思主义的研究进展，20世纪90年代，中国学者频频参加相关的国际学术活动。如1995年9月27日至30日在法国巴黎召开"国际马克思大会"，1996年4月12日至14日在美国纽约召开"社会主义学者研讨会"，1996年6月22日至23日在莫斯科召开"民主和社会主义学者国际协会"第五届国际学术年会，1996年7月12日至19日在伦敦举行了为期一周的"马克思主义大会"，1998年5月13日至16日在巴黎召开"纪念《共产党宣言》发表150周年国际大会"，1998年9月30日至10月3日在法国巴黎召开第二届"国际马克思大会"，等等。上述重要的国际学术会议均有中国学者参加，这对国内学者及时跟踪西方马克思主义学术动态，以及西方马克思主义在中国的传播和研究具有重要的推动作用。

（2）与西方马克思主义相关的学术研讨会在国内学界密集举办。1996年"中国当代国外马克思主义研究会"在北京成立，标志着西方马克思主义在中国的传播与研究取得了深度进展，来自全国各地的几十名学者聚集中国人民大学，围绕苏联解体、东欧剧变后的国外马克思主义研究动态，当代国外马克思主义研究的形势、问题和任务，以及如何开展国外马克思主义研究等主要议题进行了热烈讨论。由"中国当代国外马克思主义研究会"主办的每年一届的"国外马克思主义论坛"在中国学界产生了重要影响，已成为中国学界国外马克思主义研究的一道亮丽的风景线。此外，1998年6月26日，

首都六十多位专家学者在北京大学就苏联解体、东欧剧变后中国学界的国外马克思主义研究进展进行了回顾性总结，对学界所取得的理论成果给予了充分肯定，并就中国学界今后的国外马克思主义研究的问题意识与研究方法展开了深入讨论。1999 年 8 月 17 日至 22 日，"世纪之交的国外马克思主义研究理论研讨会"在云南省大理和迪庆召开。与会学者就如何评价苏联解体、东欧剧变后的国外马克思主义流派、怎样研究和认识当代国外马克思主义、后现代和全球化条件下的马克思主义的命运如何，以及马克思主义的理论工作者应负怎样的责任等重要问题展开讨论。在本次会议上，学者们提出要把对当代国外马克思主义的研究与对当代西方哲学的研究结合起来，要沟通国外马克思主义和国内马克思主义的关系，等等。上述学术会议的密集举行，充分反映了中国学者对苏联解体、东欧剧变后马克思主义命运高度的理论自觉，体现了中国学界对国外马克思主义发展动态的高度关注，同时彰显了中国学者对国外马克思主义的问题意识。

（3）中国学者出国考察国外马克思主义的研究现状。为了了解苏联解体、东欧剧变后的国外马克思主义、社会主义理论研究状况，苏联解体、东欧剧变后中国学者主动出国考察国外马克思主义的研究现状。1995 年 10 月 24 日至 11 月 11 日，以中国社会科学院副院长刘吉为首的中国学者代表团一行访问了法国和德国，不仅对欧洲的马克思主义、社会主义理论研究现状有了进一步的了解，同时与欧洲相关的科研组织机构、编辑出版机构和一些著名的学者建立了紧密的学术联系。代表团成员就苏联解体、东欧剧变的原因及其影响、当代资本主义的发展现状、马克思主义和社会主义的未来命运等重要问题展开了深入交流。此外，中国人民大学当代国外马克思主义研究课题组通过对以马克思主义作为指导的西方国家和广大第三世界共产党现状的考察，认为一些西方人特别是西方的一些马克思主义的研究者，在总结苏联社会主义教训、在对未来社会主义前途的展望，以及对当代资本主义的批判中，发现马克思主义仍然是最有力的工具；大多数共产党人顶住了苏联解体、东欧剧变的冲击，在低谷中奋斗不息，马克思主义仍然吸引着尊重事实、追求进步、探究真理的人们。

（4）中国学界陆续出现了一些西方马克思主义研究的学术机构、学术刊物和研究团队。苏联解体、东欧剧变后中国学界兴起的西方马克思主义研究热潮,还表现在一些专业性的学术机构、学术刊物和研究团队如雨后春笋般地涌现。在学术机构方面,中国社会科学院马克思主义研究院、中共中央编译局当代马克思主义研究所、中国人民大学马克思主义研究院、复旦大学国外马克思主义研究基地和国外马克思主义研究中心、南京大学马克思主义社会发展理论研究中心、中国政法大学西方马克思主义研究中心、黑龙江大学文化哲学研究中心等,都是苏联解体、东欧剧变后我国学界国外马克思主义的研究重镇,并已形成了一批在国外马克思主义领域具有较高理论素养的中青年研究队伍。在学术刊物方面,诸如《当代国外马克思主义评论》《马克思主义研究》《马克思主义与现实》《教学与研究》《国外社会科学》《国外理论动态》《当代世界与社会主义》《当代世界社会主义问题》等,都是刊发国外马克思主义研究的代表性学术刊物,为西方马克思主义在中国的传播做出了重要的学术贡献。

（5）引进有关苏联解体、东欧剧变后国外马克思主义研究的图书资料。苏联解体、东欧剧变后,国外特别是在西方世界,随着马克思主义研究的不断升温,有关研究马克思主义的著作、论文触目皆是,一些关于马克思主义的专刊也有增无减。对当代国外马克思主义进行跟踪研究的首要工作就是由这些书籍、论文、杂志引起来的。在这方面,我国的理论工作者也倾注了大量的心血。这里值得一提的是中共中央编译局的图书馆。这个图书馆在上级有关部门的支持下,用了大量的外汇引进涉及苏联解体、东欧剧变后的国外马克思主义的图书资料。在这个图书馆,不仅能及时地找到最新的国外马克思主义研究的专著,而且国外几乎所有有关马克思主义研究的杂志也比较齐全,甚至连在国外也较难寻觅的一些马克思主义研究的论文集也可看到。这里,实际上已成为中国研究当代国外马克思主义的信息中心、资料中心。这为我国的国外马克思主义研究提供了很好的条件。十分可惜,这些图书资料的利用率还不高。但也有像复旦大学当代国外马克思主义哲学研究室(现已扩建为复旦大学当代国外马克思主义研究中心)这样的单位,舍得投入人力、物力,派专人到中共中央编译局的图书馆去复印这些图书资料。

（6）翻译出版有关苏联解体、东欧剧变后国外马克思主义研究的名著和论文。从 20 世纪 80 年代初开始,我国的一些学者致力于对国外马克思主义研究的名著的翻译工作,所译出的这些书籍对我国的思想理论建设产生了公认的积极作用。但出于各种各样的原因,在 90 年代初,这项工作基本上陷于停滞,之后随着 90 年代中期国外马克思主义研究高潮的掀起,这项工作又开始运转起来。实际上,只有把这些著作和论文及时地翻译成中文出版,才能使它们在中国获得大量的读者,从而产生广泛的影响,使我们对当代国外马克思主义的研究具有深厚的群众基础。尽管从数量上来说,近几年翻译出版的有关这方面的书籍不够丰富,但所产生的影响不可小视。这里特列举三本:一是中央编译出版社出版的《未来的社会主义》,二是中央编译出版社出版的《全球化时代的"马克思主义"》,三是中国人民大学出版社出版的德里达的《马克思的幽灵:债务国家、哀悼活动和新国际》。前两本是论文集,收集了苏联解体、东欧剧变后国外学者对马克思主义、社会主义研究若干有代表性的文章。人们通过这两本论文集可大致了解苏联解体、东欧剧变后国外马克思主义、社会主义研究者的基本观点。应该着重指出的是,1999 年才出版中文本的德里达的这本书,曾在西方世界引起轰动。有些评论者预言,它也定能震撼中国人的心,原因很简单:该书出自一个作为非马克思主义者的思想大师之手,他在不少人宣称"马克思主义已经死亡",一些原来号称是马克思主义的信奉者也纷纷远离马克思主义之时,却走近马克思,为马克思辩护。遗憾的是,这本书的中文本译文不尽如人意,影响了它的感染力。

(7)对苏联解体、东欧剧变后的国外马克思主义进行研究。上述诸多活动在一定意义上说,都是为研究服务的。通过各种方式了解苏联解体、东欧剧变后国外马克思主义的最新态势,根本目的是为了消化它、研究它,再在此基础上从正面、侧面、反面吸收一切有益的东西。我们对国外马克思主义的研究原来有着很好的基础,但对国外马克思主义的最新发展,即苏联解体、东欧剧变后国外马克思主义的研究还处于起步阶段。尽管如此,已有不少成果问世。一篇篇信而有征、有血有肉的分析文章,不时见诸杂志。目前经常刊登这方面文章的主要刊物有:《马克思主义研究》《马克思主义与现实》《教学与研究》《复旦学报》《当代世界与社会主义》《当代世界社会主义问题》等。这些论文从单篇看,可能只是揭示了苏联解体、东欧剧变后国外马克思主义发展态势的一个侧面,但把它们分门别类地串在一起,就能构成基本上能反映态势全貌的一个较完整的体系。正是基于这一考虑,中国人民大学出版社经过筛选,将这些论文以"苏东剧变后的国外马克思主义趋向"为名结集出版。除了论文外,还有个别的专著问世,如曾枝盛的《20世纪末国外马克思主义纲要》。

三、跟踪研究苏联解体、东欧剧变后的西方马克思主义

具体地说,我国学术界主要是从哪些方面入手对苏联解体、东欧剧变后的西方马克思主义进行跟踪研究的呢?

(一)探讨新特点

显然,自20世纪90年代中期起,国外掀起的这股研究马克思主义的热潮,具有特定的历史背景。在这种特定的历史背景下所进行的马克思主义研究,与苏联解体、东欧剧变之前相比,具有许多新的特征。我国学术界对苏联解体、东欧剧变后的国外马克思主义进行跟踪研究,是从探讨这些新的特征入手的。无论是出席国际马克思主义大会的中国学者所写的会议纪要,还是赴国外实地考察苏联解体、东欧剧变后马克思主义研究状况的中国学者所撰的考察报告,第一个内容都是阐述苏联解体、东欧剧变后的国外马克思主义研究有何新特点。陈学明把这些新特点归纳为以下四个转换:

(1)以政党为依托的研究转换为知识分子的独立研究。苏联解体、东欧剧变前, 国外马克思主义的研究, 主要是以政党特别是共产党为依托的研究,研究者基本上都具有一定的政治背景;而苏联解体、东欧剧变后,这种现象顷刻改变,西方马克思主义的研究变成了知识分子的独立研究,马克思主义学者不再以政治家或党的理论家的身份参与马克思主义的研究。

(2)经院式的研究转换为密切联系实际的研究。如果说在苏联解体、东欧剧变前,在国外特别是在西方世界经常可以见到一些"经院的马克思主义者",他们远离现实生活,只注重对马克思主义进行考据式的研究,那么在苏联解体、东欧剧变后,已很少见到此类马克思主义的研究者了。马克思主义研究越来越面向当代世界,贴近生活。

(3)单学科的孤立研究转换为跨学科的整体研究。目前的国外马克思主

义研究,一改过去分门别类地单学科研究,打破了学科界限,强调在马克思主义有机整体中研究马克思主义的各个组成部分。

(4)争吵不休论战式的研究转换为求同存异共同探讨式的研究。往日的国外马克思主义研究,往往分庭抗礼、明争暗斗、抵瑕蹈隙,如今这种现象少见甚至不见了,而代之于同条共贯、推己及人、相辅而行的局面。

(二)分析新动向

我国学术界对苏联解体、东欧剧变后国外马克思主义的跟踪研究,非常重要的一点是对其新动向的分析。目前所看到的有关当代国外马克思主义的文章,大多是分析其新动向的。徐崇温认为,国外马克思主义研究中这些新动向应引起我们高度重视:①社会主义问题被提到首位。从美国每月评论出版社出版的《从左派的观点看社会主义》,到英国"新左派"评论社出版的《倒塌之后——共产主义的失败和社会主义的未来》,再到最早问世于德国的《未来的社会主义》,都反映出国外马克思主义研究者抓住苏东社会主义纷纷垮台这一历史现实,把社会主义作为主要话题。②对马克思主义进行重新思考。针对苏联解体、东欧剧变后所出现的对马克思主义认识上的种种混乱,国外马克思主义研究者集中于对马克思主义的反思,他们论证马克思主义的现实性,探讨马克思主义的真精神,总结马克思主义发展道路上的教训。③马克思主义在某些范围内引起人们更大的兴趣。这突出地表现在俄国、法国、美国、英国举行的马克思主义和社会主义的大型会议上。

当然,所谓马克思主义在某些范围内引起人们更大的兴趣,主要还是指一种学术现象,而不是指政治乃至政党现象来说的。曾枝盛则从另一角度分析了苏联解体、东欧剧变后国外特别是西方世界马克思主义研究的新趋向:①后结构主义的马克思主义独领风骚,②关于"死""活"马克思主义的说法盛行,③"马克思主义危机论"的讨论再度热门,④马克思主义在回归。由陈学明主编的《苏东剧变后的国外马克思主义趋向》一书,以更广阔的视野,从以下五个方面分析了马克思主义最新发展态势:马克思主义研究——不断升温,社会主义理论——面临重大突破,左翼力量——走向联合与复兴,各国共产党——在逆境中奋斗,各种马克思主义学派——日趋活跃。

(三)寻觅新主题

历来的国外马克思主义研究,总是围绕着社会主义、当代资本主义和马克思主义理论本身这三大课题展开。苏联解体、东欧剧变后的国外马克思主义研究基本上没有超出这一范围。但是就每一课题范围而言,国外马克思主义研究者已将研究领域大大拓宽了,探讨了一系列新的研究主题。研究领域的扩大、新的主题的出现,直接反映出对马克思主义研究的深化。正是基于这种认识,我国学术界在对苏联解体、东欧剧变后的国外马克思主义的跟踪研究过程中,特别注意寻觅其新的研究主题。在社会主义这一研究领域内,徐崇温认为下述一系列问题是国外的马克思主义研究者新提出而我们必须加以重视和研究:①为什么在20世纪,社会主义革命只是发生在马克思所没有预期的经济文化比较落后的国家,而在马克思所预期的发达资本主义国家却没有发生? ②人们常常说,社会主义优于资本主义,但为什么在现实生活中,社会主义国家在经济上却不如发达资本主义国家? ③为什么在20世纪上半叶,在与资本主义较量中节节取胜的社会主义苏联,到了20世纪下半叶,却会渐渐败下阵来? ④资本主义搞市场经济,实践证明社会主义也非搞市场经济不可,那么到底应当怎样把握社会主义和资本主义之间的原则界限? ⑤为什么在东欧剧变中纷纷落选的社会党人(前共产党人),近年又相继东山再起? ⑥随着自动化特别是计算机化的出现,社会主义的动因已从物质生活的贫困转到精神上的苦闷,在这种情况下能不能继续把工人阶级视为社会主义的主体? ⑦生产资料的私有制是不平等的根源,但并不是任何公有制都是正面的,那能否把公有制作为社会主义的本质?

张世鹏在《全球化时代的资本主义》一书的前言中提出,国外"左"派对当代资本主义的研究,主要集中在全球化、后福特主义、劳动社会危机、社会福利危机等主题上。而其中全球化实际上已成为当代国外"左"派学者研究资本主义的第一主题。全球化涉及当代资本主义发展的基本特点和总体趋势,涉及对于资本主义未来发展前景的观测,是我们研究当代世界无法回避的至关重要的课题。

陈学明则认为,当代国外马克思主义研究者对马克思主义本身的研究主要围绕着下述主题展开：①苏联解体、东欧剧变究竟给马克思主义带来了什么影响？②马克思主义究竟是一种什么样的思想体系？它的主要特征是什么？③以前人们对它的认识有何偏差？④将马克思主义置于新的形势背景下加以衡量，哪些东西已失去时效、哪些东西仍散发着真理的光辉？马克思主义在当今世界还有没有现实性？

（四）深挖新观点

苏联解体、东欧剧变后的国外马克思主义研究者，在对社会主义、当代资本主义和马克思主义理论本身的研究过程中，提出了许多具有创新意义的观点。这些新观点往往隐含在他们行文的背后。把这些新观点挖掘出来，再在此基础上切磋琢磨，分出优劣得失，是我国学术界对苏联解体、东欧剧变后的国外马克思主义进行跟踪研究的一项主要工作。这里仅以俞可平对国外马克思主义研究者的社会主义理论的跟踪研究为例加以说明。他把注意力始终集中于对新观点的挖掘上，他把如下四个新观点清清楚楚地摆在世人面前：

（1）从历史的角度看，追求平等和效率一直是社会主义者心目中的两大基本价值。在20世纪90年代的国外学者看来，平等和效率仍然是社会主义的两大基本价值，但是鉴于当代西方发达国家重效率甚于平等的现实体制，越来越多的社会主义学者把强调的重点放在平等而不是效率上。在这些强调平等的学者看来，效率固然是重要的，也是社会主义的基本价值，但平等似乎是社会主义核心的和最主要的价值，社会主义根植于平等主义。

（2）公有制与私有制是区分社会主义与资本主义的主要标志。对此20世纪90年代的国外社会主义学者并无多大异议。他们得出的基本结论是：只有社会主义才能消除私人占有者的统治，实行公有制。社会的公共所有制正是社会主义的根本特征所在。然而在社会主义所有制的形式、成分、性质等问题上，他们中的大多数人不再简单地把社会主义的公有制称为生产资料的国有制和集体所有制，而是称为"社会所有制"。按照有些人的解释，所谓"社会所有制"也就是"混合所有制"，即重要的生产资料为社会公有，公有的形式不是单一的国有制，而是包括国有、集体所有、合作所有等多种形式。

（3）根据传统的观点，与社会主义公有制相一致的经营体制是计划经济。20世纪90年代的国外社会主义学者对这种指令性的计划经济体制予以彻底否定，认为这种体制在实践中曾给社会主义国家带来深重灾难，甚至认为它应当对苏联、东欧的共产党政权的垮台负主要责任。反对指令性计划经济的逻辑结果便是倡导市场经济，将市场机制引入社会主义经济体制可以说是90年代以来国外社会主义学者的最强的呼声。

（4）社会主义与民主不可分离，社会主义在本质上是民主的，没有民主就没有社会主义，民主政治是社会主义政治体制的根本基础，这是20世纪90年代大多数国外社会主义学者所向往的社会主义民主政治制度的主要内容。他们强调，社会主义应当实行人民自治制度，社会自治是民主政治的现实机制。社会主义应当推行多元主义政治，没有多元政治就没有民主和自由。社会主义应当建立经济民主制度，确保经济生活民主化。

四、把西方重新掀起的马克思主义研究热潮传入中国所产生的效应

我国一些专家学者对苏联解体、东欧剧变后国外马克思主义的跟踪研究，其影响所及远远超出了学术界本身。他们的跟踪研究，他们所写下的有关专著、论文，对我国的思想理论建设具有重要的积极作用。下面列举若干已经产生和正在产生的正面效应。

（一）为增强马克思主义信念带来推动力

苏联解体、东欧剧变后，面临马克思主义遭受重大挫折的事实，增强对马克思主义的信念，加深对马克思主义现实意义的认识，实际上在中国也已变得十分迫切。在这种情况下，把国外马克思主义研究的盛况介绍进来，特别是把国外这些马克思主义研究者为什么在别人远离马克思之时自己却要走近马克思主义的种种理由介绍进来，显然是很有必要的。我们的当代国外马克思主义跟踪研究者，在这方面做的工作十分及时也非常有益。综观陈学明所写的一系列文章，不难发现其鲜明的主体意识：把对苏联解

体、东欧剧变后国外马克思主义的跟踪研究,转化为增强马克思主义信念的一个推动力。下面且看他的四篇文章:

(1)《苏东剧变后国际马克思主义大会的启示》。在这篇文章中,他通过介绍和分析国际马克思主义大会昭示,只要这个世界上还存在着资本主义制度,还存在着剥削和压迫,不管出现多大的反复和曲折,马克思主义的理想不会消逝,马克思主义的旗帜不会倒下。

(2)《西方学者对马克思主义的新反思》。在这篇文章中,他着重剖析了苏联解体、东欧剧变后的国外马克思主义研究者在特定的历史背景下,对马克思主义在当今世界究竟还有没有现实性的阐述。他说道,国外这些马克思主义研究者对马克思主义保持着崇高的信念,而这种信念又是建立在对马克思主义的生命力和现实性的认知上。他们用现代资本主义社会内在矛盾仍然存在,来论证马克思主义的现实性,理由是充分的。他们把马克思主义的现实意义揭示出来,活生生地摆在世人面前,相信一切正直的人都会有所触动的,就是那些对马克思主义怀有偏见者,也会在高喊马克思主义已过时、死亡时,心里感到发怵。

(3)《马克思主义在今天还有没有意义——从亚当·沙夫的回答说开去》。沙夫早年因宣传"人道主义的马克思主义"观点而受到批判,苏联解体、东欧剧变后,当年批判他的那些"正统的马克思主义者"告别了马克思,而他一再宣布"我是一个马克思主义者",并论述了他仍然相信马克思主义的理由。陈学明把沙夫所论述的这些理由如实地进行介绍,当然是用心良苦的。

(4)《为马克思辩护——读雅克·德里达的〈马克思的幽灵〉》。陈学明把德里达论证马克思主义现实意义的主要词句摘录下来,一段一段地加以评述,并富有激情地指出:像德里达这样身份的人能讲出"没有马克思就没有未来""地球上所有的人,不管他们愿意与否都是马克思遗产的继承人"如此目光如炬的至理名言,我们还有什么理由对马克思主义表示怀疑呢?

(二)为正确地总结苏联解体、东欧剧变的教训提供借鉴

苏联解体、东欧剧变在中国引起的震动,实际上一点儿不亚于在世界其他地区。如何从由共产党执政的苏东社会主义国家的垮台中吸取教训,是摆

在中国人面前的一项重大课题。实际上,苏联解体、东欧剧变以来,我们一些真正富有责任感的理论工作者一直在思考这一涉及马克思主义,以及社会主义前途和命运的问题。正当我们在从事这项工作时,国外的马克思主义研究者在这方面也进行了许多富有见地的思索。一些对苏联解体、东欧剧变后国外马克思主义进行跟踪研究的专家学者,及时地把国外马克思主义研究者的思索传递进来,通过他们的桥梁作用,把国外与国内在这一问题上的思考结合在一起。只要仔细观察一下目前国内涉及这一问题的有关文章,就不难发现:它们中不乏借鉴了国外马克思主义研究者的文章。例如,在认识苏东社会主义的垮台对社会主义产生什么影响时,常见这样一种提法:苏联模式社会主义的失败不等于整个社会主义事业的失败,反而因为这种"变了味的社会主义"的消失,而使真正的社会主义放下了包袱而轻装前进了,因此社会主义的追随者"没有理由披上丧衣"。显然,这种提法直接来自国外的马克思主义研究者。

早在苏联解体、东欧剧变后不久,就有陆俊等国内学者把哈贝马斯对苏联解体、东欧剧变原因的一些思考介绍到国内。哈贝马斯称苏联解体、东欧剧变是一种"矫正的革命",他反对把此次剧变,即"官僚社会主义"的崩溃理解成西方精神在东方的胜利,认为"剧变是朝向一种更合理的社会革命的过渡",他告诫"左"派"没有理由披上丧衣"。哈贝马斯的这些说法后来在国内不胫而走,成为人们论述这一问题时的一种借鉴。

国外一些具体论述苏联解体、东欧剧变原因的观点在国内也广为流传。王正泉把独联体各国共产党,特别是俄罗斯共产党对苏联解体、东欧剧变反思的观点引入国内。他认为,俄罗斯共产党主要从两个方面来分析苏联演变的原因:一是党内斗争和领导人的叛卖,二是过去的苏共领导人犯有严重错误。为了证实这一看法,他特地引了久加诺夫这样一席话:"对苏联瓦解起到决定性作用的是主观因素,即当时的领导人软弱无力,胆小如鼠,最后发展到公开的叛卖。""造成社会主义失败的还有一些客观原因。它未能在提高劳动生产率、提高普通劳动者生活水平、发挥劳动者创造积极性等最重要方面发挥出自己的优势。最后一个原因是,我们卷入了筋疲力尽的军备竞赛。"应该说,久加诺夫的这一看法对我们正确地分析苏联解体、东欧剧变的原因,从而正确地从中吸取教训是有启示作用的。

(三)为革新社会主义理论拓展思路

苏联解体、东欧剧变使人们确立了这样一个基本认识:传统社会主义理论已无法胜任自己昔日确定的历史角色，原有社会主义理论的革新势在必行。正当国内学者在总结中国特色社会主义实践的过程中,不断地丰富和发展传统的社会主义理论之时,国外的一些马克思主义、社会主义研究者,以苏东社会主义制度的崩溃为契机,对社会主义进行了彻底的反思,或者说对社会主义的历史、现实和未来进行重新认识。在这个重新认识的过程中,出现了各种各样关于社会主义的新观点、新学说。这些新观点、新学说是重要的思想资料,可为我们革新社会主义理论打开思路,借助于我国的那些跟踪研究者的辛勤劳动,使这种可能性变成了现实性。

目前国内在所有涉及跟踪研究当代国外马克思主义的著作与论文中,有关国外正展开的社会主义大讨论的占了很大一部分。正是这些著作和论文开阔了国内学者的思路,可以说,社会主义理论近年在中国取得了公认的丰富和发展,这一方面源于我们的建设是具有中国特色的社会主义实践,另一方面则得益于吸收和消化国外在社会主义的大讨论中形成的新观点、新学说。在这些新观点、新学说中,关于"市场社会主义"的新观点、新学说最引人注目,在国内影响也最大。张宇提出,尽管"市场社会主义"的提法早已出现,但其一系列新内容产生于苏联解体、东欧剧变后。他把这些新内容归纳如下:市场机制应当在社会主义经济中获得更多的生存空间,而使市场发挥更大作用的关键又在于产权制度;产权制度是一种工具而不是目标,公有制不是社会主义制度的本质,社会主义的目标是在自我实现和福利、政治影响与社会地位方面获得更多的平等机会;必须寻求一种既不同于资本主义私有制又不同于传统公有制的产权制度,使市场机制的效率与社会主义的平等结合起来。张宇所说的国外"市场社会主义"理论的新内容,确实为我们探讨如何实现公有制与市场经济的兼容性,即在肯定市场机制作用的同时如何去寻求实现社会主义目标的制度安排,打开了思路。

(四)为重新认识当代资本主义扩充视野

苏联解体、东欧剧变之后,怎样认识当代资本主义的问题被推到了理论研究的前沿。国内有这样一些人,他们热衷于把西方政要和右翼思想家所宣扬的"当代资本主义是人民资本主义""当代资本主义的自由民主制度是人类历史发展的终极状态"等观点引入国内,要我们把当代资本主义作为"人间天堂"来看待。与此同时,国内一些对苏联解体、东欧剧变后国外马克思主义进行跟踪研究的学者,把当代国外马克思主义研究者对当代资本主义进行批判的观点荐引到国内,目的是借助于国外马克思主义研究者对当代资本主义的批判,让人们在学习当代资本主义的一切先进的东西的同时,不要忘记其本来面目。两种不同的出发点、不同的引进方法,当然带来两种不同的结果。这里且举一例。认识当代资本主义,离不开对全球化的研究,因为当代资本主义是同全球化发展趋势联系在一起的。但同样是介绍西方的全球化理论,一些人注重的是把那些宣扬"全球化意味着当代资本主义的全球化"的观点引进来;而对苏联解体、东欧剧变后国外马克思主义进行跟踪研究的一些学者,则注重引进的是这样一种观点:经济全球化趋势把资本主义的文明成果扩展到全球范围的同时,也不可避免地把资本主义的固有矛盾扩展到全球,在全世界范围内重现资本主义的各种矛盾和痼疾。在不可能有"世界政府"加以干预的情况下,资本主义市场经济的盲目性和自发性不可避免地引发全球性的金融风险和危机。综观这两种不同的引进,究竟哪一种具有积极意义,不言自明。

西方左翼学者在苏联解体、东欧剧变后更注重对当代资本主义的批判,而且不断地为这种批判增添新的内容。把他们的新批判有选择地介绍进来,确实为我们重新认识这一社会扩展了视野。陈学明特别向国人推荐苏联解体、东欧剧变后的国外马克思主义研究者,运用马克思的人的全面发展理论来对照、批判当代资本主义的做法。他指出,苏联解体、东欧剧变后,国外马克思主义研究者越来越认识到马克思的人的全面发展理论的现实意义,他们不但运用这一理论来重新界定社会主义的本质, 不但用它作为社会发展目标来赢得人民的支持,而且用它来评判当代资本主义,提醒人们对所处境遇的认识。他们真切地看到:生活在当代资本主义社会中的人们,在表面的物质生活充裕的背后,掩盖着人的本性的扭曲,以及与此相伴的精神上的痛苦和不安。他们把当代资本主义社会中存在的生态危机、消费主义、道德沦丧等种种弊端都提高到与人的全面发展相对立的高度来认识,所以确实触及了当代资本主义的要害。在听惯了对当代资本主义的赞美之词以后,了解一下这种对当代资本主义的不同的声音,是很有好处的。

(五)为实现马克思主义的当代化传递启示

苏联解体、东欧剧变后,对马克思主义当代化的要求越来越强烈与迫切。人们普遍达成了这样的共识:马克思主义仍然是我们时代的一面旗帜,但必须把马克思主义的基本原理同时代实践相结合,在探索和解决时代实践的新问题的过程中,用新的思想、新的观点、新的方法继承和发展马克思主义,使之不落后于时代而保持勃勃生机,始终具有时代气息而保持青春活力。目前国外的许多马克思主义研究者不但有这样的认识,而且有实际行动。在一定意义上说,他们的所有研究活动都是围绕着实现马克思主义当代化这一中心展开的。他们一方面从各个角度论证马克思主义的现实意义,告诉人们只要这个世界上还存在着资本主义制度,马克思主义的理想就不会消逝;另一方面则强调,马克思主义不是完美无缺的,应当不断地加以修正和发展,千方百计地使马克思主义面向现实。他们为做好实现马克思主义当代化这篇大文章积累了不少思想资料。

我国学术界一些专家跟踪研究苏联解体、东欧剧变后国外马克思主义,一个重要的积极作用就是在过滤与消化的基础上传递这些思想资料,这些思想资料已在我们推进马克思主义当代化的过程中发挥重要的作用。周穗明、李其庆、段忠桥、郝立新、曾枝盛、靳辉明等各自写下的关于国际马克思主义大会的纪要,都把这些大会如何致力于实现马克思主义的当代化作为首要内容加以传递。

参加 1998 年巴黎纪念《共产党宣言》发表 150 周年国际会议的靳辉明说,关心和回答当今世界面临的社会问题和全球化问题,思考和探讨世界社会主义的前景,并以此实现马克思主义的当代化,正是这次会议的宗旨。他介绍了这次会议如何通过对下述问题的探讨推进马克思主义的当代化:关于当代资本主义和资本主义世界化,关于资产阶级关系的变化和革命,关于民主和社会主义的内在联系,关于改革和市场社会主义,关于科技革命、生态环境和可持续发展。

参加 1996 年伦敦国际马克思主义大会的郝立新指出,这次会议给人印象最深刻的就是马克思主义必将随着实践的发展而发展。他着重介绍了会议在探讨阶级和阶级斗争问题以及社会主义问题的过程中,如何使马克思主义充分展现其活力与魅力。

周穗明、李其庆在关于 1995 年巴黎国际马克思主义大会的纪要中,阐述了大会对五大热点问题的讨论,即关于社会主义与市场、关于正义与伦理、关于"世界体系"理论、关于生态学问题、关于阶级关系与知识分子。他们认为,借助于对这些问题的讨论,马克思主义取得了新的成果和进展。后来的事实表明,他们所传递的关于国际马克思主义大会推进马克思主义当代化的信息,引起了国内广泛的注意,特别是引起了那些关注马克思主义当代化的人的注意。

五、苏联解体、东欧剧变后西方马克思主义研究的新流派

苏联解体、东欧剧变后,西方马克思主义的研究曾跌入低谷,各种国际性的研讨会也处于休眠状态。这种状况从 20 世纪 90 年代中期开始发生变化,西方马克思主义研究进入了一个新的阶段,标志性的事件就是涌现出了一些新的流派并迅速介入我国学者的跟踪研究。这些新的流派主要是:法国"批判的马克思主义"、英美"分析的马克思主义"、形成于北美的"生态学马克思主义",以及"市场社会主义"等。

(一)对法国"批判的马克思主义"的跟踪研究

法国"批判的马克思主义"亦称"马克思主义批判学派",是继 20 世纪五六十年代以萨特为代表的"存在主义的马克思主义"、六七十年代以阿尔都塞为代表的"结构主义的马克思主义"之后,在法国出现的一个新马克思主义流派。该流派向来以运用马克思的批判性方法来研究马克思主义和社会

现实问题著称。苏联解体、东欧剧变后,该流派率先对社会主义的思想基础、发展前途和马克思主义的历史命运展开了讨论。虽然"批判的马克思主义"学者之间存在着不同程度的政治和理论分歧,但在反对斯大林的教条主义和所谓"马克思主义死亡论"方面是观点一致的。在他们看来,苏东社会主义失败虽然使得马克思主义处于低潮,但这并不意味着"马克思主义死亡",真正死亡的是"历史的教条主义""现实的社会主义",作为科学的马克思主义不会死亡。在该流派的领袖人物拉卡比看来,当代发达的资本主义国家已经具备过渡到社会主义的社会经济前提,问题是主观条件欠缺,资产阶级的意识形态淡化了劳动者的阶级意识。面对苏联解体、东欧剧变这一严峻事实,马克思主义者的真正任务是批判资产阶级的意识形态,因为今天的社会主义已经超越传统的社会主义所提出的消灭阶级差别、民主监督等问题,已经涉及人类在生态体系中的再生产和生存的普遍条件问题。①

(二)对"分析的马克思主义"的跟踪研究

从严格意义上讲,"分析的马克思主义"与"批判的马克思主义"同属法国"后结构主义的马克思主义学派",都继承了以阿尔都塞为首的结构主义马克思主义学派的学术精神。在他们看来,尽管传统的马克思主义仍有很强的生命力,但在对"生产力""生产关系"等一些重要概念的界定上不清晰,论证也不严谨;对社会历史问题只有宏观的论述而缺少微观的分析。要使马克思主义成为科学的、革命的理论,就必须运用分析的方法对它进行重构、修正和补充。苏联解体、东欧剧变后,国内学者如余文烈的《"分析的马克思主义"的分析》(1989 年)、岳长龄的《"分析的马克思主义"初探》(1992 年)、孔圣根的《"分析的马克思主义"评析》(1993 年),以及段忠桥的《分析的马克思主义的一般特征及其三个代表性成果》(2001 年)等,是较早对该流派进行译介评析的代表性成果。这一时期学者们主要聚焦于"分析的马克思主义"流派的总体特征及其代表人物的评述。②研究对象主要包括柯亨基于分析哲学

---

①　参见周穗明、李其庆:《法国"批判的马克思主义"》,《国外社科信息》,1992 年第 20 期。

②　参见段忠桥:《分析的马克思主义的一般特征及其三个代表性成果》,《教学与研究》,2001 年第 12 期。

方法为马克思的历史唯物主义进行辩护，罗默基于新古典经济学的分析方法对传统马克思主义的剥削和阶级理论进行修正，赖特基于分析哲学的方法全面重构马克思的阶级理论等。

国内学者将"分析的马克思主义"流派的总体特征大体归纳为两个方面：

第一，推崇分析哲学的方法，反对辩证法。基于重构所谓"科学的马克思主义"，分析的马克思主义者极为强调对诸如生产力、经济结构、剥削、阶级结构、拜物教、经济基础和上层建筑、国家等重要概念的精细阐述和严密论证。出于对分析哲学方法的偏爱与推崇，分析的马克思主义者都反对传统的马克思主义者所坚持的辩证法。在他们看来，马克思主义并不拥有自己独特的和有价值的方法，传统的马克思主义者则认为其拥有这样的方法，并把这种方法称为辩证的方法。分析的马克思主义者认为，虽然"辩证的"这个词在被使用时并不总是没有明确的含义，但在用来表示一种与分析的方法相对应的方法时却从不具有明确的含义，因而对辩证法的相信只能在一种不清楚的思想环境中存在。在他们看来，那种认为辩证法构成推理的可靠方式，并认为从阐明社会理论的目的来看，辩证法优于形式逻辑的想法，既是错误的，又是有害的。

第二，推崇方法论的个人主义，反对方法论的整体主义。分析的马克思主义者认为，任何一种理论要成为现代意义上的科学，都不能仅仅停留在对事物和现象的宏观描述上。他们认为，说资本主义必定要崩溃并且必然要为社会主义所取代并没有表明个人的行为将如何导致这一结果，而只有个人的行为才能导致这一结果，因为从最终的分析来看，任何结果都是由个人的行为构成的。在他们看来，对任何社会事件的令人满意的解释都必须说明为什么卷入事件的那些个人会那样行动。他们的这种主张被人们称作理性选择的方法论的个人主义，即以分别构成整体的微观成分和构成总体转变过程基础的微观机制，去说明宏观现象的那种倾向。在分析的马克思主义者看来，所有社会现象都必须最终通过作为个人的人的特性，如人的动机的形成、价值观、感情、能力、洞察力及知识等来说明。从方法论的个人主义出发，分析的马克思主义者反对把社会形态和阶级描述为具有它们自身发展规律的方法论的整体主义的观点。在他们看来，方法论的整体主义把个人的特性归结为各种类型的集体的存在，并因此赋予后者对它们的组成者在解释上的优先权。但人的思想产生于个人心中，行为是个人的能力，而且仅仅是个人的能力，因此就解释社会行为而言，无论对于马克思主义还是其他主义，个人都应是理论的逻辑起点。整体的行为说到底只是构成它们的个人行为的体现，是个人行为的功能。

（三）对"生态学马克思主义"的跟踪研究

苏联解体、东欧剧变后，随着全球化时代生态危机的日益严峻，"生态学马克思主义"作为西方马克思主义领域的一个新的流派开始进入我国学界。就研究进程而言，"生态学马克思主义"在我国学界起初是由对发端于 20 世纪 60 年代西方兴起的一股"绿色运动"思潮的译介评论而逐渐被课题化的。李其庆的《法国学者拉比卡谈"生态学社会主义"》（1993 年）、周穗明的《关于生态社会主义的一些情况》（1994 年）、孟利生的《对生态社会主义的几点评价》（1996 年）等，都是这一时期国内学界的研究成果，学者们主要从发生学意义上对"生态社会主义"进行学理考察。在此基础上，学者们还对生态社会主义的理论主题、理论特征等进行了研究述评。随着研究的进一步深入，研究主题由"生态社会主义"逐渐转向了"生态学马克思主义"。王珊珊的《生态学马克思主义探析》（2001 年）、陈学明的《人的满足最终在于生产活动而不在于消费活动——生态学马克思主义的一个重要命题》（2002 年）、曾文婷的《生态学马克思主义探微》（2004 年）、刘仁胜的《生态马克思主义发展概况》（2006 年）等，都是国内较早将"生态学马克思主义"课题化研究的代表性成果。国内学界随即兴起了生态学马克思主义研究热潮，生态学马克思主义成为西方马克思主义领域研究的一门"显学"。

这一研究的主要特点，一是本·阿格尔、威廉·莱斯、戴维·佩珀、安德烈·高兹、詹姆斯·奥康纳、约翰·贝拉米·福斯特等一批生态学马克思主义理论家及其重要著作陆续被译介到中国，这为深入推动国内学者从事生态学马克思主义理论研究提供了必要的文本资源；二是形成了对生态学马克思主义的理论基础、发展脉络、理论主题及其当代意义等方面的整体性研究。这样，生态学马克思主义的理论图景及其基本观点也较为充分、清晰地被揭示出来。生态学马克思主义认为，资本主义制度和生产方式的非正义性，以及由此带来的科学技术的非理性运用和消费主义价值观与生存方式是当代生态危机产生的根源,认为解决生态危机的途径在于,通过激进的生态政治变革,实现向生态社会主义社会的过渡。其基本理论观点主要包括①:

第一,以生态危机理论取代经济危机理论。生态学马克思主义认为,资本主义生态危机是全球性的综合危机,资本主义生产的无政府状态是产生生态危机的总根源,资本主义不可能为解除生态危机找到根本出路。

第二,批判生态殖民主义。20世纪90年代,生态学马克思主义者逐渐把理论批判视野从资本主义国家内部的生态危机转向全球性的生态危机,揭露当代发达资本主义国家把生态危机转嫁给发展中国家的罪恶行径,展开了对生态殖民主义的批判。他们认为,资本主义生产方式的内在矛盾是导致全球化生态危机的深刻根源,资本主义制度及其生产方式与全球生态危机有着密切的内在联系。资本主义制度本身不可能解决其固有的生态矛盾,为了保护资本主义国家的生态环境,西方发达的资本主义国家凭借自己强大的经济、技术和军事等方面的优势,不断向发展中国家转移污染性产业,输送有害有毒废弃物,甚至把发展中国家变为其生态垃圾场,并通过对广大发展中国家进行生态掠夺,转嫁和缓和矛盾。资本主义国家也许能在本国或局部地区解决局部的生态危机问题,但不可能解决全球性的生态危机问题。世界欠发达国家和地区之所以产生生态环境问题,正是当代西方发达国家对欠发达国家和地区长期进行生态掠夺和剥削的结果。

第三,以生态理性取代经济理性。生态学马克思主义提出,社会主义必须用生态理性取代经济理性。他们认为,马克思对资本主义生产方式的批判就是对经济理性的批判。经济理性的危害在于使生活世界殖民化,它会使人们的生存方式和人的行为狭隘化,人会失去行为的自主性,生产活动仅仅是谋生的手段。这必然会与生态环境产生冲突,最大化的消费与需求刺激过度生产和过度消费,从而导致对资源的肆意开发和对生态的过度破坏。生态理性使社会生产目的不再以利润为动机,而是与生态保护相一致。生态理性提倡一种适可而止的需求方式,尽量少用劳动、资本和能源,努力生产耐用的、具有高适用价值的东西。生态学马克思主义认为,要实施生态理性,必须突

---

① 参见刘仁胜:《生态马克思主义发展概况》,《当代世界与社会主义》,2006年第3期。

破资本主义生产方式,建立新的社会主义生产方式。摆脱生态危机的根本出路是建立"稳态"的社会主义经济模式,就是发展小规模、无污染的技术和小企业,让人们到生产活动中而不是到消费活动中去寻求满足,其消费根植于人与自然和谐一致的基础之上。

生态学马克思主义在我国学界的深入研究,对于在理论上促进学者对马克思主义生态哲学的课题化研究具有重要的推动作用,在实践上对建设中国特色社会主义生态文明也具有极强的启示意义。

(四)对"市场社会主义"的跟踪研究

苏联解体、东欧剧变后,"市场社会主义"成为西方马克思主义研究者的一个理论"新宠"绝不是偶然的:一方面,苏联解体、东欧剧变使人们对既无效率又无平等的现实社会主义失望;另一方面,尽管资产阶级宣传机器一再宣称只有资本主义才是未来之路,但资本主义既无效率又无平等的社会现实更令人绝望。正是在这种情况下,西方国家的一批左翼学者企图寻找"第三条道路",既能充分发挥市场带来的效率,又能发挥公有制带来的平等。倡导把市场体系的力量和社会主义的力量有机结合在一起的新的社会主义模式,就是以约翰·罗默为代表的"市场社会主义"流派的创始人的根本目的。

"市场社会主义"作为西方马克思主义研究的一种新的动向,大体上始于 20 世纪 90 年代初。颜鹏飞的《西方马克思主义学派关于资源配置机制的新探索——论市场社会主义》(1995 年),余文烈、吕薇洲的《英国工党的市场社会主义模式》(1998 年),张宇的《市场社会主义理论:当前的问题》(1999年),姜辉的《西方市场社会主义理论面临的挑战与发展前景》(1999 年),陈学明的《社会主义理论的重大突破——评苏东剧变后国外关于"市场社会主义"的研究》(1999 年)等,都是国内较早介入"市场社会主义"研究的代表性成果。特别是由段忠桥翻译的《市场社会主义——社会主义者之间的争论》(2000 年)一书,汇集了施韦卡特、蒂克庭、奥尔曼和劳勒四位市场社会主义者之间的对话,为国内学者深入了解市场社会主义流派提供了宝贵的思想资源。这些研究成果既包括对"市场社会主义"代表人物及其基本观点的译介评述,也包括对其理论主题、理论特征及其现实意义等方面的归纳提炼,

主要体现为如下"四个突破":

第一,突破了传统社会主义理论关于市场与社会主义"水火不容"的解释框架。在"市场社会主义者"看来,市场是一种"中性机制",也就是说,市场是社会主义和资本主义都可以利用的经济手段,社会主义的计划经济的本质并不一定意味着可以用来达到社会主义目的,而市场的本质也未必一定会阻碍人们利用它来实现社会主义的目标。正如罗默在《未来社会主义》中所强调的,社会主义不是死了,而是需要现代化,而且现代化的主要途径就是让市场与社会主义联姻。

第二,突破了传统社会主义将社会主义生产资料理解为单一的公有制的解释框架。在"市场社会主义者"看来,社会主义的生产资料所有制的实现形式不应被理解为单一的公有制,而是"社会所有制"。因为市场与社会主义最终能否实现有机结合,在根本上取决于市场与社会主义公有制能否兼容。在他们看来,"社会所有制"实际上是一种"混合所有制",在这种混合经济中,生产资料虽然为社会所有,但是公有制的实现形式并不是单一的公有制,国有、集体所有、私有和合作所有等多种所有制形式相互竞争,有利于释放社会生产的活力,这无疑是对传统社会主义理论的一个重大修正。

第三,突破了传统社会主义将社会主义本质特征等同于生产资料公有制的理论框架。在"市场社会主义者"看来,社会主义的本质特征其实并不在于生产资料的公有制,而在于平等、自由、民主等根本原则和核心价值。他们强调,应当以生产方面积极自由的平等化原则来替代传统社会主义所确立的社会主义原则,社会主义的终极目标是实现自由、平等、民主的社会,而非传统社会主义所坚持的生产资料的公有制。

第四,突破了传统社会主义关于市场经济与自由、民主、平等原则相对立的观点。在"市场社会主义者"看来,相较于传统社会主义高度集权的计划经济体制而言,市场经济具有平等的激励体系、促进自由和为民主提供保障等方面的特点,因而使得市场经济显示出了自身的优越性。他们得出的结论是为了充分发挥市场对平等、自由、民主等方面的正向功能,使市场不仅成为有效使用资源的程序,而且真正成为自由选择的保障者,就必须从资本主义的市场经济体制过渡到社会主义的市场经济体制中,而"市场社会主义"就是实现这种美好构想的不二选择。

需要指出的是,国内学界的"市场社会主义"都能够坚持批判性的态度。一方面,"市场社会主义者"的观点确实包含着有价值的成分。例如,他们强调真正的现代化的社会主义理论必须把市场与社会主义有机结合在一起,这显然是对马克思主义的社会主义理论做出了重大的理论发展。此外,他们提出的市场经济体制对于社会主义的意义不仅在于促进经济高效发展,还可以确保作为社会主义核心价值和根本原则的平等、自由、民主等的充分发展,市场经济是社会主义民主政治的经济基础,不可否认,中国特色社会主义的实践证明了这些观点的正确性。另一方面,国内学者同时对"市场社会主义者"在社会主义所有制问题上所提出的否认社会主义公有制是生产资料的国家所有制和集体所有制,而代之以"社会所有制",从而把社会主义公有制从社会主义的本质特征中排除出去,而仅仅作为一种实现社会主义的手段等方面,都给予了批判性研究。这在一定程度上对于我们深刻把握社会主义建设规律、共产党执政规律和人类社会发展规律,坚持全面深化改革,不断创新马克思主义理论等方面具有十分重要的作用。

六、苏联解体、东欧剧变后西方马克思主义研究的新趋向

我国一些专家学者对苏联解体、东欧剧变后国外马克思主义的跟踪研究,其产生的影响远远超出了学术界本身。他们的跟踪研究对我们在苏联解体、东欧剧变后深入推进马克思主义中国化,探索中国特色社会主义现代化发展道路都具有重要的意义。

第一,把对当代西方马克思主义的研究同对当代中国马克思主义的研究结合起来。马克思主义的生命力在于当代化,马克思主义研究的生命力也在于当代化。进行马克思主义的研究,应集中于对当代马克思主义的研究。对当代马克思主义的研究,既包括对当代国外马克思主义的研究,又包括对当代中国马克思主义的研究,这是不可分割的两个方面。但目前,这两个方面未能有机地结合在一起,从而既影响了对当代中国马克思主义研究的深化,又造成了对当代国外马克思主义研究的肤浅,"沟通"对于这两个方面的研究已成当务之急。

第二,把对当代西方马克思主义的研究同对当代国外哲学特别是同当

代西方哲学的研究结合起来。研究当代西方马克思主义,一定要研究当代西方哲学。因为当代国外马克思主义是在当代西方哲学的环境中发展起来的。"西方马克思主义"甚至就属于当代西方哲学范畴。不了解当代西方哲学,就不可能真正了解当代国外马克思主义。在同当代国外马克思主义进行对话的同时,也要同当代西方哲学进行对话。目前国内从事对苏联解体、东欧剧变后国外马克思主义进行跟踪研究的学者,其中有的本来就是研究当代西方哲学的,这为两者的结合创造了很好的条件。

第三,把对苏联解体、东欧剧变后的西方马克思主义的研究同对苏联解体、东欧剧变前的西方马克思主义的研究结合起来。目前西方的许多马克思主义派别,是在 20 世纪七八十年代一些马克思主义派别的基础上发展起来的。因此,完全撇开苏联解体、东欧剧变前的国外马克思主义,把对苏联解体、东欧剧变后的国外马克思主义孤立起来研究,势必影响研究的质量。苏联解体、东欧剧变前我国学术界对国外马克思主义的研究有着很好的基础,应充分利用这一基础。像目前国内一些学者那样,看不到形势的变化,仍然把注意力集中于七八十年代这些实际上已趋消亡的流派、相对陈旧的观点上,固然不可取,但割裂苏联解体、东欧剧变前后的联系,置苏联解体、东欧剧变前的西方马克思主义于不顾,一味另起炉灶,也值得商榷。

第四,把对当代西方马克思主义的研究同对当代社会特别是当代西方社会的研究结合起来。如前所述,苏联解体、东欧剧变后国外马克思主义特别是西方马克思主义的研究有一个重要特征就是,一方面从事对内涵性的阐述,即从经典原著出发做出分析,对马克思主义的内涵进行多角度探讨,另一方面从事外源性的探究,即从当代社会实践出发,回答现实社会的问题。可以说,苏联解体、东欧剧变后的国外马克思主义完全扎根于苏联解体、东欧剧变后已发生翻天覆地变化的现实社会中。这就决定了,离开对现实社会的观察与分析,就不可能真正理解当代国外马克思主义。

第三章　从美国金融危机至今

2008 年,西方世界在之前的美国次贷危机的基础之上,进一步爆发了金融危机、国家债务危机等全球性的社会危机,其余波蔓延至今。可以说,当今的世界特别是西方资本主义世界又开始发生或至少是孕育着一些带有重大转折、转型意义的变化。例如,西方资本主义世界 21 世纪以来的最近一轮对外扩张(例如所谓"颜色革命",乃至赤裸裸的武装干涉等)普遍开始遭受重大挫折,乃至自 20 世纪七八十年代以来由西方资本主义所主导的经济全球化"高歌猛进"的进程,现在也面临着收缩乃至逆转。此前经济全球化虽也一直受到第三世界人民和西方内部少数弱势群体的批判,但今天全球化面临的乃是来自西方内部结构性、成体系的"逆全球化""反全球化"浪潮。甚至在西方资本主义社会当中,原先政治体制的高度稳定和意识形态领域的高度自洽自信,现在也日益陷入危机,民众对资本主义所谓的"自由民主"体制和理念的失望与反感高度增强,既表现为具有相当左翼色彩的如"占领华尔街"之类激进的抗议行动,也表现为一些资本主义右翼的反建制势力通过选举登上政治舞台,现实影响力呈现出上升势头。而西方资本主义世界内部传统的社会民主主义、文化多元主义之类非批判的社会改良思潮和政策,今天对经济社会危机本身和新型反对势力已经是愈来愈无能为力。

在这个重大而深刻的历史背景之下,马克思主义在全世界范围内,特别是在西方发达资本主义国家可谓迎来了一轮复苏,左翼理论家对马克思主义的理论阐发工作有了更新的发展,在社会大众当中的传播普及程度也有了很大的提高。可以说,马克思主义在西方的处境从苏联解体、东欧剧变以来的"守势"日益转向"攻势",包括继承和发展马克思主义经典理论和西方马克思主义既往成果,批判当代资本主义的最新状况,启示人类社会发展的可能路向。马克思主义在西方的这一发展势头也就相应规定了当代中国对西方马克思主义的阅读研究和理解接受路向,凸显马克思的在场性,既包括向我们传导输送这种在场性的新的特别丰富和生动的素材,也包括激活了很多既往西方马克思主义已经做过先行探讨但没有进入中国读者视域中心的元素。特别是我们可以注意到,当西方资本主义自 2008 年金融危机以来颓势尽显的同时,中国在 2008 年面对汶川地震时的众志成城、守望相助,在 2008 年北京奥运的圣火传递、赛事举办等过程中爱国热情和团结精神的高度凝聚升华,特别是中国在 2008 年金融危机后在经济社会发展的新一轮高涨周期,中国之"治"同西方之"乱"形成了鲜明的对照,中国特色社会主义关于全面建成小康社会的阶段性战略目标即将达成,中国还要在此基础之上"再出发",踏上新的伟大的历史征程。这一鲜明对比本身构成了许多西方马克思主义者关注和阐述的内容,也构成了中国人在 2008 年以来的新阶段关注、研究、吸收西方马克思主义的重要现实基点和方向引领。

一、政治经济学批判话语得以复归并被结合进西方马克思主义既有的现代性批判路向

多年来,西方马克思主义关于"现代性"问题的理论言说,特别是其现代性批判理论,以及同西方马克思主义密切相关但绝不能简单等同的"后现代主义"思潮,向来是为中国的理论研究者乃至相当大一部分社会公众所高度关注的。"现代性"的话题特别是批判路向,在 21 世纪以来在逐步升温,特别是在 2008 年金融危机以来持续发酵,西方马克思主义关于现代性批判议题上的先行引导作用和若干理论范式、理论武器乃至理论误区和教训,成为中国当下理论界的重要思想资源。总的来看,自从改革开放后西方马克思主义思潮进入中国以来的很长一段时间,最为国人所熟识的是自卢卡奇等西方马克思主义的开创者到第二次世界大战后法兰克福学派、弗洛伊德主义的马克思主义、存在主义的马克思主义等中坚力量的作品和思想,它们开展现代性批判的理论内容和形态,都主要是作为一种哲学的批判、意识形态的批判、文化的批判,乃至是 20 世纪七八十年代后西方马克思主义的多样化发展,其主流似乎更是远离马克思(或者所谓"重建""超越"马克思等)。应当

说，西方马克思主义本身在几十年间的这种理论形态正是适应了西方资本主义世界在第二次世界大战后长期处于一种和平、和缓乃至渐进改良的发展状态。马克思主义经典理论所直接关注的经济危机，以及无产阶级与资产阶级的两极分化和尖锐斗争，在资本主义世界当中采取了隐蔽、曲折、间接的样态，乃至可以全球化转嫁和金融化延缓。这种客观情形迫使西方马克思主义者们主要从哲学思辨的层面上去追求对资本主义的批判和超越，揭示资本主义的文化危机。

但是进入 21 世纪以来，特别是 2008 年以来的新一波全球性金融危机，使得西方马克思主义看待现代性的方式，以及中国人关注阐发西方马克思主义的路向，都有了不可忽视的向马克思经典言说方式的复归，日益凸显了马克思的经典进路同现代性批判的内在关联，现代性批判需要强调马克思的"在场"。这一看法不能说是在 2008 年金融危机之后才在中国学者心目中产生的，但无疑是 2008 年金融危机蔓延全球才使得这种看法有了生动的例证和传播的底气，如同马克思的名言所说，具有了真理的现实性和力量。正如有论者所指出的那样，只有在严峻的现实面前，西方的马克思主义理论家们才能清醒地认识到："决定着现代性社会的逻辑依然是生产逻辑而不是消费逻辑，基于虚拟世界的符号政治经济学批判，无法取代基于实实在在的资本世界的政治经济学批判；金融资本主义已成为当代资本主义矛盾的主要方面，今日的金融体系也不再只是归属于现代性社会的组织结构，而是反过来控制和支配了现代性社会；全球资本主义本质上是帝国主义，是政治社会及其矛盾更加严峻的帝国主义时代。面对新自由主义及新保守主义所强调的强势国家政策，面对不断抬头的右翼政治倾向，后马克思主义各种想象性的后革命以及后政治话语，显得越来越苍白。"当然，西方马克思主义既往的经典理路并不是简单失去了价值，其对马克思关于人类发展和人类解放的基本价值立场、对马克思反思性批判性的基本方法、对马克思关于现代性的辩证态度等的坚持，对马克思认为资本主义是通过内在矛盾危机"自我否定、内在超越"并同人类对自由解放的追求相结合的基本扬弃方向的坚持，仍然被新时期的读者所接受和认同，他们的区别是对矛盾危机的具体内容性质（是经济的、政治的、文化的，等等）与否定扬弃的具体现实路径上的差异。

2008 年金融危机使马克思主义经典理论对资本主义的总体批判框架再

度"火"了起来，同时也激活了包括马克思对经济危机、阶级矛盾等的看法，马克思主义政治经济学批判的论域，以及"帝国主义"等偏于所谓"正统"马克思主义解读的理论发展路向，都日益受到西方马克思主义者的新近关注和研究。对此，中国研究者也日益感受到影响并引进和吸收相关理论资源。例如在分析资本主义的内部矛盾形态方面，托马斯·皮凯蒂的《21世纪资本论》特别引人瞩目，它的法文原版一经出版就引起全球热议，英译本、中译本等迅疾问世，引爆各国思想市场，在中国也成为一时间关注和讨论的焦点。皮凯蒂虽然本质上属于社会民主党立场而非马克思主义者，但这一书名本身就表明了其同《资本论》的对应关系，他通过大量的历史数据统计分析，对欧美国家的财富收入进行了研究，证明近几十年来资本主义趋向产生程度越来越大的不平等，趋向"世袭"式状态，这种不平等的内在原因就是资本的回报率(r)始终超过收入的增长率(g)，皮凯蒂认为这是资本主义的"核心矛盾"，他主张采取累进税制和全球财富税的手段来遏制资本主义的上述趋势。对于《21世纪资本论》这本书，中国学界针对资本与不平等的内在关联性、资本积累的规律与趋势为何、对资本主义采取批判还是修缮态度等方面，开展了广泛研究和热烈讨论，特别是比较了它同《资本论》的矛盾及统一性，并大量译介和引入了许多西方马克思主义者如大卫·哈维（或译"戴维·哈维"）等对两部作品上述问题的看法（主要是从激进的批判立场出发，指出了皮凯蒂的肤浅性）。

在对资本主义的全球经济和政治态势，特别是全球体系性矛盾的研究方面，有学者对西方马克思主义政治经济学的理论主题及其发展脉络做了深入细致的梳理归纳。基于20世纪60年代以来全球资本主义和落后国家经济发展之内在关系，可以将西方马克思主义政治经济学的发展脉络归纳为，揭示20世纪60年代发达资本主义国家与发展中国家之间"中心"与"外围"的不平等经济关系，及剩余价值转移方向的"依附理论"，揭示20世纪80年代后世界资本主义经济趋于一体化发展、发展中国家的经济发展被纳入世界资本主义不平衡、不均等体系的"世界体系"理论，以及20世纪90年代以后真正经济全球化到来后的"全球化理论"。对于上述几个阶段及其当代最新发展的代表人物和作品，曾经长期主要以二手介绍、片段概念、小篇幅小范围出版等形式在国内思想界流传，社会科学文献出版社在2008

年金融危机之前已着手开始比较系统地引进这方面的完整作品,但沃勒斯坦、萨米尔·阿明、阿瑞吉等思想家的多部系统著作的中译本都是在2008年金融危机爆发之后才陆续出版(少数是再版)。随之,许多中国学者在解读评析当中,对于这些作品对现代世界体系的资本主义本性的解释,以及其批判西方世界主流的现代化理论、继承发展马克思主义的维度进行了较多介绍和肯定。当然,也有不少论者对世界体系理论的根本思路和方法提出了批评意见,其中一种批评思路是认为其所采用的整体主义分析方法未能从历史唯物主义立场出发,未能找到决定整体的终极原因,即所谓"经济转型";另一种思路反而认为以世界体系为分析单位而形成的所谓"整体主义",其实是把经济因素作为解释世界体系的复杂关系的首要因素,落入了经济决定论,在全球化、后工业化时代不能解释和超越当下世界体系。

2008年金融危机后,对大卫·哈维的以政治经济学为核心的资本批判工作的中文译介和研究也大量问世。哈维此前主要是以马克思主义的人文地理学、空间理论、地理学唯物主义等理论标签被引入中国,而在2008年金融危机后,哈维及其理论受到中国读者瞩目。他主要从事的以解读马克思主义政治经济学批判为底色、结合空间理论加以发展发挥的大量作品被引入中国,如《新帝国主义》《新自由主义简史》《跟大卫·哈维读〈资本论〉》《资本社会的17个矛盾》《资本的限度》等相继出版中译本。在大卫·哈维看来,新自由主义和新帝国主义霸权依靠资本过剩的空间不均衡分布,拓展了资本权力结构,突破了原有制度框架和主权国家范围的约束,使全球空间呈现出多种性质和多个层次的矛盾,尤其是哈维所提出的"三级危机理论"被认为从空间维度丰富和发展了马克思主义的资本循环与危机是生成发展理论:资本第一级循环即马克思已经描述过的资本生产过程,其中的盲目"自由竞争"会导致超过市场界限,形成过度积累的危机;第二级循环即资本因此进入基础设施建设等规模大、周期长的领域,这能吸收大量剩余劳动力和剩余资本,解决初级循环危机;第三级循环即资本在城市空间的流通,包括医疗、社会保障、军事领域和国家机器的投资。哈维用资本的三级循环理论整体性地阐明了迄今历史当中的资本循环过程,并指出这种循环并不能根本解决资本过剩问题,只能不断进行破坏重建和资本的空间转移。

有意思的是,另一位当代西方马克思主义重要思想家约翰·贝拉米·福斯特的理论在中国的传播情形也与大卫·哈维有很大程度的相似。在 2008 年金融危机前，福斯特更多地被中国读者作为生态学马克思主义的当代重要代表人物加以解读，而在 2008 年金融危机后其对资本主义、帝国主义的政治经济学批判，特别是其对于当代资本主义的金融化等样态的分析和批判受到了更多关注（当然相对于大卫·哈维，福斯特的这方面工作在 2008 年金融危机以前已经受到了一定关注）。

　　针对西方马克思主义的政治经济学维度的关注升温，除了极大帮助了中国学界开展对全球资本的批判性观察反思，还特别有助于指导中国仍然在进行当中的现代化事业，尤其是当我们面对现代性及其困境问题在中国从征兆、预判逐步转变为现实的状况，我们就尤其有必要借鉴和吸收西方马克思主义的现代性批判成果，合理地批判吸收这种成果帮助中国探索自身如何合理有效地参与（仍然在资本主义主导下的）全球经济进程和全球治理事业，乃至要借助其资源促进彰显中国自身社会主义现代化道路的世界意义。西方马克思主义的现代性批判最重要的就是，完成了关于实现现代性的资本主义和社会主义两种不同形式的认识，主张要让现代化运动不再与资本主义绑定，而要让它与社会主义结合在一起，也正是在这个根本点上，西方马克思主义的先行研究、先行批判，为中国特色社会主义的现代化道路提供了宝贵的理论资源。

　　联系西方马克思主义的现代性批判理论来反思中国的现代化运动，中国人民必然得出并且日益坚定这样的结论：首先，我们决不能放弃对现代性的追求，因为现代性对人类有积极意义，即使在追求现代性的过程中出现了这样或那样的问题，那也不是现代性本身造成的。其次，我们也决不能放弃对实现现代性过程中所出现的种种负面效应的关注，我们决不能放弃消除这些负面效应的努力。既然在追求现代性的过程中所出现的负面效应不是源于现代性本身，那么我们就不应当对这些负面效应持无能为力、漠然视之的态度，而应当积极地寻找出现这些负面效应的真实原因，并且想方设法消除这些原因，使负面效应降到最低限度，这个消除的必由之路，就是社会主义，就是走中国特色社会主义的现代化道路。基于这种强烈的问题意识，中国理论界在对西方马克思主义的研究当中，一方面是着眼于更加深刻地认识中国自身，基于初级阶段国情和全球经济政治格局对比，我们在发展过程当中客观上需要驾驭和利用资本的成分和原则,从而既不能教条主义和意识形态化地拒绝这种对现实经济要素的必要利用,同样,也不是反过来拒斥国外马克思主义在科学理论研究当中所做的"国家社会资本主义"之类的必要归纳,而是要使之融入中国特色社会主义道路、理论、制度、文化的建构事业,探索中国特色社会主义市场经济如何超越资本主义市场经济的内在限度。

二、马克思与正义理论的关系探讨及其现实批判意义得到中国的进一步关注和阐发

当然,西方马克思主义长期以来侧重于文化批判的理论路向仍然在深化发展,这一论域在中国的传播和研究当中也仍然占据重要位置。由于这种文化批判路向从 20 世纪 80 年代至今特别聚焦于政治和伦理领域,同时由于中国特色社会主义本身在前进过程中对"公平正义"的日益重视也加大了对马克思主义相关理论资源的需求,我国学界对西方马克思主义关于"正义"相关议题理论成果的关注和吸取也就迅速发展起来。例如我们仅以"马克思"与"正义"为题名关键词在中国知网中进行检索,可以明显看到从 2008年左右开始,文章数量在总体上呈跃升状态:

1990(1)、1991(3)、1994(1)、2001(2)、2002(2)、2003(4)、2004(7)、2005(10)、2006(14)、2007(18)、2008(35)、2009(35)、2010(42)、2011(43)、2012(54)、2013(73)、2014(69)、2015(68)、2016(84)、2017(77)、2018(96)

至于对西方马克思主义相关具体流派人物、具体理论观点和概念等的介绍研究,就更是不胜枚举了。大致归纳起来,西方马克思主义者对正义论题的阐发争论和相应中国读者对其的关注探讨可以分成三个聚类:①法兰克福学派的"社会批判理论"话语,一般认为,法兰克福学派从哈贝马斯等第二代代表人物后期逐步开始到霍耐特等第三代代表人物,完成了所谓的"政治伦理转向",围绕"承认"等关键词展开其对正义问题的理论建构;②英美等国"分析的马克思主义"的话语,围绕马克思是否曾经用"正义"等道德尺度和武器去批判资本主义、能否这样去批判资本主义、能否以此去论证和达成社会主义等问题展开了多年论争和理论建构;③在资本主义近几十年间

日益凸显的其他重要议题和论域当中的西方马克思主义新建构，往往也涉及"正义"的范畴，如空间理论、生态学马克思主义等思潮也相应阐发过空间正义、生态正义等论题。第三部分的传播情况我们将在下文当中加以关注，在这里我们首先看前两部分，即西方马克思主义在欧陆和英美两大哲学传统下的"正义"言说在当今中国的传播情况。

就法兰克福学派的社会批判理论路向而言，王凤才较早地在国内学界倡导从一个整体和流变的视角去关注法兰克福学派，强调法兰克福学派并非铁板一块、批判理论并非整齐划一，而是存在着众多差异、矛盾甚至对立，要重视其阶段划分问题，特别是我们要关注法兰克福学派在哈贝马斯后期开始的理论旨趣的深刻转变。王凤才所阐发的"批判理论三期发展"论、"批判理论的'政治伦理转向'"论、"后批判理论"等观点和分析范式在中国学界颇具代表性。在其看来，法兰克福学派的历史发展进程可分为三个阶段，或者可以说大致有三个学术的世代：第一期发展从 20 世纪 30 年代初诞生到 60 年代末，主要侧重于批判理论的构建，展开对工业文明的批判，以霍克海默、阿多尔诺、马尔库塞等人为代表，他们采用的是典型的哲学和历史哲学批判；第二期发展从 20 世纪 60 年代末到 80 年代中期，主要侧重于批判理论的重建工作，开展更加全面的现代性批判，以前期哈贝马斯、A.施密特、弗里德堡等人为代表，例如哈贝马斯话语伦理学、商谈政治理论，可以说在一定程度上实现了批判理论的"政治伦理转向"；第三期发展从 20 世纪 80 年代中期至今，这一期完成了批判理论的"政治伦理转向"，以后期哈贝马斯、维尔默、奥菲、霍耐特等人为代表，例如霍耐特的承认理论及其多元正义构想，标志着批判理论的"政治伦理转向"最终完成，批判理论的这一期尤其是与西方社会的后现代文化有了深度的结合。这三个时期和时代也可以形象和扼要地表述为"早期批判理论"（或"老批判理论"）、"新批判理论"和"后批判理论"，三者的核心关键词分别是"否定""共识"和"承认"。

上述从第二期开始、到第三期完成的"政治伦理转向"，相应展开了法兰克福学派社会批判理论的话语传统下对"正义"议题的特色讨论，批判理论家如维尔默、霍耐特、奥菲、弗雷泽、弗斯特等的新思想、新论述日益为中国所关注。中国理论界对这一转向形态的考察和探讨首先聚焦在法兰克福学派第三代领军人物霍耐特身上。一派的解读阐释侧重于从一种黑格尔式的路向当中去把握霍耐特的正义观，因为很显然，霍耐特承认理论的诞生与德国哲学人类学和德国古典哲学分不开，特别是其理论创作直接借鉴了黑格尔关于承认所做的重要阐发，所以这一派的解读牢牢抓住霍耐特将黑格尔的理论再现实化这一思想渊源和具体进路，认为霍耐特在对黑格尔哲学进行重构的同时，借助其理论建构了自己的多元正义理论。另一派的理解则更加侧重于从历史发生学的角度和法兰克福学派内在的代际传承线索来看问题，认为霍耐特承认理论的形成发展过程可以分为两个阶段：第一阶段是"批判理论重构与承认理论转向"阶段，主要阐发批判理论的"承认理论转向"的必要性与可能性，并在此基础上构建其承认理论的基本框架；第二阶段是"承认理论完善与正义理论构建"阶段，主要从社会哲学、政治哲学、道德哲学角度对第一阶段形成的承认理论进行补充、修正和完善，构建一种以一元道德为核心的多元正义构想，并试图创建以承认道德和形式伦理为核心的"政治伦理学"——尽管霍耐特摇摆于批判理论与后批判理论、理想主义与现实主义、一元主义与多元主义之间，但是最终从批判理论倒向了"后批判理论"，霍耐特承认理论及其多元正义构想对批判理论"第三期发展"的重要贡献，就是最终完成了批判理论的"政治伦理转向"。

对于这种发展进程中的转向，中国读者有两种针锋相对的评价。张一兵认为，哈贝马斯和霍耐特实际上是背叛了的"批判"的信念，因而在其看来，法兰克福学派之作为"社会批判理论"的学术传统可以说在 A. 施密特之后就逐渐走向了瓦解。霍耐特不满于西方世界流行的自由主义和社群主义两派规范理论，实际上是试图将"正义"做实证主义的处理，使之成为当下政治中的现实，构建出一种以团结为特征的政治伦理共同体。有研究者针对霍耐特试图摆脱法兰克福学派社会性缺失的困境所做出的新尝试，指出其正义理论在对社会分析的时候忽视了人们生活的社会物质、经济条件，遮蔽了生活世界存在的利益差异性，无视现实中不同阶级、阶层所带来的制度上固有的不平等，导致其充满了道德浪漫主义色彩。类似地，其实"政治伦理转向"论的倡导者王凤才也认为，自从 20 世纪 80 年代中期法兰克福学派开始转向以来，其批判理论就已经进入当代西方实践哲学的主流话语之中，因而哈贝马斯后期、霍耐特等的思想已经不再属于西方马克思主义的范畴，只是其认为法兰克福学派对马克思主义是"背离"并非"背叛"，这种"背离"乃是一种

"补充"和"发展"。

如果我们从法兰克福学派批判理论三期的发展进程形态与马克思主义的关系来看问题,那么第一期发展以霍克海默、阿多尔诺的"跨学科唯物主义"和启蒙辩证法为代表,与传统马克思主义"渐行渐远";第二期发展以哈贝马斯的历史唯物主义重建为代表,被重建后的历史唯物主义已经"面目全非";第三期发展以霍耐特对早期批判理论与马克思的重新诠释为代表,被重新诠释后的马克思已经成为"另一个马克思"。因而从总体上看,法兰克福学派三代批判理论家对待马克思主义的态度经历了欣赏、信奉到怀疑、批判,再到超越、重建的过程。

与上述关于霍耐特的理论立场非议相比,法兰克福学派第三代核心人物当中的另一位代表、美国当代著名政治哲学家南希·弗雷泽的理论,可谓构成了霍耐特理论的反题,霍耐特和弗雷泽本身围绕再分配还是承认展开了多年的争论,而中国研究者也在对弗雷泽的分析阐发当中承载了对一种更加激进的社会批判路向的期许。弗雷泽看到了资本主义 20 世纪 90 年代以来所出现的种种不同于资本主义工业时代的主导社会范式的重要文化转折,例如从西方福利国家向全球化大发展的转变,作为社会斗争特殊轴心的"阶级"的去中心化,社会正义特殊维度的分配的去中心化,"威斯特伐利亚"体系下正义言说框架的去中心化,等等。所以在弗雷泽看来,当务之急是用有限的政治共同体去打破排他的民主认同,为全球化世界重建正义的元政治基础。所以弗雷泽是用一种"反规范正义"的理论框架,沿着另一个方向去发展了社会批判理论,用参与平等的原则建构了一种关于再分配、承认和代表权的三维正义图景。而中国读者对此也敏锐地解读出她将再分配与承认整合在一个统一的正义框架当中,是在以另一种方式迎回了马克思主义熟悉的"再分配"关键词,因为参与平等的实现意味着首先要对物质资源进行平等分配,以排除经济不平等对参与者独立性的影响和发言权的限制。有研究者借用朱迪丝·巴特勒的观点指出,如果放弃了马克思主义的唯物主义方案,既没有说明经济平等和再分配的问题,也没有根据对生产的社会和经济模式的系统理解来定位文化,就会使"左"派分裂成各种身份至上的派别,使我们失去一套共同的理想和目标、共同的历史感、共同的价值体系、共同的语言,甚至失去一种客观普遍的理性模式。

　　此外,在对霍耐特和弗雷泽所代表的两种理论立场的评价当中,有研究者激活了本哈比在 20 世纪 80 年代分析、评价社会批判理论时所用到的一对概念,即"解释–诊断"路向和"解放–乌托邦"路向,前者旨在对当下社会的一些特征和病症加以描述和解释,后者则是要指明一条未来的道路。弗雷泽的确可以被归入这种"解放–乌托邦"的路向,她非常明确地提倡一种面向未来的、新的公共领域理论,而批判理论在霍耐特和弗斯特等致力于构建"正义"叙事的做法中,本身会丧失一些批判性,但霍耐特、弗斯特等的作品有很大一部分是对当下社会的"解释–诊断"(当然这位研究者也认为,其中仍然怀有对未来的更好愿景的展望,这些作品是"两者皆备"的)。

　　就英美等国"分析的马克思主义"的话语传统而言,从分析的马克思主义学派的开创者和代表人物柯亨(或译为"科恩")开始,他为了回击自由主义政治哲学家例如诺齐克的反社会主义论证,就逐步地从马克思主义的历史理论研究转向进行基于"正义"叙事的政治哲学辩护,通过谈论社会主义的可欲性和可能性,以此来捍卫对马克思主义所预言的社会主义信念。除柯亨之外,更多的英语世界中分析的马克思主义者如艾伦·W.伍德、德雷克·艾伦、罗伯特·塔克、胡萨米、凯·尼尔森等都致力于政治哲学领域,围绕"马克思与正义"的关系问题,从 20 世纪 70 年代之后展开了长达三十多年的争论。林进平较早地在开展对马克思的正义理论研究当中涉及考察了这场争论,并注意翻译引进了当中的部分代表性文章。此后由李惠斌、李义天主编的《马克思与正义理论》(中国人民大学出版社,2010 年)当中,比较完整地收录了参加争论文章的全景。中国人民大学出版社"马克思主义研究译丛"中引进的埃尔斯特(Elster,J.)的《理解马克思》(2008 年),高等教育出版社引进出版的"当代英美马克思主义研究译丛"中卢克斯(Lukes,Steven)的《马克思主义与道德》(2009 年)、米勒(Miller,Richard W.)的《分析马克思:道德、权力和历史》(2009 年)、佩弗(Peffer,R. G.)的《马克思主义、道德与社会正义》(2010 年),复旦大学当代国外马克思主义研究中心组织、人民出版社引进出版的"国外马克思主义与国外思潮译丛"中艾伦·布坎南(Allen Buchanan)的《马克思与正义》(2013 年)、凯·尼尔森(Nelson,K.)的《马克思主义与道德观念:道德、意识形态与历史唯物主义》(2014 年)等,为中国呈现出欧美分析的马克思主义谈论"正义"议题的别致方式。

20 世纪 70 年代之后的这场"马克思与正义"的关系问题的争论,核心就是在争论马克思究竟是反对"正义"叙事还是支持"正义"叙事,马克思究竟是个"反道德论者"还是个"道德论者"。争论涉及的主要问题包括,如何理解马克思本人的文本当中针对那些基于"道德""正义"的社会主义主张的反对、批判、讽刺话语,马克思主义究竟如何看待正义、价值等的来源和性质问题,马克思在何种意义上谴责资本主义为不正义,如何理解马克思本身的思想究竟存在何种道德价值,研究马克思主义的伦理思想应采用何种方法,马克思主义的道德理论应当属于何种理论形态,等等。英语世界中分析的马克思主义的正义之争传至中国之后,国内较多学者承认马克思持有正义的理念,主张剥削乃是一种不正义,进而谴责资本剥削的"非正义"。但对于马克思的正义内涵究竟是什么,则存在较多分歧,甚至往往不加分辨,跟随某些分析的马克思主义学者的观点,把正义与自我实现、自由、平等、共同体等范畴混同起来,特别是面对反对者基于历史唯物主义基本原理和西方马克思主义"非道德论"者的基本思路所提出的诘难,即"正义"等意识形态判断是受经济基础制约的,中国的"道德论"支持者必须在吸取西方马克思主义先行探讨中的有益思路和论据的基础上加以完善。也就是说,即使主张马克思批判了资本主义的"非正义"性质、肯定了社会主义共产主义的"正义"原则,也需要同时看到马克思揭露了非正义的背后有着生产资料私有制这一根源,并且马克思论证了实现正义原则的社会历史条件,即使认同马克思的理论言说当中含有正义的维度,但单纯依据道德正义批判资本主义,就会将马克思仅仅视为一个道德哲学家,会陷入将马克思主义进行纯粹价值化解读的泥潭。对此,我国学者也反对盲目跟随英美分析的马克思主义学者各执一词的争论,反对对马克思主义进行"断章取义"式的解读,主张在与西方学者就此展开积极对话的同时,亦需清醒地认识到西方学者正义批判方法论的缺陷及其对资本主义制度背景的深刻依赖,进而在历史唯物主义和辩证法的双重视域中重新审视马克思对资本主义"正义"批判的当代内涵及其独特价值。

三、生态学马克思主义同马克思主义生态思想、中国生态文明建设的联系受到关注

生态学马克思主义理论是新的历史起点上中国又一个重要的关注点。广义来看，涉及生态议题的西方马克思主义相关思想和作品在 20 世纪 80 年代就已经开始被中国学者引介到中国，特别是自世纪之交以来，大致从 2002 年起，我国针对"生态社会主义"的相关探讨文章的数量开始有明显增加，这一趋势的时代大背景，无疑就是中国共产党自 21 世纪以来提出科学发展观、习近平新时代中国特色社会主义思想的系统指导思想。为契合这一实践任务和理论需要，我国也逐步关注起西方"生态社会主义"的思想资源。但是我们又注意到，2008 年左右有一个对"生态马克思主义"（或者表述为"生态学马克思主义"）关注的明显升温，例如刘仁胜的《生态马克思主义概论》（中央编译出版社，2007 年），徐艳梅的《生态学马克思主义研究》（社会科学文献出版社，2007 年），曾文婷的《"生态学马克思主义"研究》（重庆出版社，2008 年），郭剑仁的《生态地批判：福斯特的生态学马克思主义思想研究》（人民出版社，2008 年），王雨辰的《生态批判与绿色乌托邦：生态学马克思主义理论研究》（人民出版社，2009 年）等一批研究专著密集问世，2009 年由全国当代国外马克思主义研究会主办的第四届国外马克思主义论坛更是迎着这一股热潮，将论坛主题设置为"生态学马克思主义与生态文明建设"。又如，我们仅以"生态马克思主义"和"生态学马克思主义"为题名关键词在中国知网进行检索，就可以明显看到从 2008 年左右开始数量呈跃升状态：

"生态马克思主义"的检索结果：

1996（1）、2001（1）、2005（1）、2006（2）、2007（10）、2008（10）、2009（10）、2010（21）、2011（21）、2012（28）、2013（37）、2014（16）、2015（18）、2016（24）、2017（2）、2018（12）

"生态学马克思主义"的检索结果：

1985（1）、1986（1）、1988（1）、1993（2）、1994（2）、1997（1）、1998（1）、1999（1）、2000（2）、2001（2）、2002（3）、2003（3）、2004（11）、2005（9）、2006（13）、2007（23）、2008（39）、2009（41）、2010（56）、2011（55）、2012（39）、2013（36）、

2014(61)、2015(28)、2016(44)、2017(5)、2018(28)

当然,对此动向本身也可部分归因于生态学马克思主义自身的发展。上面我们提到的中国学界较早的一部生态学马克思主义研究专著——《生态马克思主义概论》,就敏锐地选取了脱胎于法兰克福学派的生态危机理论、奥康纳的双重矛盾危机理论(经济+生态)、科沃尔的革命的生态社会主义理论和福斯特等人的马克思主义生态学理论这四种理论形态进行了研究。有研究者根据西方马克思主义的生态话语几十年以来的历史发展,并结合当代生态学马克思主义的自我回顾和认知,更加全面地归纳了其中实际上存在着三个递进发展的、具有部分异质性的阶段,在各个阶段上其同马克思主义的不同关系是值得注意的(因而我们也可以说,用"生态社会主义"这个广义的概念才能够更为恰当地概括):第一阶段是 20 世纪 80 年代至 90 年代初,这个阶段是将马克思主义和绿色生态运动联系起来,把马克思主义引入绿色理论中,提出了社会主义性质的绿色思想,但也批判传统的马克思主义理论叙事,甚至批判马克思、恩格斯对待环境的态度;第二阶段是 20 世纪 90 年代中期到 21 世纪初,这个阶段是更加深入地考察马克思、恩格斯关于人类社会与自然的关系的思想和文本,从经典马克思主义理论当中挖掘其本身所具有的生态内涵;第三阶段是 21 世纪初至今,这个阶段运用经典马克思主义的生态思想应对当代资本主义所引起的全球性生态危机。因而可以认为,自 2006 年以来,西方的生态学马克思主义发展到了一个理论自我反思和再创造的阶段,他们的理论反思和再创造的工作包括检讨生态学马克思主义发展的历史进程和理论困境、探究生态学马克思主义理论建构的基础和核心问题、思考生态学马克思主义在 21 世纪的发展前景等。

依照上述西方生态学马克思主义本身具有四大理论形态、三大发展阶段等表现来看,我们不难发现,他们从开始把马克思的生态维度视为补充性的元素乃至消极的需要被克服的负担,发展到了系统地服膺和求助于马克思主义的生态理论的深刻过程,他们最终是要为解决人类在全球化资本主义背景下的生态环境危机提供一种马克思主义的解决方案。在中国的传播和关注视域当中,我们的焦点从"生态社会主义"进展到"生态学马克思主义",表明了中国对生态学马克思主义理解的准确性和深刻性,我们同样是愈来愈强调生态议题与社会议题结合、"绿"与"红"结合所内在要求的一种鲜明的马克思主义底色。一句话,国内学者对国外生态学马克思主义研究的重点就在于,考察生态学马克思主义对马克思主义的继承和发展,考察生态学马克思主义沿着马克思主义的立场和方法去批判当代世界的生态危机,并考察生态学马克思主义的理论批判成果,在一定程度上用以指导解决中国在发展道路上面临的生态问题。西方生态学马克思主义者认为,现代人类所面对的严重生态危机,根源就在于资本逻辑所主导的人类生产方式,资本主义在其本质上是反生态的,因而马克思主义对资本的批判,也就为看待和解决生态问题指明了根本方向。我国学界引介和阐发生态学马克思主义的学者基本上赞同此理论立场,从而肯定西方生态学马克思主义的相关理论是马克思主义的,对当下的生态问题和中国社会主义生态文明建设具有重要的借鉴和指导意义。

生态学马克思主义的基本观点及中国读者对其的基本把握,就是认为资本主义的生态问题是"资本主义经济形态的必然结果",是在资本主义制度构架内无法解决的,并且把生态危机的根源追溯到资本这一点,恰恰是生态学马克思主义"与马克思主义最为接近",是它之所以能够"自信地称其为一种'马克思主义'的最有力的根据"。这一判断结论在中国学界深入研究生态学马克思主义,并将之与马克思主义进行比较研究的过程当中不断得到继续印证。例如,曾文婷、郭剑仁、徐艳梅、钱振华合著的《"生态学马克思主义"与马克思主义比较研究》(社会科学文献出版社,2015 年),吴宁编著的《生态学马克思主义思想简论》(中国环境出版社,2015 年),王雨辰的《生态学马克思主义与生态文明研究》(人民出版社,2015 年),等等,其中都有对生态学马克思主义与马克思主义的内在深层契合的揭示,生态学马克思主义对马克思、恩格斯生态思想进行了深入梳理和发挥,生态学马克思主义从根本上说是发展了的马克思主义。生态学马克思主义充分挖掘了马克思、恩格斯关于生态问题,特别是人与自然关系问题的哲学基础、一般原则和发展趋势,比如物质变换理论、自然力理论、人对自然在何种意义上以何种方式进行"占有"和利用,等等。可以说,生态学马克思主义对马克思的生态思想的阐述,是在帮助我们全面理解马克思主义,也帮助发展充实了马克思主义本身。生态学马克思主义对于当今人类社会所面对的生态危机的批判性解释,其对危机的解决道路和构建合理形态的生态文明的理论依据,都深深地根植于马克思主义的思想土壤当中。

生态学马克思主义运用马克思主义的立场方法来看待生态问题对当代中国的启示，首先就是为我们揭示了资本逻辑与生态之间所存在的内在对立，从而指导我们从根源上思考和把握问题。直观地来看，似乎正是人类本身，是人们的生活和生产活动，特别是现代社会当中人们的生产，才造成了对自然的破坏，这也是当今世界上许多肤浅的、片面的绿色环保思潮的看法。生态学马克思主义则把生产和资本分别看作生态问题的直接原因和根本原因。资本造成现实的生态问题，也是需要通过一定的中介、载体来实现，即通过生产来实现，而不是资本脱离了生产赤裸裸地造成破坏。因而生态学马克思主义承认生态问题直接是由生产造成的，生产力的足够发达是人类能够对生态造成破坏的基本物质基础，但在生产的背后主导着生产的是资本，资本才是现代生态问题的"罪魁祸首"。生态学马克思主义之所以从直接的生产过程追溯到背后的资本，首先在于它是在西方片面反对人类中心地位和现代化发展方向的后现代主义和绿色生态思潮等之后发展起来的，是针对它的前辈进行了扬弃，不像其前辈那样把生态问题单纯地归因于生产本身，也不把马克思主义归入片面主张征服自然的行列。并且生态学马克思主义归纳出了资本主导生产的两条基本原则，认为正是这两条原则具体地导向对生态的破坏：一是资本的"效用"原则，它要求在有用性的意义上看待和利用自然界，使之成为工具；二是资本的"增殖"原则，资本要求无限增殖的过程，因而对自然界的利用和破坏是无止境的。

生态学马克思主义者认为，资本运动的两个基本原则，即效用原则和增殖原则，决定了资本在本质上是反生态的，资本才是导致生态问题的最终根源。首先，是"效用"原则，生态学马克思主义者在揭露资本在本质上是反生态之时，总是这样提出问题：自然界本来是什么样子的？它与人类的关系本来应是什么样子的？资本按其本性必然要把自然界改变成什么样子？资本必然使自然与人类的关系呈现出什么样子？应当说，沿着这一思路来思考资本对生态究竟会产生何种影响，是一种马克思主义的思路，抓住了人与自然存在的普遍历史性质和资本的历史特定阶段性质，抓住了资本这一阶段性的主导因素对该社会形态上人的存在方式、人与自然的关系的特有制约作用。其次，是资本的"增殖"属性，生态学马克思主义者强调，资本的效用原则使自然界丧失了自身的价值而成为一种单纯的工具，而与效用原则连在一起的是资本的增殖原则，又使自然界的这种工具化变得越来越严重。如果资本只是简单地利用一下自然界而已，如果资本对自然界的利用是有限度的，那么资本对自然界的破坏也会保持在一定的范围之内。问题在于，资本对自然界的这种利用绝不会是有限度的，资本追求的是无限的增殖，因而它对自然界的利用也是无止境的，由此带来的对自然界的破坏也是没有尽头的。

当然，资本逻辑批判是国内外生态学马克思主义分析的重要理论切入点或进路，但资本逻辑最终是要通过相应的经济社会制度来表现自身的，因而对资本逻辑的批判，相应也就要着眼于对资本主义的制度体系及其核心性元素进行否定和超越，说社会主义可以构成"另一种"生态的新路，也要落实到社会主义具体的制度设计和制度安排上来。西方生态学马克思主义已经从马克思、恩格斯等经典作家关于共产主义或科学社会主义的简化设想，扩展到对生态社会变革及其转型必然涉及的诸多问题的具体分析。因此，一些中国的生态学马克思主义研究者特别关注并思考了这个重要的问题方面，不仅需要始终坚持生态文明及其建设的社会主义目标和方向，（辩证地）否定和超越资本及其运行逻辑，代之以社会主义的目标和原则逻辑，还要落实到社会主义的生态制度上来。社会主义生态文明建设必须能够重新创建一套限制资本及其运行逻辑的社会与生态制度，在一个生态文明的社会制度中，某种形式的资本即便确实存在，也必须是受制于整个社会民主，达成不断改进的社会理性与生态理性的要求，因而将是一种受控制的或从属性的力量。包括在当代中国的社会主义市场经济条件下，我们也需要更多地关注市场机制之外的"非市场化领域"，例如生态区域、人文历史遗产、公共服务部门、社区、家庭等社会生存空间，更多地采用一种"非市场化"思维来理解与分析这些领域。对于社会主义生态文明建设来说，我们需要更主动考虑的也许是尽可能限制"市场"或"市场机制"发挥影响的空间或力度，即便是必须引入某些市场化操作和管理机制，也必须明确它们的适用时间、范围和力度是有限的，是处于民主化掌控之下的。此外，对于"国家""政府""社会""计划""教育""技术""创业"等现代社会制度形式的替代性意涵，需要做更多的发现和促进工作，努力使之朝向维护与推进社会公正和生态可持续方向进行变革，或者称之为"社会生态转型"。

四、空间理论对资本主义全球化和中国城市化进程中的生存境遇问题提供了独到启示

2008 年以来,西方马克思主义在中国得到广泛传播的另一个热点是其关于"空间"的理论话语。西方马克思主义大致是从 20 世纪六七十年代以来有了一股所谓的"空间转向"潮流,代表人物有列斐伏尔、大卫·哈维、爱德华·苏贾(又译为"索亚"),等等。在当代空间理论的语境中,空间范畴所意指、解释、建构的是一种有人参与、与人相关的"多层面、复杂、意向性"人化关系,空间生产也就是人作为历史主体对这种"复杂、意向性人化关系"的创造、改变与再造。西方马克思主义的空间理论看待"空间",是揭示出空间化服从于资本的逻辑,空间既是资本主义关系的产物,受到资本的控制并屈服于资本的逻辑,也是资本主义关系的再生产者;空间不均衡发展形态既是资本积累的结果,也是资本积累的前提;劳动空间分工和时空压缩体验中的灵活积累是资本空间化进程的重要驱动力;资本空间转移的本质是资本危机的空间修复路径,它所引发的空间冲突与调和直接影响全球空间结构的重塑。

列斐伏尔较早地将其研究的触角伸向空间理论,他把日常生活批判、资本的空间生产与资本主义生产关系的再生产结合起来。在列斐伏尔看来,空间中弥漫着社会关系,社会空间的生产同样也是社会关系的生产与再生产,"空间是政治的、意识形态的,它真正是一种充斥各种意识形态的产物"。空间由此被纳入政治经济背景之内,作为一种历史和社会的范畴而被研究和阐释。大体来说,列斐伏尔的"空间"议题实际上是特定地涉及城市空间,他是把第二次世界大战以后特别是 20 世纪 60 年代以来世界范围内城市化水平不断提升的时代专门称为"都市时代",将之与"农业时代""工业时代"相并列。在列斐伏尔的推动下,伴随 20 世纪 70 年代西方城市化研究的兴起,诸多学者开始将城市问题研究置于空间视角之下,形成了不仅是狭义的哲学或社会学的,而且是人文社会科学多学科多视角的"空间转向"。

就西方马克思主义的狭义话语而言,哈维进一步深化了列斐伏尔的空间理论,他更加具有马克思主义底色、更加丰富地结合历史唯物主义和政治

经济学的理论元素,把空间理论进一步应用到阐述资本的空间生产、空间积累等问题上来,并且建构了包含地理学、经济理论、政治理论等在内的"地理学唯物主义"理论体系,乃至于将马克思的"历史唯物主义"改造成为"历史-地理唯物主义",更加全面和深刻地批判现代资本主义,并企图从资本主义运动的这种空间特性当中发现其必然灭亡和人类可以获得解放的机制和根据。哈维既把空间及其生产作为核心问题,又将空间问题作为理解当今资本主义社会的重要方面,并尝试将空间作为一个积极的因素纳入历史唯物主义的分析和阐述框架之中,这个逻辑主线贯穿于哈唯关于"空间与资本积累""不平衡地理发展""时空压缩与弹性积累"的理论分析中。哈维的分析领域涉及当代社会的各种空间形态,从"全球化"到"日常生活",从"资本积累的全球经济空间"到"后现代的文化空间",但中国读者比较准确地抓住了哈维理论的精髓,即马克思主义始终是贯串在哈维的空间分析当中的红线,哈维是在当代各种后现代主义、后结构主义的强势话语包围当中,开辟了一条新的马克思主义的空间批判路向。爱德华·苏贾认为,列斐伏尔和哈维对城市社会空间的因果性,以及社会过程和社会空间过程的关系这两种理解上存在着明确的差异。哈维继续优先考虑社会力量如资本积累的决定性作用,但列斐伏尔坚持在社会和空间二者的因果性方面寻求一种辩证的平衡。对于大多数人而言,这看上去似乎是一个极小的差异,但这一差异就有关空间正义的诸多讨论而言是非常关键的。

围绕其西方马克思主义的空间转向,在近年来的中国学界引发了一波空间理论的研究热潮。空间的议题和理论分析范式进入中国学者的理论视域中,中国学者借鉴并运用它来考察与批判人们在全球化进程中和中国城镇化进程中所遇到的问题,表现出强烈的问题意识和现实针对性。

首先,面对人类在全球化进程中带有相当大普遍性的问题而言,有学者指出,资本的空间生产和全球化进程的加速,引发了一系列空间问题和空间现象:高速城镇化正在不断侵害公众的空间权益;农地资源迅速消失,全球转移的制造业正在越来越大的空间内造成环境污染和生态破坏;紧密的"世界普遍交往"正在造就一个"地球村",全球的经济体系和政治体系呈现出充满风险的空间结构,多元文明之间的对话和对抗正在全球空间展示着多样性格局,地球人甚至对于"外太空"的空间资源的分割和争夺也日益加剧,等等。当人们的生存方式越来越依赖于当代空间的生产方式时,人们也日益对自己空间的存在状况所隐藏的风险深表忧虑,当代人们的"空间视域"表达在空间经济学、空间政治学、空间社会学、空间城市学、空间哲学等各个论域,以空间生产这一问题为中心,亟待马克思主义的出场。有论者进而尝试沿着马克思主义的理论立场和方法进一步拓展"空间"的意指,例如从现代性与空间的内在关联来看,需要根据时代的发展变化展开对激进空间问题的具体研究,激进空间在当下的具体表现就是金融、房地产和网络,这些空间不仅是抽象掉生命时间的身体的持续性在场,也是空间激进化的可能性寓所。

其次,面对着当代中国的特殊问题,即 21 世纪以来中国城市化进程的急剧推进和问题凸显,西方马克思主义的空间理论视角同中国有了极大契合之处,即要探讨中国的城市空间问题,并据此探讨提出符合中国未来城市建设合理形态的空间理论。中国经济社会继续高速发展,其中一大表现就是中国城市化持续发展,中国面临着与西方"城市病"既有共性又有差异的问题。中国的这个急剧城市化的进程(相对于西方资本主义几百年的历程)是一项傲人的巨大成绩,同时也伴随着重要的不可忽视的问题,特别是人们在生存境遇方面产生的种种约束、冲击和不适,例如城市化生活各项成本的压力,社会基本福利保障待遇和制度的落后,新旧文化和地域族群等方面的张力冲突。特别是城市化进程中房地产行业的发展,一方面对我国的高速经济增长做出巨大贡献,另一方面也给中国社会带来房价过高、分配不公、挤压其他产业空间等问题,极大制约了中国特色社会主义的可持续发展,极大影响了人民群众的幸福感和获得感。同时,2008 年世界性的金融危机本身就是由美国房地产行业的次贷危机所引发,这除了极大冲击西方社会人民群众的生存和发展,资本主义经济多年以来积累形成"脱实向虚"的结构性弊病也全面暴露,西方资本主义世界的这种前车之鉴不能不说是给中国人敲响了警钟。

所以西方马克思主义的空间理论和中国马克思主义在当今面对的城市问题方面颇有共同语言,中国学者在研究西方马克思主义的空间理论时正是有所侧重和针对的,即重点选择城市特别是特大型都市的角度,关注国外马克思主义关于此类空间当中的规划和治理问题、人的生存方式问题。首先,明确空间生产及其问题是城市社会的一个核心问题,因而有研究者将之与西方马克思主义在当代的另一个重要关注点,即"正义"议题对接,提出相应的空间的"权利"和"正义"等的价值诉求,进而分析其得以成立的现实条件和逻辑条件,使之切合中国特色社会主义的城市化发展,以对公平正义、对人权的保障和发展事业提供有益启示。同时从另一个方向上提出空间的"治理"问题,立足于城市政治,站在城市空间治理的全新高度,从理论和现实两个方面阐述现代性的空间视野和城市治理的空间维度,在此基础上提炼出城市空间治理的基本问题对象和问题对策。有学者更是提出了"都市马克思主义"的概念,用新概念、新话语的方式把这种思想理论上的创新路向和初步成果固定下来,明确标识出替代资本主义性质和方式的城市化,创造新型的聚落形态和文明道路的另一种选择。这些都是我们理论工作者借鉴西方马克思主义、推进马克思主义中国化的有益作为。

五、激进哲学以其新锐特质和当代新型媒介平台在中国大幅度传播并激发深入研究

2008 年金融危机以后,西方马克思主义"激进哲学"这一流派也受到了中国学界愈来愈广泛的关注。2008 年西方世界在经济领域危机的总前提之下,债务破产、产业空心化、非传统恐怖主义频发、难民危机带来族群冲突和西方内部撕裂,一系列的新旧社会问题交织呈现。齐泽克、巴迪欧、阿甘本、朗西埃等激进哲学的代表人物纷纷发声,他们将这一波危机理解为资本主义结构性危机,由此展开了激烈的资本主义批判,试图为人类的未来发展指出新的方向,甚至直接参与了一些反对资本主义的新社会运动。其中,齐泽克在 2008 年金融危机之前已经在中国有了较大范围的传播,其他多数激进哲学代表人物此前多数都没有受到中国读者的广泛关注和讨论。齐泽克的上一波传播不是作为激进哲学的面相,而是以"后马克思主义"的形象在中国思想文化领域当中发挥着影响,特别是 2002 年齐泽克的前期代表作《意识形态的崇高客体》中译本出版以后,兴起过一波对齐泽克相关思想的研究热潮。

随着齐泽克思想研究和作品译介的双向促进,中国学界的齐泽克研究

从最初的比较狭隘的意识形态理论研究,逐步扩展到了更加广泛的领域,除了导向相对密切的文化批判、文艺美学等领域,以及在思想渊源研究当中考察他的思想与拉康、马克思等思想先驱的关系,还特别展开了对齐泽克在政治哲学和激进左翼政治领域的思想表现的研究。实际上,2008 年金融危机爆发前,在全球资本主义尚处于高歌猛进的阶段时,齐泽克就已经开始积极谋求更加激进的暴力革命进路的左翼政治斗争途径。2009 年,齐泽克和巴迪欧等组织召开了以"共产主义的观念"为主题的世界马克思主义大会,而后多位激进左翼思想家研究了"共产主义"这个概念,2016 年结集为《共产主义的观念》出版。齐泽克多次召开并参加的共产主义大会和系列研究论文发表,更多地从经典马克思主义的政治和哲学概念出发,来回应和思考现实的左翼政治,这在很多人看来就已经标志着齐泽克的思想区别于、独立于后马克思主义了。

　　实际上,如何在西方马克思主义的理论谱系当中定位激进哲学,本身也构成了中国人解读和研究激进哲学的重要问题。对此,一种观点仍然主张沿用"后马克思主义"来容纳齐泽克等人的思想面相:"后马克思主义是二十世纪七八十年代前后出现的后现代社会的各种新马克思主义,是与后现代紧密关联的新的马克思主义思潮","拉克劳、墨菲、福柯、德里达、鲍德里亚、利奥塔、德勒兹、加塔利、齐泽克、哈贝马斯、鲍曼、詹姆逊等人的理论都是值得认真研究的重要的后马克思主义理论"。[1]类似的观点又有:"新近出场的重要人物是斯洛文尼亚的拉康主义者齐泽克和法国的巴迪欧。他们从一个断面激烈地批判当代资本主义,又小心地与马克思主义保持一定的距离。这还可以包括在基础上形成的后殖民主义和新历史文化主义批判。这就是所谓的'后马克思思潮'(Post-Marxism)。如果作一个明确指认的话,这种思潮本身正是西方马克思主义在后现代语境中急剧向右转而致的一个理论变种。但应该说明的是,这些后马克思主义哲学家已经不是或者不再是马克思主义者。"[2]在这些观点看来,激进哲学属于后马克思主义,这不仅是从年代阶段划分的"后",而且是具有特定立场标识的"后现代"与"远离马克思"。

---

①　陈炳辉等:《后马克思主义的理论》,中国社会科学出版社,2011年,第3页。

②　张一兵:《当代国外马克思主义哲学思潮》(下卷),江苏人民出版社,2012年,第2页。

　　在 2008 年金融危机之前，就已经有另一派观点在总览当今西方主要左翼思潮时敏锐地觉察到了其中的张力，把齐泽克与拉克劳等"后马克思主义"明确地区分开来了，认为齐泽克属于一种"新马克思主义"："新马克思主义在西方通常认为是来自并基于马克思主义传统的理论。近十多年来，西方出现了两种颇有影响的新马克思主义理论话语：一是齐泽克的政治哲学，他力图恢复马克思主义的文化批判，并致力于广泛介绍评论列宁 1917 年以来的著作。齐泽克'重复列宁'的主张，被认为开放了在表面上毫无希望的形势下进行激进社会变革的可能性。"①即使不是明确破除"后马克思主义"的"共相"，中国研究者也可以注意到从动态上来看，拉克劳与齐泽克对左翼政治的行动策略的看法有着重大差异，拉克劳执着于新左翼的多元激进民主斗争，齐泽克则从 1999 年开始更不满意于在自由主义政治框架下的民主政治，转而从列宁等马克思主义阶级斗争中汲取政治灵感。具有同样后马克思主义思想背景的拉克劳与齐泽克不断争论，表明齐泽克在政治上日益与拉克劳分道扬镳而向列宁回归，"齐泽克的这种转变可以看作后马克思主义发展的某种激进化趋势"②。

　　韩振江从西方马克思主义传统出发，指出了齐泽克与后马克思主义从合作到分歧和独立的思想过程，并系统研究了以齐泽克、巴迪欧、阿甘本为首的激进左翼的共同理论特征，从而把齐泽克等激进左翼定位为"马克思主义发展的当代阶段"，他们在全球化资本主义时代特别是 2008 年金融危机以来，坚持马克思主义的革命传统，西方马克思主义（尤其是法兰克福学派和阿尔都塞学派）的批判传统和列宁主义等的激进传统，激烈批判资本主义及其意识形态，探索共产主义和社会主义实现途径，重构马克思主义的哲学、政治、美学和艺术，全面反对和否定资本主义政治经济体制和意识形态，在哲学上借用后现代主义颠覆现代性哲学，在政治上继承马克思主义的解放哲学，在革命道路上坚持马列主义的暴力革命传统。因此，激进左翼在性质上不同于作为修正主义的后马克思主义，他们是当代西方马克思主义的

---

　　①　黄继锋：《当今西方主要左翼思潮概览》，《理论视野》，2009 年第 8 期。

　　②　莫雷：《从激进民主到阶级斗争——拉克劳、墨菲与齐泽克的政治策略的差异》，《山东社会科学》，2010 年第 2 期。

激进派。①又或者可以说，激进哲学之所以不属于后马克思主义，也正是在于无论是将后马克思主义理解为后现代与马克思主义的结合，还是理解为严格意义上的后马克思主义（拉克劳和墨菲），在 2008 年的金融危机中都已经终结了。②

　　共产主义是激进哲学持续关注的热点问题。2009 年到 2016 年，激进左翼思想家围绕共产主义观念展开了四次讨论。吴冠军在《齐泽克的"第十一条论纲"》③中强调，在西方左翼日益陷入资本主义政治框架之内的斗争时，齐泽克等激进左翼要超出资本主义框架，用共产主义观念和设计来探索替代资本主义的方案。蓝江详尽剖析了以齐泽克、巴迪欧等为首的激进左翼与哈贝马斯、霍耐特、拉克劳和墨菲在对待资本主义民主政治上的根本区别，指出了齐泽克等理论要旨是在民主政治框架之外来寻求共产主义观念的复兴，他们用共产主义方案来彻底批判、否定和代替资本主义社会架构。在当代激进理论家看来，走出资本主义的唯一希望就是被消失的民众勇敢地撕破飘浮在空中的利维坦的幻想，为真实的生活开辟出一条道路。④但是中国读者也注意到，激进哲学的共产主义不是经典马克思主义所说的那种作为历史必然性的生产资料公有制基础上的共产主义，激进哲学是着眼于如何形成作为共产主义（communism）根基的共同性（common）。也就是说，共产主义的核心要义在于打破私人占有，形成共同性，而形成什么样的共同性、如何形成共同性则有着具体差异。⑤

　　举例来说，齐泽克共产主义观念是建立在对资本主义现实分析基础上的。在齐泽克看来，当今资本主义的公共物都存在着被私有化的倾向。文化的公共物、共享的自然资源、内在的自然共有物（基因遗产）都存在着被资

---

① 参见韩振江：《"激进左翼"的理论特征与定位——以齐泽克、巴迪欧和阿甘本为例》，《理论探讨》，2016年第4期。

② 参见蓝江：《后马克思主义还是拉康化马克思主义》，《福建论坛》（人文社会科学版），2016 年第 7 期。

③ 吴冠军：《齐泽克的"第十一条论纲"》，《马克思主义与现实》，2011年第5期。

④ 参见蓝江：《共产主义的可能性——当代激进政治理论家的思考》，《黑龙江社会科学》，2016 年第 5 期；蓝江：《生命政治学批判视野下的共产主义》，《吉林大学社会科学学报》，2016 年第 3 期。

⑤ 参见鲁绍臣：《意义、主体与末世：新共产主义的路径与思考》，《黑龙江社会科学》，2016 年第 5 期。

本逻辑圈占的可能,但共产主义最主要的动力来自被国家共同体排斥的反抗。共产主义是被排斥者以一种非部分的部分挑战整个社会的普遍性。这个非部分的部分在现存社会中没有任何位置,因此直接代表着普遍性。"所有真正的解放性政治学都产生于理性的公共使用的普遍性与'非部分的部分'者的普遍性之间的短路。"①齐泽克的共产主义观念与朗西埃非常相近,其必须有当下的实践斗争,而不是像巴迪欧那样,仅仅是对共产主义假设的忠诚。

在巴迪欧那里,共产主义观念实际上是一种平等正义的纯粹观念,其核心理念是消除财富私人占有和不平等、消除国家,实现生产者的自由联合。巴迪欧认为,共产主义假设甚至在国家诞生之前就有了。斯巴达克领导的奴隶起义、闵采尔领导的农民起义都是共产主义假设的端倪,法国大革命的爆发是共产主义假设的现代性阶段。当下共产主义假设的任务首先在于认识到整个世界充满新的隔离。"一个统一的资本世界的假设,其代价就是人类的生存被警犬、官僚控制、海军巡逻、铁丝网和驱逐粗暴地区隔为不同领域。"②其次,面对这种残忍的区分,必须将确认所有人都与我自身同属于一个世界,区分和隔离不是必然的。这种统一性通过此时此地的行动者进行建构。再次,这种行动需要的是决定自己命运的勇气,勇气是一种对不可能性的坚持,勇气作为一种德性,不是逞一时的匹夫之勇,而是需要时间的坚持。这便是对共产主义假设的忠诚。

朗西埃的共产主义现实性具有双重维度:一个维度是政治的,另一个维度是美学的。共产主义的政治维度体现在,共产主义的现实性不是一个纯粹的经济问题,不是一个纯粹的生产问题,不是一个纯粹的技术问题。朗西埃批评了奈格里的共产主义理论,认为其陷入了"本体-技术的诡计"(onto-technological trick)。③这种诡计有两个基本假设:一是在存在论上将历史进程与某种本体规定的实现联系起来,二是将这种本体属性归结为非物质劳动

① [斯洛文尼亚]齐泽克:《如何从头开始》,汪行福译,《当代国外马克思主义评论》(8),人民出版社,2010年,第57页。

② [法]巴迪欧:《共产主义假设》,罗久译,《当代国外马克思主义评论》(8),人民出版社,2010年,第38页。

③ See Jacques Ranciere, Communism: from Actuality to Inactuality, in *Dissensus: on Politics and Aesthetics*, Continuum, 2010, p.78.

的技术运作。如此理解的共产主义理念恰恰忽视了政治实践具有相对自主性,共产主义的现实性离不开政治实践。共产主义的美学维度体现在,共产主义不是世界的彻底美学化,而是以感性的重新分配打破理性的分配。共产主义的现实性就是用感性的重新分配这个政治实践重构共同体。政治维度与美学维度内在关联,这个美学维度是齐泽克的共产主义理念所不具有的。

激进哲学的异军突起,丰富了西方马克思主义的思想图景,而近年来中国对激进哲学的译介和研究发展非常迅速,研究范围增大,研究视角和方法也实现多样化,取得了丰硕的研究成果,有不少方面几乎与作者文本产生和西方世界的解读同步,有些方面的研究甚至领先于西方。举例来说,吴冠军、蓝江、夏莹等中青年学者可以说是激进哲学研究的新一代学人、新一种气派的优秀代表。他们在根本的学术思想取向上,选取欧陆左翼思想为切入点,而且注重与中国思想、中国现实的互动,积极展现左翼思想与中国语境的诸种相关性。他们主编的"左翼前沿思想译丛"(计划有十余部,正由中央编译出版社陆续出版)除了向中国学界和一般读者系统引入西方左翼思想前沿成果的基础性功能,更表达了一种既"述"且"作"的担当意识,认为左翼就是要作为一种"诉求",要追求一个更为平等的社会,他们的工作正是要发挥这种引领社会的功能。

他们除了传统的搞翻译、发文章、编丛书、做项目、带学生之外,更是超越书斋和校园的渠道限制,积极开展线上线下的学术活动和开放、半开放式的分享、交流和对话碰撞,探索着之前学人的个体研究模式和依托学校师承的流派模式之外的新形态。例如,蓝江教授数年前即以"九月虺"的网名在互联网平台上(博客、网盘等)发布了大量西学文献的原始文献、翻译作品、讯息介绍、思想评价等,成为一种颇有影响力的学术现象。又比如近年来,吴冠军、蓝江、夏莹等学人又延续西方马克思主义对哲学、政治、艺术内在融通的思想传统,同时敏锐把握住自媒体传播的时代浪潮,尤其契合当代读者受众特别是青年的精神气质新特点和"萌"文化新偏好,在2016年主持推出"激进阵线联萌"的微信公众号平台(后更名为"欧陆思想联萌"),取得了很好的学术协作、大众传播与社会关照效果。当然,这并不是探索的终点,或者面向青年面向未来唯一可能成功的形态,但这说明,中国的西方马克思主义研究只要秉持初心、开拓进取,这一思想事业就将永不停步、大有作为。

第四章　西方马克思主义
在中国的意义

在对西方马克思主义在中国传播的三个阶段加以详细的论述以后，让我们着重揭示一下各个阶段对西方马克思主义的研究在当今中国所产生的意义。

一、实现思想解放，促使人们重新认识马克思主义

中国走上改革开放的道路，开辟新的历史时期，关键在于破除原有的思想障碍，实现思想解放。在各种思想障碍中，对马克思主义的教条、僵化的错误理解无疑是最大的思想障碍。西方马克思主义研究在中国第一阶段的意义就是促使人们从对马克思主义教条、僵化的理解中摆脱出来，为中国人民实现思想解放提供了强大的思想武器。

20 世纪 70 年代末，西方马克思主义涌进了中国，卢卡奇、葛兰西、马尔库塞、哈贝马斯、阿尔都塞、萨特这些西方马克思主义者的名字在中国耳熟能详，他们的著作被成批地译成中文出版，摆放在中国的书店之中，他们的理论和观点甚至走进了大学的课堂。所有这些，给中国带来了什么呢？最主要的是改变了对马克思主义的看法。人们从西方马克思主义那里，知道了马克思主义并不完全是如自己所理解的那样，起码人们知道了马克思主义原来还具有以下这些特点：

（一）现实性

西方马克思主义的理论家为自己提出了完成马克思主义"现代化"的使

命,20世纪西方马克思主义的发展过程是不断地与现实相结合的过程。20世纪西方的马克思主义之所以能对20世纪西方的历史进程产生重大影响,主要在于它具有"现实性"这一重大特征。尽管有的西方马克思主义学者纯粹把马克思主义作为学术来进行研究,但是从总体来说,20世纪西方马克思主义绝大多数派别都注重面对社会现实。即使他们同西方国家的工人运动几乎没有任何直接的联系,即使他们从来没有企图建立某种政党来实践自己的学说,即使他们大多是关在书斋里钻研学问的学者、教授,即使他们写下的著作是如此晦涩,但是从他们所关注的一些理论问题来看,他们实际上也并没有回避现实的挑战,在他们那些深奥的语言中负载着大量关于急剧变化着的资本主义世界的信息,跳动着这个特定时代的脉搏,也倾注了他们对社会主义和马克思主义命运的深刻关注。可以说,他们实际上是在书斋里,用他们特定的语言和方式,曲折地反映着他们生活的那个时代。只要看一下整个20世纪西方马克思主义的发展过程,就可以清楚地知道,每一个阶段他们研究的主题都是与现实息息相关。20世纪初,其主要研讨的是如何看待资本主义的新发展;第一次世界大战前后,围绕着如何看待帝国主义与战争展开研究;俄国十月革命发生以后,又对俄国十月革命的意义以及西方国家的社会主义前景集中进行探讨;在法西斯主义兴起以及随之发生的第二次世界大战期间,研究的注意力转向探讨法西斯主义产生的根源;第二次世界大战结束以后面对西方资本主义国家基于电子技术革命所带来的新发展,把对科技革命的社会政治效应纳入了研究的视野。

西方马克思主义理论家能够比较自觉地使自己的研究与现实结合在一起,当然这出于他们对马克思主义哲学的本质特征的认识。在漫长的历史过程中,他们越来越深切地认识到,马克思主义哲学是工人阶级自己解放自己的理论,实践性是它的本质特征之一,即它必须面向现实。马克思主义本质上永远是当代的。马克思主义的活力与魅力出自在实践的基础上的创造性的发展。苏联解体、东欧剧变后,西方的一些马克思主义哲学研究者反思苏联模式的马克思主义陷入失败的根源时,往往把失败的根源归结于理论脱离实际,即凝固地、静止地、教条式地理解马克思主义。他们运用大量的事实揭露了由于理论脱离实际给社会主义运动带来的巨大危害,这更激起了他们密切联系实际进行马克思主义哲学研究的自觉性。

（二）开放性

整个西方马克思主义的发展历程都是一个"开放"的过程。这里所说的"开放"，指的是马克思主义哲学的研究者强调马克思主义应向各种思潮开放，吸收各种非马克思主义中的宝贵因素。西方马克思主义本来就是以把马克思主义哲学与非马克思主义哲学结合在一起为主要特征的，从属于西方马克思主义的主要是一些把马克思主义哲学与西方某一特定的哲学思潮"融合"在一起的派别，例如"存在主义的马克思主义""结构主义的马克思主义""弗洛伊德主义的马克思主义""新实证主义的马克思主义""分析派的马克思主义"等。这样我们看到，西方马克思主义的发展往往是借助于与其他西方哲学思潮的结合而实现的。在20世纪西方世界的哲学舞台上，出现了马克思主义哲学与其他哲学思潮相互交融、相互渗透的画面。西方马克思主义理论家在致力于吸收非马克思主义哲学的宝贵因素的过程中，首先重新把马克思主义哲学同较早的欧洲权威的哲学体系紧紧联系起来，退回到马克思以前的哲学舞台去。他们试图通过这一途径，即直接从欧洲哲学权威出发，沿着青年马克思的轨道，重建马克思主义的哲学体系。当然，他们更多的是试图把一些现代西方哲学思想"补充"到马克思主义哲学中去。可以说，他们广泛涉及现代西方的各种哲学流派，只要一出现有影响的新的哲学思潮，他们都会把其纳入自己的理论视野，寻找可以用来修正和发展马克思主义哲学的"闪光点"。西方马克思主义理论家热衷于马克思主义哲学的"开放"，是与他们对马克思主义哲学的一个基本认识密切相关，这就是在他们看来，马克思主义哲学在其创始人那里就是一个"开放"的体系，马克思、恩格斯倘若不吸收他们以前的以及与他们同时期的哲学思想，就不可能创立马克思主义哲学体系。历史发展到今天，马克思主义哲学要继续发展，并保持旺盛的生命力，仍然必须保持自己的"开放性"，即仍然必须从一切优秀的哲学思想中吸收养分。

（三）多样性

综观西方马克思主义在 20 世纪西方世界的发展，不难看出这种发展往往是通过多样性来实现的。马克思的《1844 年经济学哲学手稿》于 1932 年公开发表以后，围绕着对《1844 年经济学哲学手稿》的不同解释，更是出现了各种版本的马克思主义解释路向，马克思主义研究的多样性趋势越来越明显。西方马克思主义最鲜明的特点就是多样性，各种西方马克思主义研究流派和思潮相继脱颖而出。西方马克思主义内部流派纷呈，除了法兰克福学派之外，"存在主义的马克思主义""弗洛伊德主义的马克思主义""结构主义的马克思主义""新实证主义的马克思主义""分析派的马克思主义""生态学马克思主义""女性主义马克思主义"等先后呈现在人们面前，而且西方马克思主义内部的各种派别与西方马克思主义之外的各种思潮交织在一起。实践证明，仅仅用"分化"甚至"分裂"这样的词汇来描述和理解这种多样性是十分不妥当的，马克思主义研究的多样性给马克思主义哲学带来的积极意义远大于消极性，这种多样性是马克思主义获得发展的一个重要前提，20 世纪马克思主义在西方世界的繁荣是借助于这种多样性来取得的。20 世纪西方马克思主义发展，及至整个马克思主义的发展中，这种多样性局面的出现，反映了随着时间的推移，马克思主义创始人的观点原本所具有的歧义性会越来越不可避免地显示出来，更反映了对马克思主义的理解会因理解者的立场、处境的不同而必然出现差异。

不能低估由西方马克思主义在中国的传播所带来的对马克思主义的这些特征的重新认识。正是在对这些特征的深刻把握的基础上，中国学者推倒了原有的一系列对马克思主义的错误理解，推进了马克思主义的当代化、中国化。这是中国人民实现思想解放的理论前提。

二、增强马克思主义信念，为正确地总结苏联解体、东欧剧变的教训提供借鉴

20 世纪 80 年代末 90 年代初，国际形势风云突变，这主要表现在东欧一

批社会主义国家的易帜和苏联的解体。我国的西方马克思主义研究也进入了一个新的阶段。这一阶段我国西方马克思主义研究的一个重大意义就是为增强马克思主义信念带来推动力，为正确地总结苏联解体、东欧剧变的教训提供借鉴。

无论是马克思主义的拥护者、同情者，还是马克思主义的反对者、诋毁者，可能都未曾想到，在苏联解体、东欧剧变后，自20世纪90年代中期起，在国外，特别是在西方，如法、德、英、美等主要资本主义国家，掀起了一股研究和宣传马克思主义的热潮。事实已很清楚地展现在人们面前：马克思主义并没有像一些西方政要和右翼学者所宣称、所希望的那样"销声匿迹"，而是在全世界范围内"顽强地活了下来"，并且"活得很好"。面对国外，特别是西方世界掀起的这股研究和宣传马克思主义的新热潮，我们国内有一批从事马克思主义理论和现代西方哲学研究的学者，敏锐地感觉到了其非同寻常的意义，并怀着一种历史使命感和政治责任感，立即加以跟踪探讨。

始于20世纪90年代中期的我国学者对苏联解体、东欧剧变后的国外马克思主义，特别是西方马克思主义的跟踪研究，有声有色，热闹非凡，所开展的主要活动有：第一，召开研讨会；第二，出席国际马克思主义大会；第三，出国考察国外马克思主义研究状况；第四，引进有关苏联解体、东欧剧变后国外马克思主义研究的图书资料；第五，对苏联解体、东欧剧变后的国外马克思主义进行研究，等等。

我国一些专家学者在苏联解体、东欧剧变后对国外马克思主义，特别是西方马克思主义的跟踪研究所产生的影响，远远超出了学术界本身。他们的跟踪研究，他们所写下的有关专著、论文，对我们的思想理论建设具有重要的积极作用。

三、为开辟中国特色社会主义道路提供理论资源

进入21世纪以后，我国的西方马克思主义研究的现实意义主要表现在，为开辟中国特色社会主义道路提供理论资源。实际上，我国的西方马克思主义研究在进入21世纪以后，无论就其研究的深度还是广度而言，都在原有的基础上又有了新的发展，而这种发展主要表现在对当今中国社会产

生越来越大的影响力。当今中国人民正胜利地行走在中国特色社会主义大道上,中国人民对自己的这条道路充满着自信心。中国特色社会主义道路的开辟,是需要理论资源的。不可否认,西方马克思主义是其中不可或缺的理论资源。

中国特色社会主义道路首先面临的一个问题是,如何说明这条道路的合法性与合理性,即如何说明我们走这条道路不仅是正当的,而且是可行的。而西方马克思主义的理论,特别是西方马克思主义的现代性批判理论,能为这条道路的合法性与合理性做出理论说明。我国的一些西方马克思主义研究者都致力于从事这一工作。

按照目前国内流行最广、在知识分子中最有影响的新自由主义的理论,中国道路是不可能的,也是不合理的。原因很简单,按照新自由主义的现代性理论,所谓现代化就是西方化,这二者是完全同一的;想在西方式的,也是唯一的现代化道路之外,再寻找一条新的走向现代文明之路,是痴心妄想。

中国目前所面临的问题实际上是现代性的问题,中国目前所处的危机实际上是现代化的危机。中国这些年向西方学习,努力"西方化",实际上也就是努力实现"现代化"。中国"西方化"的过程实际上也就是"现代化"的过程。所以处于新的"历史拐点"上的中国所要探讨的问题实际上就是如何面对"现代化"。

按照新自由主义理论,处于新的"历史拐点"上的中国,似乎只有以下两种选择。

第一种选择:因为现代性给我们带来了磨难,使我们失去了诸多美好的东西,所以憧憬起"前现代性"的生活来,竟然产生了干脆放弃对现代性的追求,使中国成为一块置身于世界之外的"非现代化的圣地"的意念。有些人开始主张中国停止始于 20 世纪 70 年代末的西方化、现代化的历程。在有些人看来,既然现代化的弊端已暴露无遗,我们为什么不悬崖勒马呢?

第二种选择:现代性是人类的必由之路,西方人走过的道路,中国人也得跟着走。现代性的正面效应与负面作用都不可避免,我们只能置现代化所带来的种种负面效应于不顾,继续沿着原先的路走下去,让中国这块古老的大地彻底经历一次西方式的现代性"洗礼"。只有等到中国的现代化过程基本完成,才有可能解决这些负面问题,倘若现在就着手去解决,只能干扰中国的现代化建设。

实际上,以上两种选择都是"死路"。前者要中国重新走回头路,而倒退无论如何是无奈之举;后者则迟早会葬送中国,很有可能中国人民还没有充分享受到现代化的成果,而代价却已把中国拖垮了。

那么处于"历史拐点"上的当今中国,还有没有其他的选择呢? 还有没有其他道路可走呢?

有。这就有必要求助于西方马克思主义。我们急需要一种理论能够说明:中国走向现代文明是必然的,但走向现代文明的道路可以与西方的道路有区别。

能够提供这种思想资源的,我们认为不可缺少西方马克思主义,严格地说,就是马克思主义的现代性理论。

我们认为,西方马克思主义的现代性批判理论有四个要点:

第一,人类走向现代文明是必然的,未来的共产主义社会就是高度文明的社会。马克思不但没有拒绝现代文明,而且为现代文明欢呼!

第二,人类在走向现代文明的过程中,经受了种种磨难,现代化过程中所出现的种种负面效应,其根基不在于现代性理念本身,不在于科学技术、理性本身,而在于承受这种现代性的社会制度和经济运作模式。现代化过程中所出现的那些负面效应并不具有必然性。

第三,资本主义式的走向现代文明的道路不是一条理想的道路,而是一条人类在现代化道路上的不归路, 对资本主义的批判就是对资本主义制度下走向现代文明道路的批判。

第四,要寻找一条新的走向现代文明的道路,只要换一种社会制度,换一种经济运作模式,人类完全可能既享受现代文明的成果,又避免现代化过程中所出现的那种负面效应。

我们认为,在现代性理论方面,西方马克思主义是深得马克思主义要领的。

西方马克思主义的现代性批判理论是西方马克思主义理论体系中最有价值的理论之一。它的特点在于,它在激烈而愤怒地揭露当代社会现代性的负面效应时,并不全盘否认现代性对当代人的积极意义,并不把现代性的负面效应完全归结于现代性本身逻辑发展的必然结果, 并不希望现代人放弃对现代性目标的追求,而是要人们对现代性加以"治疗"。它努力地把物对人的统治追溯到人对人的统治,而不是把人对人的统治掩饰为物对人的统治。它深信,只要换一种社会制度,换一种社会组织方式,换一种价值观念,现代性理念以及作为这一理念具体实施的现代化运动,完全有可能避免目前所出现的各种弊端。它强烈要求现代化运动不是与资本主义而是与社会主义结合在一起,提出了实现现代性的资本主义形式与社会主义形式之间的区别,这样它对现代性和现代化运动的负面效应的揭露和批判就变成了对社会主义理想追求的必然性的论证。

联系西方马克思主义的现代性批判理论来反思中国的现代化运动,我们只能得出这样的结论:首先,我们绝不能放弃对现代性的追求,因为现代性对人类有积极意义,即使在追求现代性的过程中出现了这样或那样的问题,那也不是现代性本身造成的。其次,我们也绝不能放弃对追求现代性过程中所出现的种种负面效应的关注与消除。既然在追求现代性过程中所出现的负面效应不是源于现代性本身,那么我们就不应当对这些负面效应持无能为力的态度,而应当积极地寻找出现这些负面效应的真实原因,并且想方设法地消除这些原因,使负面效应降到最低限度。

在这里,我们不正是看到了中国道路的合理性和合法性吗?中国道路不正是旨在既充分享受现代文明成果又避免现代性的各种负面效应吗?中国道路不正是通过走一条与西方现代化不同的道路来达到这一目的吗?

四、为中国特色社会主义道路破解难题和矛盾提供理论启示

中国特色社会主义道路已经取得了巨大的成就,但与此同时,也面临着一些必须破解的难题和矛盾。西方马克思主义研究在当今中国的另一重大意义就是,为中国特色社会主义道路破解这些难题和矛盾提供理论启示。

（一）西方马克思主义的市场社会主义理论,能为我们解决开辟中国道路必然面临的第一对矛盾——人与人之间的矛盾, 即两极分化的日益加剧提供启示

正当中国改革开放总设计师邓小平提出市场只是手段, 社会主义也可

以搞市场经济，从而在全中国范围内掀起以社会主义市场经济为导向的经济改革浪潮之时，一些西方马克思主义理论家也发出了把市场机制引入社会主义经济体制的强烈呼声。尽管在西方马克思主义理论家阵营内部也存在着反对把市场与社会主义结合在一起的声音，但无疑西方马克思主义的主流是力主把两者结合在一起的。尽管对"市场社会主义"的讨论由来已久，甚至可以追溯到 20 世纪 30 年代初，但正是在西方马克思主义理论家的推动下，这一讨论才成为一个热点。"市场社会主义"已成为当代西方马克思主义理论体系中的一个重要组成部分。最近几年，我国学界对西方马克思主义研究的另一个聚焦点就是对"市场社会主义"的研究。我国的研究者对"市场社会主义"研究的兴趣与日俱增，倒不是在于"市场社会主义"在西方世界的影响日益扩大，在西方马克思主义理论体系中的地位日益增强，而主要是基于梳理马克思的市场理论的需要，以及加深认识我国走社会主义市场经济道路的必要性的需要。

正因为如此，首先，我国的研究者对"市场社会主义"的研究与梳理马克思的市场理论是同步的。西方马克思主义的"市场社会主义"理论为我们正确地梳理马克思的市场理论积累了许多思想资料。一些西方马克思主义理论家指出，从马克思本人提出的理论来看，他是把市场经济与资本主义联系在一起的，而他所设想的社会主义所实行的是无市场的计划经济。所以这些西方马克思主义理论家所做的一件主要工作是改变马克思把市场与资本主义联系在一起，进而认为社会主义无市场的观点。其次，我国的研究者又把对"市场社会主义"的研究，把对社会主义市场经济这一马克思主义中国化的当代重要理论成果的把握，与对当代中国究竟为什么要走社会主义市场经济的道路以及究竟如何走这条道路的认识结合在一起。在某种意义上，我们正是借助于对"市场社会主义"的研究，深刻认识到了社会主义市场经济是马克思主义中国化的当代重要理论成果，同样也正是借助于这一研究，特别是借助对社会主义市场经济这一马克思主义中国化当代重要理论成果的认识，日益坚定了走社会主义市场经济道路的信心，而且日益丰富和完善了具体实施社会主义市场经济的思路。

关键是要明确，只有切实贯彻社会主义市场经济理论，把市场这种配置资源的方式与社会主义的生产关系、社会主义的价值目标联系在一起，才能真正消除目前的两极分化日益加剧的现象。我们必须用借助西方马克思主义的市场社会主义理论来面对这一问题，这就是着眼于生产关系，着眼于调整劳动与资本的关系。

（二）西方马克思主义的生态社会主义理论，能为我们解决开辟中国道路必然面临的第二对矛盾——人与自然之间的矛盾，即生态危机的日益加剧提供启示

关键在于，生态学马克思主义为我们揭示了生态危机与资本逻辑的对立。他们认为，资本的以下两个基本属性决定了资本本质上是反生态的：第一是效用属性。生态学马克思主义者在揭露资本在本质上是反生态之时，总是这样提出问题：自然界本来是什么样子的，它与人类的关系本来应是怎样的，资本按其本性必然要把自然界改变成什么样子，必然使其与人类的关系成为一种什么样的关系。应当说，沿着这一思路来思考资本对生态究竟会产生何种影响，是一种马克思主义的思路，也确实抓住了资本与生态之关系的要害。第二是资本的增殖属性。他们强调，资本的效用原则使自然界丧失了自身的价值而成为一种单纯的工具，而与效用原则连在一起的资本的增殖原则，又使自然界的这种工具化变得越来越严重。如果资本只是简单地利用一下自然界而已，如果资本对自然界的利用是有限度的，那么资本对自然界的破坏也会保持在一定的范围之内。问题在于，资本对自然界的这种利用绝不会是有限度的，资本追求的是无限的增殖，从而它对自然界的利用也是无止境的，由此带来的对自然界的破坏也是没有尽头的。生态学马克思主义者在探讨当今生态危机的根源时，总是紧紧抓住资本的增殖原则，即资本家对利润的贪婪这一点不放，尽管对某些人来说总不太顺耳，但确实是把问题的本质揭示出来了，从而使他们对生态危机的分析、批判显得十分具有震撼力。

按照马克思的生态理论，显然在当今中国消除对自然环境日益严重的破坏的关键就在于限制资本逻辑。确实如马克思所分析的那样，当今中国几乎所有的生态问题都与资本无节制地追求利润联系在一起，离开了对资本逻辑的限制谈论保护生态环境就是缘木求鱼。

（三）西方马克思主义关于人的存在方式的理论，能为我们解决开辟中国道路必然面临的第三对矛盾——人自身内部身心之间的对立，即人的单向度的日益加剧提供启示

人们有时把西方马克思主义称为"人道主义的马克思主义"，这是有根据的，由卢卡奇所开创的西方马克思主义的主流，始终坚持把马克思主义归结为一种人道主义，而且围绕着人的本质、人的需要、人的交往、人的自由、人的价值、人的异化等进行系统的研究。在一定意义上，也可以把西方马克思主义称为"人学"。我国的西方马克思主义研究者对西方马克思主义的"人学"也情有独钟，在这方面所推出的著作和论文可谓汗牛充栋。西方马克思主义理论家对人的研究往往是以对马克思主义的人道主义思想进行阐述的形式展开的，这就为我国的研究者把对西方马克思主义的"人学"研究与理解和把握马克思的有关人的理论结合在一起，提供了很好的条件。最近几年我国的一些研究者所从事的一项重要工作就是，利用西方马克思主义理论家对人的研究，特别是对马克思主义人道主义研究的成果，形成了较为完整的关于马克思的人的理论的认识。可以说，在西方马克思主义的"人学"的基础上，我们已经构建了马克思主义的"人学"体系。在这一体系中，马克思主义关于人的全面发展的理论占有突出的地位。实际上，西方马克思主义理论家对马克思的人道主义思想的阐述，最有价值之处有三：一是揭示了马克思对人的本质规定的全面性，即揭示出马克思不管从什么样的角度去规定人的本质，他总把人理解成具有无限丰富性的总体的人；二是与此相应揭示了马克思总是全面地、整体地论述人的异化，即揭示出马克思所看到的人的异化不是某一方面的异化，而是整体的异化；三是由此出发进一步揭示了马克思所理解的人的发展的第一个要求就是其全面性，即揭示出马克思所说的人的发展是使人的各个方面、各个层次兼容并包地、相互协调地得以发展。我国研究者把马克思的人的全面发展理论从马克思对人的大量论述中凸显出来，给予充分的关注，显然是吸收了西方马克思主义理论家的研究成果。

中国特色社会主义道路是否具有世界历史意义，主要取决于它是否为人类文明应对所面临的人的存在方式的矛盾与危机做出自己的贡献。它能

否成为人类追求文明进步的一条新路？它能否为人类探索出一种新的存在状态？如果这样去思考问题，我们就能充分认识西方马克思主义关于人的存在方式的理论的重大意义。

第二编 >>>>>

西方马克思主义早期代表人物和若干流派在中国的影响

要真正了解西方马克思主义在中国的历程与影响，必须深入到西方马克思主义的具体代表人物和流派，即从这些具体代表人物和流派出发进行探究。回顾西方马克思主义在中国四十多年的传播和产生影响的过程，它主要是借助于一个个鲜活的代表人物和流派来实现的。留在中国人脑海里的，主要是西方马克思主义的一个个代表人物和流派。

第五章　西方马克思主义的
三个早期代表人物在中国的影响

　　正如徐崇温在《"西方马克思主义"》一书中认为的那样,卢卡奇、葛兰西与柯尔施(亦被译为科尔施),无论从学脉渊源上看,还是论三人的理论影响力,都理应被视为西方马克思主义的三位创始人。与此同时,这三位西方马克思主义的创始人,不仅是最早被引入中国的三位西方马克思主义理论家,也是任何以马克思主义哲学研究为业的中国学者无法绕开的思想大家。回顾过去八十多年的历史,中国知识界与这三位西方马克思主义大家的"思想互动",构成了一幅波澜壮阔的学术史画卷:从20世纪80年代起,正是对这三位西方马克思主义早期人物的引介及其引起的诸多论争,带动了国内马克思主义哲学界的研究转向,进而引领中国学者重新思考马克思主义的时代意义;而在90年代后,伴随着中国市场经济的高速发展,这三位生活在西方发达资本主义国家的马克思主义"大学者",也以他们的理论与智慧告诫我们,马克思主义在当下中国的现实意义;现如今,随着中国进入新时代,面对如何走出一条富有中国特色的社会主义道路,如何进一步发展马克思主义的中国化、时代化与大众化的问题,中国学人不时地回溯这三位早期西方马克思主义代表人物的思想,形成了富有成果的思考与研究。

　　当然,从传播的历程看,三位西方马克思主义大家被引介到中国的时间互有先后,理论影响力也各不相同。就中国当下的研究现状看,卢卡奇是其中最被人熟知的一位。早在1935年,卢卡奇就被引介到中国,并对当时中国左翼文坛产生了一定影响。而到了20世纪80年代初,随着南斯拉夫实践派的引介,卢卡奇也再次进入中国学人的视野,并在极短的时间内,在80年代的中国掀起了一股西方马克思主义研究热潮。而到了90年代末,随着商品经济高速发展,中国的社会矛盾也日益加剧,此时卢卡奇研究却以新的面貌再度复兴。在当时,卢卡奇本人的"物化理论"不仅成为现代性批判切中肯綮的思想武器,更转化为中国学人理论创新的土壤。对卢卡奇的研究也成为中国人学、文化哲学等学术领域的理论热点。21世纪以来,卢卡奇思想进一步激发了马克思主义哲学"生存论转向"和"德国古典哲学渊源研究"。由此可见,中国学界对卢卡奇思想研究的历程,不仅充分体现卢卡奇思想的延展性,更间接展示了中国学者在不同历史时期的问题意识,及其探索与思考历程。

较之卢卡奇,葛兰西无疑是另一位在西方世界影响力巨大的西方马克思主义早期代表人物。由于译介的原因,葛兰西直到20世纪80年代初才真正进入中国学界的视野。90年代末期,由于意识形态领导权等问题重新被提出,葛兰西思想散发出了新的活力。尤其是葛兰西的实践哲学与领导权理论,在2000年后引领了国内理论界自我创新与发展的潮流。随着阿尔都塞与后马克思主义研究的深入,葛兰西意识形态领导权包含的政治哲学要素逐渐为国内学者所认知。如今,随着国内马克思主义的政治哲学研究日益升温,以葛兰西为路径的马克思主义政治哲学研究日益得到重视,成为当下马克思主义政治哲学理论的思想资源。

在西方马克思主义最初的理论家中,相较于卢卡奇和葛兰西,柯尔施并未显著地受到国内学者的青睐。迄今为止,国内学者阐发柯尔施思想的论文和专著,以及对其成果的翻译,在研究数量上是相对稀少的,又不曾陡然增多。20世纪80年代末至今,柯尔施对中国的影响主要还是围绕其关于马克思主义与哲学的关系的讨论及其对西方马克思主义术语含义的讨论。至于今后对柯尔施思想的考察,国内学界也开拓出了若干全新的方向。

总体而言,卢卡奇、葛兰西与柯尔施这三位西方马克思主义早期代表人物,对于中国马克思主义哲学理论的发展,都产生了深远的影响。从这一点上说,梳理卢卡奇、葛兰西与柯尔施三位西方马克思主义早期代表人物在中国的影响与传播历程,是一件颇为重要且富有成果的学术工作。与此同时,我们通过回顾中国学界对三位西方马克思主义代表人物在理论立场、研究主题与诠释方向上的变化,也能窥见自20世纪30年代起,整整近百年中国马克思主义理论界及知识界的思想发展历程,从中我们获得的不仅是几代中国学人的理论硕果与思想结晶,更能从一个侧面回顾整个马克思主义哲学在中国发展的曲折而辉煌的发展历程。

以下,笔者分别就卢卡奇、葛兰西与柯尔施在中国的引介、影响历程,展开详细的论述。

一、卢卡奇在中国的传播历程与影响

套用当下流行的做法,如果将西方马克思主义早期代表人物在中国学界的理论影响力做一个排行榜的话,乔治·卢卡奇的名字必将占据榜首。就中国当下的研究现状看,卢卡奇是所有西方马克思主义代表人物中在中国研究时间最长、辐射影响最大、研究人数最多、学科涉猎最广、理论争议最尖锐的一位。就卢卡奇在中国的传播历程看,经由左联的引介,卢卡奇不仅成为最早一批为中国人知晓的西方马克思主义理论家,在之后中国理论界的发展进程中,他也鲜有缺席国内理论界历次的"大讨论",甚至一度处于旋涡中心。但从今天的视角看,国内学人对卢卡奇思想的探讨、研究和批判,都在不同程度上形成了国内马克思主义哲学研究,甚至是哲学研究的一条重要的思想发展脉络。可以说,无论我们对卢卡奇思想持有怎样的立场(是热情褒扬其散发出的"马克思主义思想的光辉",还是批判其"偏离了马克思本人的思想立场"),卢卡奇都在不同程度上改变了过往的研究范式,开创了一条崭新的、富有中国特色的、中国问题意识的学术研究道路。因此,对卢卡奇在中国的传播历程与影响研究的理论意义,要求我们理解中国学人的内在问题意识与理论诉求。在本研究看来,无论哪一时期,中国学人围绕卢卡奇思想意义的讨论,以及对其思想资源的挖掘与汲取,都未脱离中国人自己的问题意识与理论立场。因此,国内卢卡奇研究的屡次转向,其背后都是研究者对中国重大现实问题的回应,反映了时代精神与时代主题的变迁与发展。为了更好地说明这一点,本节将依如下线索展开论述。

本研究认为,卢卡奇在中国的传播历程与影响,大致上可以分为以下四个阶段:

第一个阶段是卢卡奇的"文论思想引介阶段",时间为20世纪30年代中期至"文化大革命"前,标志性事件是胡风对卢卡奇的辩护。这场论辩虽然持续时间短,影响力有限,却开启了对卢卡奇研究的先河,为之后的研究做了准备工作。

　　第二个阶段是中共十一届三中全会召开至 20 世纪 90 年代初，卢卡奇对马克思主义"能动维度"与"实践立场"的辩护，进而对马克思主义哲学本体论的发展。一方面，自 80 年代起，国内掀起了"如何看待西方马克思主义"的大讨论。在这场争论中，不少学者经由南斯拉夫实践学派，回到了卢卡奇《历史与阶级意识》中给出的马克思的思想肖像，并由此展开了对马克思主义"能动维度"的辩护。另一方面，卢卡奇思想为当时国内兴起的马克思"实践唯物主义"提供了理论支撑与思想资源。从思想效应上说，中国学界对卢卡奇思想的全面引介，不仅改变了苏联教科书式的研究范式一统天下的局面，更是迎合了"解放思想"、高扬"人文精神"的时代氛围。

　　第三个阶段是 90 年代起至 21 世纪头十年，卢卡奇研究出现再度复兴。伴随中国步入经济高速发展的历史阶段，诸多新生的社会矛盾急需理论界的回应。卢卡奇对现代性的批判，在此时成为切中肯綮的理论武器，其"物化理论""总体性辩证法"一度成为学界重要的理论资源，并影响了 21 世纪后马克思主义哲学的研究范式。与此同时，伴随着国内学界对布达佩斯学派的日常生活批判理论的引介，对卢卡奇现代性批判的研究也有进一步的扩充。

　　第四个阶段是 21 世纪第二个十年，研究重点是卢卡奇的黑格尔哲学因素及其对马克思思想资源的重组。卢卡奇作为马克思、黑格尔渊源的研究者，其总体性的辩证法自 20 世纪 80 年代起就受到了广泛关注，但是其黑格尔主义因素的理论意义并未成为讨论的重心。而在 21 世纪第二个十年里，卢卡奇在《历史与阶级意识》中的对黑格尔-马克思理论配置得到学界重视，甚至被重新纳入黑格尔-马克思的讨论视野中。近几年，透过对卢卡奇在马克思主义中对黑格尔资源调用的研究与批判，学界展开了马克思与康德、黑格尔渊源承继关系的论争，从而为建构一种"规范"的马克思主义提供可探讨的基础。背后的理论预期，亦是回应全球化语境下，中国作为新兴大国，参与世界新秩序的建构与呼唤人类命运共同体的时代主题。

　　(一)"初入中国"：中国知识界对卢卡奇的引介及其影响

　　如果将 1935 年刊登于《译文》杂志上的《左拉与现实主义》视为起点，卢卡奇在中国传播的历史已逾八十个年头。然而以哲学研究为主导的卢卡奇研究界,较少重视卢卡奇在八十年前的"登场时刻"。在某种意义上说,学界的这种态度也情有可原,毕竟卢卡奇在 20 世纪三四十年代的引介的确有着先天不足:在译介文本的选择上,显得片面与零散,无法全面地、系统地体现出这位思想家的深度与理论力量。与此同时,国内的左翼理论界多以苏联官方的立场来批判卢卡奇提出的文论观, 将之视为必须警惕的修正主义分子的做法,也错失了进一步深化卢卡奇思想研究的机遇。唯有胡风站在主流观点之外,认为卢卡奇的思想具有深刻的理论意义,并结合当时传入中国的日本"福本主义"思想,挖掘了卢卡奇文艺理论思想背后的哲学理论价值。①可以肯定地说,胡风的卢卡奇思想研究,是这一时期国内卢卡奇研究中最重要的成果之一。但必须公允地说,从总体上而言,这一阶段的研究成果无论在深度上还是广度上,都是有限的。在 20 世纪 30 年代至 70 年代末的中国知识界,卢卡奇的理论影响力并未跨出文艺理论的范畴,加之对卢卡奇文艺思想的论争具有强烈的政治运动色彩,致使其在学术研究上的成果寥寥。可以说,国内对卢卡奇思想的传播、引介与研究的最初历程,经历了一个极为艰难的起步阶段。

1. 中国知识界对卢卡奇产生兴趣的原因

要梳理出 20 世纪 30 年代卢卡奇引介到中国知识界的原因, 必须先明确当时中国学人自己的问题意识。在马驰看来,国内对卢卡奇及其理论的认识和接受,都是发生在新文学运动的大背景下的,"20 世纪 20 年代,布尔什维克革命的成功极大地刺激了寻求救亡图存的中国知识分子。对于当时中国知识界而言,俄国革命成功,不仅给中国带来了马克思主义–列宁式革命理论与政党理论,更同时输入了与之相应的各种激进思潮"②。另一方面,当时的中国知识分子多是以投身文学的方式,展开对现实生活的反思与批判。因此,俄国十月革命对中国思想界的影响之一,乃是中国左翼文艺界对以高尔基为代表的现实主义的"革命文学"的关注,继而完成了从反封建、反宗法社会的"浪漫主义",向现实主义的文学观的转变。

---

①　当时胡风提出的现实主义方法,基本沿袭了卢卡奇的文艺批评理论。参见黎活仁:《卢卡奇对中国文学的影响》,文史哲出版社,1997 年,第 46~48 页。

②　马驰:《卢卡奇美学思想论纲》,东北师范大学出版社,1997 年,第 324 页。

不过,当时国内文坛虽然已经受到了"欧洲现实主义"的深刻影响,却在创作中不断走向"概念化""理智化",致使"思想的探求"取代了"艺术的表现","理性的渗透"排挤了"客观的描述",导致了作品脱离生活,产生了向壁虚构的创作倾向。[①]这一倾向在受到共产主义思潮影响的左翼文学工作者中表现尤为普遍。虽然左翼文坛力图发展关注现实的"革命文学",但当时革命文学的创作方式不可避免地流于"公式化",将文学贬低为政治标语式的口号。卢卡奇正是在这一背景下被引介到中国思想界的。正如马驰所总结的那样:"中国左翼文学这时已开始注意强调真实性,重视典型化,肯定浪漫主义,而卢卡奇有关现实主义理论的译介正适应了这一需要。"[②]这也就不难解释,为何卢卡奇第一篇被引介的作品是《左拉与现实主义》。从当时的情形看,卢卡奇不仅是对中国现实主义文学流派自身发展的补充,也应和了当时中国知识界的要求。

从 1930 年末起,在胡风等人的努力下,卢卡奇的《小说底本质》和《小说》两篇文章被介绍到国内。但由于这两篇文字相对晦涩,其文本未能以全貌的方式展现给当时的中国知识界,卢卡奇在当时国内文坛的影响力受到了极大局限。从 1940 年到新中国成立之前,卢卡奇也仅有《论新现实主义》《叙述与描写》《论文学上人物底智慧风貌》和《论德国法西斯主义与尼采思想》四篇译文引入中国文坛[③],其中《叙述与描写》一文影响最大。

之后,随着苏联学术界对卢卡奇思想态度的转变,许多左联人士也一边倒地站在了批判卢卡奇的立场之上,卢卡奇在国内的传播遭遇到了停顿。然而我们必须看到,作为"马克思主义文艺理论家",以及其有关"伟大现实主义"的理论成果,卢卡奇及其思想虽然在当时被主流所否认,却也充当了中国知识界思想转向的桥梁之一。

---

① 参见温儒敏:《新文学现实主义的流变》,北京大学出版社,2007 年,第 34 页。

② 马驰:《卢卡奇美学思想论纲》,东北师范大学出版社,1997 年,第 245 页。

③ 《论新现实主义》,王春江译,1940 年 1 月 15 日刊于《文学月报》第 1 卷第 1 期;《叙述与描写》,吕荧译,1940 年 12 月发表于《七月》第 6 卷第 1、2 期合刊,后又于 1947 年 10 月出版;《论文学上人物底智慧风貌》,周行译,1944 年 3 月 1 日刊载于《文艺杂志》第 3 卷第 3 期;《论德国法西斯主义与尼采思想》,居甫译,1945 年发表于《民主世界》第 2 卷第 7 期。转引自王银辉:《穿越"晦霾"走向新生——卢卡奇文艺理论在中国(1928—2011)》,河南大学 2012 年博士学位论文,第 22 页。

2. 遭遇批判与译介的停顿

从 1933 年起,卢卡奇有关"伟大现实主义"的理论先后在《表现主义的"伟大衰亡"》(1933 年)、《论现实主义的历史》(1939 年)中得以展现。在这两部作品中,卢卡奇彻底否定了现代主义的创作理念,提倡一种基于"反映论"的"现实主义"文学观。但与字面意思恰好相反,卢卡奇的"现实主义"虽冠以"反映论"之名,其内核并非如此。在内容上,卢卡奇不仅将高尔基确立为"伟大现实主义"的代表人物,更提出了"标新立异"的观点:"社会主义的现实主义,原来就是现实主义。""按照这个定义,荷马与莎弗克里斯,但丁与拉布莱,塞万提斯与莎士比亚,歌德与霍夫曼,普式庚(普希金)与巴尔扎克,托尔斯泰与高尔基——他们代表的现实主义的各种历史潮流阶段——都是伟大现实主义派的代表人。"①

不难看出,卢卡奇建筑于"反映论"的"现实主义"的要义是自觉揭露社会黑暗势力与社会不公现象,反映社会历史的客观进程,以及生活于其中的个体的情感、价值与观念的变化历程。从今天的研究成果看,卢卡奇强调的"现实主义"的"反映论",在理论内核上是一种有别于苏联"官方哲学"的"反资本主义的浪漫主义"(或译为"浪漫的反资本主义")。因此,这一"现实主义"不仅仅是基于作家的能动性,更要求作家本人的创作具有人道主义高度的立场。从另一方面说,卢卡奇倡导的"伟大的现实主义",也有别于以左拉为代表的自然主义的"现实主义"。较之左拉,卢卡奇认为要将"正确地写"变成"真实地写""典型地写","继而像巴尔扎克、托尔斯泰那样写"。可见,卢卡奇绝不认同左拉自然主义式的"复写",而是要求文学在创作上遵循"典型论"。

然而即便卢卡奇的思想在"形式上"迎合作为苏联官方哲学的"反映论",但难逃"修正主义"的帽子。值得玩味的是,在卢卡奇的"伟大现实主义"理论的传播过程中,他的"现实主义"首先与日丹诺夫的"哲学史是唯物主义与唯心主义斗争的历史"观点相结合,进而衍生出一种"现实主义与反现实主义的'公式'"。这一"公式"在形式上更符合苏联官方意识形态的要求,在当时的语境下,它也正是卢卡奇介入苏联文坛论战(如苏联当时对"拉普"主

---

① 原文见卢卡奇:《论新现实主义》,王春江译,《文学月报》,1940 年 1 卷 1 期。转引自王银辉:《穿越"晦霾"走向新生——卢卡奇文艺理论在中国(1928—2011)》,河南大学 2012 年博士学位论文,第 24 页。

义文学观的批判)的理论主张。当然,卢卡奇现实主义的"公式"一经提出,一方面遭遇了苏联文坛右派的反对,认为卢卡奇此举忽视了文学的实际创作过程;另一方面,卢卡奇也触怒了苏联文坛"左"派及苏联官方,其标志性事件是 1939 年论文集《论现实主义的历史》的出版。在《论现实主义的历史》中,卢卡奇认为现实主义流派作品的艺术水准,与作品作者所持有的世界观、意识形态的关系并不是机械对应的,"尽管意识形态很坏,如巴尔扎克的保皇主义,也能产生很好的文学。反过来意识形态很好,也可能产生很坏的文学"[1]。这一论断致使卢卡奇处在了苏联文坛主流的对立面上。卢卡奇回到匈牙利后表现出的"反斯大林主义"倾向,更促使苏联官方向他发难。如此一来,卢卡奇的现实主义理论就遭遇了来自"左"与右两个阵营的抨击。尤其是来自"左"派的攻击尤为猛烈。苏联文坛"左"派认为,卢卡奇的现实主义乃是将"人民性"取代了"阶级性",并且他对现实主义流派的界定,乃是将"落后的保守的世界观是创作优秀作品的有力基础;把苏联艺术家的典型和帝国主义时代资产阶级的作品的典型等而观之",继而将"苏联文学"等同于小资产阶级的"颓废精神"等错误思想。[2]于是在 1938 年至 1940 年,苏联文艺界围绕着卢卡奇的"伟大的现实主义"展开了声势浩大的批判,苏联官方更是将卢卡奇参与的《文学批评》杂志停刊。

　　苏联对卢卡奇的这一批判与抨击很快影响了中国文坛,在当时"政治高于艺术"的风气下,中国左翼文学界的绝对多数知识分子都很快倒向了苏联学者对卢卡奇理论的看法。而在 1956 年匈牙利事件后,卢卡奇因担任当时匈牙利文化部部长被打为了"修正主义分子"。而新中国成立后的中国文坛及其理论界,也"秉承"了左联的路向,以批判修正主义者的政治立场来批判卢卡奇的文学观。另一方面,40 年代后,由于出于对俞平伯、胡风等人的小资产阶级思想的批判的政治需要,国内文艺界也将卢卡奇的文学观(其主要引介者即是胡风)和与《在延安文艺座谈会上的讲话》精神相背离的"小资产阶级"知识分子打为一派。总之,就当时中国学界的总体状况而论,在中国对卢

---

　　[1]　杜章智编:《卢卡奇自传》,李渚青、莫立知译,中国社会科学出版社,1986 年,第 38 页。

　　[2]　吕荧:《译者小引》,载[苏联]卢卡契:《叙述与描写》,吕荧译,新新出版社,1947 年,第 4~5 页。转引自王银辉:《穿越"晦霾"走向新生——卢卡奇文艺理论在中国(1928—2011)》,河南大学 2012 年博士学位论文,第 27 页。

卡奇了解不深的情况下,中国学人就已经先行地将卢卡奇视为批判的对象。根据吴中杰的回忆,1949 年在"反修"斗争中,"(卢卡奇)是被当作国际修正主义的一个代表人物来批判的,报刊反修文章中常常提到他,文艺理论教材中也每每拿他做标靶,特别是谈到现实主义创作方法和世界观时"①。

在批判"修正主义者"的口号下,新中国成立后国内理论界对卢卡奇的译介还是有了进一步发展,如世界文学编辑部选编的《卢卡契修正主义文艺论文选译》、中国作家协会上海分会文学研究室编写的《卢卡契修正主义资料选辑》、复旦大学外文资料室编撰的《有关修正主义卢卡契资料索引》等②,都是在批判"修正主义"旗帜下而取得的成果。而《卢卡契论文集》的筹备工作也在陈冰夷等人的组织下集齐译稿,后因"文革"而中断。更值得一提的是,中国科学院哲学社会科学部在 20 世纪 60 年代组织了极为精干的翻译队伍,对卢卡奇的《存在主义还是马克思主义?》(韩润棠译,商务印书馆,1962年),《青年黑格尔》(王玖兴译,商务印书馆,1963 年),《理性的毁灭》三部重要论著进行了翻译或节译,其中《理性的毁灭》的译稿由于时代原因遗失,直到 80 年代后期由王玖兴先生重译,并在 1988 年由山东人民出版社出版。虽然这些译作的学术价值并未在当时引起关注,但无疑为之后 80 年代卢卡奇思想研究的全面展开提供了条件。

3. 胡风对国内卢卡奇研究的贡献与影响

从 40 年代到 50 年代,无论是左翼文联,还是新中国的文艺界,都对卢卡奇的思想采取否定式的批判立场,唯有胡风始终坚持对卢卡奇持肯定态度。作为左翼文联的旗手,胡风是卢卡奇在中国最早的介绍者之一,不仅根据日文译本翻译了《小说底本质》,还在各方压力下坚持在《七月》杂志上刊登了卢卡奇的《叙述与描写》的中译版。当卢卡奇因其在苏联遭遇批判因而也在中国遭遇冷遇时,胡风更是坚定地捍卫和支持卢卡奇的观点。可以说,胡风及其代表的"七月派"对卢卡奇文艺思想的研究,在很大程度上构成了中国思想界对卢卡奇的第一批研究,具有学术性开拓意义。而对胡风关于卢

---

① 吴中杰:《卢卡奇美学思想论纲》,序言。转引自马驰:《卢卡奇美学思想论纲》,东北师范大学出版社,1997 年,第 1 页。

② 参见王银辉:《穿越"晦霾"走向新生——卢卡奇文艺理论在中国(1928—2011)》,河南大学 2012 年博士学位论文,第 27~28 页。

卡奇思想研究的分析与评价,国内包括马驰、王银辉、艾晓明等学者已经做了不少深入研究①,大致上将胡风的卢卡奇研究归为两个方向上的探索:文艺的典型性问题和作家的主体性与创作方法的关系问题。

首先是"典型与真实性"问题。胡风借鉴卢卡奇伟大的现实主义目标之一,正是为了为中国文学现实主义确立方向,开拓并坚持批判现实主义的传统。在这个语境下,如何切中现实,或者说如何切中"真实",就成为文学创作的核心目标。在卢卡奇那里,文学的"真实性"必须建构在文学中的"典型人物"与"典型形象"上。因此,卢卡奇的"典型论"就构成了批判现实主义道路得以成立的理论前提。为澄清这一问题,胡风先后在1935年、1936年发表了《什么是"典型"和"类型"》《现实主义底——"修正"》《典型论底混乱》等文章,并与当时中国文坛的另一位领袖周扬就"典型"问题展开争论。在持续的论争中,胡风一直支持卢卡奇的"典型"学说,坚持典型是主体的形式与客体的内容的统一,因而是现实主义的主要范畴和标准的学术观点。具体而言,胡风对卢卡奇"典型论"的理论价值与内容,做了如下三个方向上的论述:

第一,胡风认为卢卡奇的"典型论"直接继承马克思、恩格斯本人的思想。在他看来,恩格斯对巴尔扎克和左拉的评价及其对现实主义的定义,被卢卡奇直接继承,并在卢卡奇那里进一步上升为文学创作的基础原则。这体现在卢卡奇对于现实主义"叙述手法"的强调。胡风认为,卢卡奇重"叙述"、轻"描写"的观点,将自己的现实主义区别于以左拉的现实主义,后者的创作方式被恩格斯认为不够"现实主义",因为在恩格斯看来,"现实主义"还需要"再现出典型环境中的典型人物"②。卢卡奇继承了恩格斯这一观点,并有意"夸大"了恩格斯评论巴尔扎克文学时在"叙述"与"描写"做出的细微区分。③在卢卡奇看来,"叙述"乃是巴尔扎克这样的现实主义大师的基本创作手法,其可以通过设置故事情节、"体现生活的诗意"的方式塑造典型性。因此对胡风而言,叙述乃是作为文学写作技巧的首要原则。

---

① 参见马驰:《卢卡奇美学思想论纲》,东北师范大学出版社,1997年;王银辉:《穿越"晦霾"走向新生——卢卡奇文艺理论在中国(1928—2011)》,河南大学2012年博士学位论文;艾晓明:《胡风与卢卡契》,《文学评论》,1988年第5期。

② 参见《马克思恩格斯选集》(第四卷),人民出版社,2012年,第590页。

③ 同上,第591页。

　　第二,胡风眼中的卢卡奇所强调的"典型论",乃是将人物性格的描述与背后现实问题的揭露结合起来的艺术手法。在卢卡奇看来,"只有当艺术家把他的主人公的个人的特质,跟他当时的客观的一般问题之间的多重关系揭露成功,只有当人物自身把他当时的最抽象的问题,作为自身的有关生死的问题而体验了,被创造的人物才能有意义和典型的"①。而这在卢卡奇那里,表现为如巴尔扎克一方面塑造出典型人物,另一方面又通过对典型性的塑造,揭示出"阶级社会最后底矛盾"。而在胡风看来,卢卡奇这一论断,揭示了真实性与作家主体之间的关系,其结合处正是创作作品本身。作品完成了作家的主观性同现实社会的客观性的结合,也在主客统一的意义上,达到文学创作的真实性与客观性。

　　第三,在胡风看来,卢卡奇的现实主义的另一大贡献,乃是强调了文学创作中作家主体的能动性,即作家的"主观主义"在文学创作方法的意义。所谓"主观主义"一方面指的是作家必须具有自己的"世界观",这意味着作家在创作过程中必须以自身个性与立场为起点来参与作品的建构。在这一点上来说,作家的世界观本身并不机械地对应于他背后的意识形态及其价值观念。而卢卡奇将诸多(小)资产阶级作家列为"伟大现实主义流派"的做法正是为了说明这一点。胡风认为,卢卡奇的现实主义提供了一种马克思主义式的文学研究方法,继而"把文学作品的价值机械地从作家的政治观点和所谓阶级心理中推导出来的庸俗文艺观完全决裂"②。另一方面,胡风对"主观主义"的评价也涉及了在文学创作中的"主客关系",并发展出了"认识论"层面的"主客辩证法"。不同于卢卡奇,胡风认为认识客体依赖于主体,而文学创作的目的,乃是融合主客二者的关系。③因此,在胡风看来,卢卡奇所强调的作家的"主观主义"反而能更好地通达作为"社会"的客体。唯有当作家本身的"世界观"确立,方能达到文学创作所要求的"真实性"。在当时的语境下,这种文学创作的真实性,直指对社会黑暗的批判与对现实的真实状况的描述。因此,作家的主观能动性,体现为对社会问题的自觉揭露与批判意识,情感上的真诚与正直,以及行动上的主动体验、深入生活。这与当时鲁迅等

---

　　① [匈]卢卡奇:《论文学上人物底智慧风貌》,周行译,《文艺杂志》,1944 年第 3 期。转引自艾晓明:《胡风与卢卡契》,《文学评论》,1988 年第 5 期。

　　②③ 转引自艾晓明:《胡风与卢卡契》,《文学评论》,1988 年第 5 期。

人提倡的现实主义战斗精神不谋而合。

需要指出的是,胡风对卢卡奇的研究是经由日本"福本主义"中介的。"福本主义"是20世纪初期日本一股强劲的左翼思潮,其领军人物福本和夫因其早年游学欧洲,有幸师从柯尔施,并结识卢卡奇。受到卢卡奇的影响,"福本主义"带有强烈的激进革命思想,并在文学观上推崇革命文学。而胡风本人留日期间深受福本和夫的影响,并间接接触卢卡奇的思想。但从另一个视角看,正是经由"福本主义"的中介,胡风对卢卡奇的研究才未能彻底深入。从今天的视角看,胡风对卢卡奇的阐述有一定局限性,其结合自身革命经验的研究方式,也带有主观性,多少遮蔽了卢卡奇思想的丰富性与复杂性。

但胡风还未来得及对卢卡奇思想进行更为全面和深入的把握,卢卡奇已经在国内舆论界成为"人人喊打"的"修正主义分子"。与此同时,1955年的"胡风事件",也间接地导致了其对卢卡奇研究的骤然停止,并失去了在知识界的影响力。直到20世纪80年代,卢卡奇的现实主义思想才重新被文艺理论界重视,并伴随着人道主义思潮的兴起,一同成为80年代学界研究的旨趣所在与拓展方向。在这一时期,具有代表性的著作有马驰的《卢卡奇美学思想论纲》(东北师范大学出版社,1997年),刘秀兰的《卢卡契新论》(西北大学出版社,2000年)等著作。它们都从卢卡奇思想内部入手,力图给卢卡奇文艺理论思想以全面系统的把握;而在译介方面,《审美特性》(第二卷)、《卢卡奇早期文选》也相继出版。可以说,八九十年代卢卡奇文艺理论的全面复苏,亦是对胡风所坚持的卢卡奇文艺思想研究道路的继承与拓展。

(二)全面复苏:20世纪80年代思想解放旗帜下的卢卡奇译介与研究

1978年中共十一届三中全会后,在解放思想的旗帜下,国内学界开始大规模地引介国外马克思主义的最新思潮与理论动态,其中既包括以萨特为代表的存在主义,法兰克福学派的社会批判理论,也包括卢卡奇、葛兰西等早期西方马克思主义代表人物。在20世纪80年代初,这些在立场与内容上并不全然相同的"左翼思潮",都被概述为"西方马克思主义"。但作为西方马克思主义的重要代表人物,卢卡奇研究也因此逐步脱离政治话语的束缚,进入学术化的轨道。这一转向的标志是,学界不再局限于卢卡奇中晚期的文艺理论与美学,而是将卢卡奇青年时代的《历史与阶级意识》视为他的代表作。在当时,卢卡奇的《历史与阶级意识》中对"正统马克思主义"的批判,引起了许多马克思主义理论专业学者的关注。他们从"解放思想"的角度,将卢卡奇对第二国际的批判,当作突破传统辩证唯物主义解读模式的思想资源。这种解读模式必然在当时引起巨大的反对声音。时至今日,在笔者看来,这种反对不仅是为了捍卫马克思主义苏联解读模式的正统立场, 也表现了中国学者对卢卡奇本人思想中某些片面性要素的清醒意识。今天,我们可以更为公允地看待这场围绕卢卡奇的思想大讨论的时代意义。

概而言之,20世纪80年代对卢卡奇的论争仍然是围绕着西方马克思主义的定性问题,以及究竟如何阐释卢卡奇与马克思本人思想渊源这两点而展开的。与此同时,这两个问题又与80年代出现的"实践唯物主义"与教科书体系改革等问题相联系,接下来我们将展开详细的梳理与介绍。

1. 70年代末20世纪80年代初对卢卡奇的引介

1978年,《哲学译丛》①分别发表了南斯拉夫学者布·彼得洛维奇(B. Petrović)的《现代马克思主义哲学的状况和发展前景》与K.奥霍斯基的《关于卢卡奇的争论》两篇译文。这两篇译文的发表改变了以往卢卡奇的修正主义者形象。在此之后,两篇译文的原作者P.弗兰尼茨基与G.彼得洛维奇所代表的南斯拉夫"实践派"②也受到了国内学界的强烈关注,并触动了国内学界以"实践"概念来理解马克思主义的学术探索。在这一探索过程中,卢卡奇也因是"实践派"的思想来源而受到关注。随后在1979年,徐崇温的《"西方马克思主义"述评》一文又介绍了卢卡奇"总体性原则""主客体辩证法"和"反经济决定论与庸俗唯物主义"的立场,并将他与柯尔施、葛兰西一同列为西方马克思主义的创始人及早期代表人物。1980年,《社会科学》杂志发表的《国外对异化问题研究》③将卢卡奇"异化"概念引入国人的视野,促成了国内对异化问题及人道主义思潮的热烈讨论。随后在1983年中央编译局的《马列

---

① 《哲学译丛》后改名为"世界哲学"——笔者注。

② ［英］J.霍夫曼:《"实践派"的挑战》,林雪伸译,《国外社会科学》,1981年第3期。

③ 《国外对异化问题的研究》,《社会科学》,1980年第6期。

主义研究资料》上,刊登了卢卡奇的《什么是正统的马克思主义?》一文,并节译了美国学者阿拉托和布伦纳 1979 年版的《青年卢卡奇和西方马克思主义的起源》等重要的二手文献。至此,卢卡奇的《历史与阶级意识》及其核心观点正是在借助于上述译文的引介,逐步为国内学界熟悉。

　　伴随着译介工作的开展,国内对卢卡奇和西方马克思主义的讨论开始呈现出日趋繁荣的景象,尤其是徐崇温的《"西方马克思主义"》出版后,国内学界开始在西方马克思主义的标题下,不仅思考卢卡奇对推进马克思理论研究带来的冲击,也讨论这一冲击存在的积极意义。虽然在 1984 年下半年,《红旗》杂志发表了署名文章,猛烈批判了卢卡奇在《历史与阶级意识》中的观点①,但未能阻止学术界的"卢卡奇热"的继续发酵。在 1985 年,引介卢卡奇思想的译文比以往更多,如卢卡奇本人的《我的生活和工作——卢卡奇逝世前的一篇答记者问》②,N.泰尔图利安的《卢卡奇与德国古典哲学》③,G.施密特的《精神现象学在卢卡奇历史哲学中的再现》④,Б.Н.贝索诺夫、N.C.纳尔斯基的《作为哲学家和社会思想家的卢卡奇》⑤,以及《匈社会主义工人党关于卢卡奇问题的决议》⑥都经由《哲学译丛》引介到中国,这些学术成果不仅带动了学界卢卡奇研究的风气,而且在数十年后依旧被卢卡奇研究者所借鉴引用,成为富有理论价值的研究资料。除此之外,李稳山的《匈牙利发表文件重评卢卡奇》给出了东欧学界卢卡奇研究的综述⑦,并特意引用苏联哲学界对卢卡奇晚年及一生的评价:"应该说明,卢卡奇整个说是属于马克思主义、属于列宁主义的……但是卢卡奇仍然未能全面地阐释马克思主义哲学发展中的列宁主义阶段的内容问题。尽管如此,他对列宁主义的评价完全驳斥了

---

　　① 参见秦泽:《卢卡奇及其〈历史与阶级意识〉》,《红旗》,1984 年第 18 期。

　　② [匈]卢卡奇:《我的生活和工作——卢卡奇逝世前的一篇答记者问》,杜章智译,《哲学译丛》,1985 年第 3 期。

　　③ [法]N.泰尔图利安:《卢卡奇与德国古典哲学》,张伯霖译,《哲学译丛》,1985 年第 4 期。

　　④ [德]G.施密特:《精神现象学在卢卡奇历史哲学中的再现》,郭官义译,《哲学译丛》,1985 年第 2 期。

　　⑤ [苏联]Б.Н.贝索诺夫、N.C.纳尔斯基:《作为哲学家和社会思想家的卢卡奇》,苏国勋译,《哲学译丛》,1985 年第 4 期。

　　⑥ 《匈社会主义工人党关于卢卡奇问题的决议》,《哲学译丛》,1985 年第 1 期。

　　⑦ 参见李稳山:《匈牙利发表文件重评卢卡奇》,《当代世界与社会主义》,1985 年第 2 期。

'新马克思主义者们'想把卢卡奇与列宁对立起来,宣布他是马克思学说的真正继承者、真正表达者的歧途。"①不难想见,在当时的语境下,李文无疑是以迂回的方式为卢卡奇的理论地位辩护,为国内日益繁荣的卢卡奇研究"正名"。而到了 1986 年,杜章智编的《卢卡奇自传》②与张伯霖编译的《关于卢卡奇哲学、美学思想论文选译》③也相继出版,与上述一、二手文献构成了这一时期研究的基本文献支撑。④

2. "西方马克思主义大讨论":卢卡奇与西方马克思主义的渊源与理论定位

随着学界对卢卡奇与西方马克思主义研究的日益关注,以及对卢卡奇思想的不断消化与积累,从 1987 年到 1989 年三年间,国内学界掀起了一次全国性的"西方马克思主义讨论热"⑤,许多后来的卢卡奇研究者都将这场"西方马克思主义讨论热"视为中国西方马克思主义研究的重要历史事件,是推动西方马克思主义研究全面学术化的里程碑。

这场"大讨论"的主题是如何看待西方马克思主义思潮,进而如何评价卢卡奇、葛兰西等人的思想贡献。从 1987 年到 1989 年这三年内,《马克思主义研究》《现代哲学》《人民日报》⑥等报刊围绕上述论题刊登了一系列争论文章,当时包括徐崇温、杜章智、张西平、张翼星在内一大批最早关注卢卡奇思想的研究者都参与其中。在长达三年的大讨论中,马克思主义理论界在如何对西方马克思主义理论定性的问题上,展开了反复的交锋,而交锋背后争夺的实质问题,涉及"西方马克思主义是否是马克思主义"的根本判断。与此同时,这一问题直指对卢卡奇思想研究及其著作《历史与阶级意识》的定性问题。其中最具代表性的观点乃是徐崇温《"西方马克思主义"》中的观点:《历史与阶级意识》乃是西方马克思主义的奠基性作品,而卢卡奇本人乃是西方马克思主义的鼻祖,而这也意味着,作为西方马克思主义代表人物的卢卡奇

---

① 李稳山:《匈牙利发表文件重评卢卡奇》,《当代世界与社会主义》,1985 年第 2 期。

② 杜章智编:《卢卡奇自传》,社会科学文献出版社,1986 年。

③ 张伯霖编译:《关于卢卡奇哲学、美学思想论文选译》,中国社会科学出版社,1985 年。

④ 参见张亮:《国内卢卡奇研究七十年:一个批判的回顾》,《现代哲学》,2003 年第 4 期。

⑤ 叶汝贤、蒋斌:《关于"西方马克思主义"的争鸣》,《马克思主义研究》,1989 年第 4 期。

⑥ 如杜章智的《如何看待卢卡奇》,《人民日报》,1989 年 1 月 27 日。

及其思想必须成为我们批判的对象，而非继承和发展马克思思想的理论资源。在当时，以中国社会科学院的学者为代表，对西方马克思主义的理论目的，乃是通过研究而了解西方马克思主义，进而通过了解西方马克思主义而批判西方马克思主义。因此，徐崇温对卢卡奇的观点一经提出，就遭遇了包括杜章智在内的许多学者的质疑与反对。其反对的最重要依据是，将卢卡奇称作"西方马克思主义创始人"的提法，湮没了卢卡奇本人不同人生阶段呈现出的思想复杂性，并将卢卡奇（以及葛兰西等西方马克思主义早期代表人物），与萨特、法兰克福学派这些与马克思主义思想与立场较远的"新马克思主义"者混为一谈，是对卢卡奇理论立场的曲解，亦是对卢卡奇理论贡献的贬低。而围绕卢卡奇是否是西方马克思主义者，进而界定其理论是否符合马克思主义的理论立场，构成了这三年大讨论中被争论最多的焦点问题。

在笔者看来，围绕着卢卡奇与西方马克思主义的这场大讨论的核心内容，早在1986年8月17日至24日长春举行的"国外马克思主义哲学研究现状学术讨论会"上就已经被明确地表达了出来。按照黄凤炎的综述[①]，当时与会学者的讨论早已涵盖了之后西方马克思主义大讨论中最为核心的两个问题：一个是对包括卢卡奇在内的西方马克思主义的理论意义问题，另一个就是"西方马克思主义"这一概念的定义问题。当时支持西方马克思主义的一派学者认为，就卢卡奇在西方马克思主义中的贡献而言，"'西方马克思主义'从不同角度提出了马克思主义哲学在当代条件下所面临的一系列重大问题，并在创造性的探讨方面走到了前列"；与之相对照，"自诩为正统马克思主义的苏联哲学界在这方面则贡献甚少"，"反过来却对西方研究马克思主义哲学的各种学派和流派采取'骂倒一切'的错误态度"，[②]结果只能是故步自封。不难想见，在1986年这次大会上，西方马克思主义对马克思主义发展的积极意义已经得到了学界的普遍承认。

对卢卡奇的理论定性问题，会上不少学者认为，不能参照苏联的标准，将卢卡奇和柯尔施排除在马克思主义者之外；同时不少学者还指出，应该"参照卢卡奇的方法"，"把观点同立场、方法分开"，"只要站在马克思主义的

---

① 参见黄凤炎：《国外马克思主义哲学研究现状学术讨论会纪要》，《国内哲学动态》，1986年第11期。

② 黄凤炎：《国外马克思主义哲学研究现状学术讨论会纪要》，《国内哲学动态》，1986年第11期。

立场上,运用马克思主义的基本方法分析和解决问题,就应该算作马克思主义者"。可见,在 1986 年这场为西方马克思主义"正名"的全国性会议上,卢卡奇本人作为马克思主义者的思想形象已经得到了中国学界多数学者的承认。甚至有学者提出,应将卢卡奇作为一种重新界定"西方马克思主义者"的标准,可以依循其例,对"西方马克思主义"理论家们做出具体分析,判定哪些"西方马克思主义人物"可被纳入马克思主义哲学史中。从某种程度上说,正是卢卡奇及其思想的理论地位,给予了西方马克思主义在马克思主义哲学史中的一席之地。以这次会议为标志,我们可以看出,当时国内学界对卢卡奇的理论贡献达成了共识,对其理论的讨论也已经摆脱了苏联模式的束缚,转向了对西方马克思主义问题本身的探讨。

　　无论是在这次会议上,还是在之后三年的"西方马克思主义大讨论"中,支持西方马克思主义一派的学者中也存在着不同的意见。在之后的三年时间里,在杜章智等学者看来,将卢卡奇作为西方马克思主义的创始人,乃至将其作为判定西方马克思主义理论家标准的做法是不可取的。其原因无非是,将卢卡奇与西方马克思主义这类"唯心主义"联系在一起,乃是对卢卡奇本人理论地位的贬低,无视了卢卡奇本身在马克思主义理论上的创造性贡献与其在马克思主义发展史上的地位。但正如笔者在《哪些思想家是"西方马克思主义"的主要代表人物》中指出的那样,凡是认为把卢卡奇与西方马克思主义联系在一起就是贬低了卢卡奇的观点,乃是一个必须消除的误解。"西方马克思主义"本身只是一个"中性"概念,而徐崇温的《历史与阶级意识》开创了'西方马克思主义'思潮一说,也只需要被当作一个"事实判断"。[①]不过,当时学界立足于揭示《历史与阶级意识》对列宁主义的"偏离",在学术研究上是颇有裨益的。因此笔者认为,正视卢卡奇的理论贡献及其限度,是有利于我们公允看待其思想的理论价值与时代意义的前提条件,我们既不能抹杀卢卡奇在 20 世纪 80 年代对中国理论界的影响,更不能过分抬高他的理论地位。

　　随着 20 世纪 90 年代初"西方马克思主义大讨论"的结束,学术界对于如何界定"西方马克思主义"的争论逐步接近尾声,对卢卡奇究竟是否属于"西方马克思主义",以及是属于"非马克思主义"的唯心主义,还是属于马克

---

①　参见陈学明:《哪些思想家是"西方马克思主义"的主要代表人物》,《现代哲学》,1990 年第 1 期。

思列宁的历史唯物主义的讨论也暂告段落。在长久的争论中，学界虽然对"西方马克思主义"本身的定义仍未完全统一，但西方马克思主义的学术价值，尤其是卢卡奇本人对马克思主义思想的价值，通过这次"大讨论"得到了基本的认可。从今天的视角来看，卢卡奇研究最重要的理论意义之一，正是围绕着如何界定"西方马克思主义"这一思潮而展开的。更准确地说，卢卡奇研究对 80 年代学人的最重要意义，莫过于它直接切中了西方马克思主义与马克思本人思想关系这一核心问题。

3. 卢卡奇与"实践唯物主义"的发展

要理解"西方马克思主义大讨论"的时代意义，继而要理解卢卡奇研究在这一时期对中国学界的理论意义，必须回到中国学界内在的理论诉求上。在笔者看来，20 世纪 80 年代国内卢卡奇的研究成果是，肯定了卢卡奇对第二国际的批判及其对马克思"实践"概念的创造性解读，恢复了马克思思想本身的"实践"的要素。三十多年后，王南湜对此有一个中肯的评价："卢卡奇之于我们的意义源于新时期中国马克思主义哲学发展所面临的境况与他作为一个马克思主义者登上理论舞台时所面临近况的相似性"。在这一语境下，卢卡奇的功绩在于，"当第二国际将马克思主义解释为一种经济决定论与历史进化论时，他恢复了马克思主义哲学本该具有的'能动的方面'"①。

在 20 世纪 80 年代，中国学界对恢复马克思"能动性"要素的理论尝试聚焦于一个问题上——马克思主义的核心是否应该是一种"实践唯物主义"②。在当时，包括杜章智在内的学者毫不讳言，卢卡奇的《历史与阶级意识》的理论是"马克思主义的实践唯物主义"，并且承认，卢卡奇所开辟的思想道路的确就是当时中国理论工作进行的改革道路。③而在当时，国内学界就马克思

---

① 王南湜：《我们心中的纠结：走近还是超离卢卡奇》，《哲学动态》，2012 年第 12 期。

② 按照杨学功的说法，"实践唯物主义"的提法是肖前提出的。肖前在《东岳论丛》1983 年第 2 期发表的《马克思主义哲学是实践的唯物主义》〈第一次明确用到"实践唯物主义"一词。但它发表后并没有引起人们的广泛注意，直到 20 世纪 80 年代后期才形成关于"实践唯物主义"讨论的高潮。标志性事件是 1988 年在天津召开的"全国实践唯物主义讨论会"。之后，这次会议的论文以"'实践唯物主义讨论会·专辑"为题发表于《哲学动态》1988 年第 12 期。参见杨学功：《改革开放 40 年中国马克思主义哲学研究的进程和逻辑》，《京师文化评论》，2018 年第 3 期。

③ 参见杜章智：《如何看待卢卡奇》，《人民日报》，1989 年 1 月 27 日；翁韩松：《当前"西方马克思主义"问题新争论之我见》等文章。

主义"教科书体系改革"的问题上,掀起对"实践唯物主义"与"辩证唯物主义"的讨论。这一事件背后最重要的理论支撑之一,正是卢卡奇及其《历史与阶级意识》中对马克思的读解。现在我们应能在一个公允的立场上看待这场理论界的"思想论争",也能由此更加清楚地评价当时人们出于对这场论争的需要,以及对卢卡奇思想所给出的不同的解读路向。为此,马驰先生有一段非常精彩的评论:"国内有的学者把《历史与阶级意识》中的某些'偏颇'和'事物'看作'瑕不掩瑜','根本无法遮掩其思想的马克思主义光辉';有的学者则认为书中的思想'构成了对马克思列宁主义哲学的挑战','其基本倾向是错误的,影响是不好的',等等。造成这种分歧的重要原因在于凭借的理论尺度不同, 从传统辩证唯物主义的观点出发, 认为卢卡奇的否认自然辩证法、批评反映论的观点,是与马克思主义哲学相对立的;而从实践唯物主义观点出发, 则认为卢卡奇强调主客体关系和改变现实的思想史是马克思本来思想的恢复和发扬。"①

　　马驰先生的观点从侧面提醒了我们,20 世纪 80 年代对卢卡奇思想的研究与批判,有很大可能是欲借助对卢卡奇思想的评论,直接或者间接地参与到对"实践唯物主义"与"辩证唯物主义"的论争中去。从反向的意义上说,80 年代的卢卡奇研究,乃是当时中国的"实践唯物主义"这一马克思主义理论突破的重要媒介,其充当了理论界自身"思想解放"的一大"战场"。因此,要理解 80 年代对卢卡奇及其《历史与阶级意识》的研究,就不能仅围绕着卢卡奇的文本或概念,而是要直击背后的研究者的问题意识与时代语境。为此,笔者将这一时期卢卡奇研究的面貌与"实践唯物主义"挂钩,进行如下四个部分的评述:

　　第一,卢卡奇在《历史与阶级意识》中给出的实践观冲击了国内马克思主义哲学研究长期占据统治地位的苏联研究模式。这体现在学界对如何评价卢卡奇提出的"方法"是评判孰为"正统"的观点的持续讨论上。自 1983 年人民出版社出版的《马列主义研究资料》中刊登了卢卡奇《什么是正统的马克思主义?》一文后,卢卡奇对第二国际的实证主义、教条主义与经济决定论的批判,触动了苏联式的马克思主义哲学研究模式在国内学界的"正统地

_____

① 参见马驰:《西方马克思主义文艺理论研究中值得关注的几个问题》,《文艺理论与批评》,2008 年第 2 期。

位"。对于 20 世纪 80 年代的中国学界而言,这一观念无疑是振聋发聩的,一度引起了学者强烈的反感与抨击。但另一方面, 这一观念无疑是切中要害的,其在更广泛的意义上引起了学界的反思和关注,并唤起了不少学者意图突破以往研究范式的意愿。代表后一种观点与立场的有杜章智与宫敬才等学者,如宫敬才在他 1989 年的《正统马克思主义的精髓——卢卡奇〈什么是正统的马克思主义?〉述评》一文中,就高度评价了卢卡奇对马克思主义辩证法教条式解读的突破, 并在更高的意义上评价卢卡奇对马克思主义哲学的贡献,给出了较为公允的评价:"事实上,他(卢卡奇)论述的是马克思主义一体化哲学,他试图勾画的,是显然与教条式、僵化地、简单化地理解的'马克思主义'具有很大区别的马克思主义体系框架。"在宫敬才看来,"即使我们在理论和情感上不愿意接受卢卡奇给正统马克思主义下的这个定义",我们仍需去回答"正统的、或者真正的马克思主义到底是什么?"[1]可见,国内学界对卢卡奇思想的第一轮探讨, 就撬动了以往苏联研究模式一统天下的局面, 进而为中国语境下的马克思主义哲学研究提供了前提条件。虽然在 80 年代初期,对卢卡奇"正统观念"的批判声音占据主流,但到了 1986 年,学界就已经接受了卢卡奇对马克思主义哲学的积极贡献。这表现在上文提及的 1986 年"国外马克思主义哲学研究现状学术讨论会"上。可见,卢卡奇对第二国际的批判,以及对辩证方法的恢复等理论创见,在 80 年代中期,就得到了中国学术界大部分学者的承认。

第二,对孰为"正统马克思主义"批判的进一步深化,涉及了对卢卡奇思想来源的评价。如果将卢卡奇对马克思"实践"概念的这种创造性解读的核心内容概括为一句话,那就是卢卡奇在马克思主义内部恢复黑格尔所创立的辩证法传统。正如卢卡奇本人在 1967 年《历史与阶级意识》新版序言中说的那样,"由于当时的反对第二国际的实证主义和经济决定论的迫切需要,恢复马克思主义的黑格尔传统是一项迫切的义务",而《历史与阶级意识》代表了当时想要通过更新和发展黑格尔的辩证法和方法论来恢复马克思理论的革命本质的也许是最激进的尝试"。[2]然而如何评价这一"最激进的尝试"?

---

① 宫敬才:《正统马克思主义的真髓——卢卡奇〈什么是正统的马克思主义?〉述评》,《中州学刊》,1989 年第 1 期。

② [匈]卢卡奇:《历史与阶级意识》,杜章智译,商务印书馆,2004 年,第 16 页。

换言之,卢卡奇是"尝试"将马克思主义与辩证法相结合,还是与西方唯心主义相结合,就成为一个学术界争论的难题。以徐崇温为代表的学者认为,卢卡奇的实践观乃是一种唯心主义的实践观,这一点可以从他本人的"自我批评"中窥见一二。虽然青年卢卡奇决心经由哲学恢复实践在马克思主义世界观中推动力的作用的努力值得嘉许,但显然,他是从新康德主义–新黑格尔主义,以及浪漫的反资本主义的思想背景出发来恢复实践的推动力的,因此他必然走向黑格尔所批判的主观主义。如徐崇温所言:"我们不能一味宣传卢卡奇的主观愿望及其起过的积极作用,而无视他所提出的理论实质",但与此同时,"这批判并不是'全盘否定'《历史与阶级意识》"。①相反,唯有认清卢卡奇实践观中的抽象唯心主义,以及其与马克思实践唯物主义的界限,才能回到马克思的"实践唯物主义",继而"根据我们时代新的实践,批判地吸取和概括各门科学发展的最近成果,从而丰富和发展马克思的实践唯物主义"②。从今天的视角看,无论对卢卡奇及其《历史与阶级意识》评价如何,当时学界都初步肯定了卢卡奇对发展实践唯物主义的积极意义。但从另一个角度来说,对如何评价卢卡奇提出的黑格尔与马克思的思想渊源关系的发问,带动了当时以复旦大学、南京大学(以及国内许多高校与科研院所)的马克思主义哲学、国外马克思主义学科对马克思本人思想的研究。可见,马克思"实践"概念的诠释工作,不仅对发展中国语境下的"实践唯物主义"具有理论意义,而且对之后马克思学界不断"返回马克思"的学术探索也有着奠基性的意义。

第三,卢卡奇对"实践"概念创造性解读,还涉及了卢卡奇对恩格斯自然辩证法的批判,即他提出的"自然乃是一个社会范畴"的判断。可以说,在卢卡奇的所有思想中,他对恩格斯及其"自然观"的批判,是引起争议最多、遭遇反对声音最大的观点。但即便在反对声音中,也不乏对卢卡奇观点持温和立场的学者。其中具有代表性的就是谢斌的《西方马克思主义与自然辩证法》③,该文提出的观点反映了温和派学者的态度。一方面,"温和派"从马克思本人的论断出发,通过坚持马克思"两种自然"的区分,肯定"自然界的优

---

① ② 徐崇温:《不要把唯心实践观说成实践唯物主义——评杜章智、翁韩松等同志的青年卢卡奇观》,《马克思主义研究》,1989 年第 3 期。

③ 谢斌:《西方马克思主义与自然辩证法》,《北京社会科学》,1987 年第 3 期。

先地位",继而在马克思、恩格斯那里,关于自然辩证法的思想的基本点保持一致;但同时也承认,以卢卡奇为代表的西方马克思主义对自然辩证法的研究也取得了不可否认的成就,其突出了实践乃是"人化"自然思想的基石,从而突出了实践作为一个社会历史范畴的理论意义。在这一点上,卢卡奇对辩证法的研究是具有启发性的。一方面,卢卡奇不仅"突破了'绝对真理'的防线,在那些以为不会产生问题的领域里提出引人注目的新问题";另一方面,他们"挖掘出了马克思早期思想中的精华——人和人道主义思想,继而发挥出作为社会历史范畴的时间思想"。①而之后,对卢卡奇物化的研究与马克思异化概念的研究,也促成了 20 世纪 90 年代中国人学研究的发展。

第四,卢卡奇对"实践"概念突出了主体性的维度,为国内人道主义马克思主义研究路线提供了指引,为广义上的中国主体哲学的发展创造了条件。卢卡奇在《历史与阶级意识》的序言中有关对马克思"异化"思想的阐发,使得中国学界产生了对青年马克思思想的研究热情,进而掀起了对《1844 年经济学哲学手稿》等文本的研究热潮。而与此同时,在西方马克思主义左翼思潮背景下的"新马克思主义"(如法兰克福学派与以萨特为代表的"新马克思主义"),使卢卡奇的异化思想与国内学界早已形成的人道主义的马克思主义研究相呼应,促使人道主义思潮研究成为当时国内学界研究的新热点。例如,当时中国西方哲学界的学者就认为(如姚大志),卢卡奇的异化理论暴露了发达资本主义社会对人的压迫和扭曲,证明了无产阶级革命的合理性与必要性。这种异化在意识形态上还表达为对经济唯物主义的崇拜,使得公认阶级意识形态内部产生分裂。从这一点上说,卢卡奇的贡献是巨大的,因为卢卡奇强调了无产阶级革命首先是意识革命。②这不仅强调了意识形态斗争的重要性,也强调了无产阶级的革命力量本质上是"道德的",马克思主义是一门"无产阶级的伦理学"。③姚文的观点在某种意义上促进了马克思主义"价值论"哲学的发展,为一种建立在伦理学语境下的马克思主义哲学的发展提供论证,更在某种意义上"坐实"了人道主义马克思主义研究路径在学理上的合法性。最后,卢卡奇的异化-物化理论将克尔凯郭尔、马克斯·韦伯、西梅

---

①　谢斌:《西方马克思主义与自然辩证法》,《北京社会科学》,1987 年第 3 期。

②③　参见姚大志:《发达资本主义社会与无产阶级革命——西方马克思主义革命理论初探》,《吉林大学社会科学学报》,1988 年第 3 期。

尔等人的观点糅合一处,对新康德主义与新黑格尔主义的评价与运用,并且其所提出异化本体论的理论反过来对德国存在主义如海德格尔等人的影响,使得《历史与阶级意识》一书对推动当时西方哲学的研究也产生了深远的影响,并为之后 20 世纪 80 年代哲学的学科化发展提供了一定的条件。

4. 小结

70 年代末到 80 年代末这十年,对卢卡奇的研究对于中国学界的发展而言可谓意义深远。在这十年的历程中,卢卡奇研究界,以及整个马克思主义哲学理论界,不仅初步奠定了卢卡奇研究的学术规范和基础概念,更是在理论高度上,回应了在改革开放的历史条件下国内马克思主义学界的发展要求,顺应了世界范围内的马克思主义的理论进展方向。如同李怀君所总结的那样:

> 改革和开放为整个国家和社会造成了怎样的面貌可以仁智不一,单就人们对几十年来指导他们思想的理论基础——马克思主义——的理解而言,确是发生了不容忽视的变化。理论界关于西方马克思主义的论争,就从一个侧面对这种变化作出了反响。论争中关于西方马克思主义的几种不同理解和评估,实际上也反映了当前在全球范围内存在着几种不完全一致的马克思主义。从这个意思去看,我们的争论就不只具有在中国这块土地上涤决旧的教条、解放人们思想的巨大作用,同时也在理论上获得了世界意义。[①]

诚哉斯言。日后国内卢卡奇思想研究的重心虽有转移,但都能切实击中世界范围内马克思主义理论的发展脉络。在全球一体化时代的到来后,中国学界一直都努力贡献出自己的智慧与成果,而卢卡奇在 80 年代中国的传播与影响历程,正是在这一时代背景下展开的,其不仅对中国学界具有划时代的意义,更具有理论上的世界意义。

---

① 李怀君:《谈谈当前"西方马克思主义"争论的实质》,《马克思主义研究》,1983 年第 3 期。

（三）全面深化：20 世纪 90 年代至 21 世纪初的卢卡奇研究

20 世纪 90 年代后，中国的改革开放进入了全新的历史时期，中国学界的整体问题意识也由原先的解放思想逐步转向了全新的议题：市场经济发展所带来的现代性问题。与此同时，卢卡奇最重要的哲学著作《历史与阶级意识》与《关于社会存在的本体论》的中译本相继出版，这使得国内卢卡奇的研究有了最为重要的文献支撑，因此在 90 年代末，卢卡奇成为当时理论界再度关注的焦点，大量关于卢卡奇关键性概念的学术成果得以涌现。这些成果的理论意义绝不仅仅意味着卢卡奇研究的日趋"学术化"与"学院化"，其背后切中的乃是中国学者对时代问题的敏锐洞察与把握。为此，笔者将就分三个部分来说明，从 20 世纪 90 年代初到 21 世纪前十年这段时期卢卡奇在中国的传播历程与影响。

1. 从"物化理论"到"现代性批判"

平心而论，随着西方马克思主义研究热潮的暂时退去，20 世纪 90 年代初卢卡奇研究进入了一个低潮期。从文献检索上看，90 年代初期的卢卡奇研究成果可谓寥寥。①不过在 90 年代初经济大潮的背景下，卢卡奇物化理论的价值，还是得到了国内学界的关注。在《历史与阶级意识》中，卢卡奇仅根据马克思《资本论》等著作中的商品拜物教和物化思想，就展开了其天才的"物化理论"。而马克思的《1844 年经济学哲学手稿》公开出版以后，卢卡奇因其"物化"概念与马克思"异化"概念的高度重合性与近似性，获得极高赞誉。虽然卢卡奇早已声明，其"物化"概念更多地来自黑格尔的"异化"概念，而非马克思本人在《1844 年经济学哲学手稿》中对异化问题的论述，但在当代发达资本主义的条件下，卢卡奇富有"唯心主义"色彩的"物化"概念，反而成为中国学者开展"现代性批判"的重要思想武器。

首先，卢卡奇的物化理论呼应了 90 年代对韦伯思想的引介与研究。90 年代初，随着改革开放的深化，如何有效合理地发展市场经济成为那个时代

---

① 从中国知网的搜索情况看，从 1992 年到 1999 年这八年时间，以"卢卡奇"为主题的研究论文年均发表数不超过二十篇，发表总数未超过一百三十篇。而 1999 年后，情况发生好转，尤其在 2006 年后，每年都有近七十篇关于卢卡奇的研究论文发表，至今未出现下滑。

的人首先关注的问题。而马克斯·韦伯对于不同文化对应不同资本主义的解释方式,成为学界理解中国文化与市场经济发展的理论武器。90 年代初,马克斯·韦伯的理论成为理解"亚洲四小龙"经济腾飞现象的重要思想资源,其"儒家文化圈的资本主义"的理解模式,充当了一种有别于马克思经典的资本主义概念社会分析方法,一时间在社会理论与社会科学界引起震动。而早年借助韦伯思想以理解西欧发达资本主义的卢卡奇及其发展出的物化理论,也在这一时期成为国内学界理解韦伯"合理化"概念的重要"抓手"。在 90 年代,这一方向上具有代表性的研究是陈振明的《卢卡奇的"批判的科学哲学"理论——〈历史和阶级意识〉的一个论题》①,以及《工具理性批判——从韦伯、卢卡奇到法兰克福学派》②。不过就整体而论,当时韦伯与卢卡奇思想的比较研究还处于起步阶段。这一研究的正式开展,则必须追溯到 2000 年以后。目前,随着卢卡奇文本研究的深入,不少中青年学者从卢卡奇文本研究出发,深入分析了卢卡奇与韦伯之间的思想渊源,从而将韦伯语境下的现代性问题研究推向一个新的高度。

其次,由于与韦伯的学脉关系,卢卡奇"物化理论"在逻辑上直通"现代性批判"研究。如同马克斯·韦伯所认为的那样,"理想化和合理性是区别现代社会与传统社会的关键",而韦伯对现代社会的简明扼要的判断无疑给中国学者以极大的启示,许多学者直接将现代化理解为理性化,进而将"现代性"理解为"合理性"。③卢卡奇的《历史与阶级意识》中对"物化现象"的批判,其思想来源之一正是马克斯·韦伯,尤其是韦伯对合理化及其衍生的科层制的界定。因此,卢卡奇的物化理论,顺理成章地成为中国学者回应市场经济发展、社会转型过程中衍生出的现代性问题的理论资源。

最后,在 20 世纪 90 年代末到 21 世纪前十年内,以"现代性批判"为主题,学界对卢卡奇的"物化理论"研究得到了空前的发展。在这些研究成果中,国内卢卡奇的研究学者不仅深入到卢卡奇《历史与阶级意识》文本的系统梳理,更能在现代性批判的语境下,对接西方马克思主义与马克思本人思

---

① 陈振明:《卢卡奇的"批判的科学哲学"理论——〈历史和阶级意识〉的一个论题》,《科学技术哲学研究》,1992 年第 4 期。

② 陈振明:《工具理性批判——从韦伯、卢卡奇到法兰克福学派》,《求是学刊》,1996 年第 4 期。

③ 参见张传开:《马克思主义哲学前沿问题研究》,安徽人民出版社,2006 年,第 210 页。

想的渊源。概而言之,学界卢卡奇物化理论研究,乃是在现代性批判的语境下充分施展开来的。在研究成果上,其中富有代表性的有胡绪明等的《〈历史与阶级意识〉与现代性批判——基于卢卡奇物化理论的现代性考察》[①]与《卢卡奇对现代性批判的基本路向及价值》[②]。作者指出了卢卡奇一方面承继马克思对资本现代性批判的维度,又开启了西方马克思主义对现代性批判的基本定向。这一观点在根本上可以概述国内学界对卢卡奇现代性批判的理论价值,是卢卡奇现代性批判思想研究的主流观点。

　　除此之外,卢卡奇现代性批判还有大致三条路径:第一种是相对"中正"的"方法论"研究,即从总体性–辩证法研究为入口的现代性批判研究,代表作如王福生的《现代性批判与总体性辩证法——卢卡奇的〈历史与阶级意识〉解读》[③]、郑飞的《现代性辩证法视野中的现代性批判——青年卢卡奇哲学思想评析》[④]。它们对应了 20 世纪 90 年代卢卡奇研究规模最大的"总体性"问题研究。第二种从卢卡奇早期思想中的"末世洞见"及其乌托邦思想的路径入手,代表作有张双利的《对资本主义危机的末世论洞见——论卢卡奇有关现代性的思想》[⑤]等。这一研究呼应了当时卢卡奇版本的文化哲学研究与早期"非马克思主义"思想研究。第三种结合海德格尔思潮后存在论研究,其代表作品如吴晓明的《卢卡奇与现代性批判——〈历史与阶级意识〉的分析定向及存在论基础》[⑥]。这一研究路径不仅对应了卢卡奇思想中与海德格尔思潮的渊源性关系,更呼应了当时马克思主义研究范式的"生存论"转型。

　　可以看到,在卢卡奇现代性批判研究的主课题下,实际蕴藏着三种类别的卢卡奇研究发展方向。这不仅体现出中国学界对卢卡奇研究的多样性与

---

　　① 胡绪明、韩秋红:《〈历史与阶级意识〉与现代性批判——基于卢卡奇物化理论的现代性考察》,《长白学刊》,2006 年第 6 期。

　　② 胡绪明、陈学明:《卢卡奇对现代性批判的基本路向及价值》,《理论探索》,2007 年第 1 期。

　　③ 王福生:《现代性批判与总体性辩证法——卢卡奇的〈历史与阶级意识〉解读》,《岭南学刊》,2008 年第 1 期。

　　④ 郑飞:《现代性辩证法视野中的现代性批判——青年卢卡奇哲学思想评析》,《社会科学辑刊》,2008 年第 2 期。

　　⑤ 张双利:《对资本主义危机的末世论洞见——论卢卡奇有关现代性的思想》,《马克思主义与现实》,2005 年第 4 期。

　　⑥ 吴晓明:《卢卡奇与现代性批判——〈历史与阶级意识〉的分析定向及存在论基础》,《天津社会科学》,2002 年第 5 期。

多元性,也表现出中国学人对卢卡奇思想的自觉消化,以及将理论与现实相结合的自觉努力。

2. 对现代性问题的自觉回应:卢卡奇总体性辩证法研究

随着国内对卢卡奇文本研究的深入,以及对国外马克思主义的卢卡奇研究成果的引进,国内的卢卡奇思想研究呈现出丰富的形态。在丰富的研究成果中,卢卡奇的总体性–辩证法研究,构成了这一时期卢卡奇研究数量最多、规模最大的研究主题,其理论影响力也延续至今。自20世纪90年代末起,国内学界一般认为,总体性是一种"社会历史"的总体性,是一种旨在突破实证主义、"直观唯物主义"的认识方法,在认识论与方法论的意义上,克服了资产阶级物化意识下的直观态度。这一观点的典型代表人物是南京大学的孙伯鍨,他于1998年写作的《关于总体性的方法论问题——评卢卡奇(早期)对马克思历史辩证法的理解》①一文也是学界引用非常多的一篇论著。孙伯鍨认为,马克思与卢卡奇一样,亦是用总体性的观点来研究社会历史,只是与卢卡奇不同,马克思在唯物主义的立场上改造了卢卡奇从黑格尔那里继承的总体性思想,从而能够从历史唯物主义的立场达到社会历史的总体性。在同一年,王雨辰的《总体性·物化·阶级意识——青年卢卡奇的理论主题及其当代影响》②也引起了学界的关注。王雨辰明确地将卢卡奇的总体性思想界定为一种"社会哲学"向度的"马克思主义理论",批判了学界过分抬高《历史与阶级意识》历史地位的研究倾向。王雨辰指出,从研究内容上看,卢卡奇总体性思想还存在许多局限性,如忽视了包括"劳动""自然学说"的作用,片面夸大了"意识形态"的使用,并等同了异化、物化、对象化三者的关系。

之后在2003年,周凡又根据卢卡奇"物化"概念和他早年"异化"概念在内涵上的巨大差异,来重解总体性的历史性维度与方法论的关系,深化并拓展了孙伯鍨、王雨辰得出的对总体性辩证法的研究成果。③周凡指出,"物化"在卢卡奇那里只是一个历史范畴,并不具有对象化意义上的"永恒自然规律

---

① 孙伯鍨:《关于总体性的方法论问题——评卢卡奇(早期)对马克思历史辩证法的理解》,《江苏社会科学》,1998年第4期。

② 王雨辰:《总体性·物化·阶级意识——青年卢卡奇的理论主题及其当代影响》,《江汉论坛》,1998年第6期。

③ 参见周凡:《重审卢卡奇的物化理论》,《社会科学家》,2003年第2期。

或永远有效的文化价值"的资格;而对于生活于资本主义条件下的主体而言,物化却能导致认识能力的一种"错认",继而在黑格尔、西梅尔和韦伯那里表现为"物化"与"对象化"的等同。因此,卢卡奇之所以在《历史与阶级意识》中对认识论问题进行长篇论述,其目的正在于"历史"与"认识"之间发生了"双重伤害":一方面,"历史使人识认不出自己的错误";另一方面,"认识使得历史丧失实践性而凝固为非历史"。①周凡对卢卡奇"物化"概念与"历史"概念关系的深入分析,被国内学界广泛采纳并引用。

此外,对卢卡奇总体性研究的其他路径还有很多,有从马克思主义主体性哲学发展视角入手的,如欧阳谦的《卢卡奇的总体性思想辨析》②;有从意识形态理论批判的研究路径入手的,代表论著有张秀琴的《物化、总体性与阶级意识——卢卡奇意识形态理论研究》③;有从中国当下现代社会发展建设与政党建设角度的入手的,代表性文章有李建群等的《总体性方法与现代社会发展观》④与赵司空的《论卢卡奇的总体性理论对构建和谐社会的意义》⑤;还有从西方马克思主义内部比较进行研究的,如王福生的《"总体性"与"非同一性"——论阿多尔诺对卢卡奇总体性辩证法的批判》⑥、孙乐强的《从总体性到总体化:萨特人学辩证法的内在逻辑转变——萨特〈辩证理性批判〉解读》⑦,以及陈学明的《论罗莎·卢森堡的总体性方法的当代价值——兼评卢卡奇对罗莎·卢森堡的研究》⑧等。以上研究从各个方向上丰富了卢卡奇总体性辩证法研究的视域,并彰显了中国学者自己的问题意识。

① 周凡:《重审卢卡奇的物化理论》,《社会科学家》,2003 年第 2 期。

② 欧阳谦:《卢卡奇的总体性思想辨析》,《教学与研究》,2012 年第 4 期。

③ 张秀琴:《物化、总体性与阶级意识——卢卡奇意识形态理论研究》,《社会科学论坛》(学术研究卷),2005 第 7 期。

④ 李建群、杨晓英:《总体性方法与现代社会发展观》,《西安交通大学学报》(社会科学版),2001 年第 4 期。

⑤ 赵司空:《论卢卡奇的总体性理论对构建和谐社会的意义》,《江淮论坛》,2008 年第 3 期。

⑥ 王福生:《"总体性"与"非同一性"——论阿多尔诺对卢卡奇总体性辩证法的批判》,《人文杂志》,2008 年第 3 期。

⑦ 孙乐强:《从总体性到总体化:萨特人学辩证法的内在逻辑转变——萨特〈辩证理性批判〉解读》,《福建论坛》(人文社会科学版),2008 年第 9 期。

⑧ 陈学明:《论罗莎·卢森堡的总体性方法的当代价值——兼评卢卡奇对罗莎·卢森堡的研究》,《马克思主义与现实》,2006 年第 4 期。

3. 现代性的另一视角:文化哲学与"非马克思主义"的卢卡奇研究

卢卡奇版本的文化哲学研究是从卢卡奇现代性批判研究衍生出的又一研究方向。最先明确将卢卡奇哲学理解为"文化哲学"的是匈牙利学者马尔库什(Goyrgy Márkus)。作为卢卡奇在布达佩斯时期的弟子,马尔库什、赫勒(Agnes Heller)、费赫尔(Ferenc Fehér)将卢卡奇"前马克思主义"时期的哲学与后期文艺理论思想进行提炼和综合,勾勒出一种"文化哲学"或"文化马克思主义"的研究路径,①而马尔库什等人也因其观点与卢卡奇的渊源和自身的理论原创性,获得"布达佩斯学派"的美誉。

对中国学界而言,"布达佩斯学派"的论断触发了国内卢卡奇研究界的"范式转向"——将卢卡奇纳入 20 世纪 80 年代以"人道主义""人学"研究为名目的"文化哲学"研究范围内,开拓出包括日常生活批判与日常审美批判等一系列的研究路径。可以说,卢卡奇文化哲学的研究促使国内学界重新思考卢卡奇思想的丰富性与复杂性,更促使一大批学者将卢卡奇早年文论思想、非理性主义–神秘主义思想与新康德主义思想中的对现代性的批判思想呈现出来。自 90 年代末起,黑龙江大学、中央编译局等单位展开了对布达佩斯学派系统的引介工作,产生了一批富有成果的译著与引介性研究,如衣俊卿的《人道主义批判理论:东欧新马克思主义述评》②《卢卡奇再评价》③,傅其林的《布达佩斯学派美学——阿格妮丝·赫勒访谈录》④等。在引介的同时,中国学界通过对布达佩斯学派思想的细致研究,深化了一种国内文化哲学研究,颇具代表性的成果包括:衣俊卿的《回归生活世界的文化哲学》⑤《现代化与日常生活批判:人自身现代化的文化透视》⑥,孙建茵的《文化悖论与现代性批判——马尔库什文化批判理论研究》⑦。这些理论成果的产生,都是卢卡奇

① 参见[匈]乔治·马尔库什:《生活与心灵:青年卢卡奇和文化问题》,孙建茵译,《求是学刊》,2011 年第 5 期。

② 衣俊卿:《人道主义批判理论:东欧新马克思主义述评》,中国人民大学出版社,2005 年。

③ [匈]赫勒主编:《卢卡奇再评论》,衣俊卿等译,黑龙江大学出版社,2011 年。

④ 傅其林:《布达佩斯学派美学——阿格妮丝·赫勒访谈录》,《东方丛刊》,2007 年第 4 期。

⑤ 衣俊卿:《回归生活世界的文化哲学》,黑龙江人民出版社,2000 年。

⑥ 衣俊卿:《现代化与日常生活批判:人自身现代化的文化透视》,人民出版社,2005 年。

⑦ 孙建茵:《文化悖论与现代性批判——马尔库什文化批判理论研究》,黑龙江大学出版社,2011 年。

在中国学界产生广泛理论影响力的积极产物。

4. "现代性"下的"生存论"转向：卢卡奇研究与马克思研究范式转向

20 世纪 90 年代末期，卢卡奇"物化理论"和对现代性批判的一大贡献，乃是促成了包括马克思主义哲学在内的国内哲学界，从知识论向存在论、进而向生存论的理论转向。这首先源于卢卡奇思想与海德格尔哲学的"亲缘性"，二者内在的结合不仅打开了一种马克思主义"存在论"解读路向，更直接将国内马克思主义哲学研究推向了对"存在论"和"人学"视域的研究。另外，80年代初国内学界开始经由萨特、尼采，展开对存在主义的研究，最终在现代西方哲学界的引领下遇到了海德格尔哲学。海德格尔哲学对中国学界的最深触动，正是其对现代性问题的深刻洞见；而反映在学术研究的层面上，中国学界将海德格尔的思想与中国当下问题意识与传统文化资源相结合，进而从原先知识论的研究范式，转向了存在论与"生存论"的研究范式。在这一转型过程中，卢卡奇思想起到了隐秘的推动作用，对此笔者将做如下说明。

对国内学界而言，卢卡奇物化理论与海德格尔的渊源乃是通过一种"反向格义"的方式被中国学界所认知，其在渊源上并非通过吕安·戈德曼思想的引介（虽然其系统研究始于 2010 年以后）而得，而是马克思主义哲学研究发展的内在要求所致。在 20 世纪 90 年代后，不少国内学者开始认真研究卢卡奇"物化"概念与青年马克思在《1844 年经济学哲学手稿》中的"异化"概念的纠缠关系，而卢卡奇对马克思的解读模式，在学理上与海德格尔意义上的存在论，以及由其衍化出的生存论哲学相亲和。为此，卢卡奇、海德格尔与马克思三者思想的糅合，构成了一种称为"生存论转向"的研究热潮。最后，在全国范围内，以"生存论"为主题的研究开始兴起，并发酵出马克思主义哲学的"人学"研究（如韩庆祥、邹诗鹏合著的《人学：人的问题的当代阐释》[1]就是其中研究的代表）。因此，站在今天的视角上看，我们不难勾勒一种经由卢卡奇中介后的"存在论"倾向的马克思主义研究路径。例如南京大学的孙伯鍨、张一兵，以及复旦大学的俞吾金等学者，首先经由卢卡奇对马克思与黑格尔师承关系的解读，进入到对马克思本人思想发展史的研究。另一方面，随着"海德格尔要素"的加入，以复旦大学吴晓明、王德峰为代表的一批经由海德

---

① 韩庆祥、邹诗鹏：《人学：人的问题的当代阐释》，云南人民出版社，2001 年。

格尔存在主义的青年马克思研究开始发酵,最后形成了今天国内熟知的"以海解马"的研究传统(虽然这种说法也有失偏颇)。与此同时,吉林大学、武汉大学、中山大学等各大学的哲学院系日趋重视马克思与海德格尔对话下的"存在论"问题。可以说,国内马克思主义哲学理论界从 20 世纪 90 年代到 21 世纪前十年的学术发展历程,都与卢卡奇思想内在地联系在一起,是与卢卡奇思想研究的深化分不开的。这一研究不仅使得卢卡奇文本研究得到了深入,还延续了学界对马克思主义哲学方法论的研究路向。直至今日,随着"生存论转向"研究热潮的"褪去",卢卡奇对马克思主义哲学方法论及其他基础理论的研究得以新的方式复活,这正是本节第四部分的内容:马克思与黑格尔哲学关系研究。

(四)回到源头:当下卢卡奇研究与中国马克思主义哲学发展的新方向

随着 20 世纪 90 年代学术话语的深入,马克思主义与西方哲学的内在关系早已成为学界的共识。同时,中国西方哲学研究的日益发展,反过来亦滋养了马克思主义哲学的发展。随着资本主义全球化时代的到来,如何在新的历史条件下,思考马克思本人思想的理论立场及马克思主义的当代意义,构成了理论界必须回应的难题。由此,进入 21 世纪后,马克思主义研究界出现了一系列"重新理解马克思"研究尝试。[①]而在这些热门研究中,马克思与黑格尔关系的研究是最为重要的突破点之一。在某种意义上说,对于中国哲学界而言,对马克思的黑格尔主义渊源,或康德主义渊源的思考与研究,早已脱离了代表阶级立场的"唯物–唯心"主义的话语范式。目前来看,马克思的德国古典哲学渊源研究,是当下马克思主义哲学研究中的重要理论问题,是马克思主义哲学研究自身寻求理论突破与创新的方向。

在马克思哲学的黑格尔渊源问题上,中国学界也无法绕开卢卡奇,因为他正是最早"暴露马克思主义黑格尔来源"的思想家。但与 80 年代的批判性

---

① 参见孙亮:《重新理解马克思与马克思主义哲学范式转型——对当前马克思主义哲学研究的三点困惑》,《人文杂志》,2008 年第 5 期。

观点不同①,90 年代末,俞吾金提出了需要以卢卡奇为代表的西方马克思主义代表人物为中介,重新理解马克思本人德国古典哲学思想渊源的研究方式。时至今日,随着卢卡奇研究的深入,对于卢卡奇是否能够担当连接马克思与德国古典哲学桥梁的问题,学术界又有了新的观点与理论贡献,并构成了旗帜鲜明、相互对立的两派立场。

首先,当下的主流学术界依旧赞成,卢卡奇对推动马克思主义黑格尔渊源的研究,乃至马克思主义的德国古典哲学渊源研究具有积极意义。持有这种立场的学者又分为两派:一派认为卢卡奇对马克思的黑格尔研究具有正向的推动作用,代表人物有如俞吾金、孙伯鍨等。如俞吾金就认为,正是卢卡奇破除了马克思与费尔巴哈的联系,而将黑格尔作为马克思的思想来源,"能够激励我们去重新思索马克思的哲学性质"②。后来学者将这一派的观点,称为卢卡奇对马-黑思想关系"亲和论"的解读。③另一派的观点以王南湜为代表,其一方面主张卢卡奇对黑格尔与马克思的结合是真实存在的,但同时也认为,这种黑格尔-马克思-卢卡奇的理论研究路径,反而阻碍了当下马克思主义的进一步发展,是马克思德国古典哲学渊源研究的一道壁垒。因此,王南湜认为马克思的"近黑格尔"解读不宜成为马克思主义哲学研究的下一方向,并主张一种"近康德"的马克思主义哲学研究范式,从而凸显出马克思本人思想中的规范性与科学性要素。而这一要求背后的理论诉求又呼应着中国现实的历史性变化。随着中国综合国力提升、国际地位的日益提高,如何建立一种基于马克思主义的人类共同体的价值,如何在社会主义核心价值观的基础上建立当下中国新时代的国际、国内的交往规范,从而肩负起引领人类共同体要求的大国责任,乃是当下中国人面对的全新挑战。而马克思思想的近康德诠释,其理论的目标正呼应着这一时代要求。

---

① 20 世纪 80 年代中期张西平、郝立新、杜章智以及 90 年代张翼星等学者,对卢卡奇将马克思主义"黑格尔化""唯心主义化"的倾向继续进行猛烈的批判,这是完全正确的。而在 90 年代末期,这一"唯心与唯物"的"批判"并非不再重要,而是学界对德国古典哲学的消化已经达到了一个更为客观公允的高度,达到了"取其精华,去其糟粕"的高度。

② 俞吾金:《在重新理解马克思哲学的途中——卢卡奇、德拉-沃尔佩、科莱蒂和阿尔都塞的理论贡献》,《上海交通大学学报》(哲学社会科学版),2007 年第 5 期。

③ 参见汪行福:《政治现代性视域中马克思与黑格尔关系再思考》,《复旦学报》(社会科学版),2017 年第 3 期。

其次在当下，不少学者也开始反思卢卡奇是否能够继续引领马克思哲学与其德国古典哲学渊源的研究路径。其中较为激进的一派认为，卢卡奇在当下已然不能为马克思与黑格尔哲学的中介。以吴晓明、张盾为代表的学者正是这样立场的持有者。他们认为，卢卡奇不能在更深的层次上，即在"存在论"与"击穿意识内在性"的高度上，充当联结黑格尔与马克思的桥梁。因为卢卡奇的总体性辩证法的内在图式，并非直接通向马克思的黑格尔渊源关系。一方面，如卢卡奇在"自我批判"中所说的那样，他对黑格尔的运用乃是站在了一种费希特主义的立场，其对黑格尔方法（辩证法）中立化的企图与他浪漫主义和主观主义的思想背景不无关系，因此根本上偏离了黑格尔辩证法的核心。①另一方面，卢卡奇对马克思的"对象性"概念的解读并未能走出形而上学与意识内在性的桎梏。②因此，理解黑格尔与马克思之间的师承关系需要另辟蹊径，找到二者新的结合点（如"社会现实"概念）。而接续吴晓明的核心主张，复旦大学的张双利、汪行福等学者却在黑格尔《法哲学批判》的立场上，找到了卢卡奇重新成为马克思与黑格尔的思想渊源的中介的可能性。在他们看来，马克思与黑格尔之间的新的理论生长点在于如何理解现代伦理社会的意义，而在卢卡奇为人所忽视的政党政治理论中，将政党与组织所给予的"组织"，视为了提供黑格尔意义上"伦理生活"的地基。在这一点上说，马克思的国家学说应经由卢卡奇，返回到黑格尔对现代伦理世界的设想。而吉林大学的张盾也从这一个视角，比较了科耶夫与卢卡奇对黑格尔哲学的两种进路，指出卢卡奇所代表的黑格尔主义-马克思主义，乃是"击穿"了"意识内在性"，完成了从纯理论问题向现实政治问题的过渡。③

上述正在发生的学界论争，正是卢卡奇在中国当下思想界具体影响的例证，也是其理论的活力所在。卢卡奇思想的延展性，及其思想中洞穿现实的理论力量是它在中国学界持续发挥影响力的重要原因。对于新时代的中

---

① 参见吴晓明：《卢卡奇与现代性批判——〈历史与阶级意识〉的分析定向及存在论基础》，《天津社会科学》，2002 年第 5 期。

② 参见吴晓明：《卢卡奇的存在论视域及其批判——〈历史与阶级意识〉的黑格尔主义定向》，《云南大学学报》（社会科学版），2003 年第 1 期。

③ 参见张盾：《在什么意义上黑格尔辩证法是马克思哲学变革的思想源头？——从"卢卡奇-科耶夫解读"看》，《复旦学报》（社会科学版），2008 年第 3 期。

国学人而言,如何站在新时代的视野下,如何站在马克思主义原理的高度上评判卢卡奇思想的合理性与局限性,仍然是一个有待不断深化与完善的课题。

二、葛兰西在中国的传播历程与影响

较之卢卡奇,葛兰西在中国的研究历程略短。国内学界对葛兰西思想的第一次接触,始于 1953 年 7 月《世界杂志》翻译发表的《我们的陶里亚蒂》。借助于陶里亚蒂对当时工人运动状况的转述,国内学界得知了葛兰西作为意大利共产党领袖的历史事实(都灵市总支部),以及他与陶里亚蒂一同参与革命斗争的情况。①到了 1957 年,为纪念葛兰西逝世 20 周年,世界知识出版社又翻译、出版了《葛兰西的生平》一书(黄荫兴译,世界知识出版社,1957年),从而让国内读者第一次知晓这位意大利共产党领袖、马克思主义理论家。然而在整个 20 世纪六七十年代,葛兰西的研究彻底处于停顿状态。直到80 年代后,葛兰西的思想才进入中国学界的视野。因此,葛兰西对中国学界真正产生影响的时间起点,要推迟到 1982 年徐崇温对葛兰西的引介。因此,葛兰西在中国传播并真正产生影响的起点,乃是 80 年代以后的事情了。

(一)20 世纪八九十年代葛兰西译介的展开与初步的学术成果

概而论之,葛兰西真正对国内产生学术影响的时间是西方马克思主义思潮的引入。1982 年徐崇温在《"西方马克思主义"》一书中,将葛兰西作为西方马克思主义的代表人物。1983 年,葛兰西生前著作的中文节译本如《狱中札记》(葆煦译,人民出版社,1983 年,由俄文转译)、《论文学》(吕同六译,人民文学出版社,1983 年)等书出版。但由于当时的葛兰西文本都是从俄文(非意大利原文)转译过来的,且篇幅上与意大利原本相去甚远②,1984 年,田时纲发表了《葛兰西生平、著作与思想》,着重介绍了葛兰西《狱中札记》等文本的每一卷内容,以及存在的不同版本在编撰方式上的差异,这帮助学界了解

① 参见[意]佐凡尼·杰曼尼托:《我们的陶里亚蒂》,王济庚译,《世界知识》,1953 年第 13 期。

② 根据田时纲的说法,葛兰西的中译本内容只有意大利文版本的六分之一。参见田时纲:《葛兰西的生平、著作与思想》,《国内哲学动态》,1984 年第 4 期。

了葛兰西思想的复杂性与丰富性。

而在研究范式上，20 世纪 80 年代学界一开始仅仅沿袭苏联东欧的学术范式，对葛兰西采取简单否定和排斥的态度；然而随着"西方马克思主义大讨论""实践唯物主义大讨论"等数次学术争议后，葛兰西的理论地位得到了学界的承认与重视。不过总体而言，由于译本的数量与质量的限制，葛兰西思想的全面性未能被学界全面把握。当时对葛兰西的研究相对于卢卡奇而言要少得多。在成果上，毛韵泽的《葛兰西——政治家、囚徒和理论家》（求实出版社，1987 年）是我国学界第一部系统研究葛兰西的专著，不仅涵盖了葛兰西从出生到入狱的人生历程与思想转化，还概要性地介绍了葛兰西的政治理论与文艺思想，并在最后分析了葛兰西思想的来源（从拉布里奥拉、列宁、马基雅维利到克罗齐），是学界系统了解葛兰西思想迈出的第一步。但是正如潘西华所说，葛兰西研究在 80 年代的总体研究状况，仍然处于概述与介绍的阶段。[①]其争论的范围与卢卡奇相似，主要集中于葛兰西是否应被列为西方马克思主义代表人物的问题。（对于 80 年代对西方马克思主义的论争的成果与意义，已在卢卡奇一章中做了详细的介绍，因此在这一部分不再赘述。）

到了 90 年代以后，关于葛兰西的翻译又有了新的发展，1990 年徐崇温用英文译本翻译了题为"实践哲学"的葛兰西著作选集，中央编译局国际共运研究所于 1992 年出版了《葛兰西文选》。而在研究问题上，从 80 年代末到整个 90 年代，葛兰西研究转向了实践哲学与性质判定方面，并出现了激烈的交锋。这场交锋起于徐崇温在《"西方马克思主义"》中的观点。在书中，徐崇温将葛兰西的实践哲学，表述为带有唯心主义色彩的"实践一元论"，继而将这一理论作为与马克思主义哲学对立的思想加以批判。随后，李惠斌、胡义成等人纷纷撰文[②]，反驳徐崇温这一派的观点，认为葛兰西的实践哲学依旧是依据马克思主义的基本原理，"实践哲学"在本质上是对唯物史观的发挥与延展。随后两方各自互有论战，并且不断深入到葛兰西"领导权"概念等具体的思想内容。从今天的视角看，两派的观点虽然针锋相对、互不相让，但在客观上却都对之后深入理解葛兰西思想，乃至经由葛兰西思想重思马克

---

① 参见潘西华：《国内外葛兰西思想研究的回顾与展望》，《新视野》，2017 年第 4 期。

② 参见李惠斌：《葛兰西对马克思主义哲学思想的理解》，《光明日报》，1989 年 7 月 17 日；又见胡义成：《为葛兰西一辩》，《人文杂志》，1990 年第 3 期。

思主义哲学基本原理的工作做出了重要的推进，是影响极为深远的理论论战。今天看来，八九十年代的葛兰西研究虽然受到译本数量有限等原因限制，但是率先打开了中国学界自己的理论视域，也为之后的葛兰西思想在中国学界的传播与发展提供了有利的条件。

（二）2000 年后国内葛兰西研究的全面开展

进入 21 世纪以来，国内葛兰西研究进入了一个全新的发展阶段：经过包括田时纲在内的多位学者的努力，葛兰西作品在翻译方面取得了许多标志性的突破。在 2000 年，由曹雷雨等人翻译的葛兰西《狱中札记》①的新版中文版选本问世，该版参照了《狱中札记》选本的 1971 年版的英文译本。同样，参照了 1971 年《狱中札记》的英文译本，以及 1957 年英文选集《现代君主及其他》（*The Modern Prince and Other Writings*）②，陈越于 2006 年出版了题为"现代君主论"③的中译版文集。而在 2007 年到 2008 年，田时纲先后将葛兰西入狱前与狱中的书信，编选、翻译并分别出版了《狱中书简》④与《火与玫瑰》⑤两套书信集。2008 年，李鹏程汇编了新版的《葛兰西文选》⑥，使其较之旧版更为精练。近几年来，田时纲先后在《世界哲学》上，发表了多篇由意大利语直接翻译而来的葛兰西著作译文与意语学界葛兰西研究论文（如《对〈社会通俗教材〉的评注（节选）》⑦、N.博比奥的《葛兰西与市民社会观》⑧），为学界进一步准确理解葛兰西思想提供了条件。而在葛兰西研究二手资料的引进上，最具代表性的是 2000 年黄华光、徐力源翻译的论文集《一个未完成的政

---

① ［意］安东尼奥·葛兰西：《狱中札记》，曹雷雨等译，中国社会科学出版社，2000 年。

② *The Modern Prince and Other Writings*，trans. By Louis Marks，London，Lawrence & Wishar Ltd.，1957.

③ ［意］安东尼奥·葛兰西：《现代君主论》，陈越译，上海人民出版社，2006 年。

④ ［意］葛兰西：《狱中书简》，田时纲译，人民出版社，2007 年。

⑤ ［意］葛兰西：《火与玫瑰》，田时纲译，人民出版社，2008 年。

⑥ 李鹏程：《葛兰西文选》，人民出版社，2008 年。

⑦ ［意］A.葛兰西：《对〈社会学通俗教材〉的评注（节选）》，田时纲译，《世界哲学》，2016 年第 4 期。

⑧ ［意］N.博比奥：《葛兰西与市民社会观》，田时纲译，《世界哲学》，2015 年第 4 期。

治思索：葛兰西的〈狱中札记〉》①，以及最近的相明翻译的《导读葛兰西》②。这些译著为 21 世纪国内葛兰西研究提供了基础条件。此外，毛韵泽、田时纲在针对"egemonia"一词中文译名的使用与辨析，③不断得到广大研究者的接受，笔者也将出现的"egemonia"译作"领导权"，而非"霸权"。

2000 年以后，葛兰西在学界的研究全面开花结果。以葛兰西为专题的期刊论文数量就有五百四十余篇，硕士论文一百一十八篇，涵盖了包括葛兰西的"实践哲学""国家与市民社会""有机知识分子""文化领导权"概念等专题，以及包括哲学、文艺理论、文化哲学、政治哲学、国际关系理论和教育理论在内的诸多学科与领域。涌现了包括潘西华、王凤才等一批葛兰西中青年研究者。但以葛兰西为主题的专著的数量仍然较少，仅有十余部，博士论文仅有八篇。国内以葛兰西为专题的研讨会，仅有 2012 年 5 月 4 日由中南财经政法大学举办的"葛兰西思想研讨会"，以及 2016 年 4 月 29 日由复旦大学当代国外马克思主义研究中心举办的"葛兰西与阿尔都塞的对话"学术工作坊。前一会议是为期一天的第一届全国性学术研讨会，邀请中央编译局、中国社会科学院、清华大学、复旦大学、武汉大学、华中科技大学、中南财经政法大学等十一所高校与机构在内的共十三位专家学者，展现了葛兰西国内研究的热点与现状。后一会议侧重于葛兰西对阿尔都塞批评的回应，该会议以工作坊的形式，持续一天，邀请了来自包括中国社会科学院、复旦大学、华东师范大学、武汉大学与同济大学五所高校的葛兰西研究的青年研究者，以及来自英国布鲁内尔伦敦大学（Brunel University London）的葛兰西研究专家，《葛兰西时刻》（Gramscian Moment）的作者彼得·托马斯（Peter D. Thomas）。该会旨在澄清葛兰西在处理"历史主义""人道主义""哲学与意识形态"关系问题上的真实内涵，从文本出发，反驳阿尔都塞对葛兰西的错误指责。可见，虽然葛兰西研究的热度在国内持续升温，但中国目前对葛兰西思想的深度研究仍有待进一步挖掘。

---

①　［意］萨尔沃·马斯泰罗内主编：《一个未完成的政治思索：葛兰西的〈狱中札记〉》，黄华光、徐力源译，社会科学文献出版社，2001 年。

②　［英］斯蒂夫·琼斯：《导读葛兰西》，相明译，重庆大学出版社，2014 年。

③　参见毛韵泽：《安东尼奥·葛兰西》，《国外社会科学》，1981 年第 2 期；田时纲：《"egemonia"是"领导权"还是"霸权"——葛兰西政治理论的核心范畴》，《教学与研究》，2007 年第 8 期。

不过从这些著作、论文和会议的主题与内容中，仍可以看出 21 世纪葛兰西研究的特征与发展趋势，其可以被简单地概括为"实践哲学向政治哲学的转向"。以下笔者将从几个方向上，来概述上述这一转向中的各个环节、代表学者的观点与研究情况。

（三）中国葛兰西研究的特色：葛兰西与马克思主义的关系问题研究

葛兰西与马克思主义哲学的关系问题，即葛兰西的实践哲学及其基础理论，从 20 世纪 80 年代起一直是国内葛兰西研究的重要领域，其研究大致经历了两个阶段。其中，第一个阶段的工作是纯粹站在批判葛兰西的视角上来开展。在这一阶段中，徐崇温等学者认为，葛兰西实践哲学所持有的理论立场背离了马克思、恩格斯的唯物主义立场，是必须加以批判的对象。

然而随着西方马克思主义整体研究的深入，这一观点很快不再成为主流。到了 80 年代后期，许多葛兰西的实践哲学可以当作对马克思实践哲学思想的一种有益补充，甚至可以将其理解为马克思主义理论的又一哲学基础。在当时的马克思教科书改革的争论中（即实践唯物主义与辩证唯物主义的争论），许多学者认为葛兰西和卢卡奇都是"实践唯物主义"的理论资源。虽然学界逐步转向了对葛兰西思想的马克思主义性质的肯定，但这批学者中对葛兰西的理论定位问题也有不同。如田时纲等人极力反对将葛兰西的思想列入西方马克思主义的名单之中，希望通过这种方式将葛兰西的思想更高地定位为与列宁同列的马克思－列宁主义。[①]

2000 年后，葛兰西实践哲学基础理论的研究很快转向对葛兰西政治思想的研究。其中第一种观点认为，必须将传统实践哲学的基础理论研究与其政治哲学意蕴的领导权思想相结合。中国人民大学梁树发指出，以往的研究对葛兰西的实践哲学思想缺乏总体的认识，仅仅停留于把它理解为葛兰西的马克思主义理论的哲学基础。必须将具有直接实践意义的领导权思想和

---

① 参见田时纲：《论葛兰西哲学思想的倾向性》，《社会科学》，1984 年第 12 期；田时纲：《葛兰西与唯物主义》，《社会科学》，1984 年第 9 期。

"阵地战"的战略纳入实践哲学体系。①秉持这一观点的还有郑州大学胡爱玲,其著作《意识形态 领导权与知识分子——葛兰西实践哲学研究》②从对庸俗马克思主义的批判、唯心主义的批判和自发主义的批判等理论论战入手,介绍葛兰西实践哲学"理论与实践统一"的理论旨趣,同时分析了葛兰西时代的意大利社会特征、"市民社会"概念,以及领导权与意识形态的关系,解析了葛兰西实践哲学的理论立场。这类著述的出现,预示了国内学界逐渐将研究重心,从实践哲学与马克思哲学的关系问题,逐步转向了葛兰西的政治与政党理论。

第二种研究趋势是,借助"李嘉图的经济方法论"的视角,重新审视葛兰西"实践哲学"的内涵。在 2002 年,李知恕与黄金辉在《葛兰西实践哲学述评》③中,就将"历史必然性"与"李嘉图的经济学方法论"中的关系问题提出来,但这一问题并未受到国内学者的重视。2012 年,清华大学的夏莹在"葛兰西研讨会"(中南财经政法大学举办)上提出,应以葛兰西对必然性的理解,来重新探讨马克思所提出的"改变世界如何可能"的问题(会议论文后来发表于《南京社会科学》④)。她认为,葛兰西通过对李嘉图的经济学理论中所谓的"假定……"逻辑的重新解读,阐发出一种保持了偶然性维度的必然性,从而给予改变世界以现实的可能性。可见,政治经济学方法与实践哲学的关系,应成为葛兰西实践哲学研究的另一个拓展方向。

第三种观点则借助于阿尔都塞的思想资源,拓展葛兰西的认识论与方法论研究。其中的代表性学者为武汉大学的何萍。借助阿尔都塞对葛兰西历史主义的批评,何萍提出了葛兰西认识论维度中的"总问题"。她指出,对葛兰西"总问题"的研究,不仅摆脱了传统的葛兰西"唯心或唯物主义"之争的束缚,还实现了葛兰西哲学研究范式的转换——正是在阿尔都塞之后,后马克思主义思想家通过回应其批评,重建了葛兰西的文化哲学与政治哲学,形

---

① 参见梁树发:《葛兰西的实践哲学体系——一种关于葛兰西的马克思主义观的新的观察视角》,《浙江学刊》,2004 年第 6 期。

② 胡爱玲:《意识形态 领导权与知识分子——葛兰西实践哲学研究》,河南人民出版社,2009年。

③ 李知恕、黄金辉:《葛兰西实践哲学述评》,《西南民族大学学报》(人文社科版),2002 年第 5 期。

④ 参见夏莹:《如何理解葛兰西实践哲学中的"必然性"?》,《南京社会科学》,2012 年第 10 期。

成了当代的新葛兰西主义。①在这一思路下,阿尔都塞视域下的葛兰西主义研究依据不同的问题意识展开。就历史主义问题而言,有孙宜晓的《葛兰西历史主义思想研究》②。该书从阿尔都塞对葛兰西历史主义的批驳切入,试图重新思考马克思主义的两种解读模式——历史主义和科学主义——的争论。通过总结阿尔都塞对葛兰西历史主义的批判,突出科学主义与历史主义的历史线索,概括出二者的理论实质和各自的问题意识。就意识形态问题而言,复旦大学王凤才的《文化霸权与意识形态国家机器——葛兰西与阿尔都塞意识形态理论辨析》③则强调了阿尔都塞与葛兰西之间不仅存在差异,而且存在着实际联系。他认为,阿尔都塞的"意识形态国家机器"概念是受葛兰西启发提出的。阿尔都塞对意识形态国家机器与镇压性国家机器的区分,类似于葛兰西对市民社会与国家、文化领导权与政治领导权的区分。因此王凤才认为,阿尔都塞的意识形态国家机器理论是对葛兰西文化领导权理论的继承与发展。

(四)"后马克思主义"视域下的葛兰西领导权理论热点追踪与研究

随着我国学者日益在研究范式上趋近西方学术主流,对后马克思主义的理论热点在 20 世纪 90 年代后成为国内学者的关注重心,其中突出的代表学者有海南师范大学的孙民、北京师范大学的周凡等人。孙民的《政治哲学视域中的"意识形态领导权"——从葛兰西到拉克劳、墨菲》④,是第一部系统地梳理了从葛兰西到阿尔都塞、普兰查斯再到"新葛兰西主义"者拉克劳、墨菲对这一理论不断发展的学术脉络的著作。该书具体阐述了从葛兰西开始的这几代哲学家各自的"意识形态领导权"理论的特色和他们之间的传承

① 参见何萍:《论阿尔都塞对葛兰西哲学的批评——为纪念葛兰西逝世 75 周年而作》,《学习与探索》,2012 年第 10 期。

② 参见孙宜晓:《葛兰西历史主义思想研究》,合肥工业大学出版社,2013 年。

③ 参见王凤才:《文化霸权与意识形态国家机器——葛兰西与阿尔都塞意识形态理论辨析》,《马克思主义与现实》,2007 年第 3 期。

④ 孙民:《政治哲学视域中的"意识形态领导权"——从葛兰西到拉克劳、墨菲》,人民出版社,2012 年。

关系,并着重论述了他们对葛兰西"意识形态领导权"理论的继承和发展,探究了葛兰西意识形态理论的原生、次生、再生逻辑的演进和主要理论内容。

这方面的代表性论文还有周凡的《葛兰西与"后马克思主义"的生成》①,其认为"后马克思主义"与新葛兰西主义是两种互相联系而又不同的理论规划。新葛兰西主义的"接合理论"本身潜藏着解除"接合"(articulation)的外在限制的效力,而"接合"概念的"后马克思主义化"就是这种效力的直接后果;葛兰西把领导权视为一种接合过程,已经预示了一种语言政治学的新视域。

另外,中央编译局的孔明安则分析了齐泽克与巴特勒对拉克劳与墨菲围绕"领导权逻辑与现代康德主义"的争论,认为这一争论深化了传统哲学的普遍性与特殊性、必然性与偶然性的研究,并突出了现代政治中普遍性与特殊性之间难以弥合的裂缝。②国内后马克思主义研究经由葛兰西的领导权概念,逐渐将论述重心转向政治哲学。

1. "领导权"概念研究

国内对"领导权"概念研究最为全面的学者代表是中国社会科学院的潘西华。他的贡献主要有三个方面:一是从文化领导权与无产阶级政权合法性,以文化领导权与无产阶级政权合法性的关系为切入点,对文化领导权思想提出的理论渊源、现实背景进行了系统梳理。其中,他借助于词源学考察,对理解葛兰西思想至关重要的、富有争议性的核心词汇("egemonia"和"organic intellectual")的中文释义进行了辨析。二是在马克思主义视域内对葛兰西与其他马克思主义者的领导权思想进行比较,主要涉及葛兰西文化领导权与列宁政治领导权、与卢卡奇的意识形态领导权。他指出,较列宁的政治领导权而言,葛兰西更注重政治领导权获取前后无产阶级文化领导权的夺取与巩固,更注重无产阶级自身"自觉"的培育。较卢卡奇为领导权的内涵注入"组织因素"而言,葛兰西不仅将"道德价值因素"融入领导权的内涵,而且凸显了意识形态的物质性,实现了从作为"思想体系"的意识形态到作为被体验的、惯常的社会实践的意识形态的关键性转变。三是在实践方面,潘西华结合变化了的实际,深入挖掘葛兰西文化领导权思想、党建思想的时代意蕴,

---

① 周凡:《葛兰西与"后马克思主义"的生成》,《现代哲学》,2008 年第 6 期。

② 参见孔明安:《政治霸权的逻辑及其普遍性的困境——简析后马克思主义视域中的普遍性与本质主义之争》,《国外社会科学》,2013 年第 1 期。

不仅将葛兰西党建思想与毛泽东党建思想的相似之处进行了比较，并且揭示了葛兰西在持续的"同意"中，实现并巩固无产阶级政党领导权的"有效性"、在"运动的平衡"中建设有机政党等思想对于无产阶级政党文化建设、对于信息化时代党群关系处理的启示，彰显文化领导权思想的时代价值。潘西华的研究成果也预示着，围绕着领导权问题，带有中国语境与原创性的葛兰西理论应用型研究在近年的展开。

此外，孙晶透过葛兰西文化领导权理论与法兰克福学派、文化帝国主义理论的横向比较，结合全球化和反全球化理论，讨论了西方文化领导权及中国文化安全建设等现实问题。[1]李金勇的《葛兰西文化领导权思想研究——从思想政治教育权力的视角》[2]是一部以思想政治教育为切入视角的研究著作。他认为，思想政治教育权力属于母权即教育权力的一种重要形式，可以从思想政治教育权力的视角审视文化领导权思想，进而论证"文化"和"领导权"是在发生学意义上的有机结合。其后叶惠珍的《葛兰西文化领导权思想及其话语路径研究》[3]在吸收葛兰西文化领导权思想的同时，结合哈贝马斯与后马克思主义的话语理论，尝试性地提出了原创性的"话语领导权理论"与"政治话语路径理论"[4]，并在当代国际政治交往语境中运用葛兰西思想分析比较了中国的"互不干涉内政"外交话语和瑞士的"中立"外交话语。

2. 中国语境下的葛兰西文化领导权与文化研究

葛兰西对中国的文化研究的影响，除了他的著作的直接影响外，主要是经由受到他的"文化领导权"理论影响的其他国外马克思主义者、西方"左"派和西方文化研究学者的著作产生的间接影响，例如俄罗斯政治学家谢·卡拉-穆尔扎利用葛兰西的"文化领导权"理论分析苏联垮台的文化原因的著作《论意识操纵》[5]，他将"文化领导权"由阶级分析向国际关系分析延伸，不

---

① 参见孙晶：《文化霸权理论研究》，社会科学文献出版社，2004 年。

② 李金勇：《葛兰西文化领导权思想研究——从思想政治教育权力的视角》，中国矿业大学出版社，2015 年。

③ 叶惠珍：《葛兰西文化领导权思想及其话语路径研究》，社会科学文献出版社，2016 年。

④ 参见叶惠珍、杨楹：《文化领导权之联动生成系统及其 WWWH 四维话语路径》，《马克思主义与现实》，2013 年第 5 期；又见叶惠珍、杨楹：《弹性边界三阶论：文化领导权之三重异化防范》，《河南师范大学学报》（哲学社会科学版），2013 年第 2 期。

⑤ ［俄］谢·卡拉-穆尔扎：《论意识操纵》（上、下），徐昌翰等译，社科文献出版社，2004 年。

仅扩大了葛兰西"文化领导权"理论的运用范围,而且向中国"文化研究"学者完美展演了一次案例分析。而在文学理论方面,起源于英国历史主义学派对我国文艺理论学界的影响也不可被忽视,之后历经结构主义、后结构主义、东方主义、女性主义等思潮的洗礼,文艺理论学界很快将视角转向了对葛兰西及其后学的研究。目前来看,从文学理论视角出发的葛兰西文化领导权研究,其专著的数量超过了哲学与马克思主义基础理论对同一课题的研究。其中,最具有代表性的是和磊的《葛兰西与文化研究》①,该书以葛兰西的文化领导权理论为核心,一方面集中而详细地阐述了葛兰西的文化领导权理论是如何影响文化研究的,另一方面还同时分析文化研究在运用葛兰西的理论的过程中,如何挪用甚至改造葛兰西的理论形象。此外,周兴杰的《批判的位移:葛兰西与文化研究转向》②以"葛兰西文化思想研究"与"葛兰西与文化研究转向"为问题意识,在澄清葛兰西文化思想的基础上,清理文化研究转向的轨迹并揭示其转向的原因。在"转向原因"的讨论中,该书分别分析处于二元对立中"文化主义"(伯明翰学派)与"结构主义"(阿尔都塞与列维-施特劳斯),并从各自的问题中解释他们之后"葛兰西转向"的原因。在文化研究方面,康晓光、刘诗林与王瑾合著的《阵地战:关于中华文化复兴的葛兰西式分析》③独具特色,其侧重从葛兰西的视角分析当今中国传统文化的复兴现象。该书以"社会化"为主线,概述了本土传统文化复兴的社会化实践,并且围绕社会化讨论了合法性、意识形态、文化领导权、软力量,分析了主要文化类型的特征和它们背后的社会力量。

(五)当下葛兰西政治哲学研究成为新热点

随着阿尔都塞与后马克思主义研究的深入,葛兰西意识形态领导权内部的政治哲学内涵逐渐为国内学者所认知;同时,随着国内马克思主义的政治哲学研究日益升温,以葛兰西为路径的马克思主义政治哲学研究日益得

---

① 和磊:《葛兰西与文化研究》,中国社会科学出版社,2011 年。
② 周兴杰:《批判的位移:葛兰西与文化研究转向》,中国社会科学出版社,2011 年。
③ 康晓光、刘诗林、王瑾:《阵地战:关于中华文化复兴的葛兰西式分析》,社会科学文献出版社,2010 年。

到重视。武汉大学的李佃来指出,以葛兰西为路径的马克思主义政治哲学进路,是英美政治哲学与近代政治哲学以外的第三条建构马克思主义政治哲学的理论进路。这一进路回应了对"马克思主义政治哲学合法性"的质问,是对马克思主义哲学规范性与科学性内在关系的辨析。①葛兰西的"政治哲学"是解决上述问题的重要理论资源。

21 世纪对葛兰西政治哲学方向上的研究,最早的成果是田时纲 2001 年发表的《简论葛兰西的领导权理论》②。田时纲从国家问题入手,重新理解葛兰西的领导权理论,并强化了葛兰西的"市民社会"理论与国家理论之间的关系。他指出,葛兰西扩大了国家的外延——国家不仅是强制机关(即葛兰西意义上的政治社会),还是"教育"机关(市民社会),二者都被置于马克思意义上的上层建筑领域。同时,田时纲强调,葛兰西眼中的国家具有历史性,有着自然形成、发展和消亡的过程。在这一形成与发展的过程中,"政治社会"与"市民社会"的关系会发生变化。简单地说,如果国家创建初期主要作为"政治社会"而存在的话,那么随着国家的发展,"市民社会"就会愈发强大,这实则以葛兰西的方式,质问了自由主义政治哲学传统关于"政治合法性"这一问题本身的"合法性"。

在著作方面,孙民的《政治哲学视域中的"意识形态领导权"——从葛兰西到拉克劳、墨菲》指出,葛兰西的意识形态领导权开辟了政治研究的新领域,使得"政治"成为政治哲学的基础性概念,凸显了政治领域的独立地位,发展了马克思主义的政治概念。同时,葛兰西发展了马克思的国家理论,提供了一种关于发达资本主义生活中的权力见解,展现出马克思对"资产阶级国家是资产阶级的共同事物的委员会"这一判断的丰富内涵。③另外,仰海峰的论文《葛兰西对市民社会与国家理论的新探索》④及其专著《实践哲学与霸权》都突出了福特主义在葛兰西思想中的地位。仰海峰强调,正是福特主义造就了现代国家的组织、管理与控制特征,并使国家的控制与市民社会的建

---

①　参见李佃来:《论葛兰西实践哲学的政治意蕴》,《人文杂志》,2012 年第 5 期。

②　田时纲:《简论葛兰西的领导权理论》,《哲学研究》,2001 年第 5 期。

③　参见孙民:《政治哲学视域中的"意识形态领导权"——从葛兰西到拉克劳、墨菲》,人民出版社,2012 年,第 93~97 页。

④　仰海峰:《葛兰西对市民社会与国家理论的新探索》,《长白学刊》,2006 年第 2 期。

构联为一体,国家统治的合法性与领导权的获得联为一体。在这一基础上,葛兰西对马克思的市民社会与国家理论进行了新的探索,将市民社会视作上层建筑的重要构成部分,并提出了从运动战转向阵地战的革命策略。最后,在对政治建构的意义上,王凤才在其论文《葛兰西的国家概念的政治伦理诠释》中提出,"民主集中制"的国家形式是葛兰西国家概念追求的目标。后者体现为一个领导阶级所产生的意识形态,产生一套以主动认同而非盲目服从为原则的纪律体系。他因此认为,葛兰西希望将国家置于政党之上,由此产生一种民族国家的工农联盟,此种状态将成为无产阶级专政之前的过渡阶段。

(六)结语

通过以上各个部分的论述,我们可以看到,从 20 世纪 80 年代到当下,葛兰西在国内的研究历程与影响过程有一条内在的发展脉络:80 年代中期开启的葛兰西与马克思主义哲学的关系问题,即葛兰西的哲学基础理论问题,一直是国内葛兰西研究的"主脉络"。然而从 80 年代"实践哲学"与马克思主义的内在关联,到当下与"后马克思主义"进行对比研究这一变化看,葛兰西研究在问题意识与研究内容上都有了新的突破。而随着阿尔都塞对葛兰西的批评被国内学者所重视,一方面,葛兰西认识论与方法论的研究侧重都转向了后马克思主义意义上的"新葛兰西主义"研究;另一方面,在阿尔都塞及其后学的影响下,后马克思主义"领导权"理论成为目前葛兰西研究的聚焦之处,同时这带动了国内以文化领导权为视域的葛兰西文本研究与交叉学科研究(尤其是文学与文化研究)。最后,上述这些思想资源中的政治哲学意蕴,随着政治哲学研究在国内的兴起,成为新的研究发展方向。

不过,从上述国内葛兰西研究的几个发展趋势看,目前我们对葛兰西的研究仍有许多有待加强的地方。首先,就政治哲学而言,对葛兰西国家理论与市民社会理论的探讨离不开对意识形态领导权的深入研究,而其中的知识分子问题,以及衍生出的知识分子与政党的关系问题,尚未形成系统的研究与专著。其次,以葛兰西为路径的马克思主义政治哲学,如何与目前主流的英美政治哲学,以及当下国内学界关注的近代政治哲学形成有效的互动与对话,有待进一步阐发与论证。再次,在意识形态问题上,对阿尔都塞与葛兰西之间对话的研究也有待进一步加强,尤其是,如何从葛兰西文本中找到对阿尔都塞批评的回应。最后,在葛兰西哲学基础理论的研究领域内,对"政治经济学方法视角"的研究,理应能帮助我们去理解葛兰西"实践哲学=黑格尔+李嘉图"这一公式,不失为新的拓展方向。

三、柯尔施在中国的传播历程与影响

在西方马克思主义最初的理论家中,相较于卢卡奇和葛兰西而言,柯尔施并未显著地受到国内学者的青睐。诚然,①早在 20 世纪 80 年代初,柯尔施的思想就被郑重地引入国内;②在 90 年代初,柯尔施最重要的两部著作——《马克思主义和哲学》《卡尔·马克思——马克思主义的理论和阶级运动》——都已经被译作中文;③在关于国外马克思主义源流的著作中,柯尔施作为著名的"反正统的"先驱往往被提及。可是迄今为止,国内学者阐发柯尔施思想的论文和专著,以及对国外成果的翻译,在数量上既是相对稀少的,又不曾陡然增多。柯尔施思想本身的限度,或许不是唯一的原因。当然,这不是说,国内柯尔施研究并未对相关的学术发展产生过重要的影响。80 年代末至今,这一影响主要体现在两个方面上:第一,关于马克思主义的特性的讨论,尤其是关于马克思主义与哲学的关系的讨论;第二,关于"西方马克思主义"术语含义的讨论。至于今后对柯尔施思想的考察,可以说,仍然具有相当的理论价值。国内学者已经发现了若干全新的方向。

(一)国内相关的译介与最初研究

实际上,早在 1929 年,中国共产党党员、当时的"创造社"成员、日本留学归来的彭康,就以"新社会之哲学的基础"作为标题翻译了柯尔施的《马克思主义和哲学》。①然而国内柯尔施研究并非以此为开端。在学术中,柯尔施

---

① 参见鲍金:《柯尔施马克思主义观的中国效应及其问题——以彭康 20 世纪 20 年代末的哲学著译为考察对象》,载周凡、黄伟力主编:《新马克思主义评论——哲学的政治及其辩证法》(第二辑·柯尔施专辑),上海三联书店,2015 年,第 449~450 页。

的思想真实地开始被关注，大致以《马列主义研究资料》1983 年第三辑的出版作为标志。这部由中共中央马恩列斯著作编译局编辑、人民出版社出版的文献，在介绍柯尔施的生平和思想之外，还收录了四篇中译的柯尔施著作——《什么是社会化？》《第一国际的马克思主义》《我为什么是马克思主义者》和《关于今日马克思主义的十个论点》。此后，《马列主义研究资料》1988 年第一辑和第二辑，连载了杜章智翻译的《马克思主义和哲学》。不过，这个率先登场的版本并未流行起来。1989 年，重庆出版社就出版了一本题为"马克思主义和哲学"的精巧的文集。它由王南湜和荣新海根据英译本翻译、张峰校对并且撰写导言，含有柯尔施的四篇著作——《马克思主义和哲学》《关于"马克思主义和哲学"问题的现状—— 一个反批判》《〈哥达纲领批判〉导言》和《第一国际的马克思主义》。国内学者往往借助这个版本展开研究。1993 年，重庆出版社还出版了熊子云、翁廷真翻译的《卡尔·马克思》。

国内第一篇专门介绍柯尔施的生平和思想的论文，大概是同样登载于《马列主义研究资料》1983 年第三辑的杜章智的《卡尔·科尔施》。80 年代末至今，国内学者共撰写了大约四十篇关于柯尔施思想的论文（若干典型参见下文）。而第一部细致地解读柯尔施思想的专著，则是人民出版社于 2016 年出版的赵青云的《卡尔·柯尔施的马克思主义观研究》。至于第一部明确地凭借柯尔施思想展开研究的专著，可以说是学习出版社于 2014 年出版的黄浩的《马克思的哲学观研究——基于"柯尔施问题"的视角》。这些著作主要以《马克思主义和哲学》（包括《关于"马克思主义和哲学"问题的现状》）和《卡尔·马克思》作为根据。

最早引入国外关于柯尔施研究的文献，是中共中央马恩列斯著作编译局编辑、人民出版社出版的《马列主义研究资料》1983 年第四辑。它收录了五篇论文——布克米勒的《作为现实性的马克思主义》（摘译）、布赖纳斯的《科尔施的"走向马克思的道路"》、弗兰尼茨基的《卡尔·科尔施的理论贡献》、霍布斯鲍姆的《卡尔·科尔施》（摘译）和布莱约维奇的《卡尔·科尔施对马克思主义哲学的反列宁主义》。而国内第一部专门刊载相关的国外论文的文集（亦收录了三篇国内论文），则是周凡、黄伟力主编的《新马克思主义评论——哲学的政治及其辩证法》（第二辑·柯尔施专辑）。这部由上海三联书店于 2015 年出版的文献设定了五个相互联结的主题："柯尔施与马克思主义""柯尔施与西方马克思主义""柯尔施与马克思主义哲学""柯尔施的政治、历史与社会视野"和"柯尔施的国际接受史"。

(二)柯尔施的马克思主义

1. 关于马克思主义本身

国内学者首先将一般地说明柯尔施对马克思主义(时而包括列宁主义)的理解视为自己的使命。在更加具体的线索为人们所发觉和掌握之前,这种必要的工作确实具有极其重要的意义。不过,在全新的问题被次第提出后,上述说明逐渐只能作为导言、综述与参考出现。

郝立新于 1988 年在《理论学习月刊》上发表的《评柯尔施对马克思主义的"重建"》,大概是国内第一篇述评《马克思主义和哲学》的论文。在这里,郝立新指出:①柯尔施突破了由第二国际的马克思主义者建立的模式,强调了马克思主义哲学的特性以及理论与实践的辩证的关系。②柯尔施根据理论特性的变化,划分了马克思主义本身发展的三个阶段。③柯尔施像卢卡奇一样主张总体性原则,进而将意识形态视为一种如物质般的实际的存在。④柯尔施不正确地指摘了列宁的哲学。

陈振明在 1992 年发表于《理论学习月刊》的《评科尔施对列宁哲学的批判及后期的"马克思主义观"》中,批判了柯尔施对列宁哲学的指责和后来的非马克思主义化。他指出:①柯尔施认为,列宁的哲学意味着政治的策略而非理论,不正确地凸显了唯物主义而非辩证法的意义,无法把握马克思主义哲学对德国古典哲学的超越,不合理地将认识理解为被动的反映,并且最终变成了意识形态专政的基础。这样的认识不符合真实的状况。②柯尔施不仅攻击了列宁的哲学,更在后来的著作中逐渐地背离了马克思主义,直至公开地反对这一理论。

梁树发于 2003 年在《马克思主义研究》上发表的《柯尔施的革命马克思主义观》,或许是国内学者重新评估柯尔施思想的标志。在这里,梁树发指出:①在《马克思主义和哲学》中,柯尔施将马克思主义本身、马克思主义的方法和马克思主义的哲学的特性理解为种种革命的理念。②柯尔施的理解尽管潜伏着某种实证主义的因素,在当时的形势中却是完全正确的。

王雨辰在 2010 年发表于《南京社会科学》的《科尔施后期思想中的马克思主义观——对科尔施〈卡尔·马克思〉一书的文本学解读》中,说明了科尔施在《卡尔·马克思》中对马克思主义的认识。他指出:①柯尔施认为,相较于封闭的、保守的、反动的资产阶级科学而言,马克思主义坚持了历史的和实践的原则, 是关于现代资本主义社会和无产阶级革命的理论。②柯尔施认为,马克思的政治经济学批判和人的实践的理念是历史唯物主义的基础。因此,不同于普遍的、一般的历史哲学,历史唯物主义只是对现代资本主义社会的起源、运行与灭亡的认识。③柯尔施认为,马克思主义是批判的(不同于资产阶级科学),也是实证的(不同于历史哲学)。④《卡尔·马克思》与《马克思主义和哲学》是内在地相互联结的两部著作。它们都不能证明柯尔施背离了马克思主义。

2. 关于马克思主义与哲学的关系

马克思主义与哲学的关系究竟是怎样的? 具言之,马克思主义是否含有若干哲学的因素? 哲学对于马克思主义具有怎样的意义? 马克思主义应当如何对待种种既有的哲学? 这样的疑难不但是柯尔施在《马克思主义和哲学》中尝试回答的主要问题,而且是近来国内学者在考察柯尔施的思想时格外重视的主题。

郑端在 2003 年发表于《教学与研究》的《马克思主义和哲学:柯尔施的言说及其影响》中清晰地提出了这一主题。她指出,①柯尔施关于马克思主义与哲学的关系的论述,目前仍然应当被关注。这是因为,"马克思主义与哲学具有怎样的关系? "尽管是一个重要的问题,却不再是一个具有合理答案的问题:在国内学术中,马克思主义本身被划分为哲学等组成部分的教条已经受到批判;马克思要么被视为一位后黑格尔的现代哲学的开拓者,要么在肯定的或者否定的意味上不被视为哲学家。②柯尔施强调了马克思主义的哲学特性和这一理论与黑格尔哲学的联系。柯尔施认为,当时的人们往往切断了马克思主义和哲学的联系:"正统马克思主义者"(尤其是第二国际的马克思主义者)否认马克思主义是与哲学相关的,并且以此作为马克思主义的长处;资产阶级思想家也否认马克思主义含有哲学的因素,并且以此作为马克思主义的短处;其他的思想家则试图使用康德哲学等补充马克思主义的哲学的方面。这些论点都忽视了资产阶级革命、德国古典哲学的发展、无产阶级革命和马克思主义的发展四种因素内在的交互联系。实际上,马克思主义不但是超越资产阶级革命的无产阶级革命的理论,而且是作为资产阶级革命的理论的德国古典哲学的继承者。相应地,马克思主义的哲学特性,就体现在能够像黑格尔哲学一样将观念把握为历史–社会的总体真实的组成部分。③柯尔施解读了马克思和恩格斯关于消灭哲学抑或扬弃哲学(die Aufhebung der Philosophie)的论述。柯尔施认为,马克思主义具有特定的哲学的特性不意味着马克思主义就是一种哲学。马克思主义不仅作为科学超越了以往的思辨的哲学,更以在思想和行动中扬弃哲学作为目的。扬弃哲学是一个复杂的、漫长的、作为无产阶级革命的环节的过程,人们无法一蹴而就。④柯尔施的论点不但对认识马克思主义与哲学的关系具有重要的意义,而且可以提醒今天的人们:"哲学的最重要的任务,就是反对任何形式的客观主义,反对思维和制度对它们自己的实际生活的形成联系和使用联系的意识形态的、虚伪的独立性,从而展示彻底的、激进的自我反思的力量。"①

　　根据以上研究,陈学明则根据对马克思主义的发展和《马克思主义和哲学》的考察断言,柯尔施归根到底将马克思主义把握为一种哲学。在 2004 年发表于《学术月刊》的《评西方马克思主义所开辟的马克思哲学的解释路向——重读柯尔施的〈马克思主义和哲学〉》中,陈学明提出了如下看法:①柯尔施、卢卡奇、葛兰西等理论家已经发现,不同于恩格斯和列宁的把握,马克思的哲学其实超越了"纯粹形而上学的思辨"或者说"近代形而上学思维方式"。②因此,他们尤其关注马克思关于扬弃哲学抑或资产阶级哲学的论述,试图由此将马克思的哲学和以往的哲学区分开来。②柯尔施的《马克思主义和哲学》的核心就是说明马克思主义是哲学。柯尔施认为,这种革命的哲学拒斥将思维与存在、主体与客体、理论与实践割裂开来,因而是与庸俗的唯物主义、实证的科学和思辨的唯心主义完全不同的。③柯尔施将理论与实践的统一把握为马克思的哲学的原则。理论与实践,被视为在历史–社会的总体中存在的两个相互联结的环节。

---

　　① 　郑端:《马克思主义和哲学:柯尔施的言说及其影响》,《教学与研究》,2003 年第 9 期。

　　② 　参见陈学明:《评西方马克思主义所开辟的马克思哲学的解释路向——重读柯尔施的〈马克思主义和哲学〉》,《学术月刊》,2004 年第 5 期。

在 2006 年发表于《复旦学报》(社会科学版)的《马克思主义在本质上是哲学——论柯尔施的〈马克思主义和哲学〉所给予我们的启示》中,陈学明更加清晰地表述了上述论点。此外,他强调:①柯尔施认为,"消灭哲学"需要首先"实现哲学"。这就是说,将哲学视为真实的而非虚假的观念;把握在哲学中存在的积极的和消极的因素;将哲学的理念理解为历史–社会的运动的目的。相应地,仅仅蔑视和抛弃哲学不能在革命的运动中实际地"消灭哲学"。像"消灭国家"(die Aufhebung des Staates)一样,"消灭哲学"是一个真实的艰难的过程。②这样的认识,以马克思主义哲学总体的原则作为基础。根据这一原则,历史–社会的不同的方面(例如经济、国家机器和意识形态)被认为终究构成了一个总体;理论与实践也被视为一个总体。③马克思主义哲学是批判的和革命的。换言之,它是与无产阶级革命紧密相关的。于是,忽视马克思主义哲学将必然导致马克思主义蜕化为某种纯粹的批评和呼吁。④为了保卫马克思主义的哲学的特性,应当在两条战线上展开斗争——"既要反对那种轻视与反对马克思主义的哲学内容的倾向, 又要与把马克思主义哲学歪曲成'二元论的形而上学观'的倾向作斗争。"①

在认可柯尔施在《马克思主义和哲学》中对马克思主义的解读的意见之外,也存在反对这一认识的声音。汪信砚、程通在 2016 年发表于《世界哲学》的《论柯尔施对马克思的哲学观的误读》中,精准地批判了柯尔施的哲学化马克思主义的路径。他们指出:①作为革命家和理论家的柯尔施的目的是,批判化和革命化马克思主义;哲学化马克思主义是他的手段。②在哲学化马克思主义的过程中,柯尔施将哲学视为在思想中对实存的把握,以及真实的世界的组成部分。这样的论点大致也为马克思本人所持有。③然而马克思并非像柯尔施一样主张哲学具有"现实性",亦即实际的、实践的特性。相反地,马克思说明了哲学的"非现实性"。马克思认为,纯粹的哲学仅仅蜷缩在思想之中;"哲学的实践"仍然无法跳出对既有的世界的确证和承认的岛屿。④相应地,柯尔施所说的"理论与实践的统一"只是一种外在的结合:"问题的关键根本不在于它们各自分别怎么做,根本不在于'在理论上'怎么做,同时'在实践上'又怎么做,然后两者组合起来形成一个整体,而在于实现理论和实

---

① 陈学明:《马克思主义在本质上是哲学——论柯尔施的〈马克思主义和哲学〉所给予我们的启示》,《复旦学报》(社会科学版),2006 年第 5 期。

践的内在同一,即,理论必须通过现实的、感性的、物质的力量实践化并且以理论的实践形态的面貌、以实体化了的理论的面貌来现实地、感性地、经验地改变现存社会。"①⑤因此,柯尔施将马克思主义理解为哲学,或许反而遮蔽了马克思主义的革命的特性。

3. 关于"柯尔施问题"

在相关的学术发展中,徐长福提出了著名的"柯尔施问题"术语,用它来指代这一问题:马克思主义与哲学和科学的关系分别是怎样的? 国内学者时而将这一问题和"马克思主义与哲学具有怎样的关系?"混淆起来,不自觉地糅合了相应的不同的回答。不过应当指出,提出和回答"柯尔施问题"意味着明确地承认马克思的思想或者马克思主义是由不同的因素构成的更加复杂的整体。

徐长福在 2004 年发表于《哲学研究》的《求解"柯尔施问题"——论马克思学说跟哲学和科学的关系》中第一次指认了"柯尔施问题"。他指出:①用"柯尔施问题"指代上述问题,是因为正是柯尔施第一次明确地表述了它:"80年前,卡尔·柯尔施发表了他最重要的著作《马克思主义和哲学》,首次明确地将'马克思主义跟哲学和科学的关系'作为一个问题提了出来。出于这一点,我试着将这个问题命名为'柯尔施问题'。"②②相较于柯尔施的回答而言,"柯尔施问题"本身具有更加显著的意义。今天的人们应当重新思考这一问题。③至少马克思的思想不是纯粹的哲学或者科学;在这里,往往同时存在哲学的和科学的因素。换言之,马克思的思想是"一种介于哲学与科学之间的学问。如果以古代的知识形态和当代的知识形态为参照,那么这种学问就可视为西方近代以来知识观转型的一种过渡形态"③。④马克思本人的认识含有一种从"哲学-知识"到"科学-知识"的变化。然而马克思从未彻底地摆脱哲学的幽灵:他的"科学的"著作(例如《资本论》)仍然含有若干思辨的设定。

邓晓芒在 2005 年发表于《哲学研究》的《"柯尔施问题"的现象学解——兼与徐长福先生商讨》中批判了徐长福的认识。他指出:①徐长福认为,在马

---

① 汪信砚、程通:《论柯尔施对马克思的哲学观的误读》,《世界哲学》,2016 年第 6 期。

②③ 徐长福:《求解"柯尔施问题"——论马克思学说跟哲学和科学的关系》,《哲学研究》,2004年第 6 期。

克思思想的发展中,存在三个阶段:第一,从《博士论文》(《德谟克利特的自然哲学和伊壁鸠鲁的自然哲学的差别》)到《〈黑格尔法哲学批判〉导言》,含有"哲学-知识"观念;第二,朝向"科学-知识"观念发展的阶段,从《1844年经济学哲学手稿》到《关于费尔巴哈的提纲》;第三,《德意志意识形态》以后,含有"科学-知识"观念。实际上,马克思未曾完全地赞扬哲学或者尝试抛弃哲学,仅仅表述了对个别的哲学流派的支持或者反对;马克思所说的"历史科学""政治经济学批判"和"实证的科学",不同于费尔巴哈的直观或者实证主义的经验的科学。②徐长福认为,成熟的马克思的思想含有科学的因素和哲学的因素的矛盾:"即一方面承认'理论的客观性',这种辩证法就'应是从经验中归纳出来的;另一方面又要保证'理论的革命性',这种辩证法又必须是'一种主观的认识框架',即一种思辨哲学或'一种先验概念关系的系统'。"①实际上,第一,在马克思的思想中,哲学的因素和科学的因素是相融的。例如,在说明从前资本主义社会到现代资本主义社会的发展时,马克思就凭借"历史与逻辑的统一"消除了某些偶然的、外在的、僵死的"事实"。第二,在关于人们的活动和结果的科学中,某种哲学的向度其实是必要的;以经典的自然科学的方法把握人们的活动和结果,从而将这些对象仅仅理解为"客观的"抑或非人的实存,是不正确的。例如,马克思的政治经济学批判正是"要从这种片面的、抽象的(即抽掉了人的感性的)'科学'底下挖掘出'人'的内容,使之成为真正'实证'的,即能够被每一个人,尤其是劳动者的亲身体验所证实的科学,成为能够与人的异化、人的美感的丧失、商品拜物教对人性的扭曲等相印证、因而能够体现出经济学事实的内部规律性(自由人的关系的规律性)的科学,这就是一种根植于人的感性之上并能激发和指导人去'改变世界'的自由实践的人学"②。③马克思始终持有某些哲学的观念。马克思目光的焦点,正如柯尔施所言,是实践"超越"理论,而非"科学"超越"哲学"。

仰海峰则在2007年发表于《学习与探索》的《马克思哲学:客观描述与哲学批判的内在统一——重读柯尔施的〈卡尔·马克思〉》中,试图凭借对《卡尔·马克思》的解读回答"柯尔施问题"。他指出:①柯尔施将马克思主义与实

---

① ② 邓晓芒:《"柯尔施问题"的现象学解——兼与徐长福先生商讨》,《哲学研究》,2005年第2期。

证主义的社会学区分开来。柯尔施认为,马克思主义将现代资本主义社会视
为一个在历史中存在的暂时的整体,拒斥设定历史的先验的规定或者目的,
并且坚持革命的和批判的立场。这些特性都藏有特定的哲学的因素。因此,
实证化马克思主义就是去马克思主义化。②柯尔施将作为科学的政治经济
学批判与马克思的哲学联系起来。柯尔施认为,第一,政治经济学批判同时
批判了直观的唯物主义:"这种肤浅的观点认为,借助新的理论认识,或者最
终通过自己纯粹善良愿望的努力,就可以简单地无视这种客观实际,或者说
由经济科学所研究的、现存社会关系的物质基础。"①第二,政治经济学批判
阐发了无产阶级的全新的阶级意识,它是与资产阶级意识形态完全对立的。
③柯尔施强调了马克思的唯物主义对历史-社会的情境抑或形势的重视。柯
尔施认为,在不同的形势中,马克思正确地分别采取主观的视角(例如在《共
产党宣言》里)或者客观的视角(例如在《〈政治经济学批判〉序言》里)考察了
历史-社会的条件、结构和趋势。④于是,可以说,至少在成熟的马克思的思
想中,全新的哲学的和科学的因素不但存在,而且是相融的。它们一并构成
了这种指向实际的革命的理论。

　　此外,王福生在 2014 年发表于《社会科学研究》的《重温柯尔施的马克
思主义观》中,将《马克思主义和哲学》视为柯尔施主要说明马克思主义的哲
学特性的著作,将《卡尔·马克思》视为柯尔施主要说明马克思主义的科学特
性的著作,并且由此强调了马克思主义的"理论的-实践的和批判的-革命的
指导原则、批判的和革命的本质"②。

　　4. 关于"西方马克思主义"术语

　　柯尔施往往被视为首先使用"西方马克思主义"术语的理论家。在《关于
"马克思主义和哲学"问题的现状》中,他已经自觉地将自己和卢卡奇主张的
"西方马克思主义"把握为一种与"俄国马克思主义"不同的传统:"必须记
住,尽管对俄国马克思主义和西方马克思主义的这种批评性对照来自今日
俄国执政党的一个政治反对派,然而它的作者是一个正统的普列汉诺夫的
信徒,一个在哲学上站在俄国马克思主义一边的人。因而,他的批评根本不

---

　　① 仰海峰:《马克思哲学:客观描述与哲学批判的内在统一——重读柯尔施的〈卡尔·马克思〉》,
《学习与探索》,2007 年第 2 期。

　　② 王福生:《重温柯尔施的马克思主义观》,《社会科学研究》,2014 年第 1 期。

是旨在反对'苏联的马克思主义'的一般历史结构,而是只反对它的最近的滑稽形式……"①于是,在梅洛-庞蒂所用的"西方马克思主义"变成了著名的称谓之后,柯尔施的思想也被卷入了这一争端:应当如何设定"西方马克思主义"术语的含义?

段忠桥在2004年发表于《中国人民大学学报》的《西方马克思主义是一个历史的具体的概念——与徐崇温同志商榷》中,将柯尔施、梅洛-庞蒂所用的"西方马克思主义"与佩里·安德森所用的"西方马克思主义"区分开来。他指出:①柯尔施所说的"西方马克思主义"意味着"一种根植于西欧的马克思主义。由此还可以推出,他之所以提出西方马克思主义概念,是要区别于俄国的马克思主义,因为俄国属于东欧"。②②梅洛-庞蒂所说的"西方马克思主义"大致是与柯尔施的认识相同的:"他所说的西方马克思主义,指的是由卢卡奇的《历史与阶级意识》一书开始的一种主要是同第三国际的马克思主义,特别是同列宁主义相对立的理论。"③③佩里·安德森则在《西方马克思主义探讨》中采取了一种不同的视角。他将马克思主义的发展划分为四个阶段:来自欧洲西部的奠基人马克思和恩格斯的阶段,来自欧洲东部或者南部的弗兰茨·梅林、考茨基、普列汉诺夫、拉布里奥拉等第一代马克思主义者的阶段,来自欧洲东部的列宁、罗莎·卢森堡、托洛茨基、希法亭等第二代马克思主义者的阶段,来自欧洲西部或者受到其文化影响的卢卡奇、柯尔施、葛兰西、本雅明、霍克海默、阿多尔诺、马尔库塞、吕西安·戈德曼、列斐伏尔、萨特、阿尔都塞、德拉·沃尔佩、科莱蒂等第三代马克思主义者的阶段。这就是说,"西方马克思主义"是第四个阶段的马克思主义的别名:它既不同于第三个阶段的马克思主义,也不同于后列宁的俄国意识形态(佩里·安德森不认为它是马克思主义的)。④无论柯尔施和梅洛-庞蒂所说的与列宁主义相对立的"西方马克思主义",还是佩里·安德森所说的作为全新的阶段的"西方马克思主义",都不包括在20世纪70年代后出现的国外马克思主义流派。它们在特性和地域上都不同于"西方马克思主义"。

---

　　①　[德]卡尔·柯尔施:《马克思主义和哲学》,王南湜、荣新海译,张峰校,重庆出版社,1989年,第72~73页。
　　②③　段忠桥:《西方马克思主义是一个历史的具体的概念——与徐崇温同志商榷》,《中国人民大学学报》,2004年第6期。

　　刘同舫在 2010 年发表于《中国社会科学》的《西方马克思主义的理论性质与中国意义》中,试图合理地重新设定"西方马克思主义"术语的含义。他指出:①柯尔施和梅洛-庞蒂所说的"西方马克思主义"在内涵上是清晰的,指向与列宁主义相对立的理论;不过,它在外延上是相对模糊的。②佩里·安德森所说的"西方马克思主义"在外延上是清晰的,指向特定的理论家的成果;不过,它在内涵上是相对模糊的。③可以说,"西方马克思主义"作为一个复杂的集合显现出维特根斯坦所说的"家族相似性":其中的理论并不具有种种普遍的共同的规定;某些理论和其他的理论仅仅在个别的方面上是相近的。维特根斯坦如此描绘这一术语:"我不能以比通过使用'家族相似性'这个词的更好的方式来刻画这些相似性:因为存在于一个家族的诸成员之间的那些不同的相似性就是以这样的方式交叠和交叉在一起的:身材、面部特征、眼睛的颜色、步态、气质,等等。"① ④因此,为了勾勒"西方马克思主义"术语的形象,应当仅仅关注诸理论的典型特性(明确的、显著的或者主要的规定)。柯尔施和梅洛-庞蒂所指认的特性或许就是种种相关的理论的底色与基调:"这就类似树的年轮,越是早出现的越是占据'核心'位置,一切后来者都只能围绕这个'核心'扩展自己,尽管它们会越来越远离这个'核心',但却不会完全脱离它。"②

(三)柯尔施研究的其他方向

　　在"西方马克思主义"术语的含义和柯尔施对马克思主义的认识之外,国内学者还发现了其他的阐发柯尔施思想的方向,例如用政治哲学的、政治经济学批判的和存在论的视角来理解《马克思主义和哲学》或者《卡尔·马克思》。不过,在这些方向上尚未形成极其明确的路径,仍然需要人们继续摸索。

　　李佃来在 2012 年发表于《马克思主义与现实》的《"柯尔施问题"的政治哲学求解》中,试图借助理解马克思主义和哲学的关系恢复马克思主义的政治哲学的向度。他指出:①在《马克思主义和哲学》中,柯尔施强调了马克思主义作为哲学的意义。然而为了把握马克思的真实的关怀与意图,柯尔施需

① ［奥］维特根斯坦:《哲学研究》,韩林合译,商务印书馆,2013 年,第 59 页。

② 刘同舫:《西方马克思主义的理论性质与中国意义》,《中国社会科学》,2010 年第 5 期。

要进而澄清作为哲学的马克思主义的特性。②马克思所说的"消灭哲学"意味着"实现哲学"："哲学作为意志和理念的世界，与外部的实体世界是分离开的，所以哲学和实体世界各有缺陷，即相互缺乏对方，哲学缺乏实体世界，而实体世界也缺乏哲学。所以，世界需要'哲学化'，哲学需要'世界化'，这两者具有对等性……马克思并非要取消哲学的合法地位，而是承诺去创造一种面向外部世界、进而成为外部世界的哲学。"① ③"实现哲学"则首先需要对历史的状况的认识。第一，马克思追随着黑格尔，关注了在现代政治哲学中作为关键的主题的"市民社会"，由此介入了对政治领域的反思。第二，不同于黑格尔，马克思认可实际的行动（"改变世界"）尤其是政治的革命，以人的解放而非人与实存的和解作为理念（"时代精神"）。因此，马克思的思想可以被视为一种独特的政治哲学。④由于人们不将马克思主义视为一种哲学，轻视了它的反思与理念的价值，从而使马克思主义的政治哲学的向度往往受到忽视。

王庆丰则尝试根据《卡尔·马克思》说明马克思的政治经济学批判的特性。在2015年发表于《天津社会科学》的《何谓政治经济学批判——柯尔施解读〈资本论〉的核心议题》中，王庆丰指出，①柯尔施认为，虽然政治经济学家、黑格尔和马克思都关注了"市民社会"，但是只有马克思才坚持一种批判的和革命的立场，即他不是将资产阶级生产关系视为非历史的、自然的、合理的、永恒的规定，而是将这些条件把握为历史的、特定的、含有缺陷的、正在否定自身的规定。而上述立场也是无产阶级的立场。②柯尔施认为，不同于斯密对重农学派的批判、李嘉图对斯密的批判等，马克思的理论批判了政治经济学的前提。例如，马克思不仅考察了作为劳动力价格的工资，而且反思了剩余价值一般的形式和创造商品的劳动的特性，由此揭示了剥削和压迫的秘密；而在政治经济学里，在工资、价值、劳动的联系中不存在不合理的关系。可以说，马克思的政治经济学批判是关于作为整体的资产阶级生产方式的理论，而非一种绝不越出既有的限度的"护教学"。③柯尔施认为，马克思关于商品形式尤其是商品拜物教的思想，是政治经济学批判的核心，也是历史唯物主义的精髓。商品形式意味着资产阶级生产方式，以及相应的政治

---

① 李佃来：《"柯尔施问题"的政治哲学求解》，《马克思主义与现实》，2012年第6期。

经济学的界限。正是凭借对商品形式的把握和反思，马克思最终彻底超越了政治经济学，得以说明社会的结构和人们的状况。关于剩余价值的思想，也应当以此作为基础。

此外，吴晓明、徐琴在 2004 年发表于《云南大学学报》（社会科学版）的《论柯尔施对"庸俗马克思主义"的批判与反拨——〈马克思主义和哲学〉的阐释定向及存在论基础》中，采取存在论的视角理解了柯尔施的思想。他们指出：①在《马克思主义和哲学》中，柯尔施正确地攻击了第二国际的马克思主义者。在抛弃哲学、拥抱科学之后，他们的思想归根到底被作为世界观的"科学实证主义"所俘获："当它以为知性科学或经验实证科学能够避开一切形而上学从而最稳固地获得其中立的客观性时，实际上它却完全无意识和无批判地陷入了现代形而上学的主导观念和现代意识形态的基本幻觉——科学实证主义——中去了。"[1] ②柯尔施还正确地指出了马克思主义哲学庸俗化的原因：人们根据二元论将实存和意识几乎完全地割裂开来，进而将前者视为唯一的客观的存在，将后者视为某种附属的抽象的反映。因此，庸俗的马克思主义无法把握复杂的历史-社会的运动，只能在无产阶级的积极的行动之外虚弱地重复空洞的规律。③然而柯尔施并未掌握马克思本人的存在论，将黑格尔和马克思的思想混淆起来。于是，柯尔施不能合理地说明马克思主义哲学在真实的世界中占据的领域、理论与实践的统一的基础，以及马克思所说的"整体"或者"总体"的特性。解读马克思本人的存在论，是今天的人们应当重视的紧迫任务。

四、结论

从时间上看，中国学界对三位西方马克思主义早期代表人物的集中研究历程，恰好与改革开放处于同一历史时期。正因如此，对三位西方马克思主义大家在中国历程的学术回顾，也构成了对改革开放以来西方马克思主义理论界发展的一个小结。就西方马克思主义思潮的研究而言，西方马克思主义在中国的引介、研究、深化与创新，首先是由三位西方马克思主义人物

① 吴晓明、徐琴：《论柯尔施对"庸俗马克思主义"的批判与反拨——〈马克思主义和哲学〉的阐释定向及存在论基础》，《云南大学学报》（社会科学版），2004 年第 3 期。

为起点的,也是由对三位人物思想的深入思考、反复论辩而不断推进的。在这四十多个年头里,国内西方马克思主义理论界对西方马克思主义的研究与发展取得了不少令人瞩目的成绩,并在全国范围内形成了稳定的学科建制,培养了大批专业研究人才。与学科发展同步的是西方马克思主义的理论发展及其影响力范围的扩大。国内的西方马克思主义学界和马克思主义哲学学界每当面对重大理论与现实问题时,总是屡屡回到三位代表人物身上,从中吸取理论资源与灵感。这不仅体现了西方马克思主义早期思想的思想活力与延展性,亦体现出中国学人的学术自主性与创造性。但对于中国新时代的西方马克思主义学人而言,如何用新时代的视野,继而站在新时代的视角上,评判上述三位西方马克思主义早期代表人物及其对中国学界的影响,不仅是一个重要的理论问题,亦是直击时代主题的现实问题。本研究试图以回顾三位西方马克思主义创始人在中国的影响与历程,进而从一个不同的角度,来回答上述这一问题。

若将卢卡奇摆在三位西方马克思主义代表人物中的核心位置上,我们可以通过中国学界的传播与研究历程看到如下线索:卢卡奇对早期中国左翼文坛的影响,间接地开启了一种有别于苏联教科书式的马克思主义解读模式。虽然这一解读模式在当时局限于文艺理论与文学观等问题域,但卢卡奇的文论思想反而在当时的历史条件下,为"马克思主义文艺理论"中国化的推进工作产生了积极的、正面的意义。而自 20 世纪 80 年代以来,随着"思想解放"的大旗的拉开,卢卡奇思想不仅带动了人道主义马克思主义的研究,不仅促成了西方马克思主义在国内学界的思想地位,还促进了当时"实践唯物主义"的讨论,并在之后数十年为马克思主义理论界在本体论层面的理论创新提供了理论基础。

再看葛兰西在中国的历程,我们发现,葛兰西的理论影响力在 2000 年后逐步上升,并成为学界研究的新热点。这首先体现在葛兰西实践哲学基础理论的研究很快转向对葛兰西政治思想的研究。另一方面,在阿尔都塞主义与拉克劳、墨菲代表的后马克思主义研究的双重带动下,葛兰西思想所焕发的新的研究增长点被国内学者所关注,并产生了激烈的讨论。之后,借助"后马克思主义"的语言,葛兰西传统的意识形态领导权的"政治哲学要素"被国内学界发挥了出来,并成为补充当代马克思主义政治哲学的要素。大致而言,国内葛兰西研究仍然存在有待深化提高的地方。

反观柯尔施,虽然他在中国并未引发卢卡奇、葛兰西那般的研究热度,但也造成了不小的影响力:国内学界经由他的思想与主张,在研究深度上达到了对马克思主义其哲学性的反思,并形成了富有影响的讨论。其中最值得关注的,是国内学者提出的"柯尔施问题"。"柯尔施问题"切中了马克思思想的哲学性质,在根本上直指马克思的哲学要素与科学要素的调和问题,直指我们对马克思本人思想的理论定性问题。可以说,提出和回答"柯尔施问题"意味着,国内的马克思主义界明确地承认马克思的思想或者马克思主义是由不同的因素构成的、更加复杂的整体。

综上来看,卢卡奇、葛兰西与柯尔施这三位西方马克思主义创始人在中国的研究历程与影响其实各有不同。国内学人对三人的思想研究在范围上、内容上都各有侧重,并在不同历史时期有着不同的研究范式与评价立场。如今,对于中国新时代的学人而言,如何用新时代的视野,如何站在马克思主义原理的高度上评判西方马克思主义在当代的理论意义,不仅是一个理论问题,也是一个实践问题。笔者认为,这首先要求我们回到马克思主义思想本身,以及马克思、恩格斯本人思想的原初之处;也要求我们密切关注国外马克思主义研究的新成果、新动态。毫无疑问的是,无论是对早期西方马克思主义的代表人物,还是卢卡奇之后的国外马克思主义思潮,都要如习近平总书记在《继续推进马克思主义中国化时代化大众化》中谈到的那样,"做到有分析、有鉴别,既不能采取一概排斥的态度,也不能搞全盘照搬"。因此,如何在深入探索卢卡奇各个研究方向的同时,坚持马克思主义的基本原理,坚持马克思唯物史观的基本立场,扩展西方马克思主义思想的现实意义,并将之与马克思主义中国化的事业相结合,依旧是我们当下西方马克思主义理论研究界的任务与目标。

第六章　法兰克福学派
在中国的传播与影响

我国国外马克思主义研究开始于 20 世纪七八十年代,伴随着改革开放的实践和建设中国特色社会主义理论体系的形成过程。其中,对作为欧美西方马克思主义的法兰克福学派批判理论的研究是重要一环。事实上,自从 20 世纪 70 年代以来,法兰克福学派已经作为一种文化遗产被世界上许多国家的学术界所接受和改造。法兰克福学派批判理论进入中国以来,迅速成为重要的学术门户,并一跃成为中国知识分子重要的学术话语,形成了非常可观且具有创新性的研究成果,在其传播与影响中也彰显了独特的方法、体系和路径,这在国外马克思主义研究中可谓独树一帜。因此,回顾并展望法兰克福学派批判理论在中国的传播与影响的整个过程,对于当代马克思主义研究来说是重要且必要的。

一、中国接受和发展批判理论有无可能性?

答案当然是肯定的。之所以提出这个问题,是因为目前在国内学界仍然存在一种质疑法兰克福学派乃至整个国外马克思主义研究合法性的声音。众所周知,法兰克福学派以批判理论闻名于世。20 世纪 30 年代的批判理论产生的政治背景是马克思主义的预测错误,即革命并没有首先在资本主义发达的西欧爆发,取而代之的却是苏联的斯大林主义专制暴行和德国法西斯主义肆虐。这些国际共产主义运动的挫折和历史发展的不合目的性,导致霍克海默圈子的这些有识之士虽然继续坚持历史唯物主义立场,但是无不对之进行反思和怀疑。这样,批判理论就自觉地表达了那个时代人类政治和社会解放的困境和出路。法兰克福学派批判理论是马克思主义在 20 世纪 30 年代后德国知识分子创造的新形态,它与中国化马克思主义同根同源,具有天然的亲近性。王凤才指出,法兰克福学派三代批判理论家对待马克思主义的态度是:从欣赏、信奉到怀疑、批判,再到超越、重建马克思主义,这种对马克思主义的"背离"并非"背叛",而是"补充""发展"。①唐玉认为,哈贝马斯批判理论反思和审视了马克思主义传统元哲学基础、批判模式和构建目标等方面,探索和补充了交往、交往理性、反思,以及激进民主制理想。②其更为重要的原因在于:

第一,批判理论具有马克思主义"文化基因",是对理论与实践关系的一种历史的、辩证的反思,批判的立场和态度指向所有的资本主义文化现象。在 1974 年社会研究所成立 50 周年纪念大会的公开演讲中,法兰克福学派第一代核心成员洛文塔尔曾经这样解释批判理论的意义:"它是对待所有文化现象的一种观点,一个共有的、批判的、基本的态度,从来没有要求成为一种体系。"③这一定义使得洛文塔尔将社会批判设定在现有政治经济体制的边缘处,即在黑格尔否定之否定三段论的"绝对否定"环节之上。洛文塔尔也如同阿多尔诺,他们都赞同尼采,不想重新落入黑格尔"肯定—否定—再肯定"这种新的、虚假的总体性里。在《文学社会学回顾》(1981 年)中,洛文塔尔又提到,批判理论不应该被理解为超出这种集体的"共同特性"的任何内容。《社会学研究》(第一期)给出了批判理论的注释:它是建立在共有的、批判的基本态度基础之上的一种观点,它应用于所有文化现象,从来没有声称成为一种体系,它包括对哲学、经济学、心理学、音乐和文学的批判性分析。④

第二,法兰克福学派第一代、第二代成员中就有专门研究中国现实与中国问题的专家和相应成果问世。研究东方社会是法兰克福学派早期批判理论总体研究的规划之一。作为早期批判理论家之一,曾经担任德国共产党中

---

① 参见王凤才:《再思批判理论与马克思主义的关系》,《求是学刊》,2015 年第 1 期。

② 参见唐玉:《一种肯定式的批判——哈贝马斯批判理论与马克思主义》,《浙江学刊》,2011 年第 1 期。

③ Leo Löenthal, *An Unmastered Past:The Autobiographical Reflections of Leo Löenthal*,Berkeley: University of California Press,1987,p.61.

④ See Leo Löenthal, *Critical Theory and Frankfurt Thworists:Lectures*,Correspondence,Conversations,Communication in Society,V.4,Brunswick,N.J.:Transcation Books,1989,p.112.

央委员的魏特夫长期专注于马克思理论和东方社会问题研究，两次访问中国，其突出成果《东方专制主义》"渊源于马克思的伟大经典遗产和一些最深奥的思想"，尽管他以"治水社会"理论论证"东方专制主义"饱受争议。法兰克福学派第二代成员奥斯卡·内格特（Oskar Negt）也两次访问中国，他在著作《以龙作为形象标志的中国现代化与欧洲的现代神话》（2008 年）中认为："中国定将实现一种特殊的民主，这种民主将考虑到这个大国的社会、文化和经济特点。这种亚洲'社会主义民主'所涉及的是史无前例地继续思考'孔子的公共伦理'，而不是抽象地复制西方资产阶级民主。"

　　第三，哈贝马斯、霍耐特等自觉意识到批判理论的传统局限性，加强国际学术交流与合作，进一步扩大法兰克福学派批判理论的国际影响。他们试图将批判理论的普遍性和适用性进一步扩大，主动努力越出欧洲中心主义的视野。正如法兰克福学派第三代代表人物霍耐特自我反思说，批判理论在"三重意义"上是欧洲中心主义的：其产生和发展依据的主要是欧洲或德国思想家的理论，其研究对象是欧洲历史进程，并将其视为整个世界的全部。[①]这必然导致其文化指向上具有明显的局限性。批判理论家们，尤其是第三代、第四代代表人物如霍耐特、弗斯特等人，建构自身理论时更加自觉地注重其对于非欧洲国家和地区的影响与借鉴价值。例如霍耐特在其《自由的权利》一书中文版前言中说：

　　　　我自己的感觉告诉我，我的这部书确实能在中国当代的现代化进程中为政治和道德的自我启蒙作一些贡献……本书的一些考虑也许也能在中国产生效应，促使人们去思考这么一个实践政治的问题——在自己国家的现代化进程中，哪些形式的自由还没有充分得以实现。无论如何，我的书能够在一个国家传播，而这个国家眼前正进行着一种让世界惊讶和钦佩的经济自由化和民主更新的过程，这给了我许多希望……那就是我希望我的这本书在中国有着与在我的家乡德国一样的效用。[②]

　　① 参见[德]阿梅龙、狄安涅：《法兰克福学派在中国》，刘森林译，社会科学文献出版社，2011年，第 2 页。

　　② [德]霍耐特：《自由的权利》，王旭译，社会科学文献出版社，2013 年，中文版前言，第 2~3 页。

　　然而我们认为,中国接受和发展批判理论确有其可能性和必然性。它的传播与影响主要在于其为中国人更加合理地认识和实践社会现代化提供理论资源和经验性反思。《启蒙辩证法》所述的现代性导致的社会倒退或病症问题具有普遍性,也适用于中国的现代化背景。而对于霍耐特所惊讶的现象(我们在 21 世纪之前关注和研究的批判理论主要涵盖法兰克福学派第一代、第二代代表人物的思想内容,尚缺乏对批判理论最新发展的跟踪和研究),其原因可能主要在于"文革"导致的知识分子断层,使得长期以来我国国外马克思主义尤其是法兰克福学派批判理论研究队伍匮乏或者队伍质量不高所致(懂德语的人可能不懂哲学,懂哲学的人又可能不懂德语),没有形成稳定的老中青梯队结构, 而不在于批判理论作为具有丰富文化内涵的欧洲遗产,加上其文化批判的巨大威力确实值得钦佩和学习云云。

二、法兰克福学派批判理论在中国传播与影响的背景回顾

　　马克思说:"理论在一个国家实现的程度, 总是决定于理论满足于这个国家的需要的程度。"法兰克福学派批判理论在中国被阅读与接受的状况和程度有其自身的内在逻辑,这必然与当代中国发展的各个时期密切相关。除却理论语境的错位,回顾该理论在中国的接受状况,我们从历史语境变迁角度可以看到主要有以下三个原因:

　　第一,改革开放之初,法兰克福学派批判理论的译介工作的展开,适逢解放思想以吸收世界上一切先进文明成果之时, 国内急需解放马克思主义的教条主义错误思想,因而批判理论恰好充当了"解毒剂"的作用。这样,在重新实现马克思主义中国化的过程中, 它也提供了可以多样化理解和解释马克思主义的理论资源。例如,国内当时出现了美学热、人道主义之争等学术现象。总之,包括法兰克福学派在内的国外马克思主义研究和传播,无疑极大地助力了我国知识分子界增强开放意识和问题意识,革新认识方式和思维方式。

　　第二, 随着改革开放以来现代化建设逐步展开和社会性问题的不断暴露,批判理论的研究对象在中国渐次出现,国内现实对批判理论的解释和阐发语境与其原初产生语境的交集、共鸣渐多,这成为该理论传播和影响的有

效连接点。西方资本主义现代化所走过的道路的各种教训正好成为我国社会主义现代化的前车之鉴。通过聚焦中国现实和中国问题，如市场经济、文化产业和现代化建设激发大众的工具理性和技术理性等，批判理论中的启蒙辩证法、现代性批判、大众文化批判、公共领域建构和传媒哲学等主题得以彰显。

对于现代化来说，中华民族可能是"迟到的民族"，但是中国现在来了！不可否认，欧美等发达资本主义国家现已迈入后工业社会，而我国则正处于工业化和信息化并举的历史进程。法兰克福学派批判理论所批判的晚期资本主义各种弊端诚然对于我国现实具有明显的超前或错位，国人对法兰克福学派的传播与接受又常常伴随着某种"拒斥"，至今部分学者尚有所谓"西马非马"等理论偏见。加之国内除却正统马克思主义的主流意识形态，又有中华传统文化、新自由主义思潮相互争夺理论话语权，法兰克福学派作为西方马克思主义的重要思想阵地，其接受面临复杂难解的情况。

1980 年中国社会科学院和北京大学的一个学术代表团访问了法兰克福大学社会研究所，并拜访了时任马克斯·普朗克科学促进学会生活世界研究所所长的哈贝马斯。直到 2001 年 4 月 15—29 日，哈贝马斯访华并在中国社会科学院、清华大学、北京大学、中国人民大学、中共中央党校、复旦大学、华东师范大学等高校和研究机构，以文化间性背景下的话语政治概念问题为讲演主线，做了涉及"论人权的文化间性——假想的问题与现实的问题""论实践理性的语用学意义、伦理意义以及道德意义""民主的三种规范模式""全球化压力下的欧洲民族国家""再论理论与实践的关系" 等重要的政治哲学和法哲学的内容的七场演讲。在全球范围内展开的社会现代化的必然结果之一是普遍性的人权。哈贝马斯否定人权的文化语境主义，提倡人权的话语实践论。他分析和批判自由主义政治观和共和主义政治观，提出一种同样作为理想型的程序主义政治概念。哈贝马斯致力于在全球化语境下推动民族国家向跨民族国家的转型，推动现代世界进入后民族格局。他主张"世界大同主义"，并将实现国家层面和国际层面上的民主制度作为知识分子的社会职责和历史使命。哈贝马斯的演讲和访谈对当时的中国学者吸引力很大，但只能做到片面理解和被动接受，只有假以时日才能完全消化吸收并真正达到文化间同级对话的水平。

1996 年 10 月 14—15 日,全国各地的几十名学者云集中国人民大学,成立了"中国当代国外马克思主义研究会",并派学者出席国际马克思主义大会和出国考察国外马克思主义的研究状况。国际马克思主义大会自 2008 年以来举办关于批判理论方面的多场国内外高级别学术研讨会,进一步推进了该研究的持续发展,尤其是注重它与中国马克思主义研究的互动与交流。如法兰克福歌德大学与广州中山大学于 2008 年 9 月 25—28 日在德国法兰克福市举办了"批判–理论–批判理论:法兰克福学派在中国的影响"学术研讨会,霍耐特在大会开幕式上致辞。2013 年 9 月,武汉大学西方马克思主义哲学研究所、德国罗莎·卢森堡基金会、中国国外马克思主义研究会共同在武汉大学举办了"法兰克福学派与美国马克思主义——纪念阿多尔诺诞辰一百一十周年"会议。《法兰克福学派与美国马克思主义——纪念阿多尔诺诞辰一百一十周年(中外马克思主义学者对话丛书)》论文集(何萍、吴昕炜主编,人民出版社,2014 年)反映了这次会议围绕阿多尔诺的学术经历,多方面探讨阿多尔诺的哲学思想,尤其是他的文化批判理论,同时辐射美国马克思主义的当代走向。中国社会科学院哲学研究所和上海社会科学院哲学研究所等国内学者近年来持续参加西方批判理论学派"哲学与社会科学"年会,加强了批判理论研究的推进,成果如《法兰克福学派的新批判观与新政治学——2011 年布拉格"哲学与社会科学"年会理论综述》(周穗明,《世界哲学》,2012 年第 1 期)等。

2013 年 3 月至 4 月,霍耐特来到中国上海、北京等地进行学术交流,举办"文汇学人会客厅:现代性的普遍性、特殊性及多样性对话"和一系列主题讲座,如"现代社会的自由及其概念""公正与认同""自由的权利""规范与社会"。这促进了国内学术界对其承认理论的理解和把握,以及法兰克福学派思想与中国学术思想的互动。

第三,中国正在走向世界舞台的中央,"四个自信"需要文化包容和开放,法兰克福学派批判理论也需要实现非欧美的"跨文化转向",这是法兰克福学派批判理论能在中国发生持续传播与影响的"动力学"原因。因此,我们能够和法兰克福学派最新的批判理论成果实现"无缝对接":推动国内批判理论研究从对霍克海默、阿多尔诺、马尔库塞等第一代批判理论家和哈贝马斯等第二代批判理论家的研究,进展到对哈贝马斯之后的更新一代批判理论家的研究。

法兰克福学派与东亚尤其是中国文化的互相交流、对话前景广阔。我国已经成功举办了两届世界马克思主义大会和一届世界哲学大会，打造了世界马克思主义和世界哲学的学术交流平台和高地。2015 年 10 月 10—11 日举办第一届世界马克思主义大会，大会主题是"马克思主义与 21 世纪人类文明秩序的建构"；2018 年 5 月 5—6 日，举办第二届世界马克思主义大会，大会主题是"马克思主义与人类命运共同体"；2018 年 8 月 13—20 日，举办第二十四届世界哲学大会，大会主题是"学以成人"。

与国内对批判理论的认识与研究相比，法兰克福学派对非欧美文化，尤其是中国文化相当忽视而且了解甚少，更缺乏互动和对话。按照何乏笔的看法，批判理论的跨文化转向尚未深入展开。法兰克福学派批判理论涉及和讨论中国的主要是魏特夫的《东方专制主义：对于极权力量的比较研究》。然而正如童世骏所言，在哈贝马斯那里，"学习"与"批判"是两个密切联系、缺一不可的关键词汇，主张不同文化间需要进行"互补性的集体学习"。

如何看待今天的批判理论？2018 年 11 月 3—4 日，复旦大学当代国外马克思主义研究中心和哲学学院举行了"批判理论新方向——哈贝马斯之后批判理论讨论会"，吸引了来自复旦大学、南京大学、华东师范大学、四川大学、上海外国语大学、上海社会科学院等高校与机构的学者二十余人参加本次会议。汪行福认为，今天的批判理论具有"哈贝马斯之后的"（after Habermas）批判理论和"后哈贝马斯的"（post-Habermas）批判理论的双重特征。就前者说，新一代批判理论家中许多人与哈贝马斯在生平和思想上有着联系，他们继承了哈贝马斯的思想，将其运用于不同领域，进而丰富和发展了哈贝马斯的理论；就后者而言，新一代批判理论家对哈贝马斯的思想盲点和局限性做了大量的批判，并结合其他传统的理论资源提出新的批判理论概念，虽然这些批判和超出哈贝马斯范式的思想发展并非"弑父式的"，但无疑是对哈贝马斯思想的某种"反抗"和"出走"。像霍耐特的以"承认、正义、伦理"为核心的政治伦理学和社会主义新观念，弗斯特的以"宽容、辩护、规范"为核心的批判的正义论，耶吉的资本主义生活形式内生性批判理论，罗萨的"社会加速批判理论"和"共鸣理论"等都需要我国学界予以高度重视和借鉴。

三、法兰克福学派批判理论在中国传播与影响的阶段划分、代表人物和学科影响

按照王凤才的观点，批判理论的发展可以概括为第一代批判理论家的哲学和历史哲学批判、以哈贝马斯为代表的"批判理论的政治伦理转向"，以及与后现代文化相结合的"后批判理论"。根据批判理论发展的内在逻辑，他对该学派做了谱系学分析和理论分期研究，明确地将第一代、第二代、第三代批判理论家分别归属于"老批判理论""新批判理论"和"后批判理论"，它们体现着批判理论的第一期、第二期、第三期发展。在他看来，"批判理论三期发展"，即从"老批判理论"到"新批判理论"再到"后批判理论"，也因而显示出如下理论转折：从批判理性主义到感性浪漫主义再到理性现实主义；从激进乐观主义到激进悲观主义再到保守乐观主义；从欣赏、信奉到怀疑、批判再到超越、重建马克思主义；从文化主体哲学到语言交往哲学再到政治道德哲学(政治伦理学)。①相应于"批判理论三期发展"及其历史传播的延后性，法兰克福学派批判理论在我国的传播与影响也大致可分为三个阶段：

(一)第一阶段：从 20 世纪 70 年代末到 90 年代初期(苏联解体、东欧剧变)

本阶段以介绍和翻译第一代批判理论家的主要成果即批判理论第一期发展为主，其传播逐渐从哲学、文学艺术学科波及其他各种社会科学，国内学者对批判理论家著作和思想的评述往往带有浓重的传统意识形态色彩。这种译介和述评工作是这一阶段的主要努力方向，包括霍克海默、阿多尔诺、弗洛姆、马尔库塞、本雅明等法兰克福学派第一代的主要批判理论家的各种

---

① 本部分重点来源于赵长伟：《批判理论在 21 世纪的最新发展》，《学习与探索》，2017 年第 12 期；王凤才：《法兰克福学派批判理论的中国研究范式(1980—2007)》，载《国外马克思主义研究报告 2017》，人民出版社，2018 年，第 354~365 页。

著作和文章逐渐被翻译过来，并有了初步研究。①值得一提的是，由徐崇温主编、重庆出版社出版的"国外马克思主义和社会主义研究丛书"，大量译介了包括法兰克福学派在内的众多西方马克思主义理论家的重要著作，为国内学人研究法兰克福学派批判理论提供了重要资源，大大推进了批判理论在我国的研究和传播。

在第一代批判理论家当中，核心成员有霍克海默、阿多尔诺、马尔库塞、洛文塔尔、波洛克等，外围人物有弗洛姆、W.本雅明、诺伊曼、基希海默等。否定辩证法是法兰克福学派的共同思想，是批判理论第一期发展的哲学基础，因而"否定"成为批判理论第一期发展的关键词。我们知道，批判理论第一期发展（从 20 世纪 30 年代初到 60 年代末）主要的理论贡献在于，创建批判理论并对工业文明进行批判。第一期的批判理论家对待技术理性和工业文明的态度是，否定多于肯定、批判多于建设。从文本上说，"否定辩证法"最早肇始于《哲学的现实性》（阿多尔诺，1931 年），经过《理性与革命》（马尔库塞，1941 年）、《启蒙辩证法》（霍克海默、阿多尔诺，1947 年），最终完成于《否定辩证法》（阿多尔诺，1961 年），进一步拓展于《美学理论》（阿多尔诺，1970 年）。"否定辩证法"以非同一性为理论基础，以反概念、反体系、反传统为基本特征，以"被规定的否定"为核心，最终陷入了"瓦解的逻辑"。这就预示着批判理论不得不进行规范基础重建，并实现"交往理论转向"。

根据目前掌握的资料，约有数十部法兰克福学派的著作，以及国外学者介绍和研究法兰克福学派的著作被译成中文，如《法兰克福学派》（T.博托摩尔，1984 年）、《当代影响最大的西方马克思主义流派：法兰克福学派的起源和意义》（P.斯莱特，1990 年）、《法兰克福学派史》（M.杰伊，1996 年）等。

国内较早介绍法兰克福学派的著作有：《法兰克福学派述评》（徐崇温，生活·读书·新知三联书店，1980 年）、《法兰克福学派——批判的社会理论》（江天骥，上海人民出版社，1981 年）、《从时代的产儿到时代的弃子：法兰克福学派述评》（翁寒松，江苏人民出版社，1986 年）。20 世纪 80 年代，国内学界对法兰克福学派"文化热"的兴趣主要集中于马尔库塞和弗洛姆的美学和心理学方面。

① 详见王凤才：《法兰克福学派批判理论的中国研究范式（1980—2007）》，载《国外马克思主义研究报告 2017》，人民出版社，2018 年，第 354~365 页。

（二）第二阶段：从 20 世纪 90 年代初期（苏联解体、东欧剧变和中国开启社会主义市场经济）到 2007 年底

本阶段译著、编著、专著大量增加，研究质量有所提高。这一阶段更加注重翻译的客观性和准确性，例如在对哈贝马斯著作的翻译中，不断进行相关术语的修正；研究对象更加侧重于逼近中国社会现代化经验现实的大众文化批判主题和哈贝马斯等第二代批判理论家的思想主题；学界逐渐摆脱苏联教科书模式解读马克思主义的缺陷，对批判理论的理解和阐释方式更加开放多样，丰富了学术想象力。

在第二代批判理论家当中，主要代表人物是哈贝马斯、F.V.弗雷德堡、A.施密特等人。王凤才指出，作为"重建派"的哈贝马斯最终战胜了作为"经验派"的 F.V.弗雷德堡和作为"正统派"的 A.施密特，从而主导了批判理论第二期发展（20 世纪 60 年代末到 80 年代中期）。批判理论第二期发展的主要理论贡献在于，对早期批判理论进行批判性反思与规范性重构，并实现批判理论的"交往理论转向"。在《公共领域的结构转型：市民社会范畴研究》（1962 年）、《理论与实践：社会哲学研究》（1963 年）中，哈贝马斯就已经提出了社会交往理论模型。在《交往行为理论》（1981 年）中，哈贝马斯则系统地阐发了批判理论从主体意识哲学范式向主体间性哲学范式的转变，他试图用交往合理性重建批判理论的规范基础。所谓"交往合理性"，就是交往主体以语言或其他符号为媒介，通过没有任何强制性的诚实对话达到以相互理解、获得共识为目的的理性。在《道德意识与交往行为》（1983 年）、《话语伦理学解说》（1991 年）、《事实与价值》（1992 年）等著作中，哈贝马斯又将交往行为理论进一步发展为话语伦理学和协商政治理论。话语伦理学和协商政治理论是交往行为理论的拓展与运用，从而开启了批判理论的"政治伦理转向"，对批判理论第三期发展起到了奠基作用。作为批判理论第二期发展与第三期发展之间的中介人物，维尔默则借助于阿多尔诺的音乐哲学体验，对交往合理性加以限制，并将这一限制从认知理论扩展到社会政治领域。

90 年代中期之后，国内个案研究的主要对象关注点主要转移到本雅明、阿多尔诺，尤其是哈贝马斯身上。本雅明的著作翻译和阅读受众一直非常活

跃,尤其集中在大众文化批判方面。与之相比,由于阿多尔诺的理论艰深晦涩,对其阅读和研究始终处于不温不火的"小众化"状态。这一阶段,相关研究和理论著作颇丰,系统的整体研究如《法兰克福学派研究》(欧力同、张伟,重庆出版社,1990 年),《第三条道路——马尔库塞和哈贝马斯社会批判理论研究》(李忠尚,学苑出版社,1994 年)。具体说来,集中阐述本雅明、马尔库塞、阿多尔诺等人美学思想的著作有《现代审美哲学新探索:法兰克福学派美学述评》(王才勇, 中国人民大学出版社,1990 年),《法兰克福学派美学思想论稿》(朱立元, 复旦大学出版社,1997 年),《否定的美学——法兰克福学派的文艺理论与文化批评》(杨小滨,上海三联书店,1999 年)等;重点考察法兰克福学派科学技术观和文明论的著作有《法兰克福学派与科学技术哲学》(陈振明,中国人民大学出版社,1992 年),《批判与重建:法兰克福学派文明论》(王凤才,社会科学出版社,2004 年),探讨本雅明、阿多尔诺、马尔库塞关于大众文化与意识形态批判观点及其相互关系的著作有:《文化工业》(陈学明,扬智文化事业公司,1996 年),《批判的意义——马尔库塞、哈贝马斯文化与意识形态研究》(傅永军等, 山东大学出版社,1997 年),《整合与颠覆:大众文化的辩证法》(赵勇,北京大学出版社,2005 年),《流行的代价:法兰克福学派大众文化批判理论》(尤战生,山东大学出版社,2005 年),辨析现代性与当代资本主义内容的著作有《控制与反抗——社会批判理论与当代资本主义》(傅永军, 泰山出版社,1998 年),《法兰克福学派的现代性理论》(傅永军,社会科学文献出版社,2007 年),《批判与反思:法兰克福学派当代资本主义理论辨析》(任皑,安徽大学出版社,1998 年)。这一阶段国内学者对第一期、第二期批判理论家的著作和论文都有广泛而深入的推进和发展,①限于篇幅,这里重点介绍哈贝马斯在中国的传播与影响情况。

　　哈贝马斯是批判理论的集大成者,在中国的法兰克福学派研究领域,对其著作的翻译、研究和接受程度也蔚为大观。哈贝马斯的绝大多数著作悉数被译成中文,甚或有不同版本,如《交往与社会进化》《论社会科学的逻辑》《合法化危机》《交往行动理论》《公共领域的结构转型》《认识与兴趣》《作为

---

① 参见王凤才:《法兰克福学派批判理论的中国研究范式(1980—2007)》,载《国外马克思主义研究报告 2017》,人民出版社,2018 年,第 354~365 页。

"意识形态"的技术与科学》《重建历史唯物主义》《后形而上学思想》《包容他者》《后民族结构》《事实与价值》《理论与实践》《话语伦理学与真理问题》等。国外学者研究哈贝马斯的著作有:《哈贝马斯:批判性导论》《哈贝马斯传》《哈贝马斯》《理解的界限:利奥塔和哈贝马斯的精神对话》等。国内哈贝马斯传记性的著作有:《哈贝马斯论》(高宣扬,远流出版公司,1991年),《哈贝马斯》(曾庆豹,生智出版社,1998年),《哈贝马斯传》(余灵灵,河北人民出版社,1998年),《哈贝马斯》(艾四林,湖南教育出版社,1999年)等也都从理论知识的外围促进了哈贝马斯的传播和影响。另外,国内学者与德国法兰克福学派现有成员之间的交流访学也日益增多,促进了彼此的相互影响和对话。事实上,文化自信往往表现于文化交流中的包容与再创新。哈贝马斯主张的文化包容是包容他者的他性,既不同化他者,也不利用他者。他在2001年4月访问中国以推广其理论的文化间性效果。

这一阶段国内对哈贝马斯的研究成果主要集中在以下六个方面。[①]

(1)哈贝马斯批判理论、"后期资本主义"(Spaetkapitalismus)理论研究。如《哈贝马斯的"后期资本主义"论述评》(陈学明,重庆出版社,1993年)对哈贝马斯"后期资本主义"理论进行了系统考察和分析,并断定它是一种改良主义理论。《哈贝马斯的"批判理论"》(欧力同,重庆出版社,1997年)一书勾勒了哈贝马斯批判理论的概貌,并认为其"'批判理论'同马克思的历史唯物主义之间,存在着根本性的原则分歧"。

(2)重建历史唯物主义研究。如《哈贝马斯对历史唯物论的重建》(罗晓楠,远流出版事业公司,1993年),《劳动·交往·实践:论哈贝马斯对历史唯物主义的重建》(贺翠香主编,中国社会科学出版社,2005年)。

(3)哈贝马斯现代性理论研究。如《现代性与制度现代化》(张博树,学林出版社,1998年)一书认为,哈贝马斯的交往行为理论恰恰发端于对现代性问题的困惑,但其现代性理论带有浓厚的M.韦伯背景。《交往理性与诗学话语》(曹卫东,天津社会科学院出版社,2001年)从比较文学的视角讨论了文化现代性,以及现代性批判背景下的文化关系问题,并试图走向交往主义的文化现代性。《哈贝马斯的现代性理论》(王晓升,社会科学文献出版社,2006

---

① 参见王凤才:《法兰克福学派批判理论的中国研究范式(1980—2007)》,载《国外马克思主义研究报告2017》,人民出版社,2018年,第354~365页。

年)一书考察了哈贝马斯与现代性批判的理论转向,但该书更多的是对《交往行为理论》一书的解读。

(4)交往行为理论研究。《哈贝马斯的商谈伦理学》(薛华,辽宁教育出版社,1988)是关于哈贝马斯伦理学研究的第一部著作。《道德乌托邦的重构:哈贝马斯交往伦理思想研究》(龚群,商务印书馆,2003 年)揭示了话语伦理学的原则与特征,并认为它开辟了当代伦理学研究的新视野;但"从语言交往的意义上,力图改进现代社会尤其是现代西方社会现实的交往合理性建构问题,这也体现了他所有的改良主义特征"。尽管《解读哈贝马斯〈交往行为理论〉》(章国锋,山东人民出版社,2001 年)涉及哈贝马斯思想的许多方面——话语伦理学、现代性理论、话语民主理论等内容,但核心是交往行为理论。《哈贝马斯的交往行为理论——兼论与马克思学说的相互关联》(郑召利,复旦大学出版社,2002 年)揭示了哈贝马斯交往行为理论与马克思交往理论的内在关联,认为"它们之间存在明显的歧异性,并不表明两者的不可通性"。《解读〈沟通行动论〉》(阮新邦等主编,上海人民出版社,2003 年)从不同侧面考察了哈贝马斯的交往行为理论。此外,《交往的合理化与现代性的重建——哈贝马斯交往行动理论的深层解读》(韩红,人民出版社,2005 年)一书,在全球化背景下,考察了哈贝马斯交往行为理论及其对当代中国的启示意义。

(5)话语民主理论与政治哲学研究。如《哈贝马斯政治思想研究》(季乃礼,天津人民出版社,2006 年),《理性生活方式的重建:哈贝马斯政治哲学研究》(张向东,中国社会科学出版社,2007 年)等,以话语民主理论为核心,对哈贝马斯政治哲学进行了批判性分析,认为哈贝马斯的政治理论已经偏离了马克思主义,甚至也偏离了正统的法兰克福学派,政治激进主义的因素多少已经被自由主义窒息。

(6)哈贝马斯宗教观念与宗教哲学研究。这个方面比较薄弱,近年来有加强迹象。如《哈贝马斯与汉语神学》(张庆熊等编,道风书社,2007 年)等著作,以及《哈贝马斯宗教观的演变》(曹卫东,1996 年),《理性与宗教间的角斗与协同——评哈贝马斯与拉辛格辩论自由国家的前政治基础》(张庆熊,《"理性、信仰与宗教"全国学术研讨会论文集》,2006 年),《哈贝马斯宗教哲学思想研究述评》(傅永军、铁省林,《哲学动态》,2006 年第 11 期),《哈贝马斯宗教哲学思想研究》(铁省林,山东大学 2008 年博士学位论文)等论文。

（三）第三阶段：从 2008 年后尤其是中共十八大以来（中国特色社会主义新时代）至今

这一阶段，除了哈贝马斯研究继续火爆之外，国内传播与影响的对象逐渐转移到对批判理论第三期、第四期发展（20 世纪 80 年代中期至今）的翻译介绍和更加细致入微的追踪研究。由于国家支持、交通便利和出国访学交流机会增多，这种传播、研究与影响的速度惊人，已经能够实现同步性和交互性。同时，更加注重道德和政治哲学的内涵，注重构建批判理论的中国话语，以求帮助反思和批判全球化大背景下的中国政治现代化与社会现代化经验。

在第三代批判理论家当中，核心人物是霍耐特，还包括维尔默、奥菲等。"承认理论""多元正义"、民主伦理学构想是霍耐特的主要学术贡献。其中，尤其以"承认理论"最被学术界称道。他以"承认与蔑视""蔑视与反抗"为核心，构建了承认理论的基本框架；在进一步完善承认理论之后，他又构建了以一元道德为基础的多元正义构想；直至构建以民主伦理为核心的政治伦理学。多元正义构想、民主伦理学构想，都可以被看作霍耐特承认理论的拓展与运用。

作为新一代批判理论学者的领军人物、批判理论第四期发展的核心人物、德国政治哲学家 R.弗斯特（Rainer Forst），继承了哈贝马斯、霍耐特的政治哲学，结合罗尔斯的道德哲学创立了以"宽容、辩护、规范"为核心的批判的正义论,创建了独特的政治哲学体系。①王凤才认为,如果说哈贝哈斯的核心概念是"交往""话语"和"协商",霍耐特的核心概念是"承认""正义"和"伦理",那么弗斯特的核心概念则是"宽容""辩护"(justification)和"规范"。

1. 对"批判理论""法兰克福学派"和"社会研究所"这三个概念的反思和辨析

例如,王凤才认为,"批判理论""法兰克福学派"和"社会研究所"这三个概念之间有着复杂的联系和区别,因而我们应当在不同的语境下根据不同的目的加以使用。再如郭力对"批判"一词翻译的反思,她在译著《法兰克福学派史》《政治的人:作为生活方式的民主》中,将批判理论中核心词"Kritik"翻译为"评判",而非一直沿用的译法"批判",以区别于"文革"中的核心词"批判"内涵;又将通常译为"启蒙"的"Aufklarung"改译为"解明",将通常译为"公共领域"的"Offentlichkeit"改译为"公众域"。②然而需要指出的是,我国文化民族主义抬头,产生了某种不科学的学术研讨态度,例如部分自称为马克思主义学者的人自大起来,开始放弃以外来文化客体优先的原则,试图在毫无批判性继承的基础上对包括法兰克福学派在内的国外马克思主义思想和

----

① 其主要理论贡献体现在以下著作中:(1)《正义的语境:超越自由主义与社群主义的政治哲学》(1994、1996、2004),通过分析自由主义正义论与社群主义正义论之争,指出必须适当地考虑四个正义的语境,即个体与共同体、正义与善、辩护的语境、承认的语境。(2)《冲突中的宽容:一个有争议的宽容概念的历史、内涵与当代》(2003),阐发一种批判的宽容理论,指出在多元主义社会中,宽容概念起核心作用。(3)《辩护的权利:构成主义正义论要素》(2005),在阐发正义理由,实践理性、道德与正义的关系,政治正义与社会正义的关系,以及人权与跨民族正义的关系的基础上,试图构建一种批判的跨民族正义论。(4)《辩护关系批判:批判的政治理论视角》(2010),从作为社会基本实践的辩护概念出发,阐发了一个有关正义、人权、民主、权力,以及批判本身的激进理论,并提出社会批判与乌托邦视域问题。作者指出,为了阐发能够揭示当今政治现实之亏空与潜能的批判理论,需要一个既内在于超越于社会实践与政治实践的视角。因此,作者将社会视为一种由各种复杂的制度规范以及相应的辩护实践构成的"辩护的秩序","辩护关系批判"的任务就在于在辩护的价值与成因中分析的合法性,并使辩护权利的不平等分配成为主题。(5)《规范性与权力:社会批判秩序分析》(2015),试图将规范与权力概念紧密结合起来,并超越观念论与实在论的二者择一;R.弗斯特认为,权力建立在能够影响、规定,并有可能结束他人辩护能力的基础上。因而一个批判的辩护理论必须询问:权力与权力论证之间的关系,并由此出发思考正义的秩序。同时,他提出,人是辩护的存在,他们以理由为取向;他们所掌握的规则和制度建立在历史形成的"辩护叙事"(Rechtfertigungsnarrative)与总体形成的有丰富张力的、动态的规范秩序基础上。

② 参见[德]内格特:《政治的人:作为生活方式的民主》,郭力译,漓江出版社,2015年,译者序。

流派横加指责,并说国外马克思主义研究者是在"用自家的田种人家的苗"。

2. 哈贝马斯和霍耐特的研究和接受情况①

(1)哈贝马斯研究:蔚为大观②

这一阶段,哈贝马斯研究在中国依然强劲。关于哈贝马斯的传记性著作有《哈贝马斯评传》(陈勋武,中山大学出版社,2008 年)等。王凤才将哈贝马斯思想发展分为前期和后期:从 20 世纪 60 年代初到 80 年代中期,称为前期哈贝马斯,致力于批判理论重建和现代性批判;20 世纪 80 年代中期至今,称为后期哈贝马斯,开启了批判理论的"政治伦理转向"。③

国内对哈贝马斯的研究主要集中在五个方面。

第一,话语伦理学研究。

《商谈道德与商议民主:哈贝马斯政治伦理思想研究》(王晓升,社会科学文献出版社,2009 年)认为,哈贝马斯以商谈理论为基础,为建立现代民主法治国家、为确立现代道德提供了新的理论蓝图,他的思想对于我们重新思考普遍道德的问题, 重新思考现代民主法治国家建设的问题提供了有益的参考。《哈贝马斯的话语民主理论研究:以公共领域为视点》(杨礼银,中国社会科学出版社,2013 年),将哈贝马斯的"民主"定位为公共领域在场的话语民主。该书还探讨了哈贝马斯的话语民主理论对当代西方民主理论与实践的影响,以及对我国社会主义民主政治制度建设的重要启示。《民主、正义与全球化:哈贝马斯政治哲学研究》(艾四林、王贵贤、马超,北京大学出版社,2010 年)试图从哈贝马斯早期对公共领域的论述出发,分析哈贝马斯对"晚期资本主义"问题的理论阐发,系统梳理他对民主、正义、人权、永久和平,以及全球化压力下民族国家等问题的哲学解释,并进而说明基于交往理性和"商谈理论"的程序主义民主范式是哈贝马斯政治哲学问题域的核心和一以贯之的理论主线。《商谈的再思:哈贝马斯〈在事实与规范之间〉导读》(郑永流,法律出版社,2010 年)以商谈式的导读写作与体例,阐述哈贝马斯民主商

---

① 限于篇幅,这里只介绍哈贝马斯和霍耐特。

② "哈贝马斯研究:蔚为大观"这部分内容详见赵长伟:《批判理论在中国的传播与发展(2008—2016)》,载《国外马克思主义研究报告 2017》,人民出版社,2018 年,第 366~398 页。

③ 参见王凤才:《蔑视与反抗——霍耐特承认理论与法兰克福学派批判理论的 "政治伦理转向"》,重庆出版社,2008 年,第 21 页。

谈的合法性化解资本主义合法性危机。《真理的话语理论基础:从达米特、布兰顿到哈贝马斯》(刘钢,人民出版社,2015 年)论述了达米特、布兰顿和哈贝马斯的真理论,指出他们都希望通过规范语用学为真理概念建立话语的解释。还有《商谈法律和社会公正——哈贝马斯法哲学研究》(陆玉胜,山东人民出版社,2014 年)等。

学术论文方面:王晓升认为,哈贝马斯的政治正义是具有弱道德能力的人在民主商谈中妥协的结果,弱道德能力的人要引用道德理论来为政治正义辩护;①胡军良指出,哈贝马斯对话伦理学有四重理论限度:一是对话伦理学过分夸大了"语言"的决定作用,二是对话伦理学混同了"规范的正当性"和"道德的应然性",三是对话伦理学忽略了对话参与者在达成规范共识的对话过程中所存在的"知识占有量的差异"问题,四是对话伦理学在某种程度上具有"内容空泛"与"乌托邦"之色彩。②其他相关文章还包括:《哈贝马斯社会批判理论根基的语言学转向》(夏宏,《自然辩论法研究》,2008 年第 4 期),《正义与团结——论哈贝马斯的话语伦理学》(马金杰,《求是学刊》,2008 年第 11 期),《在知识系统与行动系统之间——哈贝马斯对法律与道德的分析》(郭婕,《道德与文明》,2009 年第 6 期),《朝向哈贝马斯对话伦理学本身——论哈贝马斯 die Diskursethik 的汉译取向、理论定位与基本旨趣》[胡军良,《华中科技大学学报》(社会科学版),2009 年第 9 期],《规范的迷失——哈贝马斯对社会批判理论规范基础的系谱学考察》(马金杰,《理论月刊》,2010 年第 9 期),《哈贝马斯对西方元伦理学的批评、纠偏与误解》[杨松,《福建论坛》(人文社会科学版),2011 年第 2 期],《在认知主义传统内的现代道德整合——论哈贝马斯的道德哲学》(沈云都,《江苏社会科学》,2011 年第 12 期),《道德普遍性的先验论证与经验确证——哈贝马斯的一个独特视角》(陈太明,《云南社会科学》,2013 年第 7 期)等。

第二,交往行为理论与重建历史唯物主义研究。

《社会科学的哲学:实证主义、诠释学和维特根斯坦的转型》(张庆熊,复旦大学出版社,2010 年)一书中单辟一章讨论哈贝马斯,认为"交往行为理

---

① 参见王晓升:《正义制度建构中道德因素的作用——罗尔斯和哈贝马斯方案剖析》,《社会科学辑刊》,2008 年第 1 期。

② 参见胡军良:《试论哈贝马斯对话伦理学的四重理论限度》,《浙江社会科学》,2009 年第 2 期。

论"融合欧陆的现象学-诠释学传统和英美的实证-分析两种传统。《历史唯物主义·现代性·哈贝马斯的重建论》（沈江平，中国社会科学出版社，2015年）从现代性视角阐述和展现哈贝马斯重建历史唯物主义与重写现代性之间的理论关联，揭示历史唯物主义理论的时代生命力和理论诠释力。《哈贝马斯的交往行为理论与历史唯物主义》（张雯雯，中国社会科学出版社，2016年)将研究哈贝马斯的交往行为理论与历史唯物主义关联起来。《交往理性与权力批判》(曹卫东,上海人民出版社,2016 年)介绍了哈贝马斯思想在中国的传播和接受史,同时阐述了法兰克福学派与"1968"学生运动的关系。其中,《交往理性与未完成的启蒙——从哈贝马斯研究看德国理论在汉语世界的激荡》一文对中国式的哈贝马斯热进行了分析,指出当代中国新启蒙运动失败与经济社会转型的特殊语境造就了哈贝马斯思想与中国学界的互动。该文就哈贝马斯世俗宗教理论、交往行为理论和法治国家思想这三个国内研究的热点问题进行了剖析,阐明中国学界理论关注点与中国社会变迁之间的内在联系。

学术观点主要有:鲁路认为,哈贝马斯经由阿伦特而接受雅斯贝斯的交往理论为思想来源从而形成了自己立足于公共领域的交往思想;[1]王晓升认为,交往理性的社会整合方案用对话中的恰当理由来证明社会规范的正当性,把理性的观念放在话语过程和理解过程中的思路,从而克服了实践理性所存在的问题,对于我们重新理解理性的概念具有重要意义。[2]其他相关文章有:《哈贝马斯交往行动理论批判》(张汝伦,《江苏行政学院学报》,2008 年第 5 期),《国家建构的社会逻辑:从权力结构的均衡考察——兼论哈贝马斯交往权力对社会权力的制约》(吴素雄,《浙江社会科学》,2008 年第 12 期),《生活世界视野中的和谐管理——从哈贝马斯交往理性出发》(于晓霞、王淑霞,《山东社会科学》,2009 年第 1 期),《融入交往范式的意向主义意义理论——从胡塞尔到哈贝马斯》(于林龙,《学习与探索》,2010 年第 2 期),《本底抉择:翟振明对哈贝马斯超越的关键——兼评翟振明教授英文专著〈本底抉择与道德理论〉》(贺建军,《道德与文明》,2010 年第 6 期),《语言与真理:

---

① 参见鲁路:《哈贝马斯交往概念的思想起源》,《晋阳学刊》,2008 年第 6 期。

② 参见王晓升:《从实践理性到交往理性——哈贝马斯的社会整合方案》,《云南大学学报》,2008 年第 6 期。

试论罗蒂对哈贝马斯启蒙计划的批判》[郑维伟,《华中科技大学学报》(社会科学版),2010 年第 11 期],《实证主义与哈贝马斯知识原则的存在论初始定向》[夏巍,《四川大学学报》(哲学社会科学版),2010 年第 11 期],《对话与交往——伽达默尔与哈贝马斯之争的一个角度》(鲁路,《山东社会科学》,2010年第 8 期),《哈贝马斯"重构式合法性理论"及其当代启示》(张云龙,《云南社会科学》,2011 年第 1 期),《哈贝马斯法哲学中的"事实性"与"有效性"》(陈伟,《南京社会科学》,2011 年第 3 期),《论哈贝马斯行为交往理论与禅宗行为的有效性考察》(李旭,《求索》,2012 年第 2 期),《实践活动、交往行动与实践过程的合理性——兼议哈贝马斯的交往行动理论》[杨国荣,《复旦学报》(社会科学版),2013 年第 5 期],《哈贝马斯理性交往之现实构建》(赵鹰,《齐鲁学刊》,2013 年第 11 期),《生活世界的时间性：从胡塞尔到哈贝马斯》(沈云都,《云南社会科学》,2014 年第 7 期),《事实与规范之间一个隐含的悖论——哈贝马斯与康德之争》[龙霞,《中山大学学报》(社会科学版),2014 年第 9 期],《阿佩尔对话理性概念之内涵和根基——兼论阿佩尔对话理性概念与哈贝马斯交往理性概念之差异》[罗亚玲,《复旦学报》(社会科学版),2015 年第 5 期],《论哈贝马斯对历史唯物主义基本假定的修正——基于存在论的视角》(夏巍,《兰州学刊》,2015 年第 3 期),《哈贝马斯对历史唯物主义的"反思"——基于交往行为理论的角度》(张雯雯,《广西社会科学》,2016年第 8 期),《劳动与交往："历史唯物主义重建论"研究》(夏巍,复旦大学2008 年博士学位论文)等。

第三,哈贝马斯现代性批判理论、后期资本主义理论研究。

《后民族主义的认同建构及其启示——争论中的哈贝马斯国际政治概念》(马珂,上海人民出版社,2010 年)对后民族主义理论提出的背景及内涵进行了重构和诠释,也对种种批评意见做出了反驳,还尝试在当代中国语境下理解后民族主义理论的意义。《现代性批判及其对话:马克思与韦伯、福柯、哈贝马斯等思想的比较》(陈志刚,社会科学文献出版社,2012 年)分析这些学者各自在现代性的病症、超越的路径、现代性的动力、宗教、意识形态、资本和权力的关系、社会主义等重大问题上的异同及不足之处。《哈贝马斯:当代新思潮的引领者》(陈勋武,九州出版社,2014 年)系统、全面地探讨了哈贝马斯有关人类理性、现代性、正义(包括全球正义)、道德、法律、人权社会宽容、世界主义等哲学理念的产生、发展、基本思想，以及它们对我们时代精神的重大贡献。

学术论文方面：傅永军认为，哈贝马斯从两个角度详细论述了合法性理论的主题：《公共领域的结构转型》着重论证了政治公共领域的衰落必然导致政治的合法性危机；《在事实与规范之间：关于法律和民主法治国的商谈理论》重点阐明了政治合法性的重建有赖于公共领域及其政治功能的重构；①夏巍认为，从马克思的存在论视域看，哈贝马斯生活世界与系统的二元区分并未揭示出社会权力的真正本质，不过是应用政治理性与生活世界的多元利益的张力，诠释社会权力起源的一种叙述策略。②其他相关文章还包括：《马克思生产范式的复杂性特征及现时代意义——对哈贝马斯批判理论的批判》(王彦丽，《毛泽东邓小平理论研究》，2008 年第 4 期)，《交往与共识何以可能——论哈贝马斯与后现代主义的争论》(张云龙，《江苏社会科学》，2009 年第 11 期)，《论哈贝马斯关于审美领域规范性基础的阐释——兼及文艺学规范性之反思》[傅其林，《四川大学学报》(哲学社会科学版)，2010 年第 2 期]，《论哈贝马斯"媒介化"公共领域的嬗变》(解葳、高宪春，《江淮论坛》，2011 年第 9 期)，《哈贝马斯公共性范畴的嬗变》(杨东东，《东岳论丛》，2012 年第 5 期)，《哈贝马斯的新古典现代性论及其批判》(汪行福、韩国庆，《学术研究》，2012 年第 5 期)，《哈贝马斯"后形而上学"的理论旨趣》(李嘉美，《山东社会科学》，2013 年第 3 期)，《哈贝马斯视域中的〈启蒙辩证法〉》(杨丽，《求是学刊》，2015 年第 1 期)，《现代性问题的诊断与治疗：马克思与哈贝马斯的思想对话》(郗戈，《山东社会科学》，2016 年第 8 期)等。

第四，话语民主理论与政治哲学研究。

《黑格尔、哈贝马斯与自由意识》(薛华，中国法制出版社，2008 年)收录了薛华研究的《哈贝马斯的商谈伦理学》相关内容。《哈贝马斯：协商对话的法律》(任岳鹏，黑龙江大学出版社，2009 年)阐发哈贝马斯程序主义的民主观和法律观。《民主理论的批判与重建：哈贝马斯政治哲学思想研究》(张翠、

---

① 傅永军：《公共领域与合法性——兼论哈贝马斯合法性理论的主题》，《山东社会科学》，2008 年第 3 期。

② 夏巍：《哈贝马斯对社会权力的二元诠释——从马克思存在论角度进行的一种解读》，《东岳论丛》，2009 年第 7 期。

王雨辰,人民出版社,2011 年)考察了哈贝马斯审议民主理论的开放性、主体间性、唯程序性、人民主权的生成性与匿名性等特点,以审议民主理论为视角来评析与展望其政治哲学思想。《哈贝马斯的公民理论研究》(冯琼,中国社会科学出版社,2014 年)结合哈贝马斯交往行动理论、伦理学、政治哲学与法哲学思想,阐述其公民理论。《哈贝马斯公共领域思想研究》(王江涛,中国社会科学出版社,2015 年)阐述哈贝马斯应对多元主义的挑战而构建具有普遍主义理性基础的公共领域思想。

学术论文主要有:《在共和主义与自由主义之间——评哈贝马斯的商议民主概念》(王晓升,《江苏社会科学》,2008 年第 1 期),《哈贝马斯的话语民主与宪法爱国主义》(彭刚,《江西社会科学》,2009 年第 7 期),《从存在论视域看哈贝马斯哲学范式的转向》(夏巍,《山东社会科学》,2009 年第 8 期),《议题与空间:罗尔斯与哈贝马斯之间的一场误会》(谭安奎,《中国人民大学学报》,2010 年第 11 期),《国家与社会良性互动视域中的市民社会——哈贝马斯审议民主理论的策源地》(张翠,《山东社会科学》,2010 年第 8 期),《程序主义民主与公共领域的现实重构——哈贝马斯的商议民主理论及其启示》[王晓升、雷雯,《福建论坛》(人文社会科学版),2012 年第 2 期],《论哈贝马斯商谈合法化理论的社会理论逻辑》(孙国东,《学术界》,2012 年第 5 期),《语言·语境·语旨——论哈贝马斯与巴赫金的语言观之“殊途殊归”》[谭芳、于林龙,《东北师大学报》(哲学社会科学版),2014 年第 5 期],《哈贝马斯协商民主思想的演进逻辑及其当代启示》(王金水、孙奔,《中国人民大学学报》,2014 年第 11 期),《自我与他者之间——女性主义对哈贝马斯话语伦理学的重构》(刘慧、王陈颖,《浙江学刊》,2016 年第 11 期)等。

第五,哈贝马斯宗教观念与宗教哲学研究。

哈贝马斯《在自然主义与宗教之间》(哈贝马斯著,郁喆隽译,上海人民出版社,2013 年) 被翻译成中文,《哈贝马斯的宗教观及其反思》(张庆熊、林子淳编,上海三联书店,2011 年)分为宗教与公共领域、与教宗对话、与神学家对话、宗教观分析、反思与挪用五部分,收录了《公共空间和政治公共领域》《哈贝马斯和拉辛格论理性与宗教对话的可能性和必要性》《哈贝马斯的“宗教转向”及其局限》等内容。《宗教与哲学:西方视域中的互动关系研究》(傅永军,山东大学出版社,2014 年)集中探讨了哈贝马斯交往理性与宗教信仰问题。学术文章主要有：《"后世俗"社会的批判理论》（童世骏，《社会科学》，2008年第1期）、《哈贝马斯后期宗教思想论析》（铁省林、傅永军，《世界宗教研究》，2008年第3期）,《哈贝马斯公共领域的宗教意蕴——一种基于诠释学立场的解读》[铁省林，《山东大学学报》（哲学社会科学版），2008年第1期]等。

关于哈贝马斯及其研究的译文有：《在克鲁格奖颁奖仪式上的演讲》（[德]尤尔根·哈贝马斯，童世骏译，《哲学分析》，2016年第1期）、《1968的哈贝马斯如何把马克思转变为1951的帕森斯》（[英]J.霍尔姆伍德，高静宇译，《世界哲学》，2008年第5期）、《拯救1968的哈贝马斯批判观》（[加拿大]K.W.格瑞，贺翠香译，《世界哲学》，2008年第5期）、《康德、哈贝马斯及促进以人权为基础的全球法律秩序的义务》（[美]乔纳森·特雷霍-麦西斯，刘玉贤译，《现代哲学》，2012年第2期）等。

哈贝马斯的绝大多数著作，以及国外学者研究哈贝马斯的著作被译成中文：《关于欧洲宪法的思考》被译成中文，《合法化危机》《现代性的哲学话语》《后形而上学思想（新编版）》被重新翻译。目前，国内翻译哈贝马斯研究的书籍有：《哈贝马斯：关键概念》（[英]埃德加著，杨礼银、朱松峰译，江苏人民出版社，2009年）、《哈贝马斯的批判理论》（[美]托马斯·麦卡锡，王江涛译，华东师范大学出版社，2010年）、《哈贝马斯》（[德] 德特勒夫·霍斯特著，鲁路译，中国人民大学出版社，2010年）、《最伟大的思想家：哈贝马斯》（[美]莱斯利·A.豪，陈志刚译，中华书局，2014年）、《哈贝马斯》（[英]詹姆斯·戈登·芬利森，邵志军译，译林出版社，2010年）、《对于缺失的意识：一场与哈贝马斯的讨论》（[德]哈贝马斯等，郁喆隽译，商务印书馆，2013年）、《希特勒，永不消散的阴云？——德国历史学家之争》（[德]哈贝马斯等，逄之、崔博译，生活·读书·新知三联书店，2014年）等。

（2）霍耐特研究：渐入佳境①

霍耐特，当代德国著名哲学家、社会理论家，法兰克福大学社会研究所所长，哈贝马斯嫡传弟子，法兰克福学派第三代核心人物，批判理论第三期发展的关键人物。

---

① 　参见赵长伟：《批判理论在中国的传播与发展（2008—2016）》，载《国外马克思主义研究报告2017》，人民出版社，2018年，第366~398页。

第一，承认理论研究。

学术著作方面，《蔑视与反抗——霍耐特承认理论与法兰克福学派批判理论的"政治伦理转向"》（王凤才，重庆出版社，2008 年）作为国内学界第一个关于霍耐特承认理论的系统研究，推进了法兰克福学派批判理论研究的拓展与深化，发掘了当代西方马克思主义研究、当代德国哲学研究的新的学术生长点。《承认哲学的历史逻辑——黑格尔、马克思与当代左翼政治思潮》（陈良斌，人民出版社，2015 年）讨论了霍耐特承认政治的建构和中国语境下承认哲学的当代回应。《规范的重建：关于霍耐特的承认论》（胡云峰，上海人民出版社，2015 年）主要揭示霍耐特承认论对社会批判理论的规范基础的重建努力，以及对当代中国马克思主义发展的理论启迪。《迟到民族与激进思想》（曹卫东，上海人民出版社，2016 年）中《从"认同"到"承认"》一文（原刊《人文杂志》，2008 年第 1 期）梳理了"认同"概念的产生、发展和"承认"概念的转型，介绍了霍耐特《权力的批判》和《为承认而斗争》的主要贡献。

学术论文方面：对之进行介绍的较早的文字，是《法兰克福学派的掌门人》（曹卫东，《读书》，2002 年第 10 期）一文。《在冲突中建构社会理论的规范》（胡继华，《国外理论动态》，2005 年第 10 期）一文对《为承认而斗争》一书进行了简介。《走向承认斗争的批判理论》（凌海衡，《国外理论动态》，2004 年第 5 期）是第一篇关于霍耐特承认理论的论文。

王凤才发表了《霍耐特承认理论发生学探源》（2006 年）、《霍耐特与批判理论的"政治伦理转向"》（2007 年）、《从霍耐特承认理论到泰勒承认政治构想》（2007 年）、《论霍耐特的承认关系结构说》（2008 年）等十多篇论文。王凤才认为，承认理论是霍氏政治哲学、道德哲学的思想核心，多元正义构想则是霍氏承认理论的进一步拓展；[1]霍耐特强调黑格尔政治哲学的当代价值，通过对黑格尔法哲学的诠释与重构，进一步探讨承认与正义关系问题，并试图构建以一元道德为基础的多元正义构想；[2]王凤才探讨了霍耐特视域中作为"社会病理学"的社会哲学，从卢卡奇到阿多尔诺、从普莱斯纳到阿伦特的

---

① 参见王凤才：《从承认理论到多元正义构想——霍耐特哲学思想发展的基本轨迹》，《学海》，2009 年第 3 期。

② 参见王凤才：《黑格尔法哲学：作为规范的正义理论——霍耐特对黑格尔法哲学的诠释与重构》，《复旦学报》（社会科学版），2009 年第 6 期。

20 世纪社会哲学发展,是历史哲学路径与人类学路径此消彼长的过程,内含着人类学路径向历史哲学路径的挑战。王凤才认为,社会哲学的未来发展,并非像霍耐特所说的那样"完全依赖于形式伦理构想"①。王凤才还考察了美国的实用主义,尤其是米德的社会心理学、杜威的合作民主理论对霍耐特的承认理论及其多元正义构想的重大影响。②

　　其他学术文章还有:《霍耐特:"歧视的社会动力学:今日把制理论定位"》(贺翠香,《哲学动态》,2005 年第 8 期),《霍耐特承认道德观的建构》(张廷国、任彩红,《江苏社会科学》,2008 年第 7 期),《霍耐特承认理论与批判理论范式转型》[陈波,《四川大学学报》(哲学社会科学版),2008 年第 7 期],《社会批判理论的范式演进:从福柯、哈贝马斯到霍耐特》(李和佳、高兆明,《哲学研究》,2008 年第 5 期),《N. 弗雷泽和 A. 霍耐特关于承认理论的争论——对近十余年来西方批判理论第三代的一场政治哲学论战的评析》(周穗明,《世界哲学》,2009 年第 3 期),《后传统背景下的共同体重建——兼论霍耐特承认政治学的理论意蕴与现实意义》(陈良斌,《学海》,2009 年第 5 期),《批判理论与劳动解放——对哈贝马斯与霍耐特的一个反思》(汪行福,《马克思主义与现实》,2009 年第 8 期),《重构法律的道德内涵——霍耐特"承认理论"视野中的法律》(文兵,《学习与探索》,2011 年第 4 期),《从霍耐特承认理论看承认正义的现实合理性》(张帆,《理论月刊》,2012 年第 3 期),《承认理论批判——从黑格尔到泰勒、霍耐特》(程广云、鹿云,《学习与探索》,2014 年第 2 期)等。

　　第二,自由与正义理论研究。

　　学术论文《作为社会分析的正义论——霍耐特对〈法哲学原理〉的诠释与重构》[王凤才,《复旦学报》(社会科学版),2016 年第 11 期],结合霍耐特《不确定性的痛苦》考察《自由的权利》对黑格尔法哲学的诠释与重构,并对之进行批判性反思。作者指出,霍耐特借助于对《法哲学原理》的独特诠释来重构作为民主伦理基础的社会自由和多元正义构想的可能性。整个过程经历了从霍耐特《不确定性的痛苦》"作为规范的社会正义论"(构想以一元道

---

① 王凤才:《"社会病理学":霍耐特视阈中的社会哲学》,《中国社会科学》,2010 年第 5 期。

② 参见王凤才:《美国实用主义对霍耐特的影响》,《云南大学学报》,2010 年第 4 期。

德为基础的多元正义），到《自由的权利》"作为社会分析的正义论"（用黑格尔的"伦理"改造康德的"道德"，从而实现道德主义与伦理主义的融合、规范性研究与经验性研究的结合）的转变。文章分别考察了消极自由、反思自由和社会自由三种自由类型，在批判性地分析消极自由和反思自由的抽象性和片面性之后，着重论述了黑格尔的社会自由的现实性，并指出霍耐特对黑格尔社会自由的现代重构是其作为社会分析的社会正义理论的逻辑起点。

《从承认到自由——霍耐特正义观的逻辑演进评析》（孙昊、李中增，《青海社会科学》，2016 年第 1 期）指出，从历史唯物主义视角看，承认蕴含在马克思的交往理论中，社会自由蕴含在马克思共产主义社会观点中，自由正义观体现出对马克思主义在当代政治哲学领域的发展。

关于霍耐特研究的译文有：《从为承认而斗争到多元正义构想——阿克塞尔·霍耐特访谈录》（［德］霍耐特、马克，谢静译，《当代国外马克思主义评论》，2009 年第 12 期），《承认与正义——多元正义理论纲要》（［德］霍耐特，胡大平、陈良斌译，《学海》，2009 年第 3 期），《对物化、认知、承认的几点误解》（［德］霍耐特，胡云峰译，《世界哲学》，2012 年第 5 期），《论我们自由的贫乏——黑格尔伦理学说的伟大与局限》（［德］霍耐特，王歌译，《世界哲学》，2013 年第 5 期），《正义的构成——跨越当代程序正义的界限》（［德］霍耐特，王建斌、徐若楠译，《世界哲学》，2013 年第 5 期），《物化与扬弃：对话阿克塞尔·霍耐特》（［美］延森·苏瑟，杜敏、李泉译，《国外理论动态》，2014 年第 6 期），《伦理的规范性——黑格尔学说作为康德伦理学的替代性选择》（［德］霍耐特，王凤才译，《学习与探索》，2014 年第 9 期）等。王凤才以"特约学术主持人"身份组织了"批判理论新维度：从霍克海默到霍耐特"（《学习与探索》，2016 年 1—3 期连载）专题研讨会，王凤才编译了《自由的权利》精粹（上、中、下）。

中国社会科学院哲学所研究员周穗明主编了"今日西方批判理论丛书"，已经于 2009 年 2 月由上海人民出版社正式出版，这四部专著分别是：①南茜·弗雷泽和阿克塞尔·霍耐特著，周穗明译：《再分配，还是承认？一个政治哲学对话》；②南茜·弗雷泽著，于海青译：《正义的中断——"后社会主义"状况的批判性反思》；③南茜·弗雷泽著，欧阳英译：《正义的尺度》；④南茜·弗雷泽等著，凯文·奥尔森编，高静宇译：《伤害+侮辱》。

霍耐特的主要著作，如《为承认而斗争》《再分配还是承认？》《权力的批判》《分裂的社会世界》《不确定性之痛：黑格尔法哲学的再现实化》《自由的权利》已被译成中文。

（四）法兰克福学派批判理论自从被译介中国学界以来，国内学者在文献考证、人物分析、思想研究等各个方面不断地拓展和深化，涌现出不少杰出的批判理论研究专家①

1. 第一阶段：代表人物徐崇温、陈学明等开创性地对第一代、第二代批判理论家们的著作及思想的介绍、评述和研究

徐崇温被媒体称为"中国研究'西马'第一人"。他从 20 世纪 70 年代末开始就从介绍、组织翻译到阐释论著由浅入深地全面研究包括法兰克福学派在内的西方马克思主义思潮。他改变以苏联模式的观点为观点来看待西方马克思主义的错误看法，而以马克思原始观点为观点来进行评述，编著了《法兰克福学派述评》。在讨论哲学体系的改革问题上，他指出自己坚持一种"物质–实践本体论"，试图综合苏联模式仅仅重视马克思的物质优先性观点和包括法兰克福学派在内的西方马克思主义人本主义思潮对实践的过分强调两者的片面真理性。徐崇温认为，西方马克思主义"提出或重申了马克思主义发展过程中曾经遭到忽视或偏离的问题，考察了发达资本主义社会中出现的许多新情况和新问题，试图引进 20 世纪西方的理论发展作为研究日常生活微观领域的思想工具，并揭露和批评了苏联模式的一些弊端和缺陷。这些都为我们提供了重要思想资料。"他分析过法兰克福学派著名代表、德国哲学家哈贝马斯关于苏联解体、东欧剧变的性质和原因的理论观点，包括斯大林主义的解释模式、列宁主义的解释模式、改良共产主义的解释模式、后现代主义的解释模式、反共产主义的解释模式和自由主义的解释模式共六种解释模式。② 20 世纪 90 年代中期以后，徐崇温逐渐将理论研究视野扩展到评析民主社会主义思潮、当代资本主义的新变化和中国特色社会主义理论事业上。

---

① 限于篇幅，本书仅列举几位做出突出贡献的具有代表性和示范意义的专家。

② 参见徐崇温：《苏东剧变后国外社会主义研究中的几个热点问题》，《马克思主义与现实》，1997 年第 2 期。

陈学明也是最早研究国外马克思主义的中国学者之一，他对法兰克福学派批判理论在中国的传播与影响贡献甚伟。他不仅翻译过弗洛姆、马尔库塞等人的理论著作，而且论文、专著和编著等颇丰，带动了全国整个国外马克思主义学科、学会建设，尤其是带出了一大批包括法兰克福学派在内的国外马克思主义人才队伍。其中，他的《法兰克福学派的批判理论在当代中国的意义》(2000 年)一文回顾了我国学术界研究法兰克福学派二十多年的历程，言简意赅地分析了法兰克福学派之所以对中国产生影响的四个原因(即马克思主义胎记、跨学科综合性特点、现实指向和批判功能)，并针对人们关于批判理论对当代中国之影响褒贬不一甚至质疑否定的各种评价，通过阐述法兰克福学派从消费主义、大众文化、劳动异化、工具理性、实证主义、日常生活、生态危机、爱欲压抑、攻击性和科学技术社会功能十个角度对现代文明社会的批判，有力地论证了其对我们已经产生并将继续产生的启发意义。[1]陈学明对理论研究深入到位，又非常具有现实关怀，他尤其善于从整个西方马克思主义的整体视角，阐发它们如何为当代中国、为中国特色社会主义道路提供理论资源，为中国道路破解面临的难题和矛盾提供理论启示。

2. 第二阶段：代表人物曹卫东、童世骏等对哈贝马斯等第二代代表人物的翻译和研究

曹卫东在 2008 年获得德嘉银行翻译奖。之所以获此殊荣，是因为他确如媒体人所言，"揽光于德意志思想星丛，观照国人现代性症候群的解决方案"，是"中德思想文化彼此靠近的摆渡人"。他把阿多尔诺、霍克海默、哈贝马斯和霍耐特的大量著作翻译成中文并介绍到中国。他编有《霍克海默文集》《哈贝马斯文集》(第 1—4 卷)、《欧洲为何需要一部宪法》等，译作有《启蒙辩证法》《后形而上学思想》《公共领域的结构转型》《现代性的哲学话语》等。他的相关学术研究文章，如《法兰克福学派近况研究》《法兰克福学派的历史效果》《法兰克福学派的掌门人》《哈贝马斯在汉语世界的历史效果》，极大地促进了中国人对法兰克福学派的理解和认识。

童世骏对西方实践哲学，尤其是当代西方实践哲学进行了深入研究。他攻读博士学位时师从曾任马尔库塞助手的挪威著名哲学家希尔贝克，并开

---

[1]　参见陈学明：《法兰克福学派的批判理论在当代中国的意义》，《江海学刊》，2000 年第 5 期。

始了长达十六年的研究哈贝马斯批判理论的学术经历。他翻译了哈贝马斯《在事实与规范之间——关于法律和民主法治国的商谈理论》(生活·读书·新知三联书店,2003),译文有:《论杜威的〈确定性的寻求〉》([德]尤尔根·哈贝马斯,童世骏译),《在克鲁格奖颁奖仪式上的演讲》([德]尤尔根·哈贝马斯,童世骏译,《哲学分析》,2016 年第 1 期)。他长期研究哈贝马斯,出版专著 *Dialecticsof Modernization:Habermas and the Chinese Discourse of Modernization*(2000 年)、《批判与实践——论哈贝马斯的批判理论》(2007 年)。曾作为教育部"跨世纪人才培养计划"入选者主持完成了"法兰克福学派和美国实用主义"项目。我们知道,阿佩尔和哈贝马斯一起把欧陆哲学的传统和英美分析哲学、美国实用主义等结合起来进行理论对话。童世骏探讨了美国实用主义和法兰克福学派之间的关系,在《批判与实践——新法兰克福学派对美国实用主义的兴趣》一文中,他详细阐述了霍克海默对实用主义的看法:霍克海默《论真理问题》批判了实用主义的真理观。同时,童世骏通过分析和论证认为,哈贝马斯的实践理论在交往行动、合理论辩、公共讨论、政治文化四个层次上,都对从皮尔士经过杜威一直到罗蒂的美国新旧实用主义哲学家所提供的思想材料做了批判性借鉴。童世骏建议从哲学和知识社会学两种角度进行解释和研究。① 2018 年 11 月 2—4 日,安徽师范大学举办了"在事实与规范之间:哈贝马斯晚期思想"专题学术研讨会,童世骏就"哈贝马斯论'人之尊严'概念"做了主旨发言。他介绍了哈贝马斯关于"人之尊严"的概念、功能,强调了当代中国社会应当重视"人之尊严",并认为可以从"人之尊严"视角在反腐倡廉、精神文明建设等方面进行探索和尝试。

3. 第三阶段:代表人物王凤才、王晓升等对霍耐特等第三代批判理论家的追踪述评和创新研究

王凤才长期致力于法兰克福学派批判理论研究,构建了新的批判理论分析框架,丰富完善了国内社会批判的理论成果。他正在重新翻译阿多尔诺的《否定辩证法》。译文有阿多尔诺的《哲学的现实性》、霍克海默的《社会哲学的现状与社会研究所的任务》。他著有《追寻马克思:走进西方马克思主义》(山东大学出版社,2003 年)、《重新发现马克思——柏林墙倒塌后德国马

---

① 参见童世骏:《批判与实践——新法兰克福学派对美国实用主义的兴趣》,《华东师范大学学报》,2001 年第 5 期。

克思主义发展趋向》（人民出版社，2015 年，入选 2014 年度"国家哲学社会科学成果文库"）。值得关注的是，他将要完成自己的"批判理论六部曲"，即《批判与重建——法兰克福学派文明论》（社会科学文献出版社，2004 年），《蔑视与反抗——霍耐特承认理论与法兰克福学派批判理论的"政治伦理转向"》（重庆出版社，2008 年），《从公共自由到民主伦理——批判理论语境中的维尔默政治伦理学》（人民出版社，2011 年），《承认·正义·伦理——实践哲学语境中的霍耐特政治伦理学》（上海人民出版社，2017 年），《从批判理论到后批判理论》（2 卷本，待出），《〈否定辩证法〉释义》（待出）。

　　王凤才探讨了法兰克福学派批判理论一些重大核心问题，例如，从总体视野和宏观构架构建法兰克福学派谱系，[①]法兰克福学派与马克思主义关系研究，[②]法兰克福学派与犹太教/犹太文化关系研究，等等。他认为，法兰克福学派第一代批判理论家总是有一种"割不断的犹太情结"。他在国内学界提出了"批判理论三期发展""批判理论的'政治伦理转向'""从批判理论到后批判理论"等新观点，明确将第一代、第二代、第三代法兰克福学派批判理论家大体上分别归属于"老批判理论""新批判理论"和"后批判理论"，分别体现着批判理论的第一期、第二期、第三期发展。在王凤才教授看来，第一期、第二期、第三期发展的关键词分别是"否定""共识"和"承认"，他则试图在此基础上发展自己的原创性思想——"批判的妥协理论"。[③]他通过读 A.弗莫雷斯科的《妥协：政治与哲学的历史》一书，讨论了下述三个问题：①"妥协"概念谱系，②妥协与政治，③妥协与道德。"批判的妥协理论"所解决的问题是，将"妥协"不仅仅局限于政治领域和/或道德领域，而它使之成为一个含义更加广泛的概念，以帮助人们处理人与自然的关系、人与社会的关系、人与他人的关系、人的身心关系，"批判的妥协理论"会弱化批判理论的"批判性"，但却会增强批判理论的"现实性"。[④]

　　王凤才通过组织专题研讨会和工作坊，不断开拓和加深批判理论在国

　　①　参见王凤才：《"法兰克福学派"四代群体剖析》，《南国学术》，2015 年第 1 期。

　　②　参见王凤才：《再思批判理论与马克思主义的关系》，《求是学刊》，2015 年第 1 期。

　　③　参见王凤才：《国际视野中的学术研究与中国学术话语——从"习近平同志在哲学社会科学工作座谈会上的讲话"谈起》，《学习与探索》，2016 年第 7 期。

　　④　参见王凤才：《妥协：一个被忽视的实践哲学概念——读 A.弗莫雷斯科〈妥协：政治与哲学的历史〉一书》，《江海学刊》，2018 年第 5 期。

内学界的研究和传播。王凤才以"特约学术主持人"身份组织了"批判理论新维度:从霍克海默到霍耐特"(《学习与探索》2016 年第 1—3 期连载)专题研讨会,包括王凤才编译《自由的权利》精粹(上、中、下),《跨学科的唯物主义文化理论——霍克海默早期文化批判理论研究》(蒋颖,《学习与探索》,2016年第 1 期),《为什么是"否定的道德哲学"?——阿多尔诺道德哲学研究》(周爱民,《学习与探索》,2016 年第 2 期),《诺伊曼法哲学的三个维度》(薛鹏,《学习与探索》,2016 年第 3 期)。王凤才认为,霍克海默的贡献是,不仅继承和发展了社会研究所第一任所长格律贝格所奉行的超党派学术立场、跨学科研究方法,而且确定了社会哲学的基本方向,确立了批判理论的基本纲领;阿多尔诺最主要的理论贡献是,系统阐发了否定辩证法与文化工业批判理论;诺伊曼的最大贡献是,关于纳粹权力结构分析的极权垄断资本主义理论。[1]王凤才分别于 2017 年 6 月、2018 年 6 月在复旦大学连续组织了两届批判理论第三期发展,即霍耐特承认理论工作坊,进一步推进了国内对法兰克福学派批判理论的纵深研究。

王晓升翻译了霍耐特《分裂的社会世界》《不确定性之痛:黑格尔法哲学的再现实化》,出版专著《哈贝马斯的现代性社会理论》(社会科学文献出版社,2006 年)、《商谈道德与商议民主:哈贝马斯政治伦理思想研究》(社会科学文献出版社,2009 年)、《为个性自由而斗争：法兰克福学派社会历史理论评述》(社会科学文献出版社,2009 年)。他长期研究法兰克福学派批判理论,主持完成了国家社会科学基金重点项目"哈贝马斯的交往行动理论与历史唯物主义",尤其是研究哈贝马斯现代性、商谈理论和霍耐特承认理论,并注重从这些理论中开拓对中国现实问题的解决之道。例如,他指出,运用语用学方法分析实践领域中的社会整合问题需要注意一个核心概念——有效性,即以保证所有的相关者能够作为参与者进行合理的商谈而得到的规范才是有效的;同时,在商谈过程中必须包容他者,真正做到去自我中心化,以促使可能性变为现实;目前我们国家提出的协商民主的总体构想是解决现代社会中的整合问题的最好办法。[2]

---

① 参见王凤才:《批判理论新维度:从霍克海默到霍耐特》,《学习与探索》,2016 年第 1 期。

② 参见王晓升:《现代性视角下的社会整合问题——哈贝马斯交往行动理论的启示》,《武汉大学学报》,2018 年第 6 期。

(五)法兰克福学派社会批判理论对我国哲学和社会科学各门学科发展的影响很大

我们需要对传统理论进行纵向继承,更应注重当代理论的横向移植。法兰克福学派社会批判理论为自己确立的跨学科、超党派、综合性等理论立场,以及为此付出而贡献的卓越的理论成果,大大开拓和发展了哲学和社会科学。它在中国的引入和传播调动了各类学科的学术工作者的积极性。

1. 对马克思主义学科的影响

2005 年教育部设置了"马克思主义研究"一级学科下的"国外马克思主义研究"这门二级学科,大大促进了我国高校和科研院所包括法兰克福学派在内的国外马克思主义研究。法兰克福学派批判理论来源于马克思政治经济学批判,第一代成员们所开创的批判理论本身就是马克思主义的新形式。作为法兰克福学派第二代的重要代表,阿尔弗雷德·施密特的著作《马克思的自然概念》被视为"马克思接受史上新的一章"、20 世纪六七十年代"欧洲反抗运动中被读得最多的书之一"。哈贝马斯明确地说:"我有着马克思主义的信念。"国内学界广泛接受批判理论作为马克思主义哲学经典理论。兹举一例,由俞吾金、吴晓明和杨耕主编的"当代哲学经典"系列丛书的分册《当代哲学经典:马克思主义卷》(上、下)主要选编了包括霍克海默、阿多尔诺、施密特、弗洛姆、马尔库塞等法兰克福学派成员在内的当代国外马克思主义主要流派的经典文本。关于法兰克福学派与马克思主义的关系研究,较为重要的学术观点如下:王凤才指出,法兰克福学派三代批判理论家对待马克思主义的态度是,从欣赏、信奉到怀疑、批判,再到超越、重建马克思主义,这种对马克思主义"背离"并非"背叛",而是"补充""发展"。唐玉认为,哈贝马斯批判理论反思和审视了马克思主义传统元哲学基础、批判模式和构建目标等方面,探索和补充了交往、交往理性,反思以及激进民主制理想。

2. 对哲学学科的影响

法兰克福学派社会批判理论中的批判含义不仅有政治经济学批判的含义,并且批判理论家有大量的纯粹哲学的文本。比如霍克海默的《启蒙辩证法》,阿多尔诺的《否定辩证法》《美学理论》,马尔库塞的《理性与革命》,哈贝马斯的《现代性哲学话语》《后形而上学思想》,霍耐特的《为承认而斗争》《物化》,等等。他们对笛卡尔以来的传统哲学的批判十分尖锐,是对工具理性和科学技术的批判、意识形态的批判。

法兰克福学派一直是我国国外马克思主义研究和教学的重要组成部分。20 世纪 70 年代末,国内研究国外马克思主义主要有两个科研机构:一个是中国社会科学院哲学研究所,以徐崇温为代表;另一个是复旦大学哲学系现代西方哲学教研室。以复旦大学为例,国外马克思主义研究的起步阶段(1979—1984 年)研究重心就以国外马克思主义三个早期代表人物(卢卡奇、葛兰西、柯尔施)和法兰克福学派为主。其中,陈学明等对包括法兰克福学派在内的西方马克思主义的思想进行了概括性介绍,翻译了本·阿格《西方马克思主义的产生和发展》《西方学者论〈一八四四年经济学–哲学手稿〉》,在学界产生了很大影响;同时陆续给本科生开设一些介绍性的课程和讲座。1984 年设立西方马克思主义教研室后,教材、专著、编著、译著、论文等成果迅速发展,并开设了针对本科生、硕士生和博士生的系列课程,培养了一大批年轻的研究和教学队伍。2000 年,"复旦大学当代国外马克思主义研究中心"(简称"小基地")被教育部批准为普通高校人文社会科学重点研究基地;2004 年,"复旦大学国外马克思主义与国外思潮创新研究基地"(简称"大基地")成立。"小基地"和"大基地"在学术研究、人才培养、学术交流、学科建设等方面成绩卓著,大大提升了复旦大学乃至我国马克思主义哲学和外国哲学的学科水平。2005 年,复旦大学哲学系设立"国外马克思主义"博士点和硕士点。2012 年该博士点更名为"国外马克思主义哲学"博士点。2007 年复旦大学的国外马克思主义学科被评为上海市重点学科。

3. 对文学、艺术等学科的影响

法兰克福学派社会批判理论多有艺术、美学、大众文化和文学社会学等主题的深入阐释和独到观点,例如本雅明的大量著作、阿多尔诺《文学笔记》等影响最大。这得到了国内文学、艺术、美学等学界大量传播和研究。

在法兰克福学派美学、文艺理论研究等方面,《西方马克思主义的审美现代性与续写现代性》(李进书,人民出版社,2011 年)和《审美现代性与文化现代性:法兰克福学派思想的二重奏》(李进书,人民出版社,2014 年),探讨了审美现代性与文化现代性的复杂关系。《现代视野的审美形式——法兰克福学派的批判性反思》(徐文泽,河南大学出版社,2014年)解读了法兰克福学派代表人物本雅明、阿多尔诺和马尔库塞的代表性文本。《批判诗学的批判:问题与视界(法兰克福学派与中国现代诗学论集)》(孙士聪,中国社会科学出版社,2015年)考察批判诗学在中国的效果历史,反思批判诗学之"中国意义"。《法兰克福学派美学研究》(王才勇、方尚岑、王婷、刘婷,上海交通大学出版社,2016年)回顾了经典马克思主义的美学遗产,分析了马尔库塞、哈贝马斯等人的继承和发挥,论及马克思主义在德国的最新发展。《文艺美学研究丛书(第二辑):文艺美学的新生代探索》(曾繁仁、谭好哲编,人民出版社,2016年)中包含部分讨论法兰克福美学方面的文章,如《西方马克思主义艺术生产论异同辨》《从"美学的革命"到"革命的美学"——法兰克福学派艺术自律思想的批判性考察》。在学术论文方面,较为重要的有:《艺术与人类解放——评法兰克福学派的文艺美学理论》(王小岩,《社会科学辑刊》,2010年第5期),《艺术与文化批判——法兰克福学派美学的题旨与路径》(王才勇,《学习与探索》,2013年第7期)等。

4. 对传播学学科的影响

作为传播学研究的一个重要理论来源,法兰克福学派是传播学批判学派的理论重镇。法兰克福学派开创了不同于实证主义传媒学派的传媒批判理论。法兰克福学派传媒批判理论坚持马克思的批判精神,反对实证主义和科学主义,反对纯粹客观主义和价值中立论,致力于揭露西方世界新闻媒体的伪"中立"。它从哲学、社会学、艺术、精神分析等多种角度研究和批判现代资本主义社会,对资本主义社会中的文化危机和现代西方文明进行批判,尤其批判资本主义社会商业化体制下的文化工业,剖析大众传播媒介的垄断化和"霸权主义"本质。作为法兰克福学派第一代核心成员和传播理论的先驱之一,洛文塔尔以《社会中的传播》为标题出版四卷本英语版文集,分别是:第一卷《文学和大众文化》(1984年)、第二卷《文学与人的形象》(1986年)、第三卷《虚假的先知:权威主义研究》(1987年)和第四卷《批判理论和法兰克福理论家:演讲、通信和谈话》(1989年)。洛文塔尔的作品被译为英语、挪威语、法语、意大利语、西班牙语、葡萄牙语和汉语等多种语言。

在法兰克福学派传媒批判理论研究中,目前相关专著研究较少,较为重要的是《受众的再现——法兰克福批判理论中的大众、精英与公民》(王健,广西师范大学出版社,2015 年)一书,它将广义的受众刻画为三种形象:受宰制的受众、反抗的受众、协商的受众,其所对应的三类人群即大众(受虐狂、蒙昧者与单面人)、精英(批评家、拯救者与造反派)和公民(协商者、立法者和公共知识分子)。相关的译著有《媒介研究经典文本解读》([美]伊莱休·卡茨等,常江译,北京大学出版社,2011 年)。学术论文主要有:《现代性与媒介文化批评中的主体型像——从本雅明、麦克卢汉到鲍德里亚》[荣耀军,《厦门大学学报》(哲学社会科学版),2008 年第 5 期],《图像时代的视觉狂欢——论本雅明和鲍德里亚对视觉图像的沉思》(高燕,《江西社会科学》,2010 年第 6 期),《媒介批判理论起源的再思考——论韦伯与法兰克福学派的传播思想》(连水兴,《湖南科技学院学报》,2011 年第 11 期),《传媒与意识形态关系的世纪变迁——论“阿多尔诺-本雅明之争”的时代局限性》(钟丽茜,《中国图书评论》,2015 年第 10 期),《无名者的光环:本雅明和朗西埃论机械复制艺术》[夏开丰,《同济大学学报》(社会科学版),2015 年第 11 期]、《从对话伦理想象传播的德性——哈贝马斯、阿佩尔和巴赫金对话思想的比较与思考》[邱戈,《浙江大学学报》(人文社会科学版),2011 年第 8 期],《中国网络公共领域的两面性及网络秩序的合理构建——兼谈哈贝马斯公共领域理论的当代启示》(范燕宁、赵伟,《湖南社会科学》,2014 年第 11 期)。

5. 对社会学学科的影响

法兰克福学派社会批判理论所在机构就是社会研究所,该理论继承和发展了马克思主义,批判理论家们开拓了理论社会学和批判社会学的理论。批判理论家们所开展的现代性批判、反犹主义批判、大众文化批判、科学技术批判和实证主义批判等各种社会文化现象批判大大发展了政治社会学、文学社会学、艺术社会学和科学技术社会学等社会学分支建设。中国台湾学界也把批判理论作为新兴的社会学理论来接受。《批判诠释与知识重建:哈贝马斯视野下的社会研究》(阮新邦,社会科学文献出版社,1999 年)一书,在社会学研究领域被广泛引用。高涵的《法兰克福学派的知识社会学思想研究》阐述了法兰克福学派的批判理论对知识社会学的发展和完善做出的以下五项重要贡献:其一,通过批判实证主义的知识观,重申了知识的社会性质以及知识与社会之间的经验联系,肯定了知识社会学的基本理论和研究进路。其二,将科学技术和日常知识纳入知识社会学的研究范围,突破了曼海姆知识社会学的局限性，兼容了解释社会学和科学知识社会学的相关旨趣。其三，将知识对社会的影响作为知识社会学考察的重要内容，完善了知识社会学关于知识与社会相互作用的两个面向，是对以曼海姆知识社会学和科学知识社会学为代表的主流知识社会学的重要补充。其四，把批判的理论传统贯彻到知识社会学领域，恢复了由马克思开创的知识社会学的本来面目，继承和发展了知识社会学的批判传统，弥补了曼海姆和解释社会学的知识社会学的共同缺陷，是后结构主义知识社会学、当代科学知识社会学和女性主义科学社会研究的先驱和同盟。其五，发展了知识社会学的建设性意象，使批判和重建成为知识社会学的双重价值取向，为开展知识社会学的应用研究提供了更加广阔的空间。①

在法兰克福学派关于现代性与当代资本主义研究方面。《启蒙、批判诠释与宗教伦理》（傅永军，山东大学出版社，2009 年）分析了批判理论启蒙与现代性问题，还运用批判诠释学方法研究如哈贝马斯和马尔库塞等人的社会批判理论。《马克思与法兰克福学派的资本主义批判》（岳海云、赵民，甘肃人民出版社，2012 年）对马克思的资本主义批判理论与法兰克福学派的资本主义批判理论这两种批判理论在世界观、方法论、社会历史观等方面进行了比较研究。《现代性的危机与出路：论法兰克福学派对现代性的反思》（李长成，人民出版社，2013 年）探讨了 20 世纪西方文化批判背景下法兰克福学派现代性批判思想的内在逻辑及其当代价值。《后现代论》（第 2 版）（高宣扬，中国人民大学出版社，2016 年）论述了本雅明、阿多尔诺和哈贝马斯对现代性的反思与批判。《文化间性：记忆与反思》（曹卫东，上海人民出版社，2016年）讨论了哈贝马斯的大众文化批判思想，分析和反思了弗斯特的《正义的语境》、哈贝马斯的《哈贝马斯精粹》、本雅明的《德意志悲苦剧的起源》等文本。曹卫东以"现代性"为范畴整理收集了自己近几年代表性的阅读札记、时事评论及文艺评论。在学术论文方面，仰海峰认为，法兰克福学派工具理性批判体现为三个主题：即技术进步与理性的工具化、工具理性与文化工业的发展、希望的消失与人的存在方式的转变。这虽展示出悲观情结，但同时也内在追求另一种希望。

―――――――――

① 参见高涵：《法兰克福学派的知识社会学思想研究》，南开大学 2010 年博士学位论文。

在法兰克福学派大众文化与意识形态批判研究方面。尤战生指出,国内对法兰克福学派大众文化批判的认识还普遍存在着一些误解:把该学派的大众文化批判片面理解为审美主义批评,把该学派的文化批判简单地定性为文化决定论,过度夸大该学派的文化批判理论与我国当代文化经验之间的错位关系。《法兰克福学派与英国文化研究:对中国大众文化研究的启示》(陈立旭,《浙江社会科学》,2010 年第 10 期)主张将伯明翰学派或文化研究理论资源和法兰克福学派批判理论资源相结合,以建构更广阔的中国大众文化现象分析视野。《西方新马克思主义的消费社会理论研究》(闫方洁,上海人民出版社,2012 年)涉及阿多尔诺、马尔库塞、弗洛姆等人的消费社会理论观点和评价。《政治意识过滤:法兰克福学派关于西方意识形态对人压抑控制机制的研究》(应国良,中山大学出版社,2013 年)评析了法兰克福学派政治意识过滤理论。《法兰克福学派内外:知识分子与大众文化》(赵勇,北京大学出版社,2016 年)是以知识分子与大众文化为专题,包括"法兰克福学派再思考"(对法兰克福学派及其成员阿多尔诺、马尔库塞等人的拓展性研究)、"法兰克福学派与中国"(对法兰克福学派理论"旅行"到中国之后的影响研究) 和 "在法兰克福学派的视角下"(对与法兰克福学派有关联的本雅明、萨特或无关联的毛泽东、伯明翰学派等方面的平行研究)三辑内容。最近的相关研究如《法兰克福学派的大众文化多维度批判》(魏艳芳,天津人民出版社,2016 年),《文化批判理论的历史性建构——法兰克福学派文化理论的谱系性研究》(姚明今,中国社会科学出版社,2017 年)。

在法兰克福学派科学技术哲学研究方面。目前尚缺乏相关专著研究。在学术论文方面, 较为重要的有:《技术批判理论的理论基础和发展趋势——安德鲁·费恩伯格教授访谈录》(朱春艳,《哲学动态》,2008 年第 6 期)评述了法兰克福学派及其代表人物的技术批判思想。《法兰克福学派"技术理性批判"之困境及启示》(赵海峰,《学术交流》,2012 年第 9 期)指出,霍克海默、阿多尔诺、马尔库塞和哈贝马斯技术理性批判的理论困境主要表现为文化和意识形态批判的抽象性、局限性,以及理论上的决定论色彩和简单化思维。作者认为,必须扬弃简单的决定论思维方式,理解人类实践中的二元对立的深层根源,技术合理性和价值合理性的重新融合,一定要在人类实践的过程中加以解决。《国内法兰克福学派技术批判思想研究述评》(于春玲、邢闯,《科学经济社会》,2013 年第 12 期)指出,目前国内相关研究缺少一种基于整体性视野的系统研究。

四、法兰克福学派批判理论在中国传播与影响呈现出的三条路向和前沿动态

法兰克福学派在国内的传播和研究遍及哲学、社会学、政治学、法学、文学艺术、传播学等各门学科领域。习近平总书记博览群书,也学习过法兰克福学派的批判理论。例如,2004 年,时任浙江省委书记的习近平在一次专题学习会上的中心发言中,提到美籍德裔哲学家马尔库塞在《单向度的人》一书中这样一段话:"指出传统的工业文明, 使人变为没有精神生活和感情生活的单纯技术性的动物和功利性动物,这种物质性压迫下的人,是一种变形与异化的人。"

(一)细究国内传播与研究批判理论,可以发现其大体呈现出以下三条路向:文本学解读派、质疑对话派、转化创新派

当然,这三条路向的划分仅仅是相对而言的,而且具体到某些学人那里情况有些错综复杂,例如有的学者可能兼在几条路向下功夫,又或者在其本人学术发展的不同阶段上各种路向研究有所更替转移。

1. 文本学解读派

我们对待法兰克福学派的理论著作、文章等的翻译无论是意译还是直译,都应力求忠实于原意。对其的传播与研究,方法之一便是从文本出发,按照原作者的历史语境来研究和分析其理论和思想。张一兵认为:"以不同的话语、不同的阅读方式面对相同的文本,其解读结果可能会是根本异质的",因而我们必须跳出权威解读模式的同一性强制,直面第一手的文本。如《无调式的辩证想象:阿多尔诺〈否定的辩证法〉的文本学解读》(第二版)(张一兵,生活·读书·新知三联书店,2016 年),以文本诠释学的方式解读了阿多尔诺的《否定的辩证法》,同时突出对阿多尔诺如何批判海德格尔哲学进行诠释。

2. 质疑对话派

国内尚有少数学者致力于运用英语语言思考和写作哲学文章，以与国外哲学家进行无缝对话。而在国外马克思主义领域，像俞吾金、陈学明、张一兵等的著作被翻译为英语等多种语言，并受到广泛的积极评价。他们对法兰克福学派批判理论既受吸引又生质疑，且已经能够做到对等交流，即使有时仅局限于隔空对话，也可看作对该理论在中国传播和影响的一种积极回应和反馈。例如，俞吾金 2014 年 7 月在加拿大参加"法兰克福学派：对资本主义文化的批判"国际学术会议。他提交大会的论文认为，法兰克福学派批判理论总体上的界限是不颠覆资本主义制度这个大框架，这一界限是它与马克思的批判理论的根本差异之所在。通过探讨法兰克福学派批判理论的界限，可以对法兰克福学派批判理论的发展潜力做出合理的、客观的评估。[①]

3. 转化创新派

关于法兰克福学派批判理论如何应用于中国的研究，尤战生指出，法兰克福学派的文化批判理论面临"现代精英主义"文化立场的危机、"被动受众"观的危机和批评家作为文化"立法者"的身份危机，认为当代大众文化批评为避免合法性危机，必须走出法兰克福学派的批评范式。傅永军认为，中国的知识分子在接受社会批判理论的同时，却拒斥将其变为可以付诸实践的社会改造的工程。杨礼银主张以"马克思主义中国化"的范式对社会批判理论进行批判性研究，澄清它与中国化马克思主义理论和中国特色社会主义实践的关系。贺翠香认为，法兰克福学派在中国的积极影响不仅体现在其大众文化与现代性批判上，而且它对马克思主义理论体系的修正和补充为完善和发展中国的马克思主义理论也提供了重要的方法论和新的时代内容。此外，还有《法兰克福学派社会批判理论与当代中国现代性建构》(丰子义、郗戈，《学习与探索》，2009 年第 3 期)，《批判理论的解放图景》[朱彦明、孙玉良，《复旦学报》(社会科学版)，2010 年第 7 期]，《当代传媒技术条件下的艺术生产——反思法兰克福学派两种不同理论取向》(谭好哲，《中国人民大学学报》，2013 年第 3 期)，《新世纪以来法兰克福学派社会批判理论研究进展：旨趣、范式与价值》(陈金山，《中共乐山市委党校学报》，2015 年第 9 期)

---

① 参见俞吾金：《批判理论的界限——对法兰克福学派主导思想的反思》，《探索与争鸣》，2014年第 12 期。(本文系先生撰写的最后一篇论文——笔者注。)

等代表性文章。

在比较视域中的法兰克福学派批判理论方面。很多学者关注和研究了关于法兰克福学派与其他哲学派别的争论。例如,童世骏探讨了美国实用主义和法兰克福学派之间的关系,莫伟民的《现代性问题:福柯—哈贝马斯争论》一文探讨了哈贝马斯《现代性的哲学话语》对法国理性批判家福柯在现代性问题上的批判与对话。盛立民的《文化工业受众的特质分析——基于法兰克福学派与伯明翰学派相比较的视角》比较了法兰克福学派与伯明翰学派对文化工业的不同观点。

中国的现代化发展在不断印证着西方马克思主义,尤其是法兰克福学派现代性批判理论。倘若中国学术理论界出现这样一批人,他们在继承和发扬法兰克福学派批判理论,不是囫囵吞枣地占有挪用,而是传承甚至超越该理论,才真正表明该理论在中国的接受史的成功,创新、推进着如前面论述的王凤才的"批判的妥协理论"。

(二)目前,国内研究的目光开始追踪最新前沿动态,下面分别列举我们对汉斯·约阿斯、耶吉和哈尔特穆特·罗萨等了解和述评情况

1. 汉斯·约阿斯

汉斯·约阿斯[①]是社会理论界最活跃的理论家之一, 其研究领域包括实

---

① 汉斯·约阿斯(Hans Joas),1948 年 11 月出生于德国慕尼黑,当代国际知名的德国社会理论大师,是德国弗莱堡高等研究所(FRIAS)历史学院的终身研究员,美国芝加哥大学社会学客座教授与社会思想委员会成员。1972 年和 1979 年在柏林自由大学分别获得社会学学士和博士。之后先后在马克斯·普朗克人类发展与教育研究所和德国研究基金会任职。1981 年他取得了特许任教资格(Habilitation)。1987 年他任埃尔朗根-纽伦堡大学社会学教授,1990 年至 2002 年任教于柏林自由大学。1993 年至 1995 年他担任了约翰·F.肯尼迪北美研究所执行主任。他从 2000 年起在芝加哥大学任社会学系和社会思想委员会客座教授。2002 年从施路贺特手中接下埃尔福特大学韦伯高等文化社会研究院(Max-Weber-Kollegsfürkultur-und sozialwissenschaftlicheStudien)院长一职,成为韦伯高等文化社会研究院的第二代掌门人。2002 年至 2011 年,他担任了马克斯·韦伯高等文化与社会研究中心的主任。2011 年至 2014 年,他在弗莱堡高等研究所(FRIAS)担任终身研究员。2012 年转任至图宾根大学。2014 年他开始在柏林洪堡大学神学院任教,掌任宗教社会学教席。他曾荣获毕勒费尔德大学卢曼纪念学术奖(2010 年)、洪堡基金会勋章(2012 年)、美国社会学会终身成就奖(2015 年)、马克斯·普朗克科学研究奖(2015 年)等。

用主义、战争社会学、宗教社会学等。其著作等身,包括《实践的互为主体性:米德研究》(1980 年),《社会行动与人类天性》(与霍耐特合著,1980 年),《乔治·赫伯特·米德》(1985 年),《实用主义与社会理论》(1993 年),《行动的创造性(1996 年),《价值的形成》(1997 年),《价值的起源》(2000 年)、《战争与价值:关于 20 世纪暴力史的研究》(2000 年),《战争与现代性》(2003 年),《欧洲的文化价值》(2005 年),《战争的压迫》(与沃尔夫冈·克内布尔合著)(2008 年),《我们需要宗教吗?》(2008 年),《社会理论二十讲》(2010 年),《人的神圣性》(2011 年),《作为一种选择的信仰》(2014 年),《全球视野下的奴隶制与折磨》(2014 年),《人权是西方的吗?》(2015 年)等,其中多部已被译为英文。已出版的中译本包括《人的神圣性》(中译本为《人之神圣性》)、《欧洲的文化价值》《战争的压迫》(中译本为《战争与社会思想:霍布斯以降》),正在翻译的有《社会理论二十讲》等。

汉斯·约阿斯两次受邀访问北京大学,2011 年 1 月举办讲座——"偶连性的时代:社会学与现实诊断""人的神圣性:人权的新谱系"。2017 年 5 月发表系列演讲:第一讲为全球视野下的奴隶制与酷刑(以"人的神圣性"的路向来考察"进步的脆弱性");第二讲为作为宗教批判的宗教史(讨论休谟《宗教的自然史》在法国、英国和德国的接受史);第三讲为神圣的力量:祛魅叙事的一种替代物(追溯韦伯作品中的"祛魅"概念并重新阐释对于权力的历史与神圣化过程之间的联系);第四讲为何为轴心时代?(综述有关雅斯贝尔斯观点的来龙去脉,讨论探究古代文明的国家观和与道德普遍主义兴起之间关联的经验研究)。2017 年 6 月 16 日,澎湃新闻记者伍勤、实习记者黄蕙昭做过对汉斯·约阿斯的专访,即如何理解现代社会的战争。

2. 拉尔·耶吉[①]

社会学教授郑作彧将霍耐特的两个学生视作批判理论的第四代成员,

---

① 拉尔·耶吉(Rahel Jaeggi),柏林洪堡大学哲学系的实践哲学与社会哲学教席教授,批判理论新一代代表之一,受黑格尔、马克思、卢卡奇直到社会批判理论家的思想传统的影响,致力于异化、生活方式批判和资本主义形式等主题的研究,有多部著作面世并被翻译成其他语言,国外学界已出现研究他的专著。他的主要著作有:《异化:社会哲学问题的当代性》(2005 年)、《生活形式批判》(2013 年)、《资本主义:批判理论的对话》(与弗雷泽合著,2018 年);主编两部文集:《卡尔·马克思:社会批判的视角》(2013 年)和《马克思之后:哲学、批判与实践》(2013 年)。

并认为在某种程度上第四代的批判理论已经慢慢形成了两个互补的主轴：一个是耶吉，基于"异化"这个负面的世界关系对美好生活的社会条件进行批判，另一个主轴就是哈尔特穆特·罗萨，基于"共鸣"这个正面的世界关系对美好生活的社会条件进行分析。①全体人民对美好生活的追求是中国共产党始终不渝的奋斗目标，因而我们必须对美好生活的社会条件进行批判性分析，从而真正实现这种理想追求。

耶吉的《生活形式批判》一书主张综合资本主义经济、政治、文化等实践作为一种生活形式来加以批判，综合功能性、道德性、伦理性三个批判向度，实现一种对资本主义的新的内生性批判模式。耶吉还反思了批判理论的方法论特质。他强调，从霍克海默到霍耐特的批判理论是一种内生性批判，它不同于康德式批判、福柯式批判和"左"派的罗尔斯主义。他赞成霍耐特社会哲学中重新设置"从黑格尔到马克思"的研究计划，也倾向于依循黑格尔所开启的内生性批判的思路。（在分析社会的运行规范的过程中，揭示其内在的危机环节，同时彰显其蕴藏的转型潜力。）通向马克思，去探索重建批判理性的道路。②

3. 哈尔特穆特·罗萨

哈尔特穆特·罗萨③的著作主要有：《认同与文化实践》（1998 年），《加速：现代社会中时间结构的改变》（2005 年，中译本由董璐翻译，于 2015 年由北京大学出版社出版），《社会理论》（合著，2007 年），《高速社会》（合编，2009 年），《社会学·资本主义·批判》（合著，2009 年），《加速时代中的世界关系》（2012 年），《新异化的诞生：社会加速批判理论大纲》（2013 年，中译本由郑作彧翻译，于 2017 年 10 月由上海人民出版社出版），《社会学手册》（合编，2014 年），《共鸣》（2016 年），《共鸣教育学》（合著，2017 年）等书。他与景天魁

---

①　参见[德]哈尔特穆特·罗萨：《新异化的诞生：社会加速批判理论大纲》，郑作彧译，上海人民出版社，2018 年 10 月，译者前言注释 11。

②　参见张义修：《当代德国语境中的马克思哲学与批判理论——访拉尔·耶吉教授》，《哲学动态》，2017 年第 2 期。

③　哈尔特穆特·罗萨(Hartmut Rosa)是德国耶拿大学社会学教授、埃尔福特大学韦伯高等文化社会研究院院长、纽约新学院大学客座教授、德国国家科学基金会重大国家研究计划"后增长社会"研究项目主持人。现今罗萨在国际社会理论界的地位堪媲美 20 世纪 80 年代的布迪厄(Pierre Bourdieu)与吉登斯(Anthony Giddens)。

（中国社会科学院社会学研究所研究员，博士生导师）于 2017 年 9 月 28 日受邀在华中科技大学共同做演讲，题目是"动态稳定，社会加速，追求共鸣：新的现代性理论"。

罗萨师从法兰克福学派第三代领导者霍耐特，属于霍耐特旗下批判理论新一代团队的核心角色之一。他以"社会加速批判理论"和"共鸣理论"享誉国际，被誉为德国继提出风险社会的贝克（Ulrich Beck）之后，当今最具原创性、最重要的社会理论家。罗萨在《加速：现代社会中时间结构的改变》中，探讨了现代人所面临的不断加速的、失去控制的时间漩涡（四个层面：日常生活作息、一生的时间安排、所处时代的时间表和宗教层面的时间结构），在加速的生活环境中（办公自动化、家务劳动自动化、休闲自动化等），个体、社会、文化的时间结构相互影响，相互"加速"，飞速向前和抑郁停滞两者相互矛盾。"社会加速批判理论"认为，现代社会不断追求快、加速，让现代人面临时间崩溃的危机，加速社会可能造成多种异化。为此，他又提出了"共鸣理论"，认为追求共鸣情境是解决时间崩溃危机的重要出路。郑作彧对"社会加速批判理论"做了详细解读和述评。①

作为法兰克福学派第二代代表人物的内格特是汉诺威大学社会学教授，他亲历 1968 年五月风暴的洗礼，著述颇丰。其中，他曾与德国著名电影导演亚历山大·克鲁格合著《公共领域和体验》（1972 年）。值得注意的是，内格特分别在 1980 年和 2002 年两次访问中国，并著有《以龙作为形象标志的中国的现代化与欧洲的现代神话》一书。德国《新德意志报》2008 年 2 月 14 日载文《中国定将实现一种特殊民主》，该文曾被国内媒体竞相转载。目前，《政治的人：作为生活方式的民主》（2008 年）在 2015 年 11 月已经由郭力译为中文，相信国内对内格特研究会很快跟进。

此外，法兰克福学派研究中仍然有很多尚未引起重视或被遮蔽的专题、人物思想。例如连水兴在《被遮蔽的存在——论法兰克福学派的经验性传播研究》中指出，法兰克福学派的传播研究非常少。在"个案研究"中，对于波洛克（Friedrich Pollock）、诺伊曼（Franz Neumann）、魏特弗格尔（Karl Wittfogel）、

---

① 郑作彧：《驾驭速度（？）的理论：评哈穆特·罗沙〈加速：现代时间结构的改变〉》，中国台湾《文化研究》，2008 年第 7 期；郑作彧：《社会速度研究：当代主要理论轴线》，《国外社会科学》，2014年第 3 期。

弗雷德堡(Ludwig von Friedeburg)的研究非常少,对于洛文塔尔(Leo Lowenthal),学界尚缺乏持续的推进研究。此外,关于杜比尔(Helmut Dubiel)、耐克尔(Sigland Neckel)、普卢珀(Werner Plumpe)等人的学术成就也还缺乏真正的研究。

五、对法兰克福学派批判理论在中国传播与影响的几点结论

应该看到, 国内对法兰克福学派批判理论的传播与研究规模正在逐年增大,学界对其宏观研究、专题研究、个案研究三种研究模式持续推进,对法兰克福学派谱系学研究、人物比较研究、四代代表人物思想转向研究、法兰克福学派与马克思主义研究、法兰克福学派与英国文化研究、法兰克福学派与美国实用主义、法兰克福学派与中国现实研究等都有新进展,中国的批判理论研究也结晶出了许多新的理论成果, 为中国人民实现思想解放提供了强大的思想武器。从整个接受史来看还存在以下不足,需要在接下来的研究和传播中以求改进。

1. 研究和传播的不均衡,尚缺乏真正的学术争论

译介和研究热度不能仅仅是狭隘的实用主义态度。中国人在接受和传播批判理论的过程中与西方哲学研究尤其是西方马克思主义研究一样,表现为过多的工具性理解和运用心理,而不是保持纯粹追求真理的态度。正如牟宗三所言,"何故必自封于尘下",我们应该自觉地按照纯粹追求真理的宏大目标去设定研究对象和传播对象。不要忽视一些重要的人物和思想,不要过度解读一些过时的理论和人物,学术上不能仅仅抱着"抢山头""立派别",却又迎合政治、避涉"禁区"的错误思想,甚或盲目地"学术跟风"以人为制造"学术泡沫"。国家和教育部应适当提高相关课题立项比例,鼓励并更多地委托研究这一领域的基础理论性和原创性课题。我们应当营造真正的学术争论氛围,而不是自说自话,为尊者(研究对象)讳。

2. 理论转化不足,尚缺乏"讲好中国故事"的同时自觉从"中国故事"中创造新的批判理论

针对中国社会主义现代化的现实特点和国民气质, 形成自身的批判理论特色。我们应大力将法兰克福学派批判理论在中国的传播与影响服务于

学习、研究和阐释中国特色社会主义理论和实践,在以下一些问题上发挥其指导和借鉴作用:对澄清和发现"四个如何认识",什么是社会主义,怎么建设社会主义(如社会主义政治文明和生态文明)等重大理论问题,帮助我们认识真正的马克思主义等重大理论问题,有效联结中国特色社会主义与世界社会主义运动,正确认识和把握当代资本主义的新变化和全球化问题,理解和阐释人类命运共同体理念。

3. 启蒙和批判功能彰显不足,尚无法介入大众的日常生活世界

"欲图根本之救亡,所需乎国民性质行为之改善。"法兰克福学派批判理论的传播与影响应该在马克思主义中国化时代化大众化的引领下介入大众的日常生活实践。正如傅永军指出的,批判理论始终是中国知识分子的学术话语,并没有变为大众日常生活实践的指导原则与规范。然而批判性和现实性是法兰克福学派批判理论的有力思想武器。比如,法兰克福学派的大众文化批判,尤其是洛文塔尔批判的传播理论就旨在揭示一种能够唤醒大众政治意识的政治文化,通过倡导艺术的文化自主性达到文化民主化,以期促进政治民主化。洛文塔尔指出,大众文化和反犹主义等政治煽动文化作为虚假传播,是对艺术自主性体验的异化,恰恰催眠或阻碍了人们真正的自由体验和审美体验;后现代主义文化则带有一种伪哲学倾向,容易导致相对主义和虚无主义。与之相反,自主性艺术的真理内容具有非意识形态的性质,为人们所理解的艺术能够带来真正的体验。

最后,应该看到,推进政治民主化和社会现代化一直是法兰克福学派批判理论在东亚传播与影响的动力学原因。我们应抱着客观和科学的态度审视法兰克福学派在中国的传播与影响处于西方马克思主义影响中国整个领域之中的何种地位,比照法兰克福学派在欧美和东亚传播与影响的地位如何,深度如何,有何借鉴。

激进的革命战争年代,法兰克福学派第一代批判理论家创造的主要是启蒙的社会历史哲学;和平与发展的全球化时代,第二代、第三代批判理论家创造的主要是政治伦理学和宗教哲学。俗话说:"人往高处走,水往低处流。"跨文化挑战和应对的状况在于,优秀的文化总是流向文化落后的地方。当然,文化间也内在地需要互补和沟通,何况全球化时代,世界各国都处于人类命运共同体之中,文化是共通的,也具有共同性特质和内容。列宁说:

"没有革命的理论，就没有革命的行动。"改革开放是一场社会革命。统筹推进新时代"五位一体"总体布局，积极推进政治文明和社会建设是我国社会主义改革开放事业的重要目标。我们要从实现社会主义现代化和中华民族伟大复兴中国梦的高度看待"西学东渐"，以求实现"东学西渐"。

第七章 萨特及其存在主义
马克思主义在中国的影响

改革开放不仅打开了中国的经济大门，而且打开了中国民众的思想闸门。一时间，众多现代西方社会思潮如洪流般涌入刚刚经历过"文革"的知识分子的朴实的头脑和饥渴的心灵之中。在这股思想洪流中，最汹涌湍急的是西方马克思主义、新自由主义和西方人文主义，而存在主义马克思主义就是西方马克思主义这一思潮中的极为重要的一个组成部分。兴起于20世纪20年代的西方马克思主义经历了近六十年的孕育、发展和成熟之后，作为"正统马克思主义"的对立面出现在改革开放初期的中国知识分子面前，它所造成的思想冲击是不言而喻的。

柯尔施在1930年重版的《马克思主义和哲学》一书的一个增补中，第一次提到"西方马克思主义"这一概念，用来指称与俄国马克思主义不同的另一种马克思主义，主要指他自己和卢卡奇的马克思主义。梅洛-庞蒂在《辩证法的历险》(1955年)第二章和第三章中讨论了关于西方马克思主义的问题。在这本书中，他赋予"西方马克思主义"丰富的内涵，并把卢卡奇称为西方马克思主义的创始人，把《历史与阶级意识》称为"西方共产主义的圣经"。梅洛-庞蒂也是西方马克思主义学说史最早的回溯者和构建者。这种学说认为，必须以一种可以唤醒革命者的阶级意识的方式去行动和说话，"并把社会主义建立在无产阶级广大群众自己解放自己的首创精神、无产阶级群众阶级意识的自由发展的基础之上"[1]。

不应忘记，梅洛-庞蒂本人就是存在主义马克思主义的杰出代表之一，

---

[1] 徐崇温：《怎样认识"西方马克思主义"》，重庆出版社，2012年，第2页。

他比萨特更早地尝试将存在主义与马克思主义"结合"起来,也比萨特更早放弃这种尝试。无论从思想观点还是从政治倾向上看,梅洛-庞蒂都更像是萨特的先行者和引路人。然而毋庸置疑的是,在将存在主义与马克思主义"结合"起来,或者用存在主义"补充"马克思主义这一尝试上,萨特做出了他那个时代的最大努力。这种努力甚至延续到他的弟子高兹身上。虽然高兹喊出了"告别无产阶级"的口号,但他也成为"新无产阶级"的提出者。高兹的独特贡献之一是,将存在主义马克思主义推向生态学马克思主义。存在主义马克思主义在法国的另一位杰出代表是列斐伏尔。与上述代表人物从存在主义的立场接近马克思主义不同,这位前法国共产党党员是从马克思主义走向存在主义的。国内较早研究列斐伏尔的李青宜教授将其尊为法国存在主义马克思主义的创始人。[①]

以列斐伏尔、萨特、梅洛-庞蒂和高兹为代表的法国存在主义马克思主义,乘着改革开放的春风进入了中国思想界,开始了它在这片东方大地上的理论旅行。笔者试图回溯中国学术界对这一思潮的接受过程和这一思潮带给中国知识界的思想效应,并以萨特为例进行具体的考察。

一、从"精神污染"到"思想家园":存在主义马克思主义在中国的传播、评价与影响及再生产

存在主义马克思主义在中国的传播、评价与影响大致经历了四个阶段、四种范式和四种形态。第一个阶段是 20 世纪 70 年代末和 80 年代。存在主义马克思主义和其他现代西方社会思潮一起被引入中国,国内学界对其的态度是一方面渴望近亲,另一方面又保持批判。研究范式主要是呼唤人性、弘扬人道主义。在这一阶段对存在主义马克思主义的专业化研究还没有开始。第二个阶段是 20 世纪 90 年代。知识分子们进一步解放思想,社会主义市场经济开始发挥作用并产生连锁反应,学者们开始在主体性转向和异化批判的范式下研究存在主义马克思主义,开始了对存在主义马克思主义的专业化研究。第三个阶段是世纪之交。这一阶段出现了关于马克思主义哲学

---

① 参见李青宜:《当代法国的"新马克思主义"》,当代中国出版社,1997 年,第六章。

"当代性"的讨论,最有影响的理论成果是马克思主义哲学的"生存论转向",存在主义马克思主义成为其思想资源。第四个阶段是21世纪以来。对存在主义马克思主义的研究变得多元与精专,并展现出与当代西方社会思潮合流的趋势。总体来看,国内学界对存在主义马克思主义的研究经历了一个从最初简单的批判、介绍到后来慢慢与中国本土经验结合,并以之反思中国现实问题的过程,即从批判性的介绍到"为我所用"的消化吸收的过程。在此过程中,对存在主义马克思主义的研究虽从"热"转"冷",却由"浅"入"深"。从最初作为西方社会思潮引入国内,到成为西方马克思主义学科建设的一部分,再到马克思主义哲学基础理论研究的一部分,最后到与当代西方社会思潮融合,成为城市马克思主义,消费资本主义,生态马克思主义,生命政治哲学、空间哲学转向等重要思想的来源。

(一)20世纪70年代末和80年代:"呼唤人性"

存在主义马克思主义起初是作为一种现代西方资产阶级哲学被批判地引介到中国的,经过徐崇温的奠基性工作之后,成为西方马克思主义的一个组成部分,直到20世纪90年代之后才被正式承认为国外马克思主义的一分子,并进入马克思主义哲学的当代视野,进而成为思考当代世界与中国现实问题的批判方法。

改革开放初期,存在主义马克思主义发挥了呼唤人性,弘扬人道主义,反思异化的作用,是启蒙和解放思想的重要刺激因素。但"异化批判"在当时还是一种学术禁忌,这种思潮当时受到了主流意识形态的批评。因此,知识分子对存在主义马克思主义有一种既亲近又远离的"爱恨交织"的纠结心理。对存在主义马克思主义的专业化研究在这一时期还没有形成。

理论在一个国家的实现程度取决于这个国家对这一理论的需要程度。十年"文革"在客观上造成了一种全民族的精神虚无与荒诞。一方面旧的价值观念开始松动,另一方面新的价值观念还未形成,在国民心理处于茫然无措、"等待戈多"之际,中国人民迎来了来自世界的多元价值观的剧烈冲击,使"文革"时孕育的虚无与荒诞爆发出来。这一时期,中国在马克思主义传播上引入了苏联的教科书体系,而这种教科书体系正是以萨特为代表的存在主义马克思主义所严厉批判的。在"解放思想"的号召下,中国的知识分子开始主动接触西方社会思潮,尤其是带有人文主义色彩的思潮。

　　萨特的存在主义风行一时,柳鸣九、罗大冈、施康强、冯汉津等学者是萨特及其存在主义的最早引渡者,对萨特及其存在主义的关注与研究为存在主义马克思主义进入中国学术界做了铺垫。在 20 世纪 80 年代初,存在主义马克思主义开始作为西方马克思主义的一分子成为专家学者的研究对象。需要指出的是,这一研究是在国外学者马克·波斯特和佩里·安德森的著作的决定性影响下进行的。①学者们既被存在主义马克思主义所流露出的人文关怀与异化批判所吸引,又把它视为理论怪胎——这是存在主义对马克思主义的"精神污染"。这一时期研究存在主义马克思主义的学者主要有徐崇温、李青宜和陈学明等。尤其是徐崇温在西方马克思主义研究和存在主义马克思主义研究方面做出了奠基性的贡献,他在 1982 年出版的《"西方马克思主义"》和 1989 年出版的《"西方马克思主义"论丛》中,对存在主义马克思主义的主要代表人物表示了同情的理解和恰当的批判。总的来说,这一时期对存在主义马克思主义进行哲学研究的还不多,即使有研究也多是专注于文本解读和概念分析,站在既定的、自己认为正确的马克思主义立场上对之进行批判。

(二)20 世纪 90 年代:主体性转向与异化批判

　　到了 20 世纪 90 年代以后,中国进入社会主义市场经济社会,道德滑坡、人情冷漠等现代性问题越来越突出。在这种时代情境下,主体性与异化问题已经从抽象的意识形态之争变成了直接的现实问题,但反映到马克思主义哲学内部又不是以公开批判现实为出场方式的,而是走向了对传统教科书体系的反思与批判,对人的主体性的弥补和对马克思主义哲学主体向度的关注。

　　事实上,早在 20 世纪 80 年代,中国马克思主义哲学研究者们便从苏联教科书体系的框架中摆脱出来,结合时代和哲学主题的变化,对哲学基本问

---

　　①　这里是指马克·波斯特的《战后法国的存在主义马克思主义:从萨特到阿尔都塞》和佩里·安德森的《西方马克思主义的探讨》《当代西方马克思主义》等书。

题做了大量深入系统的,甚至是颠覆性的理解。

第一种解读就是最有影响的实践唯物主义。它从认识论的角度把思维与存在关系(也就是传统的本体论意义上的物质与意识的关系问题)整体转换为主客体关系,即以实践为中介的主体与客体之间的对立统一关系。二者并存,它们在主体认识和改造现实世界的社会实践活动中达到了统一。就是说,作为唯物主义本体论与反映论的思维–存在关系问题被转换成了实践视野中的主客体认识论与价值论关系问题。

第二种解读是辩证认识反思论的。它在"存在"概念上下功夫,把"存在"的所指从外部客观现实转移到思想内部,指称思维活动中看不见的,却具有强制性的思想前提。其理由是哲学不是实证科学,不需要也不可能直接面对现实存在,故它所面对的现实只能是思想中的现实。这一隐蔽的思想前提决定着主体的思维模式,哲学的任务遂从认识外部世界变成了反思和批判这个思想前提。这是改革开放以后提倡解放思想的政治理念在哲学中得到的最深刻的说明。解放思想即是通过超越思想前提来改变思维模式,主体正是在不断地突破原来的妨碍认识的主观思维前提的批判中才越来越接近现实。

第三种解读是存在论的或生存论的。它在超越作为反思与认识论的"思维"概念上做文章,把"思维"替换成"存在者",故思维–存在关系变成了存在与存在者的关系。这种解读把"存在"理解为一种历史的、感性的、丰富的、生成着的存在状态,它致力于不断超越在主观思维和逻辑中把握的抽象静止的存在者。从"存在者"走向"存在"是从静止的认识论上的把握走向实践着的、生成着的、历史的存在状态,打破自我意识的主观思维逻辑强制的存在者状态,上升到一种历史的、现实的、实践的和社会的存在。

第四种解读是把哲学基本问题理解为批判的社会认识论。作为一种在社会历史语境中的认识论,它深化了社会历史观的双向互动过程。一方面,它把德国古典哲学的主客体辩证法的认识论,还原成一个社会历史条件下的人的活动及其社会历史现实关系的这样的社会历史观问题。如此一来,认识论就转变为一种社会历史观的问题。另一方面,它反过来又在批判的认识论中把社会历史观问题变成了对作为认识论先验条件的社会历史条件的追问与把握。这种社会历史条件经常是一种被遮蔽的抽象的意识形态,因此我们必须先追问认识这种社会历史的先决条件，然后才能走进真正的社会现实，走向对社会历史本身的批判性认识。因此，马克思主义哲学作为社会历史观是一种社会历史批判的认识论，从而是一种社会批判理论，最终还要上升到一种意识形态的批判理论，即对资本主义社会现实的颠倒的拜物教的批判。

由此可见，存在主义马克思主义就成为重要的思想资源。由于国内学界对"青年马克思"的再发现，对西方马克思主义的研究变得流行并且逐渐学科化，确立了人本主义与科学主义两种范式。学界开始将存在主义马克思主义作为西方马克思主义中人本主义的一支加以学术化、专业化的研究。我们看到，中国的现实土壤为存在主义马克思主义提供了良好的生存环境，存在主义马克思主义者的理论努力成为中国学术界反思现实、建构现代性理论，以及使马克思主义哲学当代化的重要思想资源。

从卢卡奇以来，主体性转向与异化批判就是西方马克思主义的核心关切，存在主义马克思主义更是将这一核心关切发挥到极致。"异化"被存在主义马克思主义者发展成为描述个体心理体验的概念，被引入日常生活的各个方面。他们认为，"异化"已经丧失了它在经济上的贫困形态。异化在现代社会表现为丰裕社会中的匮乏、自由之中的不自由、对自己的漠不关心。通过无产阶级的政治革命来消除异化的方式遭到了普遍的质疑。萨特和梅洛-庞蒂都用生活谋划代替了历史规划，高兹挥手告别了无产阶级，列斐伏尔企图通过日常生活的革命来消除异化。

主体性转向的趋势在当代西方社会思潮进入中国时便开始孕育，到了20世纪90年代初的时候引起了哲学界的大讨论。张一兵做出了开拓性的贡献，他的《西方人学第五代》《折断的理性翅膀——"西方马克思主义"哲学批判》《马克思历史辩证法的主体向度》这三部著作，是从主体角度考察西方马克思主义和马克思历史辩证法的代表。这一时期也出现了一系列关于"主体性问题"的论文。①魏小萍在1994年对国内关于"主体性问题"的研究做了综述。她指出，主体性问题首先是作为一个综合性的问题被人们所关注，"继而

① 重要的有陈先达的《主体和主体性问题》、汪信砚的《认识的主体性探讨》、衣俊卿的《主体性——人之自我相关性》、刘福森的《价值、主体性与历史唯物主义》和《主体性及其在认识、实践和社会历史中的表现》、袁贵仁的《关于主体性研究的两个问题》等。

又向两个领域深入具体地分化、发展。一个是认识论领域,一个是社会历史观领域"①。俞吾金、陈学明两位教授合著的《国外马克思主义哲学流派》一书产生了广泛的影响,该书在徐崇温和李青宜两位先生的基础上,对存在主义马克思主义做了更为详尽的介绍,如将存在主义马克思主义的开创者追溯到马尔库塞;列斐伏尔的"政治异化"思想开始被涉及。②

(三)世纪之交:马克思主义哲学的"生存论"转向

世纪之交,关于哲学研究中的"范式转换"的呼声越来越高,高清海、徐长福于 1998 年发表的《力求哲学范式的尽早转换》一文是其代表。随后,贺来发表《"现代性"的建构——哲学范式转换的基本主题》一文。该文指出:"'范式转换'的提出,意味着旧有理论范式的基本概念和原则已处于危机之中,因而需要一种更富解释力的理论范式取而代之。"③贺来立足于当代中国人生活方式的转变,认为应该把"现代性"的建构作为当代哲学范式转换的主题,并认为这一主题有助于实现中国传统哲学、马克思主义哲学、西方哲学的"内在的交融"。俞吾金为《当代国外马克思主义评论》所做的发刊词《马克思仍然是我们的同时代人》产生了强烈的思想脉冲,他呼吁学术界立足于当代人的生活旨趣,努力揭示马克思的当代意义。④

当代哲学的"生存论转向"便是世纪之交哲学研究中范式转换的积极成果。⑤多数学者认为,对生存问题的哲学研究滥觞于西方存在主义哲学。⑥在此背景下,对存在主义马克思主义的研究便与马克思主义哲学的"当代性"

---

① 魏小萍:《主体性问题研究综述》,《教学与研究》,1994 年第 6 期。

② 参见俞吾金、陈学明:《国外马克思主义哲学流派新编》(西方马克思主义卷),复旦大学出版社,2002 年,第五章。

③ 贺来:《"现代性"的建构——哲学范式转换的基本主题》,《哲学动态》,2000 年第 3 期。

④ 关于马克思哲学当代性的讨论,请参见高清海等:《马克思哲学的当代价值综论》,《中国社会科学》,2001 年第 5 期。

⑤ 也有学者提出"人类学范式",参见王南湜:《世纪之交的马克思主义哲学:回归人类学范式》,《中国人民大学学报》,2000 年第 2 期。

⑥ 参见刘小新:《当代哲学生存论探析》,《哲学研究》,2006 年第 3 期。

问题联系在一起,助推了马克思主义哲学的"生存论"转向。对马克思主义哲学进行"生存论"建构的学者有很多,①但也不乏批判者。②关于马克思主义哲学的"生存论转向",赞同者认为,马克思主义哲学的当代意义在于,它实现了"从传统的、超验性的、实体性的抽象存在论,向根源于现实生活世界的感性的、社会历史性的生存论的转换"③,即从近代主客体二分的实体主义的认识论哲学范式向现代的主客体统一的生存论哲学范式的转变,相对于认识论路向,"生存论路向的原则却是要求自身达于使得概念的、逻辑的和反思的世界得以成立的更具本源性的领域,因而其性质是前概念的、前逻辑的和前反思的"④。批判者认为,马克思不是存在主义发动的"现代哲学范式革命"的同路人,马克思主义哲学的"生存论转向"是把马克思主义哲学强行拉到现代西方哲学的语境中,生硬地进行比较与对话,问题的关键不在于先验地建构一种哲学范式,而在于通过回到马克思的经典语境,立足于中国当代现实,"接着马克思"讲下去。⑤然而不管是赞同者还是批判者,存在主义马克思主义是争论双方共同的理论资源。

---

①　参见孙正聿:《"生存论转向"的哲学内涵》,《哲学研究》,2001 年第 12 期。贺来:《马克思哲学与"存在论"范式的转换》,《中国社会科学》,2002 年第 5 期;《马克思哲学与"现代性"课题》,《吉林大学社会科学学报》,2000 年第 3 期;《生存哲学:中国语境及其使命》,《哲学动态》,2001 年第 1 期。吴晓明:《当代哲学的生存论路向》,《哲学研究》,2001 年第 12 期;《试论马克思哲学的存在论基础》,《学术月刊》,2001 年第 9 期。邹诗鹏:《当代哲学的生存论转向与马克思哲学的当代性》,《学习与探索》,2003 年第 2 期;《生存论转向与马克思的实践哲学》,《现代哲学》,2002 年第 1 期;《马克思实践哲学的生存论基础》,《学术月刊》,2003 年第 7 期。张曙光:《论"存在"的生存意蕴与辩证性质》,《江海学刊》,2002 年第 4 期;《生存哲学的命意及其当代旨趣》,《哲学动态》,2001 年第 1 期。

②　参见孙伯鍨、刘怀玉:《"存在论转向"与方法论革命——关于马克思主义哲学本体论研究中的几个问题》,《中国社会科学》,2002 年第 5 期。孙伯鍨:《存在范畴与马克思主义哲学的本体论问题》,《南京大学学报》,2002 年第 3 期。刘怀玉:《对马克思主义哲学当代性解释若干途径的批评与反思——"移心式"的重建 ,还是"溯源式"的开新》,《江海学刊》,2002 年第 2 期;《论马克思的现代哲学范式革命》,《哲学动态》,2003 年第 9 期。

③　邹诗鹏:《马克思实践哲学的生存论基础》,《学术月刊》,2003 年第 7 期。

④　吴晓明:《当代哲学的生存论路向》,《哲学研究》,2001 年第 12 期。

⑤　参见刘怀玉:《论马克思的现代哲学范式革命》,《哲学动态》,2003 年第 9 期。

（四）21 世纪以来：学术化、专业化、流派化，以及与当代西方社会思潮的融合

21 世纪以来，学界对存在主义马克思主义的热情逐渐减退，但学术研究更为深入，存在主义马克思主义研究的重点越来越倾向于学术化、专业化、流派化，同时和当代西方社会思潮的转变联系在一起。比如列斐伏尔原来是一个批判异化的理论家，但如今变成了城市社会、消费社会、空间转向的理论家。萨特从"人学辩证法"的奠基人变成了巴迪欧意义上的生命政治哲学的先驱。高兹提出的"告别无产阶级"在八九十年代影响很大，但现在我们更关注他的生态学，他是 21 世纪以来我国方兴未艾的生态学马克思主义的鼻祖。梅洛-庞蒂一直以来都是一个若明若暗的人物，作为一个存在主义马克思主义者，他对中国的影响也像他的哲学一样暧昧、模糊和复杂。马克思主义哲学领域关注他的《知觉现象学》《辩证法的冒险》《意义与无意义》这三本书，从早期关注他对马克思主义哲学所做的存在主义理解，到 21 世纪以来关注他对马克思主义哲学基础理论研究（比如空间与身体问题）的启发。

二、萨特存在主义的马克思主义在中国的思想效应

国内对萨特的研究是从对其存在主义思想的评介开始的，切入的视角不唯有哲学，亦有文学和政治。萨特思想研究的开拓者有柳鸣九、罗大冈、施康强等。总的来说，国内学界对作为存在主义马克思主义者的萨特的研究起步稍晚，但时至今日也已具有一定的规模。徐崇温的《评萨特的"存在主义的马克思主义"》从萨特的基本观点、补充马克思主义的缘由和方案、其思想的矛盾对立三个方面总评萨特的理论。自此，作为存在主义马克思主义者的萨特，即"第二个萨特"开始逐渐受到国内研究者的重视。

国内对于萨特的存在主义马克思主义思想的研究大致可以分为四种进路：第一种进路是对萨特的存在主义马克思主义思想进行整体研究，通常采取专著特别是博士论文的形式。第二种进路是对萨特的存在主义马克思主义思想中的核心概念进行研究，以期达到窥一斑而见全豹之效果，如对"个

人实践""匮乏""总体化"等概念的研究。第三种进路是将萨特的存在主义马克思主义纳入当代国外马克思主义思想谱系之中,在整个国外马克思主义思想的大背景下研究和评价其思想。第四种进路是把萨特放在当代法国哲学的语境下探讨,这里的当代法国哲学语境包括两个方面:一是梅洛-庞蒂、萨特和阿隆之间的争论,二是萨特与后现代哲学之间的关联。对萨特存在主义马克思主义的上述四种进路的研究通常是站在马克思主义的立场上进行的。

"人学辩证法"是萨特存在主义马克思主义的理论核心,带给中国学术界的思想冲击也最大,它刺激着中国学者反思马克思主义哲学中的"人学"问题和"当代性"问题。而"当代性"一端连着传统哲学(近代哲学或形而上学),另一端连着后现代,萨特就是在传统哲学和后现代哲学之间搭建桥梁的人物。

(一)"人学辩证法"意义与语境分析

在介绍萨特的人学辩证法之前,有必要提及当时法国的现实和思想背景。

世界资本主义逐渐发展而过渡到帝国主义阶段。帝国主义既是资本主义内部矛盾自我调和的产物,又是——两次世界大战无可争议地证明——资本主义内部矛盾不可调和的产物。20世纪二三十年代的全球经济危机加上两次世界大战的蹂躏,使法国人对自由、平等、博爱的自信荡然无存。法国思想界的一个明显变化是,对笛卡尔的兴趣逐渐减弱,对黑格尔的兴趣逐渐增强。而德国的黑格尔是通过让·华尔(Jean Wahl,1888—1974),亚历山大·科耶夫(Alexandre Kojève,1902—1968)和让·伊波利特(Jean Hyppolite,1907—1968)这三位存在主义哲学家对《精神现象学》的解读进入法国的,他们的解读成为马克思主义与存在主义在法国相遇与融合的起点。还需提及的是,卢卡奇这位西方马克思主义的创始人是被吕西安·戈德曼(Lucien Goldmann)传入法国的,而戈德曼也带有明显的存在主义倾向。虽然《历史与阶级意识》直到1960年才被翻译成法文,但对战后法国有着不可估量的影响。另外,马克思早期作品的发表在法国思想界引起了不小的轰动。法国人倾向于认为,存在主义与马克思主义的共性源于黑格尔的人类学。①

以上便是萨特孕育人学辩证法的现实与思想背景。西方马克思主义的遗传基因或者说问题意识, 就是对传统马克思主义的理论反思与对资本主义现代性的激进批判。萨特认为,虽然马克思主义是我们时代不可超越的哲学,但它在"现代马克思主义者"手里却停滞了。现代马克思主义存在两大缺陷:第一,理论与实践的分割。"理论和实践分离的结果,是把实践变成一种无原则的经验论,把理论变成一种纯粹的、固定不变的知识。"②第二,形式主义的还原。在萨特看来,教条式马克思主义者在研究具体事件、人物或行动时,惯用做法就是套用马克思的现成公式和结论,以此确定对象在历史中的地位,这是一种形式主义的粗暴还原方法。"这种方法不能使我们感到满意:它是先验的;它不是从经验中得出自己的概念——或者至少不是从它力图了解的新经验中得出的——它已经形成了这些概念, 它已经确信它们的实在性,它将把构成性模式的角色分配给它们:它唯一的目的是把被研究的事件、人或行为放入预先制造好的模子。"③

批判"第二国际"教条主义的马克思主义是萨特建构人学辩证法的主要理论旨趣之一。萨特认为,人们在创造历史的过程中无法洞察自己实践活动的意义,因而历史对人来说呈现为一种外在的强制。《辩证理性批判》一书的主要目标就是要阐明人与历史的关系,使人们看到自己实践活动的意义。要做到这一点,就要为马克思主义"补充"上"中介等级",并且用人学辩证法代替"自然辩证法"。存在主义为历史不可消除的模糊性做出了巨大的贡献。萨特的人学辩证法渴望从个人出发说明历史,同时保留人的生存的模糊性。

萨特指出,马克思主义在理解"一定的历史时刻以及在一个阶级和社会的内部产生人和他的产物的过程"中,缺少一种"中介等级"。④萨特所说的中介并非黑格尔意义上的作为反思性认识方法的中介, 而是具体的辅助性学

---

① 参见[美]马克·波斯特:《战后法国的存在主义马克思主义:从萨特到阿尔都塞》,张金鹏,陈硕译,南京大学出版社,2015年,第176页;参见[法]莫里斯·梅洛-庞蒂:《意义与无意义》(第二部分"观念"第一篇《黑格尔的存在主义》),张颖译,商务印书馆,2018年,第83~93页。

② [法]萨特:《辩证理性批判》,林骧华等译,安徽文艺出版社,1998年,第22页。

③ 同上,第35页。

④ 同上,第50页。

科,如精神分析学和微观社会学。萨特认为,精神分析学"在人的阶级的地位中发现了人的附着点,即作为普遍性的阶级和个人之间的中介的特殊的家庭"①。这一发现有助于使历史唯物主义从一般的规定深入到人的个别特殊性,所以精神分析学对马克思主义是一种补充。精神分析要重点考察的是某一特殊的家庭结构和家庭关系对一个人童年时期的心理和行为的影响,而社会学的经验主义的调查方法有助于把发展辩证法所需要的知识呈现出来,促使辩证法将这些知识纳入一个汇总的过程之中。虽然社会学缺少严格的理论基础,但它"作为历史整体化的临时契机,揭示了具体的人同他们谋生的物质条件之间、人类关系和生产关系之间以及人们和阶级(或者另一类集团)之间的一些新的中介"②。

在做了这一方法论上的补充之后,萨特提出了自己的人学辩证法。萨特所说的"人学"要求研究人的实际处境,研究作为主体的人对自己的体验所做的自我了解,并以此建立起关于人的对象性的认识。萨特为人学研究提出这样一个任务,亦即"人类学只有在用对变异客体的各个过程的研究来代替对人类客体的研究时才能名副其实"③。而所谓"人学辩证法",则是一种以个人实践为基础,以人类社会的总体化为实质和内容,又以这种总体化作为其获致可理解性的基础的方法。按照萨特的理想,人学辩证法即是研究人学的普遍适用的方法和普遍适用的规律。

个人实践是萨特建构人学辩证法的逻辑起点,以及与马克思主义开展对话的重要依凭。萨特表面上扩大了马克思的实践内涵,实际上改写了马克思的实践概念。他所说的"实践"概念的内涵,诚如施太克所说:"不仅包括了影响物质生活条件的明显的物质活动或社会行为,而且包括了性的意识、自由选择的计划以及主观目的论在内的普遍概念。"④萨特认为,破除教条主义马克思主义的机械决定论桎梏的关键在于,将个人置于历史创造的主体地位,即是说用个人去说明历史,而不是用历史来说明个人。萨特要向人们证明,人在任何情况下都是自己的产物,以及自己产物的产物,人的超越性足

---

① [法]萨特:《辩证理性批判》,林骧华等译,安徽文艺出版社,1998年,第55页。
② 同上,第66页。
③ 同上,第138页。
④ [美]施太克:《萨特的社会关系的现象学》,《哲学译丛》,1983年第3期。

以战胜一切惰性存在物。问题在于,个人实践总是在匮乏-异化的社会结构中发生的。

在 1943 年的《存在与虚无》中,萨特的存在主义哲学认为,孤立的个人是独立于社会的封闭体系,个人在他人目光的注视下成为客体,这种异化是"人的状况"的一个主要组成部分。到了 1948 年的"革命民主同盟"时期,萨特把存在主义的异化观与马克思《1844 年经济学哲学手稿》中的异化观联系起来,提出要从意识形态和社会方面理解异化。到了 1960 年的《辩证理性批判》,萨特进一步将异化置于匮乏的前提下,提出匮乏——异化的社会本体论。萨特认为,匮乏源于人类的两种基本需要:一是包括人口增殖在内的维持自身生存的需要,二是对高质量生活、高级社会文明的需要。社会物质资源对于这些需要来说总是缺乏的和不足的。在匮乏-异化的社会本体论下,人类必须进行劳动。在萨特那里,匮乏成为人类历史可能性的基础,人类历史就是人类克服匮乏的集体谋划和努力。在匮乏的条件下,异化是人类实践的先验可能性。个人的实践本来是个人在自己身上处理自己,并不受必然性的制约。但个人实践是内在性与外在性的双向互动,必然导致内在性的外在化和外在性的内在化,惰性的物成为人的实践的产物,人也不可避免地沾染上了物的惰性,丧失自由的自发性,萨特把这种状态叫作"实践-惰性"。在"实践-惰性"的领域里,实践的产物变成了惰性的东西,转而以它特有的规律来反对它的生产者。

在匮乏的条件下,个人通过实践使内在性外在化,使外在性内在化,这个过程的发展使得第一个层次"个人的实践"过渡到第二个层次——"群集"。在这个层次中,个人看到了他生存背后的社会,个人自由过渡到必然性。但是在"群集"中,人与人的社会关系是外在的和否定性的,人成为失去独自性的无差别的人。萨特举了法国巴黎的圣·日耳曼街头等公共汽车的人群的例子。为了反抗"群集"的"实践-惰性"的支配,人们开始团结起来进行共同的实践,形成"历史人学"的第三个层次——集团。集团否定和克服着群集的异化,群集的原子主义让位于集团的有机团结。集团又分为融合集团、誓愿集团、组织集团和制度集团,到了制度集团,集团的功能变得僵化,人们的实践再次被惰性侵袭,走向自己的反面。这也是一个官僚化的过程。

按照萨特的说法,"人学辩证法"是建立在个人实践基础上的总体化运动,这个总体化既包括我们被社会总体化,也包括社会被我们总体化。萨特在《科学和辩证法》中,援引马克思《哲学的贫困》中的"生产关系构成一个整体"的观点来说明总体化,他把总体化建立在生物学上的个人在既定历史条件下的需要、劳动和享受的基础之上:"人们正是必须在这种实践的物质性的水平上去寻找这个总体,而经济现实或生产事实的总体,最后即依赖于每一个人的人体总体。"①萨特的总体化不同于列斐伏尔的总体性,萨特的总体化放弃了列斐伏尔"总体人"的理想及其衍生的整合性力量,专注于作为个体的人进入历史的过程。总体化与个人生活密切相关。萨特认为,如果历史的统一性是存在的,那么个人作为实验者,就应当把他自己的生活既看作"整体",也看作"部分";既看作"部分"同"整体"的联系,也看作"部分"之间的联系。个人应该尝试在他的实际生活中发现这种整体与部分的辩证运动,从他的个人生活跃进到历史。总体化就是个人与历史的相互规定与相互融合。

人学辩证法在个人的操作层面表现为"前进–逆溯"(the regressive-progressive method)②的方法。"前进–逆溯"法的第一个环节就是对所要考察的对象进行逆溯分析。"如果我们不能首先对客体的历史特殊性作尽可能深入的研究,那么就不会发现任何东西。"③逆溯法是萨特对马克思主义方法论的重大"补充",实则是存在主义的方法,包括了他之前提到的作为中介的精神分析学和社会学。逆溯的方法是对个人所做的历史考察,所要达到的目的是对人的丰富而全面的认识。但萨特认为,逆溯的方法只是为前进的方法提供线索,它本身还不是辩证运动,真正的辩证运动是由前进综合的方法提供的。"前进–逆溯"法的第二个环节就是运用前进综合的方法去"发现从客观性到客观性的展开,发现通过下一个意指来超越一个意指,并把下一个意指维持在这个意指中的充分发展的规律"④。这里出现了被萨特指认为连接客观物质条件领域和未来可能性领域的 "计划"(project):"对最基本的行为的确定, 必须根据制约它的存在的真实原因以及它企图产生的某种将要出现的

---

① 　[法]萨特:《科学和辩证法》,《人和世界(国际哲学评论)》,1976 年 2 月第 9 卷第 1 期。

② 　林骧华等人把这一方法译成"渐进–逆退"法,不太符合萨特的原文语境。本文采用[法]萨特:《辩证理性批判·方法问题》,徐懋庸译,商务印书馆,1963 年的译法。

③ 　[法]萨特:《辩证理性批判》,林骧华等译,安徽文艺出版社,1998 年,第 113 页。

④ 　同上,第 119 页。

客体。这就是我们所说的计划。"①萨特将"计划"视为人创造历史的过程,计划的发现有助于阐明个人实践在历史中的意义。

萨特认为,"前进"是指从原理出发的演绎,"逆溯"是指从经验事实出发对原理的充实、补充和修正,同时,"前进-逆溯"也是指分析与综合相结合,用这种"一来一往"的运动来揭示实际生活的奥秘和个人内心的秘密。作为一种探索性的方法,"前进-逆溯"法绝不预先确定结论,它所要做的是:一方面,在深刻地理解了研究对象的独特性之后,规定时代的性质(逆溯);另一方面,在深刻地理解了时代的特性之后,规定研究对象的性质(前进),但"它远远不是想立即把两者合并起来,而是先把两者分离开来,直到它们相互的包含自行发生并给研究作出暂时的结论为止"②。

"前进-逆溯"法有效地考察了研究对象与其所处时代的双向互动过程,但这仅仅完成了任务的前半程,寻求"理解"这一过程的方法则构成了任务的后半程。萨特所说的理解并非认识论意义上的理解,而是生存论意义上的理解。萨特认为,理解人的生动的运动过程的方法只能是德国精神病医生和历史学家所用的"理解"的方法,因为这种方法也是一种辩证的运动,"理解的运动同时是前进的(朝着客观结果)又是逆溯的(我朝着原来条件的追溯)","这种认识只是从它原有的条件出发,通过它的最终意指来解释行为的一种辩证运动",所以,"理解就不是别的东西,而是我的真实生活,也就是把我的旁人、我自己以及我周围的环境聚集到正在进行的使对象综合统一的整体化运动"。③

萨特这样总结道:"我们把存在主义的研究方法规定为一种逆溯-前进和分析-综合的方法;同时这也是在对象(它包含着作为有许多层的意义的整个时代)和时代(它在其总汇中包含着对象)之间的不断丰富的'一往一来'。事实上,当对象的深刻性和特殊性一被重新发现之后,它不再是处于总汇之外(如同那些马克思主义者把对象归并到历史之中以前所做的那样),它直接进入与总汇的矛盾:总而言之,时代和对象的死板的并列就立刻被一种生

---

① 萨特的"计划"概念直接取自海德格尔的"筹划"概念,在德语中是 Entwurf,原意是"使投射"。萨特认为,人是以他的计划规定自己的。"计划"概念与实践、超越等密切相关。

② [法]萨特:《辩证理性批判·方法问题》,徐懋庸译,商务印书馆,1963年,第100页。

③ [法]萨特:《辩证理性批判》,林骧华等译,安徽文艺出版社,1998年,第122~124页。

动的矛盾所代替了。"①到了这个时候,"对一个个体的生命而言,他的'真理'是他所属阶级的历史的真理和他日常生活的具体真理的复杂的统一"②。

多数学者认为,萨特的人学辩证法把匮乏看作人类过去和现在一切对立和对抗的根源,看作推动人类社会发展的动力的观点是不符合历史事实的。历史的动力并不来自匮乏,不是来自社会经济的这个消极的方面,而是来自它的积极的方面,来自生产力的发展和与此相关的生产关系的变化。生产力的发展会带来超出人们基本需要的财富的过剩,阶级斗争是对这部分社会剩余的争夺,而不是丛林中的生存斗争。至于与匮乏紧密相连的异化,萨特并没有在其中看到对象化这一革命性因素,而是像早期卢卡奇一样,将异化与对象化相混淆,用异化覆盖对象化。综观萨特历史人学三个层次的辩证运动,匮乏是其根本动力,反抗是人性的开端,个体活动是唯一真实的实践,这与马克思主义的历史唯物主义是泾渭分明的两条路,萨特用存在主义补充马克思主义实则是用存在主义取代马克思主义。③

有学者指出:"由于无法真正科学地理解马克思(特别是他的经济学),所以在《辩证理性批判》中,历史辩证法也就成了悲苦个人在匮乏物境和他者(Autre)之狱的无尽黑暗中,戴着脚镣所作的一支孤独之舞,是萨特创作的一出深刻的历史戏剧。"④萨特的人学辩证法不过是要在马克思的历史辩证法基础上强调个人的历史,即不能只是用历史来解释人,还要用人来解释历史,"萨特的目标是找到一种更加灵活和更加耐心的辩证法,将'外部的内在化'和'内部的外在化'结合起来,把人的成长问题纳入到它们的真实性中"⑤。具体与综合是萨特人学辩证法的最高目标。

萨特提出的用心理分析和社会学分析及"前进-逆溯"法来研究历史人物的做法包含着某些合理环节,它们标志着人学研究走向具体个人的要求和努力。当代中国正处在经济体制改革的深水区,"人学"的建构与跟进显得

---

① ［法］萨特:《辩证理性批判·方法问题》,徐懋庸译,商务印书馆,1963年,第109~110页。

② Catalano, *A Commentary on Jean-Paul Sartre's Critique of Dialectical Reason Volume 1*, *Theory of Practical Ensembles*, The university of Chicago Press, 1986, p.52.

③ 参见徐崇温:《怎样认识"西方马克思主义"》,重庆出版社,2012年,第440~448页。

④ 张一兵:《文本的深度耕犁——西方马克思主义经典文本解读》(第一卷),中国人民大学出版社,2004年,第253页。

⑤ 欧阳谦:《存在主义与马克思主义——萨特的理论整合》,《教学与研究》,2006年第1期。

尤为必要和紧迫,如果我们想立足于当代中国建构马克思主义的"人学",那么萨特提出的关于研究具体社会状态和各社会层次相互作用的要求是不能回避的,他提出的方法和解决途径也具有借鉴意义。但我们也要像萨特那样清醒地意识到,心理分析和社会学分析如果没有马克思主义作为原则和基础,就会成为一种无原则的折中主义。

萨特的人学辩证法一方面使我们看到马克思主义的"思想才能",另一方面也使我们认识到诸多马克思主义未曾涉足的思想领域和哲学主题。存在主义作为一个具有国际影响力的哲学流派,在 21 世纪依然有其存在的必要性,在当代中国也仍有其市场。萨特向马克思主义靠近,希望用存在主义"补充"马克思主义,这说明马克思主义依然具有强大的生命力,我们要做的是坚持它,发展它,而不是抛弃它。

(二)马克思主义哲学的当代意义:"人学空场论"与"不可超越论"

21 世纪以来,萨特的名字似乎离我们越来越遥远,萨特带给我们的思想冲击却并没有随之淡去,而是由"明"转"暗",继续刺激着新一代的中国学者。当我们想到作为存在主义马克思主义的集大成者的萨特时,我们的耳畔不能不响起他那掷地有声的两种言论:一是萨特指责马克思主义出现了"人学空场",二是萨特声称马克思主义哲学是"不可超越"的。

萨特的"人学空场论"逼着中国的马克思主义学者建构马克思主义人学,这项伟大工程的历史和改革开放的历史一样长,或者也可以说一样短。直至今天,马克思主义领域的"人学"依然是"显学"。同样,萨特的"不可超越论"也持续刺激着中国的马克思主义学者,使他们站在 21 世纪的入口反思马克思主义哲学的当代意义。

"人学空场"自然是萨特对马克思主义哲学的误解,他认为马克思主义哲学"不可超越"却一语中的。面对误解时极力辩驳和积极建构,这是值得肯定的,也是司空见惯的;但面对赞赏时不骄不躁,努力从自身中将别人所赞赏的东西挖掘出来并且发扬光大就显得难能可贵了。

对马克思主义哲学当代性的反思从改革开放之初就开始了,在世纪之交达到一个高峰,直到今天依然是频频出现的热点话题。虽然学者们关于马克思哲学当代意义的看法不尽相同,但他们通常把对马克思哲学当代意义的反思追溯到萨特的"不可超越"论。早在半个世纪以前,萨特就发出了如下经典之论:

> 马克思主义非但没有衰竭,而且还十分年轻,几乎是处于童年时代:它才刚刚开始发展。因此,它仍然是我们时代的哲学:它是不可超越的,因为产生它的情势还没有被超越。我们的思想不管怎样,都只能在这种土壤上形成;它们必然处于这种土壤为它们提供的范围之内,或是在空虚中消失或衰退。①

20世纪末的苏联解体和东欧剧变使马克思主义和国际共产主义运动经历了前所未有的危机,有些人喊出了"马克思主义已经死亡""历史已经终结了"这样的口号,试图唱衰马克思主义。但历史的发展给了这些人一记响亮的耳光。且不说世界各国的马克思主义学者的积极探索和国际共产组织的恢复及崛起,这里仅列出两个社会事件就足够了:第一,世纪之交时,英国广播电台做了一项"千年思想家"的调查,马克思被选为最伟大的哲学家;第二,2008年以来,美国的次贷危机迅速蔓延为全球金融危机,一个有趣的现象是,马克思的《资本论》销售一空。

按照霍布斯鲍姆的看法,出现这样的状况有两个原因:一是苏联官方马克思主义的终结解放了马克思,马克思不再被等同于列宁主义及其政权;二是有一点变得越来越明显,即"20世纪90年代兴起的全球化的资本主义世界在一些关键的方面与马克思在《共产党宣言》中所预见的世界极为相似"②。

霍布斯鲍姆的看法不能不说是一种真知灼见。在反思马克思哲学当代意义的过程中,国内学术界也涌现出一些有真知灼见的主张。

俞吾金指出,蕴含在马克思文本中的那种深刻的批判精神对于我们这个时代具有重要的意义。这里所说的批判精神包含两个方面:一是马克思对资本主义社会的批判。资本主义并没有像福山所想象的那样可以承担起终结人类历史的重任,"相反,它在发展中所暴露出来的一系列问题表明,它也

① ［法］萨特:《辩证理性批判》,林骧华等译,安徽文艺出版社,1998年,第28页。
② ［英］埃里克·霍布斯鲍姆:《如何改变世界:马克思和马克思主义的传奇》,吕增奎译,中央编译出版社,2017年,第5页。

必须不断地受到批判,从而调整自己的发展道路"①。二是马克思的自我批判精神。关于马克思的自我批判精神,德里达这样说:"要想继续从马克思主义的精神中汲取灵感,就必须忠实于总是在原则上构成马克思主义而且首要地是构成马克思主义的一种激进的批判的东西,那就是随时准备进行自我批判的步骤。这种批判在原则上显然是自愿接受它自身的变革、价值重估和自我再阐释的。"②这种自我批判精神对于当代中国的现实和理论建构都具有重要意义。另外,马克思关于社会主义的论述在当今的生活世界中具有重要影响,尤其是后发国家在探索适合本民族发展的社会主义道路时,马克思是不能被遗忘的思想资源。

关于马克思主义哲学的当代意义,学术界较有影响的观点有以下五种:

第一种观点认为,马克思主义哲学的真正本质和精神是从批判旧世界中创造新世界。马克思主义哲学的时代生命力在于,它立足于现实把握未来的发展趋势,从实际出发,用事实说话。这一点在全球化时代和中国改革开放日益深化的今天尤其重要。用马克思主义哲学的基本精神指导我们的实践,这是马克思主义哲学当代意义的一个方面。另一个重要方面是,我们必须回应马克思主义哲学在当代面临的挑战,实现马克思主义哲学的理论创新。马克思主义哲学奠定了人类解放的基础,在这个意义上,我们无法超越马克思。我们只能像马克思那样,"在批判旧世界中发现新世界"。毛泽东在新民主主义革命时期提出的"三大法宝",邓小平在改革开放新时期提出的"社会主义市场经济"和"一国两制"等思想,都是在贯彻马克思的"在批判旧世界中发现新世界"的哲学精神。在新的历史起点上,我们要做的依然是沿着马克思开辟的道路往前走。

第二种观点认为,马克思主义哲学的本质特征在于它的实践性、批判性、开放性,在于它随着时代的变化和实践的发展而不断创新,这些特征就是马克思主义哲学常葆青春的秘密,就是马克思主义哲学当代意义的具体的和集中的表现。马克思主义哲学的实践性使其同现实的社会生活紧密相连;马克思主义哲学的批判性一方面使外部世界革命化,另一方面也使自身

---

① 复旦大学当代国外马克思主义研究中心编:《当代国外马克思主义评论·第一辑》,复旦大学出版社,2000年,发刊词,第9页。

② [法]雅克·德里达:《马克思的幽灵》,何一译,中国人民大学出版社,1999年,第124页。

革命化;马克思主义哲学的开放性使其容纳百川,成为萨特所说的各种学科、各种知识的总汇。而这些特征也不断促使马克思主义哲学实现理论创新。马克思主义哲学要想实现当代价值,必须具备一定的前提和条件。这个前提是指,我们必须继承马克思所创立的哲学原则、哲学精神和哲学思维方式,着眼于人类命运,落脚于具体实践。在当今的中国,就是要积极参与社会主义现代化建设。这里的条件既包括客观方面的,也包括主观方面的。客观条件是指,要有宽松的社会环境和鼓励创新的机制;主观条件是指,马克思主义哲学研究主体要具备过硬的功底和素质。

第三种观点认为,"马克思哲学的当代性也就是它的真正的历史性,而这种当代性之所以被历史地遮蔽,其根由正在于现实生活本身的当代意义尚未得到充分的自我肯定;因此,这一哲学的当代意义也必定只能再一次历史地生成,亦即历史地被再度揭示和重新发现"①。为揭示马克思主义哲学的当代性,有三方面的工作是基础性的:第一,要明了近代哲学视域的边界。黑格尔哲学代表着这一边界,这里的黑格尔哲学并非形而上学的一种,而是全部形而上学。第二,应当从存在论 (ontology,或本体论)的根基处来深入把握马克思主义哲学的当代性。马克思主义哲学的批判性虽然得到了足够的强调和多方面的发挥,但并没有在存在论的基础上获得深化和巩固,这一点学者们需要警醒。第三,"对话"仍是呈现马克思主义哲学当代意义的最有效途径。这里的"对话"取最广泛的解释学上的含义,包括狭义的文本解读。

第四种观点认为,"每一时代真正的哲学都是人的生存的意义的自我澄明"②。哲学没有一成不变的问题和定位,而是在人的生存过程中彰显存在的意义。就此而言,马克思主义哲学的当代性以对人之生存的本质性的、批判性的文化精神的自觉为基础。正因为如此,马克思主义哲学达到了对人之生存最为深刻而全面的理解。马克思如果缺少了对实践的理解和对异化的人本主义批判,那么他的哲学的魅力将大为减弱。但如果停留于此,马克思主义哲学的生命力也会大打折扣。马克思的学说也不仅仅是经济学理论、暴力革命的理论等。马克思主义哲学的当代价值和生命力就在于它能不断突破这些具体层面的限制,在人的生存过程中揭示出人的实践本质和超越本性。

---

① 吴晓明:《论马克思哲学的当代性》,《天津社会科学》,1999 年第 6 期。

② 高清海等:《马克思哲学的当代价值综论》,《中国社会科学》,2001 年第 5 期。

因此可以说,马克思主义哲学是对人之生存的本质性文化精神的自觉,它的当代性在于它是以回归生活世界为导向的现代哲学的最深刻表现和最内在的自我批判精神。

第五种观点认为,讨论马克思主义哲学的当代意义,首先要做的不是反思时代,而是要有方法论上的自觉。即是说,"反省我们讨论问题的语境、话语模式与研究方法,是我们正确言说马克思哲学当代性意义的前提"①。当前,关于马克思主义哲学当代性有两种较有影响的言说方式:一种主张"回到马克思",另一种主张"马克思走向当代"。不少学者将这两种主张对立起来,这是一种误解。"回到马克思"本来就是一个双重、双向的过程,即一方面回到马克思的经典文本的原初语境,另一方面回到马克思主义发展的历史与现实语境,是一种"历史性的异质视域融合"②。因此,"回到马克思"与"马克思走向当代"是同一个过程,"返本"即是"开新",逆溯即是前进。③讨论马克思主义哲学的当代意义,必须深入了解马克思是如何艰难地摆脱近代哲学传统的。当我们一般地重复萨特的言论,说马克思主义哲学是我们时代不可超越的哲学时,我们"往往低估了马克思哲学超越近代哲学的困难以及我们理解马克思哲学当代意义时摆脱近代哲学影响的困难"④。

另外,学术界普遍认识到萨特在 20 世纪下半叶的法国所处的地位和所起的作用,因而将其置于后现代的视域中来考察。我们将看到,巴迪欧的事件哲学、福柯的生命政治学,以及时下流行的赛博格(Cyborg)都吸收了萨特留下的思想资源。

(三)后现代视域中的萨特:生命政治、后现代地理学与后现代伦理学先驱

阿兰·巴迪欧不无自豪地将 20 世纪下半叶的法国哲学比作继古希腊哲

---

①　刘怀玉:《研究马克思主义哲学当代性意义的方法论问题》,《学术月刊》,2002 年第 6 期。

②　张一兵:《无调式的辩证想象》,江苏人民出版社,2016 年,序第 6 页。

③　参见[德]黑格尔:《逻辑学》(上卷),杨之一译,商务印书馆,2012 年,第 55 页。"前进就是回溯到根据,回溯到原始的和真正的东西。"

④　刘怀玉:《"面向生活"的现代性哲学问题构成与反思——对马克思哲学当代意义的一种理解》,《哲学动态》,2005 年第 10 期。

学、德国古典哲学之后的第三个哲学时代,而萨特的《存在与虚无》标志着这
一哲学时代的开端。①萨特综合存在主义与马克思主义的力作《实践理性批
判》问世的时候,也是存在主义在法国迅速被结构主义代替的时候,也是法
国思想在 20 世纪 60 年代转折的开始。不管是作为推崇的对象还是作为批
判的对象,萨特都像一个风向标一样屹立在 20 世纪下半叶的法国。

　　列维–施特劳斯在 1962 年发表的《野性的思维》一书中,将批判的矛头
直接指向萨特。他洞察到萨特所追寻的主体无法摆脱笛卡尔的 “我思”传
统——这个“我思”把人与社会割裂开来——虽然萨特渴望将“我思”社会
化,但其实不过是“用一座牢狱替换另一座牢狱”②。萨特的主体因陷入孤立
的个体情绪而无法摆脱孤独与苦恼的纠缠,或者毋宁说,萨特所追寻的主体
“是一个人为割裂出来的虚构的主体”③。对于列维–施特劳斯来说,主体是一
个已死的概念,重要的不是去揭示人的主体性,而是去发现隐藏在社会背后
并使社会按照一定规则运行起来的“结构”。与这种结构相比,主体的力量微
不足道。

　　拉康和阿尔都塞都极力消解主体。结构主义在 20 世纪 60 年代取得了
对存在主义的决定性胜利。这个胜利是如此轻而易举,以至于我们要怀疑萨
特及其所代表的存在主义竟然如此不堪一击。然而结构主义的境遇并不比
存在主义好,它在取得了自己的荣誉之后迅速内爆。结构主义用自己最强大
的“结构”击溃了存在主义情绪化的主体,但这个主体变成幽灵缠绕着它。卢
锡安·戈德曼批评拉康的话一语中的:“结构不上街。”④这使我们想起萨特在
1969 年的一次访谈中对列维–施特劳斯的批评所做的委婉回应:

---

　　①　See Alain Badiou, *L'Aventure de la philosophie française*, Paris:Fabrique, 2012, p.9.“20 世纪
下半叶是法国哲学的时代,我们所看到的整个过程,完全可以媲美于古希腊和启蒙时期的德国。从
1943 年出版的萨特的巨著《存在与虚无》,到 90 年代出版的德勒兹的《什么是哲学?》,法国哲学的时
代在这两部著作之间风起云涌,包括巴什拉、梅洛–庞蒂、列维–施特劳斯、阿尔都塞、福柯、德里达和
拉康,当然还有萨特和德勒兹,或许还有我自己,如果的确存在着这样一个法国哲学时代的话,那么
我的立场或许是法国哲学最后的代表。”

　　②　[法]列维–施特劳斯:《野性的思维》,李幼蒸译,中国人民大学出版社,2006 年,第 228 页。

　　③　蓝江、王欢:《从存在主义到后结构主义——20 世纪 60 年代法国哲学的转折》,《哲学动态》,
2018 年第 9 期。

　　④　Elisabeth Roudinesco, *Jacques Lacan*, Fayard, 1993, p.444.

在我最新的一本谈福楼拜的书中,用我所谓亲身经历(vécu)来取代了之前的我意识观念(尽管我仍然会使用意识一词)。在这里,我要谈论的不是前意识的警觉,也不是无意识,更不是意识,而是个体本身及其财富和意识永恒流溢着(overflowed)的领域,在这个领域中,人们总是借助遗忘(forgetfulness)来玩弄自我决定把戏。①

有学者指出,萨特在这里区分了再现式自我和生命性自我。生命性自我即是萨特所说的个体在其本身及其财富和意识永恒流溢着的领域的亲身经历着的自我。(我们看到萨特"反思前的我思"的影子,在这里,萨特想要摆脱"思"的结构。)而再现式自我是那个遗忘了亲身经历,在符号能指链的结构中显现着的自我。结构主义者看到了再现式自我的力量,却低估了生命性自我的力量。拉康后来强调隐藏在符号能指链下的真实欲望和留存在生命体之上的剩余快感,这种转向无疑是对萨特主体哲学的某种回归。在拉康身上,我们看到了存在主义与结构主义互补的可能,我们将看到,福柯在实际上综合了二者。

萨特所代表的存在主义与结构主义的争论在 1968 年的"五月风暴"之后融合成一种新的思想趋势,这种思想趋势以"多元与差异"为根本特征,拉康的"剩余快感"是这种思想趋势的一个标志。我们有理由把这种思想趋势的源头追溯到萨特。"萨特的价值是,他所言说的主体性和他所基于的立场之间不是连贯的,他所处的时代,他所依赖的问题式,与他使用的概念和术语之间存在着巨大断裂,萨特是被撕裂的形象,他将自己作为一个症候呈现在战后法国思想家的断裂点上。"②萨特思想中包含的言说与"问题式"的错位裂变为当代法国思想中的两种进路:一是对国家机器和话语装置进行实证研究,在冷峻的分析中生发出批判性的力量,福柯行走在这条道路上;二是通过生命游牧逃逸出国家机器和话语装置的控制,鲍德里亚、德勒兹和迦塔利行走在这条道路上。

福柯的生命政治学展示了这两种进路的交汇。福柯让我们看到,我们的

---

①　Jean-Paul Sartre, Itinerary of a Thought, in *New Left Review*, 58(Nov.–Dec.1969), p.48.

②　蓝江:《从主体性衰落到非人崛起——战后法国左翼批判思想的发展脉络》,《山东社会科学》,2017 年第 11 期。

身体是如何被现代社会的规训机制生产出来的，无论是正常的人还是不正常的人都无法逃离这种规训机制，而只能加强（尤其是不正常的人）这种规训机制对我们的生命政治权力。利奥塔早已对我们的自然身体不抱希望而求助于一种非人思维——或许赛博格是逃离社会监狱的唯一途径。

在被巴迪欧称为第三个哲学时代的"尾声"处，我们看到的是巴迪欧自己。巴迪欧把界定从萨特、阿尔都塞、拉康到福柯、德里达和德勒兹的法国哲学线索作为自己的任务。像萨特一样，巴迪欧把巴门尼德的"存在"作为自己哲学的起点，巴迪欧的创见在于"确定存在纯粹是多元，是我们在生活中遭遇到的诸多实存物（Seienden）非总体性的多样性，而我们时常会想把这些东西统一起来"①。巴迪欧将这种被萨特称为"总体化"的统一称为"计数为一"。在巴迪欧看来，纯多是没有概念的，对于纯多的表达只有借助于数学语言（集合论）才是可能的；与存在相对的也不是虚无，而是事件。在经历了存在主义、结构主义和后结构主义的洗礼后，巴迪欧走向了一种数学化的事件本体论的建构，在他这么做的时候，我们看到，他保持着对萨特的永恒回望。

也有学者从地理空间的角度解读萨特。《后现代地理学》的作者爱德华·苏贾坚持在本体论的层面上找到空间、时间和存在之间的深层次的关联。②他在海德格尔和萨特的本体论中发现了这种关联，并把这两位现象学存在主义者视为自己的先行者。萨特的重要性在于，他不仅在本体论中发现了空间，而且在人与人的相互关系中看到了社会化的空间构型，并将其运用到对资本主义的批判分析中去。

首先来看萨特的空间化本体论。意识作为自为的存在具有面向自身和面向自在而不断在场的意向性活动结构。苏贾认为，意识的这种"面向……的在场"的活动结构具有一种虚无化的能力，也意味着意识和自身之间，以及意识和自在之间存在着一种原始的裂缝或距离。这种距离使意识的反思活动成为可能，也使自在在意识的虚无化活动中展现其意义。由此我们看到，空间性就包含在萨特的自为–自在的意向性结构之中。苏贾将萨特早期哲学中的"虚无"概念指认为主观意识与客观世界的分裂，它标志着人与外

---

① ［美］弗里德里克·詹姆逊：《巴迪欧与法国传统》，蓝江译，《上海大学学报》（社会科学版），2017 年第 4 期。

② 参见［美］爱德华·苏贾：《后现代地理学》，王文斌译，商务印书馆，2004 年，第 199~200 页。

物之间的原始距离,这种原始距离为人之在世生存提供空间本体论基础。然而意识的超越性不满足于创造距离,它还要求跨越距离。由于《存在与虚无》对自在与自为的双重绝对化,它们之间的总体化综合变得不可能:"这整体化总是被指出而又总是不可能的。正是这永恒的失败同时解释了自在与自为的不可分性和它们的相对独立性。"①《存在与虚无》虽然不能完成这种整体化的综合,却在本体论上肯定了自为存在具有将自己从世界中分离以及将自己与世界整合起来的能力。这意味着,萨特所说的空间已不再是近代科学意义上的抽象空间,而是与意识的"面向……的在场"的结构联系在一起的,在自为与自在的动态关系中呈现出来的空间。

到了《辩证理性批判》时期,萨特不再把空间性置于意向性结构之中,而是把实践当作空间结构呈现自身的基础。自为依然是一个本体论的范畴,但这里的自为不再是面向自身和面向自在的纯粹意识,而是处于一定社会历史关系中的,通过能动的谋划改变自身和周围环境的实践。实践与空间成为不可分割的整体,"空间一方面表现为在实践的场域中人和物、内在性和外在性相互作用的结果,但另一方面这种被实践所塑形的空间又构成了新的实践活动的前提和条件"②。

通过将空间与人的实践联系在一起,萨特看到了社会关系中的空间构型,并以此来分析资本主义社会。我们在萨特的群列中看到了资本主义特有的社会空间,在这种空间中,人们互不交谈,在相互分散中失去了反抗现实的能力而被资本主义同化。市场就是这种群列空间的代表。在市场空间中,每个参与者的行为都是被决定和操纵的,平等交换是在等级制的关系中进行的。更进一步,萨特不仅看到了交换形式与空间的关系,也看到了生产组织形式与空间的关系。在泰勒制的生产模式中,空间被分割成众多单一的隔间,一方面提高了资本主义的生产效率,另一方面造成了无产阶级的无能。

由此观之,苏贾称萨特把我们带到了"空间、时间和存在的一种平衡的和毫无孰先孰后的本体论和认识论的边缘"③就不难理解了。萨特的存在主

---

① [法]萨特:《存在与虚无》,陈宣良译,生活·读书·新知三联书店,2007 年,第 751 页。

② 刘怀玉、陈硕:《历史唯物主义空间化解释的实践哲学路向——以萨特的〈辩证理性批判〉为个案》,《学术与探索》,2013 年第 6 期。

③ [美]爱德华·苏贾:《后现代地理学》,王文斌译,商务印书馆,2004 年,第 208 页。

义马克思主义也就成为历史唯物主义空间化的思想资源。

萨特晚年的伦理学转向也引起了国内学界的重视，他和列维纳斯的深层关系逐渐被挖掘出来。有学者指出："萨特晚年的伦理转向与法国八十年代以后整个思想界的转折是完全一致的。"①经历了 60 年代末的"五月风暴"、70 年代的反人道主义之后，萨特和许多法国思想家一样，将伦理学置于视野的中心。个人与群体的关系是萨特毕生思考的问题。早年的萨特从绝对自由观——立足于笛卡尔的"我思"——出发，认为"他人就是地狱"；到了晚年，萨特看到了个人主体对于他人的依赖，把他者视为我的条件，这种转变使萨特成为列维纳斯的同路人。列维纳斯从"他者"出发的伦理学向我们展示了一种不同于自我主体性的主体性，他早已在萨特晚年刚刚踏足的道路上走了很远了。但萨特的这种转变依然具有先驱的性质，因为"转变"本身既造成一种汇合，又造成一种开端。

在晚年的访谈中，萨特大谈义务，他看到了人的行动中包含的某种类似"请求"的东西，而他认为，正是这种东西使伦理成为可能：

> 对于义务，我的意思是，任何时候我意识到某物，或做某事，总有一种超越实在的请求，并导致这样一个事实，即我所要施行的行动中包含了一种内在的强制力，这就是我意识的一个向度。每一个意识都必须做它所做的事，并不是因为它所做的事都必然是值得的，而是相反，因为意识中的任何目的总使自己呈现为某种类似请求的东西。这在我看来就是伦理的开始。②

我们看到，萨特在意向结构中发现了他者的规定，借助于这种"为他者"的自我，萨特走出了早年自我与他者之间无休无止的战争状态。萨特将他新发现的这种自我与他者之间的"请求"关系定义为"道德良知"③。他甚至说："他者是我的条件——我的回应，也不仅仅是我的回应，而是从我诞生的那

---

① 孙向晨：《萨特、莱维纳及他者问题》，《江苏社会科学》，2006 年第 1 期。

② Jean-Paul Sartre, Benny Levy, *Hope Now*, The University of Chicago Press, 1996, pp.69-70.

③ Ibid., p.71.

一刻起就以他人为条件的,这就是一种伦理的本质。"①

　　萨特的转向确证了列维纳斯的坚守:如果不想放弃主体性,那么"他者"是"自我"的唯一出路。哲学中主体性的建构开始于笛卡尔的"我思",但这个"我思"以切断自我与他者的关系为前提。德国古典哲学想要建立"类"的主体性,它在一定程度上牺牲了个体。黑格尔的"主奴辩证法"经过科耶夫的宣传在法国思想界引起了轩然大波,萨特也长时间被其俘获,但列维纳斯作为一个犹太人,饱经战争的苦难,对这种斗争伦理有一种天生的反感。胡塞尔的现象学在认识论的层面上找到了自我与他者的关联,他的"主体际性"似乎使他者和自我平起平坐了,但作为出发点的"先验自我"仍然是一种绝对自我。海德格尔看到,单纯从认识论的层面来探讨他人问题没有出路,认识论摆脱不了唯我论。海氏避开先验自我的老路,走出了"我思"的内在性,专注于此在"在世"的"共在"结构。但萨特和列维纳斯都注意到,海德格尔的"共在"结构是把我与他人的关系变成了"我们",而不是一个独特个体与另一个独特个体的"相遇"(encounter),因为在"我们"中,我和他者是可以相互置换的。如何做到与他者"相遇"呢? 萨特认为,在"注视"中,我与他人真正相遇了,他人的注视使我感受到一种震动,"这种震动特别发生在伴随着暗中监视他人而被人发现时的那种令人窘迫难堪的境遇而产生的羞愧当中。这就是那种证实他人意识的存在是确定无疑和不容争辩的经验"②。但萨特所说的这种"注视"意味着不快和斗争。在列维纳斯看来,这并不是真正的伦理关系。和萨特一样,列维纳斯也看到了他者对我的限制和威胁,但列氏决定性地将视角从"自我"移向了"他者",看到了我对他者的限制和威胁,因此也凸显出我对他者的责任,它使我们走出自我的傲慢,带着谦卑之心面对他者。对于列维纳斯来说,我的存在本身就对他人构成了侵犯、掠夺和杀戮,即是说,他对他人犯有"原罪",因此我对他人具有永久的、不可推卸的责任,这种责任会在我对他人"面孔(脸)"的凝视中被强烈地激起。

　　我们看到,列维纳斯这种将"他者"置于优先地位的思路正好对应了萨特晚年的转向。只有从"他者"出发,萨特的斗争性的"注视"才能转化为爱的

---

①　Jean-Paul Sartre, Benny Levy, *Hope Now*, The University of Chicago Press, 1996, p.71.

②　[美]赫伯特·施皮格伯格:《现象学运动》,王炳文、张金言译,商务印书馆,2011年,第695页。

凝视,只有在这时,萨特才能真正感受到"群体不是压抑个体的声音,而是以个体性来培育自己,是对个体性的协调"①。由此我们也更能看到,萨特和列维纳斯的确"离得很近"②。

①　[法]贝尔纳·亨利·列维:《萨特的世纪》,闫素伟译,商务印书馆,2005 年,第 790 页。

②　Levinas, *Unforeseen History*, University of Illinois Press, 2004, p.96.

第八章　阿尔都塞及其结构主义马克思主义在中国的影响

按照一种虽然并非毫无争议，但总体上广为流传的观点，在自卡尔·柯尔施以来被称为西方马克思主义之理论活动形态的多线发展历程中，由主要活跃于 20 世纪六七十年代的法国思想家、前天主教徒路易·阿尔都塞（亦被译为"阿图塞"）所开创的"结构主义马克思主义"——要是考虑阿尔都塞本人对由法国人类学家列维–施特劳斯所代表的结构主义的一贯敌视，以及国内外学界在此问题上的系列争辩，或许更为合适且更为稳妥的做法，乃是借鉴阿尔都塞在其《自我批评材料》中的表述，仅仅将此种马克思主义形态描述为在"术语"上与结构主义关系"暧昧"①的马克思主义——构成了迄今为止最为独特，以及在哲学层面最富创意的一个时刻。在该时刻，不仅先前由青年马克思著作之发现所引起的一个马克思还是两个马克思的疑虑得到了回应，而且经此回应，一方面，同时作为科学与哲学的马克思主义之双重本性，被认定是所有马克思的读者都应当能够形成的清楚而明白的观念；另一方面，将据称是以隐微的方式存在于马克思之"成熟"文本，即"科学"文本当中的马克思主义哲学带入其自身表达之中，则被视作当下乃至未来马克思主义者们所需要面对的首要理论任务和实践任务。换言之，阿尔都塞之所以能够在种种西方马克思主义所构成的理论中占有一席之地，主要且根本性的是因为他强有力地提出并回答了如下三个彼此关联的要害问题：①何为马克思主义科学？②何为马克思主义哲学？③既是科学又是哲学的马克思主义究竟具有何种实践性质？众所周知，正是在如此这般的三重发问与三重回

---

① 　Louis Althusser, *éléments d'autocritique*, Hachette Littérature, 1974, p.60. 中译本参考［法］阿图塞：《自我批评论文集》，杜章智、沈起予译，远流出版事业股份有限公司，1990 年，第 146 页。

应之过程中——倘若借用阿尔都塞自己的概念，可以说这里所呈现的无疑是一个"问题架构（problématique）"，这深刻反映了阿尔都塞对于此前提及的马克思主义之双重本性的坚定信念——阿尔都塞先后提出了"马克思通过认识论断裂走出了意识形态""马克思主义不是（理论上的）人道主义""马克思主义不是历史主义""（马克思主义）哲学是理论上的阶级斗争"等一系列令其毁誉参半的核心命题。与此同时，一反自卢卡奇以来在西方马克思主义理论界大行其道的"以黑（黑格尔）解马（马克思）"之进路，不断调用绝对理性主义者斯宾诺莎及在其看来与之意气相投的精神分析学家拉康的种种理论要素，竭力拉开马克思主义与一切形式之黑格尔主义（包括像费尔巴哈那样的颠倒了的黑格尔主义）的距离，以期最终彰显作为革命的思想家，马克思在理论上所具有的伟大的孤独。

从 20 世纪 60 年代开始，主要由《保卫马克思》和《读〈资本论〉》这两部文集所展现与传播的"阿尔都塞主义"就受到了来自法国内部和外部的诸多批评乃至抨击，且这些批评与抨击几乎涉及了阿尔都塞主义的所有核心内容：针对阿尔都塞提出的认识论断裂、理论反人道主义、反经验主义、反历史主义，以及作为这些论题之根基的科学—哲学双重马克思主义观，法共官方思想家罗歇·伽罗迪（Roger Garaudy）、异端马克思主义者亨利·列斐弗尔、亲马派哲学家吕西安·戈德曼（Lucien Goldmann）和莫里斯·梅洛-庞蒂、《资本论》读书小组成员雅克·朗西埃，以及英国马克思主义者约翰·刘易斯（John Lewis）、爱德华·汤普森（Edward Thompson）、佩里·安德森等人，均从不同角度做出了批判性的回应，直指阿尔都塞在其阅读和理解马克思思想过程中所透露出的理论主义立场、教条主义倾向和根本上的科学主义执念，并且即使包含着或多或少的旧政治意识形态要素，这些出自不同立场之批评的理论内容仍旧被新一代的阿尔都塞读者所承接，甚至哪怕是像格里高利·艾略特（Gregory Elliott）这样将"反-反阿尔都塞（anti-anti-Althusser）"明确上升为一种基本原则的阿尔都塞同情者，也难以对阿尔都塞的理论主义、科学主义和教条主义避而不谈，并最终重拾雷蒙·阿隆曾经提出的看法，认为阿尔都塞归根结底构造出了一种"想象的马克思主义（imaginary Marxism）"①。虽

————————

① Gregory Elliott, *Althusser. The Detour of Theory*, Brill, 2006, p.xxi, p.371.

然随着其晚期作品和其他诸多重要手稿的发现与出版,在"五月风暴"后逐渐失去追随者,并由于弑妻事件而在公众舆论中声名狼藉的阿尔都塞又再次回到了思想界乃至公共评论界的视野,而且一系列更为扎实、更具有理论意义的阿尔都塞研究在近些年层出不穷——除了上面提及的艾略特之外,沃伦·蒙塔格(Warren Montag)、伊莎贝勒·加洛(Isabelle Garo)、帕斯卡尔·伊姚(Pascale Gillot)也是具有代表性的人物——但要在理论层面,尤其是在马克思主义理论层面坚定捍卫一种阿尔都塞主义立场,则几乎已不存在任何可能性和可行性。

与上述情形不同,由于种种复杂的历史原因,阿尔都塞主义或曰阿尔都塞的马克思主义学说并没有在第一时间登上 20 世纪 60 年代中国的思想舞台,并且根据一种普遍被接受的观点,认为写作于 1978 的《界限中的马克思》①这篇长文标志着阿尔都塞主义在理论上的彻底瓦解,那么甚至可以说,国内学界对阿尔都塞思想的讨论最多赶上了末班车。然而虽然起步相对较晚,但无论从数量还是质量上来看,以徐崇温《关于西方的"马克思主义"研究——流派和观点综述》②一文作为可追溯的发端,国内的阿尔都塞引介和研究工作在这四十年以来仍旧取得了不容忽视的发展。尤为耐人寻味的是,在理论上高举反人道主义旗帜的阿尔都塞一度作为重要的理论参照,被引入激荡于 20 世纪 80 年代的国内关于人道主义的大讨论,在此意义上,不妨说阿尔都塞主义深刻参与了 20 世纪后二十年以来中国马克思主义理论发展的历史进程。当然,随着与国际学界的逐步接轨,同时有赖于具有现实根源的理论旨趣的重要变更,在四十多年后的今天,对于阿尔都塞的理论反人道主义和阿尔都塞主义整体之是非功过,很大一部分国内学者已不再限于单纯给出直接而简单的结论,而是着力于从学理上对此种形态的西方马克思主义之意义与限度做出双重厘定,并试图有原则地调用其中的积极要素,用以思考和分析处于世界历史–政治语境中的当代中国之现实。

我们的首要任务便是对这段横跨四十多年且仍在延续的历史进行阶段

---

① Louis Althusser, Marx dans ses limites, in Écrits philosophiques et politiques, tome I, STOCK/IMEC, 1994, pp.367–537.

② 徐崇温:《关于西方的"马克思主义研究"——流派和观点综述》,《国外社会科学》,1978 年第 5 期。

性的回顾，并着重揭示阿尔都塞主义对于中国学界之马克思主义理解及阐释所产生的历史影响，以便更完整地呈现出西方马克思主义在中国之总体历程。出于这一要求，以下的回溯工作将分为三个步骤展开：首先是从文本的角度交代国内学界对阿尔都塞的翻译和引介情况，继而聚焦与阿尔都塞主义相关的若干重要论争，最终则是在前两部分回顾工作之基础上，对阿尔都塞主义在中国之历程给出总结性的评论，并对国内阿尔都塞研究可能具有的未来做出展望。

一、走出学徒状态：对阿尔都塞的翻译和引介情况

(一)阿尔都塞作品的中译情况

虽然一般而论，《保卫马克思》与《读〈资本论〉》乃是阿尔都塞主义最为核心且影响最为深远的两个文本，但或许是出于历史的偶然，根据现有的文献资料来看，国内对于阿尔都塞作品的翻译并没有以此二者为开端：目前可追溯的对于阿尔都塞作品的最早中文译作是在《国外社会科学动态》1980年第3期上刊登的《关于路易·阿尔都塞的两篇资料》，这两篇资料的蓝本是分别发表于1966年和1968年的《一封关于艺术认知的信(答安德烈·达斯普)》(中译题为"一封论艺术的信")和《哲学是革命的武器(答八个问题)》(中译题为"哲学是革命的武器——回答玛其奥奇的提问")，[1]且在篇幅上与原文有一定差距。由此看来，复旦大学哲学系现代西方哲学教研室编译的《西方学者论〈一八四四年经济学—哲学手稿〉》[2]或许应当被视为严格意义上的阿尔都塞中译工作的真正开始，因为这部译著首次收录了《保卫马克思》中的五篇重要论文，分别是阿尔都塞为英译本撰写的《致读者》(中译改标题为"我

---

[1]　Louis Althusser, Lettre sur la connaissance de l'art(réponse à André Daspre), *La Nouvelle Critique*, n.175, avril 1966, pp.141–146; La philosophie comme arme de la révolution(réponse à huit questions), *La Pensée*, n.138, avril 1968, pp.26–34.

[2]　复旦大学哲学系现代西方哲学研究室编译：《西方学者论〈一八四四年经济学—哲学手稿〉》，复旦大学出版社，1983年。

为什么反对重新解释马克思主义"）、原序《前言：今时今日》之第二部分（中译改标题为"论马克思思想发展进程"），以及《论青年马克思》《卡尔·马克思的〈1844 年手稿〉》和《马克思主义和人道主义》这三个核心文本。1984 年，由顾良翻译、杜章智校订的《保卫马克思》全译本①出版，并收录了阿尔都塞著名的《自我批评材料》，后者也曾与差不多同时期写作的《答刘易斯》和《在哲学中成为马克思主义者容易吗？》结集，②由远流出版事业股份有限公司出版③。在此之后，除了对若干篇重要文章的散译——主要是《抽象画家克勒莫尼尼》和《意识形态和意识形态国家机器》④——以及在中国台湾出版的《列宁与哲学》和《自我批评论文集（补卷）》⑤，阿尔都塞的中译出版工作在整个 90 年代基本上是停滞的。在历经了整整十年的休憩后，李其庆、冯文光合译的《读〈资本论〉》⑥的出版标志着阿尔都塞中译工作的重新启动，而《哲学与政治》与《黑格尔的幽灵——政治哲学论文集（Ⅰ）》这两本重要文集、《来日方

①　[法]路易·阿尔都塞：《保卫马克思》，顾良译，杜章智校，商务印书馆，1984 年。

②　Louis Althusser, *Réponse à John Lewis*, François Maspero, 1973; Est-il simple d'être marxiste en philosophie?, *La Pensée*, N.183, Octobre 1975, pp.3–31.

③　[法]阿图塞：《自我批评论文集》，杜章智、沈起予译，远流出版事业股份有限公司，1990 年。《在哲学中成为马克思主义者容易吗？》又名《亚眠的答辩》，是阿尔都塞于 1975 年在法国皮卡迪大学（Université de Picardie）申请国家博士学位所使用的发言稿，中共中央马恩列斯著作编译局编译、人民出版社出版的《马列主义研究资料》1986 年第 3~4 期合刊刊登有顾良对此文的中译。

④　Louis Althusser, Cremonini, peintre de l'abstrait, *Démocratie nouvelle*, n.11, novembre 1966, pp. 105–120[杜章智译，《马克思主义文艺理论研究》（第 7 卷），文化艺术出版社，1986]; Idéologie et appareils idéologiques d'état(notes pour une recherche), *La Pensée*, n.151, juin 1970, pp.3–38.（李迅译，《当代电影》，1987 年第 3~4 期；杜章智译，《马列主义研究资料》，1988 年第 4 辑。）

⑤　[法]阿图塞：《列宁和哲学》，杜章智译，远流出版事业股份有限公司，1990 年；[法]阿图塞等：《自我批评论文集（补卷）》，林泣明、许俊达译，远流出版事业股份有限公司，1991 年。后者实为编译著作，其中翻译的阿尔都塞本人作品仅为《答刘易斯》《李森科：未完结的历史》(Louis Althusser, Avant-propos: Histoire terminée, histoire interminable, in Dominique Lecourt, *Lyssenko. Histoire réelle d'une science prolétarienne*, François Maspero, 1976, pp.7–19)和《马克思主义的危机》(Louis Althusser, Enfin la crise du marxisme, in *Pouvoir et opposition dans les sociétés post-révolutionnaires*, Seuil, 1978, pp.242–253)。

⑥　[法]路易·阿尔都塞、艾蒂安·巴里巴尔：《读〈资本论〉》，李其庆、冯文光译，中央编译出版社，2001 年。由于所依原本之版本原因，该中译本并未包括雅克·朗西埃、皮埃尔·马舍雷(Pierre Macherey)和罗歇·埃斯塔布莱(Roger Establet)三人的文章。这一情形在该译本的第二版（中央编译出版社，2017 年）中也并未改善。

长：阿尔都塞自传》这部非典型自传，以及阿尔都塞 1955 年至 1972 年间的授课记录《政治与历史：从马基雅维利到马克思（1955—1972 年高等师范学校讲义）》①的陆续翻译出版，则将这一工作推向了一个新的阶段，尤其是最后这本译作的问世，不仅在极大程度上帮助国内学界了解到一个别样的、超出单纯马克思主义理论家形象的阿尔都塞，更是作为进行中的《阿尔都塞著作集》中译工程②的首部成果，激励出以更为全面、更为透彻之方式研究阿尔都塞思想的理论可能。同样值得关注的还有"中文马克思主义文库"网站上由赵文翻译的若干篇阿尔都塞文章，尤其是《话语理论的三个笔记》（1966 年）和《相遇唯物主义的潜流》（1982 年）③，亦是对理解阿尔都塞思想之整体面向而言极富价值的重要文献。

综上所述，尽管像《论精神分析》《精神分析与人文科学》《在哲学上成为马克思主义者》《论历史》和几部书信集④的中译工作仍有待展开，但从现有趋势来看，相信在不久的将来，这些重要的阿尔都塞作品最终会进入汉语学

---

①　陈越编：《哲学与政治：阿尔都塞读本》，吉林人民出版社，2004 年；[法]路易·阿尔都塞：《黑格尔的幽灵——政治哲学论文集（Ⅰ）》，唐正东、吴静译，南京大学出版社，2005 年；《来日方长：阿尔都塞自传》，蔡鸿滨译，陈越校，上海人民出版社，2013 年；《政治与历史：从马基雅维利到马克思（1955—1972 年高等师范学校讲义）》，吴子枫译，西北大学出版社，2018 年。

②　根据现有计划，除《政治与历史：从马基雅维利到马克思（1955—1972 年高等师范学校讲义）》之外，由陈越主编的《阿尔都塞著作集》还将出版《孟德斯鸠：历史与政治》《论再生产》《马基雅维利的孤独》《写给非哲学家的哲学入门》《论哲学》和《卢梭讲义》这几部在国际学界早已成为基本一手资料的阿尔都塞作品。

③　[法]路易·阿尔都塞：《话语理论的三个笔记》，赵文译，https://www.marxists.org/chinese/al-thusser/mia-chinese-althusser-1966.htm（Louis Althusser, Trois notes sur la théorie des discours, in *Écrits sur la psychanalyse*, STOCK/IMEC, 1993, pp.117-170）；《相遇唯物主义的潜流》，赵文译，https://www.marxists.org/chinese/althusser/mia-chinese-althusser-1982.htm（Louis Althusser, Le courant souterrain du matérialisme de la rencontre, in *écrits philosophiques et politiques*, tome I, STOCK/IMEC, 1994, pp.553-594）。

④　Louis Althusser, Écrits sur la psychanalyse, STOCK/IMEC, 1993; *Psychanalyse et sciences humaines. Deux conférences*（*1963-1964*）, Librairie Générale Française, 1996; *Lettres à Franca*（*1961-1973*）, STOCK/IMEC, 1998; *Lettres à Hélène*, Grasset, 2011; *être marxiste en philosophie*, PUF, 2015; *Écrits sur l'histoire*, PUF, 2018; Louis Althusser, Lucien Sève, *Correspondance 1947-1987*, Éditions sociales, 2018. 值得一提的是，由法国学者马特龙和美国学者戈什嘉恩主要负责的阿尔都塞手稿整理出版工作仍在进行之中，上述最后三部作品便是这项工作在近几年的杰出成果。

界的视野,不仅成为论衡阿尔都塞及阿尔都塞主义的基本参照,更可以成为与国际阿尔都塞研究接轨的坚实起点。

(二)阿尔都塞思想的引介情况

至少从表面上看,在缺乏核心译本的支持,而汉语又是主要研究语言的历史背景下, 国内学界对于外国思想家的研究通常不可避免地会在初期阶段采取一条迂回之路,换言之,相关研究势必在一定程度上呈现出对国外研究有所依附的情形。在这一点上,国内学界对阿尔都塞的了解、关注和讨论并没有成为特例。

具体而言,根据不完全统计,由《国外社会科学动态》在 1980 年第 2 期上刊登的三篇译文(西班牙 A.米格尔的《关于国家的讨论——对路易·阿尔都塞一篇论文的意见》、意大利瓦伦蒂诺·杰拉塔纳的《阿尔都塞和斯大林主义》和美国 E.库尔楚埃尔的《路易·阿尔都塞:介乎哲学与政治之间》)应当是大部分国内学者最早接触的海外阿尔都塞的研究。而随后刊登在《国外社会科学》的《法国哲学界对马克思主义辩证法的研究》(V. 冯·弗罗布莱夫斯基,李黎译,1979 年第 6 期)、《塞夫的科学人道主义》(C. 沙姆斯,裘辉译,1981 年第 11 期)、《马克思的经验主义》(R. 赫德尔森,佩侃译,1983 年第 3 期)、《法国近二十年来哲学发展概述——哲学恰似地狱》(D. 哥里索尼, 李培林译,1983 年第 10 期)、《评〈阿尔都塞的著作:结构主义的马克思主义〉》(T. 斯特朗,陈胜华译,1986 年第 7 期)和《哲学译丛》上的《卡尔·马克思和现实的人道主义》(M. 陶姆, 郭官义译,1984 年第 5 期)、《近十五年来法国哲学的变迁》(C. 德拉冈巴涅,李培林译,1985 年第 3 期)、《阿尔都塞的多元决定与结构因果观》(M. 埃默森,欧阳谦译,1985 年第 6 期)等译文,则显然也能够从不同角度对这种初步理解起到或多或少的补充作用。当然,从更广阔的视野来看,真正有分量的、从原则上讲能够真正促成当时国内学界对于阿尔都塞思想之整体把握的,还应属人民出版社出版的佩里·安德森的《西方马克思主义探讨》和远流出版事业股份有限公司出版的柯林尼克斯(Alex Callinicos)的《阿图塞的马克思主义》①，只不过由于特殊的历史原因，后一部译作在多大程度上实质性地促进了汉语学界整体的阿尔都塞研究，或许终究是难以回溯、难以厘清的问题。

从时间点上来看，除了此前提到的徐崇温的《关于西方的"马克思主义"研究——流派和观点综述》一文之外——该文对阿尔都塞之介绍所占的篇幅较小，且其总体立意在于批判由阿尔都塞等西方马克思主义者所犯下的"修正主义"②错误——国内早期阿尔都塞研究的主要成果都涌现于 1980年之后，更准确地说是从 1983 年，也就是《国外社会科学动态》和《哲学译丛》之若干篇译文，以及复旦大学哲学系编译的《西方学者论〈一八四四年经济学—哲学手稿〉》均已然问世那一年开始层出不穷。在论文层面，较为重要的早期成果包括薛民的《阿尔都塞的反人道主义理论》、许俊达的《评阿尔都塞研究马克思主义的结构主义方法》、南石的《社会结构与历史主体——评阿尔都塞"无主体"论》、刘莘的《意识形态与科学——评阿尔都塞的意识形态论》及《哲学与科学——评阿尔都塞的哲学观》、杨善解的《阿尔都塞"多元决定"观述评》、史超逸的《阿尔都塞是不是结构主义者》和陆梅林的《评阿尔都塞的艺术思想》等。③从题目中不难看出，这些文章基本上涵盖了反人道主义、结构主义、多元决定论、历史无主体论、意识形态论等阿尔都塞主义所引起的最热门的理论话题。尤为值得注意的是，无论是否以之为核心论题，上述早期研究者均默认"结构主义"乃是阿尔都塞阅读和阐释马克思主义的基本方法，继而站在不同的立场上，参照当时仅有的、从而颇为流行的皮亚

---

①　[英]佩里·安德森：《西方马克思主义探讨》，高铦、文贯中、魏章玲译，人民出版社，1981 年；[英]柯林尼可斯：《阿图塞的马克思主义》，杜章智译，远流出版事业股份有限公司，1990 年。

②　参见徐崇温：《关于西方的"马克思主义"研究——流派和观点综述》，《国外社会科学》，1978年第 5 期。

③　薛民：《阿尔都塞的反人道主义理论》，《复旦学报》（社会科学版），1983 年第 3 期；许俊达：《评阿尔都塞研究马克思主义的结构主义方法》，《晋阳学刊》，1985 年第 3 期；南石：《社会结构与历史主体——评阿尔都塞"无主体"论》，《重庆师院学报》（哲学社会科学版），1985 年第 4 期；刘莘：《意识形态与科学——评阿尔都塞的意识形态论》，《重庆师院学报》（哲学社会科学版），1986 年第 2 期；《哲学与科学——评阿尔都塞的哲学观》，《重庆师院学报》（哲学社会科学版），1987 年第 1 期；杨善解：《阿尔都塞"多元决定"观述评》，《安徽师大学报》（哲学社会科学版），1987 年第 3 期；史超逸：《阿尔都塞是不是结构主义者》，《现代哲学》，1988 年第 2 期；陆梅林：《评阿尔都塞的艺术思想》，《外国文学评论》，1989年第 4 期。

杰和布罗克曼①对法国结构主义运动的零星介绍,分别指出阿尔都塞与其差不多同时代的福柯、拉康乃至实质上是其论敌的列维-施特劳斯等所谓的"结构主义者"之间主要表现为反历史/反历时主义、反人道/反主体主义的思想亲缘性,以及由此而来的对于马克思主义"本身"的实质性偏离。正如史超逸在其文章中具有代表性地指出的,与其他法国结构主义者一样,阿尔都塞所运用之方法的特征在于"建立固定不变的结构模式去解释各种现象;强调静止的共时结构,反对动态的历史过程;崇尚客观的符号系统,抹杀主体在历史、科学、艺术等活动中的创造作用",从而在根本上表现出"一种抽象的客观主义、唯科学主义"。②

　　作为汉语学界第一部阿尔都塞研究专著,李青宜于 1986 年出版的《阿尔都塞与"结构主义的马克思主义"》③可以说是对当时国内学者看待阿尔都塞主义之基本视角的集中呈现,而且考虑到当时极为稀缺的学术资源,该著作能够以阿尔都塞的法文原本为主要参照,实属难能可贵。在将至 80年代为止的西方马克思主义运动归结为"人道主义马克思主义"与"科学主义马克思主义"两股思潮对立的基础上,李氏先后综述了阿尔都塞之"结构主义马克思主义"的生发背景、理论目的、基本特点,以及"认识论断裂"(李氏翻译为"决裂")、"理论上的反人道主义""多元决定论"与"理论中的阶级斗争"等主要理论观点,并相对领先地关注了后期阿尔都塞的"马克思主义危机论"。由于其展现出的一定程度上的系统性和对于国外研究成果相对较为紧密的追踪,在很长一段时间内,这部著作一直是国内学者了解及评述阿尔都塞思想的重要参考资料,无论是曾枝盛的《阿尔都塞》还是阎啸平的《马克思理论的诠释:阿弘和阿图塞的对话》,④都未曾具有李氏著作同等的影响力。

　　① ［瑞士］皮亚杰:《结构主义》,倪连生译,商务印书馆,1984 年;［比］J. M.布罗克曼:《结构主义》,李幼蒸译,商务印书馆,1980 年。

　　② 史超逸:《阿尔都塞是不是结构主义者》,《现代哲学》,1988 年第 7 期。

　　③ 李青宜:《阿尔都塞与"结构主义的马克思主义"》,辽宁人民出版社,1986 年。

　　④ 曾枝盛:《阿尔都塞》,远流出版事业股份有限公司,1990 年;阎啸平:《马克思理论的诠释:阿弘和阿图塞的对话》,桂冠出版社,1990 年。当然,这两本书的出版地显然也制约了其在当时能够具有更大的影响力。

尽管与 80 年代的情形相比,20 世纪 90 年代国内的阿尔都塞研究在基本判断和总体视角这两个层面上并没有呈现过于巨大的变化,亦即一方面阿尔都塞主义仍旧被归纳为结构主义的马克思主义,另一方面此种形态的马克思主义在原则上被认定偏离于具有实践维度的马克思主义"本身"。如李青宜在其专著之结尾处所言:"阿尔都塞从开始'捍卫'马克思主义的科学性到后来演变为公开谈论马克思主义的理论'危机'和列举马克思主义的理论'空白'表明:马克思主义只能在革命实践中才能进一步发展和丰富,任何理论脱离实践的尝试,包括阿尔都塞用结构主义去重新解释马克思主义的尝试,都要遭到失败,甚至要走向反面"①,但不容忽视的是,随着西方马克思主义研究整体上的蓬勃发展,以及在此过程中国内学者对学理分析的逐渐重视和在问题意识层面的逐步自主,此外伴以对更多更高质量的国外成果的积极吸收,20 世纪最后十年的国内阿尔都塞研究在诸多方面取得了实质性的进展。

综合而言,这种进展主要体现在如下三个现象之中:一是在研究对象上,区分了阿尔都塞的马克思解释或曰马克思学工作和作为自成一类之理论的阿尔都塞主义;二是在研究立意上,不再单纯指责其对马克思主义"本身"存在何种偏离乃至背叛,而是在透彻理解的基础上抱以理论之同情;三是在研究深度上,以更为扎实、严谨的方式对阿尔都塞思想的相关核心内容进行考察和辨析,而不限于往往来自道听途说的一概而论。

在此方面,俞吾金于 1992 年发表的论文《阿尔都塞的意识形态学说》和次年出版的著作《意识形态论》,以及张一兵的《主体历史观与"无主体过程"论的二歧悖结——析当代西方马克思主义社会历史理论中的内在逻辑冲

---

① 李青宜:《"结构主义的马克思主义"》,《马克思主义研究》,1987 年第 4 期。值得指出的是,由李氏所代表的这种批评基本上呼应了像刘易斯和朗西埃等人对阿尔都塞之"教条主义""理论主义"乃至"精专主义(technocratism)"的批评[See John Lewis,The Althusser Case. Part 1. *Marxist Humanism*, *Marxism Today*,January 1972,pp.23–28;The Althusser Case (Part 2),*Marxism Today*,February 1972,pp. 43–48;Jacques Rancière,Sur la théorie de l'idéologie politique d'Althusser,*L'Homme et la société*,N. 27,1973,pp.31–61]。

突》是其中最为突出的范例。①俞文并不限于从某种"正统"马克思主义理论立场出发,就阿尔都塞的意识形态学说做出非黑即白的样板化判断,而是在细致剖析阿尔都塞"意识形态概念"与其"认识论断裂"概念与"理论实践"概念之内在关联性的基础上,一方面以批判眼光承认这一学说所具有的创新性和启示性,另一方面以之为入口,挖掘出一条西方世界自 60 年代以来复兴意识形态研究的重要理论线索,②而对于后者的考察,又在很大程度上促进了由《意识形态论》所体现的更为广阔的研究视野,使得意识形态问题的理论历史和理论意义得以夯实基础。同样,在以阿尔都塞"历史无主体论"为考察对象的论文中,张一兵亦着力于梳理出无主体历史观的内在理路,将阿尔都塞的相关论点放在更大的西方马克思主义重构历史唯物主义的背景下加以理解,并在此基础上,既将以科学主义与结构主义面貌出现的阿尔都塞主义明确认定为"人本主义的西方马克思主义主体历史观的逻辑反动"③,又立足于马克思文本,尤其是马克思在《关于费尔巴哈的提纲》中对旧唯物主义忽视主体性维度、实践维度的批评,指出作为这种反动,阿尔都塞主义自身所具有的内在限度。

除此之外,诸如赵一凡的《阿尔都塞与话语理论》、王雨辰的《阿尔都塞思想的理论主题及其现代意义——兼与徐崇温同志商榷》和麦永雄的《无意识与意识形态:精神分析视界中的阿尔都塞》等文章,④均从不同侧面反映出这一时期国内阿尔都塞研究所具有的深入学理、有破有立的主流特征。

经过了 20 世纪 90 年代相关工作的铺垫,21 世纪以来的阿尔都塞研究更是显现出逐渐升温、百家争鸣的特性。在数量层面,从孟登迎的《意识形态与主体建构:阿尔都塞意识形态理论》算起,光是直接以阿尔都塞为题的已

---

① 俞吾金:《阿尔都塞的意识形态学说》,《江苏社会科学》,1992 年第 6 期;俞吾金:《意识形态论》,上海人民出版社,1993 年;张一兵:《主体历史观与"无主体过程"论的二歧悖结——析当代西方马克思主义社会历史理论中的内在逻辑冲突》,《福建论坛》(文史哲版),1994 年第 1 期。

② 参见俞吾金:《阿尔都塞的意识形态学说》,《江苏社会科学》,1992 年第 6 期。

③ 张一兵:《主体历史观与"无主体过程"论的二歧悖结——析当代西方马克思主义社会历史理论中的内在逻辑冲突》,《福建论坛》(文史哲版),1994 年第 1 期。

④ 赵一凡:《阿尔都塞与话语理论》,《读书》,1994 年第 2 期;王雨辰:《阿尔都塞思想的理论主题及其现代意义——兼与徐崇温同志商榷》,《青海社会科学》,1998 年第 3 期;麦永雄:《无意识与意识形态:精神分析视界中的阿尔都塞》,《马克思主义美学研究》(第 2 辑),1999 年第 4 期。

出版的研究专著就至少有十多本,主要包括张一兵的《问题式、症候阅读与意识形态:关于阿尔都塞的一种文本学解读》、黄继锋的《阿尔都塞与马克思》、朱晓慧的《哲学是革命的武器:阿尔都塞意识形态理论研究》、凌新的《阿尔都塞后期哲学思想研究》、金瑶梅的《阿尔都塞及其学派研究》、王时中的《从意识形态到历史科学:阿尔都塞对马克思哲学的阐释》、李世黎的《阿尔都塞政治哲学研究》、潘志新的《阿尔都塞的有机理性思想初探》、林青的《阿尔都塞激进政治话语研究》、郑忆石的《阿尔都塞哲学研究》、郭华的《偶然相遇的唯物主义:阿尔都塞晚期哲学思想研究》和王雨辰的《阿尔都塞的马克思主义理论研究》等。①

　　相关的期刊论文更是达到了上千篇,其中具代表性的有:唐正东的《阿尔都塞的早期天主教信仰对其哲学思想的影响》、俞吾金的《阿尔都塞意识形态理论新探》、王凤才的《文化霸权与意识形态国家机器——葛兰西与阿尔都塞意识形态理论辨析》、吴猛的《阿尔都塞〈资本论〉解读的困境及其意义论根源》、陈越和赵文的《阿尔都塞晚年的唯物主义思想》、汪行福的《论阿尔都塞对意识形态理论的唯物化阐释》、邹诗鹏的《阿尔都塞对斯宾诺莎的回溯》、杨乔喻的《意识形态场、否定构形与突现逻辑——重析阿尔都塞的意识形态理论》、蓝江的《症候与超定——对阿尔都塞 surdétermination 概念的重新解读》和冯波的《早期阿尔都塞的斯宾诺莎主义——以意识形态批判为

---

① 孟登迎:《意识形态与主体建构:阿尔都塞意识形态理论》,中国社会科学出版社,2002 年;张一兵:《问题式、症候阅读与意识形态:关于阿尔都塞的一种文本学解读》,中央编译出版社,2003 年;黄继锋:《阿尔都塞与马克思》,安徽人民出版社,2003 年;朱晓慧:《哲学是革命的武器:阿尔都塞意识形态理论研究》,学林出版社,2007 年;凌新:《阿尔都塞后期哲学思想研究》,湖北人民出版社,2009 年;金瑶梅:《阿尔都塞及其学派研究》,重庆出版社,2010 年;王时中:《从意识形态到历史科学:阿尔都塞对马克思哲学的阐释》,中国社会科学出版社,2012 年;李世黎:《阿尔都塞政治哲学研究》,湖北人民出版社,2012 年;潘志新:《阿尔都塞的有机理性思想初探》,中国社会科学出版社,2014 年;林青:《阿尔都塞激进政治话语研究》,复旦大学出版社,2014 年;郑忆石:《阿尔都塞哲学研究》,广西师范大学出版社,2017 年;郭华:《偶然相遇的唯物主义:阿尔都塞晚期哲学思想研究》,北京师范大学出版社,2017 年;王雨辰:《阿尔都塞的马克思主义理论研究》,中国人民大学出版社,2018 年。

中心》等。①

　　虽然相关成果汗牛充栋,但在与此前研究状况的比较之下,21世纪以来的国内阿尔都塞研究在总体上还是呈现出一定的可把握的趋势性特征,这主要表现在四个方面:

　　第一,经过了几十年的积淀与学习,国内学界已有能力在批判性吸收国际主流成果的基础上形成并表达自己的"阿尔都塞主义"观,这尤其体现在上面提到的张一兵、郑义石和王雨辰等人的专著中,特别是张一兵的《问题式、症候阅读与意识形态:关于阿尔都塞的一种文本学解读》,在某种意义上,已不亚于李青宜的《阿尔都塞与"结构主义的马克思主义"》的程度。该著作已成为近十几年来国内阿尔都塞研究的首要汉语参考文献,在文本解读、概念阐释和方法运用三大方面为此后的研究奠定了基础,影响深远。

　　第二,通过引入更宽广的理论视野和更多样的理论视角,对阿尔都塞主义具体内容的学理性阐释与批判产生了更深刻的理论意义,在此方面,吴猛的《阿尔都塞〈资本论〉解读的困境及其意义论根源》和蓝江的《症候与超定——对阿尔都塞surdétermination概念的重新解读》可算是其中的典型。前者一反以往单纯从文本学角度指出阿尔都塞如何误读《资本论》的批判进路,展现了意义论视角下阿尔都塞之解读本身何以内在地陷入困境;后者则通过引入对"超定"之数学意义的讨论,为重新理解阿尔都塞旧译为"过度决定"或"复合决定"的surdétermination概念提供了新的启示。

　　第三,通过对最新文献的追踪,阿尔都塞早期思想和晚期思想正式进入了国内学界的考查范围,这一点可以从凌新的《阿尔都塞后期哲学思想研

---

① 唐正东:《阿尔都塞的早期天主教信仰对其哲学思想的影响》,《南京社会科学》,2002年第4期;俞吾金:《阿尔都塞意识形态理论新探》,《江西社会科学》,2004年第3期;王凤才:《文化霸权与意识形态国家机器——葛兰西与阿尔都塞意识形态理论辨析》,《马克思主义与现实》,2007年第3期;吴猛:《阿尔都塞〈资本论〉解读的困境及其意义论根源》,《哲学研究》,2009年第8期;陈越、赵文:《阿尔都塞晚年的唯物主义思想》,《国外理论动态》,2009年第10期;汪行福:《论阿尔都塞对意识形态理论的唯物化阐释》,《南京大学学报》(哲学·人文科学·社会科学版),2011年第5期;邹诗鹏:《阿尔都塞对斯宾诺莎的回溯》,《世界哲学》,2017年第3期;杨乔喻:《意识形态场、否定构形与突现逻辑——重析阿尔都塞的意识形态理论》,《哲学研究》,2017年第5期;蓝江:《症候与超定——对阿尔都塞surdétermination概念的重新解读》,《马克思主义与现实》,2017年第6期;冯波:《早期阿尔都塞的斯宾诺莎主义——以意识形态批判为中心》,《哲学研究》,2018年第11期。

究》、郭华的《偶然相遇的唯物主义：阿尔都塞晚期哲学思想研究》、唐正东的《阿尔都塞的早期天主教信仰对其哲学思想的影响》和陈越、赵文的《阿尔都塞晚年的唯物主义思想》中可以看出。考虑这两个研究领域比较有新意，其未来发展应当具有良好趋势。

第四，以邹诗鹏的《阿尔都塞对斯宾诺莎的回溯》和冯波的《早期阿尔都塞的斯宾诺莎主义——以意识形态批判为中心》为代表，国内学界开始严肃关注阿尔都塞主义与斯宾诺莎主义之内在联系问题，从而能够极大地有助于从源头上把握自阿尔都塞以来的、滥觞于欧美马克思主义学界和左翼学界的斯宾诺莎主义复兴。

从 70 年代末 80 年代初的邯郸学步与一概而论，到 90 年代的自力更生与注重学理，再到 21 世纪以来的"自作主张"与批判重构，综观四十多年以来国内阿尔都塞研究的发展，可以说其总体上呈现出一个逐渐学术化和自主化的趋势，并且随着西方马克思主义研究水平和深度的整体提高，以及一批又一批具有国际学术视野的新生力量的不断崛起，相信在未来的若干年中，该项研究将不仅保持目前的良好势态，更能够大大有助于汉语学界在国际学术舞台上掌握话语权。

（三）小结

如前所述，对于国外思想家之思想的了解与掌握往往需要经过一个依托翻译和国外相关研究的学徒阶段，综观阿尔都塞译介和研究这四十多年以来在国内的发展，情形的确如此。与此同时，也要看到几代学人在逐步摆脱此种学徒状态、逐渐树立自主的研究意识与研究范式上所做出的不懈努力，缺少这种努力，在目前的汉语阿尔都塞学界中就不可能浮现出此前提到的那些富有价值且具有未来的研究进路。总体而言，学界四十多年来的阿尔都塞研究取得了颇为丰硕的成果，而如何在更国际化、专业化和学理化的有利背景下将该研究带向一个更深入的层次，无疑也是当下国内阿尔都塞研究者们所需要共同迎接的挑战。

二、理论战场：与阿尔都塞主义相关的几场论争

在交代了国内学界自 70 年代末 80 年代初以来对阿尔都塞作品和思想的翻译情况和引介情况之后，我们将重点回溯在此过程中与阿尔都塞主义相关的，乃至是由阿尔都塞主义所引起的几次重大争论，这些争论主要包括：①人道主义论争，②结构主义论争，③西方马克思主义合法性论争。如前所述，这些论争不仅包含着极其重要的学理成分，而且像人道主义论争这样轰动一时且影响深远的大讨论，更在根本上构成了具有特定政治意义和历史意义的思想事件。从这个角度来看，可以说阿尔都塞主义深刻地参与了当代中国马克思主义理论发展的历史进程。

（一）人道主义论争

众所周知，在 20 世纪 50 年代中期，东欧许多国家兴起了对于马克思思想的新阐释，其主要代表有南斯拉夫实践派、匈牙利的布达佩斯学派、波兰的意识形态批判学派、捷克的人道主义学派等，并且一方面，将马克思主义视为一种人道主义乃是东欧新马克思主义者们的基本共识，另一方面，这种解释方案总体上与苏共二十大之后的"非斯大林化"和"去斯大林化"关系密切，且后者同时也是高扬理论反人道主义大旗之阿尔都塞主义登场的重要历史背景。而与阿尔都塞及其当时的追溯者们——即前文提到的巴里巴尔、朗西埃、马舍雷和埃斯塔布莱——相继出版《保卫马克思》和《读〈资本论〉》并引起轩然大波差不多同一时期，批判"苏修"人道主义也是 20 世纪 60 年代初中国思想界所发生的一件重要事件，牵涉其中的人物主要包括前中宣部副部长、当时仍担任中宣部顾问的周扬，时任《人民日报》副总编王若水、中国社会科学院哲学所研究员汝信等人，撰写《批判人道主义》小册子是由他们共同承担的任务。

然而时过境迁，在十多年之后的 1979 年，亦即"文革"结束后三年及关于"真理标准问题大讨论"结束后一年，以王若水的《关于"异化"的概念》、朱光潜的《关于人性论、人道主义、人情味和共同美的问题》、高尔泰的《异化现

象近观》等文章为发端,在整个思想界掀起了一场对于马克思主义与人道主义及异化问题之关系的重新反思。到 1982 年底,相关的讨论文章已有四百余篇,诸如汝信的《人道主义就是修正主义吗?——对人道主义的再认识》(1980 年)、王若水的《谈谈异化问题》(1980 年)等论文,以及《人是马克思主义的出发点》(人民出版社,1981 年)、《关于人的学说的哲学探讨》(人民出版社,1982 年)等著作,便是这一语境下的直接产物。作为这场历史事件中的核心人物,在 1980 年至 1982 年间早已在该问题上发表了诸多看法的周扬①又于 1983 年 3 月 7 日,在中宣部、中央党校、中国社会科学院和教育部联合举办的纪念马克思逝世 100 周年学术报告会上,做了题为"关于马克思主义的几个理论问题的探讨"的发言。在该发言中,周扬主要反思了在人道主义与人性问题上我国走过的"弯路",即把人道主义当作修正主义加以批判,认定人道主义与马克思主义无法兼容,并由此一方面提出马克思主义包含着人道主义,另一方面则通过列举社会主义社会中的种种"异化"现象,指出应该在建设社会主义的创造性的劳动中, 在为实现共产主义远大理想而献身的奋斗中,实现人的价值,提高人的价值。

从实质上讲,周扬此文的核心观点虽然基本延续了之前的看法,且和其他主流观点的思路亦无二致,但却很快受到了来自党内的严厉批判:1983 年 8 月,胡乔木致电中宣部,对周扬的发言做出全盘否定。在同年 10 月举行的中共十二届二中全会的小组讨论会上,时任中共中央书记处书记、分管党的宣传思想文化工作的邓力群亦做长篇发言,以介绍《关于马克思主义几个理论问题的探讨》发表前后的有关情况为铺垫,批评周扬同时在理论和组织纪律上犯下的错误。一同与会的胡乔木更表示,搞"精神污染"不仅是思想问题,而且是一个政治问题。虽然周扬在其随后的发言中对其此前的看法进行了一定程度上的修正和自我批评,但胡乔木仍于 1984 年 1 月 3 日,在周扬最初报告的同一地点发表演说——《关于人道主义和异化问题》,彻底批判将马克思主义与人道主义关联起来的一切企图,称其会引起思想混乱、产生

---

① 　其主要发言和文章有:1980 年 9 月 27 日在中央党校的《思想解放和社会主义现代化建设》(全文刊载于中央党校主办的《探讨》杂志 1981 年试刊第 2 期)、1982 年 5 月 12 日在毛泽东文艺思想讨论会上的《一要坚持,二要发展》讲话(发表于同年 6 月 23 日的《人民日报》)和刊登在 1983 年 1 月 5 日《人民日报》上的《发扬十二大精神》一文。

消极政治后果的根本错误。胡乔木的这份讲稿随后先是发表在《红旗》杂志上，继而又以单行本形式由人民出版社于 1984 年出版，产生很大影响，并以斩钉截铁的方式，为历时五年的人道主义大讨论画上了句号。

回顾这场讨论，尤其是胡乔木对于以周扬为代表的"人道主义者"的批判不难看出，倘若在理论层面上，周扬和王若水等人受当时内部出版的南斯拉夫学者德热拉斯的《新阶级·对共产主义制度的分析》和波兰哲学家沙夫①的《人的哲学——马克思主义与存在主义》这两本书影响颇深，那胡乔木及其背后学术团队的一个重要理论支撑，就恰恰是在当时首要地以理论反人道主义者之形象闻名的阿尔都塞。具体而言，为了批判王若水等人提出的"人是马克思主义的出发点"这一人道主义看法，胡乔木在援引马克思《关于费尔巴哈的提纲》（以下简称《提纲》）中的相关论述后，一方面表示《提纲》标志着马克思主义的"新出发点"，另一方面则强调这一新出发点恰恰不是"人"，尤其不是人道主义者口中抽象的人，而是人类社会并首要地是生产关系的人们的社会关系。显而易见，以 1845 年的《提纲》作为马克思主义的新出发点，并将此出发点"新"之为"新"的要旨认定为具有理论上反人道主义意蕴的对于"生产关系"概念的提出与拔高，胡乔木的这一思路基本上呼应着阿尔都塞在《保卫马克思》与《读〈资本论〉》等核心文本中所提出的相同观点，即《提纲》的撰写标志着马克思思想发展过程中的"认识论断裂"，以及在经由此断裂而摆脱意识形态包袱进入"科学"阶段之后，马克思主义在原则上绝不是一种人道主义。

与此同时，同样的理论相关性也体现在胡乔木对"异化"问题的讨论之中。通过区分青年马克思和成熟马克思对"异化"概念的不同使用，胡乔木表示："从一定意义上说，马克思正是超越了异化的理论和方法，才建立和发展了科学的马克思主义的理论和方法。的确，如果异化理论已经能够科学地说明历史，那就不需要历史唯物主义了；如果异化理论已经能够科学地说明资本主义，那就不需要剩余价值学说，以及对整个资本运动的科学研究了。那样，马克思的两大发现都不需要，马克思主义也就不会产生了。"这一看法也几乎完全契合阿尔都塞的相关论点，因为除了《保卫马克思》和《读〈资本论〉》之

---

① 沙夫亦是阿尔都塞的坚定批评者之一。

外,在诸如此前提到的《答刘易斯》等文本中,阿尔都塞也曾多次表示,"异化"概念即使没有在 1845 年之后的马克思,即成熟马克思的笔下彻底消失,但至少已不再构成其关于资本主义生产方式之科学分析和批判的理论工具。总而言之,尽管胡乔木并未对阿尔都塞的著作进行直接引用,但要是回想到在《关于人道主义和异化问题》发表前一年,包含阿尔都塞《保卫马克思》之核心部分的《西方学者论〈一八四四年经济学—哲学手稿〉》正好出版,阿尔都塞主义对胡乔木的理论反人道主义论调所起到的支撑作用则无疑不容忽视。

　　虽然激荡于三十多年前中国思想界及政治界的这场人道主义论争最终由于种种原因而慢慢消隐,甚至有学者认为该论争最后乃是"在混乱中收场"①,但由于在理论层面与由阿尔都塞主义所引发的六七十年代人道主义与反人道主义对峙深层呼应,且论争一方无论是在基本原则和具体陈述上,都与 70年代末 80 年代初才被引入中国的阿尔都塞思想的反人道主义面向不谋而合。可以说这场轰动一时的论争至少在理论上与阿尔都塞主义存在着千丝万缕的联系,而也正是在此意义上,在回溯阿尔都塞对中国之影响的过程中,作为特定历史情势之结果的此场人道主义论争乃是不得不提的一段历史。

(二)结构主义论争

　　前文提到,自对阿尔都塞及其思想有所关注并加以引介开始,国内研究界便遵循了流传于国际学界的主流意见,将阿尔都塞视为法国结构主义运动的代表人物之一,从而将阿尔都塞主义原则性地把握为一种"结构主义的马克思主义"。在此方面,无论是徐崇温的《关于西方的"马克思主义"研究——流派和观点综述》和李青宜的《阿尔都塞与"结构主义的马克思主义"》这样的早期成果,还是张一兵的《问题式、症候阅读与意识形态:关于阿尔都塞的一种文本学解读》和金瑶梅的《阿尔都塞及其学派研究》这般相对较近的研究,甚或是最新出版的作品如郑忆石的《阿尔都塞哲学研究》,都基本上呈现着同样的理解思路,而在对于阿尔都塞的非研究性、通俗性介绍中,将结构主义的"帽子"扣在阿尔都塞身上的情形更是不胜枚举。不过,在

①　参见卢之超:《关于人道主义和异化问题的再认识——兼与薛德震同志商榷》,《马克思主义研究》,2008 年第 3 期。

国内学界四十多年的阿尔都塞研究历史上,还是有若干学者注意到了将阿尔都塞主义笼统地称为结构主义所可能存在的不严谨性乃至误导性,其中顾良于 1986 年发表在《马列主义研究资料》上的《关于阿尔都塞的亚眠的答辩》,此前提的王雨辰的《阿尔都塞思想的理论主题及其现代意义——兼与徐崇温同志商榷》,以及相对新近的杨乔喻的《不在场的"理论实践"——解析阿尔都塞 1962—1963 年"结构主义的起源"研讨》是较为突出的代表作品。从这些研究中可以看到,在以结构主义来套解阿尔都塞蔚然成风、已成惯例的大背景下,国内学界仍旧存在着一股值得重视的反对将阿尔都塞主义结构主义化的潜流。

如其标题所示,顾良的文章首先是对于其在《马列主义研究资料》同一期上发表的译文《亚眠的答辩》,即《在哲学中成为马克思主义者容易吗?》的评论。在该文中,虽然顾良并不完全接受阿尔都塞在 70 年代面对种种指责所做出的解释,即表明自己仅仅在术语上与索绪尔和列维-施特劳斯等人的结构主义有所类似。与此同时,他也坚决指出,用结构主义马克思主义这样的说法来概括阿尔都塞主义并不恰当,其原因在于,被认作此种所谓的结构主义之标志性概念的"症候阅读法"不仅是阿尔都塞主义的次要方面,而且从时间上来看,阿尔都塞对这一概念的使用也并不超出《保卫马克思》和《读〈资本论〉》时期,亦即并没有贯穿于阿尔都塞主义的整个发展过程。

顾良一反主流的看法一经发表就立马受到了批评,在《阿尔都塞是不是结构主义者》一文中,史超逸就反对顾良的观点,指出其"大大缩小了结构主义在阿尔都塞的理论中所占有的比重及意义,甚至缩小到了阿尔都塞本人所承认的与结构主义'调情'的程度之下"①。且究其缘由,是因为顾良没有看到,阿尔都塞的结构主义思路不单单体现在"症候阅读法"中,更淋漓尽致地展现在其多元决定论、反历史主义、历史无主体论等理论要素当中。更为重要的是,正是通过结构主义的方法,阿尔都塞把马克思主义变成了一种唯科学主义。通过比照阿尔都塞的总体方法论及思路与福柯、拉康等人的结构主义方法,并援引《二十世纪法国思潮》作者约·祁雅理提出的"结构主义从生活的一切表象中寻找生活的基本模式和符号化的模式,或者说从生活的一

---

① 史超逸:《阿尔都塞是不是结构主义者》,《现代哲学》,1988 年第 7 期。

切表象中寻找生活的结构"的说法,史超逸最终不仅认定,"结构主义绝不只是阿尔都塞理论的一个次要方面,而恰恰是他的理论的最基本的特征",更进一步表明,由于"马克思并没有停留于结构理论,更没有把结构绝对化,而是超越结构思想,达到辩证法的世界观",所以"阿尔都塞解释的马克思主义绝不是真正的马克思主义,并且对马克思主义理论的发展是有害的"。①

虽然根据目前掌握的资料,无法查实顾良是否对史超逸的批评给出过回应,但在某种程度上,对于史超逸所持有的主流立场的回应,却能够在王雨辰的《阿尔都塞思想的理论主题及其现代意义——兼与徐崇温同志商榷》中找到端倪。针对徐崇温在《阿尔都塞的"理论反人道主义"和马克思主义》及《阿尔都塞反经验主义认识论和马克思主义》等文中所表达的一以贯之的观点,王雨辰在其文章中明确表示了其可能导致的偏颇,即"不仅未能正确理解阿尔都塞的思想实质,完全否定了阿尔都塞对马克思主义的理论贡献",更深刻影响"如何研究、评价西方马克思主义理论的一般原则"。②在阐明阿尔都塞理论的双重任务乃是一方面划清马克思主义理论同资产阶级哲学的原则界限,另一方面要求马克思主义者摆脱教条主义思想之影响的基础上,王雨辰先后回顾了阿尔都塞的理论反人道主义、"关于理论实践之理论"或曰"总理论",以及作为两者之框架的科学与意识形态界说。而在此过程中,王雨辰多次反对以徐崇温为代表的诸多国内学者直接套用柯林尼可斯等西方学者观点的不严谨做法,表示以如此"亦步亦趋"之方式来认定"阿尔都塞利用结构主义对马克思主义做反向歪曲,甚至和西方资产阶级意识形态相互呼应"是不符合事实的,并且要是考虑"阿尔都塞的马克思主义问世以后就被资产阶级学者扣上结构主义的帽子",对阿尔都塞主义做出过于简单的结构主义化理解,也是会带来巨大风险的。而也正是在此意义上,王雨辰最后表示:"我国的西方马克思主义研究刚处于起步阶段,不应随意套用西方资产阶级学者的研究结论,认为阿尔都塞是结构主义者,进而否定他的理论贡献。只有立足于马克思主义的基本原理,本着实事求是的态度对待西方马克思主义理论,才能在新的历史条件下丰富、发展马克思主义。"③对

---

① 史超逸:《阿尔都塞是不是结构主义者》,《现代哲学》,1988 年第 7 期。

②③ 王雨辰:《阿尔都塞思想的理论主题及其现代意义——兼与徐崇温同志商榷》,《青海社会科学》,1998 年第 3 期。

于无论是有意识还是无意识地将阿尔都塞主义标签化理解为结构主义的马克思主义的研究路数来说,王雨辰所做的廓清工作是具有一定的警示作用的。

如果说在论衡阿尔都塞主义是否是一种结构主义的问题上,史超逸–顾良之争与王雨辰–徐崇温之争多多少少还带有意识形态纷争的要素,亦即归根结底,其中涉及的不仅仅是如何理解阿尔都塞主义之问题,更有如何评价阿尔都塞主义乃至西方马克思主义整体之问题,杨乔喻于 2017 年发表于《马克思主义与现实》上的《不在场的“理论实践”——解析阿尔都塞 1962—1963 年“结构主义的起源”研讨课》则相对展现为更纯粹的学术讨论。以 1962 年至 1963 年阿尔都塞在巴黎高师开设的 “结构主义之起源” 课程①为具体关注,杨乔喻旨在理解阿尔都塞对被指称为结构主义者的否认与“结构”概念是阿尔都塞主义之重要成分这两者的矛盾,并由此为“超越‘阿尔都塞是否为结构主义者’的简单二值判断”②开辟一条道路。根据杨乔喻的理解,阿尔都塞对马克思主义进行重解的工作诚然并非与结构主义毫无关联,但此种关联并不体现为对结构主义方法的简单挪用,而是站在捍卫马克思主义之科学性及拓展科学马克思主义之意识形态批判功能的基本立场上,“将结构主义再一次放回到近代哲学的思想史之中,从问题线索出发……在对结构主义进行独特的哲学谱系学考察后, 将视角再次回落到当下的哲学理论形式之中,指认出‘结构主义问题式’提出的问题和理论困境,并为其寻找可能性的答案和出路”,并且只有明白了这一立意,才能理解阿尔都塞为何要仰仗卡瓦耶斯(Jean Cavaillès)、康吉莱姆(Georges Canguilhem)和巴什拉(Gaston Bachelard)等人的科学史认识论工作,尤其是后者的“认识论断裂”概念,来努力撇清马克思主义与包括结构主义在内一切陷入“起源与结构”之两难而不能自拔的意识形态之间的理论关联。在此意义上,杨乔喻将科学史认识论对于阿尔都塞的重要意义归纳为“为结构主义提供问题出路”和为“重新建构马克思主义科学和哲学提供最为核心的理论支援” 这两点,并最终总结道,有鉴于此,“如果阿尔都塞是结构主义者,那么我们必须重新理解结构主义”。③

---

① 《保卫马克思》脱胎于前一年的专题课程,《读〈资本论〉》则是 1964 年课程的直接产物。

②③ 杨乔喻:《不在场的“理论实践”——解析阿尔都塞 1962—1963 年“结构主义的起源”研讨课》,《马克思主义与现实》,2017 年第 4 期。

从而如前所述，即使尚没有压倒业已成为惯例的主流思路，但以顾良、王雨辰、杨乔喻为代表的反结构主义化理解阿尔都塞主义的研究路数，显然是国内阿尔都塞学界中存在着的一股绵延不绝的理论力量，并且随着之前提到过的诸多阿尔都塞手稿的新近问世①，相信这股力量将在未来几年具有蓬勃的发展趋势。

（三）西方马克思主义合法性论争

无论是 70 年代末 80 年代初的人道主义论争，还是自 80 年代以来从未间断的结构主义论争，通过上述回溯可以清楚地看到，在当代中国的独特历史语境中，对于阿尔都塞主义的接受、理解与阐释不可避免地牵涉一个更为宏大的问题，那就是如何立足于马克思主义理论的基本立场和基本原则来看待和评价西方马克思主义。换言之，对于包括阿尔都塞主义在内的西方马克思主义理论的研究，在根本上勾连于对后者之合法性的追问与判断。在此问题上，诸多阿尔都塞研究者均发生过程度不一的论争，而从影响力来看，其中尤以张一兵在 1999 年出版的《回到马克思：经济学语境中的哲学话语》②所引发的讨论和纷争最为激烈。

尽管如王金福在其回顾性文章《为"回到马克思"再辩护》中所言："从思想实质来看，'回到马克思'的思想原则是早就存在了；而从整个马克思主义理解史来看，即使从文字来说，'回到马克思'的口号也已经有人在张一兵之前提出了"③，但《回到马克思：经济学语境中的哲学话语》在 20 世纪 90 年代末的出版，无疑标志着马克思学在中国学界的正式登场，并且也正是在张一兵立下"回到马克思"之原则之后，诸如"走进马克思""走近马克思"④等强调要在尊重原著的方针下重新夯实对马克思及马克思主义之理解的理论要求相继产生。从总体上讲，《回到马克思：经济学语境中的哲学话语》的核心要

---

① 收录了 1966 年《关于生成》（Sur la genèse）一文的《论历史》是其中最新的，也是最为重要的一部。

② 张一兵：《回到马克思：经济学语境中的哲学话语》，江苏人民出版社，1999 年。

③ 王金福：《为"回到马克思"再辩护》，《学术评论》，2012 年第 1 期。

④ 参见孙伯鍨、张一兵主编：《走进马克思》，江苏人民出版社，2008 年；陈学明、马拥军：《走近马克思——苏东剧变后西方四大思想家的思想轨迹》，东方出版社，2002 年。

义在于,立足于马克思文本的原处语境(作者称之为一种"文本学"方法),一方面揭示马克思思想发展的内在逻辑连续性,另一方面则重点突出这一发展过程中的若干"理论制高点",且尤其依靠当时《马克思恩格斯全集》历史考证第二版(MEGA2)的最新文献,复原马克思的哲学话语在政治经济学所构成的理论语境中的生发过程。与此同时,值得注意的是,凭借这一理论路径,《回到马克思:经济学语境中的哲学话语》也旨在与由福柯和阿尔都塞所代表的"准结构主义的截断式解读"(张一兵语)进行对话乃至论争。换言之,张一兵暗示,如阿尔都塞主义般的马克思主义阐释,在方法论起点上就无法有助于真正地"回到"马克思,且情形之所以如此,归根结底还是因为缺乏对于马克思文本本身实事求是的阅读和理解。

　　整体看来,《回到马克思:经济学语境中的哲学话语》对于阅读、理解与阐释马克思思想及马克思主义理论持有一种客观主义的立场,而正是这种立场,遭到了以俞吾金为代表的一些学者的批评。在其于 2001 年出版的《实践诠释学:重新解读马克思哲学与一般哲学理论》中,俞吾金从一种诠释学或曰解释学的立场出发,指出诸如"回到马克思"这样的口号从根本上讲是站不住脚的,因为该口号"是以一个错误的假定为前提的,即设定了一个纯粹的、完全不受理解者和理解活动'污染',而又能自动地说出自己学说"①的马克思形象,简言之,即一个类似于康德之物自体的所谓"客观"的马克思形象。在俞吾金看来,任何理解与阐释都包含着理解者、诠释者本身的参与,从而无论如何对回到一个客观的、原文语境的马克思有所宣称,只要这种"回归"包含着理解与阐释的活动,那其所回到的就必然不是所谓的马克思"本身",而是作为理解对象与阐释对象的马克思。俞吾金强调,只有认识到这一点,也就是"只有在不断地、敞开地理解中,马克思的学说才不会被教条化和僵化,才能保持其活泼的生命力,并通过对不断更新着的理解者所带入的新鲜经验的吸纳而保持其理论上的制高点"②。从这一段引述中可以看出,俞吾金之所以要从原则上对"回到马克思"所透露出的客观主义立场加以批评,并在此过程中着重突出诠释学路线所具有的重要理论价值,归根结底是为

---

　　① 俞吾金:《实践诠释学:重新解读马克思哲学与一般哲学理论》,云南人民出版社,2001 年,第 34 页。

　　② 同上,第 32 页。

了防止客观主义、原文主义向一种教条主义、文本原教旨主义的危险滑坡。与此同时，通过在理论层面反驳客观主义之为阐释马克思思想及马克思主义理论的优先路线乃至唯一路线，俞吾金所提出的"实践诠释学"进路也极大地有助于在面对客观主义之指责时，包括阿尔都塞主义在内的诸多西方马克思主义流派不陷入某种动摇其根本的合法性危机，从而也就使得西方马克思主义能够作为对于马克思思想的不断更新、不断开放的诠释努力，得到其应有的理论重视。

　　俞吾金对"回到马克思"之客观主义立场的批评所产生的效应可以从张一兵此后出版的《回到列宁：关于"哲学笔记"的一种后文本学解读》一书中得以窥见。在该著作中，张一兵提出了"思想构境论"，其基本要义即在于将理解与阐释活动视为"创造性的生产"①，一方面一反一种对于文本阅读的本质主义立场，另一方面则相应强调读者对于文本语境的构建作用。在不少学者看来，"思想构境论"的提出显然表明张一兵接受了以俞吾金为主要代表的诠释学派对其"回到马克思"的批评，并由此转向了一种主观主义的解释学立场。②无论旨在彰显诠释经验之构造作用的"思想构境论"是否就直接等同于某种主观主义，从其此后的工作方向和研究成果来看，至少到目前为止，此种吸收了俞吾金"实践诠释学"之积极要素的构境论乃是张一兵推进其西方和国外马克思主义研究，乃至一般哲学理论研究所采用的基本方法论。正是依靠这一方法，张一兵引介并考察了当代西方马克思主义发展中诸

---

① 张一兵：《回到列宁：关于"哲学笔记"的一种后文本学解读》，江苏人民出版社，2008 年，第 52 页。

② 参见王金福：《一种主观主义的解释学理论——评张一兵的"思想构境论"》，《学术月刊》，2009 年第 7 期；王金福：《"哲学创新"还是理论倒退？——再评张一兵的"思想构境论"》，《东岳论丛》，2009 年第 10 期；胡大平：《近十年马克思主义哲学理论热点解析》，《南京大学学报》（哲学·人文科学·社会科学版），2012 年第 1 期；桑明旭：《解释学与"理解马克思"的科学立场》，《湖北社会科学》，2016 年第 9 期。

多较新的理论样态①,哪怕仅就这一点而言,其相关工作亦为夯实西方马克思主义乃至国外马克思主义之理论合法性、促进国内学界对世界范围内马克思主义理论发展的理解与判断做出了十分重要的贡献。这也从侧面反映出,尽管引发了不同的解释学方法和不同的理论立场之间的激烈对峙,但对推进国内学界的西方马克思主义研究,甚或是马克思主义研究本身而言,围绕"回到马克思"这一口号而展开的西方马克思主义合法性论争起到了极为积极的历史作用。

（四）小结

理论的历史往往也是理论论争的历史,况且在东西方思想史上成为"经典"的理论立场,往往也是具体之论争的产物。从根本上讲,阿尔都塞主义本身的发端与演变也印证了这样一种理解,而从其在国内学界所引发的上述三场主要论争来看,可以说阿尔都塞主义所具有的理论力量至今仍在相关领域发挥着不小的作用。当然,此种影响并非纯靠阿尔都塞主义内在之力,当代中国在这四十多年以来所历经的独特历史语境、政治语境和理论语境,同样也是促使这样的论争情势得以成为可能的构成力量。在此意义上,以"人道主义论争""结构主义论争"和"西方马克思主义合法性论争"为突出环节的与阿尔都塞主义相关的理论论争历史,同时也就是一部展现我国国外马克思主义研究之跌宕起伏的,且归根结底具有纯理论所无法囊括之社会意义的思想发展史。至于这部尚未完结的历史在今后如何继续展开,则有待于国内阿尔都塞学界的进一步努力与贡献。

---

① 相关主要成果包括:张一兵:《诱惑:表面深渊中的后现代意识形态布展——鲍德里亚〈论诱惑〉的构境论解读》,《南京大学学报》(哲学·人文科学·社会科学版),2010 年第 1 期;《"何所向":历史性解释的基始性构境——海德格尔"那托普报告"的构境论解读》,《江苏社会科学》,2010 年第 6 期;《广松涉物象化范式之缘起——〈物象化的构图〉的构境论解读》,《学术月刊》,2014 年第 7 期;《马克思:自在之物与事物自身之谜的破解——历史唯物主义的构境论阐释》,《南京大学学报》(哲学·人文科学·社会科学版),2015 年第 2 期;《本真性的伪文本构境中的金钱上帝——斯洛特戴克〈资本的内部空间〉解读》,《哲学动态》,2016 年第 12 期;《雅努斯神的双面:斯蒂格勒技术哲学的构境基础——〈技术与时间〉解读》,《山东社会科学》,2017 年第 6 期;《生命政治构境中的赤裸生命——阿甘本的政治哲学话语之一》,《马克思主义与现实》,2018 年第 2 期。

三、阿尔都塞主义在中国:总体评价与展望

在第一部分概括并交代了国内学界对阿尔都塞作品和思想的翻译情况及引介情况，以及在第二部分重点回溯了在此过程中与阿尔都塞主义相关的三次重大论争之后，在最后部分，我们将对这四十多年以来阿尔都塞主义在中国的历程进行总体评价，并在此基础上，结合国内外学界在阿尔都塞研究方面所呈现的理论共振，对阿尔都塞主义在中国的未来做出一定程度的展望。而为了更有效地完成这一评价与展望，我们将以三个彼此相关的问题为线索展开论述:①阿尔都塞主义曾具有何种意义? ②阿尔都塞主义仍具有何种意义? ③阿尔都塞主义尚能激发何种意义? 在笔者看来，回答了这三个问题，阿尔都塞主义在中国的历史命运与可能的未来前景便也得到了足够的勾勒。

(一)阿尔都塞主义曾具有何种意义?

我们在一开始便已提到，成名于 20 世纪 60 年代的阿尔都塞主义从其发端伊始，便力求解答如下三个问题，即何为马克思主义科学? 何为马克思主义哲学? 既是科学又是哲学的马克思主义究竟具有何种实践性质? 众所周知，针对第一个问题，阿尔都塞给出的解答可以说是一以贯之的，从《保卫马克思》起，甚至在早于这部成名作的两篇短文中，[①]阿尔都塞就认定，马克思主义科学实质上是关于社会结构及社会形态的历史科学，且其科学性就在于切实交代出了社会之为社会的构成性布局与运作法则，并在此意义上有别于以黑格尔主义为代表的传统历史哲学，相对于马克思主义而言，这种历史哲学之所以无法进入科学的门槛，归根结底是因为其所具有的目的论立意，以及由此立意所导致的一种成问题的、根本上是意识形态的生成主义历

---

① 　Louis Althusser, A propos du marxisme, *Revue de l'enseignement philosophique*, année 3, N. 4, 1953, pp.15-19;Note sur le matérialisme dialectique, *Revue de l'enseignement philosophique*, année 4, N.1-2, Octobre-Novembre 1953, pp.11-17. 中译本见[法]路易·阿尔都塞:《黑格尔的幽灵——政治哲学论文集(Ⅰ)》，唐正东、吴静译，南京大学出版社，2005 年，附录一和附录二。

史发展观。在第二个问题上,阿尔都塞的思考经历过较为重要的变化,大致说来可以分出两个主要阶段:一是萌芽于 50 年代、成熟于 60 年代早期和中期的"认识论"立场,根据这一立场,马克思主义的哲学部分隐约体现在马克思的科学著作如《资本论》之中,是后者未加言明、亦即未能系统化陈述的科学认识论,且此种科学认识论的核心要旨就在于交代出,同样作为理论生产过程,科学和非科学、前科学的意识形态有着迥然不同,乃至截然对立的理论生产方式。科学是生产思想具体的过程,而意识形态由于其内在的自反特征或曰镜像结构,注定只能是生产思想抽象的过程。也正是在此意义上,在《保卫马克思》中,阿尔都塞曾试图通过构建一种关于"理论实践"的"总理论",来彻底坐实其理解为唯物主义认识论的马克思主义哲学;第二个阶段则正是萌发于对此种认识论立场的批判,且其外部动机是诸多批评者对阿尔都塞透露在《保卫马克思》和《读〈资本论〉》中的理论主义倾向的严厉指责。为了回应这些指责,并切实纠正其此前论述中的理论主义倾向,自1967 年起,以《马克思主义哲学的历史任务》①一文为发端,阿尔都塞提出了马克思主义哲学和一切哲学都是理论中的阶级斗争的观点,从而一方面取消了认识论进路在厘定马克思主义哲学之本性上所具有的优先性,另一方面则将"科学一般"与"意识形态一般"之间过于具有理性主义意味的对立,替换为马克思主义科学与资产阶级意识形态之间具有历史性的对立,将前者作为科学所具有的科学性落实在具体的社会语境中。正是对这两大问题的反复思考,在总体上促使阿尔都塞对第三个问题做出回应,即认定马克思主义作为历史科学和斗争性的哲学,能够同时在理论和实践上促进由无产阶级所主导的对于资本主义社会的实际的批判。

　　然而对这三个问题的回应无论经历何种程度和何种性质的变化,其所反映的依然只是阿尔都塞主义的一条内在线索,而不容忽视的是,作为特定历史情境下的产物,阿尔都塞主义同样关联于一条重要的外部线索,那就是此前提到的苏共二十大之后的"非斯大林化"和"去斯大林化",以及与之密切相关的人道主义式马克思主义的异军突起。正如艾略特所言,阿尔都塞主

---

　　①　此文法文原稿尚未出版,英译本见 Louis Althusser, *The Humanist Controversy and Other Writings*, tr. G. M. Goshgarian, London and New York: Verso, 2003, pp.155-220。

义的生发所指向的一个根本动机,便是对斯大林主义进行"左翼视角下的批判"①,也就是在批判斯大林之教条主义、官僚主义乃至专制主义的同时,避免矫枉过正,而落入人道主义这一资产阶级意识形态的窠臼之中。从这个角度来看,阿尔都塞坚守理论反人道主义立场,并将其作为马克思主义之科学性与批判意义上之哲学性的核心成分,无疑也展现出在理论层面进行斗争的意味。

　　回到国内学界四十多年来对阿尔都塞主义,尤其是阿尔都塞之理论反人道主义的种种理解与判断上,必须要指出的是,倘若脱离了对于这一斗争性及其背后之历史语境的关切,无论是单纯批判阿尔都塞主义对马克思思想相关立场的误解乃至曲解,还是试图为这种理解提供理论上的可理解性甚或是理论上的支持,都无法恰如其分地呈现出阿尔都塞主义所曾经具有的意义和势必展现出的程度。换言之,如何看待阿尔都塞的反人道主义立场或许在根本上并不是一个简单的理论问题,而是关系具体历史和政治语境的实践问题,并且对于该立场之判断,也不能不考量同样作为特定历史情势之产物的阿尔都塞主义对于马克思主义之为科学的坚定信念,因为在且只有在20世纪50年代马克思主义作为理论革命和实践革命遭受到了不同形式之挑战,也就是马克思主义亟须重建其对于无产阶级革命所具有的指导性意义的大背景下,以科学主义为总体面貌、以理论反人道主义为核心标记的阿尔都塞主义才具有可理解的积极意义。这也就意味着,在像20世纪70年代末80年代初的中国这样的不同语境中,无论出于何种目的而简单盲目地援引阿尔都塞的反人道主义,将之视为在任何形态的社会历史中都保有效力的唯一正确的马克思主义阐释,并由此压制一切出于时代之要求、历史之要求的哪怕是未成熟的人道主义诉求,都极有可能展现出一种脱离语境的教条主义姿态。20世纪整部马克思主义的现实发展历史已经表明,这种姿态不仅在初衷上远离了马克思主义的基本原则,也容易产生较为有害的社会结果。

　　总而言之,对于当下国内的阿尔都塞研究来说,既不应当固守旧有的所谓"正统"思路,一股脑地取消阿尔都塞主义所真实具有的特定理论价值和

---

① Gregory Elliott, *Althusser, The Detour of Theory*, Leiden, Boston, Brill, 2006, p.18.

历史意义,弃之如敝屣,同时也不应当在脱离语境、脱离情势的情况下,对阿尔都塞主义进行抽象的、从而必然是歪曲的运用,仿佛在阿尔都塞主义内部存在着这样或那样颠扑不破的永恒真理:对待阿尔都塞的理论反人道主义应当如是,对待其认识论断裂说、历史无主体论和意识形态论也当如是。

(二)阿尔都塞主义仍具有何种意义?

如果说阿尔都塞主义曾经具有的意义主要体现为,在特定历史背景下打牢马克思主义理论之地基,以便与当时的种种意识形态回流进行正面对抗和斗争,那么在截然不同的当下语境中,阿尔都塞主义是否仍旧具有重大意义? 倘若是的话,这种意义体现在哪里? 这是学界必须要回应的问题。

在对这一问题之解答上,21 世纪以来的国外阿尔都塞研究,尤其是来自法国内部的阿尔都塞研究无疑能够提供许多重要启示,因为在诸多法国学者(其中不乏像巴里巴尔这样仍旧活跃于思想舞台的前阿尔都塞主义者)看来,虽然自 20 世纪轰动一时的五月风暴之后,阿尔都塞主义便由于其相对保守的立场而逐渐退出了思想舞台,但鉴于自 90 年代末以来全球资本主义的迅猛发展,以及在此背景下马克思的《资本论》所重新唤起的理论激情,由阿尔都塞主义所一度展现的理论上的革新性及其生命力需要在新的现实中得到重新反思乃至激活:比如《阿尔都塞对马克思的解读》①的作者让-克洛德·布尔丹(Jean-Claude Bourdin)就呼吁人们要再次重视阿尔都塞对马克思的解读,并认为阿尔都塞的贡献在于从哲学角度阅读马克思的著作,将常常被当成教条或意识形态工具的马克思主义重新引入哲学史,从理论上巩固了后者的可理解性和不断保持与其他关切现实之理论进行对话的可能性。又如伊莎贝勒·加洛在《福柯、德勒兹、阿尔都塞与马克思》②中通过回溯阿尔都塞的思想语境而区分了"哲学的"阿尔都塞和"政治的"阿尔都塞,并认为两个阿尔都塞使用着不同的两套话语,从而有助于当下左翼学界对阿尔都塞主义有条件的重新激活。再如刊登在《思想》杂志 2015 年阿尔都塞纪念专刊上的巴里巴尔、吕锡安·塞弗(Lucien Sève)和安德烈·托塞尔(André Tosel)

---

① Jean-Claude Bourdin, *Althusser:une lecture de Marx*, PUF, 2008.

② Isabelle Garo, Foucault, *Deleuze, Althusser et Marx*, éditions Demopolis, 2011.

的三篇文章(分别是《阿尔都塞和共产主义》《拒斥辩证法》和《从结构理论到偶然情势》)^①。在这三篇文章中,上述三位左翼知识分子分别阐明了阿尔都塞所理解的"共产主义"所具有的丰富含义及现实意蕴,阿尔都塞在辩证法问题上所经历的两次重要转变及其内在限度,以及阿尔都塞晚年思想变化与20世纪70年代国际共产主义运动危机的密切关联,并且特别重要的是,三位学者均认为,无论是受到捍卫、继承还是批判,阿尔都塞思想依旧是当代法国马克思主义观照自身的一面理论之镜。由此看来,不少法国学者对重新理解、重新激活阿尔都塞主义在当下所可能具有之现实意义这一点抱有期盼,且在这种期盼背后,透露出的是他们所共有的对资本主义全球化态势做出回应的急迫需求。随着自2008年以来次贷危机和金融危机在欧美乃至全世界范围内的爆发,此种需求的紧迫性则更是达到了前所未有的强度。^②

　　然而具体而言,以理论反人道主义、(某种意义上的)结构主义和意识形态论等理论要素而著称的阿尔都塞主义,究竟在何种层次上能够为资本主义全球化和世界性金融危机所双重规定了的当下提供反思的尺度? 在这一问题上,试图更新阿尔都塞主义以使其能够作为反资本主义的理论力量被重新激活的国外学者们并没有给出充分且令人满意的阐释;而走出学徒期不久、正着力构建自主研究话语乃至研究道统的国内阿尔都塞学者,也尚未将关注点从固然具有特定价值的学理分析中转移到此问题之上。并且从国内阿尔都塞研究的近期成果来看,即使海外学者为重新激活阿尔都塞主义的现实意义所付出的理论努力已经进入了少部分学者的视野,^③但相应地深入考察与对话似乎仍旧是有待进一步拓展的课题。

　　有鉴于此,倘若在当下的理论语境和现实语境中重塑阿尔都塞主义之

---

　　① étienne Balibar,Althusser et"Le communisme",*La Pensée*,N.382,2015,pp.2–14;Lucien Sève,Le rejet de la dialectique,*ibid*.,pp.16–30;André Tosel,De la théorie structurale à la conjoncture aléatoire,pp.31–46.

　　② 在法国之外,对于阿尔都塞主义之遗产的反思及对其现实意义的厘定同样是诸多左翼学者共同思考的主题,就此问题,可主要参考 *The Althusserian Legacy*,eds. E. Ann Kaplan and Michael Sprinker,London and New York:Verso,1993;*Encountering Althusser*,eds. Katja Diefenbach,Sara Farris,Gal Kirn and Peter Thomas,London:Bloomsbury,2013;Warren Montag,*Althusser and His Contemporaries*,Durham and London:Duke University Press,2013。

　　③ 比如此前提到的林青的《阿尔都塞激进政治话语研究》。

意义——需要注意的是,所谓重塑,就势必意味着无法原封不动地照搬,因为如前所述,在总体历史语境发生变化的当下,要在理论层面,尤其是在马克思主义理论层面坚定捍卫一种阿尔都塞主义立场,几乎已不存在任何可能性和可行性——不仅是可能的,而且是必要的,那此种意义就不能够仅仅体现为对于资本主义的原则性的,从而也就是总体的和一般的批判,而更应当体现为立足于现实的资本主义状况和情势,亦即立足于资本主义在今时今日所展现出的具体的历史性而给出实际的,或者用阿尔都塞本人的术语来说乃是"实效"的批判。且此种实效批判、具体批判必须同时展开在生产方式批判和在阿尔都塞主义的意义上实乃生产方式得以巩固之保障的意识形态之批判这两个层面,更直白地讲,就是必须同时展现为对于彻底抽象化、符号化、数字化了的资本经济机制之批判以及对于作为其意识形态保障的、不断将自身构建为普遍价值体系的新自由主义批判。正如在 20 世纪 50 年代至 70 年代,人道主义及其对应的资本主义生产方式乃是阿尔都塞凭借其理论工作所竭力反抗的意识形态力量和社会性物质力量,在今时今日,全面更新了的资本主义生产机制及意在使其自然化、合理化的新自由主义意识形态,则是所有广义的阿尔都塞主义者,也就是所有意识到抗争尚未结束、一切来日方长的马克思主义者所必须直面的现实挑战。

(三)阿尔都塞主义尚能激发何种意义?

在考察了阿尔都塞主义所曾经具有的意义,并表明其在当下所仍具有的意义之后,笔者将尝试解答最后一个至关重要的问题,即阿尔都塞主义尚能激发何种意义?需要稍做说明的是,与前两个问题有所不同,这一问题相关的并不是严格意义上的阿尔都塞主义本身,而是从阿尔都塞主义出发,或者说由阿尔都塞主义触发的理论研究所能够具有的意义。换言之,这里要交代的是阿尔都塞主义中的哪些思路、哪些要素能够促成,并且在某种程度上已经促成新的富有价值的理论路径。

结合前文提及的国内阿尔都塞研究的最新进展,以及国外学者的相关研究,笔者认为,在最近几年以及未来几年,一个颇具前景的研究方向乃是回溯及梳理阿尔都塞主义中的斯宾诺莎主义成分,并在此基础上,承接起在西方马克思主义发展历史上有其源头的斯宾诺莎式马克思主义路数，以期以全新的方式构建出一种以唯物主义为底色的、立足于批判地理解现实的社会哲学或曰社会本体论。在此方面，之前提到过的邹诗鹏的《阿尔都塞对斯宾诺莎的回溯》和冯波的《早期阿尔都塞的斯宾诺莎主义——以意识形态批判为中心》这两篇文章，无疑是国内学界为数不多的能够起到铺垫作用的新近研究成果。

在国际学界，这条进路在最近几年则主要由两位法国中青年学者所开拓：一位是斯特拉斯堡大学哲学系的弗朗克·费什巴哈（Frank Fischbach），其代表作有《人的生产：马克思和斯宾诺莎》《无对象：资本主义、主体性和异化》《社会哲学宣言》《褫夺世界：时间、空间和资本》以及《马克思的诸哲学》等①；另一位则是社会科学高等研究院欧洲社会学中心的弗里德里克·罗东（Frédéric Lordon），其相关代表作主要包括：《至高利益：斯宾诺莎主义的经济学人类学试论》《资本主义、欲望与奴役：马克思和斯宾诺莎》《情触社会：为了一种激情的结构主义》《主权：政体的结构和情触》《政治之情触》等②。从两位学者诸多作品的标题中就不难看出，一方面，从马克思主义的理论立场出发对资本主义进行剖析与批判乃是两者共有的理论原则；另一方面，在此剖析与批判的过程中，对于一种特定形式的斯宾诺莎主义，亦即曾在"结构主义"的名目下被理解、被把握的阿尔都塞式的斯宾诺莎主义的拓展与重塑，则是至关重要的一个理论步骤。

对费什巴哈而言，在上面提到的大部分作品中，费什巴哈不仅多次表示，正是阿尔都塞主义促使其从斯宾诺莎主义视角重新看待并夯实马克思的社会本体论，而且在自《社会哲学宣言》起便竭力打造的斯宾诺莎式马克

---

① Frank Fischbach, *La production des hommes : Marx avec Spinoza*, PUF, 2005 ; *Sans objet. Capitalisme, subjectivité, aliénation*, Vrin, 2009 ; *Manifeste pour une philosophie sociale*, La Découverte, 2009 ; *La privation de monde. Temps, espace et capital*, Vrin, 2011 ; *Philosophies de Marx*, Vrin, 2015.

② Frédéric Lordon, *L'intérêt souverain : essai d'anthropologie économique spinoziste*, La Découverte, 2006 ; *Capitalisme, désir et servitude : Marx et Spinoza*, La Fabrique, 2010 ; *La société des affects : pour un structuralisme des passions*, Seuil, 2013 ; *Imperium : structures et affects des corps politiques*, La Fabrique, 2015 ; *Les affects de la politique*, Seuil, 2016.

思主义的社会哲学中,①由晚期阿尔都塞曾在《来日方长》中论及,但并未加以展开的对马克思式民主与斯宾诺莎式民主的打通也是极为核心的一个环节,正是经由这样一个环节,费什巴哈才能够提出在马克思的意义上,尤其以后者对黑格尔法哲学之批判为例证,本真的民主绝非一种狭义制度层面的政治民主,而是作为政治之实在基础与真实地基的社会层面的民主,即人作为社会性生产者的全面发展与人之生产活动的彻底繁荣。至于罗东,其对于阿尔都塞依靠斯宾诺莎重解马克思之理论计划的继承亦同样由表及里,而且尽管与费什巴哈一样,打造一种斯宾诺莎式马克思主义的社会本体论亦是其一大理论诉求,但与费什巴哈稍有不同的是,罗东更侧重从斯宾诺莎的"情触(affectus)"概念入手,在由此补充阿尔都塞无论如何仍旧过于含糊的意识形态理论的基础上,拓展一项在阿尔都塞那里未能完成的理论事业,那就是从社会本体论的框架内,坐实一种关系社会个体之主体化机制与进程的主体理论,并最终生发出对于政治行动问题的全新理解。

虽然由阿尔都塞主义所激发的斯宾诺莎式马克思主义已在近几年受到了国内学界的一定关注,但从对于费什巴哈与罗东之理论工作的上述初步概括中可以看出,无论是在理论之广度还是深度方面,目前国内的相关研究工作与国际学界正在各个方向上展开的探索之间还是存在着不小的差距,并且要是考虑对于挖掘马克思思想及马克思主义之政治维度的热衷同样是国内学界在这两年出现的一股研究潮流,那对如此重要的具有反泛政治主义之意味的社会哲学进路缺乏必要的理解,则显然有碍于国内马克思主义理论的均衡发展与实质深化。也正是在此意义上,对于阿尔都塞主义之重新反思与重新理解,尤其是对于作为其核心要素的斯宾诺莎主义立场的揭示与剖析,或许成为一个极为有利的研究契机,同时也是未来几年阿尔都塞主义能够在国内学界激发的最为重大的理论意义。

(四)总结

严格来讲,时至今日,作为西方马克思主义中独树一帜、盛极一时的理

---

① 费什巴哈提出此种社会哲学的一个理论上的现实动机,乃是试图矫正目前流行的对于马克思主义的泛政治化解读。

论流派,在"结构主义的马克思主义"标签下接受臧否,从而也在同样的标签下在四十多年前被引介到我国的阿尔都塞主义早已隶属于过去,在其辉煌时刻广为散播的那些理论宣告也已丧失了一度拥有的号召力。从某种意义上讲,对于阿尔都塞主义而言,这当然既是历史的无情,也是现实的不幸。但与此同时,从国内外学者以各种形式展开的对其的重新思考和重新激活来看,即使作为历史产物的阿尔都塞主义已然消隐,但作为批判力量的阿尔都塞主义仍旧延续着哪怕是极为微弱的理论生命,成为当下历史语境中能够激发出新的革命性理论实践的重要催化剂。在与国外学界情况之比照之下,综观国内阿尔都塞研究这四十多年来的发展历史及其近期趋势,可以说阿尔都塞主义在中国大地上的历险应当还没有完结,这场历险应当仍旧具有一个值得期许的,将在极为重要的层面影响我国西方马克思主义研究格局的未来。

第九章　生态学马克思主义在中国的影响

　　生态学马克思主义是 20 世纪 70 年代形成的西方马克思主义新流派，它运用历史唯物主义的历史分析法和阶级分析法，通过挖掘和重建马克思主义的生态学理论，分析当代生态危机的根源和本质，对当代资本主义制度、消费主义价值观和技术理性展开生态批判，形成了社会制度维度、哲学价值观维度和政治维度三者辩证统一的生态文明理论，并与以生态中心论及理论基础的"深绿"和以现代人类中心论为基础的"浅绿"思潮区别开来。1986 年，王瑾把生态学马克思主义引入中国学术界，开启了中国生态学马克思主义研究的历程。学术界展开对生态学马克思主义的系统研究开始于 20世纪 90 年代。回顾生态学马克思主义研究在中国学术界的历程和研究的主要问题，对于我们更深入地了解国外马克思主义新思潮的发展和厘清我国生态文明理论研究，都具有重要的理论和现实意义。

一、中国生态学马克思主义研究的概况

　　我国学术界对生态学马克思主义的研究经历了一般性流派人物评介到理论问题研究的发展过程。在这一过程中，除了国外马克思主义教材一般性的评价之外，还出版了多本论述生态学马克思主义的专著。根据知网统计，学术界已发表相关研究性论文近一千篇。随着代表性著作陆续被翻译成中文，这些成果也为学术界进一步了解和研究生态学马克思主义理论奠定了基础。

　　近几年来，生态学马克思主义理论家的下列代表性著作被翻译成中文，主要有：美国生态学马克思主义理论家詹姆斯·奥康纳的《自然的理由：生态

学马克思主义研究》（南京大学出版社,2003 年）,约·贝·福斯特的《马克思的生态学：唯物主义与自然》（高等教育出版社,2006 年）,《反对资本主义的生态学》（中译本为《生态危机与资本主义》,上海译文出版社,2006 年）,《生态革命：与地球和平相处》（人民出版社,2015 年）,乔尔·科威尔（也译作"克沃尔"）的《自然的敌人：资本主义的终结还是世界的毁灭》（中国人民大学出版社,2015 年）,加拿大学者本·阿格尔的《西方马克思主义概论》（中国人民大学出版社,1991 年）,威廉·莱斯的《自然的控制》（重庆出版社,1993 年）,《满足的极限》（商务印书馆,2016 年）,英国学者戴维·佩珀的《生态社会主义：从深生态学到社会正义》（山东大学出版社,2005 年）,《现代环境主义导论》（上海人民出版社,2011 年）,特德·本顿主编的《生态学马克思主义》（社会科学文献出版社,2013 年）,乔纳森·休斯的《生态与历史唯物主义》（江苏人民出版社,2011 年）,法国学者安德烈·高兹的《资本主义、社会主义、生态》（商务印书馆,2018 年）,《致 D 情史》（南京大学出版社,2010 年）,日本学者岩佐茂的《环境的思想：环境保护与马克思主义的结合处》（中央编译出版社,1997 年）等著作。

国内学者近年来从整体上和专题性上研究生态学马克思主义的专著主要有：陈学明的《谁是罪魁祸首：追寻生态危机的根源》（人民出版社,2012 年）,刘仁胜的《生态马克思主义概论》（中央编译出版社,2007 年）,徐艳梅的《生态学马克思主义研究》（社会科学文献出版社,2007 年）,曾文婷的《"生态学马克思主义"研究》（重庆出版社,2008 年）,《"生态学马克思主义"与马克思主义比较研究》（社会科学文献出版社,2015 年）,王雨辰的《生态批判与绿色乌托邦：生态学马克思主义理论研究》（人民出版社,2009 年）,《生态学马克思主义与生态文明研究》（人民出版社,2015 年）,《生态学马克思主义与后发国家生态文明理论研究》（人民出版社,2017 年）,李世书的《生态学马克思主义的自然观研究》（中央编译出版社,2010 年）,姚燕的《生态学马克思主义与历史唯物主义》（光明日报出版社,2010 年）,赵卯生的《生态学马克思主义主旨研究》（中国政法大学出版社,2011 年）,倪瑞华的《英国生态学马克思主义研究》（人民出版社,2011 年）,郑湘萍的《生态学马克思主义的生态批判理论研究》（中国书籍出版社,2013 年）,万希平的《生态马克思主义理论研究》（天津人民出版社,2014 年）,沈月的《生态学马克思主义价值研究》（人民出

版社,2015 年),吴宁的《生态学马克思主义思想简论》(中国环境出版社,2015
年),侯子峰的《自然的解放:生态学马克思主义研究》(中国社会科学出版
社,2018 年),莫放春的《马克思的生态学与生态学马克思主义研究》(人民出
版社,2018 年),刘晓勇的《生态学马克思主义与当代中国可持续发展研究》
(中国社会科学出版社,2018 年)等著作。

除上述一般性的研究之外, 我国学术界还对生态学马克思主义流派和
具体人物的思想展开了系统研究,主要著作有:郭剑仁的《生态地批判:福斯
特的生态学马克思主义研究》(人民出版社,2007 年),康瑞华等的《批判、建
构、启思:福斯特生态学马克思主义研究》(中国社会科学出版社,2011 年),
胡莹的《福斯特生态学马克思主义研究》(黑龙江大学出版社,2013 年),贾学
军的《福斯特生态学马克思主义研究》(人民出版社,2017 年),仇竹妮的《控
制与服从的辩证法:威廉·莱斯生态批判研究》(人民出版社,2017 年),汤建
龙的《在萨特和马克思之间:安德瑞·高兹早中期哲学思想解读》(南京师范
大学出版社,2011 年),温晓春的《安德瑞·高兹中晚期生态学马克思主义研
究》(上海人民出版社,2015 年),朱波的《高兹生态学马克思主义思想研究》
(北京大学出版社、黑龙江大学出版社,2016 年),王青的《特德·本顿的生态
学马克思主义思想研究》(人民出版社,2018 年)等。

除上述一般性和专题性研究之外,学术界对生态学马克思主义理论性质
和核心理论问题也展开了深入的讨论,进一步深化了对生态学马克思主义理
论的研究和认识。

二、对生态学马克思主义的定义域与理论性质的研究

对于生态学马克思主义的定义域问题,学术界主要存在四种观点。具体
来说:第一种观点认为,生态学马克思主义是西方马克思主义关注生态问题
的结果, 并由此把生态学马克思主义划分为以法兰克福学派为代表的生态
马克思主义阶段、以奥康纳等人为代表的生态社会主义阶段和以福斯特等
人为代表的马克思的生态学阶段。[①]第二种观点认为,生态学马克思主义是

---

① 参见刘仁胜:《生态马克思主义概论》,中央编译出版社,2007 年。

一种"根本拒绝了历史唯物主义的生产力增长模式"后现代马克思主义。①第三种观点认为，生态学马克思主义意味着一种不同于苏联式和西方马克思主义的一种新的哲学形态，在此基础上重新建构了马克思的自然理论和资本主义理论。②第四种观点认为，生态学马克思主义是生态社会主义阵营中带有强烈的马克思主义倾向的代表，它"比较自觉地运用马克思主义的观点和方法，去分析当代资本主义的环境退化和生态危机，以及探讨解决环境危机的途径"③。上述不同意见不仅使学术界难以确定西方生态学马克思主义的代表人物，而且对于它是否属于西方马克思主义的一个流派也存在不同的看法。如何规定西方生态学马克思主义的定义域已经成为一个十分迫切的问题。

在笔者看来，第一种观点的问题在于，对生态学马克思主义的定义过宽，必然会把西方马克思主义中那些探讨过生态问题，而又不以探讨生态问题为主题的理论家纳入生态学马克思主义的研究范围。如施米特、霍克海默、阿多尔诺和马尔库塞在他们的著作中都探讨过生态问题，并对生态学马克思主义理论的发展发挥一定作用和影响，但显然不能把他们纳入生态学马克思主义中予以研究。因为按照这一逻辑，对当代生态问题有深入见解的哈维也应当是生态学马克思主义的代表人物。

第二种观点的问题在于，混淆了生态学马克思主义和西方生态社会主义的区别。西方生态社会主义既包括生态学马克思主义，也包括以生态主义为基础的生态社会主义。从理论上看，生态学马克思主义大都立足于人类中心主义的立场，以历史唯物主义为理论工具，强调资本主义制度的不正义是造成生态危机的根源，即便是坚持生态中心主义价值立场的生态学马克思主义，其自然价值论也是与反资本主义联系在一起的。④而以生态中心主义为基础的生态社会主义大都立足于非人类中心主义的立场，并以无政府主义

---

① 参见张一兵、胡大平：《西方马克思主义哲学的历史逻辑》，南京大学出版社，2003年，第416页。

② 参见何萍：《生态学马克思主义的理论困境与出路》，《国外社会科学》，2010年第1期。

③ 俞吾金、陈学明：《国外马克思主义哲学流派新编》（西方马克思主义卷），复旦大学出版社，2002年，第575页。

④ 参见王雨辰：《生态学马克思主义与后发国家生态文明理论研究》，人民出版社，2017年，第二章。

为理论工具,宣扬"自然价值论"和"自然权利论",其理论带有后现代意味。

第三种观点的问题在于,定义域过于狭窄。上述定义准确地概括了北美生态学马克思主义理论家奥康纳和福斯特的理论,但是无法涵盖高兹、莱易斯、佩珀等这些不以建构马克思主义哲学新形态为主题的理论家。

笔者认为第四种观点较为合理,但是需要进一步通过划定若干标准来规定生态学马克思主义的研究对象。具体来说:

一是要把生态学马克思主义同西方马克思主义中的那些研究过人和自然关系问题,但不以生态问题为主题的理论家区分开来,主要标准可以看该理论家是否具有生态政治哲学,即是否建构了解决生态危机的生态政治战略和生态社会主义理想。二是重点区分生态学马克思主义理论和生态中心主义的区别。具体来说,在生态危机的根源问题上,生态学马克思主义强调,资本主义制度及其生产方式是生态危机的根源;生态中心论则把生态危机的根源归结为人类中心主义的价值观。在如何对待科学技术的问题上,生态中心主义反对科学技术的进步和运用;而生态学马克思主义并不反对技术本身,他们反对的是在资本主义制度下技术的非理性运用。在生态治理问题上,生态中心主义强调解决生态问题的关键在于价值观的变革,要求确立自然价值论和自然权利论的生态观;生态学马克思主义虽然也承认道德价值观变革的重要性,但是他们强调社会制度、社会结构的变革对于生态问题的变革至关重要。在生态政治哲学上,生态学马克思主义的理论基础是唯物史观,他们强调应当把生态运动同工人有组织的激进运动结合起来,实现生态社会主义社会;而生态中心主义的理论基础是无政府主义,反对把生态运动引向激进的生态政治运动。可以看出,生态学马克思主义不是像生态中心主义那样反对经济增长和技术进步的后现代理论,而是运用马克思主义立场、观点和方法,以研究人和自然关系为理论主题的西方马克思主义新流派。它把资本主义制度及其生产方式看作当代生态危机的根源,揭示了资本主义制度下技术非理性运用的必然性,强调解决当代生态危机的途径在于实现社会制度和道德价值观的双重变革,实现生态社会主义社会。

生态学马克思主义的理论性质问题,核心是它同马克思主义、西方马克思主义的关系问题。对于生态学马克思主义与马克思主义、西方马克思主义的关系问题,国内学术界主要存在三种观点:第一种观点认为,生态学马克思主义放弃了马克思主义的生产方式和生产力理论，强调其理论体系已溢出了马克思理论的基本框架，不是真正的马克思主义，而是一种与传统西方马克思主义分道扬镳的后现代马克思主义理论。①第二种观点认为，生态学马克思主义是与后现代主义相对立，运用历史唯物主义分析当代生态问题而形成的西方马克思主义新流派。②第三种观点则认为，生态学马克思主义既有对历史唯物主义的坚持和深化，又有对历史唯物主义的背离。③持这一观点的论者认为，生态学马克思主义对历史唯物主义的理解主要是指他们对马克思的自然观和社会历史观的理解。在历史唯物主义和生态学的关系问题上，生态学马克思主义秉承不一致论和一致论两种观点。不一致论者一方面肯定马克思、恩格斯对新陈代谢、环境问题讨论的贡献，另一方面又强调历史唯物主义秉持的是一种与生态思维不一致的人类中心主义、生产力和科技决定论的观点，代表人物是本顿和奥康纳，并对马克思、恩格斯的历史唯物主义和他们以后的历史唯物主义存在的忽视自然极限，片面强调生产力和科学技术作用的缺陷展开了反思，又由此要求对历史唯物主义绿色化，揭示了过去我们对历史唯物主义理解的不足之处，方对于我们完整地理解历史唯物主义具有重要的理论和实践价值。一致论者的代表人物主要有格伦德曼、休斯、柏克特和福斯特等人，他们主张历史唯物主义与生态学是一致的，能够成为解决生态问题的理论工具。生态学马克思主义理论中既存在对历史唯物主义误读的地方，又对我们深化理解历史唯物主义具有启示意义。

在笔者看来，生态学马克思主义不仅继承了历史唯物主义关于人与自然关系的理论以及历史分析法和阶级分析法，而且将西方马克思主义的技术理性批判、社会批判、文化价值批判与生态批判有机地结合起来，是立足于历史唯物主义的对当代资本主义社会展开生态批判的西方马克思主义新流派。

---

①　参见张一兵主编：《当代国外马克思主义哲学思潮》（下卷），江苏人民出版社，2012年，第481~483页；徐艳梅：《生态学马克思主义研究》，社会科学文献出版社，2007年，第7~8页。

②　参见陈学明：《谁是罪魁祸首：追寻生态危机的根源》，人民出版社，2012年，第517~538页；王雨辰：《生态批判与绿色乌托邦：生态学马克思主义理论研究》，人民出版社，2008年，第10~40页。

③　参见陈永森：《生态学马克思主义对历史唯物主义与生态学关系的理解及其启示》，《思想理论教育》，2005年第3期；胡绪明等：《生态学马克思主义的理论性质刍议》，《社会科学战线》，2012年第3期。

三、生态学马克思主义与西方绿色思潮的关系问题

　　西方绿色思潮主要包括以生态中心论为基础的"深绿"思潮、以现代人类中心论为基础的"浅绿"思潮和以马克思主义理论为基础的"红绿"思潮,即生态学马克思主义、生态社会主义和有机马克思主义。对于生态学马克思主义与"深绿""浅绿"和有机马克思主义的关系,国内学术界做了如下的探索。

　　生态学马克思主义在生态价值观问题上,以福斯特、佩珀和格伦德曼为代表,秉承的是人类中心主义的价值观;以科威尔、本顿及其本顿阵营的理论家,则主张坚持生态中心主义价值观。但他们所说的"人类中心主义价值观"和"生态中心主义价值观"与"浅绿""深绿"思潮所主张的"人类中心主义价值观"和"生态中心主义价值观"在价值取向上存在着本质的区别。具体来说:"浅绿"思潮所说的"人类中心主义价值观"是对近代人类中心主义价值观修正的结果,虽然在一定程度上克服了近代人类中心主义价值观的缺陷,但依然是以"资本"为基础的地区中心主义和阶级中心主义,而不是真正意义上的他们所宣称的以人类整体利益和长远利益为基础的人类中心主义,其目的是维系资本主义经济可持续发展必要的生产条件;而生态学马克思主义虽然为人类中心主义价值观辩护,但赋予了其新的含义,体现在不仅把人类中心主义价值观阐释为以满足人们,特别是穷人基本生活需要的价值观,而且理解为与生态系统和谐发展的集体的和长期的人类中心主义价值观;"深绿"思潮所说的"生态中心主义价值观",主要是力图突破人际伦理学仅仅将道德关怀限制在人与人之间,而是力图将道德关怀对象拓展到人类之外的存在物上,由此他们提出了"自然价值论"和"自然权利论"的主张。

　　问题的关键是,"深绿"和"浅绿"思潮都撇开社会制度维度,单纯从生态价值观探讨生态危机的根源与解决途径,而这恰恰是生态学马克思主义的理论特质。这也意味着生态学马克思主义所说的"生态中心主义价值观"与"深绿"思潮所主张的"生态中心主义价值观"有共同的方面,但生态学马克思主义的生态中心主义价值观所包含的反政治经济学、反资本主义交换关

系是"深绿"思潮的所不具备的内涵。①因此,有论者从三个方面论述了生态学马克思主义与"深绿"和"浅绿"思潮的不同:第一,二者揭示生态危机根源与本质的理论基础不同。"深绿"和"浅绿"思潮主要是从伦理与价值观角度揭示生态危机根源;而生态学马克思主义坚持马克思主义方法,把揭示生态危机的根源与资本主义制度批判有机结合起来。第二,二者在解决生态危机问题的理论选择上不同。"深绿"和"浅绿"思潮主要是通过扩大伦理关怀的外延,或是寄希望于人们生态价值观的改变来解决生态危机;而生态学马克思主义在强调生态价值观变革的同时,更加强调通过社会制度变革的途径解决生态危机。第三,二者对待发展的态度不同。生态学马克思主义坚持发展和技术进步的必要性,反对的是资本主义的技术非理性运用和异化消费;"深绿"则反对发展和技术运用,要求回到小国寡民的自然主义生存状态。②

生态学马克思主义与"深绿"和"浅绿"思潮在如何看待历史唯物主义和生态学的关系问题上展开了争论,论证了历史唯物主义同生态学的一致性。在"深绿"和"浅绿"思潮看来,历史唯物主义秉承的是一种与生态思维相矛盾的人类中心主义、二元论、经济决定论、机械论和还原论的思维,历史唯物主义不承认自然的极限的存在、坚持以控制自然为目的的唯科学主义和唯生产力理论,历史唯物主义所设想和追求物质财富极大丰富的共产主义社会与生态限制相矛盾等。③生态学马克思主义理论家指出,"深绿"和"浅绿"思潮的上述质疑是对历史唯物主义的误读。他们通过研究分析了历史唯物主义研究方法上的辩证性和系统性,系统阐发了历史唯物主义控制自然的真实含义,阐发了历史唯物主义为什么重视科学技术和生产力发展的深层原因,强调历史唯物主义不仅没有否定自然的极限,并阐发了共产主义社会与生态发展的一致性,强调历史唯物主义不仅能够作为分析生态问题的理论工具,而且比"深绿"和"浅绿"思潮拘泥于抽象价值观的维度谈论生态危

---

① 参见王雨辰:《生态学马克思主义与后发国家生态文明理论研究》,人民出版社,2017 年,第 94~102 页;王雨辰等:《论生态学马克思主义对生态价值观的重构》,《吉首大学学报》,2017 年第 2 期。

② 参见贾学军:《从生态伦理观到生态学马克思主义:评西方生态哲学研究的范式的转变》,《理论与现代化》,2015 年第 5 期。

③ 参见王雨辰:《论生态学马克思主义对历史唯物主义理论的辩护》,《哲学研究》,2015 年第 8 期;陈永森:《生态学马克思主义对历史唯物主义与生态学关系的理解及其启示》,《思想理论教育》,2015 年第 3 期。

机的根源及其解决途径更有优势。①

对于生态学马克思主义与生态社会主义的关系,我国学者主要持四种观点:第一种观点认为,生态社会主义与生态学马克思主义不是同一概念,前者包含后者,只有那些带有强烈马克思主义倾向的生态社会主义者才是生态学马克思主义者,因为生态社会主义中还有诸如社会民主主义者的理论家。②第二种观点把生态学马克思主义看作生态社会主义发展的一个阶段,强调生态社会主义的发展经历了"从红到绿""红绿交融"和"绿色红化"几个阶段。20世纪90年代以前的生态社会主义主要属于社会民主主义,20世纪90年代以后的生态社会主义则主要属于生态学马克思主义。③第三种观点认为,生态学马克思主义和生态社会主义同属于广义的生态学马克思主义,只不过生态学马克思主义侧重于理论研究,生态社会主义侧重于实践运动。④第四种观点则认为,生态学马克思主义和生态社会主义属于西方绿色运动引发的两种思潮。生态学马克思主义主要起源于北美,其理论目的是用生态学去补充马克思主义,从而找寻既能克服生态危机,又能走向社会主义的道路;生态社会主义则是起源于欧洲的绿色运动,其理论基础较为庞杂,其理论目的是要建立一个既能维护生态平衡,又能充分保障自由人权的社会制度。⑤

对于生态学马克思主义与有机马克思主义的关系,国内学术界形成了"超越论"和"非超越论"两种观点。"超越论"的主要代表人物为王治河、杨韬、杨志华、冯颜利、孟献丽等人。他们的主要观点是认为,有机马克思主义借鉴了生态学马克思主义理论,但是在三个方面又超越了生态学马克思主义:

---

① 参见[美]约·贝拉米·福斯特:《马克思的生态学——唯物主义与自然》,刘仁胜、肖峰译,刘庸安校,高等教育出版社,2006年;[美]戴维·佩珀:《生态社会主义:从深生态学到社会正义》,刘颖译,山东大学出版社,2005年;[美]乔纳森·休斯:《生态与历史唯物主义》,张晓琼、侯晓溪译,钱省林校,江苏人民出版社,2011年。

② 参见俞吾金、陈学明:《国外马克思主义哲学流派新编》(生态学马克思主义卷),复旦大学出版社,2002年,第575页;陈永森、蔡华杰:《人的解放与自然的解放:生态社会主义研究》,学习出版社,2015年,第2页。

③ 参见刘仁胜:《生态马克思主义概论》,中央编译出版社,2007年,第5页;周穗明主编:《20世纪西方新马克思主义发展史》(下),学习出版社,2005年,第454~461页。

④ 郭剑仁:《生态地批判:福斯特的生态学马克思主义思想研究》,人民出版社,2008年,第181页。

⑤ 奚广庆、王瑾主编:《西方新社会运动初探》,中国人民大学出版社,1993年,第190页;王瑾:《生态学马克思主义和生态社会主义》,《教学与研究》,1986年第6期。

第一，有机马克思主义在本质上是彻底生态的，它在批判资本主义、挑战帝国主义和呼唤生态启蒙方面与生态学马克思主义高度契合，同时又与生态学马克思主义有所不同：生态学马克思主义的理论重点是批判资本主义制度，而有机马克思主义不仅批判资本主义制度，还进一步批判现代性的思维方式与价值观；生态学马克思主义侧重于批判，而有机马克思主义在批判的同时，更加重视建设，努力探索生态文明的哲学基础和实现生态文明的具体路径；与生态学马克思主义忽视文化和地域差异不同，有机马克思主义更加重视在其理论中吸纳不同的文化，尤其有意识地吸收中国文化和中国元素，注重不同地域的生态文明建设的问题。①

第二，有机马克思主义对生态学马克思主义的超越主要体现在两方面：一是在生态危机的根源上，不同于生态学马克思主义单纯地将其归结为资本主义制度及其生产方式，有机马克思主义具有更为广阔的视域，认为将生态危机单纯地归结为制度原因无法解释当今社会主义国家也面临着严重的生态危机的现实，而生态危机的真正根源在于现代性，尤其是现代性蕴含的无限经济增长癖；二是基于后现代视角和有机整体的世界观，有机马克思主义相较于生态学马克思主义更加强调文化传统和精神因素，更具有开放性，它自觉地从各种优秀文化中吸取智慧，积极融合了中国传统文化和智慧，而生态学马克思主义很少提及中国传统文化。②

第三，有机马克思主义吸收了生态学马克思主义的主要思想，将现代性看作导致生态危机的深层原因，并对生态学马克思主义进行了调整和完善。有机马克思主义对生态学马克思主义的超越主要是建立了突现论自然主义意义上的唯物主义，建立了文化意义上的历史观，建立了包含所有关系意义上的辩证法，从而从唯物主义、历史观和辩证法三个方面超越了生态学马克思主义。此外，相较于生态学马克思主义，有机马克思主义更加注重地域和文化的特殊性，积极借鉴吸收了中国传统智慧和中国化马克思主义的思想，具有独特的中国元素。③

---

① 参见王治河、杨韬：《有机马克思主义及其当代意义》，《马克思主义与现实》，2015 年第 1 期。

② 参见杨志华：《何为有机马克思主义：基于中国观察的视角》，《马克思主义与现实》，2015 年第 1 期。

③ 参见冯颜利、孟献丽：《有机马克思主义：融通"中"、"西"、"马"的新范式》，《社会科学家》，2015 年第 11 期。

"非超越论"的主要代表人物是王雨辰、陈学明等人。他们都肯定生态学马克思主义和有机马克思主义是探寻当代生态危机根源和出路的新流派，两者关注的核心问题都在于揭示当代生态危机的根源，探索解决生态危机的途径，但是两者在理论基础、理论侧重点和理论归宿等方面存在着区别：

第一，在理论基础问题上，生态学马克思主义是以历史唯物主义或修正后的历史唯物主义为基础的，始终坚持了阶级分析法和历史分析法分析生态危机的根源及其解决途径；而有机马克思主义是以怀特海主义为基础，分析生态危机的根源和解决途径。

第二，在生态危机根源的问题上，有机马克思主义主要侧重于从批判现代性价值观的维度揭示生态危机的根源，即批判现代性价值体系及建立在其上的经济主义发展观和消费主义文化价值观；生态学马克思主义是从批判资本主义制度和价值观两个维度揭示生态危机的根源。

第三，在理论的价值立场上，生态学马克思主义秉承的是现代主义的价值观，而有机马克思主义秉承的是与科学技术相对立的后现代价值观。

第四，在理论归宿上，生态学马克思主义主张把生态运动同有组织的工人运动结合起来，通过激进的阶级运动建立生态社会主义社会，具有一定的操作性；而有机马克思主义主张通过抽象的共同体价值观的有机教育，建立市场社会主义和农庄经济来解决生态危机，反对科学技术的大规模运用，存在着不具有操作性的乌托邦幻想。

此外，生态学马克思主义主张把全球视野和地方行动有机结合起来以应对生态危机，而有机马克思主义要求脱离全球化，进行单纯的地方生态自治。可以说，生态学马克思主义追求一种超越工业文明的新型文明形态，认为生态文明要以技术进步和经济增长为前提，要利用工业文明的成就帮助实现人的自由全面发展；而有机马克思主义在生态文明建设途径上理解不足，是一种脱离人类社会历史抽象谈论自然，把人类文明和自然对立起来的生态文明理论。因此，不仅不存在有些论者所说的有机马克思主义超越了生态学马克思主义的问题，而且生态学马克思主义远比有机马克思主义深刻。尽管如此，有机马克思主义和生态学马克思主义都力图把历史唯物主义作为分析和解决生态危机的根源与途径，都否定和反对资本主义制度、生产方式和价值体系,都是一种"非西方中心论"的生态文明理论。①

四、对生态学马克思主义理论家思想的研究

我国学术界对生态学马克思主义理论家思想的研究主要集中在对奥康纳、福斯特、本·阿格尔、莱斯、高兹、佩珀等人的研究上,另外还有零星的关于休斯、格伦德曼、科威尔和柏格特等人的思想研究。

(一)对詹姆斯·奥康纳生态学马克思主义思想的研究

我国学术界对奥康纳的研究主要集中在他的《自然的理由:生态学马克思主义研究》这本书上,相关的研究主要有如下四个主题:一是他对历史唯物主义的重构。对于这一问题,学术界主要认为他批评唯物史观无论在历史维度上,还是在唯物维度上都不够彻底,必须从文化、自然、社会劳动的辩证关系角度对历史唯物主义展开修正,才能建立起历史唯物主义和生态学的有机联系。②而奥康纳正是通过对历史唯物主义文化和自然维度的生态学重建,建立起他的文化唯物主义的生态哲学。③

二是关于他基于资本主义第二重矛盾的生态危机论的研究。奥康纳坚持从资本主义自身内部的发展逻辑来揭示资本主义制度与生态危机的内在联系。而他强调资本主义社会除了马克思所揭示的生产力与生产关系的第一重矛盾之外,还存在着资本主义生产与其生产条件的第二重矛盾。前者会造成由于需求不足导致的经济危机,后者则会造成生产条件被破坏的生态危机。对于奥康纳第二重矛盾理论,学术界一方面批驳了那种否定资本逻辑与生态危机的内在联系的观点,另一方面肯定奥康纳第二重矛盾理论超越了单纯从文化批判角度揭示资本主义发展规律的抽象性缺陷,坚持无论是

---

① 参见王雨辰:《生态学马克思主义与有机马克思主义的生态文明理论的异同》,《哲学动态》,2016 年第 1 期;王雨辰:《论西方绿色思潮的生态文明观》,《北京大学学报》,2006 年第 4 期。

② 参见唐正东:《生产条件的批判之维与当代资本主义的超越之路:詹·奥康纳的生态学马克思主义观及其评价》,《南京社会科学》,2007 年第 6 期。

③ 参见何萍:《自然唯物主义的复兴》,《厦门大学学报》,2006 年第 1 期;王雨辰:《文化、自然与生态政治哲学:评詹姆斯·奥康纳的生态学马克思主义理论》,《国外社会科学》,2005 年第 6 期。

文化批判,还是生态批判,都必须立足于资本主义生产层面来展开,坚持了历史唯物主义的客体向度。①

三是展开对他的生态政治哲学的研究与分析。奥康纳的生态政治哲学的核心,是要建立一个人与生态和谐发展的生态社会主义社会。国内学术界通过剖析奥康纳关于生态运动必须与社会主义运动之间消除误解,结成反对资本主义的同盟的思想,指出其生态政治哲学既克服了西方绿色思潮生态政治战略拘泥于抽象价值观变革的缺陷,又坚持了生态运动的政治维度和马克思主义的立场。②

四是展开对奥康纳关于"生产正义"思想的研究。如何看待现实社会主义实践中存在的生态问题,奥康纳认为这主要是违背了马克思主义创始人关于社会主义生产目的的设想,由此他提出只有建立以"生产正义"为基础的社会主义社会,生态危机才能真正得到解决。对于如何把握他的"生产正义"思想的内涵与价值,我国学术界展开了探讨。部分学者认为,他的"生产正义"思想的核心是从资本主义国家的定量的分配正义走向定性的生产正义,并使交换价值从属于使用价值、抽象劳动从属于具体劳动、从追求定量的分配正义转换到追求定性的生产正义,建立一个以社会正义为基础的生态社会主义社会,才能实现自然的解放和人的解放。③还有部分论者认为,奥康纳的生态社会主义追求的是生产正义和分配正义有机统一的社会。因为资本主义社会之所以带来生态问题,首先是基于其生产目的的不正义,并把主要目标放在如何实现既有财富的正义分配上。而在生产目的不正义、高度社会化的资本主义社会中,分配正义注定是无法测算,也无法实现的。生态社会主义社会应当首先纠正生产目的的不正义性问题,在此基础上追求分配正义。

---

① 参见唐正东:《生产条件的批判之维与当代资本主义的超越之路:詹·奥康纳的生态学马克思主义观及其评价》,《南京社会科学》,2007 年第 6 期;何畏:《资本主义生态批判与资本批判的统一何以可能:奥康纳生态学马克思主义思想研究》,《南京政治学院学报》,2017 年第 2 期。

② 参见王雨辰:《生态批判与绿色乌托邦:生态学马克思主义理论研究》,人民出版社,2009 年,第六章。

③ 参见陈永森、蔡华杰:《人的解放与自然的解放:生态社会主义研究》,学习出版社,2015 年,第 253~266 页。

生产性正义和分配性正义的有机统一,是生态社会主义社会的根本特征。①

(二)关于约·贝·福斯特生态学马克思主义思想的研究

福斯特的生态学马克思主义思想是我国生态学马克思主义研究较为注重的研究领域。目前对福斯特生态学马克思主义思想研究的主要文本有:《马克思的生态学:唯物主义与自然》《反对资本主义的生态学》(中译本为《生态危机与资本主义》)、《脆弱的星球》《赤裸的帝国主义》和《生态革命》等。目前出版的研究福斯特的生态学马克思主义思想的专著有:郭剑仁所著的《生态地批判:福斯特生态学马克思主义思想研究》(人民出版社,2008 年),康瑞华等所著的《批判、构建、启思:福斯特生态马克思主义思想研究》(中国社会科学出版社,2012 年),胡莹所著的《福斯特生态学马克思主义思想研究》(黑龙江大学出版社,2013 年)和贾学军所著的《福斯特生态学马克思主义思想研究》(人民出版社,2016 年)。

学术界研究的问题主要有:第一,如何看待福斯特对马克思生态唯物主义的解读。对于这个问题,学术界的主要观点是福斯特既同唯心主义划清了界限,又同机械唯物论划清了界限,对马克思的唯物主义做了以实践为基础的自然观与历史观相统一的实践唯物主义解说。②也有极少数学者认为,福斯特是以实践唯物主义为名,对马克思的思想做了自然唯物主义的解说,从而将实践唯物主义同本体论的唯物主义、认识论的唯物主义等同起来了。③

第二,对福斯特生态学思想的阐释,主要集中在对他的"物质变换裂缝理论"(也译作"新陈代谢")的阐释上。部分论者把"马克思和生态学的关系"问题看作福斯特生态学马克思主义理论的核心问题,这一问题的逻辑起点在于对马克思与生态学内在联系的阐发,并通过"物质变换裂缝理论"得以深化,福特斯正是通过继承和发展马克思的物质变换概念,揭示了在资本主

---

① 参见张立平、徐春艳:《论奥康纳和福斯特关于生态马克思主义的三大分歧》,《求索》,2013年第 9 期。

② 参见陈学明:《论福斯特的生态学马克思主义给予我们的启示》,《苏州大学学报》,2011 年第6 期;王雨辰:《福斯特的生态学马克思主义理论评析》,《马克思主义研究》,2006 年第 12 期。

③ 参见卜祥记:《福斯特生态学语境下的马克思哲学》,《哲学动态》,2008 年第 5 期。

义生产方式下社会和自然物质与能量交换关系的中断和生态危机的必然性。①在此基础上,学术界对"物质变换裂缝"理论的生态内涵展开了具体分析。在这些论者看来,"物质变换"这一概念是马克思在《资本论》一书中继承和发展包括以李比希为代表的农业化学家的概念,并把它应用于"社会生态关系"的结果,指的是劳动过程中的人类与自然之间的物质与能量交换过程。这一概念克服了《1844年经济学哲学手稿》一书中仅仅从哲学上论述人类和自然关系的缺陷和"自然异化"概念的抽象性,阐明了人类与自然的关系既有"自然"的一面,也有"人为"的一面。这一概念在《资本论》的生态内涵,克服了李比希仅仅局限于土壤肥力流失和衰竭上论述"新陈代谢断裂"概念的局限,而是进一步从分析资本主义生产方式的缺陷与新陈代谢断裂之间的必然性,展开了对资本主义社会和生产方式的生态批判,进而揭示了只有用社会主义公有制代替资本主义私有制才能真正解决"新陈代谢断裂"的问题,指出了建立一个符合人性和可持续发展的社会主义社会的必要性和可能性。②

第三,对福斯特关于资本主义社会生态批判的系统论述。学术界认为,福斯特主要是以他的生态唯物主义哲学和"物质变换裂缝理论",从人与人、人与社会、人与自然,以及科学技术与资本逻辑的关系来揭示资本主义制度下人与自然关系的异化和生态危机发生的必然性。③

第四,考察了福斯特阵营与奥康纳阵营的争论,揭示了他们之间的争论根源于他们不同的理论建构。具体来说,福斯特是通过把对唯物主义思想史的考察、环境社会学"物质变换概念"的批判性继承和发展,以及对资本主义制度反生态性的现实批评结合起来,揭示生态危机在资本主义制度和生产方式下发生的必然性;而奥康纳是通过修正历史唯物主义,揭示资本主义的第二重矛盾和批判资本主义国家民主的缺乏与生态社会主义社会的现实建

①　参见曾庆娣:《马克思和生态学的关系:评福斯特生态学马克思主义理论的核心问题》,《学术论坛》,2008年第3期。

②　参见陈学明:《谁是罪魁祸首:追寻生态危机的根源》,人民出版社,2012年,第123~148页;郭剑仁:《评福斯特对马克思物质变换裂缝理论的建构及其当代意义》,《武汉大学学报》,2006年第2期。

③　参见刘顺:《资本的辩证逻辑:生态危机与生态文明》,《当代经济研究》,2017年第4期;刘欣然:《从主体间性视角谈生态学马克思主义:福斯特生态学马克思主义思想研究》,《学术交流》,2011年第1期。

构，展开对资本主义制度和生产方式的生态批判。他们之间的争论主要在于，以科威尔等人为代表的奥康纳阵营批评福斯特企图用"物质变换"概念为其生态学思想的中心，不仅存在着简化了资本主义对自然的剥削问题，简化了生态问题，而且将生态思想等同于物质变换关系的分析，完全忽视了资本主义社会的生产条件问题；以柏格特等人为代表的福斯特阵营则批评奥康纳阵营认识不到"物质变换"概念的认识论和本体论意义，误读了马克思主义的基本理论和"物质变换"概念的地位和价值，并对奥康纳的第二重矛盾理论提出了怀疑。其争论的价值在于，我们在理论上如何认识人类与自然的关系，在实践中如何理解生态危机的原因和解决途径。福斯特和奥康纳阵营从不同的角度回答了上述问题。①

（三）对本·阿格尔生态学马克思主义思想的研究

本·阿格尔是第一个提出"生态学马克思主义"一词的理论家，我国学术界对他关于生态学马克思主义思想的研究主要集中在他的《西方马克思主义概论》一书，具体体现在三个方面：

一是对他的生态学马克思主义的总体把握和评析。这方面的研究主要论述了阿格尔建构生态学马克思主义理论的路径和主要理论特点，指出阿格尔主要是运用马克思主义理论和实践相统一的辩证法，从异化消费理论入手重建历史唯物主义的危机理论，用生态危机论替代历史唯物主义的经济危机论，进而立足于马克思关于人的本质在于自由自觉的创造性劳动，而不在于消费活动，通过"期望破灭的辩证法"反思和批判"劳动-闲暇二元论"结合北美民粹主义思想，建构起他的生态学马克思主义理论体系。②

二是对他的生态危机论和异化消费论的研究。部分论者通过揭示资本主义统治方式，从政治暴力统治越来越转向文化意识形态统治这一现象出

---

① 参见郭剑仁：《探寻生态危机的社会根源：美国生态学马克思主义及其内部争论析评》，《马克思主义研究》，2007 年第 10 期；张乐民：《福斯特和奥康纳的生态学马克思主义比较探析》，《河南师范大学学报》，2014 年第 3 期。

② 参见任暟：《"生态学马克思主义"辨义》，《马克思主义研究》，2000 年第 4 期；赵卯生等：《阿格尔建构生态学马克思主义的四重维度》，《马克思主义研究》，2011 年第 8 期。

发,指出资本主义社会必然形成高生产、高消费的发展模式,使工人阶级为了逃避异化劳动,而逃避到服从和服务于资本的异化消费中去体验自由和幸福,最终必然会超过自然所能承受的限度,形成生态危机。①

三是对阿格尔的革命变革论和他的生态社会主义思想的探讨。强调他的革命变革论主要是利用北美民粹主义文化传统,通过"分散化"和"非官僚化"实现生产和管理方式的民主化,使工人阶级从异化消费中摆脱出来,建立一种有利于人的自由全面发展的生态社会主义社会。②

(四)对威廉·莱斯的生态学马克思主义思想研究

我国学术界对威廉·莱斯的生态学马克思主义思想研究,主要集中在他的《自然的控制》和《满足的极限》两本书上,主要集中在研究他的"控制自然"的观念、消费主义价值观批判和他关于"易于生存的社会"的生态社会主义社会的设想上。

第一,对他的思想的总体把握主要有仇竹妮的学术专著《控制与服从的辩证法:威廉·莱斯生态批判理论研究》(人民出版社,2016 年)。该书通过论述莱斯对"控制自然"观念和"服从自然"观念的批判,阐发了莱斯的"解放自然"的新观念和对未来社会的设想,指出其生态批判理论的逻辑起点在于立足于人和自然的辩证关系,逻辑中介在于分析了人与自然关系失衡的意识形态根源和人性根源,逻辑终点在于建构人与自然的和谐关系。其生态批判理论的特点在于,在内容上体现了他对控制自然和服从自然等错误观念的批判,在论证方式上体现了批判理性,在行动上体现了在批判基础上的社会建构。该书最后通过比较莱斯与阿格尔、岩佐茂的不同,阐述了其生态批判

---

① 参见王雨辰:《生态辩证法与解放的乌托邦:评本·阿格尔的生态学马克思主义理论》,《武汉大学学报》,2006 年第 2 期;包庆德:《评阿格尔生态学马克思主义若干基本理论问题》,《中国社会科学院研究生院学报》,2014 年第 5 期;万健琳:《略论生态学马克思主义的异化消费观》,《武汉大学学报》,2008 年第 6 期。

② 参见陈学明:《谁是罪魁祸首:追寻生态危机的根源》,人民出版社,2012 年,第 394~408 页;李福君:《生态危机及其变革策略:本·阿格尔的生态学马克思主义思想评析》,《郑州大学学报》,2008 年第 3 期。

理论的现实价值和借鉴意义。

第二,学术界从科技伦理和意识形态两个视角考察了莱斯"控制自然"的观念。学术界首先分析了莱斯的"控制自然"的内涵,然后考察了"控制自然"中科学与价值、科学与人的发展、科学与自然的关系,以及"控制自然"观念是如何被纳入资产阶级现代性价值体系和资产阶级的意识形态,从而成为控制人和自然的工具,最终造成人的异化和自然的异化。在此基础上,莱斯提出了一种新的技术伦理,使科学技术朝着人与人、人与自然和解的方向运用。①

第三,学术界通过对《满足的极限》一书的解读,系统研究了莱斯的需要理论和消费异化理论。学术界有论者认为,《满足的极限》一书是从社会–自然的维度来研究人类的需要问题,该书详细地考察和批判了现代社会是如何将人的需要导向商品追求和商品消费,从而对人自身、人与自然的关系造成的危害,明确提出"人的满足在于创造性劳动而不在于异化消费中"的命题,并试图从需要和商品的辩证关系中找寻社会变革的动力。②

第四,对莱斯的"易于生存的社会"的社会理想的分析。学术界指出,莱斯所追求的"易于生存的社会"区分了生态文明与工业文明的不同,指出生态文明在生产方式、生活方式、满足方式与工业文明的本质区别,实际上将生态文明看作超越工业文明的新型文明形态,指出他希望通过摆正需要、商品和消费的关系来实现生态社会主义社会的思想具有乌托邦的性质。③

(五)对安德烈·高兹的生态学马克思主义思想研究

高兹的生态学马克思主义著作中只有《资本主义、社会主义和生态学》被

---

① 参见陈爱华:《"控制自然"观念内在悖论的历史演进及其伦理意蕴》,《东南大学学报》,2001年第1期;王雨辰:《"控制自然"观念的历史演进及其伦理意蕴》,《道德与文明》,2004年第5期;仇竹妮等:《人与自然之间的控制与服从》,《理论学刊》,2016年第6期;李咏梅:《"控制自然"的意识形态批判与生态正义:威廉·莱斯的生态学马克思主义思想及其当代价值》,《哲学动态》,2011年第2期。

② 参见万健琳:《需要、商品与满足的极限:论威廉·莱斯的生态学马克思主义需要理论》,《国外社会科学》,2008年第1期;吴迪:《威廉·莱斯的生态学马克思主义思想》,《北方论丛》,2016年第3期。

③ 参见陈学明:《谁是罪魁祸首:追寻生态危机的根源》,人民出版社,2012年,第408~434页;王雨辰:《论威廉·莱斯的生态学马克思主义理论》,《南京社会科学》,2008年第6期。

翻译成中文,学术界主要依据其原著展开研究。目前出版的研究专著主要有:汤建龙所著的《在萨特和马克思之间:安德瑞·高兹早中期哲学思想解读》(南京师范大学出版社,2011 年),邹佳元所著的《高兹生态学马克思主义思想研究》(湖南师范大学出版社,2014 年),温晓春所著的《安德瑞·高兹中晚期生态学马克思主义思想研究》(上海世纪出版社,2014 年)和朱波所著的《高兹生态学马克思主义思想研究》(黑龙江大学出版社,2016 年)。学术界对高兹生态学马克思主义的研究主要集中在他关于经济理性和生态理性、科学技术理论、劳动分工与异化理论、资本主义观和社会主义观等问题的研究上。

第一,对于高兹的经济理性和生态理性的内涵、特征、作用及与生态危机的关系,学术界展开了分析。学术界认为,高兹的经济理性本质上是一种以"计算和核算"为原则,以追求效率为目的的工具理性,它是与资本主义社会同步产生的,奉行的是"越多越好"的价值观;生态理性则是限制工具理性的价值理性,它遵循生态原则,奉行"够了就行"的价值原则,主张提高商品的耐用性来满足人们的基本需求。前者与资本主义生产方式相结合,必然会造成生态危机;后者则是以捍卫人与自然和谐发展的价值理性。①

第二,对于他的科学技术理论,学术界认为高兹批判了科学技术无价值属性和科学技术中立论的观点,强调资本主义条件下的技术使用的负面效应,指出正是在资本主义生产关系下,科学技术的运用必然服从于资本主义生产过程,并使科学技术异化为统治人和统治自然的工具。②

第三,对于高兹的劳动分工和异化理论,学术界指出其深受马克思思想的影响,他把资本主义分工看作一切异化的根源,强调劳动分工把工人变成了服从于机器的畸形存在物,阻碍了以权力分散和自主的工人自治,使工人阶级受到了全面剥削。高兹的劳动分工理论的独特之处在于,把对劳动分工的批判拓展到对资本主义科学技术和教育的批判,只有改造资本主义生产

---

① 参见陈学明:《谁是罪魁祸首:追寻生态危机的根源》,人民出版社,2012 年,第 366~381 页;朱波:《高兹生态学马克思主义思想研究》,黑龙江大学出版社,2016 年,第 115~125 页;庄立峰等:《高兹生态学马克思主义思想的考察》,《思想理论教育》,2014 年第 4 期。

② 参见庄立峰等:《高兹生态学马克思主义思想的考察》,《思想理论教育》,2014 年第 4 期;朱波:《高兹生态学马克思主义哲学历程及其理论特征》,《学术交流》,2011 年第 4 期。

关系和社会分工，才能真正克服异化。①有论者因此认为，高兹劳动分工理论是他批判资本主义的内在组成部分之一。具体来说，他一是从联系劳动分工、科学技术、经济理性批判等经济学视角，二是从生态学与经济学、政治学的内在联系展开对资本主义社会的批判。②

第四，关于高兹的社会主义观和资本主义观的研究。高兹通过对建立在资本主义生产方式的资本逻辑的分析，指出其运行是遵循经济理性原则，必然造成人的异化和严重的生态危机，因而必须用一种遵循生态理性的原则，按照工人自治的原则追求一种以生态现代化和生态重建为目的的生态社会主义。③

五、对生态学马克思主义理论问题的研究

国内学术界把生态学马克思主义理论问题主要归结为历史唯物主义的生态维度的开启、对资本主义社会和生产方式的生态批判、对技术的资本主义使用和消费主义价值观批判、生态政治哲学研究四大理论问题，并对这四大理论问题展开了探讨和研究。④

(一)历史唯物主义的生态维度的开启问题

对于历史唯物主义与生态学是否矛盾的问题，生态学马克思主义理论内部是存在争论的，学术界通过研究，将他们的争论归结为三种理论观点：

第一，以福斯特、佩珀、休斯、格伦德曼等为代表的生态学马克思主义理论家，旗帜鲜明地强调历史唯物主义不仅与生态学不矛盾，而且相对于西方绿色思潮而言，对解决生态危机更有优势，由此他们或者把历史唯物主义命

---

①　参见陈学明：《谁是罪魁祸首：追寻生态危机的根源》，人民出版社，2012 年，第 359~366 页；吴宁等：《安德烈·高兹的劳动分工理论》，《湖南师范大学学报》，2014 年第 1 期。

②　参见庄立峰等：《高兹生态学马克思主义思想的考察》，《思想理论教育》，2014 年第 4 期。

③　参见吴宁：《高兹的资本主义观》，《毛泽东邓小平理论研究》，2006 年第 7 期；吴宁：《高兹的生态学马克思主义》，《马克思主义研究》，2006 年第 8 期。

④　参见王雨辰：《生态学马克思主义与生态文明研究》，人民出版社，2015 年；汤建龙：《生态学马克思主义的历史逻辑、理论问题域和总体趋势》，《江苏社会科学》，2010 年第 1 期。

名为生态唯物主义,或者直接阐发历史唯物主义的生态意蕴,或者从生态方法论、生态价值论等方面阐发历史唯物主义与生态学的一致性。

第二,以奥康纳、本·阿格尔为代表的生态学马克思主义理论家认为,历史唯物主义虽然包含着潜在的生态学视域,但必须对历史唯物主义展开修正,才能开启历史唯物主义的生态学视域,由此他们或者将文化和自然维度引入历史唯物主义理论中,创立文化唯物主义;或者将经济危机论修正为生态危机论,开启历史唯物主义的生态视域。

第三,以本顿及本顿阵营为代表的理论家强调,历史唯物主义不承认自然的极限,秉承唯生产力论和科学技术决定论,存在着与生态学对立的因素,但又肯定历史唯物主义存在着大量与生态学一致的地方,不能把历史唯物主义与生态学对立起来。他们由此主要从重构历史唯物主义的"劳动过程"对历史唯物主义理论展开重构,使历史唯物主义绿色化。[1]国内学术界系统地评介了上述三种观点,并论证了历史唯物主义能够作为分析和解决生态危机的理论工具。[2]

(二)对资本主义社会和生产方式的生态批判

生态学马克思主义指认资本主义制度和生产方式的反生态性质,并把自己的生态学命名为"反对资本主义的生态学"。对此,国内学术界通过研究生态学马克思主义的生态危机论,[3]系统评介了奥康纳的资本主义第二重矛盾理论与生态危机发生的必然性;[4]福斯特关于资本主义生产方式的特点、资

---

[1] [英]特德·本顿主编:《生态学马克思主义》,曹荣相、李继龙译,社会科学文献出版社,2013年。

[2] 参见王雨辰:《生态学马克思主义与后发国家生态文明理论研究》,人民出版社,2017年,第二章;陈学明:《谁是罪魁祸首:追寻生态危机的根源》,人民出版社,2012年;穆艳杰等:《生态学马克思主义的派别分歧与论战:历史唯物主义的生态意蕴问题》,《理论探讨》,2015年第2期;陈永森:《生态学马克思主义对历史唯物主义与生态学关系的理解及其启示》,《思想理论教育》,2005年第3期。

[3] 参见王雨辰:《生态批判与绿色乌托邦:生态学马克思主义理论研究》,人民出版社,2009年;刘仁胜:《生态马克思主义概论》,中央编译出版社,2007年;徐艳梅:《生态学马克思主义研究》,社会科学文献出版社,2007年;曾文婷:《"生态学马克思主义"研究》,重庆出版社,2008年。

[4] 参见唐正东:《生产条件的批判之维与当代资本主义的超越之路》,《南京社会科学》,2007年第6期;何畏:《资本主义生态批判与资本批判的统一何以可能:奥康纳生态学马克思主义思想研究》,《南京政治学院学报》,2017年第2期。

本的逻辑,以及资本所承载的价值观与生态危机之间的内在联系①;高兹关于经济理性与生态危机内在联系的分析②;本·阿格尔基于资本主义社会统治方式的转变的生态危机论③;科威尔关于资本逻辑与生态危机内在联系的研究④。上述研究不仅揭示了生态学马克思主义的生态危机论,而且显示了生态学马克思主义与西方绿色思潮脱离生产方式而抽象谈论生态危机的不同。

(三)对技术的资本主义使用和消费主义价值观批判

生态学马克思主义对技术的资本主义使用和他们对资本主义制度的批判是结合在一起的。除高兹外,他们认为科学技术本身并无价值属性,承载它的社会制度和生产关系的性质决定了其价值属性。资本主义制度和生产关系的不正义性,决定了技术的资本主义使用必然造成人与人、人与自然关系的异化。对此,中国学术界对生态学马克思主义技术观展开了如下两方面的研究。第一,从总体上评析生态学马克思主义的技术观,把生态学马克思主义的技术批评与自然的解放紧密联系在一起进行研究。⑤第二,对生态学

---

①　参见贾学军:《福斯特生态学马克思主义思想研究》,人民出版社,2016 年,第二章、第四章;赵卯生:《生态学马克思主义主旨研究》,中国政法大学出版社,2011 年,第四章;陈学明:《谁是罪魁祸首:追寻生态危机的根源》(上篇),人民出版社,2012 年,第五章;王雨辰:《生态批判与绿色乌托邦:生态学马克思主义理论研究》,人民出版社,2009 年,第三章;万希平:《生态马克思主义理论研究》,天津人民出版社,2014 年,第二章。

②　参见吴宁:《高兹的生态学马克思主义》,《马克思主义研究》,2006 年第 8 期;朱波:《高兹生态学马克思主义思想研究》,黑龙江大学出版社,2016 年,第三章;陈永森等:《人的解放与自然的解放:生态社会主义研究》,学习出版社,2015 年,第五章。

③　参见陈学明:《谁是罪魁祸首:追寻生态危机的根源》(中篇),人民出版社,2012 年,第六章。

④　参见王雨辰:《论科威尔的生态学马克思主义理论》,《广西大学学报》,2016 年第 3 期。

⑤　参见王雨辰:《技术批判与自然的解放:评生态学马克思主义的技术观》,《马克思主义研究》,2008 年第 4 期;王雨辰:《略论西方马克思主义科技伦理价值观》,《北京大学学报》,2006 年第 3 期;陈学明:《论生态社会主义者对当代资本主义的新反思》,《毛泽东邓小平理论研究》,2006 年第 4 期;吴宁等:《生态学马克思主义的科技伦理》,《江汉论坛》,2011 年第 3 期;马兰等:《生态视域中的科学技术:生态学马克思主义技术观述评》,《华中科技大学学报》,2008 年第 2 期;陈永森:《"控制自然"还是"顺应自然"》,《马克思主义与现实》,2017 年第 1 期;郑忆石:《生态学马克思主义:科学技术观辩证视域论析》,《教学与研究》,2010 年第 3 期。

马克思主义代表人物科技观的研究。主要有对威廉·莱斯关于"控制自然"观念的历史考察的研究,①对奥康纳关于技术在当代西方社会的功能的分析,②对高兹科学技术理论的分析,③对福斯特关于资本主义技术运用的批判,④对本·阿格尔关于大规模技术使用的生态后果的分析等⑤。

　　国内学术界主要研究了消费主义价值观的内涵与本质,消费主义价值观与虚假需求、消费主义伦理的关系、消费主义价值观的功能与当代资本主义统治方式的变化及其与生态危机的内在关联的问题的研究。具体来说:第一,学术界把消费主义价值观的内涵和本质规定为依据疯狂的消费确定人的自由和幸福。⑥第二,消费主义价值观是建立在被资本所制造和操纵的虚假需求上,最终形成了一种消费主义伦理和消费主义生存方式。"虚假需求"不是人的生存和发展客观需要的"真实需求",而是资本为了追求利润而制造出来的一种主观欲望,其目的是把人们的兴奋点牵引到商品追求和商品消费上。⑦第三,消费主义价值观的功能与当代资本主义统治方式的变化及其与生态危机的内在关联的问题的研究。对于这一问题,国内学术界强调消费主义价值观的功能在于,使人们到商品追求和商品消费中去体验自由和幸福,弱化人们的政治意识和革命意识,并且资产阶级就是借助消费主义价值观为自身的统治提供合法性。消费主义价值观进一步强化了资本主义生

　　① 参见王雨辰:《控制自然观念的历史演进及其伦理意蕴》,《道德与文明》,2004 年第 2 期;王雨辰:《技术理性批判与科技伦理的重建:评威廉·莱斯的科技伦理价值观》,《淮海工学院学报》,2007 年第 4 期;仇竹妮:《人与自然之间的控制与服从:威廉·莱斯生态学马克思主义思想的批判逻辑》,《理论学刊》,2016 年 6 期。

　　② 参见王雨辰:《生态批判与绿色乌托邦:生态学马克思主义理论研究》,人民出版社,2009 年,第四章。

　　③ 参见解保军:《安德瑞·高兹的"技术法西斯主义"理论研究》,《自然辩证法研究》,2006 年第 6 期;马兰等:《生态政治学视域中的科学技术:高兹的科技观评析》,《自然辩证法研究》,2008 年第 2 期。

　　④ 参见余锦龙:《福斯特生态学马克思主义理论的三个维度》,《中国特色社会主义》,2009 年第 4 期。

　　⑤ 参见赵卯生:《阿格尔建构生态学马克思主义的四重维度》,《马克思主义研究》,2011 年第 8 期。

　　⑥ 参见王雨辰:《生态批判与绿色乌托邦:生态学马克思主义理论研究》,人民出版社,2009 年,第五章;陈学明:《谁是罪魁祸首:追寻生态危机的根源》(下篇),人民出版社,2012 年,第五章。

　　⑦ 参见王雨辰:《评生态学马克思主义对消费主义价值观的批判》,《哲学动态》,2009 年第 1 期;徐琴:《生态学马克思主义对消费主义的批判》,《天津社会科学》,2016 年第 4 期;乔欢等:《生态学马克思主义视域下消费社会的价值救赎》,《湖南行政学院》,2017 年第 2 期;姚晓红:《生态学马克思主义异化消费理论研究》,《中共四川省委党校学报》,2017 年第 2 期。

产方式所带的生态危机。①

(四)生态学马克思主义的生态政治哲学研究

生态政治哲学是生态学马克思主义的理论结局，它包括生态政治战略和生态政治理想两部分内容。②在生态政治战略上，国内学术界主要探讨了本·阿格尔关于"分散化"和"非官僚化"的生态政治战略，指出这是把马克思主义同北美民粹主义相结合的结果；③奥康纳和佩珀关于生态运动与社会主义运动相结合，追求社会正义的生态社会主义理论；④福斯特关于将生态运动引向激进的工人运动的设想⑤。

在生态政治理想上，国内学者系统评价了莱斯关于"易于生存的社会"的设想，强调莱斯眼中的生态社会主义和生态文明是对工业文明的超越，这种超越体现在哲学世界观、发展方式、管理方式和生存方式上；⑥奥康纳关于生态社会主义是基于"生产正义性"的社会主义社会的论述；⑦生态学马克思主义关于"稳态经济"的设想等⑧。通过上述研究，国内学术界既肯定了生态

---

① 参见王雨辰等：《生态学马克思主义对生态价值观的重建》，《吉首大学学报》，2017 年第 2 期；万健林：《异化消费、虚假需要与生态危机：评生态学马克思主义的需要观和消费观》，《国外社会科学》，2008 年第 1 期。

② 参见王雨辰：《生态政治哲学何以可能：评西方生态学马克思主义生态政治哲学》，《哲学研究》，2007 年第 11 期。

③ 参见李福君：《生态危机及其变革策略：本·阿格尔的生态学马克思主义思想评析》，《郑州大学学报》，2008 年第 3 期；赵卯生：《阿格尔建构生态学马克思主义的四重维度》，《马克思主义研究》，2011 年第 8 期。

④ 参见王雨辰：《文化、自然与生态政治哲学：评詹姆斯·奥康纳的生态马克思主义思想》，《国外社会科学》，2005 年第 6 期；陈食霖：《将社会正义推进到生态学的马克思主义——佩珀的生态学马克思主义思想评析》，《国外社会科学》，2010 年第 1 期。

⑤ 参见郭剑仁：《生态地批判：福斯特生态学马克思主义思想研究》，人民出版社，2008 年；陈永森等：《人的解放与自然的解放：生态社会主义研究》，学习出版社，2015 年。

⑥ 参见王雨辰：《当代生态文明理论的三个争论及其价值》，《哲学动态》，2012 年第 8 期。

⑦ 参见王雨辰：《生态批判与绿色乌托邦：生态学马克思主义理论研究》，人民出版社，2009 年，第 236~237 页。

⑧ 参见王雨辰等：《生态学马克思主义对历史唯物主义生产力发展观的重构》，《哲学动态》，2014 年第 3 期。

学马克思主义与西方绿色思潮不改变资本主义制度和生产方式的生态治理论的区别,也强调了其生态政治战略具有乌托邦色彩。

六、生态学马克思主义研究在当代中国的影响

我国对生态学马克思主义的研究不仅使我们更加了解 20 世纪 70 年代后西方马克思主义研究不断走向现实的发展趋势,有利于对国外马克思主义的深化研究,而且对于中国的生态文明理论研究和生态文明建设都产生了巨大的影响。

(一)生态学马克思主义与经典西方马克思主义理论的内在联系

所谓经典西方马克思主义是指自卢卡奇到阿尔都塞的西方马克思主义。英国学者佩里·安德森在《西方马克思主义探讨》一书中指出,经典西方马克思主义"尽管存在种种内部分歧和对立,却依然构成一种具有共同学术传统的理论"①。经典西方马克思主义的学术传统和特点按照它的学说就是,不断颠覆马克思、恩格斯等人所创立的经典马克思主义从哲学走向经济学、政治学的学术传统,把整个理论重心转向了哲学。"西方马克思主义整个来说,似乎令人困惑地倒转了马克思本身的发展轨道,马克思这位历史唯物主义的创始人,不断从哲学转向政治学和经济学,以此作为他的思想的中心部分;而 1920 年以后涌现的这个传统的继承者们,却不断地从经济学和政治学转回到哲学——放弃了直接涉及成熟马克思所极为关切的问题,几乎同马克思放弃直接追求他青年时期所推论的问题一样彻底。"②也就是说,西方马克思主义出现了哲学研究主题的转向,即越来越把哲学和文化作为其研究的主题。也正因为如此,学术界一般把经典西方马克思主义称作哲学和文化马克思主义。

西方马克思主义之所以把研究主题转向哲学与文化方面,与它所处的

---

① [英]佩里·安德森:《西方马克思主义探讨》,高铦、文贯中、魏章玲译,高铦校,人民出版社,1981 年,第 1 页。

② 同上,第 68~69 页。

社会历史条件和文化传统密切相关,是马克思主义世界化和民族化进程中,东西方马克思主义不同的文化选择。①通过这种文化哲学的转向,经典西方马克思主义一方面重视研究马克思主义的哲学形态、哲学功能和使命,并注重从人、实践和辩证法的角度阐释马克思主义哲学,最终形成了不同于立足于近代理性主义哲学而形成的苏联马克思主义理论模式的文化哲学形态的马克思主义哲学理论模式和理论体系;另一方面,经典西方马克思主义注重对资本主义社会发展中新变化的探索和现实问题的研究,形成了包括技术理性批判、异化批判、文化意识形态批判在内的当代资本主义理论。生态学马克思主义的理论建构深受经典西方马克思主义理论,特别是技术理性批判、文化意识形态批判的影响,成为生态学马克思主义理论建构重要的理论根源。

经典西方马克思主义关于技术理性的批判,被生态学马克思主义所继承和发展,并将技术理性批判与对资本主义制度的生态学批判有机结合起来。经典西方马克思主义的技术理性批判开始于卢卡奇,他在《历史与阶级意识》一书中明确指出,正是由于技术理性的兴起和盛行,导致了资本主义社会的人受制于机器生产体系、人受制于物的"物化现象",使得资本主义现代化呈现出现代化发展与人的价值下降的矛盾现象。

法兰克福学派继承和发展了卢卡奇的技术理性批判,一方面将批判的矛头指向了指导西方现代化的启蒙理性,另一方面揭示技术理性盛行所造成的社会总体异化状态。在他们看来,科学技术的进步和运用,使社会生产力得到了很大的提高,社会财富极大增加,人们的生活水平迅速提高。但这并不意味着当代西方人获得了自由和解放,恰恰相反,西方社会对人的控制日益加强,使得当代西方人越来越受制于资本主义社会的控制而丧失自主意识和独立人格。不仅如此,科学技术的发展和运用,还造成了人与自然关系的日益紧张。也就是说,科学技术的发展和运用在当代西方既造成人与人关系的异化,也造成人与自然关系的异化,造成上述结果的根本原因在于启蒙理性的内在缺陷。因为启蒙理性把理性仅仅理解为具有实用性的工具理性,而否定价值理性存在的必要性,导致了唯科学主义盛行和对科学的盲目

---

① 参见《略论西方马克思主义文化哲学的转向》,《世界哲学》,2002 年第 5 期。

崇拜。而从当代西方社会的现实看,科学技术进步带来了巨大的物质财富,使得资本或者在全社会宣扬消费主义文化和生存方式,从而控制工人的内心世界,使得工人阶级的政治意识、革命意识日益淡化和弱化;或者建立健全的社会福利制度,保证人们对资本主义制度的忠诚。

经典西方马克思主义对技术理性的批判、文化意识形态的批判主要是从资本如何维系其政治统治的角度展开的。而生态学马克思主义在继承经典西方马克思主义的技术理性和文化意识形态批判的基础上,把技术理性批判、文化意识形态批判与资本批判、生态批判有机结合起来,揭示了资本主义制度和生产方式是当代生态危机的根源,资本所承载的物欲至上的价值观和消费主义生存方式进一步强化了当代生态危机。解决生态危机的途径主要在于,实现生态运动和社会主义运动的和解与联盟,实现资本主义制度和价值观的双重变革,建立生态社会主义社会,才能实现人类与自然的共同发展和进化。

(二)生态学马克思主义对我国生态文明理论的影响

我国学术界对生态文明理论的系统研究开始于 20 世纪 80 年代,主要是通过研究评介西方生态中心论和人类中心论的环境伦理学,并由此形成以环境伦理学为基础的生态经济学、生态法学等应用环境学科群。我国学术界对生态文明理论的研究虽然在 20 世纪取得了很大的进展,但总体来看依然停留在借鉴或认同生态中心论和人类中心论的研究范式的基础上,研究的焦点依然是生态价值观问题。进入 21 世纪之后,我国学术界开始系统研究生态学马克思主义,并逐渐实现了从人物流派评介转换为理论问题研究。[①]正是在生态学马克思主义理论的思想影响下,我国学者开始挖掘马克思主义生态文明理论,并实现了生态文明理论研究的价值立场和研究范式的转换,使我国生态文明理论研究和建设实践不断走向深入,并最终形成了中国形态、中国话语的生态文明理论,即习近平生态文明思想。

---

① 参见郇庆治等:《2016 年国内生态学马克思主义研究:进展与评估》,《云梦学刊》,2017 年第 4 期。

我国学术界对生态学马克思主义研究主要围绕下列问题展开：

第一，系统回应了西方生态中心论和人类中心论的绿色思潮对历史唯物主义是否具有生态思维、是否与生态学相矛盾的质疑。他们的质疑主要包括：历史唯物主义秉承的是一种与生态思维相矛盾的二元论、经济决定论、机械论和还原论的思维，历史唯物主义不承认自然的极限的存在，历史唯物主义坚持唯科学主义和唯生产力理论，历史唯物主义所设想和追求的共产主义社会与生态限制相矛盾等。对于上述质疑，我国学者展开了系统的回应，阐明上述质疑都是对历史唯物主义的误读，历史唯物主义理论不仅与生态思维不矛盾，而且比西方人类中心论、现代人类中心论拘泥于抽象价值观的维度谈论生态危机的根源及其解决途径具有优势。

第二，系统论述了生态学马克思主义关于人与自然关系的学说、技术理性批判、消费主义文化和价值观批判。虽然生态学马克思主义理论家的具体理论观点存在着差异，但其共同点都是以人类实践为基础，阐发马克思主义的自然观的社会历史性和生态内涵。他们都对技术理性、消费主义文化价值观的盛行与生态后果展开了分析，把技术理性和消费主义价值观盛行的根源归结为资本主义制度和生产方式。

第三，我国学术界系统阐发了生态学马克思主义的生态文明理论。我国学术界特别重视对福斯特关于"新陈代谢"（物质变换）概念的阐发，通过分析资本主义制度和生产方式下的人类与自然之间新陈代谢关系危机和中断原因的分析，阐发维系人与自然、人与人关系和谐的重要性，在此基础上从制度维度、哲学价值观维度和政治维度三个方面系统阐发生态学马克思主义的生态文明理论。

第四，重视阐发生态学马克思主义对生态文明本质的阐发，以此为基础探讨生态文明与环境保护、生态文明与工业文明之间的区别与联系。生态学马克思主义理论家强调，生态文明虽然也是一种环境保护，但它与工业文明条件下以维系资本主义经济可持续发展的生产条件的环境保护有本质的区别。工业文明条件下的环境保护没有改变以资本为基础的人与自然、人与人之间控制和被控制、占有和被占有的工具性关系，没有改变资本主义生产不正义的本质。生态文明的本质由此被规定为利用工业文明的技术成就，使经济增长服务于人与自然、人与人和谐共同发展的一种新型文明形态。因此，生态文明不是对工业文明的全盘否定,而是对工业文明的积极扬弃。

第五,阐发了生态学马克思主义理论对我国生态文明理论研究和建设的启示意义。生态学马克思主义的生态文明理论的特质是坚持制度批判、技术理性批判、哲学价值观批判和政治批判相统一的生态文明理论。这就要求我们变革资本主义制度和生产方式,树立有机论的哲学世界观,批判消费主义价值观和生存方式,建立人与自然、人与人关系和谐的生态社会主义社会。生态学马克思主义上述观点对我国生态文明理论研究和建设实践的启示是,我们必须运用马克思主义关于人与自然关系、人与人关系的理论,破除资本所支配的不公正的国际政治经济秩序,在维护中国环境权和发展权的同时,树立"人类命运共同体"观念,摆脱生态文明理论上的西方霸权话语,建立以环境正义为价值诉求的中国话语的生态文明理论。正是通过对生态学马克思主义理论的研究,我国学术界摆脱了生态哲学和生态文明理论的西方霸权话语的束缚,不仅开始挖掘和系统研究马克思主义生态哲学和生态文明理论,而且抛弃了生态中心主义思潮的后现代研究范式和现代人类中心论思潮以资本利益为基础的可持续发展研究范式,代之以历史唯物主义研究范式,实现了生态文明理论研究价值立场和研究范式的转换。

所谓生态文明理论研究价值立场的转换,主要是指我国生态文明理论研究从对借鉴和认同西方"深绿"和"浅绿"思潮的理论观点,转换到立足于中国现代化实践,探索中国形态的生态文明理论。西方"深绿"和"浅绿"思潮就其本质而言是立足于捍卫资本利益的"西方中心主义"的价值立场,停留于借鉴和认同其理论观点就意味着我国的生态文明理论研究没有摆脱生态文明理论的西方霸权话语。主要侧重于对生态价值观的讨论,体现为"人类中心主义价值观"和"生态中心主义价值观"之争,无法真正立足于捍卫中国的发展权和环境权,服务于中国现代化建设实践。生态学马克思主义把破除资本主义制度和资本所支配的全球权力关系作为从根本上解决生态危机的关键,是一种非西方中心主义的生态文明理论。在生态学马克思主义的影响下,我国学术界开始挖掘、整理历史唯物主义所蕴含的生态文明理论,并以此为基础,探索以捍卫发展中国家发展权与环境权,以环境正义为价值诉求的中国形态的生态文明理论。

所谓研究范式的转换,主要是指西方生态文明理论研究主要流行"后现代研究范式"和"现代主义研究范式"。具体来说,"深绿"思潮主张"自然价值论"和"自然权利论",这一主张一方面是把生态科学所揭示的自然规律直接推出伦理规范,把事实判断混同于价值判断;另一方面是借助于个人精神境界的提升和个人的体验展开论证,不仅无法保证其理论的科学性和普遍性,而且必然导致相对主义和神秘主义。同时,"深绿"思潮坚持"地球优先论",反对人类对自然的利用和改造,反对科学技术的发展和运用,具有浓厚的反人道主义、反理性、反科学的特征。反人道主义、反理性、反科技、神秘主义和相对主义与后现代主义完全一致。可以说,"深绿"思潮探讨生态危机根源和解决途径使用的是"后现代主义研究范式";"浅绿"思潮通过对近代人类中心主义价值观展开修正,形成了现代人类中心主义价值观,坚持解决生态危机的出路在于技术创新和制定严格的环境政策,以此为基础形成了可持续发展理论、环境主义理论和生态现代化理论,其目的在于实现资本主义经济的可持续发展。"浅绿"思潮肯定科学技术和经济增长,肯定解决生态危机的目的在于维护人类的整体利益和长远利益,尽管他们所说的人类的整体利益和长远利益本质上是资本的利益,但他们秉承的是"现代主义"的研究范式。无论是后现代主义研究范式还是现代主义的研究范式,都是撇开社会制度维度,撇开对人类与自然界之间实际的物质与能量交换关系,探讨生态危机的根源和解决途径,最终必然只能拘泥于抽象的生态价值观的探讨,而无法真正找到解决生态危机的现实途径。

生态学马克思主义则是以历史唯物主义的历史分析法为基础,注重从社会制度和生产方式角度分析生态危机的根源与解决途径,秉承的是历史唯物主义的研究范式。历史唯物主义研究范式相较于后现代和现代主义研究范式,其特质在于始终强调人与自然关系的性质取决于人与人关系的性质,生态危机虽然以人类与自然关系的危机表现出来,但其实质表现的是人与人在生态利益关系上的危机,要真正解决生态危机,就必须调适好人与人的生态利益关系,就必须实际地考察在一定社会制度与生产方式下,人类与自然实际的物质与能量交换关系。

对生态学马克思主义的研究引发了学术界对历史唯物主义生态文明理论的挖掘和整理,我国的生态文明理论研究逐渐实现了从后现代研究范式、现代主义的研究范式到历史唯物主义研究范式的转换。这一转换不仅使学术界系统挖掘和整理了马克思主义生态文明理论，而且正是通过对马克思主义生态文明理论研究范式的继承、发展和对中国传统生态智慧的现代转换，最终形成了习近平生态文明思想，并成为我国走生态文明发展道路的行动指南。

习近平对马克思主义关于人与自然关系理论的继承和发展，主要体现在他提出的"生命共同体"概念上。马克思主义认为，人类与自然是以人类实践为基础的一种相互制约、相互影响和相互作用的关系，并实现"自然的人化"和"人化的自然"的具体的、历史的统一，人类与自然关系的性质取决于人与人关系的性质。习近平继承和发展了马克思主义的上述观点，他提出的"生命共同体"概念不仅强调的正是人类与自然相互依赖、相互作用的辩证关系，而且进一步强调了保持人与自然和谐共生关系的重要性。在他看来，人类与自然的共生关系决定了人类在追求自身生存和发展过程中，只有尊重自然、顺应自然和保护自然，才能避免自然的报复。"人因自然而生，人与自然是一种共生关系，对自然的伤害最终会伤及人类自身。只有尊重自然规律，才能有效防止在开发利用自然上走弯路。"①这就决定了我们不仅必须摒弃依靠要素投入获得经济增长的不可持续的发展道路，走以科技创新为主导的人与自然和谐共生的可持续发展的生态文明发展道路，而且应当在生态治理过程中具有系统性和整体性思维，应当实行德法兼备的社会主义生态治理观。

对于如何展开生态治理和生态文明建设，一方面习近平强调应该实行最严格的法治，通过建立健全的生态法律法规和生态管理制度，正确的政绩观、考核体系等来保证生态保护的底线；另一方面由于对保护生态的认识存在一个由浅入深、由自然自发到自觉自为的发展过程，在习近平看来，"对于一个社会来说，任何目标的实现，任何规则的遵守，既需要外在的约束，也需要内在的自觉"②。这就决定了树立生态文化和生态道德观对实现这一转变过程具有重要的作用。可见，德法兼备的生态治理观的本质就是，通过内在、外在制度硬性约束与道德自觉的统一，达到维系人类与自然的和谐共生关系。

---

① 《习近平谈治国理政》(第二卷)，外文出版社，2017年，第209页。
② 习近平：《之江新语》，浙江人民出版社，2014年，第13页。

习近平在 2015 年巴黎气候变化大会上进一步提出以"人类命运共同体"理念为指导,遵循环境正义的原则,通过对话、协商,解决不同民族国家的生态利益矛盾,通过技术创新和尊重自然的生态文明发展道路,解决当代全球环境问题和实现共同发展。在他看来,一方面,各民族国家基于只有一个地球这一事实,必须承担全球环境治理共同的责任;另一方面,由于各民族国家在当代全球生态危机上的责任不同,发展水平不同,这就意味着全球环境治理"应该有利于照顾各国国情,讲求务实有效。应该尊重各国特别是发展中国家在国内政策、能力建设、经济结构方面的差异,不搞一刀切"[①]。由于发达国家对当代全球环境危机负有历史责任,而且经济上较为发达,技术上较为先进,发达国家不仅应当承担全球治理的更多责任,而且应当向发展中国家提供环境治理必要的资金和技术,从而使发展中国家获得应付环境问题的能力。而我们只有一个地球家园,珍爱与呵护地球家园是人类唯一的选择,这也意味着发展中国家也应承担与之能力相应的环境治理的责任,只有各民族国家做到相互尊重、平等相待和团结一致,树立"人类命运共同体"的理念,才能使全球环境治理落到实处。

习近平还主张把全球环境治理与发展中国家消除贫困、全球共同繁荣发展有机结合起来。习近平把生态环境问题看作关系民生的重大政治问题和社会问题,强调良好的生态环境是最普惠的民生福祉,这就决定了"应对气候变化不应该妨碍发展中国家消除贫困、提高人民生活水平的合理需求。要照顾发展中国家的特殊困难"[②]。习近平同时强调,这里所说的发展不是建立在资本逐利基础上的不公正发展和虚假发展,而是各民族国家开放创新和包容互惠的共同发展和好发展。这种好发展不仅是各民族国家的共同发展,而且是以技术创新为基础,以创新驱动为基础的绿色、低碳、循环和尊崇自然的可持续发展。只有坚持生态文明的发展道路,才能真正建设成人类与自然和谐相处、共生共存的美丽世界。

可见,正是生态学马克思主义的理论探索,促使我们摆脱生态文明的霸权话语和西方中心主义的价值立场,开始探索以历史唯物主义为基础的生

[①]　《习近平谈治国理政》(第二卷),外文出版社,2017 年,第 528 页。

[②]　同上,第 528~529 页。

态文明理论,克服了西方"深绿"和"浅绿"思潮单纯从生态价值观探讨生态危机根源和解决途径的做法,以及单纯德治主义和技术主义路向的生态治理观,开始从社会制度和生产方式维度探讨生态危机背后的人与人在生态利益上的矛盾和冲突,最终形成了以环境正义为价值诉求,德法兼备的生态治理观,把生态文明建设与技术创新、经济增长有机结合起来的中国形态的生态文明理论,即习近平生态文明。这种生态文明思想既能够作为一种发展观有效地指导民族国家的可持续发展;又能够作为一种境界论,通过树立"人类命运共同体"的理念,有效地展开全球环境治理,是一种作为发展观和境界论内在统一的新型生态文明理论。

第十章　市场社会主义在中国的影响

从 1978 年实施改革开放以来，我国的社会面貌发生了深刻的变化，现阶段正在全力以赴向社会主义现代化强国发起冲刺。近年来，国际社会对中国特色社会主义的高度关注，首要的因素是基于中国特色社会主义市场经济在实践层面取得的巨大成功。这不仅使中国社会所蕴藏的生产力呈现井喷状态，大大提高了中国人民的生活质量，增强了中国的经济实力，加快了中国向社会主义现代化强国进军的步伐，扩大了中国的国际影响力，而且给其他广大的发展中国家树立了摆脱贫困、走向富裕的典范。

我国的改革开放事业始终围绕着这样两个关键问题：社会主义能否运用市场？社会主义如何运用市场？前一个问题关涉社会主义如何通过自我革新去除偏见、焕发活力，后一个问题关涉社会主义如何不忘本源、坚守初心，牢牢把握好改革与改向之间的界限。伴随着中国特色社会主义进入新时代，我们关于市场与社会主义两者相互关系的讨论不断展开、日益深入。可以这么说，四十多年来，我国关于市场与社会主义这两者关系的探索是非常成功的，尽管当前仍然处于探索过程之中，在今后较长一段历史时期内也仍将继续探索，但是我国综合国力的不断增强和国际地位的日益提升从不同的侧面印证了这一成功。我国坚持在社会主义制度框架内走市场化取向的改革道路是正确的历史选择，不仅成功抵御了诸如亚洲金融危机、美国次贷危机、欧洲债务危机及难民危机等种种外部危机的冲击，而且通过在外交领域的韬光养晦，为本国争取到了飞速发展的平稳政治环境。四十多年来，我国在改革开放基本国策的指引下，一心一意谋发展，结合本国的经济特色，创造了世界经济领域的"中国奇迹"，人均国内生产总值迅速增加，人民群众生活质量稳步提升，由过去的温饱不足到如今的总体小康，再到即将到来的全面小康，这一切都足以说明我国将市场机制与社会主义基本政治制度相结合的做法是成功的。在涉及如何处理好市场与社会主义的关系问题时，国外相关左翼思潮在我国的广泛传播，对我们产生了较大的影响。

国外探讨市场与社会主义关系问题的重要理论思潮是市场社会主义。它属于国外马克思主义的理论阵营，其理论精彩纷呈，不断结合时代发展的最新特征推陈出新。以往我们主要从西方主流经济学吸取经验，西方市场社会主义虽然并不属于西方主流经济学的范围之内，其理论却彰显出独特性：处于当代资本主义制度之下，而以社会主义的立场、方法去批判、反思资本主义，面对世界社会主义运动在现实境遇中陷入低谷，而坚持对社会主义前途与命运的探索。无疑，西方市场社会主义可以为我们进一步推动中国社会主义市场经济的理论创新与实践发展提供启示。当然，西方市场社会主义主要偏重于理论模型的构建，在实践中则实施很少，具有一定的乌托邦色彩，我们在借鉴的时候也要注意到这一点。

一、西方市场社会主义的相关理论

西方市场社会主义旨在将生产资料公有制与市场经济体制结合起来，以实现社会主义。这股理论思潮最早出现于 20 世纪 30 年代，以波兰经济学家奥斯卡·兰格（Oskar Lange）提出"兰格模式"为产生标志。其诞生背景与欧美经济学家之间发生的一场大争论密不可分，这场争论的焦点是社会主义应当与计划经济相结合，还是应当与市场经济相结合，社会主义能否接纳市场经济并运用市场杠杆。大部分欧美经济学家倾向于走社会主义与市场经济相结合的道路，因而形成了这样一种别具一格的社会主义理论模式。它试图摸索出一条将生产资料社会所有制与市场经济体制结合起来，从而实现社会主义的具体路径，其关注的重点是社会主义是否能合理地配置资源、市场机制是否与社会主义制度相矛盾等一系列问题。苏联解体、东欧剧变以后，国际社会主义运动陷入低谷，但市场社会主义异军突起，西方左翼学者在反思苏联解体、东欧剧变，以及重构社会主义未来的过程中，重新掀起了对"市场"与"社会主义"关系问题的探讨，从而重新掀起了一股对市场社会主义的研究热潮，并进一步将这一流派的理论往纵深推进，使西方市场社会主义这一世界社会主义理论中的一分子更具有现实性和前沿性的特征，其研究的空间与张力随着现实世界经济生活的快速变化得到了持续的拓展与延伸。

西方市场社会主义的代表性著作有：约翰·罗默的《平等股份：推动市场社会主义运作》《社会主义的未来》，论述了公有制与私有制、计划与市场的关系问题等；詹姆士·扬克的《经济公平：市场社会主义的视野》，论述了如何促进经济领域的公平性问题；伯尔特·奥尔曼的《市场社会主义》，论述了市场与社会主义相结合的可能性与必要性等；W.布鲁斯等人的《从马克思到市场》，论述了市场社会主义面对的挑战及应对的措施等问题；克里斯托弗·皮尔森的《新市场社会主义》，论述了市场社会主义的可行方案等。此外，踏入21 世纪以来，尤其是在西方资本主义国家遭遇金融危机及债务危机之后，*New Left Review* 及 *Monthly Review* 等杂志发表的相关论文逐渐增多，如 P.戴文等人发表的《社会主义的经济理论》一文、弗勒伯伊的《健康、公平与社会福利》一文及施韦卡特的《债务与欺骗》一文等。在这些相关论著的基础上，形成了"银行中心的市场社会主义""经济民主的市场社会主义""合作制市场社会主义""实用的市场社会主义"及"虚拟证券的市场社会主义"等各种理论模式。总体而言，国外对于市场与社会主义关系的研究呈现出各种理论模式百花齐放、各种理论观点相互争鸣、多角度、深层次的特点。近年来，西方市场社会主义者越来越关注社会主义的价值目标与市场这种资源配置的方式能否结合及如何结合。除此之外，还有一些市场社会主义者从着重研究经济关系逐步转变为研究上层建筑，即研究社会主义市场经济的实施对上层建筑，尤其是对国家治理会产生什么影响及提出什么要求。西方市场社会主义关于市场与社会主义关系问题的研究有助于我们拓宽理论视角，但是国外的这些左翼学者主要是进行理论探索，缺乏实践支撑，我们要正确地对其进行价值判断。

虽然关于市场与社会主义关系问题的讨论出现于 20 世纪 30 年代，以"兰格模式"的提出为诞生标志，但是兰格本人并没有把自己创建的模式称为"市场社会主义"。何谓"市场社会主义"？仅仅从字面上来看，这个称谓似乎是"市场"与"社会主义"这两个词的简单叠加，在实际运用过程中它则是一个相对比较宽泛的范畴，对此理论家们有多种不同的解释。英国《不列颠百科全书》所下的定义是："市场社会主义也称自由的社会主义，是一种使社会主义的计划与自由的企业相协调的经济制度。企业属于公有,但生产和消费不受政府计划的控制,而是受市场力量的支配。20 世纪 60 年代南斯拉夫实行了有别于苏联中央计划经济模式的市场社会主义。60 年代末 70 年代初匈牙利也有类似的发展。"①美国《新帕尔格雷夫经济学大辞典》所下的定义为:"市场社会主义是一种经济体制的理论概念(或模式),在这种经济体制中,生产资料公有制或集体所有,而资源配置则遵循市场(包括产品市场、劳动市场和资本市场)规律。对于现有的种种社会主义经济来说,这一名词往往是更广泛地概括这样两种体制:在严格意义上趋于接近这一定义的那种体制(像南斯拉夫 1965 年后所形成的体制),以金融调节和种种刺激作为中央计划的手段来替代命令和对生产商品进行实物分配的那种体制 (即受调节的市场,像匈牙利 1968 年改革后的'新经济机制')。"②这仅仅是两种关于市场社会主义的定义,除此之外还有其他很多种不同的解释,其中值得一提的是,余文烈等人在《市场社会主义:历史、理论与模式》一书中,结合对市场社会主义的分类进行了更加详细的界定。他们认为,对所有历史阶段的市场社会主义给出一个通用的界定会显得过于简化,而应当根据两个主要的不同历史时期将市场社会主义划分为传统市场社会主义和当代市场社会主义来分别加以界定:"传统市场社会主义是探索革新传统社会主义经济制度的替代模式,寻找传统的生产资料公有制和计划经济与运用市场配置资源争取效率的有机结合,发展社会主义经济。当代市场社会主义以超越当代资本主义为己任,提倡以某种形式的公有制或限制资本权力为基础,运用市场去实现社会主义的价值目标(如经济民主、分配平等、选择自由、消除剥削等等),培育社会主义因素。"③这一观点为我们从时代发展的特点来重新界定市场社会主义提供了不同的角度。

市场社会主义的产生与发展始终伴随着激烈的思想交锋,也就是说,持有不同立场观点的学者们在相互论争中促使了市场社会主义的诞生,又在后面持续的论争中促进了市场社会主义自身的发展,有些市场社会主义者甚至将围绕市场与社会主义展开的形形色色的论争本身写成了一本书,比

① 《不列颠百科全书》(第七卷),中国大百科全书出版社,1994 年,第 322 页。
② 《新帕尔格雷夫经济学大辞典》(第三卷),经济科学出版社,1996 年,第 363 页。
③ 余文烈等:《市场社会主义:历史、理论与模式》,经济日报出版社,2008 年,第 32 页。

如伯特尔·奥尔曼所著的《市场社会主义——社会主义者之间的争论》一书。

回顾市场社会主义产生以来的历史，不难发现其中包含了为数众多的理论派别，对于这些流派的概括和分类，每一位学者又有自己的独到见解，这也显示出市场社会主义本身包含的多样性与复杂性。美国西伊利诺斯大学经济学教授詹姆斯·扬克认为，市场社会主义包含五个派别。他这样说道："自从30年代奥斯卡·兰格在其《社会主义经济理论》中提出市场社会主义概念后至90年代，总共出现了五种不同的市场社会主义：第一种是兰格的市场社会主义；第二种是服务的市场社会主义，即非营利性生产；第三种是本杰明·沃德（Benjamin Ward）的合作市场社会主义；第四种是实用的市场社会主义；第五种是勒兰德·斯托贝尔（Leland Stauber）的区域所有的市场社会主义。"[1]

上述划分只是一家之言，也有一些学者并不同意这一分法。不管在具体的归类上有哪些差异，市场社会主义的各个流派总体上还是呈现出一些共同的特征。戴维·施韦卡特在《市场社会主义：一个辩护》中提出，不管这些理论派别是否存在这样或那样的区别，他们至少在以下四点上都持赞同的态度：第一，市场不应被等同于资本主义；第二，中央计划作为一种经济机制有极大的缺陷；第三，不存在任何可以替代市场社会主义的可行的、合乎要求的社会主义形式，这就是说，在短缺的情况下，市场是组织一种可行的经济的必不可少的（尽管不是完美的）机制；第四，市场社会主义的一些形式在经济上是可行的，并且远比资本主义更可取。[2]

这些派别在相互争锋、相互促进中使市场社会主义呈现出特定的几个阶段。美国的市场社会主义学者罗默在其代表作之一的《社会主义的未来》一书中，将其归纳为五大阶段，具体如下：

第一个阶段：社会主义者认识到在社会主义制度下，必须把价格运用于经济测算，若用原先的"自然单位"进行测算则无法达到目的。第二阶段：其特征是通过求解一系列复杂的联立方程式，测算这样一种价格是可以实现

---

① James A. Yunker, *Capitalism versus Pragmatic Market Socialism: A General Equilibrium Evaluation*, Kluwer Academic Publishers, Boston, 1994, p.5.

② 转引自［美］伯尔特·奥尔曼：《市场社会主义——社会主义者之间的争论》，段忠桥译，新华出版社，2000年，第7页。

的,即按照这种价格,社会主义经济中一般均衡将会达到。第三阶段:其标志是承认真实市场。兰格等人认识到,要找到社会主义经济的均衡点,就要有真实市场的介入。第四阶段:其与 20 世纪 50 年代以后共产主义国家的系列市场改革紧密相连,如 1968 年引进"新经济机制"后的匈牙利、开始于 1978 年的农业非集体化的中国等。第五阶段:是"当前这一阶段",即 1990 年以来西方左翼理论家重新设想社会主义的时期。①罗默在这里较为细致地追溯了市场社会主义的发端阶段,他所分的五大阶段突出了以兰格等人为代表的传统市场社会主义。随着市场在现代社会发挥出越来越大的功效,关于市场与不同性质的社会制度之间的关系问题吸引了东西方众多学者的研究目光。

二、西方市场社会主义在我国的传播

如前所述,西方市场社会主义的正式诞生可以从 20 世纪 30 年代"兰格模式"的提出算起,此后,在 50 年代至 80 年代苏联和东欧社会主义国家的经济体制改革中,它又被这些国家的经济学家有所发展。以匈牙利为例,在 50 年代初照搬苏联模式引发各方面严重危机的情况下,匈牙利的一些学者吸收了早期西方市场社会主义者的一些理论观点,探索如何在以社会主义公有制为主体的框架内,运用一定的市场机制,发挥市场对资源分配的灵活作用,随后社会主义与市场相结合的举措也在具体的实践过程中得以展开。匈牙利在社会主义制度框架内对市场机制的灵活运用,使本国的经济在短时间内获得了快速的增长。东欧社会主义国家在实践中取得的成绩促使西方学者增强了对市场社会主义的研究旨趣。到了 80 年代末 90 年代初,发生了震惊世界的苏联解体、东欧剧变,虽然苏联与东欧社会主义国家纷纷易帜,但是对市场与社会主义两者关系的探索并没有因此而停步。西方很多左翼学者,尤其是具有一定经济学背景并对社会主义怀有很大热情的左翼学者,在对苏联解体、东欧剧变展开积极反思的过程中,加剧了对市场与社会主义两者关系的研究。他们著书立作,一批市场社会主义的理论研究成果出版和发表。伴随着这一发展趋势,国内很多研究国外马克思主义的学者也开

---

① 参见[美]约翰·罗默:《社会主义的未来》,余文烈等译,张金鉴校,重庆出版社,1997 年,第 25~32 页。

始更多地聚焦于西方市场社会主义的研究。

从中国的情况来看,从 20 世纪 50 年代开始,由于对东欧社会主义国家发生的经济改革实践的关注,开始对西方市场社会主义的理论加以关注,这种关注随着世界时局的变换不断加大。在苏联解体、东欧剧变之后,国外马克思主义研究者的队伍中有越来越多的人聚焦于西方市场社会主义的研究领域。从总体上来说,目前我们国内对西方市场社会主义的研究主要还停留在文献翻译、动态介绍上,虽不乏一些研究成果,但总体较宽泛,且较少重点阐述其对中国社会主义市场经济的启示。一些学者尝试用西方市场社会主义的相关理论来阐释中国共产党十八届三中全会主旨精神中的一些相关方面,如让市场起决定性作用、建立混合所有制等。一些学者从西方市场社会主义的相关理论出发,重新将效率与公平的关系作为重点来探讨。还有些学者借助于市场社会主义的某些成果,着重探讨如何在社会主义市场经济的基础上推进国家治理的现代化和协商民主广泛多层制度化发展。简单来说,国内对西方市场社会主义的研究主要分为以下四种类型:

第一,在对国外马克思主义理论思潮进行整体介绍、综合概括时,将西方市场社会主义作为其中的一个理论分支进行论述。比如,陈学明的《西方马克思主义教程》一书,全面、系统地介绍了西方马克思主义的产生与发展的时代背景、主要流派,以及重要代表人物和主要理论观点,其中在"苏东剧变后西方的马克思主义研究"这一部分中,专门阐述了西方学者关于市场社会主义的研究。再如,俞可平主编的《全球化时代的"社会主义"》一书,对西欧民主社会主义、东欧中亚的社会主义观、生态社会主义等各种社会主义理论进行了深入的探讨,其中,专门列了一章介绍市场社会主义,具体包括对市场社会主义的定义及渊源的分析、对英国和欧美市场社会主义流派的分析、对东欧及俄罗斯的市场社会主义的分析等。这些分析都没有专门聚焦于西方市场社会主义这一流派本身来展开研究,而是将其作为西方左翼思潮中的一个部分予以一般性介绍。

第二,针对西方市场社会主义相关外文资料的专门翻译和介绍。比如,邓正来、徐泽荣等人在 20 世纪 90 年代初翻译的《市场社会主义》一书,主要对英国的市场社会主义者的理论进行了介绍,包括索尔·埃斯特林、戴维·米勒、尤利安·勒·格兰德、戴维·温特、雷蒙德·普兰特及彼得·阿贝尔等人的相关理论。虽然此书的篇幅不大，但此书的译者们本着"他山之石，可以攻玉"的初衷，希望从市场社会主义的理论中获取借鉴，对正在探索市场发展之路的中国改革事业提供帮助。又如，段忠桥翻译的《市场社会主义——社会主义者之间的争论》一书，分为"赞同""反对""批判""答复"四个部分，对来自美国和英国各大高校的西方市场社会主义者伯特尔·奥尔曼、戴维·施威卡特、詹姆斯·劳勒及希尔·蒂克庭的相关理论进行了介绍。这本书通过叙述不同的西方社会主义者的理论争鸣，呈现了 20 世纪 80 年代以来西方市场社会主义的发展变化，使人们对于西方市场社会主义自身的创新发展有了进一步了解。再如，余文烈等人翻译出版了美国的市场社会主义者约翰·罗默的代表作——《社会主义的未来》一书。此书系统地介绍了罗默关于"社会主义者需要什么""公共所有制""长远目标与短期计划"等主题的思考。通过本书的叙述，读者可以了解苏联解体、东欧剧变之后，以罗默为代表的西方左翼学者如何总结苏联模式的社会主义失败的原因，并在此基础上进一步思考了社会主义往何处去的问题。他们依然坚持为社会主义辩护，认为社会主义在效率与公平的结合上优于资本主义，提出"市场社会主义"可以克服苏联模式的社会主义在经济领域的固有弊端，并以其公有制的优势获得比资本主义更多的机会平等，而这一点恰恰是资本主义制度框架内所难以真正实现的东西。此外，还有一些相关的译著及论文。

第三，对西方市场社会主义代表人物的主要思想进行较为全面、系统的梳理，尽量将西方市场社会主义的整个发展历程及发展现状立体地呈现在人们面前。比如，景维民等人的《经济转型中的市场社会主义——国外马克思主义的分析与实践检验》和《经济转型的理论假说与验证——市场社会主义的传承与超越》这两本书。前一本书重点介绍了市场社会主义的演进逻辑、当代西方市场社会主义的各种理论模式、市场社会主义的路径分化与制度探索及市场社会主义自身的兴衰等方面。后一本书重点介绍了市场社会主义的理论内涵、产生及发展的理论背景、体制实践、制度结构、运行机制、传承与超越等。再如，姜国权的《市场社会主义劳动产权理论研究》一书，论述了市场社会主义劳动产权理论的概念界定、产生渊源、内容实质、广泛影响及借鉴意义等。此外，还有一些学者将西方市场社会主义与其他一些理论思潮结合起来进行比较研究。

　　第四,在对西方市场社会主义进行全景式介绍的基础之上,揭示出其对中国社会主义市场经济的启示作用,将对西方市场社会主义的理论探究与中国社会主义市场经济的理论探索及改革实践相结合。比如,余文烈等人的《市场社会主义研究》一书共分为"上、中、下"三篇内容,全面分析了市场与社会主义的关系问题,并论述了国外市场社会主义的历史轨迹、典型模式及价值判断等。在这本书中,作者详细介绍了西方市场社会主义的各种理论模型:经济管理型模式、泛市场社会主义模式、劳动者管理型与经济民主型模式等。除此之外,书中专门设置了一章分析西方市场社会主义与中国社会主义市场经济,探讨了两者共同的价值目标和两者的根本区别。又如,张志忠的《西方市场社会主义思潮》一书,重点论述了西方市场社会主义的形成与模式构建、当代西方市场社会主义的基本理论问题、对当代西方市场社会主义的评价及当代西方市场社会主义对中国社会主义市场经济的借鉴意义和启示等。

　　此外,随着时代的变迁和科学技术革命的不断发展,西方市场社会主义近年来在我国的传播还呈现出以下四个方面的主要特点:

　　第一,从时限上来看,苏联解体、东欧剧变以后国内对西方市场社会主义的研究掀起了新一轮高潮。苏东剧变使世界社会主义运动暂时陷入了低潮,但是令人意想不到的一点是,国内对市场社会主义的研究反而更加热衷。一方面,人们对苏联模式的社会主义之弊端有了很清晰的认识,希望通过另外一条不同的途径探索社会主义制度下经济的快速发展问题,这条路径离不开市场机制的积极运用;另一方面,当时无论是东方国家还是西方国家,都对曾经效仿苏联中央计划经济体制的中国在苏联解体、东欧剧变之后的走向拭目以待,当然其中也包括我们对自己选择要走的道路的思考,经过一系列的思考与探究,我们发现要想解放和发展国内的生产力,就必须直面市场机制,适当地运用市场机制。总的说来,以苏联解体、东欧剧变为分界线,在此之前,市场社会主义在我国的传播并不十分广泛,而苏联解体、东欧剧变使人们重新思考关于市场与社会主义这两者之间的关系,这恰恰涉及西方市场社会主义的研究领域,尤其是邓小平在南方谈话中提出建立社会主义市场经济以后,国内对市场社会主义的研究越来越多。毋庸置疑,西方市场社会主义在苏联解体、东欧剧变之后由于一系列特殊的原因成为国外马克思主义中的"显学"。

第二,在 21 世纪全球化速度不断加快的大背景下,西方市场社会主义者将探索市场与社会主义的结合作为克服资本主义体制性弊端、替代资本主义制度的可行性方案之一。进入 21 世纪,整个世界发展的复杂性、多变性、不可预测性增强,尤其是资本主义世界中各种危机现象不断加重,以美国为首的西方发达资本主义国家除了在自身发展过程中遭遇了体制性弊端,如由次贷危机引发的金融危机,进而引发全世界范围内的经济下滑等,还遭遇了具有扩张性、强烈主导意识的西方文明与其他文明之间的相互冲突,这些都使越来越多的左翼学者不断思考替代资本主义制度的可行性方案。以此为宗旨,致力于将市场与社会主义相结合的西方左翼研究者队伍日益扩大。

第三,随着互联网技术的不断发展,信息在全球范围内的快速传播,西方市场社会主义在当代的发展速度也越来越快。属于这一理论思潮范围内的各种学说层出不穷,不断有新的理论模型建构涌现出来,很多当代西方的左翼学者活跃在这一领域之中,进行了一系列的理论争鸣。这一发展现状从另一个侧面反映了西方市场社会主义自身在理论创新上的勃勃生机,而国内这方面的翻译速度显然有点儿跟不上。如果在这方面的工作投入更多的话,那么西方市场社会主义的最新发展趋势和动态就能及时地被国内的相关研究者所掌握。

第四,中国学者在对西方市场社会主义的各种理论进行研究分析的同时,越来越深入挖掘西方市场社会主义对中国社会主义市场经济的启示与借鉴。这一发展趋势充分说明,学者们越来越重视将理论研究与中国当下的社会现实密切联系在一起,一方面,为我国正在进行着的关于市场与社会主义关系的理论探索开拓视角,提供思路;另一方面,为解决我国的现实问题提供借鉴方案。我国的实践探索已经证明,改革开放是中国生产力摆脱传统计划经济束缚、迈入快速发展正轨的逻辑起点,在如今的中国大地上,人们曾经对社会主义制度框架内是否可以运用市场机制的困惑一去不复返;当下的问题是,如何在新时代的历史新方位中全面深化改革,尤其是深化经济体制的改革,为生产力发展释放出更加广阔的空间,使市场充分利用社会主义制度的优越性,获得更加长远的、有效的发展。

三、西方市场社会主义在我国的影响

从 1978 年召开的中共十一届三中全会开始，我国踏上了改革开放之路，这条道路既是实践摸索之路，也是理论创新之路。可以毫不夸张地说，中国的改革开放事业真的是"前无古人，后无来者"，一切都要靠我们一步一个脚印地往前走。我国经济改革的一个核心问题就是如何处理好市场与社会主义的关系问题，在这方面，毫无疑问，西方市场社会主义的理论可以起到拓宽理论视野、提供理论借鉴的重要作用。当然，由于西方市场社会主义的代表人物绝大多数身处西方发达资本主义国家，他们直接面对的是西方的资本主义制度，其理论研究背景主要是发达资本主义国家的社会现状，所以他们的理论与我国社会主义性质的市场化改革具有本质的区别，我们在对其理论进行正确评价的基础上，结合我国的具体国情，可以对其合理之处和创新之处予以吸收利用。

中共十八届三中全会、中共十九大之后，进一步推进我国的市场化进程、破解实施中国社会主义市场经济过程中出现的一系列难题，如市场与社会主义、市场与所有制的关系等，是当前中国的最新社会现实。我们以当今中国社会主义改革实践中的问题为导向，通过梳理和概括西方市场社会主义在我国的传播及影响，深入挖掘西方市场社会主义对我国加强社会主义市场经济建设的启示作用，旨在为进一步构建与完善中国社会主义市场经济体系，全面深化改革，破解当前改革过程中的一系列难题提供政策建议，从而推进中国社会主义市场经济的理论创新与实践发展，进而推进中国特色社会主义建设事业在新时代这一特定历史方位上进一步往前发展。从大的范围来讲，当代世界社会主义运动已发生了新的变化，这一定程度上反映在西方市场社会主义与中国社会主义市场经济之中，通过回顾西方市场社会主义在推动中国社会主义市场经济改革过程中的影响，可以为目前国内外针对世界社会主义运动的研究开拓出理论新视野，进而推进整个世界社会主义运动的理论创新与实践发展。

这里，我们主要集中于从西方市场社会主义对我国不断完善社会主义市场经济建设与改革事业所带来的启示和作用，来总结其在我国的影响，具

体分为四个主要方面。

(一)市场、计划与社会主义

苏联解体、东欧剧变意味着苏联模式的社会主义遭遇彻底的失败,这一模式在理论上力图照搬经典马克思主义并将之固化成教条,在实践中实施单一的计划经济体制和高度中央集权的政治体制,还曾以勃列日涅夫时代提出的"现实社会主义"的形式与"布拉格之春"的改革者们所倡导的"带有人性面孔的社会主义"相抗衡。从理论的逻辑起点来看,苏联模式的社会主义严格执行计划经济体制,排斥在社会主义制度框架内建立起市场关系,这一做法在一定程度上缘起于马克思主义政治经济学的相关思想。在马克思主义创始人那里,商品交换的出现伴随着市场关系的确立,而商品交换、商品生产都是私有制的产物,私有制需要予以消灭。马克思、恩格斯虽然没有直接表明反对市场,但其态度显而易见。恩格斯指出:"一旦社会占有了生产资料,商品生产就将被消除,而产品对生产者的统治也将随之消除。社会生产内部的无政府状态将为有计划的自觉的组织所代替。"[1]不难看出,在马克思、恩格斯所设想的未来理想型的社会中,取消商品生产、实现计划经济是必然的,苏联模式的社会主义秉承了这一思路并将之作为行动纲领,在现实中加以夸大。实际上,马克思、恩格斯所设想的取消商品生产、实现计划经济,即"去市场化"并完全依靠国家计划组织一切经济活动,是建立在一个人类历史上从未出现过的、特定的社会中的,这是一个"自由人的联合体",具有生活资料极大丰富的物质基础。而对于现实世界中还未具有相应前提的社会主义国家来说,只能根据现存的经济社会发展状况来不断探索,找到具体的实施途径。对于这一点,西方市场社会主义者把握精准,既没有简单地否定马克思主义创始人的思想,也没有就此放弃社会主义理想,还进一步剖析了市场、计划与社会主义这三者的关系,其相关理论对中国社会主义市场经济的启示如下:

第一,社会主义尽管在现阶段遭遇挫折,但依然是人类需要不懈追求的

---

① 《马克思恩格斯选集》(第三卷),人民出版社,1995 年,第 633 页。

美好理想,社会主义可以通过恰当地利用市场弥补自己的缺陷,从而使自身变得更好、更完善。西方市场社会主义者处于苏联解体、东欧剧变之后这样一个非常特殊而重要的历史时期:一方面,弗朗西斯·福山之类的西方右翼学者为资本主义制度额手称庆,高声欢呼"社会主义已经死亡";另一方面,社会主义理论阵营内部开始出现分裂,不少社会主义制度的拥护者、社会主义理想的追随者开始转变立场,对社会主义产生怀疑。面对社会主义在现实与理论两方面都遭遇到的困境,西方市场社会主义者没有放弃社会主义理想,而是另辟蹊径,在反思计划经济弊端的基础上,深入思考市场在社会主义中的性质定位问题,即弄清市场与社会主义到底是何种关系,在此基础上坚持探索市场与社会主义结合的可能性与必要性,力图用市场来为社会主义注入新的活力及张力,以市场拯救陷入逆境的社会主义。主张"银行中心的市场社会主义"者罗默认为:"苏联和东欧的共产主义制度的崩溃支持了一些旧论点,也产生一些新论点,认为社会主义不论在当今世界或作为一种理想都不能存在。我则希望阐述理由证明,社会主义仍然是一种值得追求的理想,而且在现实世界也是可能的。"①由此可见,苏联模式社会主义的失败并不影响人们对社会主义诉求的信心重塑,反而使这一诉求更加迫切。

此外,主张"经济民主的市场社会主义"者施威卡特则详细阐述了对市场与社会主义关系的看法。他认为:"非市场的社会主义形式或者在经济上是不可行的,或者从标准上看是不合需要的,而且常常同时是两者。"②施威卡特的判断直接将症结摆在了人们面前:既然缺乏市场的社会主义已经被事实证明是难以存续的,那么应当如何实现市场与社会主义的"联姻"呢? 当然,这里涉及每个国家的具体国情,需要根据特定情况来采取相应的措施。西方市场社会主义者在坚持社会主义理想之余,纠正了长期以来传统社会主义者的一个认识论上的误判,即认为市场与社会主义没有可融性。他们的相关理论为中国在苏联解体、东欧剧变之后风云变幻的国内外环境中继续高举社会主义旗帜,艰难探索市场与社会主义的结合之路,并带领其他的社会主义国家走出低谷,提供了启示。

---

① ［美］约翰·罗默:《社会主义的未来》,余文烈等译,张金鉴校,重庆出版社,2010年,第1页。

② ［美］伯尔特·奥尔曼:《市场社会主义——社会主义者之间的争论》,段忠桥译,新华出版社,2000年,第6页。

第二,无论是市场还是计划,都只是一种经济运行的具体机制,并不代表政治制度的根本性质。在理论界往往有不少学者将市场等同于资本主义,而将计划等同于社会主义,仿佛市场就是资本主义社会的标签,而计划是社会主义社会的代名词。苏联解体、东欧剧变使西方市场社会主义者开始从理论探究与经验事实两方面重新思考起市场、计划与社会主义这三者之间的关系问题。施威卡特提出:"把资本主义等同于市场是保守的自由放任主义的辩护者和大多数市场改革的左翼反对者的致命错误。"①实质上,市场与计划都是一种中性机制,是社会主义和资本主义都可以利用的经济手段。一方面,虽然市场经济本质上是市场配置资源的经济,但也不能忽视政府计划的重要作用,如果一味像市场原教旨主义者那样主张"市场万能论",对市场过度推崇将导致市场失灵,甚至失控;另一方面,如果仅仅注重经济活动的计划性而排斥市场,则会使经济发展缺乏灵活性及驱动力,甚至不排除重蹈苏联解体、东欧剧变的覆辙。西方市场社会主义者判断市场与计划各自职能的相关理论,为中国在 20 世纪 90 年代初解答改革开放姓"资"还是姓"社"问题的困惑提供了启示,也为中共十八届三中全会以后,中国社会主义市场经济把调整市场与政府计划之间的关系作为改革攻坚克难阶段的重中之重,既要使市场在资源配置中起决定性作用,又要更好地发挥政府作用,从而使"看不见的手"和"看得见的手"相辅相成,共同推进中国特色社会主义建设事业提供了启示。

经过四十多年改革开放的探索,市场机制在推动我国经济发展方面显示出越来越重要的作用,人们对其的态度也由开始的排斥转变到如今的普遍接受。历史已经证明,仅仅注重经济活动的计划性而排斥市场运作的力量,就会使经济发展缺乏灵活性及驱动力。从优化资源配置的角度来看,市场机制无疑是最有成效的,这是资本主义在自身发展过程中对人类社会进步所做出的重要贡献。但是市场机制并非完美无缺,其固有的弊端是发展的无序性与盲目性,尤其是在资本贪婪本性的推动下,一切以"利"字当头,忽视社会的公平、正义等价值目标。近年来在发达资本主义国家发生的一系列

---

　　① 转引自[美]伯尔特·奥尔曼:《市场社会主义——社会主义者之间的争论》,段忠桥译,新华出版社,2000 年,第 7 页。

金融危机、经济危机现象,都充分印证了市场机制的固有弊端。毋庸置疑,如果一味地像市场原教旨主义者那样主张"市场万能论",对市场过度推崇将导致市场失灵,甚至失控。

我国是社会主义国家,对市场机制的运用必须置于社会主义的基本制度框架内,这一点不仅关系举什么样的旗帜、走什么样的道路等一系列重大理论问题,而且关系整个社会的长治久安。在坚持社会主义制度的首要前提下,我们再来思考如何充分发挥社会主义制度的优越性,使市场机制的运用能够"扬长避短",发挥出最大功效。实践证明,我国坚持在社会主义制度框架内推进市场化改革和市场化转型是正确的历史选择。举例来说,与资本主义国家相比,体现我国社会主义制度优越性的一点,即具有一个强而有力、一心为民谋福祉的政府,这样的政府能够统筹的资源多,容易集中力量为人民办实事、办大事。历史显示,资源配置完全由政府计划分配已被证明是不可取的,同样,真正完全的自由市场也是乌托邦式的存在,政府与市场之间总是处于博弈状态,关键在于如何把握两者之间的"度"。为了保持市场持续的张力与活力,我国将进一步转变政府职能,更好发挥政府促进、规范市场发展的积极作用,在坚持我国社会主义制度的根本前提下,合理保持市场与政府计划之间的平衡与张力。

(二)平等与效率

市场最主要的价值目标在于提高效率,失去效率的市场机制必然丧失运作的活力;不讲效率的社会主义生产力必然发展缓慢,只能是人人贫困,那样的平等不是大家所期盼的。而社会主义最主要的价值目标在于实现平等,若没有了对平等的孜孜以求,社会主义就不是真正意义上的社会主义。因此,市场与社会主义必须相结合,作为市场主体特征的"效率"与作为社会主义价值诉求的"平等"这两者之间的关系,折射出市场与社会主义之间的关系。特定的时代造就特定的理论,西方市场社会主义者对平等与效率问题的探索同样建立在深刻反思苏联模式的社会主义基础之上。经历了苏联解体、东欧剧变之后短时期内的强烈震撼与深度困惑,无论社会主义阵营还是资本主义阵营,东西方世界似乎都在寻找导致苏联解体、东欧剧变发生的诸

方面原因。其原因不言而喻：一方面，呆板、僵化的计划经济体制使经济活动
在组织实施的过程中缺乏效率，一切按计划指令严格执行，导致工人普遍对
生产行为的积极性降低；另一方面，个人崇拜之风盛行，中央领导层权力过
于集中，从上到下各级组织的腐败现象日益严重，而老百姓的日常生活物资
匮乏，政治权利得不到保障，社会公平正义感缺失。西方市场社会主义者在
反思了既无平等更无效率的苏联模式的社会主义之后，重新阐述了平等与
效率的关系，认为市场与平等并不冲突，市场与社会主义的有机结合具有在
效率与平等上的双重吸引力。他们的相关理论对中国社会主义市场经济的
启示如下：

　　第一，市场与社会主义的结合是为了更好地实现效率与平等的"双赢"。
市场机制的优点在于以激烈的行业竞争鞭策企业不断提高劳动生产率，社
会主义制度的优越性在于尽可能地实现广泛的社会公平，以为人民谋福祉
为己任，两者的结合可以实现优势互补。罗默认为："社会主义唯一正确的伦
理学依据是一种平等主义的论据。"①主张"实用的市场社会主义"者詹姆斯·
扬克在阐释自己理论模式的主要特征时指出："实用的市场社会主义经济实
际上在每一重要方面都完全模仿现存的市场资本主义经济。它与市场资本
主义的相似性出于这样的重要考虑，即保留现存的令人满意的经济效率水平。
它只实行最低程度的制度变革，以利于实现非挣得的所有权收入分配的平等
化。"②这段话表明，西方市场社会主义与其他社会主义模式的不同主要在于，
通过市场与社会主义的有机结合，最终实现"效率"与"平等"这双重目标。从扬
克的立场来看，他认为现存的资本主义市场体系在提升经济效率这一点上
具有不可替代性，只要对其加以一定的变革就可以为我所用，以实现社会主
义的价值目标——平等。皮尔森对此评论道："市场不仅是社会主义取得更
大经济效率的手段，而且也是达到更大程度的个人自由或者自由的平等价
值、发展民主以及提高社会公正的途径。"③西方市场社会主义者的这些观点
对中国社会主义市场经济解决"先富"与"后富"的问题并最终实现共同富

　　① ［美］约翰·罗默：《社会主义的未来》，余文烈等译，张金鉴校，重庆出版社，2010年，第16页。

　　② J. Yunker, *Capitalism Versus Pragmatic Market Socialism：A General Equilibrium Evaluation*, Massachusetts：Kluwer Academic Publishers，1993，p.1.

　　③ ［英］克里斯托弗·皮尔森：《新市场社会主义》，姜辉译，东方出版社，1999年，第104页。

裕,既使市场机制为中国经济社会的发展推波助澜,又使其有助于实现社会主义的价值目标,尤其是在现阶段进一步深化中国社会主义市场经济体制的改革,采取合理有效的措施尽快缩小贫富差距,既使中国经济高效率地向前发展,又使所创造的社会财富公平地惠及广大人民群众等具有启示作用。

第二,完善制度设计可以监管以追求效率为主旨的市场,平等更重要的是机会上的平等而不是收入上的平等。传统社会主义者往往对市场持反对的态度,并热衷于通过揭露市场规则的残酷性来实现对资本主义制度的批判。他们认为,仅仅依靠单一的市场机制,一味讲究效率,必然会导致资源与机会分配过程中的严重不平等现象。的确如此,在市场机制的框架内,人们在资源配置上的你争我夺及企业在行业竞争中的"大鱼吃小鱼",也就是所谓的"丛林法则",这些都不过是家常便饭,在市场原教旨主义者看来,不需要遭到任何伦理学视域内的谴责。在市场的效率原则会妨碍平等这一点上,西方市场社会主义者与传统社会主义者观点一致,即共同反对市场原教旨主义者的冷漠,不同之处在于,他们认为可以通过完善的制度设计来约束市场的任性行为,从而预防不平等;传统社会主义者则主张只有拒斥市场,才能彻底消灭不平等。西方市场社会主义者所强调的平等更多的是机会上的平等而不是收入上的平等,或者说强调起跑线上的平等而不是结果状态的平等。主张"劳动者管理型市场社会主义"的马克·福勒贝阐述了其对机会平等的看法:"柯亨、罗默等人提出的机会平等理论是起跑线理论……他们主张应当使个人在平等的条件下来做出选择,由个人承担选择结果的做法是公平的,无论这一做法是否会导致不公平的结果。"[1]阿瑟·奥肯也提出:"我自信更大的机会平等将产生更大的收入平等。"[2]西方市场社会主义者的这些观点对中国社会主义市场经济在充分利用市场,发挥市场优点的过程中,如何通过制度保证来尽量避免市场的贪婪、无序及失衡等弊端,同时在实现平等这一价值目标的过程中注重机会的平等、事实上的平等,而不是收入结果的平等、形式上的平等具有启示作用。

改革开放以来,我国曾经依据国情发展的需要对"效率"与"平等"这对

---

① Marc Fleurbaey, *Equality of Resources Revisited*, in *Ethics*, Vol.113, No.1, Chicago:The University of Chicago Press, 2014, p.83.

② [美]阿瑟·奥肯:《平等与效率:重大的抉择》,陈涛译,中国社会科学出版社,2013年,第57页。

关系进行不断重构。从我国目前的现实状况来看,无论是资源配置以市场为基础,还是市场化的程度,社会主义市场经济体制都进入了一个发展与完善的新时期。如何处理效率与平等的关系问题依然是构建和完善社会主义市场经济体制需要解决的重大时代课题。中共十八大召开以后,我国针对现实中涌现出来的问题,比如贫富差距扩大的问题,在原有基础上调整了对效率与平等关系问题的定位,不再像过去那样旗帜鲜明地强调"效率优先,兼顾公平",而是强调"效率与公平兼顾"。中共十九大召开以后,中国特色社会主义进入新时代,在讲究效率的同时,我们正有意识地强化对社会平等的考量,这是坚持市场化改革社会主义方向的重要体现。只有不断造福于民,让所有人都能享受到发展带来的好处,才能真正贯彻落实"以人民为中心"的思想。

(三)市场经济与混合所有制

所有制是社会经济制度的核心内容,涉及社会经济运行的动力问题,人们往往将特定的所有制形式与特定的社会属性及社会发展阶段联系在一起。马克思、恩格斯指出:"一切所有制关系都经历了经常的历史更替、经常的历史变更。"[①]可以说,所有制中隐含着人类社会由低级阶段不断向高级阶段演变的发展轨迹。从历史的角度来看,人们一般将公有制视为社会主义制度与资本主义制度相区别的关键。自托马斯·莫尔以降,几乎所有的空想社会主义者都很纯粹地反对私有制,提倡公有制。马克思、恩格斯指出:"共产党人可以把自己的理论概括为一句话:消灭私有制。"[②]无论是空想社会主义者基于社会文化精英的良知而提出的反对私有制,还是马克思主义创始人基于对社会表象的洞穿,挖掘出历史的本质来批判私有制,都认为只有实现社会财富的公有,才能真正实现社会成员的平等。西方市场社会主义者并不否定社会主义公有制,但反对把它简单地归结为生产资料的国有制和集体所有制,反对"公有制拜物教"。他们试图将社会主义公有制与市场机制结合在一起,以期创造出一种既有经济效益,又能使全体公民享有更多社会平等

---

①② 《马克思恩格斯选集》(第一卷),人民出版社,1995 年,第 286 页。

的经济体制,在这种经济体制中资源配置由市场这只"看不见的手"来进行,包括资本市场、劳动市场与产品市场等,生产资料的所有权则是为社会所有。其理论对中国社会主义市场经济的启示如下:

第一,与市场经济兼容的所有制形式既不是完全的资本主义私有制,也不是传统的社会主义公有制,而是独特的社会所有制。西方市场社会主义本身包含各式各样的理论流派,每一个理论流派又提出了自己的理论模型,但是各个理论流派之间几乎不约而同地达成了这样一种共识,即在所有制层面主张社会所有制。西方市场社会主义的很多学者都将社会所有制与"市场社会主义"的定义直接联系在一起。主张"合作制市场社会主义"的戴维·米勒认为:"没有一个关于市场社会主义的确切概念,它只是这样一个具有共同特征的范畴,即市场机制的广泛运用与生产性资本的社会所有制的相结合。"[1]皮尔森也提出:"市场社会主义是把经济的社会所有制原则与继续通过市场机制配置商品(包括劳动)的做法结合起来的一种经济和社会制度。"[2]通过建立比传统社会主义者所主张的公有制更加宽泛,比新自由主义者所主张的自由市场经济更加包含社会主义元素的社会所有制,西方市场社会主义者希望建立一种既区别于单纯的社会主义公有制,又区别于完全的资本主义私有制的新所有制形式。西方市场社会主义的这一理论对我国在现阶段开拓出一种新的视野来推动所有制的变革,充分利用所有制的特点,进一步构建与完善社会主义市场经济体系提供了启示。

第二,社会所有制凸显了混合经济的主体特征,这种混合经济比单一形式的经济更具有包容性。西方市场社会主义者推崇的社会所有制分为两种形式:一是混合型的所有制,二是资本和利润的社会化和公有化。其中的混合型所有制包括生产资料的国有、集体所有、合作所有等,既有公有制经济成分,又有非公有制经济成分,非公有制经济成分主要为私有经济成分。在社会所有制框架内,私有的、合作的、公共的企业相互竞争,"社会"与"公有"不是主要体现为传统社会主义意义上的国家或集体对物质生产资料的占有,而是体现为全体公民对所有利润的平等享有。提出"彻底的市场社会主

---

[1]　David Miller, *Equality and Market Socialism*, in *Market Socialism: The Current Debate*, Edited by Pranab Bardhan and John Roemer, Oxford University Press, 1993, p.304.

[2]　[英]克里斯托弗·皮尔森:《新市场社会主义》,姜辉译,东方出版社,1999年,第104页。

义"的 W.布鲁斯早在 1991 年就对当时中国的市场化改革进行了评价:"中国走上市场取向的经济改革之路,已历时十余年之久,沿着这条道路,她已经发展了一种独特类型的混合经济。"布鲁斯的观点可谓高瞻远瞩。非公有制经济在我国已经发展多年,如今基本上形成了与国有、集体经济三足鼎立的格局,并且日益成为推动国民经济快速发展、解决人民群众就业问题的重要力量,中国经济的腾飞离不开非公有制经济所做的贡献。

我国对于非公有制经济如何恰当地发展并没有现成的答案,一切处在上下求索的过程中。在这方面,西方市场社会主义已经在理论领域先行一步,其有关混合经济的论述为我们一方面深化对坚持和完善以公有制为主体、多种所有制经济共同发展的基本经济制度的认识,另一方面积极发展基本经济制度的重要实现形式——混合所有制经济,或者说,既要确保公有制经济的主体地位以体现社会主义社会的性质,又要拓宽非公有制经济的生存及发展空间,为社会释放新的生产力提供了启示作用。

回顾过去可以看到,改革开放以来,我国一直致力于促进市场与社会主义的融合。促进市场与社会主义相结合,随之生成的难题在于:表征市场机制活力与创新性的各种非公有制经济如何实现与公有制经济的兼容?如前所述,我国提供的答案是:进行从观念领域到实践领域的持续创新,基于公有制主体地位之上,探索实现形式的多样化。我们在反思单一公有制的基础上实现了发展与经济体制的双重转型。但是近年来出现了一种新的情况,即有一些人对非公有制经济的地位与功能在认识上存在偏差的现象,社会上更是一度盛行所谓的"国进民退"之说。究竟是中国当前的市场化程度不够还是太过?究竟是中国经济改革的自由化色彩太浓还是经济改革过于保守?在具体的操作层面到底如何把握好公有制经济与非公有制经济之间的"度"呢?中共十八届三中全会起到了答疑解惑的关键性作用。中共十八届三中全会以来,我国把建立混合所有制作为深化经济体制改革的一大举措。这样做是为了创造新的经济增长点,全面提升国际市场竞争力,为早日迈入现代化强国的行列打下坚实的物质基础。与此同时,我们需要清晰地认识到,在当今中国,国有企业在促进社会经济发展中起主导作用,国有经济牢牢控制着国家的经济命脉,公有资产在社会总资产中占优势,这些体现公有制主体地位的方面依然没有改变,这是我国市场化改革保持社会主义方向的关键要素。

（四）市场经济与社会主义民主制度

上层建筑涉及社会经济运行的方向和行为规范等问题。民主制度作为上层建筑的重要组成部分,与一定的生产力发展水平及经济基础密切相连,社会主义民主制度是社会主义社会经济发展的强大支撑与保障。与传统社会主义者希望通过疾风骤雨式的革命来推翻资本主义政治制度,并建立起社会主义政治制度有所不同,西方市场社会主义者对经济革命的热衷似乎超过了对政治革命的渴望,他们并没有从重新构建社会政治秩序的角度提出明确的革命目标,而只是希望以经济改革为基础,在市场机制中渗透一些社会主义因素,也就是说,立足于市场,偏向社会主义,从而改善社会的民主发展状况,实现更大、更多的民主。从这个意义上来讲,西方市场社会主义者被定义为"社会改良主义者"似乎更为恰当。俞可平认为:"20世纪90年代的一些西方社会主义学者在为未来的社会主义设计出新的经济体制的同时,也在思考相应的政治体制,不过,他们对政治体制的关注远远比不上对经济体制的关注,这或许是因为在他们看来,经济体制不仅比政治体制更具有根本性意义,而且对于现实的社会主义来说具有更大的紧迫性。"①这里的"他们"主要指的是西方市场社会主义者,其相关理论对中国社会主义市场经济的启示如下:

第一,民主是社会主义的生命,社会主义有助于民主的实现。西方市场社会主义者虽然重视经济民主问题胜于政治民主问题,但作为左翼理论家,他们又都普遍具有社会主义情结,认为民主是实现政治平等的前提,是社会主义、共产主义理想最吸引人的地方,代表着社会的发展方向,因此构建良好的民主政治制度也是非常重要的。罗默指出:"坚持民主对于社会主义的未来有着重要意义,也会引起我们用来描述社会主义的语言上的变化。在民主制度下,代表社会主义的一个或数个政党将会和其他政党(其中也会包括几个'资产阶级'政党)竞争权力。有时也会是这样一种情况:即使资产阶级

---

① 转引自李惠斌等:《当代西方社会主义研究》(第四卷),社会科学文献出版社,2006年,第17页。

政党偶尔获得胜利,一个政权也可以在多年里被称为是社会主义的。"①西方市场社会主义者对经济民主的强化,可以说主要出于他们对市场与社会主义相结合的重视,而他们对社会主义与政治民主之间关系的阐述,则很好地诠释了为什么这一理论流派被归入到社会主义的阵营之内。当今中国是现存社会主义国家中的"领头羊",代表了世界社会主义运动的主导力量与希望,我国社会主义民主制度的本质是人民当家做主,与新自由主义主导下的资产阶级民主制度具有本质的区别。西方市场社会主义者对于民主与社会主义之间相互关系的诠释,对于我国进一步深化当前的政治体制改革,时刻警醒地意识到民主对发展中国特色社会主义事业的重大意义,深入挖掘出社会主义政治体制在实现民主问题上的优越性,在社会主义市场经济及上层建筑领域采取有力措施,以促进市场经济更有效地运行及社会主义民主更好地发展等具有启示作用。

第二,市场可以提供更多的自由,促进更大的民主。西方市场社会主义者研究了社会主义市场经济的建立对上层建筑的影响及与社会主义市场经济相适应的上层建筑,认为市场经济对上层建筑的效应主要是正面的,独裁政治的经济基础主要是计划经济而不是市场经济。的确如此,市场经济的繁荣促进了网络信息、报纸、杂志等新闻媒介的繁荣,使人们可以自由地发表政治意见,计划经济则往往在这些方面受到国家意识形态的严格管理。在当代工业社会中,民主的一个重要内容就是各个企业的成员对生产哪些东西、怎样来生产这些东西等问题拥有自主权,但是在高度计划经济的体制下,这一自主权是无法得到保证的,因为企业的一切生产行为是由国家统一安排设定的,只有在市场机制下,企业才有可能实现生产的自主权。此外,在市场社会主义的机制下,国家并不决定经济的所有细节,而只是列出一些大的参数,由经济本身在这些大的参数里面寻找平衡,从而使国家对经济行为的干预受到了一定程度的限制,也使各个官僚机构的行政官员有可能受到有效的民主控制。米勒指出:"市场社会主义为工业民主提供了最好的机会,就民主特有的权利而言,这种工业民主具有两个方面的价值:人们可以控制他们从事工作和生活的环境,这本身就是一件大好事;同时,它为更广泛的民主

---

① [美]约翰·罗默:《社会主义的未来》,余文烈等译,重庆出版社,2010年,第104页。

提供了训练和刺激的基础。"①当今中国正处在快速工业化与城镇化的轨道上,地区性发展差异较大,民族分布众多,文化与宗教信仰多样,社会利益关系的重组使地方性的矛盾冲突不时见之于报端,这些错综复杂的国情、民情使推进国家治理的现代化和协商民主广泛多层制度化发展遭遇了前所未有的挑战。在这方面,西方市场社会主义主张充分利用市场机制来激励更多民主的产生,由促进经济民主入手到构建更好的政治民主,这些观点对我们具有启示作用。

从传统社会主义的视角来看,民主是社会主义的生命,社会主义与以往一切社会形态相比的优越性就在于,它是人民群众集体意志的表现,社会主义只有通过民主体制才能得以建立,民主体制是实现人人平等、自由的社会主义理想的基本保障。从中国特色社会主义的视角来看,民主是推进社会主义治理体系和治理能力现代化的应有之义,中国特色社会主义政治制度构建的原则是民主集中制。中国有十三亿多人口,我们的民主建设从形式到内容都不能简单地照搬西方,而只能依据自身的特点走中国化的民主道路。正如张维为所说的那样:"我们的民主建设一定要有创新精神。民主建设应该是一种生机勃勃的事业,民主可以有一千种、一万种形式,而不应被局限于一人一票普选这一形式。"②中国的民主是协商式的民主,而不像西方的竞争式的民主,我们在构建中国式民主的过程中不断创新,坚持和发展人民代表大会制度、中国共产党领导的多党合作与政治协商制度、民族区域自治制度和基层民主自治制度。通过这些创新与改革,我们把代表制民主与协商制民主结合起来,把实体性民主与程序性民主结合起来,在中国共产党的领导下充分培养人民群众的政治参与感与认同感。

我们从以上四个方面简单回顾了西方市场社会主义在我国的影响。实践已然证明,中国特色社会主义对市场与社会主义关系问题的探索是非常成功的,这种探索为中国特色社会主义事业的兴盛奠定了良好的社会经济基础。在我国当前正在实施的新一轮深化经济体制改革进程中,我们需要继

---

① David Miller, *A Vision of Market Socialism:How It Might Work And Its Problems*, in *Why Market Socialism:Voices From Dissent*, Edited by Frank Roosevelt and David Belkin, Armond:M. E. Sharpe Inc. 1994, p.252.

② 张维为:《中国触动》,上海人民出版社,2012年,第118页。

续探索以市场与社会主义的关系为核心的一系列重大的现实问题。对西方市场社会主义各种理论流派的研究，其出发点和最终的目标都是为了我国通过对其他相关理论的合理借鉴，更好地开展新时代中国特色社会主义建设事业，尤其是推动中国社会主义市场经济在新时代、新起点上的进一步向前发展，从而为实现富强、民主、文明、和谐、美丽的社会主义现代化强国和中华民族的伟大复兴奠定坚实的物质基础。

第十一章 文化唯物主义在中国的影响

　　文化唯物主义是英国新马克思主义学者对当代马克思主义文化哲学研究思想的凝结。这一思想聚集了对文化内涵的思索、文化介入当代社会文化生活的分析、文化与社会权力关系的审视，以及文化作为物质实践方式的探究，以文化思维方式的变革引发对整体社会秩序的变革。文化唯物主义是当代马克思主义思想发展中的重要构成，它引发了国内外学者对文化研究新格局的探究，改变了文化受限于文学理论的单一学科研究，发展成为文化与物质生产、文化与政治哲学、文化与语言哲学和文化与社会学多元融合的新图景。文化唯物主义改变了文化研究的边界，成为探究现代性社会的关键通道。由文化唯物主义引发的思想理论是具有拓扑性的，不是点状的线性效应，而是不同层面的联动发展，对当代马克思主义思想的发展具有重要的理论意义和学术价值。

　　国外对文化唯物主义的研究主要集中于哈维·凯伊（Harvey J. Kaye）的《英国马克思主义的历史学家：一个导论性的分析》（*The British Marxist historians: an introductory analysis*）、丹尼斯·德沃金（Dennis Dworkin）的《战后英国的文化马克思主义：历史、新左派和文化研究的起源》（*Cultural Marxism in postwar Britain: history, the new left, and the origins of cultural studies*）、大卫·科茨（David Coates）的《对英国的社会主义剖析》（*A Socialist anatomy of Britain*）、约翰·穆尔豪斯（John Moorhouse）的《英国马克思主义的历史语汇》（*A historical glossary of British Marxism*）、布莱恩·帕尔默（Bryan D. Palmer）的《汤普森的形成：马克思主义、人道主义和历史》（*The making of E.P. Thompson: Marxism, humanism, and history*）、尼克·史蒂文森（Nick Stevenson）的《文化、意识形态和社会主义：雷蒙德·威廉斯和 E.P.汤普森》（*Culture, ideology and so-*

cialism:Raymond Williams and E.P. Thompson)、迈克尔·肯尼(Michael Kenny)的《第一代英国新左派》(*The First New Left in Britain*)、斯科特·威尔逊(Scott Wilson)的《文化唯物主义:理论与实践》(*Cultural Materialism:Theory and Practice*),等等。

这里系统研究文化唯物主义的主要学术思想,并综合分析目前国内对"文化唯物主义"的研究状况,从以下五个层面对这一理论的研究分布进行整体梳理和归纳,并展开进一步评述。

一、文化唯物主义思想的产生与内涵

"文化唯物主义"思想源于 20 世纪 50 年代英国的现实社会,由英国新马克思主义学者雷蒙德·威廉斯提出,旨在以文化具有的物质性作为社会批判的研究范式。20 世纪中叶,关于文化唯物主义的研究已然成为英国新马克思主义学界关注的焦点,并产生了一系列卓有成效的理论成果。文化唯物主义凝聚了英国新马克思主义对现实历史社会的具体思考,体现了他们对现代性社会的批判和对理想社会形态建构的追求。文化唯物主义批判基础-上层建筑之间的线性关系,强调文化的物质属性,由此冲破了文化作为纯粹精神领域而固守于精英主义集团囚笼的现状,突出了文化生产在当代社会生活中的作用,为普通人民的文化争得了一席之地。这一理论不但推动了历史唯物主义的当代发展,而且它作为一种文化研究的理论范式,对文化研究也产生了深远影响。

文化唯物主义所面向的文化分析,既包括对一般形式的文学文本分析,又包含对现实社会生活文本的追问。在不断变化的现代性社会中,文化唯物主义学者根据自身所处的历史时代,进行了介入当代社会文化生活的具体分析,并深入展开对现代性社会文化全景式的探究。在文化唯物主义的发展进程中,不同学者对各个时间节点的社会文化生活分析的不同聚焦得以充分体现。

第一代文化唯物主义学者以"整体生活方式"的文化内涵变革文化的旧秩序。威廉斯和霍加特在对利维斯等精英主义文化观的反思性批判中,保留了文学研究的基本方法,例如文本细读法,但是与之完全不同的是,他们彻底变革了文化的立场和观点,对文化进行了重新定位和划界。正如威廉斯在对文化唯物主义的陈述中所写:"这是一个可以简单描述为文化唯物主义的立场:历史唯物主义中物质文化和文学生产的特殊性理论……在我看来,它是马克思主义理论,实际上……我的一部分至少看作马克思主义的中心思想。"①对于文化唯物主义而言,威廉斯是第一个从英国文学研究对利维斯人文主义发起挑战的批评家。威廉斯对文化的概念和意义考究,体现在他的《文化与社会》《关键词》《马克思主义与文学》和《文化唯物主义与文化》诸多作品中。尽管威廉斯探究了作为知识和艺术一般意义的文化概念,但是他更加强调文化的实践意义,即具有人类学意义的整体生活方式。霍加特、E.P. 汤普森对此问题同样关注,他们对文化研究和历史学研究产生了重大影响。可以说,威廉斯和霍加特主要从文化维度为工人阶级争取文化权利。而汤普森的《英国工人阶级的形成》为历史研究开创出唯物主义的阶级认同概念。在第一代文化唯物主义学者的努力下,"文化"的概念发生了实质性变革,它涉及群体实践、信仰、社会习俗、政治主张和表达形式。

第二代文化唯物主义者试图借助自身对文化的阐释方式,表达他们对某一社会现实的看法,并提出自身的政治立场或学术观点。伊格尔顿在《文化的观念》一书中,追溯各种意义的文化概念。但对他而言,似乎目前并没有一个更恰当和更合理的文化概念。人类学意义的文化过于烦琐和冗长,用他的话说就是非常"兴味索然",而美学意义的文化,例如他把利维斯和阿诺德的文化归为美学意义,这种概念又显得过于尽善尽美,却与实际情况的文化不相匹配。因此,在伊格尔顿看来,文化概念"被困在无效而宽泛与难堪而严格"②之间。

第二代文化唯物主义者进一步分析了文化研究的现实场域,进入了更加微观化和具体化的研究。他们辩证地审视文化与现代媒体结合的新文化形式,一方面认识到了现代技术对文化发展的促进作用,另一方面也看到了现代媒体对文化传播方式的冲击和对现实生活文化的影响。霍尔首先肯定了电视对于了解"世界"和他人"生活真实"的意义,成为理解"整体世界"的重要途径。巴克同样认识到网络空间的积极性,认为网络不同于一般形式的

---

① Raymond Williams, *Marxism and Literature*, Oxford:Oxford University Press, 1977, pp.5-6.

② ［英］特瑞·伊格尔顿:《文化的观念》,方杰译,南京大学出版社,2006 年,第 27 页。

大众媒体,如电视之类的单向交流系统,它能够形成双向互动的沟通形式,可以作为扩大民主的有效手段。第二代学者用文化唯物主义的方法探究文化如何在技术、实践和意识形态上进行生产。

当代学者多里莫尔和艾伦·辛菲尔德沿用了文化唯物主义的观点,并由此定义了英国文化研究的新批判实践。文化唯物主义思想对 20 世纪 80 年代中期关于文艺复兴的研究产生了一定的影响,为文学研究带来了后结构主义的诸多思想。他们主张人类行为、实践和知识的建构性,而非先天和本能的思想,强调文本阅读作为建构人类信仰和意识形态的实践活动。由于文本被理解为参与意识形态和文化生产的重要过程,文化唯物主义坚持认为文本与语境、文学与政治之间的无歧义性。

二、文化唯物主义在中国的传播

国内有关"文化唯物主义"的研究较早出现在文艺理论的研究视域中。2000 年之后,国内对"文化唯物主义"的研究热情逐渐趋于高涨,它引发了关于马克思主义哲学、大众媒体研究和文化研究的众多国内学者的关注,并成为当代马克思主义哲学研究的重要主题。最新中国知网对"文化唯物主义"关键词的索引显示,其文献总数近六百篇,以其为主题词的著作也颇为丰富。总体上,根据现有国内相关的研究内容和文章的发表时间,文化唯物主义在中国的传播情况可大致分为以下几个部分:

(一)总体上对"文化唯物主义"思想形成的分析

文化唯物主义对文化哲学元(meta–)研究的启发。威廉斯建构文化唯物主义思想的前提就是对"文化"本真内涵的追问。他在《文化与社会》一书中,考究了 18 世纪以来"文化"语义学的演进过程,分析得出了四种类型的文化概念。其中,第四种对文化的界定,即"一种由物质、知识和精神构成的整体生活方式",彰显了文化唯物主义思想的基本雏形。这一文化概念的提出不仅引起了国外学者对"文化"概念的新认识,而且引发了国内马克思主义文化哲学研究者对文化思想的新思考。这一思想启发了国内学者对文化哲学研究意义的寻思，即文化哲学不是在于对文化规定性或法则的预判，而是对文化"元"研究的展开，也就是文化现象背后所形成的整体生活方式所表征的意义和价值的探究。例如，强乃社在《文化哲学与历史唯物主义的规范维度》①一文中，认为中国文化哲学已经取得了一定的成就，但是关于文化哲学的定位问题，需要从社会批判理论和历史唯物主义范式性维度对这一问题做出进一步思考。隽鸿飞在《文化哲学的生成论解读》一文中提出了文化哲学研究的意义："文化哲学致力于探讨作为人生存的基本方式与社会运行内在机理地、历史地凝结成的自觉或不自觉的文化模式或文化精神，是从文化的视角出发对人之生成的内在机理的阐释。"②文化唯物主义对文化日常生活性的诠释正是对这些思想的触发。乔瑞金的《英国的新马克思主义》③一书从第一代英国新马克思主义学者，如威廉斯、汤普森对"文化唯物主义"概念的阐释，到第二代英国新马克思主义学者，如伊格尔顿进一步从历史唯物主义理论和词源学等方面对文化唯物主义的深化，通过这种对代际学者之间关于此问题的比较分析，加深了对"文化唯物主义"内涵意义的阐发，促进了对马克思主义文化哲学的深入研究。张亮的《汤普森文化唯物主义的理论与范式》④一文，以历史学的研究方式探讨了以汤普森为代表的"文化唯物主义"理论与范式的形成和演变过程。

国内众多学者从介入当代社会分析的"文化唯物主义"进行研究。主要有：乔瑞金对英国新马克思主义的理论来源、时代背景、研究范式、典型人物进行了系统而具体的论述，为国内研究英国新马克思主义奠定了坚实的基础，包括专著《英国的新马克思主义》《马克思思想研究的新话语：技术与文化批判的英国新马克思主义》，全面深入地评介了英国新马克思主义的重要人物及其学术思想。乔瑞金的《英国新左派的社会主义政治至善思想》《英国新马克思主义文化批判的致思路径》《我们为什么需要研究英国的新马克思主义？》《论英国新马克思主义的思想特征》《英国新马克思主义历史学派的

---

① 转引自孙麾、丁立群主编：《马克思主义文化哲学研究》，中国社会科学出版社，2015年，第363页。

② 同上，第46页。

③ 乔瑞金：《英国的新马克思主义》，人民出版社，2013年，第29页。

④ 张亮：《汤普森文化唯物主义的理论与范式》，《吉林大学社会科学学报》，2008年第5期。

政治意识》《英国新马克思主义对文化概念的哲学分析》《英国新马克思主义对现代性合法性的批判》《马克思主义是社会历史的整体视界——英国新马克思主义的"事实"与"理论"之争及启示》等，为研究英国新马克思主义思想提供了丰富的理论源泉和方法论贡献。南京大学张亮的《从苏联马克思主义到文化马克思主义——英国马克思主义理论传统的战后形成》《"英国马克思主义"的"文化唯物主义"及当代评价》《英国马克思主义理论传统的兴起》《英国马克思主义的研究模式及方法》，为英国马克思主义的研究提供了充足的思想资源。中国人民大学段忠桥的《转向英美、超越哲学、关注"正统"——推进当前我国国外马克思主义研究的三点意见》《20 世纪 70 年代以来英美的马克思主义研究》《转向政治哲学与坚持辩证法——当代英美马克思主义研究的两个方向》《对安德森"扩大"西方马克思主义的说法的质疑》《科亨的政治哲学转向及其启示》，对英国马克思主义进行了深度研究。这些学者从哲学的维度探讨了英国新马克思主义的理论体系、批判视角和研究主题，对于深入理解英国新马克思主义在 20 世纪马克思主义体系中的理论地位和思想价值具有重要贡献。许继红的《雷蒙德·威廉斯技术解释学思想研究》、舒开智的《雷蒙德·威廉斯文化唯物主义理论研究》、段吉方的《文化唯物主义与现代美学问题》等，对"文化唯物主义"的理论缘起和核心思想进行了重要论述。

　　国内学者以英国现实社会分析"文化唯物主义"思想的渊源。乔瑞金有关英国新马克思主义思想的代表著作《英国的新马克思主义》和系列学术文章，包括《英国新马克思主义的发展历程及其思想》《英国新马克思主义的思维变革》《英国新马克思主义文化批判的致思路径》，在对英国新马克思主义思潮产生的综合分析中，囊括了对"文化唯物主义"产生的探究，即在面对英国现实的历史境遇，并结合英国自身的文化传统，由此揭示了文化的物质属性，从而形成一种整体文化的研究范式。此外，乔瑞金还从伯明翰学派的发端对"文化唯物主义"的发展脉络进行了分析，认为伯明翰学派以文化批判为利器，以民族志为方法，反对经济决定论，强调文化和意识形态的相对独立性，形成了文化唯物主义的研究理论。①欧阳谦的《"文化唯物主义"辨

---

　　① 参见乔瑞金：《英国新马克思主义的发展历程及其思想特征》，《当代国外马克思主义评论》，2007 年第 5 期。

析》①一文,从总体性范畴、社会构成论阐释、社会主体理论三个层面辨析了"文化唯物主义"的产生、内涵和意义,认为威廉斯从文化实践的角度推进了马克思主义的社会主体学说,深化了历史唯物主义的社会发展理论。马援的《文化内涵的辩证法解读——论霍加特文化实践思想》②,从霍加特对文化内涵的辨析,探究了文化唯物主义对文化的普遍性与特殊性、文化多样性与文化内在规定性、文化主体与文化对象之间辩证关系的思考,体现了文化唯物主义对文化哲学元认识的意义,即消解孤立、特权的文化和抵制文化的平均化和同质化,强调内在于生活的文化,并突出文化实践的建构意义。赵国新的《英国文化唯物主义的思想源流》③一文,从对 F.R.利维斯的"细绎派"形式主义和蒂里亚德的历史主义的批判与继承,并得益于西方马克思主义的塑造,路易·阿尔都塞的意识形态理论、安东尼奥·葛兰西的文化霸权理论,以及雷蒙·威廉斯的文化理论,探究了文化唯物主义的缘起。可以看出,国内学者从思想内涵的释义、不同理论视角的诠释和理论外延式的分析,对"文化唯物主义"进行了多维度的研究,丰富了文化哲学的进一步研究。

(二)对文化唯物主义政治诉求的探究

威廉斯、霍加特和汤普森对文化的理解,是一种反精英主义的模式,开启了一整套以日常生活方式为核心的文化思想。他们强调形成于工人阶级经验的日常文化构建,使得文化与政治有效结合,推动文化政治的民主化发展。借此,这一思想为国内学者从文化研究维度探究政治哲学问题打开了新视野。诸如,乔瑞金的《英国新左派的社会主义政治至善思想》④一文,从英国"新左派"社会主义思想中,彰显了他们对马克思实践唯物主义的秉承,以及对"文化唯物主义"的发展。乔瑞金、李文艳在《英国新左派的思想革命与政治诉求——以斯图亚特·霍尔的分析为中心》一文中指出:"新左派的政治诉

---

① 欧阳谦:《"文化唯物主义"辨析》,《哲学研究》,2012 年第 1 期。

② 马援:《文化内涵的辩证法解读——论霍加特文化实践思想》,《系统科学学报》,2015 年第 4 期。

③ 赵国新:《英国文化唯物主义的思想源流》,《杭州师范大学学报》(社会科学版),2017 年第 5 期。

④ 乔瑞金:《英国新左派的社会主义政治至善思想》,《中国社会科学》,2014 年第 9 期。

求是克服狭隘的政治观,批判改良主义、工党主义和资本主义,聚集更大的社会力量,扩大社会冲突的地盘;发动激进的社会革命,组织更广大的群众参加革命,尤其是吸引'非生产线'上的人参加进来,目标是要推动实现'经典社会主义的纲领'。"①马援在《英国新左派文化批判的政治诉求》一文中认为:"英国新左派从宏大政治学转向微观政治学,将文化批判与微观政治深度融合。"②文化唯物主义探究文化意义是如何影响政治结果和过程的。文化唯物主义从文化维度对政治哲学的思考,改变了传统政治哲学单一化、大写化的书写样态。这种文化多元化的探究促使国内学者辩证地看待"经济基础–上层建筑"的关系,并认识到了"文化"自身独立的社会结构形式和具有的政治功能。在从文化唯物主义探究文化政治学的研究中,国内不少学者还关注到了霍尔的差异政治学理论和伊格尔顿多元文化的问题,关注到了全球化和现代化进程中文化身份的问题。如,张谡认为:"霍尔'认同转向'的文化政治是一种思考和建构新的英国文化、欧洲大陆文化与非洲文化关系的一种重要的后殖民主义文化理论。"③这对于国内学者探究后殖民主义问题有所裨益。吴之昕、袁久红探究了伊格尔顿从文化观念的视角批判了后现代多元文化论与"文化主义",揭示了导致后现代社会文化矛盾和文化危机的根源。④

(三)对文化唯物主义思想中文化物质性的阐释

这一思想使得国内学者反思现代性社会文化生产与文化生成之间的逻辑关系,由此形成了一系列的学术思考。在国内,对这一主题的思考也有一定的研究成果。李永新的《具有物质性特点的语言——论雷蒙德·威廉斯的文化唯物主义理论》一文指出:"文学根本不是一个意义固定而抽象的概

---

①　乔瑞金、李文艳:《英国新左派的思想革命与政治诉求——以斯图亚特·霍尔的分析为中心》,《南京大学学报》(哲学·人文科学·社会科学),2016 年第 4 期。

②　马援:《英国新左派文化批判的政治诉求》,《哲学动态》,2017 年第 4 期。

③　张谡:《"认同转向":斯图亚特·霍尔的文化政治策略及其评价》,《外语教学》,2018 年第 4 期。

④　参见吴之昕、袁久红:《多元文化论、"文化主义"与社会主义共同文化——伊格尔顿对后现代主义文化观念的批判反思》,《南京社会科学》,2018 年第 9 期。

念,而是借助具有物质性特点的语言在表征各种利益关系的同时,通过复杂的冲突与碰撞建构而成的。"①作者从文化活动是物质生产形式、文化即生活、文化是知识和想象力的载体以及大众文化是民主社会的表现等方面进行阐述,从而揭示出其唯物主义文化观的思想内涵与特征。乔瑞金、马援的《试论霍加特文化生成的辩证法思想》一文,客观分析了文化生成的内在特质,批判了商业化的文化生产,强调文化实践活动的重要价值。他们系统分析了霍加特以文化唯物主义为基础,探究了作为社会实践基本形式的文化的内涵和文化生成的内在特质,并指出"文化生成源于文化实践,包括人们使用文本到自主建构文本,最终达到改造社会和自我的目的"②。张亮的《E.P.汤普森"文化唯物主义"视野中的文化概念》③一文,指出汤普森提出了自己的文化概念,并试图回到马克思的实践唯物主义立场,从人的实践活动出发来理解文化。在文化唯物主义者看来,文化应当通过日常生活生产的物质条件进行阐释和实践,需要关注文化生产的物质手段和文化形式之间的相互关系。

这一思想对马克思历史唯物主义有一定的贡献。乔瑞金的《论英国新马克思主义的思想特征》④一文,指出英国新马克思主义对诸如社会结构、社会主体和阶级斗争等概念进行了深入探讨,而这些概念在历史唯物主义中起到了至关重要的作用。张亮的《"英国马克思主义"的"文化唯物主义"及其当代评价》⑤一文认为,文化唯物主义是第一代英国"新左派"探索马克思主义基本原理与英国实际相结合的理论思索的思想结晶,为坚持和发展历史唯物主义做出了应有的贡献。张彤的《从文化唯物主义的视角重新审视历史唯物主义》⑥一文认为,文化唯物主义不仅为我们在新时期发展历史唯物主义提供了一种重要的建构性理论资源,而且凸显了历史唯物主义的鲜活生命

① 李永新:《具有物质性特点的语言——论雷蒙德·威廉斯的文化唯物主义理论》,《江苏社会科学》,2014 年第 3 期。

② 乔瑞金、马援:《试论霍加特文化生成的辩证法思想》,《哲学研究》,2016 年第 6 期。

③ 张亮:《E.P.汤普森"文化唯物主义"视野中的文化概念》,《浙江学刊》,2008 年第 5 期。

④ 乔瑞金:《论英国新马克思主义的思想特征》,《理论探索》,2006 年第 4 期。

⑤ 张亮:《"英国马克思主义"的"文化唯物主义"及其当代评价》,《河海大学学报》,2012 年第 4 期。

⑥ 张彤:《从文化唯物主义的视角重新审视历史唯物主义》,《求是学刊》,2018 年第 4 期。

力与巨大现实价值。乔瑞金的《英国新马克思主义的哲学探索》①一文,提出英国的新马克思主义是经典马克思主义、西方马克思主义内在逻辑的延伸和发展。欧阳谦的《"文化唯物主义"的理论建构及其意义》②一文,将通过具体探讨英国"新左派"理论家雷蒙·威廉斯的文化唯物主义,对于这种旨在调整和完善历史唯物主义的理论建构及其意义进行了一番梳理。

　　国内学界对新文化唯物主义的文化物质性研究也有一定的研究成果。例如,在周海玲翻译贾斯丁·奥康诺的一篇名为"'新唯物主义'是什么样的唯物主义?——兼论新自由资本主义的文化逻辑"的文章中指出:"最近的文化研究出现了继霍加特、威廉斯'文化唯物主义'之后的'新唯物主义',它并不是简单地重复文化的物质性实践含义,而是反思文化研究在理想主义阶段过于概念化和理论化的激进批判却无力介入现实的情形。对作者而言,即使'新唯物主义'文化研究背负了实用主义和经验性研究等骂名,但它有着更特殊的用法和意义——面对当下社会的意义危机、研讨评论等交流活动的散漫困境、意识形态争辩和为现实赋予意义和价值的困难,'物质性'对当下文化研究具有三层启发性的含义。第一,物质性文化实践从社会科学或者方法论意义来使用经验概念,经验的物质性表明了人和事物在特定社会型构中错综复杂的相互作用;第二,作为文化的物质性载体的'身体'让渡于'感受',身体通过大脑神经线路而不是意识系统来生产'意义';第三,在行动者-网格理论和神经-生物学的研究中, 民众的身体需要被解读为是具有动物性和物质性的,我们与构成我们身体的物质,以及与外在于我们身体但与我们不断发生相互作用的物质是紧密联系的。"③杨林贵在《"后学"之后的文学批评与莎士比亚研究的转向》④中,探究了后语境学看待莎士比亚及早期现代文本的方式,从文本细读转向文本生产的内外话语分析。

---

① 乔瑞金、李瑞艳:《英国新马克思主义的哲学探索》,《现代哲学》,2007 年第 5 期。

② 欧阳谦:《"文化唯物主义"的理论建构及其意义》,《教学与研究》,2010 年第 12 期。

③ [澳]贾斯丁·奥康诺:《"新唯物主义"是什么样的唯物主义?——兼论新自由资本主义的文化逻辑》,周海玲译,《马克思主义美学研究》,2013 年第 2 期。

④ 杨林贵:《"后学"之后的文学批评与莎士比亚研究的转向》,《外国文学研究》,2016 年第 6 期。

（四）对文化唯物主义语言哲学视角的挖掘

国内从语言哲学视角对"文化唯物主义"的诠释主要包括以下内容。马援的《语言哲学的现实功能——以英国新左派语言哲学四重奏特质为例》一文，以历史文化语义学窥探现实社会深层矛盾、政治语言哲学洞见文化社会权力、语言实践生成理论折射社会总体性和搭建话语实践模式提升微观主体能力，即其思想四重奏的特质，试图呈现语言哲学的现实功能。她认为："英国新左派学者从投射在社会实践总体性基础上的语言研究，力图系统思考语言科学的意义和价值"①，彰显了文化唯物主义的语言观。李永新的《具有物质性特点的语言——论雷蒙德·威廉斯的文化唯物主义理论》②一文认为，文化唯物主义通过语言的物质性特点，将经济基础与上层建筑两个具有空间隐喻特点的领域有机结合，厘清了文学与社会、权力与日常经验的关系。王斌在《斯图亚特·霍尔的马克思主义语言哲学及其文化研究》一文中，分析了霍尔的语言哲学观。他认为："霍尔的语言学不属于传统语言学的范畴，而是一种社会语言学，或者是以语言研究为核心的马克思主义文化人类学。"③马援在《"马克思主义哲学意识理论与心灵哲学"学术研讨会综述》④一文中，系统分析了国内对马克思主义语言哲学的研究状况，认为马克思主义语言哲学、心灵哲学和意识理论是当代马克思主义有待进一步展开的新命题。

（五）从文艺理论视角对"文化唯物主义"的诠释

有关"文化唯物主义"的研究较早出现在文艺理论的研究中。1993年王一川在《外国文学评论》发表的《后结构历史主义诗学——新历史主义和文化

---

① 马援：《语言哲学的现实功能——以英国新左派语言哲学四重奏特质为例》，《当代国外马克思主义评论》，2017年第15期。

② 李永新：《具有物质性特点的语言——论雷蒙德·威廉斯的文化唯物主义理论》，《江苏社会科学》，2014年第3期。

③ 王斌：《斯图亚特·霍尔的马克思主义语言哲学及其文化研究》，《文艺理论与批评》，2012年第2期。

④ 马援：《"马克思主义哲学意识理论与心灵哲学"学术研讨会综述》，《哲学动态》，2017年第9期。

唯物主义述评》一文中，就将"文化唯物主义"作为 20 世纪西方语言论诗学的一部分。陆扬、王曦、竺莉莉的《文化马克思主义——英法美马克思主义美学研究》一书，主要从马克思主义文艺理论研究的视角，探究了文化唯物主义的美学价值。他们认为："文化主义、结构主义、葛兰西霸权理论，以及霍尔的'连接'理论，可视为文化研究历经的最为影响深远的四种马克思主义范式转换。它们分别连接的不但有政治和意识形态，同样还有美学。"而这本书所探讨的美学研究，也是基于马克思主义、文化与美学三重视角的交互论述，对马克思主义美学发展概貌研究具有一定的参考价值。张朋的博士论文从文学与新闻传播的视角探究了文化唯物主义的重要人物托尼·本内特的文化理论。他认为，本内特对马克思主义文艺理论进行了重新反思，发现马克思主义的重要分支——西方马克思主义美学，因其唯心主义简约论、尴尬的多元决定论和对文学价值的片面推断等观点严重违背了马克思主义的历史唯物主义主张，沾染上浓厚的唯心主义色彩。

另外，还有一系列相关的学术论文。段吉方的《"感觉结构"与"文化唯物主义"的理论踪迹——雷蒙德·威廉斯文化唯物主义美学的理论细读》[1]一文，探讨了"感觉结构"与"文化唯物主义"的美学思想，提出"文化唯物主义"为马克思主义美学视野提供了一种文化理论与审美经验有效呼应研究方式的观点。威廉斯对马克思主义文学批判的研究引发国内学者的思考。在文吉昌、冉清文看来，威廉斯对马克思主义文学批判思维逻辑的归纳，突出了"'意识形态''霸权''公正''知识分子'等元素在文学批判中的重要作用"，文化分析的目的在于探究和分析某一特定时间和地点记录的文化。李兆前用威廉斯文学批判的方式探究了《边界乡村》这部威廉斯本人的小说作品，从主人公的性别身份、阶级身份和民族身份的建构，彰显了威廉斯文化分析立足于日常生活生产的物质条件背景之中的意义。徐蕾的《走向"文化唯物主义"之路——雷蒙·威廉斯与马克思主义文论的"关键时刻"》[2]一文，探究了威廉斯文化唯物主义思想形成经历的三个阶段，并促进马克思主义文学理论向

---

[1]　段吉方：《"感觉结构"与"文化唯物主义"的理论踪迹——雷蒙德·威廉斯文化唯物主义美学的理论细读》，《文艺理论研究》，2013 年第 1 期。

[2]　徐蕾：《走向"文化唯物主义"之路——雷蒙·威廉斯与马克思主义文论的"关键时刻"》，《南京社会科学》，2016 年第 11 期。

文化唯物主义的发展。王庆卫的《文化唯物主义、共同文化与情感结构——论雷蒙·威廉斯"三条进路"对马克思主义文化观的继承与发展》①一文,认为"文化唯物主义"是威廉斯文化批评理论的关键进路,它极大地丰富了马克思主义文化理论,并为该研究提供了独特而有效的研究视野、概念范畴和理论方法。刘晓慧的《托尼·本尼特的体裁社会学:马克思主义文论研究的新视野》一文认为:"托尼·本尼特的体裁社会学思想强化了文学批评的社会历史意蕴,它区别于传统文学社会学批评的地方在于将文学批评纳入文化和社会发展的公共空间,强调文学与批评是现代生活的一部分,具有文化的治理功能。本尼特的体裁社会学思想代表了马克思主义美学与文化研究的新视野。"②强东红的《论托尼·本尼特的非文学的文学理论》一文,指明"本尼特在后现代语境下,通过与各种模式的马克思主义进行批判性的对话,努力发展一种更加彻底的社会化和历史化的马克思主义文论,倡导对文学/社会关系领域进行非审美的理论分析,并指出与审美决裂的一系列概念、方法和程序"③。

(六)从现代传媒技术对"文化唯物主义"的诠释

乔瑞金、许继红的《威廉斯传播技术的哲学解释范式研究》④一文指出,威廉斯以文化唯物主义为方法论支撑,开启了媒介研究从认识论向本体论的转向,并形成了哲学解释的本体论范式。张亮的《雷蒙·威廉斯"文化唯物主义"视域中的电视》⑤一文认为,威廉斯运用"文化唯物主义"范式对作为技术的电视、作为文化形式的电视、作为传播方式的电视进行了深入考察。山小琪认为:"对大众文化的传播注重从经济、技术、社会政治等视角出发去系

① 王庆卫:《文化唯物主义、共同文化与情感结构——论雷蒙·威廉斯"三条进路"对马克思主义文化观的继承与发展》,《中山大学学报》,2018 年第 3 期。
② 刘晓慧:《托尼·本尼特的体裁社会学:马克思主义文论研究的新视野》,《江西社会科学》,2018 年第 6 期。
③ 强东红:《论托尼·本尼特的非文学的文学理论》,《文艺理论与批评》,2015 年第 6 期。
④ 乔瑞金、许继红:《威廉斯传播技术的哲学解释范式研究》,《马克思主义与现实》,2009 年第 6 期。
⑤ 张亮:《雷蒙·威廉斯"文化唯物主义"视域中的电视》,《文艺研究》,2008 年第 4 期。

统考察。"①马援的《技术理性对文化生成的遮蔽——论霍加特的文化实践思想》一文认为："霍加特对技术化的文化痛心疾首,但不同于法兰克福学派的代表人物,他并没有一味地为了批判而批判,而是试图寻找文化困境的解决途径,这一突破在于强调文化实践的功能,回归现实生活的文化。"②

(七)"文化唯物主义"对其他学术流派的启发

段吉方认为:"'文化唯物主义'理论不但对'伯明翰学派'文化主义理论范式的生成与发展有重要的理论奠基意义,而且影响了英国文化研究与文化分析的具体过程和理论精神,使'伯明翰学派'的文化研究与马克思主义文学批评理论有了深入的理论联系。"③何萍的《美国"文化的唯物主义"及其理论走向》④一文,从文化人类学和文化哲学两种不同思路分析了美国马克思主义的"文化的唯物主义",揭示了美国马克思主义文化哲学的多元理论走向。

文化唯物主义可以分为以威廉斯、霍加特、汤普森等为代表的文化唯物主义和以哈里斯为代表的人类学的文化唯物主义,虽然他们都从事着"文化唯物主义"的研究,但是两者之间有着一定的差异,哈里斯所指的"文化唯物主义"更加强调文化与个体之间的关系,而文化唯物主义着眼于文化与社会、文化与人们整体生活方式之间的关联。威廉斯的"文化即生活"、霍加特的"文化实践"、汤普森的"文化是一种斗争方式",从不同侧面证实了文化的物质性、社会性和实践性的特征,奠定了文化唯物主义思想的基石。自 20 世纪 70 年代后期,"文化唯物主义"对美国人类学和文化研究产生了重要影响。

---

① 山小琪:《大众与大众文化之辩——雷蒙德·威廉斯的大众文化理论解析》,《国外理论动态》,2016 年第 8 期。

② 马援:《技术理性对文化生成的遮蔽——论霍加特的文化实践思想》,《科学技术哲学研究》,2015 年第 2 期。

③ 段吉方:《"文化唯物主义"与"伯明翰学派"的学术传统》,《华南师范大学学报》(社会科学版),2016 年第 12 期。

④ 何萍:《美国"文化的唯物主义"及其理论走向》,《武汉大学学报》,2004 年第 2 期。

(八)从理论外延式对"文化唯物主义"的分析

乔瑞金的《英国新左派的社会主义政治至善思想》①一文,从英国"新左派"社会主义思想分析,彰显了他们对马克思实践唯物主义的秉承,以及对"文化唯物主义"的发展。乔瑞金、马援的《试论霍加特文化生成的辩证法思想》②一文,系统分析了霍加特以文化唯物主义为基础,探究了作为社会实践基本形式的文化的内涵和文化生成的内在特质。张亮的《E.P.汤普森"文化唯物主义"视野中的文化概念》③一文,指出汤普森提出了自己的文化概念,并试图回到马克思的实践唯物主义立场,从人的实践活动出发来理解文化。刘梅的《文化分析范式和研究策略——威廉斯与哈里斯文化唯物主义之异同》④一文,分析对比了威廉斯与哈里斯在学术视野、分析方法、理论基石和政治立场的分野。但文章认为,随着文化研究的全球化,两者又呈现出融合、吸收和终归合流的趋势。这些成果都显现了"文化唯物主义"在当代马克思主义研究的学术价值。

(九)对"文化唯物主义"现实意义的分析

乔瑞金的《我们为什么需要研究英国的新马克思主义?》⑤一文指出,倡导新文化生存方式的英国新马克思主义,对于推进马克思主义的发展,提出诸多认识论和方法论的启示,对于我国的马克思主义理论建设和改革开放的现代化实践也具有积极的借鉴意义和参考价值。欧阳谦的《历史唯物主义与当代文化问题》⑥一文认为,文化问题是摆在历史唯物主义面前的现实问

---

① 乔瑞金:《英国新左派的社会主义政治至善思想》,《中国社会科学》,2014 年第 9 期。

② 乔瑞金、马援:《试论霍加特文化生成的辩证法思想》,《哲学研究》,2016 年第 6 期。

③ 张亮:《E.P.汤普森"文化唯物主义"视野中的文化概念》,《浙江学刊》,2008 年第 5 期。

④ 刘梅:《文化分析范式和研究策略——威廉斯与哈里斯文化唯物主义之异同》,《哲学动态》,2014 年第 12 期。

⑤ 乔瑞金:《我们为什么需要研究英国的新马克思主义?》,《马克思主义与现实》,2011 年第 6 期。

⑥ 欧阳谦:《历史唯物主义与当代文化问题》,《教学与研究》,2017 年第 1 期。

题,需要深化并扩展经济基础与上层建筑的理论内涵,以此回应当代社会急剧变革中的文化作用问题。

三、文化唯物主义的学术影响

文化唯物主义产生的学术影响是具有拓扑性的，它引发了对文化固定属性的认知,对文化政治哲学、物质实践思想和马克思主义语言哲学有着深刻影响。

(一)文化唯物主义对文化政治哲学的影响

文化唯物主义自出现以来就带有浓厚的社会政治诉求，它围绕着现实社会的深层矛盾、运作方式和价值取向,用一种文化透视法审视现当代社会的总体发展状况,并提出了建构社会新秩序的有意义的思考。

文化唯物主义探讨权力与文化之间的复杂关系,包括阶级、种族、性别和殖民主义多样的权力形式。文化唯物主义学者最为努力的工作之一就是,将大写文化的样态变革成小写的和复数的文化书写形式。威廉斯的"文化是普通平凡"的观点,就力图破解利维斯式"少数人""形式而上""最完美"的单一化文化概念,恢复文化表述人类经验状态的本真内涵。他强调文化的生活方式意义,包括生产组织、家庭结构、表达且统治社会关系的制度结构和社会成员的典型交流形式。霍加特复原20世纪二三十年代英国工人阶级的文化生活,以民族志的研究方式,解读文化作为表征礼仪、习俗、价值观念的意义,"自内而外"地彰显文化的意义。汤普森对"阶级"概念的探源就并入了文化层面的分析。他认为:"阶级是一种社会和文化的形成。"早期文化唯物主义者对文化的解读,包含着权力关系之下文化不平等关系的批判。文化唯物主义者没有陷入权力与文化既定秩序的悲哀中，而是看到了文化内部的可变因素,以及文化内部的自身力量。他们调动文化特定组织内部和社会阶层的文化模式,用底层人民的文化表征形式和他们所向往的文化愿景,力图改变权力关系之下文化的既定秩序。

第二代文化唯物主义者在此基础上，对文化样态进行了更为细致的划分,涉及了种族、性别、青年亚文化和殖民主义不同群体的文化研究。霍尔对多元文化的探究,关涉都市生活叙事问题。他认为,都市或城市正按照一种强劲的经济逻辑发展,对身份形成和权力资源进行重新匹配组合,但这样的发展抹杀了民族国家的特质、公共领域的多样性和文化的差异性。为此,霍尔强调文化的多元化,挑战金科玉律的强势文化和商业化的同质文化。他苏醒了殖民主义、帝国和镇压原住民中被掩盖起来的移民问题、边缘文化和民族文化,展现了差异、地域性和少数文化的价值和意义。

文化唯物主义深刻影响了后现代主义对文化政治学的研究。后现代主义继承了文化唯物主义对文化物质实践形式自身领域探究的思想,不再纠结于文化与决定和生产它们的政治经济基础的简单关联。他们以文化现代性的表征为研究对象,探究符号、表征、形象和非物质劳动的生产方式,并分析思考这些新文化表征背后的权力运作关系,由此生发出文化政治学的新发展。他们摆脱传统意义的宏观政治关系中的权力意义,关注局部、特殊和微观中的差异和斗争。他们涉及对种族、性别、绿党政治和动物权力的问题,而文化作为处理这些问题的关键因素而处于文化政治学的核心。这种微观姿态的文化权力关系是一种包含中心和边缘、局部和整体、外部和内部的文化空间结构。这一文化地图紧密或松散地记录全球化的文化呈现方式,显现着全球的政治关系。在这种由文化唯物主义引发的后现代思潮中,后现代文化政治学对青年文化、亚文化和民族文化研究出现了极大热情,因为在这些亚文化当中,暗含着边缘性与中心地位的对抗和抵制。异质性、流动性和差异性克服大规模化和固定化的权力。

新文化唯物主义将文化与权力关系视为解读文化文本的重要语境。为此,他们在当代权力关系的背景下探索文学文本。他们对传统文学在当代社会语境中的呈现方式进行了探究。文学文本在当代社会和政治形态中以被编码的方式运行。对于新文化唯物主义而言,20世纪80年代撒切尔主义右翼政治的整体环境是他们重新审视莎士比亚、韦伯斯特、华兹华斯和狄更斯,以及战后英国文学的诠释背景。新文化唯物主义者艾伦·辛菲尔德在《战后英国文学》(1989)中认为,撒切尔主义对20世纪50年代旧秩序的保守观点抑制了文化文本阅读的差异性和多样性的发展。朱利安·沃尔夫雷斯在《英语中的文化唯物主义解构形式》中同样认为,撒切尔试图对维多利亚时期的复原作为对英格兰怀旧的缩影，将一种具有英语感的物质结构带入阅读维多利亚时期的文本中。在文化唯物主义者看来，对规范文本或精英文本当代呈现方式的解读，可以用来审视当代政治与文化传统之间的关系，以及对当代政治倾向的分析。因此，他们着力分析了当代文化生产与传统文学结合的隐喻关系，例如，印有狄更斯头像的 10 英镑纸币，以及莎士比亚和奥斯丁一直以来作为英国教育课程的首选人物，促使他们对文学文本与当代政治文化的反思。他们认为，保守主义的"当代文化生产重要后果是对原有秩序的复制"①，这样一来，会干扰文化多元化的发展，致使文化民主化难以得到实现。因此，文化唯物主义试图改变文化实践的方式，强化普通人民的文化实践能力，并将其作为有力抵抗主导秩序的主要力量。他们试图借助文化系统中存在的裂缝和矛盾来抵抗这些主导的干预。文化与社会结构之间的张力关系，成为新文化唯物主义探究权力与颠覆关系的重要研究视域。他们通过文化实践，如对文学文本的"典型"策略的研究和批评实践的方法，展示出文学文本与当代政治权力之间的映射关系。

新文化唯物主义探究了特定历史时期内不同文本的有意义的对话，包括行动指南、刑事文件、杂记和游记等不同文学样式。这种结合不同类型文本的对话方式，不在于澄清某一文本的写作意图和意义，而是将不同文学文本的比较分析作为强调文本平等观点的主张，从而更加详细地描述和审视当代语言、文化、社会和政治的关系结构。这样多元化文本交互的方式使得文学文本置于一种无特权的文化批评实践之中。另一方面，文化唯物主义是分析意识形态以物质的方式存在的审视方法。在当代文化唯物主义看来，意识形态在语言和语言结构中起作用，但更为重要的是，它还通过教会、学校、剧院、大学和博物馆等以物质形式存在。它们热衷于表明文化是意识形态竞争和斗争的领域，没有超越这种政治意识形态领域的文化艺术或文化实践的存在。

---

① Jonathan Dollimore and Alan Sinfield eds., *Political Shakespeare：Essays in Cultural Materialism.* 2nd edn. Manchester：Manchester University Press，1994. p.155.

（二）文化唯物主义对物质实践思想的丰富

文化唯物主义以当代社会生活的文化分析作为理论坐标系，分析现代社会文化与现代科技资源结合而成的物质文化的生产、分配和消费的过程。它们认为，文化进入了更大范围的社会建构系统，良性的物质文化秩序可以维持、组织和改善人造环境的生产。

文化唯物主义在反对正统马克思主义经济决定论的基础上，将文化主义与唯物主义进行有效嫁接，使得文化从作为抽象分析范畴的文化指向与"物质"并列起来作为社会生活范畴的文化，从而进一步研究文化问题和社会问题。在文化唯物主义的奠基者威廉斯看来，文化唯物主义是一种研究文化的（社会和物质）生产过程的理论，一种研究作为社会物质生产手段的特定实践和艺术的理论。威廉斯指出，除非认定文化形式本身就是物质的，是有组织的物质生产过程的产品，否则就不可能将其置于现实社会关系中来思考。文化唯物主义坚持马克思历史唯物主义理论，强调文化活动是物质生产形式的思想，由此强化物质活动与意识之间不可分割的关系。文化唯物主义对历史唯物主义、马克思主义哲学的发展具有一定的推动作用。自文化唯物主义形成后，彻底改变了传统理解文化的思考方式，从精英式的文化、经济决定论意义的文化转向了人民大众的文化、实践意义的文化。现实生活也越来越清晰地证明，文化成为与政治、经济不可分割的存在。文化唯物主义作为一种重要的理论和方法，最早运用于文化理论研究，它进一步完善和丰富了马克思主义的文化理论。但文化唯物主义思想的意义不仅止于此，更重要的是它开创了关于人类社会思维方式的新模式，打破了经济决定论的捆绑，把文化从作为经济的附属物转向强调文化的社会功能。

文化唯物主义改变了物质与文化意义之间的分离状态。在威廉斯看来，文化生产一方面承载着文化的意义系统，另一方面它以物质的形式可进行再生产，文化塑造了在时空延伸性的物质关系和社会关系。威廉斯、霍加特认识到，在"经济基础-上层建筑"线性模式关系中，文化受制于经济的被动状态，主张文化的物质性和实践性。威廉斯提出了"实践的可变距离"，认为经济设定了文化表达和实践的限度，但并不能一对一地确定文化实践的意义。他认为文化实践活动距离中心的经济关系越远,文化实践的能动性就越强。在霍加特研究的文化视域中,文化存在于具体家庭生活的陈设、工人阶级的工厂、俱乐部和学校等现实生活的物质化场景中。文化不能脱离于生活,不能脱离现实社会。在对文化物质化的主张中,他们探讨了物质文化对形成社会群体生活模式和价值理念积淀的意义。霍尔在此意义上,进一步强调了文化的相对自主性,关注不同层次实践的特殊性,提出了"复杂和不均衡发展"的思想,具体表现在不协调话语因素的临时结合、不同因素在一定条件下形成统一连接方式、表征和象征之间的关系问题。他将对社会作为不同层次关系和意义独特、具体的、暂时的稳定系统。为此,他进一步提出文化生产过程中"表达""认同""生产""消费""监管"相互接合的文化回路,探究不同时刻文化生产流程中的衔接。

新文化唯物主义主要强调文化的物质性特征被现代性社会操纵的过程。他们认为,资本主义社会政治和意识形态系统利用传统文化文本和图像,服务于现在他们试图实现的利益。他们用新文本阅读方式,解读传统文化文本和图像在当代被重新建构或组合而生产的意义。当代文化唯物主义感兴趣于当代文化对以往的文化体系的新用途,探究历史文化差异与当代文化新表征,如后殖民主义、女权主义和种族主义所强调的文化差异的结构相似性。他们形成了从历史差异开始,接近审查种族、阶级、性别和国籍差异的分析,引发物质关系与文化差异关联的探析。他们探究了在具体生产方式和生产关系当中,经济关系主体地位的差异对种族、阶级、性别和国籍等文化身份的影响。同时,他们反观文化身份关系的层次结构,分析总体社会关系和等级制度。

(三)文化唯物主义对马克思主义语言哲学的新发展

文化唯物主义在探究文化的物质性和实践性的过程中,进一步朝着语言分析方向发展,形成了具有自身特质的当代马克思主义语言哲学的新发展。不同于逻辑实证主义的语言哲学研究,文化唯物主义所关注的语言是包裹在文化、社会和历史情境之中的,与人的现实生活和社会总体发展状况密切相连。

在谈及文化唯物主义时,人们往往会产生一种错误的理解,那就是,文化唯物主义展开的是对文化物质性的思考,如果要谈论文化与语言的问题就会陷入纯思维的范畴。实际上,这种理解是错误的,或者说这种说法是狭隘的,一方面它把语言哲学固定在语言内部逻辑的囚笼中,另一方面,它狭隘地将唯物主义圈定在纯粹机械的物质世界中。当代语言哲学在发展中,也越来越倾向于对语言哲学外部和延伸性问题的探讨,关注语言与现实问题的结合,并由此产生了语用学和社会语言学等跨学科、多向度的发展。与此同时,当代马克思主义结构主义和后结构主义在发展中,语言符号、话语和霸权同样是其研究的关键性问题。文化唯物主义也体现了当代马克思主义对语言哲学问题的思考,而这种思考是基于对语言、文化和社会政治之间现实关系映射的研究。

文化唯物主义为马克思主义语言哲学研究提供了一种新尝试。传统语言哲学围困于语言哲学内部逻辑和语言形式的分析,忽视了语言的社会属性和现实意义。文化唯物主义则不同于传统语言哲学的研究,它更注重语言的现实意义和社会意义,形成了自身特质的文化语言哲学。文化唯物主义对语言哲学的研究是一种基于社会生活和现实矛盾的探究,以语言表征现实和作用于现实的功能,彰显语言哲学的现实意义。文化唯物主义对语言的分析有其自身发展的逻辑性,它面向具体的现实社会生活探讨语言哲学的相关问题。威廉斯、霍加特和汤普森对历史文化语言学的探究,源自对日常生活实践经验的分析。他们用历史文化语义学,寻觅"文化""民主""工人阶级"和"工业"不同历史阶段所形成的语义变迁,由此探究现代性社会的内在结构,并作为他们变革社会的重要突破口。

文化唯物主义做出了一种逆向性思考,即借助语言构成意义,反思所指对象世界和社会历史发展变化之间的关联。威廉斯在接受 V.N.诺夫的启发后,试图建构马克思主义语言的概念,突出语言历史性和实践性的意义。他在《马克思主义与文学》中指出,思考关于语言的发展,应该回到马克思主义,首先强调其为活动的语言,其次强调其为历史的语言,这是解决这一问题的关键。同样,霍加特反对文字游戏式的语言理论或使用故弄玄虚的专业术语,认为这样一来就使得语言从现实生活中被强制性地剥离开来,使之与现实生活之间产生遥不可及的距离,失去了语言本真的价值与意义。他提出,语言永远不可用来纯粹审美或抽象沉思,就本质而言,我们每个人都在现实生活中使用语言,重申了语言用途的意义和价值。霍尔为结构主义获得了文化研究的范式地位,实现了"文化主义范式"与"结构主义范式"的"两种范式"的嫁接。他认为,通过生成浓缩了一系列不同内涵的话语,不同社会集团的分散的实践条件可以有效地将这些社会力量聚合起来……从而能够成为一种干预性的历史力量。这体现了社会历史条件与语言生成的关联,以及语言用途的社会功能的思想。

在文化唯物主义看来,语言的生成不仅需要遵守语法、句法和语义的内在规定性,而且必然受到社会群体公共意义的限制。对当代社会生活的语言分析显示出了一定的价值和意义:一方面,关照社会生活的语言分析有助于厘清语言的历史变化,例如语言变体、隐喻变化等;另一方面,通过语言分析可以追溯社会历史的发展变化规律,为建构人类社会发展提供一定依据。这体现出了一种双向互动的过程。文化唯物主义从群体社会语义的产生和公众对话中探究语言的生成,并以历史社会的视角,思考思维、语言与人类意识发展之间的关联。霍尔探究了意识形态话语记录着不同和具体的社会关系,在这些不同的"意识形态框架中,通过使用不同的'表征系统'得到表达。那里有'市场'话语、'生产'话语"和'流通'话语:每一种都生产一套不同界定的系统。同样,每一种话语都把我们定位成不同的身份:工人……因而,每一种话语都在这个过程的具体关系中,把我们定位成社会角色或者某个社会团体成员,并且给我们规定了明确的社会身份"①。意识形态话语映射着一定的社会生产关系,确定着每个人的社会身份。因此,他们讨论或找寻的不是先决条件的语言内在关系,而是社会历史变化系列反应的过程。他们进一步思考了话语理论问题,认为社会关系体现了话语关系,而话语关系承载着意义关系。同时以一种逆向思考,从意义的流动性和可变性理解结构的不稳定性和不确定性,从而探究当下变化的社会关系结构。

文化唯物主义者在对马克思主义语言哲学的研究中,思考了传统语言学、结构主义意义上的语言问题、形式主义意义上语言问题三者在何种意义

---

① Stuart Hall,The Problem of Ideology-Marxism without guarantees,in Mattews,Betty(ed.),*Marx 100 Years On*,London:Lawrence & Wishart,pp.76-77.

上谈论语言。首先,他们分析了以索绪尔为代表的传统语言学范畴,并认为索绪尔语言哲学是一种语言内部系统的解剖学,将语言肢解成语音、音位、词素的语言单位。本尼特就认为:"索绪尔方法论的中心在于感知给定语言单位的价值和功能,某一语言单位的意义依赖于它与语言系统内部其他单位的意义。"①文化唯物主义认为,索绪尔在区别语言与言语的问题时,其关键是在为他的科学语言学做基础。在索绪尔的语言学体系中应该关注的对象只有语言。他们指出,索绪尔语言学的语义生成依赖于语言内部系统,是一种纯粹语言内部材料或要素的分析。其次,他们探究了形式主义的语言观。特别是本尼特分析了雅各布森领导的莫斯科语言学小组的语言学方法,并汲取了形式主义关于词语言外之意和文学背后由特殊符号学组织起来的意义。他赞成形式主义将语言学的技巧运用于文学研究中,尤其是对诗歌的分析,作为特殊语言学运用的显示。然而本尼特并不认为形式主义与索绪尔的语言学有什么本质性的不同,索绪尔试图打造一个完满的科学语言系统,而形式主义试图通过语言科学建构科学性的文学研究体系,以真空的环境考察文学文本。所以他们都是在针对语言内部或形式的研究,将语言学或文学研究形成一种固定的和独立的学科体系。再次,他们分析阿尔都塞结构主义者对语言问题的探究,批判了阿尔都塞对结构的抽象强调,以及对主体的能动性和自主性的忽视。

文化唯物主义的话语实践模式包括审视被编码的文本、有效建构话语分析的文本阅读和提升话语实践者的主体能力三方面内容。

首先,从微观文化主体的话语实践层面,对现代性的文本生产进行批判性的审视。现代性社会的文本生产围绕着特殊的权力关系、政治计划和一定的社会形态而生产,以特定的编码方式统治着普通人民的生活。文化唯物主义主张借助话语实践甄别表征系统、传播媒介和符号生产在现代性社会的变化本质。他们认为,现代性社会的话语体系设定了权威知识的先决条件,即特定知识的合法性和合理性,多数人只能成为这一体系被动的接受者。他们强调话语实践的重要性,通过关注微观话语实践者的力量,让普通人民从

---

① ［英］托尼·本尼特:《形式主义和马克思主义》,曾军译,河南大学出版社,2011 年,第 37 页、第 45 页。

主体的视角批判性地审视社会,认清被现代性编码的文本生产。

其次,建立文本生成与文本阅读的双向互动过程。文化唯物主义指出,微观文化实践者在审视现代性社会的文本生产中,通过对话、批判、剔除、重叠、延伸、重建和创新,并在实际的现实生活和具体语境中得到确认,从而实现话语分析的有效建构。这种有效的阅读是微观文化实践者进一步获得主体资格的过程,是实现普通人民从使用文本到自主建构文本,最终达到提升主体能力和改造社会为目的诉求。

最后,提升话语实践者的主体能力。文化唯物主义的话语实践模式不是在寻求一般意义上的政策或组织形式,而是以关注人类总体的生活状况为基础,以是否符合人的生存需要,是否符合社会的合理发展,是否能得到人的解放为根本诉求的治理。从人的实践性、从被组织起来的话语意义关系、从作为一种生活方式的话语实践中,提升话语实践者的主体能力,寻求达到人类社会的良性发展和社会公平有序的治理之路。霍加特、威廉斯注重大众教育、媒体研究和现实主义小说的分析,将精英主义文学分析的方法传授给人民,为人民具备自省、自觉、自主的话语实践能力提供重要途径。同样,霍尔关注公共教育的作用,探析了学习、主体与社会实践的关联,分析了微观话语实践者的特殊性与更广泛的质询和公共对话间的张力结构,从表征对话和伦理对话层面强调文化的教育力量。

文化唯物主义搭建了由内而外、由表及里的话语实践模式,实现了文学文本向人的现实生活文本的深入。这里包含了对文学文本、日常生活文本、大众媒体文本、语言符号文本的话语实践阐释。它以语言生成的民主性,有效批判了被操纵的符号生产和被封闭的话语系统。霍加特指出,实现语言的民主可以让我们勇于向现实社会状况提出挑战,解除固定社会结构的捆绑,从而使我们习惯性地力求消散恒常的二维存在(给予–服从)模式,逐渐形成具有批判意识、不断反思、多维度思考的存在方式。文化唯物主义对搭建话语模式的新构想,实现了对文化霸权主体大写化和后现代主义主体碎片化的破解,具有民主性的话语实践模式尝试着为微观主体提供维护自我权利、参与社会的话语政治途径。他们通过对话语特征的分析,彰显话语实践对文化主体意识的传承,以及内在精神提升的意义和作用。

文化唯物主义在考察传统语言学的发展过程中,看到了传统语言哲学分析的局限性,即他们单纯探究语言纯粹形式的属性或内在特性,从而规避与其他学科或现实世界的关联,而一味追求形式化的科学系统。在文化唯物主义看来,语言的使用比语言内部技巧的探究更重要。即便看似诗歌和话剧等一系列文艺作品试图在陌生化现实,试图产生与现实世界隔离的效应,但是在文化唯物主义者看来,这种"陌生化"现实也是对现实另一种形式的再现。如本尼特对"现实"问题饶有趣味地表述道:"文学文本想要陌生化的'现实',并不是假定原始未经处理的外在现实概念,而是调和其他认知形式范畴的'现实'……文学引起了双重的感知转变。显得新奇的不仅仅是那些远离于习惯的表现模式的'现实',也包括习惯的表现模式本身。"①既不存在脱离于现实的语言,也不存在脱离于现实的文学。

(四)文化唯物主义对其他思想的影响作用

文化唯物主义对文艺理论、现代传媒和其他学术流派具有一定的影响,并在当代社会现实的话语空间发挥着一定的作用。

威廉斯在对文化的诸多定义中,其中将文化作为"一种被实现的表意系统",蕴含着两个层面的意思:一方面,文化作为意义呈现和分享的形态,是一种由内而外的文化表达和传递过程;另一方面,文化在由内而外呈现和分享的同时,又受到外部或他者文化的影响,产生对自我文化的干扰、认同或接合的过程。因此,文化就呈现为两种力量的混合:一种是分享的过程,另一种是争夺的过程。文化唯物主义一直在审视这种力量关系,他们将文化作为整体的生活方式,就是要呈现文化主体对表意的能动力量,特别是将工人阶级作为这种力量的施动者。同时,他们认识到文化的斗争性,也就是葛兰西的文化霸权,主流意识形态对文化的操控力。对于文化唯物主义者而言,他们更加注重文化实践的能动性,将其作为反霸权的突破口。

文化唯物主义对文艺理论产生了一系列重要的影响。威廉斯在《马克思主义与文学》中,探究了马克思主义和文学的关系,提出了以文学新方法重

---

①　[英]托尼·本尼特:《形式主义和马克思主义》,曾军译,河南大学出版社,2011年,第37页、第45页。

新审视被定型的和众所周知的马克思主义模式。霍加特批判了利维斯等精英主义的文本自律论,提出了"审美阅读到价值阅读"的文本实践方式。伊格尔顿在《批评与意识形态》中,研究了文学与历史的关系,认为文学作品通过意指意识形态的方式间接意指历史,并进一步阐释了文学文本、意识形态与历史之间的意指环。本尼特探究了"文学之外"的文学存在空间。他主张卸掉占绝对优势审美文学观的包袱,试图组织新文学观和与之相应的新实践观,推动一系列文学之外位置的形成。本尼特更加强调文学历史地和制度化地产生、使用和组织过程。

文化唯物主义者对技术决定论持批判态度,他们并不否认科学技术对文化带来推动作用,但是他们审视了技术对文化的目的性和意向性力量,同时更加注重文化与技术之间的张力结构。威廉斯将电视媒体作为含有新信息的文化形式,并指出,电视流的随意性掩饰着它深层的感觉结构。他引入结构主义模式对电视媒体进行分析,主要有:第一,对任何给定时间内使用编程序列的审查;第二,检查序列中项目之间的连续性;第三,考察项目中文字与图像的相互作用。霍加特依据现代性社会的发展状况,面对商业化簇拥之下的大众文化,例如,出版业、广播、电影、电视等现代媒体的新形式,深度思考现代媒体的文化传播方式,反思现代媒体的文化传播与现实文化生活,以及现代媒体打造的文化景观与文化价值秩序之间的关联,将文化实践作为治理大众媒体的利器,力图建构健康、合理的文化新秩序。霍尔等人在探究嵌入个体和群体生活的文化表达方式的同时,结合现代新媒体的文化形式,深入分析了超个体的符码和文本。霍尔探究文化与技术之间的张力结构,从文化层面理解技术背后的社会结构关系,同时又将文化新技术的呈现方式理解为权力关系调控的结果。文化唯物主义辩证地看待这种权力关系,正如 E.P.汤普森所理解的动态平衡的斗争,也就是在对抗、斗争和重复调适的过程中确立和消解。

总体而言,文化唯物主义引发了文学理论、文化研究、政治哲学和历史哲学多向度的思考。它作为文化研究的重要思想,激发人们对文化元认知的探寻,改变文化形而上的存在模式,回归文化作为人类整体生活方式的样态。它作为政治多维度和多元化的新思考模式,为改写大政治和权威政治提供微观化和多元化的政治抵抗形式,为人民通过文化实践获得自身政治权利提供具体解决路径。它作为物质实践的重要思考向度,为文化获得了当代社会的现实意义和社会意义,使人们认识到文化的物质性对现实社会的影响作用,一方面认识到文化物质性的积极一面,另一方面审视按照资本逻辑运行之下文化与资本结盟生产的负面作用。它作为与当代马克思主义语言哲学相结合的重要理论,对当代语言哲学的发展和马克思主义语言哲学的发展具有重要的推动作用,为思考文化、语言和符号实践打开了新通道,并成为人们共享认识地图,型塑群体关于世界如何运行创造了新方法。它具有的跨学科意义,对文化哲学、语言哲学、历史学、政治学和社会学都有一定的启发意义,使人们关注到了文化与语言、文化与文学、文化与政治和文化与社会相互联系和彼此关联的作用,启发我们对某一问题思考的联动性。

第十二章　西方激进哲学在中国的影响

　　大体上说，激进哲学受到学界广泛关注是从 2008 年以后开始的。2008年，西方主要资本主义国家爆发经济危机。面对经济危机、工人失业、难民危机等一系列社会问题，齐泽克、巴迪欧、哈特、奈格里、阿甘本、朗西埃等激进哲学家纷纷发声，他们将经济危机理解为资本主义结构性危机，由此展开了激烈的资本主义批判，试图为人类的未来发展指出新的方向。激进哲学也因此成为国内学界关注的焦点，成为国外马克思主义研究的一个新领域。

　　从宽泛的意义上说，所谓国外马克思主义或西方马克思主义指的是在西方世界运用马克思主义批判资本主义的学说。国外马克思主义有两个基本的要素：一是捍卫马克思主义，二是批判资本主义，将这两个方面结合起来就是国外马克思主义。捍卫马克思主义主要有两种形式：一是早期西方马克思主义批判所谓的正统马克思主义、修正主义和斯大林主义，积极捍卫本真的马克思主义；二是批判马克思主义、继承马克思主义。法兰克福学派的批判理论、后马克思主义、生态学马克思主义等大都根据时代的变化，批判性继承马克思主义。在这个意义上，当代西方激进哲学无疑属于后者，是对马克思主义的批判性继承。批判资本主义是国外马克思主义的显著标志，卢卡奇的物化批判，法兰克福的工具理性批判、意识形态批判、大众文化批判、科学技术功能批判等，生态学马克思主义的生态危机批判等都为理解资本主义提供了丰富的思想资源。当代激进哲学不仅从资本入手批判资本主义，而且复兴了共产主义观念，为超越资本主义指明了方向。从整体上看，当代西方激进哲学丰富了国外马克思主义研究的思想图景，拓展了国外马克思主义研究的问题域，开启了当代资本主义批判的新视域，激活了共产主义运动的新思路。

一、丰富了国外马克思主义研究的思想图景

激进哲学的异军突起,丰富了国外马克思主义的思想图景,也改变了关于国外马克思主义研究路向的传统观点。一般认为,西方马克思主义主要包括五条路向:即卢卡奇、柯尔施和葛兰西开创的早期西方马克思主义,霍克海默、阿多尔诺、哈贝马斯和霍耐特等所代表的法兰克福学派,阿尔都塞开创的结构主义马克思主义,拉克劳和墨菲代表的后马克思主义,赫勒、柯西克、马库什等代表的东欧新马克思主义。显然,激进哲学与这些路向有着较大差别,因此,如何在国外马克思主义谱系中定位激进哲学就成了学界关注的问题。①从现有的研究成果来看,主要有以下几种代表性观点。

第一种观点认为,激进哲学是后马克思主义。有论者认为,激进哲学属于宽泛意义上的后马克思主义。后马克思主义并不仅仅指称拉克劳和墨菲。从西方马克思主义的发展史来看,阿多尔诺的非同一性逻辑终结了卢卡奇的同一性逻辑,阿尔都塞的科学的马克思主义终结了卢卡奇的人本主义逻辑。因此,经典的西方马克思主义在 20 世纪 60 年代已经终结。②从此,西方马克思主义进入了后马克思主义阶段。齐泽克、巴迪欧等属于后马克思主义者。"新近出场的重要人物是斯洛文尼亚的拉康主义者齐泽克和法国的巴迪欧。他们从一个断面激烈地批判当代资本主义,又小心地与马克思主义保持一定的距离。这还可以包括在此基础上形成的后殖民主义和新历史文化主义批判。这就是所谓的'后马克思思潮'(Post-Marxism)。如果做一个明确指认的话,这种思潮本身正是西方马克思主义在后现代语境中急剧向右转而致的一个理论变种。但应该说明的是,这些后马克思主义哲学家已经不是或

---

① 参见张国清:《当代西方的激进主义:一种重要社会思潮》,《学术前沿》,2016 年第 3 期;李西祥:《实践与解放:从马克思到"后马克思主义"——马克思主义哲学视域中的"后马克思主义"批判》,《福建论坛》,2016 年第 7 期。

② 这种"终结论"引发了不少争论。参见汪行福:《"西方马克思主义"已经终结了吗?》,《学术月刊》,2006 年第 10 期;张一兵、周嘉昕:《如何理解"西方马克思主义的逻辑终结"? ——兼答汪行福教授的质疑》,《学术月刊》,2006 年第 10 期。

者不再是马克思主义者。"①类似的观点也指出,"后马克思主义是二十世纪七八十年代前后出现的后现代社会的各种新马克思主义,是与后现代紧密关联的新的马克思主义思潮","拉克劳、墨菲、福柯、德里达、鲍德里亚、利奥塔、德勒兹、加塔利、齐泽克、哈贝马斯、鲍曼、詹姆逊等都是值得认真研究的重要的后马克思主义理论家"。②在这些观点看来,激进哲学属于后马克思主义。

　　第二种观点认为,激进哲学是拉康化的马克思主义。有论者指出,激进哲学属于拉康化的马克思主义。这意味着:第一,他们不属于后马克思主义。无论是将后马克思主义理解为后现代与马克思主义的结合,还是作为严格意义上的后马克思主义(拉克劳和墨菲),在 2008 年的经济危机中就已经终结。第二,他们也不能被归结为阿尔都塞的马克思主义。因为除了巴里巴尔坚持了阿尔都塞的路向,巴迪欧、朗西埃和马舍雷都与阿尔都塞决裂了。第三,他们都受到拉康的影响,属于拉康化的马克思主义。这里的关键就在于他们都坚持保留了拉康的实在界,而不是像后马克思主义或后现代主义那样解构了一切实在。实在界总是以一种扭曲的、皱褶的、断裂的方式存在,而我们的任何语言、概念和知识都无法把握。这个实在界是一种本体论意义上的存在。拉康化马克思主义转向了另一种本体论立场。巴迪欧将之称为"弱的本体论"。齐泽克的意识形态批判也强调意识形态本质上属于象征界,齐一化的象征界永远不能把握那个皱褶的实在界。象征界与实在界之间存在着断裂。资本主义生产方式同时生产了象征主体(欲望主体)和对象(交换价值的商品),因此要超越资本主义,只有同时对欲望主体和对象进行改造,才能走向共产主义。③

　　第三种观点认为,激进哲学是当代西方马克思主义的激进派。有论者认为,齐泽克、巴迪欧、朗西埃、阿甘本等激进左翼是西方马克思主义发展的当代阶段。他们有着共同的政治经历,都经历了 1968 年革命运动,都受到了阿尔都塞、拉康、后结构主义的影响。他们在学术思想上也积极展开对话和互动,他们都批判新自由主义和资本主义民主,探索共产主义。因此,他们的理论特征可以归结为,借用后现代主义颠覆现代性哲学,主张"无中生有";继承

---

① 张一兵:《当代国外马克思主义哲学思潮》(下卷),江苏人民出版社,2012 年,第 2 页。

② 陈炳辉等:《后马克思主义的理论》,中国社会科学出版社,2011 年,第 3 页。

③ 参见蓝江:《后马克思主义还是拉康化马克思主义》,《福建论坛》,2016 年第 7 期。

马克思主义的解放政治学,主张"造反有理",坚持马列主义的暴力革命传统,主张"暴力革命"。激进左翼在性质上不同于作为修正主义的后马克思主义,它们是当代西方马克思主义的激进派。"激进左翼是马克思主义发展的当代阶段,其理论特征是全面反对和否定资本主义政治经济体制和意识形态,在哲学上借用后现代主义颠覆现代性哲学,在政治上继承马克思主义的解放哲学,在革命道路上坚持马列主义的暴力革命传统。因此,激进左翼在性质上不同于修正主义的后马克思主义,它们是当代西方马克思主义的激进派。"①

应该说,从理论的旨归来看,当代激进哲学都主张激进地反对资本主义,重新开启共产主义,但从理论资源来看,他们都不是单一的,而是充满了复杂多样性。齐泽克、巴迪欧、巴里巴尔等受精神分析影响很大,但阿甘本、朗西埃理论中拉康因素就很少。奈格里和巴里巴尔受斯宾诺莎的影响非常大。阿甘本受福柯、施米特、本雅明、阿伦特影响很大,拉康因素同样不多。因此,从单一的思想资源对激进哲学加以归类并不妥当。

罗杰·戈特利布在《激进哲学——传统、反传统和政治》中指出,激进哲学大体上兴起于20世纪60年代后期,其致力于政治的、社会的、经济的和文化的激进改变。激进哲学的特征主要有三点:第一,反对传统普遍主义的理性主义,但又不是反对纯粹理性,而是主张将理性批判与权力关系、控制、剥削、压迫、资本主义体系、种族主义、帝国主义、自然的破坏等联系起来,也就是将理性批判与政治批判关联起来。这一点正是激进哲学与后现代主义的区别,后现代主义也反对普遍主义的宏大叙事、基础主义和本质主义,但后现代主义对理性的批判主要针对的是纯粹理性,而不是将理性批判与现实政治结合起来。第二,激进哲学批判地运用了马克思的"意识形态""剥削""阶级""社会主体""批判的社会理论"等思想资源,在一定意义上说,所有的激进哲学家都是马克思主义者。第三,激进哲学的政治信念和价值观不是来自"纯粹的思想",而是源于20世纪60年代至70年代参与"左"派造反运动的政治经验。②这一点进一步解释了他们与后现代主义的区别以及与马克思

---

① 韩振江:《"激进左翼"的理论特征与定位——以齐泽克、巴迪欧和阿甘本为例》,《理论探讨》,2016年第4期。

② Roger S. Gottlieb, Introduction: Dimensions of Radical Philosophy, in *Radical Philosophy: Tradition, Counter-Tradition, Politics*, Temple University Press, 1993, pp.1–18.

的关联。由此可见,激进哲学的一个显著特征是政治性。因此,我们主张根据家族相似原则,将之理解为激进政治哲学,其代表了当代西方马克思主义的一个新的研究路向。

(一)激进哲学接续了早期西方马克思主义的革命主题

激进哲学接续了早期西方马克思主义的革命主题。这一点在齐泽克分析卢卡奇的遗产中表现得最为明显。以卢卡奇、柯尔施和葛兰西为代表的早期西方马克思主义的核心问题就是,西欧无产阶级革命为什么会失败? 革命如何可能? 卢卡奇抓住了阶级意识;柯尔施认为关键在于哲学与革命的联盟;葛兰西认为应当注意到西欧革命与俄国革命的区别,把市民社会的阵地战与国家领域的运动战结合起来。激进革命是早期西方马克思主义的核心主题。齐泽克在谈及卢卡奇的思想遗产时指出,早期西方马克思主义革命主题很快就消失了。"伴随着'1917 革命序列'(巴迪欧语)的停滞,像卢卡奇在《历史与阶级意识》中那样的直接的理论–政治的介入已不再可能。"[①]社会民主党的议会改良主义、俄国斯大林主义和法兰克福学派代表的西方马克思主义都不再是革命的了。激进哲学试图在新的历史背景下复兴早期西方马克思主义的革命主题。激进哲学与早期西方马克思主义的一个重大差别在于,早期西方马克思主义为了反对对马克思的实证主义解释,主张回到真正的马克思、本真的马克思等;激进哲学虽然直面马克思,但大多提出要对马克思进行修正、补充和发展,甚至宣布马克思的理论已经失效。比如,奈格里和哈特就认为在非物质劳动占据主导地位的时代,马克思的劳动价值论和剩余价值论都失效了。朗西埃认为,马克思的解放理论中仍存在着先知者与后知者的分离,因此也是一种不平等的解放逻辑。

(二)激进哲学跳出了资本主义自由民主的框架

激进哲学与法兰克福学派的最大的区别在于,法兰克福学派仍从属于

---

①　[斯洛文尼亚]齐泽克:《作为列宁主义哲学界的格奥尔格·卢卡奇》,孙一洲译,载《当代国外马克思主义评论》(14),人民出版社,2017 年,第 7 页。

资本主义自由民主理论传统，激进哲学则试图跳出资本主义自由民主的框架，追求激进民主的可能性。在《启蒙辩证法》中，霍克海默和阿多尔诺认为，资本主义社会已经彻底变成了"被管制的社会"，但即使是这样，他们仍认为自由是可能的。哈贝马斯认为，早期批判理论对资本主义的诊断过于偏激，资本主义的诞生和发展不仅仅是一个工具理性形成发展的过程，还是一个沟通理性主导的生活世界合理化的过程。理想的沟通、商谈可以保证自由民主的实现。霍耐特认为，个体自由是现代世界最重要的理念，实现个体自由的关键是在伦理生活（家庭、市民社会和国家）中的相互承认。个体在社会中通过相互承认可以实现社会自由。在法兰克福学派这里，关键已经不在于超越资本主义自由民主，而在于如何将资本主义的自由民主理念彻底转变为现实。激进哲学则试图重新质疑西方主导的自由民主，重新理解自由民主平等。"在今天，我们必须坚持一个立场，即真正的思想自由应包括对当今占主导地位的自由民主的'后意识形态'共识的质疑，否则它就只是一句空话。"①齐泽克认为，法兰克福学派表面上保留"激进"的姿态，但实际上坚守着自由民主理念。在朗西埃与霍耐特的对话中，朗西埃认为霍耐特的承认理论设定了理想的主体、主体间的关系及其彻底实现，这就忽视了政治主体从来都是有待建构的，忽视了匿名主体以平等名义的日常斗争。②在朗西埃看来，在柏拉图那里，与年龄、学识、金钱、身份等统治资格相比较，民主的本意就是没有任何统治资格的统治。抽签是民主的，因为其意味着没有人可以根据特定资格获得统治合法性。朗西埃的激进民主就是不特定的匿名主体以民主之名进行反抗和斗争。激进哲学的激进民主、平等、自由等，是以另一种民主、平等、自由反抗资本主义自由民主平等。奈格里指出，当今资本主义正面临着民主的危机，因此赋予社会主义制度以新生比在资本主义内部进行修复就显得更加重要。③

---

① ［斯洛文尼亚］齐泽克：《〈帝国〉：21 世纪的〈共产党宣言〉？》，张兆一摘译，《国外理论动态》，2004 年第 8 期。

② See Jacques Ranciere, Critical Questions on the Theory of Recognition, in *Recognition or Disagreement*, Columbia University Press, 2016, pp.93—94.

③ 参见［美］麦克尔·哈特、［意］安东尼奥·奈格里等：《帝国、全球化与后社会主义政治》，《读书》，2004 年第 7 期。

(三)激进哲学不同于结构主义马克思主义

激进哲学的主要代表人物都受到了法国马克思主义的影响，尤其受到阿尔都塞结构主义马克思主义的影响。激进哲学与阿尔都塞所代表的结构主义马克思主义最大的差别在于对激进主体的理解上。在一定意义上说，激进哲学的首要问题就是拯救主体。齐泽克指出："西方马克思主义面临的一个显著问题是革命主体的匮乏问题：如果工人阶级不能实现从自在向自为的转变并把自己构成为一个革命的行动者又该怎么办呢？"①如果说卢卡奇诉诸政党的组织来解决这个问题，阿尔都塞则诉诸多元决定的辩证法来回答这个问题。复杂整体结构中矛盾的转移、压缩和爆裂使社会形态的转变成为可能。但在阿尔都塞的解释中，主体仍是不明确的。阿尔都塞甚至认为历史是一个无主体的过程，主体总是意味着臣服和被控制。因此，作为后阿尔都塞的激进哲学首先要回答的问题就是谁是激进的主体。齐泽克认为，如果要复兴卢卡奇的革命主体，就必须重新激活无产阶级。但无产阶级不是与历史目的论相吻合的主客体同一的实体存在，而是朗西埃意义上的彻底"失位者"（dislocated）、"无分之分"。朗西埃认为，政治主体是虚空的、匿名的。整个社会按照特定身份和角色分配形成了治安逻辑。但在治安逻辑之外总是存在着剩余和虚空，剩余与虚空的主体化就是政治主体。奈格里认为主体是多众，多众形成于非物质劳动中社会关系的凝结。激进哲学以不同的方式回应激进行动的主体问题。

(四)激进哲学不同于东欧新马克思主义的实践哲学

激进哲学不同于东欧新马克思主义。东欧新马克思主义主要产生于南斯拉夫、匈牙利、波兰和捷克等国，主要产生于第二次世界大战后东欧各国的社会主义改革进程中，这些代表人物都是改革的理论家和拥护者。东欧马

---

① ［斯洛文尼亚］齐泽克：《如何从头开始》，汪行福译，载《当代国外马克思主义评论》(8)，人民出版社，2010年，第54页。

克思主义的理论旨趣主要有三点：第一，打破苏联社会主义模式的束缚，批判斯大林的极权主义，高呼社会主义的人道主义和民主，要求工人自主和自治。第二，打破苏联教科书对于马克思主义哲学的理解，重新理解哲学、辩证法和历史唯物主义。第三，对资本主义现代性展开批判，主要表现在技术理性批判、意识形态批判、大众文化批判、现代性批判等。①

　　从理论根据上来看，东欧新马克思主义的哲学基础是实践哲学。他们所理解的实践哲学也是一种激进哲学。这种激进哲学首先体现在对哲学的理解上，哲学并不是一种关于普遍规律的学说，而是一种总体的普遍的批判意识。哲学批判的目的是实现一个更加人道的社会，实现人的本质。人的本质是一种实践性存在，是一种通过自由的创造活动改造世界，实现潜能，满足需要的存在物。在这个意义上，他们理解的实践（praxis）不同于通常所理解的实践（practice）。通常所理解的实践（practice）是主体改变对象的活动，这种活动可能是异化的，但实践（praxis）则是一个规范概念。"它指的是一种人类特有的理想活动，这种活动就是目的本身并有其基本的价值过程，同时又是其他一切活动形式的批判标准。"②实践（praxis）也不同于劳动、物质生产。劳动与物质生产属于人的生存的必要条件，包含着各种从属关系和等级关系。只有当劳动成为自由选择，成为个人的自我表现和自我完善时，劳动才是实践。但对人来说，这种本质也是一种可能性存在，个人的实际存在与潜在本质的差异，或者说实存与应当的差异，就是异化。实践哲学的任务就在于批判异化现象，指明走向自我实现、走向实践的实际环节。实践哲学的方法是辩证法，但辩证法不是静止不变的徒有形式的方法，不是一套现成的、固定的、先验的规则，而是一种人们自觉地、有目的地投入实践并通过实践实现人的自由选择的活动。在这个意义上，辩证法就是消除社会生活各种异化的活动。这是一种彻底而全面的批判，凡是未能实现人的本质的领域都是批判的对象。比如，私有财产是人们变成了自私自利的利己主义者，职业分工限制了人的潜能，官僚体制中缺乏平等，没有真正地参与，等等。这种批判不同

---

① 参见衣俊卿：《全面开启国外马克思主义研究的一个新领域》，载《当代国外马克思主义评论》（8），人民出版社，2010年，第109~132页。

② ［南斯拉夫］马尔科维奇：《实践：南斯拉夫的社会批判理论》，载《实践——南斯拉夫哲学和社会科学方法论文集》，黑龙江大学出版社，2010年，第19页。

于抽象的否定,而是一种具体的批判,也即扬弃。批判就是实践哲学所理解的革命,革命在本质上是消除社会-经济形态的本质局限性,也就是消除未能实现人的本质的各种机制与体制。革命的方式是多样化的,未必是暴力革命,未必是推翻政府、夺取政权,也未必是推翻经济制度。

当代西方激进哲学在对马克思主义的理解上也反对苏联教科书体系,也主张哲学介入社会现实,也反对将辩证法理解为纯形式的客观规律,也主张革命。激进哲学与东欧新马克思主义实践哲学最大的区别在于,他们并不主张以人的本质作为现代性异化批判的基础,尽管东欧马克思主义也将人的本质的具体实现与特定历史条件结合起来,从而规避一种超验论的立场,但即使是这种立场在当代激进哲学中也很难找到。当代激进哲学普遍反对人的本质这种具有本质主义倾向的学说。这一点还关涉另一个问题,那就是革命的方向,当代激进哲学普遍反对历史目的论,主张的是当下的否定、革命。至于革命之后的状态只能基于具体历史条件的生成,而不能先行地设定。

(五)激进哲学不同于后马克思主义的身份政治

激进哲学与拉克劳、墨菲所代表的后马克思主义之间的关系表现得最为微妙。一方面,齐泽克、奈格里、朗西埃等激进哲学的代表人物与拉克劳、墨菲在学术资源上有相同之处,他们也共同参加世界马克思主义大会,共同讨论共产主义现实性和当代资本主义意识形态批判等问题,他们的关系的确具有学术共同体的特征。另一方面,激进哲学对拉克劳和墨菲的后马克思主义又多有批评。齐泽克认为他们属于后现代主义,奈格里认为拉克劳的结合理论实际上是将多众的内在性和多元性牺牲了,是将奇异性的多众转化为同一性的人民。[①]理解激进哲学与后马克思主义的关系,首先要了解什么是后马克思主义。一般而言,后马克思主义的特征主要包括:解构马克思主义的总体性、经济决定论、阶级还原论和激进革命概念。后马克思主义的建构原则是霸权结合实践,借助于霸权结合实践,后马克思主义表达了祛除本质主义和总体性的社会建构主义、政治多元主义和文化多样性诉求。其理论

---

① 参见[美]迈克尔·哈特、[意]安东尼奥·奈格里:《大同世界》,王行坤译,中国人民大学出版社,2015年,第132页。

特征主要包括意识形态的自主性、历史发展的随机性、社会的非闭合性建构、主体与对抗、认同政治和身份政治、摆脱了中心主义的社会主义。①其次，后马克思主义理论阵营相当庞大，拉克劳与墨菲代表了后马克思主义的理论主张，但不是后马克思主义的全部。②再次，激进哲学与后马克思主义的最大区别在于，激进哲学并不主张身份政治或认同政治。朗西埃明确指出，其理论建构所批评的对象就是身份政治理论，其激进主体不是某一特定群体或少数群体，而是治安逻辑之外的剩余。奈格里的生命政治主体是非物质劳动的主体，非物质劳动主体同样不是少数特殊群体，而是具有全球帝国的非物质财富生产的主体。齐泽克和巴迪欧的人民概念同样不是身份政治的主体，不是政治多元主义的主体。

二、拓展了国外马克思主义研究的问题域

激进哲学丰富了国外马克思主义的思想图景，也拓展了国外马克思主义研究的问题域。早期西方马克思主义关心的主要问题是西欧无产阶级革命为什么失败。在这个问题式下，早期西方马克思主义主要关注的是西欧社会结构问题（物化结构、市民社会理论等），是无产阶级的阶级意识问题，是无产阶级政党领导权问题，是什么是正统的马克思主义问题。法兰克福学派关注的主要问题是启蒙批判和重塑启蒙，所讨论的主要问题是工具理性批判、生活世界殖民化和为承认而斗争，等等。以阿尔都塞为代表的结构主义马克思主义所关注的是如何将马克思主义从人道主义中解放出来，所讨论的问题是马克思思想中的断裂，是作为科学主义的马克思主义。后马克思主义所关注的问题是在传统社会主义模式失败之后，激进左翼向何处去的问题，所讨论的是如何将女性主义、生态主义、种族主义等各种"非典型的"新社会运动结合起来。激进哲学面对的核心问题是如何打开新的革命空间。如果"激进"不仅仅是一种理论姿态的话，就必须在马克思的文本中寻找激进革命的思想资源，必须揭示激进主体如何形成，其存在的空间在哪里，主体如何打破意识形态的控制。围绕这些问题，国内激进哲学研究主要关注了以

---

① 参见周凡：《后马克思主义导论》，中央编译出版社，2010年，第2~4页。

② 关于后马克思主义的理论发展和主要路向参见周凡的《后马克思主义导论》引言。

下问题。

（一）文本研究中的"《大纲》热"

《1857—1858 年经济学手稿》于 1939—1941 年在莫斯科以德文发表，编者加上"政治经济学批判大纲"的标题，因此国际学界公认了《大纲》一名。《大纲》的编辑出版并没有立刻引起学界轰动。真正对《大纲》展开系统研究的是 1968 年德国学者罗斯多尔斯基出版的专著《马克思〈资本论〉的形成》。由此，整个 20 世纪六七十年代国际学界的"《大纲》热"开始形成，其中具有代表性的有德国的图赫舍雷尔、施密特、布达佩斯学派，南斯拉夫的彼德洛维奇，日本的平田清明，意大利的奈格里，波兰的沙夫等。①关于《大纲》的研究主要有两种观点：一种观点认为《大纲》是一部独立的著作，另一种观点认为《大纲》仅仅是《资本论》的准备性手稿，最极端的观点甚至直接忽略《大纲》。比如，阿尔都塞就只谈到了马克思思想的早期和成熟时期的划分，完全没有注意到 1857—1858 年手稿的内容和意义。"曾经有一度，不光是阿尔都塞还包括他身边的朋友，都严重低估了《大纲》的价值。我并不是说他们公开这样说过，但他们中最后有人怀疑《大纲》可能是和认识论断裂之前的那些文本一起写作的，也就是说，写作于马克思思想中伟大的结构主义阶段开始之前。"②

进入 21 世纪以来，伴随着国内对激进哲学的研究，奈格里早年的《大纲》研究也被译介进来。《〈大纲〉：超越马克思的马克思》缘起于 1977—1978 年应阿尔都塞之邀，奈格里在巴黎高师做的关于《大纲》的系列讲座。在奈格里看来，这本关于《大纲》的研究主要有三个目的：一是对马克思思想的重建，这个重建的基本观点是马克思革命思想的顶点既不是晚年的《资本论》，而是《大纲》。《资本论》是马克思革命思想的倒退，或者说《资本论》中革命思想已经衰减了。其标题中"超越马克思的马克思"意思是《大纲》中的马克思超越了《资本论》中的马克思。二是对共产主义进行一种政治化解读。如果《资本论》侧重的是从生产方式的规律，从经济规律的角度来解读共产主义，

① 参见［意］默斯托：《〈大纲〉在世界上的传播和接受》，《马克思主义与现实》，2011 年第 1 期。

② ［意］内格里、亨宁格：《马克思主义的发展与社会转型——内格里访谈》，肖辉译，《国外理论动态》，2008 年第 12 期。

那么《大纲》正是从政治角度,从斗争的角度来理解共产主义。三是揭开 20
世纪晚期欧洲和美国反抗资本主义的序幕。奈格里认为,《大纲》的重要性在
于指出了资本主义的发展会导致利润率的降低,阻止资本的积累。资本的持
续增长取决于智能的发展,由于机器、自动控制和科学技术的发展代替了人
工,"一般智能"(general intellectual)自身成为活劳动,成为不受物质束缚的
知识,带来了反抗资本主义的力量。

　　奈格里对《大纲》的解读主要有三个方面引起了学界的高度关注:第一,
关于货币的权力哲学。与《资本论》从商品开始讨论不同,《大纲》是从货币开
始讨论的。货币不仅是一般等价物,而且是一种社会权力。"他在衣袋里装着
自己的社会权力和自己同社会的联系。"①权力总是一种支配关系,在货币中
存在着支配与被支配关系。由此,价值、剩余价值、剥削、世界市场等范畴在
本质上都被理解为权力关系的具体表现。在奈格里看来,支配与被支配的关
系从来不是单向度的,这一定是一种对抗关系,或者说,资本主义的主体是
双重的,一个主体(资本)通过强迫劳动与强迫剩余劳动支配另一个主体(工
人阶级),这种资本/劳动二元主体的对抗性结构是大纲的革命主题。

　　第二,关于"一般智能"的讨论。《大纲》中的"一般智能"出现在手稿后半
部分"资本章"第二篇的"固定资本和社会生产力的发展"中。马克思认为:
"固定资本的发展表明,一般社会知识,已经在多大程度上变成了直接的生
产力,从而社会生活过程的条件本身在多么大的程度上受到一般智力的控
制并按照这种智力得到改造。"②在马克思看来,机器都是人的意志的产物,
是人创造出来的人脑的器官,是对象化的知识力量,也就是一般智能。③机器
的出现,缩短了必要劳动时间。缩短了必要劳动时间,就为个人的艺术、科学
的发展腾出了时间。"资本就违背了自己的意志,成了为社会可以自由支配
的时间创造条件的工具,使整个社会的劳动时间缩减到不断下降的最低限
度,从而为全体[社会成员]本身的发展腾出时间。"④这个结果就是,"生产力
的增长再也不能为占有他人的剩余劳动所束缚了,工人群众应当自己占有

---

① 《马克思恩格斯全集》(第 30 卷),人民出版社,1995 年,第 106 页。
② 《马克思恩格斯全集》(第 31 卷),人民出版社,1998 年,第 102 页。
③ 学界关于该术语有不同翻译,有译成"一般智能"的,也有译成"普遍智能"的。
④ 《马克思恩格斯全集》(第 31 卷),人民出版社,1998 年,第 103 页。

自己的剩余劳动"①。一般智能的发展不仅生产了劳动产品,而且生产了社会关系和社会合作,不仅使工人群众获得了自由时间,而且"为自己占有自己的剩余劳动"提供了条件。这就表明,一般智能的发展为工人自主占有剩余劳动,而不是被资本家无偿占有剩余劳动提供了条件,为工人带来了自主,而不再从属于资本家的统治。在这个意义上,一般智能的发展意味着资本主义的自我扬弃。奈格里对《大纲》的解读就是要挖掘这个一般智能的革命。"我的工作就是给出马克思主义者所预测的这样一份关于普遍智能的报告(也就是关于革命的主题的报告)。"②

第三,关于自治主义马克思主义的讨论。从现实背景来看,奈格里重新解读《大纲》源于 20 世纪 60 年代意大利"工人自治运动",自治运动指的是意大利底层群众反对官僚统治的激进运动。从理论上看,奈格里认为随着非物质劳动占据主导,一般智能就是"一群单个智力的抽象,是能够自由、理智地发出声音的劳动力的集合"③。这些单个的理智主体就是离散的诸单独性(singularities),就是革命的主体。④

(二)重释辩证唯物主义

狄慈根最早使用"辩证唯物主义"这个提法来概括马克思主义世界观,后经列宁和斯大林的系统论述,辩证唯物主义成为马克思主义哲学的代名词。但由于斯大林的集权主义统治,辩证唯物主义也相应遭到了西方马克思主义的批评。在早期西方马克思主义那里,无论是卢卡奇还是葛兰西,并没有纠缠于这个概念,而是指出了用一种抽象的物质代替抽象的精神并不是马克思的世界观,马克思的世界观是实践地改造世界。阿尔都塞则指出了伟

---

① 《马克思恩格斯全集》(第 31 卷),人民出版社,1998 年,第 104 页。

② [意]奈格里:《〈大纲〉:超越马克思的马克思》,张梧等译,北京师范大学出版社,2011 年,中文版序言,第 2 页。

③ 同上,第 3 页。

④ 相关讨论参见刘怀玉、陈培永:《从非物质劳动到生命政治——自治主义马克思主义大众政治主体的建构》,《马克思主义与现实》,2009 年第 2 期;陈培永:《"自治主义马克思主义"的全景图绘》,《学术月刊》,2012 年第 9 期;户晓坤:《"非物质劳动"与资本逻辑——意大利自治马克思主义对政治经济学批判传统的复归》,《教学与研究》,2014 年第 2 期,等等。

大的科学革命之后往往才有哲学的革命，马克思在历史领域的伟大革命创建历史唯物主义科学之后才有了自己的哲学，这个哲学就是辩证唯物主义。辩证唯物主义的核心要义是多元决定的辩证法。

按照朗西埃的说法，当代激进哲学的普遍理论倾向是将激进政治奠基于存在论，也就是说激进政治之所以是可能的，是由存在本身的属性决定的。存在论根基在哈特和奈格里那里表现为斯宾诺莎式的无限存在，在巴迪欧那里表现为不可能还原为"一"的"多"，在阿甘本那里表现为亚里士多德式的生命潜能。在这个理论背景中，当代激进哲学重新理解辩证唯物主义，辩证唯物主义的"物"正是不可能被形而上学、意识形态或象征界所把握和控制的多样性和自因性。有学者指出，以卢卡奇和法兰克福学派为代表的西方马克思主义弱化了辩证唯物主义。阿尔都塞用多元决定的矛盾启动了辩证唯物主义的活力。拉康区分了实在界和象征界，象征界永远不可能穷尽本真的实在，从而开启了重新理解辩证唯物主义的先河。阿甘本、巴迪欧、梅亚苏，尤其是齐泽克，从无法被语言和知识所彻底消化的褶皱性实在出发重构了辩证唯物主义，并采用视差之见、绝对反冲的范式实现了比无更少的不可能性，让我们可以通过辩证唯物主义的方法，看到在知识和感知之外的实在。①

当代激进哲学复兴辩证唯物主义有两个基本的要点：一是批评抽象的同质的物质观，主张异质性、离散型、多样性的物质观；二是批评正反合的辩证逻辑，主张意识与物质的非同一性。辩证唯物主义的重新理解直接关系如何理解马克思主义哲学中的"物质"概念和"辩证法"概念。马克思并没有在普遍意义上讨论物质概念，马克思讨论的更多是"物质资料生产方式""物质交往""物质实践""物质联系""物质力量"等。恩格斯在《反杜林论》中指出，世界统一于物质。列宁认为，物质无非是标志着客观实在的哲学范畴。在马克思主义谱系中，物质无非是物质资料的生产方式，物质的客观实在性无非是生产方式的客观实在性。辩证法则是生产方式中生产力与生产关系的矛盾运动以及由之衍生的经济基础与上层建筑的矛盾运动。后期阿尔都塞和

---

① 蓝江：《从拉康到梅亚苏：新辩证唯物主义的脉络》，《马克思主义与现实》，2016 年第 3 期；蓝江：《辩证唯物主义如何可能？——当代欧洲新辩证唯物主义的问题》，《南京政治学院学报》，2016 年第 2 期。

齐泽克等人认为,这种解释模式陷入了经济还原论,指出了在本体论上物质的多样性和非还原性,辩证运动中的各种要素之间的非决定性和偶然相遇性。这种解释模式对于分析微观的历史事件具有一定的启发意义,但放到宏观的历史长河中,马克思的解释模式依然有效。

(三)精神分析资源的新运用

精神分析学说的创始人是弗洛伊德,将精神分析与马克思主义结合起来源于弗洛伊德的后继者们批评弗洛伊德过多地强调了心理因素、本能因素,而忽视了社会因素,所以弗洛伊德的马克思主义形成于精神分析朝着社会心理学的转变过程中。"弗洛伊德主义的马克思主义"一词最早出现在1936年赖希的《性革命》一书的序言中。整个法兰克福学派充分运用了精神分析资源展开了资本主义批判。霍克海默和阿多尔诺主要借助于精神分析中文明源于内在自然(本性)的压抑,但这种压抑带来了本性的造反。弗洛姆则运用精神分析资源讨论了法西斯主义产生的社会心理根源——对自由的恐惧使得人们选择逃避自由,选择了集权统治。马尔库塞则借助于弗洛伊德关于爱欲是人的本质的思想,深化了劳动是人的本质的思想,从而深化了劳动解放理论。到了哈贝马斯这里,精神分析与社会解放之间的关联就不存在了,哈贝马斯主要借助发展心理学来解释后习俗时代人们的道德意识是如何形成的,霍耐特则重建了精神分析与社会解放的关系,其主要借用的是精神分析的对象关系理论,也即主体的形成必须借助于对象,在与对象认同中才能获得自身,自我的形成是在他者中的自在。这便是霍耐特承认理论的精神分析基础。①

阿尔都塞借助拉康的镜像理论指出,在资本主义社会中,个体总是已经被意识形态质询而成为主体。主体的形成与对意识形态的臣服是同一过程,甚至这种臣服是一种无意识行为。在阿尔都塞看来,个体必须成为主体,但主体化的过程就是臣服的过程。既然主体的形成与臣服的过程一体两面,何

---

① See Axel Honneth, The Work of Negativity: A Recognition-Theoretical Revision of Psychoanalysis, in *The I in We*, Polity, 2012, pp.193-200.

以有革命的主体生成呢？激进哲学试图从阿尔都塞的意识形态质询中走出来，将主体从臣服中解放出来，激进哲学同样在拉康的精神分析那里找到了思想资源。

在精神分析理论看来，无论是作为观念体系的意识形态，还是作为规范层面的意识形态都只属于象征界，而象征界与实在界之间总是存在着缝隙，这个缝隙正是主体的生成之处。这也正是精神分析与激进哲学的结合之处。如果联系阿尔都塞关于镜像理论的讨论的话，在意识形态的质询中，个体在与大主体的相互承认、小主体与小主体的相互承认、小主体的自我承认，最终形成了主体。这个小主体不过是大主体的一个化身而已，所以小主体最终只是一种臣服。但在当代激进哲学看来，这种质询未必都是成功的，对于个体而言，一定存在着不能被象征界所吸纳的实在界的存在。这个实在界尽管总是通过幻象的方式呈现出来，但其幽灵般的存在表明总是存在着剩余，这种剩余的主体化就是激进哲学所寄托的激进主体。

有论者认为，欧陆激进政治哲学在晚近三十年的发展，很大程度上受益于拉康主义的精神分析。齐泽克、拉克劳、巴迪欧等都借用了"大他者"理论。这个"大他者"就是现实世界的政治秩序和所有规则/律令。"大他者"不仅是共同体的规范基础，而且是每个人的符号性身份。但在存在论上，每个个体对"大他者"具有疏离感、排斥感、异己感。当对"大他者"的恐惧和焦灼超过某个临界点时，匿名个体就成了日常生活中的"精神错乱者"，就彻底地在"大他者"的符号体系之外了，这种在"大他者"权力漏洞上的个体就是激进政治的主体。这是拉康主义精神分析的激进政治内蕴。显然，如果说主体就是剩余或者虚空的主体化，那么这个主体概念就是超验的，需要被匿名者填补，但如此的主体概念更多的是一种理论建构，是一种对现实问题的解释，其至多揭示了主体存在的可能性，而这种可能性与现实性之间的鸿沟仍是一个难题。激进哲学认为，经典马克思主义和早期西方马克思主义的政党容易走向集权主义，因此普遍抛弃了政党理论。显然，问题的关键不在于抛弃政党，而在于怎么既充分发挥政党的组织功能，又防止政党对于普通个体的统治，防止政党走向集权主义。

(四)生命政治与空间理论的兴起

何为生命政治?从字面上说就是自然生命的政治化,政治也就转化为了生命政治。自然生命何以可能是政治的? 按照福柯的观点,生命政治的诞生是现代的产物。在古希腊那里,无论是柏拉图还是亚里士多德,都未曾使用自然意义上的生命,而是使用了"政治生命"的概念,也即区分了 zoë(自然生命)和 bios(政治生命),前者是在家庭中的简单生命体,后者则是在城邦中的政治生命体。但随着现代社会的兴起,人的自然生命也受到了国家权力的算计和控制,国家权力变成了生命权力,现代政治也就变成了生命政治。资本主义通过一系列规训方式驯服身体,维持自身的统治。在马克思那里,生命的政治化是经由经济关系中介的。在《1844 年经济学哲学手稿》中,马克思从异化劳动的现实出发,分析了在私有制条件下,工人生命的被奴役、被控制。也正是在这种关系中,工人的革命主体意识和地位才得以形成。在《资本论》中,马克思描述了当劳动力成为商品时,劳动力就变成了资本家剥削和压迫的对象。市场上的公平交换一旦进入生产领域,带来的就是工人生命的被摧残。"原来的货币占有者作为资本家,昂首前行;劳动力占有者作为他的工人,尾随于后。一个笑容满面,雄心勃勃;一个战战兢兢,畏缩不前,像在市场上出卖了自己的皮一样,只有一个前途——让人家来鞣。"①

激进哲学对生命政治和空间的关注可以追溯到后期阿尔都塞。后期阿尔都塞认为,空间是原子相遇的场所,也是激进政治存在的地方。奈格里认为,福柯的《规训与惩罚》对权力的分析非常完美,但遗漏了主体性。对于奈格里来说,生命政治的特征是非物质劳动的代名词,是新的生产关系的生产,是生命力量的生产。"首先是新的生产方式;其次是这种新的生产方式向全社会延展;再次是在这个社会中,伴随着社会完全被置于资本的控制之下,矛盾的各种经典因素就出现了。换句话说,我接过来生命政治这一概念,并对它进行了重新界定(很显然是在实体性的意义上),目的就是解释资本主义的发展在给我们带来的断裂和对抗。生命政治可以仅仅是生命权力的

---

① 《资本论》(第一卷),人民出版社,2004 年,第 205 页。

光明面,但它绝非仅此而已。它是一种力量。从一种内在的、非辩证的、非目的论的角度来看,我觉得它是非常重要的。"①阿甘本则相对悲观,在他看来,自然生命–政治生命、赤裸生命–政治生存是整个西方政治结构的基础,现代政治并不仅仅是对自然生命的算计,而是例外状态的常态化,是赤裸生命的政治化。生命政治的本质就是死亡政治。

激进哲学对生命政治和空间的讨论,给学界历史唯物主义研究带来了新问题。论者指出,生命政治理论对"相遇"问题的分析是一种事件化的叙事。在生命政治理论看来,无论是诸众的生成、爱的政治学,还是都市政治,都旨在制造奇异性的相遇,生产新的主体性与共同性,从而对抗社会的同一性逻辑。空间为"相遇"提供了可能,也是"断裂""形势""接合""事件"的诞生地,由此才可能有新的主体性的生成和社会变革的形成。②有论者认为,从现代性与空间的内在关联来看,激进空间在当下的具体表现是金融、房地产和网络,这些空间不仅是抽象掉生命时间的身体持续性在场,也是空间激进化的可能性寓所。激进空间问题需要根据时代的发展变化展开具体研究。③

生命政治与空间问题与第二次世界大战后法国哲学的身体转向和空间转向有关。身体转向和空间转向又紧密地联系在一起,空间既是对身体进行控制和规训的场所,又是生命力量进行反抗的场所。这便是激进哲学的生命权力和生命政治概念。生命政治是对生命权力的反抗。生命政治中力量来源于身体中的欲望、激情和爱。问题是身体中力量的反抗是一个自发自觉的过程,还是需要组织动员的过程?如果仅仅是一个自发自觉的过程,面对强大的治安逻辑,这种反抗的力量如何不成为新的规训和惩罚的对象?

三、开启了当代资本主义批判的新视域

马克思一生批评的对象是资本主义。如果把资本主义比作病人的话,那么马克思一定是对资本主义病症诊断最准确的医生,以至于每当资本主义

---

①　《马克思主义的发展与社会转型——内格里访谈》,肖辉译,《国外理论动态》,2008 年第 12 期。

②　参见林青:《激进政治理论的"相遇"问题——从马克思、阿尔都塞到当代生命政治理论》,《南京大学学报》,2016 年第 5 期。

③　参见邹诗鹏:《现代性与激进空间的三种典型》,《天津社会科学》,2016 年第 2 期。

出现危机时,人们总是会掀起"马克思热"。2008 年金融危机以来,激进哲学之所以备受关注,也在于他们接续了马克思主义的批判精神,对资本主义展开了激烈批判。尽管激进哲学批判资本主义的进路并不相同,关注的问题也有很大差异,但我们仍可以按照历史唯物主义的方法论要求对激进哲学的资本主义批判进行梳理。

按照历史唯物主义分析问题的基本框架,对资本主义的批判总是要从物质资料的生产方式出发,分析资本主义的新变化;从占据统治地位的生产关系出发,分析其政治法律制度和意识形态。当代西方激进哲学中对资本主义新变化的典型分析当属哈特、奈格里的后帝国主义时代的帝国批判,在资本批判上具有代表性的则是齐泽克对于资本幽灵的分析,在对资本主义政治制度批判方面最具代表性的是朗西埃对资本主义治安结构的分析,而对资本主义意识形态批判最具特色的是齐泽克的犬儒主义意识形态批判。

(一)后帝国主义时代的帝国

马克思的资本主义批判是一种历史批判,也就是揭示资本主义的历史起源、内在原则及其限制。就发展阶段而言,马克思批判的资本主义还处于自由竞争阶段的资本主义。列宁的资本主义批判则抓住了资本主义在 20 世纪初的发展,他将之概括为帝国主义,并指出了帝国主义是资本主义的最高阶段。就其特征而言,首先,生产和资本的集中形成了垄断;其次,金融资本与工业资本的联合形成了金融寡头的统治;再次,资本输出取代商品输出成为殖民主义的新手段;最后,最大的帝国主义在世界范围内瓜分领土。列宁关于帝国主义有一个基本判断,帝国主义是"寄生的或腐朽的资本主义",是"垂死的资本主义"。[1]苏联解体、东欧剧变之后,两大阵营的对立瓦解,伴随着各种生产要素在世界范围内的流动,世界进入了经济全球化的新阶段。哈特与奈格里从生产方式的变迁角度指出,经济全球化阶段是一个后帝国主义的帝国时代。

---

① 　列宁:《帝国主义是资本主义的最高阶段》,载《列宁专题文集——论资本主义》,人民出版社,2009 年,第 216~217 页。

生产方式的重大转变体现在非物质劳动取代工业生产占据了统治地位。非物质劳动占据统治地位是从支配力说的,也就是从质的角度说的,而不是从数量上说的。19世纪和20世纪,工业劳动处于全球经济的统治地位。虽然工业生产与其他生产形式相比,数量上是少数,但工业生产是占统治地位的生产,其将农业、矿业、渔业等其他各种生产形式纳入自己的体系中,甚至整个社会生活都被迫工业化。但在20世纪的最后十年,工业劳动失去了统治地位,代之而起的是"非物质劳动"。换句话说,是创造非物质产品的劳动(知识、信息、语言和情感关系)占据了统治地位。"今天,劳动和社会必须使自身信息化、智能化、保持交流畅通和情感化。"①非物质劳动占据主导地位实际上是生产方式从福特制转向了后福特制的表现,从稳定的产业工人为特征的经济转向了以灵活、移动、不稳定的工作关系为标志的经济。灵活是因为工人必须适应各种任务,移动是因为工人经常改变工作,不稳定是因为没有一个合同保证稳定的长期工作。

在哈特和奈格里看来,非物质劳动占据统治地位与经济全球化的趋势是一致的。第一,非物质劳动的统治带来了新的全球劳动分工。非物质劳动生产形式主要存在于占据支配地位的发达地区,而传统的工业和制造业正在转移到处于从属地位的欠发达地区。第二,非物质劳动改变了其他生产形式,正如传统工业生产改变了农业的生产方式一样,非物质劳动也塑造和改变了工业和其他劳动形式。第三,非物质劳动的统治地位为独立劳动组织提供了新的基础。一方面,在非物质劳动中,合作、交流和协作等生产过程完全掌握在劳动主体手中。另一方面,非物质劳动产品本身就具有社会性,具有共同性。生产交流、情感和知识可以直接带来财富的共享。所以非物质劳动的生产直接就是主体性的生产和社会本身的生产。

正是基于占统治地位的生产方式的转变,哈特和奈格里认为,当下资本主义已经超越了帝国主义,走向了帝国。"帝国正在我们的眼前浮现。在过去的几十年中,当殖民制度已经被抛弃,苏联对资本主义世界市场的障碍最终瓦解,我们已经见证了经济和文化方面交流的不可阻挡的、不可逆转的全球化进程。伴随着全球市场和生产的全球流水线的形成,全球化的秩序、一种

---

① [意]安东尼奥·内奈格里:《超越帝国》,李琨、陆汉臻译,北京大学出版社,2016年,第139页。

新的规则的逻辑和结构,简单地说一种新的主权形式已经出现。"①传统帝国主义有三个基本要素:一是本质上是基于民族国家的主权结构;二是在帝国主义的殖民主义中,宗主国和被殖民的国家有着明确的区分;三是帝国主义有多个,而不是一个。"与帝国主义相反,帝国不建立在权力中心,不依赖于固定的国界。它是非中心化的和非辖域化的统治工具,在开放和不断扩展的领域中,这一统治工具不断加强对全球领域的整合。帝国通过其指挥的调节网络管理着混杂的认同、弹性的等级结构和多元交流。帝国主义世界图景的鲜明民族色彩已经在帝国的全球彩虹中合并和整合在一起了。"②

与帝国主义相比,帝国的特征在于:首先,帝国不是建立在国家主权基础上的,而是一个全球化帝国,内部与外部的界限消失了,帝国具有去中心化和去辖域化的特征。其次,帝国并不意味着民族国家不重要了,在帝国的权力中,也存在着君主国(美国)和其他贵族国家(其他国家)的区分,甚至包括跨国公司和联合国等国际组织力量,但君主力量不可能独自控制帝国,必须与全球贵族、其他力量进行合作。再次,帝国是一个权力网络,在这个网状结构中,占主导地位的民族国家、跨国公司和国际组织就是这个网状结构中的节点,这些节点以不同的方式进行合作。今天,"帝国主义体系无法生存。只有帝国——权力网络的一种离散的形式,以全球权力中的君主和贵族之间的现实合作为特征——才有能力维持全球秩序的结构"③。

在哈特、奈格里看来,一方面,非物质劳动占据主导形成了帝国的趋势;但另一方面,由于非物质劳动依然是人们的体力和脑力的耗费,所以非物质劳动在本质上也是"生命政治劳动",非物质劳动不仅生产商品,而且生产肉体本身;不仅生产关系,而且生产合作;不仅生产体制,而且极有可能生产革命,这就产生了一个反帝国的力量。这种反帝国的力量将带来的是超越帝国的诸众的自主性生成。"维持着帝国的芸芸众生的创造力也能够自主地构成一个反帝国,一个可供全球替代的全球流动和交流的政治组织……通过这些斗争和类似的斗争,诸众将创造新的民主形式和新的宪政力量,它总有一

---

① Michael Hardt and Antonio Negri, *Empire*, Harvard University Press, 2000, p.Ⅵ.

② Ibid., pp.Ⅻ–ⅩⅢ.

③ [意]安东尼奥·内奈格里:《超越帝国》,李琨、陆汉臻译,北京大学出版社,2016年,第136页。

天将带领我们穿越和超越帝国。"①

(二)资本的幽灵

与哈特和奈格里相一致,齐泽克关注的也是资本的全球化进程,但与哈特、奈格里不同的地方在于,齐泽克并没有他们那么乐观。齐泽克并不认同经济全球化带来了帝国,带来了新的对抗,带来了资本主义的自我扬弃。齐泽克认为,经济全球化的进程无疑是资本全球化的过程,是资本在整个世界范围内扩张的过程。就这一点而言,齐泽克直接承接了马克思在《共产党宣言》中对于资本逻辑的批判和马克思的政治经济学批判。但与马克思不同的是,齐泽克并不赞同马克思的两个基本判断:第一,资本的内在限制在于资本自身;第二,扬弃资本逻辑的共产主义既能消除剩余价值,又能解放生产力,将共产主义理解为资本的"消毒剂"是不可取的,真正构成扬弃资本的是一种彻底否定性力量。

马克思在《共产党宣言》中描述了资本全球化的过程,资本必须在世界范围内寻求生产资料,寻求资本增殖的空间。这个过程是一个东方从属于西方、落后民族从属于先进民族的过程。齐泽克非常认同这个逻辑,直截了当地指出了经济全球化的实质是资本全球化,"我们今天生活在何处? 影响越来越大的口号是'全球化':粗暴地强迫人们接受统一的世界市场,而这个市场威胁着所有地方性的种族传统,包括民族国家的特定形式"②。所以我们今天更加接近马克思所描述的资本主义时代。资本虽然总是表现为物,或者以物的形式表现出来,但资本无疑是一种社会关系,是一种社会权力关系。当哈特、奈格里将这种权力关系理解为一种力量、一种作用与反作用的对抗关系,并由此引出了资本逻辑的内在超越时,齐泽克却将这种权力关系理解为一种暴力关系。这种暴力关系是我们生存的社会经济结构。

正是基于此,齐泽克认为资本这种暴力关系比前资本主义时代直接暴力更加离奇,更加具有隐蔽性。这种暴力是纯"客观的",是不以个体意志为

　　①　Michael Hardt and Antonio Negri, *Empire*, Harvard University Press, 2000, p.vv.

　　②　[斯洛文尼亚]齐泽克:《资本的幽灵》,胡大平译,载《当代国外马克思主义评论》(4),人民出版社,2004年,第250页。

转移的;这种暴力是系统的,是一个自我增殖的结构,渗透到生活的每一个方面;这种暴力是匿名的,无关乎具体的个人和动机的善恶。齐泽克之所以将资本理解为一种暴力结构,还源于他借用了拉康的精神分析资源,对资本关系与人们的现实生活展开了类比分析。

资本结构作为一种象征结构,假装关心人们的现实生活,实际上却诱导人们忽视资本逻辑的幽灵性。这里齐泽克借用了拉康关于象征界与实在界的区分。象征界无疑是资本逻辑所建构的社会关系,实在界则是人们的现实生活。在齐泽克看来,马克思是从使用价值和交换价值的对立来分析资本主义的基本矛盾。"对于马克思来说,经济危机的最终根源就在于使用价值和交换价值之间那道难以跨越的鸿沟——交换价值遵循着自身的逻辑,按照自己的疯狂舞步跳舞,全然不顾真实人的真实需求。"①交换价值的逻辑是资本的逻辑,是象征界的逻辑,而人的现实生活属于实在界。对于当代资本主义而言,金融资本家统治的虚拟资本主义构成了象征界,而人们的生活属于实在界。今天虚幻世界与真实世界之间的紧张关系表现在为,一方面,我们进行着期货、并购等疯狂的唯我独尊的投机,遵循资本的内在逻辑;另一方面,现实以生态灾难、贫穷、第三世界的崩塌等危机表现出来。我们今天遇到的是真实的现实和虚拟的现实之间的鸿沟,是真实的生产与资本虚拟投机领域之间的鸿沟,是经验的现实和虚拟的现实之间的鸿沟。金融资本占据了统治地位。金融资本家用借贷的钱进行投资,他没有真正占有任何东西,甚至还负债累累,却能控制一切。

面对虚拟资本主义的统治,齐泽克认为我们不可能寄希望于资本逻辑的内在超越。资本的内在矛盾只是它的局限,而不是它的限制。"它的局限(limit)不是它的限制(constricting),而是它发展的动力。"②这具体表现在两个方面:

第一,马克思寄希望于生产力螺旋形自我增长的潜能,寄希望于生产力的发展最终突破资本主义生产关系的限制,从而走向共产主义。齐泽克借用蛇的比喻讨论这个问题,生产力突破生产关系的束缚就像蛇皮一旦撑得太

---

① ［斯洛文尼亚］齐泽克:《〈帝国〉:21世纪的〈共产党宣言〉?》,张兆一摘译,《国外理论动态》,2004年第8期。

② ［斯洛文尼亚］齐泽克:《意识形态的崇高客体》,季广茂译,中央编译出版社,2014年,第54页。

紧,就会蜕皮。但齐泽克认为,这里的问题是如何严格确定资本主义生产关系成为生产力进一步发展的障碍的那一特定时刻。齐泽克的答案是永远不可能。因为生产力和生产关系的矛盾已经以社会生产方式和私人占有方式矛盾的形式深入它的骨髓。正是这种矛盾,驱使资本主义永远不断地生产与再生产,永不停息地发展其自身的生产条件。主张生产力与生产关系的矛盾会导致这种生产关系的瓦解的观点没有看到,一方面这个矛盾是资本主义发展的阻力,另一方面又是其发展的动力。这种动力是通过阻力传输的,如果清除了这个矛盾,或者说如果清除这个阻力,那么资本主义就不可能取得发展,资本主义的生产方式就会趋于停滞,这就更谈不上自我超越了。"这种内在障碍/对抗是生产力完全配置的'不可能性的条件',同时也是其'可能性的条件':如果我们清除这个障碍,克服这个资本主义内在的矛盾,那我们就不能获得完全解放生产力的动力。"[①]所以资本主义的内在超越是一个幻想,一种严格的意识形态幻想:既想进一步推动由资本主义形成的生产力,同时又要摆脱阻碍和对抗性,但这种阻力和对抗性是生产力永久自我增长的社会条件。

第二,在齐泽克看来,马克思的剩余价值学说也是错误的。齐泽克借用了拉康关于诱惑机制中的欲望对象和欲望原因的区别进行了分析。欲望原因相当于诱惑机制中的女伴,欲望对象相当于被追求的女子。女伴的存在使被追求的女子更有吸引力。在正常的性行为中,欲望原因仅仅是阻挠接近欲望对象的障碍,而在恋物癖或者拜物教中,我们将欲望原因直接转化为我们的欲望对象。为了清楚地解释这个问题,齐泽克使用了电影《眩晕》中的案例。《眩晕》中恋物癖者并不关心玛德琳(欲望对象),而只是将欲望直接表达在那缕头发(欲望原因)上,从而完全忘记了他所追求的女子本身。欲望原因与欲望对象既有区别,又有联系,不可能消除欲望原因却仍然保留欲望对象。由此,齐泽克讨论了马克思的剩余价值学说。"现在——回到马克思——如果他的错误也是假定欲望对象(无法控制的扩张的生产力)甚至在被剥夺了它的成因(剩余价值)之后仍然保留下来,那会怎样呢?"[②]在剩余价值学说

---

① ［斯洛文尼亚］齐泽克:《资本的幽灵》,胡大平译,载《当代国外马克思主义评论》(4),人民出版社,2004年,第253页。

② 同上,第256页。

中,不断追求剩余价值是资本逻辑不断自我增殖的原因,这是欲望原因。欲望对象则是生产力的不断发展。马克思剩余价值学说的错误在于,一方面剥夺了欲望原因,也就是说消除剩余价值,另一方面还希望保留欲望对象,也就是保持生产力的继续发展,但这是不可能的。因为不断追逐剩余价值是生产力水平不断提高的原因,如果消除了这个欲望原因,那么生产力水平就不可能得到提高。

资本的内在限制在于其自身是错误的,并不意味着马克思的政治经济学批判已经过时。齐泽克认为,关键是将政治经济学批判从共产主义目的论预设中解放出来。这包含两个基本要点:其一,马克思的政治经济学批判依然是有价值的,必须回到政治经济学批判,必须对资本逻辑及其具体形态(比如虚拟资本主义)在世界范围内的扩张展开具体分析。其二,政治经济学批判不能预设共产主义这个目的,扬弃资本逻辑只能是彻底的否定性力量,而不是辩证否定。在齐泽克看来,从政治经济学批判入手,当前资本主义有四大危机:生态危机,知识财产的私有化,私人资本控制的新技术(尤其是生物遗传技术),新的隔离和贫民窟。在这四种危机中,齐泽克认为只有被吸纳者和被排斥者之间的对抗才是最有意义的对抗,只有这种对抗才是超越资本逻辑的力量。在这一点上,齐泽克高度赞同朗西埃的"无分之分"提法,也就是在社会结构的划分中,看起来是一个分子或者是一个成员,其实却没有任何位置或身份,这种彻底"失位者"(dislocated)才是反抗资本逻辑的真正力量。

(三)政治的治安化

尽管激进哲学的主要代表人物对于现代政治都有着自己的看法,但朗西埃对政治的理解最为独特。因此,在这里我们主要根据朗西埃的观点来讨论激进哲学对于现代政治的批判。朗西埃现代政治批判的独特性在于,将现代政治理解为治安结构,现代政治的病症在于治安化,政治批判的要义在于打破这种治安结构。

在朗西埃这里,"治安"大体上相当于现存的社会秩序,而不局限于政治领域。"治安"不同于马克思所描述的国家机器,虽然从字面上来看治安与警察具有相似之处。治安具有管理控制的含义；警察担负着维护社会治安、维护阶级统治的功能。但从本质来看，警察是国家机器的组成部分，是阶级统治的工具。在朗西埃看来，如果将治安等同于警察，这就陷入了国家与社会的二元对立，从而一方面将治安仅仅理解为政治管理，另一方面将治安理解为一个贬义概念。在朗西埃看来，"治安"是一个中性概念，它包含的范围比警察更广，其中并没有国家与社会的二元区分。

"治安"也不同于福柯的"治理"。在福柯那里，治理是对生命的权力控制。治理既包括国家机器，也包括社会中的组织和机构，涉及了关于人及其幸福的所有事物。福柯的"治理"概念中虽然没有了国家与社会的区分，但在本质上，治理指的是对身体和人口的规训与惩罚。治理通过身体的个体化和人口的社会化实现了对生命的控制。在朗西埃看来，治安不是某种权力控制，"不是一个社会功能，而是社会的一种符号建构。治安的本质不在于对生命的压制和控制，其本质在于以某种特定的方式分配感性"①。治安与治理的原则性区别在于：治理更加突出权力维度，而治安更加突出感性的分配。

就此而言，治安与法国社会学家布迪厄的"社会区分"概念更加相似。布迪厄在分析社会秩序时，强调既不能从结构主义，也不能从主体主义角度分析社会秩序的生产与再生产。社会区分依赖于不同类型的资本（经济资本、社会资本、符号资本和文化资本）所构成的场域，但不同场域的生产与再生产离不开主体的"习惯"和"信念"。习惯既不是主体的一种机械反应，也不是主体的自由选择，而是特定空间结构中一种策略性选择。习惯的固化形成了信念。信念就是主体将特定空间所规定的规范、价值视为天经地义的、不容置疑的，一旦形成了这种信念，主体就获得了相应的社会位置（空间）感。社会结构的区分是不同空间的区分，也是不同空间感的区分。社会结构区分的最高境界就是主体遗忘了社会区分与感性分配之间的对应关系，从而将这种对应关系视为习惯和信念。

在朗西埃看来，治安逻辑既是身份和职业的区分，也是与之相对应的感性的分配。在社会秩序中，每个人都被分配了一个特定的身份和职业。身份和职业规定了每个人的行为方式、生活空间和存在方式，也就相应规定了每

---

　　① Jacques Ranciere, *Dissensus: On Politics and Aesthetics*, Continuum, 2010, p.36.

个人的听、看、说等感知方式。感性的分配既意味着感知的分享,每个人都具
有与职业相对应的感知能力,也意味着感性的切割,每个人都不能超越特定
职业所赋予的感知能力的界限,借用中国哲学的说法就是,"非礼勿视,非礼
勿听,非礼勿言,非礼勿动"。"礼"规定了每个人身份和地位,也规定了每个
人的"视""听""言"和"动"的边界和能力。感性分配的关键在于职业身份与
感知能力的一一对应关系。

　　朗西埃的治安逻辑与布迪厄的社会区分相类似,但朗西埃没有忽视治
安逻辑的管控意义。治安逻辑的控制不在于意识形态的质询,而在于对空间
和感知的双重限定。治安逻辑的口号是:"喂,继续前进,这里没有什么好看
的。"①在大街上,没有什么好看的,也没有什么好做的,继续前进就可以了。
这里,双重限定一是表现在空间上,空间仅仅是特定身份、职业不断运转所
需要的空间,或者说是治安逻辑自身运转的空间,每个人都只需要在这个空
间中继续前进就可以了;二是表现在感性上,能看的只是特定空间规定的感
性,除此以外,没有其他什么好看的。

　　简言之,朗西埃所界定的治安,从范围上看,涉及社会生活的各个方面,
这里没有了经济与社会、基本生活与好生活的区分;从存在形态上看,治安是
社会秩序的普遍建构,其既包括国家机器,也包括阿尔都塞所分析的意识形
态国家机器;从实质上来看,治安的实质是区分,既是身份、职业、地位、空间
的区分,也是听、看、说、行等感性的区分,还是这两种区分的对应关系。

　　治安逻辑的区分是建构整个社会的普遍原则,因此治安具有双重特征:
一是虚空(void)的缺失,二是增补(supplement)的缺失。从虚空的缺失来看,
治安逻辑按照区分原则建构整个社会,这就必然要求各个部分之间没有任
何的缝隙;即使缝隙存在,也必然要求成为进一步区分的对象,从而克服这
个虚空。从增补的缺失来看,区分要求整体的每一个部分都必然要被安放,
每个人都必然被赋予一个身份和与之相应的感性,这里没有任何增补的可
能性。正如上面朗西埃提到的例子所说的,"这里没有什么好看的"。

　　朗西埃对治安逻辑特征的分析,如果放到卢卡奇的合理化批判中,就比
较容易理解。在《物化与无产阶级意识》中,卢卡奇借用了韦伯的合理化逻辑

---

　　①　Jacques Ranciere, *Dissensus:On Politics and Aesthetics*, Continuum, 2010, p.37.

指出,合理化必然遭到非理性的挑战。非理性表现为两个方面:一是整体与部分的矛盾。合理化总是按照计算原则将整体分成部分,各个部分之间的联系必然是按照计算原则建构的,因此,部分之间的联系一定是偶然的,一定存在断裂的可能性。二是内容与形式之间的矛盾。既然各个部分的合理化是按照计算原则建构的,计算意味着抹去内容的特殊性,保留形式的普遍性,但那些没有被计算、不能被计算的内容总是构成对形式的挑战。

朗西埃虽然没有借用卢卡奇的资源,也不用合理化—非理性这个分析模式,但他同样指出了,治安逻辑会遭到"不是部分的部分"(a part of those without a part)的挑战,会遭到"不能被计算的"(the uncounted)的挑战。这就是政治与治安的对立,就是政治的本质存在。"存在着两种计算共同体部分的方式。第一种仅仅根据不同出生、功能、空间和利益来计算构成社会整体的实存部分,这里排除了任何增补。第二种增补、计算不是部分的部分。我称第一种为治安,第二种为政治。"①

政治与治安相对立,政治的核心问题就是解释虚空与剩余。只有当虚空与剩余出现时,当"不是部分的部分""不被计算的"出场时,才有政治的形成。政治的诞生与主体的出场是同一过程。因此,政治并不能从给定主体的特定属性中推演出来。朗西埃将政治主体界定为人民,只有当人民出现时,才有政治的诞生。

人民不是一个特定主体,而是一个结构概念,凡是治安逻辑的虚空和剩余都可能是人民。"人民是一个增补性存在,表明计算不被计算的,或者不是部分的部分。"②如果说治安逻辑根据同一性原则赋予每个人以特定身份,人民则根据异质性原则打破特定身份的限制和感性的限制。

"人民"是一个结构性概念,那么其主体性力量来源于哪里呢? 在朗西埃看来,主体性力量来源于歧见。"政治的本质是歧见,歧见不是利益或观点之间的冲突。"③正如"人民"不是一个阶级概念,歧见也不是阶级利益的冲突,更不是对话中观点的差异。在这里,朗西埃将批判的矛头指向了哈贝马斯。

---

① Jacques Ranciere, *Dissensus:On Politics and Aesthetics*, Continuum, 2010, p.36.

② Ibid., p.33.

③ Ibid., p.38.

在哈贝马斯那里,政治是一个交往行为,交往的本质是对话,对话的前提是观点的差异。政治对话的关键在于在对话中消除差异,达成共识。但在朗西埃看来,交往行为先行设定了具有对话能力的主体,共识的形成假定了理想的对话环境。歧见既不设定给定主体,也不假设理想的对话环境。

歧见是感性的分歧。治安意味着感性的分配,意味着感性总是与特定身份相对应。感性的分歧则是打破这种对应关系,让被感性分配所遮蔽的感性呈现出来,让那些曾经不被聆听的被聆听,被认为不可见的被可见,被认为不具有言说能力的开始言说。

由此可见,朗西埃所理解的政治具有不确定性、偶然性和斗争性。政治的诞生是一个例外时刻。"政治的呈现都是一个时刻(moment),其主体总是不确定的。"①例外的主体以一种空的普遍性反抗治安逻辑。政治就是一个主体生成的过程,是一个主体化过程。这个主体化过程并不指向某个确定的未来,而是说,哪里有虚空,哪里有增补,哪里就有主体的生成,哪里就有政治。政治的主体是不确定的,政治的未来也是不确定的。

(四)犬儒主义意识形态批判

意识形态批判是马克思资本主义批判的重要组成部分。马克思的意识形态批判既是对占统治地位的观念批判,也是对产生观念的现实土壤的批判,是从观念批判回到生产方式的批判。在整个西方马克思主义理论传统中,意识形态批判同样是一个重要内容,卢卡奇的物化意识形态批判主要讨论的是工人阶级为什么缺乏革命意识。法兰克福学派的意识形态批判同样聚焦工人阶级和社会大众为什么陷入了肯定性思维,为什么缺乏否定性和批判性思维。在他们看来,商品结构、文化工业、科学技术、消费社会等都是意识形态的载体。激进哲学意识形态批判的核心问题在于打破历史终结论的迷雾,在于使人们认识到资本主义并不是非历史的,并不是注定要永存下去。在激进哲学的意识形态批判中,最具影响力的齐泽克的犬儒主义意识形态批判,具体包括两个要点:其一,揭示了意识形态的内在结构;其二,揭示

---

① Jacques Ranciere, *Dissensus: On Politics and Aesthetics*, Continuum, 2010, p.39.

了当代主导的意识形态是犬儒主义。

在齐泽克看来，"意识形态"这个概念充满复杂性，"意识形态"这个概念可以指任何事物，既包括使统治权力合法化的错误观念，也包括人们的直观性的态度；既包括具有行为取向的一整套信念，也包括维系个体与社会结构关系的不可或缺的媒介，等等。齐泽克认为，如果借助于黑格尔对宗教的分析，可以将意识形态的结构分为三个要素。

黑格尔区分了宗教的三个要素：教义、信仰和仪式。在齐泽克看来，这三个方面也是意识形态结构的三个要素：其一，对应教义的是作为观念复合体（理论、信念、信仰和论证过程）的意识形态，这可以概括为理论性的意识形态；其二，与仪式相对应的是客观形式的意识形态，即意识形态的物质性、意识形态国家机器，这可以概括为物质性的意识形态；其三，与信仰相对应的是最难以捉摸的领域，在社会现实中起作用的意识形态，这可以概括为日常观念的意识形态。任何意识形态都具有这三个要素。比如，自由主义作为一种意识形态，首先，具有理论性的意识形态层面，也就是从洛克到哈耶克等的自由主义理论；其次，具有物质性的意识形态层面，也就是自由主义表现为以机制、体制、结构等物质化的制度，比如，市场经济、民主选举、法律制度、新闻自由等；最后，具有日常观念的意识形态，也就是生活在机制体制中的人们自发地将自己视为一个自由的个体，参与到社会生活中。

在齐泽克看来，这三个层次具有内在的逻辑关系。这个内在逻辑关系就是黑格尔关于自在、自为和自在自为的区分。理论性的意识形态是自在的意识形态，作为一种教条，一个思想、信念、概念等的复合体，其目的是说服我们相信其真理。物质性的意识形态则是自为的意识形态，存在于物质的意识形态是通过行为得到落实的。阿尔都塞指出，意识形态国家机器是通过主体的实践行为得到体现的。比如在宗教仪式中，主体参与了这些仪式，成为意识形态的牺牲品。这看起来不是意识形态，但实际上也是意识形态的表现形式。日常观念的意识形态则是自在自为的意识形态。这种自在自为性体现在，我们将这种社会关系视为我们真正的社会存在，我们将之视为天经地义的、合乎理性的。日常观念的意识形态参与建构了我们现实的幻想结构。在齐泽克看来，马克思的商品拜物教批判就是对这种自在自为的意识形态的批判。一方面，作为物的商品自在地就具有幽灵般的对象性形式，另一方面，日常观念意识形态将这种商品中介的人与人的关系误认为是自律的、合理的。虽然对于具体个人而言,由于这种商品关系是一种客观的社会现实,每个人不得不从属于这种关系,但拜物教的关键在于将这种关系认为是天然的、合理的、不可改变的。

在意识形态批判方面,齐泽克最大的理论贡献是指出了当代资本主义占有地位的意识形态是犬儒主义。犬儒主义意识形态指的是在认知层面,人们不再受到意识形态的欺骗,能够很清楚地看到理论性意识形态的虚假性。比如,当资产阶级理论家欢呼自由、平等、博爱时,工人阶级非常清楚这种观念的虚假性,非常清楚自由背后的不自由、平等背后的不平等、博爱背后的排斥。但问题是,看清理论性意识形态的虚假性并没有使工人阶级走向反抗之路。同样,面对文化工业、大众传媒、符号消费等,人们也非常清楚这些物质性意识形态的虚假性,但人们仍然乐在其中,仍然接受充分享受这种快感,甚至"娱乐至死"。这种"心知肚明"基础上的"自投罗网"依然是一种虚假的意识,是对资本主义的"投怀送抱"。所以犬儒主义在本质上是一种启蒙了的虚假意识。在齐泽克看来,这种犬儒主义甚至已经渗透进了无意识的领域,已经转移到人们对于物质性意识形态的快感的享用。显然,这种主动配合式地享用资本主义意识形态的机制无非是先行认定现存社会秩序不可改变之后的一种"主动投降"。如果借助于当下的流行语来理解的话,犬儒主义就是"佛系",就是一种"不走心",一种"无意识",一种"怎么都行"。综上所述,激进哲学的资本主义批判理论的贡献在于:

第一,根据时代的变化,重新理解资本主义。虽然哈特、奈格里和齐泽克对于经济全球化有着不同理解,但有一点是共同的,那就是资本主义并不是永恒的,并不是非历史的,资本主义并不是历史的终结。资本主义也不是世界各国走向现代化的唯一康庄大道。从这个角度讲,发展中国家完全应该根据本国的具体国情走出一条具有本国特色的现代化道路。如果放到现代性的视域中来说,那就是资本主义现代性并不是现代性的终结。虽然从历史起源上说,现代性发端于西方现代性,但现代性与西方现代性的关系是一和多的关系,是普遍与特殊的关系。现代性本身就是复杂的、多元的。世界各国都应该走出自己独特的现代性道路。这一点对于坚定中国现代性道路的信心无疑具有积极意义。

第二，重提马克思的政治经济学批判。政治经济学批判是马克思走向马克思主义的关键一环。没有政治经济学批判，就不可能有马克思的唯物史观和剩余价值学说。抛弃了马克思的政治经济学批判，就不可能发展马克思主义。按照佩里·安德森的说法，马克思的资本主义批判有一个从哲学到政治再到经济的过程，西方马克思主义则倒转了马克思的批判，不断从经济转到政治再转到哲学，这就与马克思的政治经济学批判渐行渐远。激进哲学旗帜鲜明地提出回到政治经济学批判，回到马克思的资本逻辑批判，[1]就此而言，同样具有重大的理论意义。对于当代中国而言，只有回到政治经济学批判，回到生产方式批判，才能真正解决两极分化问题，才能解决生态危机问题。[2]

第三，对资本主义政治内在结构的批判。马克思主要是从市民社会与国家的关系角度展开资本主义政治批判的。葛兰西则强调了政治自主性，对西欧资本主义社会的独特政治结构（与资本主义国家并列的作为非政府组织的市民社会）做出了分析。拉克劳、墨菲的后马克思主义则进一步打破经济决定论，提出政治本体论，探讨了各种新社会运动中的领导权的接合（articulation）问题。朗西埃对资本主义政治的讨论抓住的是政治结构的内在原则，这个原则既不是利益原则，也不是权力原则，而是感性分配原则。对感性的限制，使人们丧失了共通感，也就使人们丧失了联合的基础，这对我们理解资本主义政治结构提供了新的见解。

第四，意识形态批判为破除历史终结论提供了新视角。遗忘人们对历史终结论的批判要么从历史观的角度指出这种历史终结论本质上是建立在人性基础上的唯心史观；要么从历史终结论的内在矛盾角度指出，由于平等意识与优越意识之间的张力始终存在，在特定条件下，优越意识仍会战胜平等意识，平等意识与优越意识的斗争使历史不会终结；要么从社会主义，尤其是中国特色社会主义的现实角度证明历史终结论已经破产。社会主义的发展使福山认为社会主义和资本主义这一分析框架已经失效，就此而言，就在一定程度上使历史终结论陷入了困境。当代激进哲学不仅在资本主义现实批判上指出资本主义的危机与困境，而且从意识形态上指出了人们普遍陷

---

① 参见周嘉昕：《政治经济学批判与当代激进哲学》，《世界哲学》，2015 年第 1 期。

② 参见陈学明：《回归政治经济学批判》，《哲学动态》，2014 年第 9 期。

入犬儒主义,这对于理解资本主义为什么垂而不死、腐而不朽同样具有积极意义。

同样,激进哲学的资本主义批判值得商榷的地方非常明显。在对经济全球化的认识问题上,齐泽克与哈特、奈格里代表了两种不同路向。齐泽克认为,经济全球化的实质是资本全球化,资本全球化是一个追求绝对控制的过程,但这个过程一定会遭到绝对的否定性(彻底的被排斥者)的反抗,问题是这种彻底的否定性力量怎么能够推翻强大的资本逻辑的力量。正如有学者概括的那样,"两个绝对之间没有桥梁"。[①]在马克思列宁主义那里,这个桥梁当然就是马克思主义政党。哈特与奈格里认为,经济全球化是非物质劳动全球支配权的形成过程,这个过程超越了民族国家的限制,超越了私人资本的统治,因此意味着一种全球民主的形成。这种观念显然过于乐观了。回到政治经济学批判,这毫无疑问是回归马克思的分析问题的方法,但认为马克思的剩余价值学说和生产力与生产关系矛盾运动是错误的观点,实际上从根本上否认了马克思的辩证法。马克思的辩证法主张资本主义的内在超越,这种超越是一种扬弃、一种批判性继承,而不是彻底否定。借用黑格尔和恩格斯都曾使用的一个比喻来说,批判资本主义绝不能像倒洗脚水那样把孩子也倒掉了。

四、激活了共产主义运动的新思路

共产主义是激进哲学持续关注的热点问题。2009 年到 2016 年,激进左翼思想家围绕共产主义观念展开了四次讨论。激进左翼哲学的共产主义不是作为历史必然性的生产资料公有制基础上的共产主义,而是着眼于如何形成作为共产主义(communism)根基的共同性(common)。也就是说,共产主义的核心要义在于打破私人占有,形成共同性。

激进哲学复兴共产主义的原因主要有三点:一是走出福山主义。苏联解体、东欧剧变之后,福山抛出了历史终结论,宣称人类的社会政治制度终结于资本主义的自由民主制度。资本主义自由民主制度是人类唯一可能的未

---

① 汪行福:《两个绝对之间没有桥梁》,《广西大学学报》,2017 年第 1 期。

来与方向。在这个意义上,历史终结论是意识形态的终结,是资本主义自由民主制度的终结,再也不可能有其他民主制度和意识形态的可能性。但在激进左翼看来,随着新自由主义的肆虐,面对巨大的贫富差距、生态危机、局部战争等问题,尤其是 2008 年以来的金融危机所引发的经济危机,人们确信资本主义并不是人类的福音,更不是人类的未来,资本主义由于其内在限制一定会带来危机。由此,走出福山主义,寻找新的可能性就成为激进左翼的方向。二是走出传统社会主义。激进哲学普遍的理论倾向是将社会主义与斯大林的极权主义等同起来,因此反对社会主义。三是接续马克思主义。在马克思主义经典作家那里,扬弃资本主义的现实运动是共产主义。无论是青年马克思,还是成熟时期的马克思,都将共产主义理解为资本主义的自我扬弃。正是基于这三个方面的考虑,激进哲学试图重新激活共产主义,这虽然未必是一个"新发明"①,但一定是被激活了的资本主义批判的"新武器"。

(一)共产主义的假设

巴迪欧复兴共产主义的关键词是"共产主义假设"。什么是共产主义假设呢? 从字面意思就能看出这是一种设定,设定统治阶级对雇佣劳动的统治并不是必然的,而是可以消除的。巴迪欧根据《共产党宣言》中的论述指出,共产主义假设是假设消灭财富不平等、劳动分工的集体性组织形式是可能的。这具体包含两方面:其一,私人大量占有财产,或通过遗产来占有财产将不再可能;其二,国家将没有存在的必要,自由人的联合使国家逐步消亡。

《共产党宣言》中的共产主义并不仅仅是一种假设,还是具体行动的指南或纲领。但巴迪欧的共产主义假设只是一种观念,而不是一个纲领。共产主义并不因为只是一个纲领就意味着没有具体的措施,共产主义假设具有实验的性质。作为一个观念,共产主义观念的基本原则是平等,是关于平等的纯粹观念。在这个意义上,共产主义假设是一个"恒量",这个"恒量"在历史过程中不断地呈现出来。

---

① 参见汪行福:《为什么是共产主义? ——激进左派政治话语的新发明》,载《当代国外马克思主义评论》(8),人民出版社,2010 年。

　　在巴迪欧看来，作为平等观念的共产主义假设在国家诞生之日就存在了。当人们以平等正义的名义反对强权统治时，这一假设就已见端倪了。历史上的各种人民起义都是共产主义假设的实际例证，无论是斯巴达克斯领导的奴隶起义，还是闵采尔领导的农民起义。法国大革命则标志着共产主义假设进入了现代。"伴随着法国大革命的爆发，共产主义假设开启了政治现代性的时代。"①在现代性历史的画卷中，共产主义假设分为两个时期：第一个阶段是从 1792 年到 1871 年的共产主义奠基时期，也就是从法国大革命到巴黎公社。这个时期共产主义假设的现实化表现为以暴力推翻现存秩序，将民众运动和夺取政权联系起来，革命将消灭社会的旧形式，建立平等的共同体。这个阶段以巴黎公社的失败告终。巴黎公社虽然展现了工人阶级领导的群众运动和武装暴动的革命力量，但巴黎公社也有自身的局限性，这就是公社成员没有将革命建立在民族国家的基础上，未能保卫革命。

　　第二个阶段是从 1917 年到 1976 年共产主义假设的高涨阶段。这个阶段的核心问题是如何赢得胜利？面对反动阶级的反扑，如何坚持下去，如何组织新的力量？面对这些问题，组织问题成了关键的问题。第二个阶段最显著的特点是政党的组织纪律问题。无产阶级专政国家虽然在教育、公共医疗、劳动保障等问题上取得了成效，虽然在国际舞台上制约了帝国主义，然而问题在于，这种政权内部存在严重的隐患。

　　共产主义假设进入政治现代性之后的时间序列有三个基本特征：

　　第一，共产主义假设存在着间歇期或者说低潮期，也就是从 1871 年到 1914 年有一个间歇期。面对帝国主义在世界范围内的胜利，共产主义假设不堪一击。20 世纪 70 年代之后，第二阶段已经结束，试图恢复第二阶段不再可能，共产主义假设再次进入了间歇期。这个时间序列表明，20 世纪 70 年代之后，共产主义假设进入低谷不过是其内在规律的表现。

　　第二，共产主义假设幽灵般地重现。巴迪欧认为，在当下共产主义假设幽灵般地出场，这就是 2007 年萨科齐当选法国总统。萨科齐提出了革新之路在于"一劳永逸地消除 68 年五月风暴的影响"。这个口号在巴迪欧看来是

---

　　①　［法］巴迪欧：《共产主义假设》，罗久译，载《当代国外马克思主义评论》(8)，人民出版社，2010 年，第 35 页。

"怪事一桩"。"68 年五月风暴"不早已结束了吗？为什么萨科齐提出这样的宣传口号？为什么萨科齐认为仅仅消除共产主义的经验形式还不够，还必须消除共产主义的所有形式，包括幽灵形式或观念形式？当萨科齐这位资产阶级右翼分子提出这个口号时，这只能从反面说明"共产主义幽灵"再一次"现身"。在巴迪欧看来，萨科齐的当选是一种新贝当主义的胜利。①贝当主义的基本原则是可以概括为恐惧与保守主义的联盟。恐惧有两种：一种是对外国人、工人、来自郊区的年轻人和黑人的恐惧，或者说的是社会反抗力量的恐惧，这是原初的恐惧；另一种是面对原初的恐惧，人们渴望保护自己的主人，但这个主人可能变为统治者，这是对主人统治或警察形象的恐惧。当两种恐惧并存的时候，人们宁愿为了克服原初的恐惧，而委身于警察的统治。所以在巴迪欧看来，萨科齐的当选是人们面对两种恐惧时，为了消除第一种恐惧而选择了右翼保守主义。这恰恰说明了现实生活中已经出现了共产主义幽灵，所以人们才选择了萨科齐这个"警察头目"，才会寻求保守主义的统治，以获得安全感。巴迪欧结合贝当主义对萨科齐当选进行分析，其目的在于，提示现实生活中已经出现了幽灵般的"共产主义假设"，已经使统治阶级感到不安。

第三，现实世界的确存在共产主义幽灵。巴迪欧认为，柏林墙的倒塌并不意味着历史的终结，世界并不像福山所欢呼的将共同走向唯一的自由民主道路。恰恰相反，新的隔离墙、新的分裂在世界的每一个角落建立起来了。新的隔离墙不再是传统意义上东方社会主义与西方资本主义阵营，而是在富有的北半球和贫穷的南半球之间，在巴勒斯坦与以色列之间，在墨西哥与美国之间、富人与穷人之间，在每一个富人区与贫民窟之间。"一个统一的资本世界的假设，其代价就是人类的生存被警犬、官僚体制、海军巡逻、铁丝网和驱逐粗暴地去隔为不同的领域。事实上，所谓'移民问题'，就是以外来劳工所面临的情况鲜明地证明——对于人类来说——全球化的'统一世界'是一个假象。"②

---

①　贝当是第二次世界大战时的法国元帅，他的基本判断是法国人民对战争的恐惧必定甚于害怕战败，因此法国接受投降，获得了相对平静。

②　[法]巴迪欧：《共产主义假设》，罗久译，载《当代国外马克思主义评论》(8)，人民出版社，2010 年，第 38~39 页。

正是面对这个分裂的世界，巴迪欧寄希望于共产主义假设的再度现实化，也就是平等原则的再度实现。

首先，在于确认所有人都和我自身同属一个世界，这是一个存在论的革命。只有一个世界是确定无疑的公理和原则。"在这里，我们颠覆了'世界是由对象和符号统一起来的'这个占统治地位的观念，认为统一性是通过活生生的、在此时此地行动着的存在者造成的。"①巴迪欧在这里很显然借助了海德格尔的存在论变革。由对象和符号建构起来的世界是一种典型的理性形而上学世界观，对象是我们表象的对象。在海德格尔哲学的影响下，巴迪欧接受了世界是"此在"在世界之中的存在，又是与他人共在的存在。

其次，同一个世界是一个差异的世界。这个世界无疑充满了差异，但这些差异的存在本质上是世界的属性。"这个唯一的世界正是存在着一系列无限的差异的地方。用哲学的方式来说就是，这些差异远非对于世界的唯一性的怀疑，而恰是后者之存在的原则。"②这些差异中最明显的就是身份差异。巴迪欧认为，身份是某种恒定的差异。身份在双重意义上与差异有关，一方面身份就是与他人的不同，这是否定性的，尤其是面对同化的强制性要求时，身份在于坚持我与他人的差异。另一方面，身份是恒定的，这个方面则与新环境下身份的内在发展有关，也就是尼采说的"成为你所是"，也就是以一种创造性方式逐渐将特定身份（特殊性）与所处的地方相适应。这样，他将不是通过任何内部的断裂，而是通过一种身份的扩展来造就新的身份。

最后，这种对多样性存在的确认是由行动规定的，是有实践指向的。行动需要勇气。勇气是自己决定自己命运的勇气，尤其在面对时代的迷失时，勇气是最重要的德性。什么是勇气？其一，勇气是一种德性。这不是一种固有的天性，而是在实践中形成的，是一种自我建构和被建构的过程。其二，勇气需要坚持。勇气是对不可能性的坚持。这种对不可能性的坚持不是英雄主义。英雄主义只是一种姿态，只是一个瞬间，而不是一种德性。英雄主义是暂时性的，是一个人转过身去面对不可能性的那一刻的姿态，而勇敢的德性是

---

① ［法］巴迪欧：《共产主义假设》，罗久译，载《当代国外马克思主义评论》(8)，人民出版社，2010年，第39页。

② 同上，第40页。

一种历时性的,是一种坚持。"勇敢的德性则是通过对于不可能性的坚持得到的:时间是它的原料。"①其三,坚持需要共产主义假设的时间秩序,这就是巴迪欧主张的三个序列和间歇期的时间序列, 而不是某个执政党或某个领导人的执政时间。共产主义间歇期的任务是:"通过思想进程(其特点通常是全球的或普遍的)和政治进程(通常是局部的或个案的,但却是可传达的)的结合,在我们的意识之中,在大地上重新打造共产主义假设。"②

(二)共产主义的从头开始

齐泽克复兴共产主义的关键词是"从头开始"。为什么需要从头开始? 齐泽克认为,面对 1989 年的东欧剧变,人们通常有两种态度:一种是幸灾乐祸,一种是悲天悯人。幸灾乐祸指的是,这些人认为共产主义试图将极权主义的幻想强加给整个社会,因此陷入了失败。悲天悯人指的是,这些人认为共产主义的公正社会理想非常美好,但理智告诉这些人,共产主义不切合实际,计划经济只能带来新的不自由。齐泽克拒绝这两种态度,认为失败更好,一切从头开始。这包含两个基本要点:第一,对于齐泽克来说,苏联共产主义模式实际上是斯大林的极权主义,所以失败更好;第二,从头开始,必须重新开启共产主义。

"失败更好,从头开始"这个说法来自列宁。列宁当年面临的问题是,在布尔什维克取得社会主义革命的胜利之后,为什么需要引入新经济政策,为什么需要给市场经济和私有财产提供空间? 列宁的答案是从头开始,后退就如同登山者的登山,为了登上新的高峰必须从原先的山峰退下来,这并不是一种机会主义的错误。这个过程当然充满了艰辛,比如,新的高峰是一个未知世界,没有人走过;比如退下来的过程容易失足,比如后退的过程充满了悲观的情绪;比如退回来的过程是一个缓慢的过程,是离目标越来越远的过程;比如山下面人的嘲笑。但列宁说,这是必须要做的,因为 1922 年苏联社会主义的经济基础还没有完成。这种后退是马克思主义真理的要求,也是社

①②　[法]巴迪欧:《共产主义假设》,罗久译,载《当代国外马克思主义评论》(8),人民出版社,2010 年,第 42 页。

会主义保持机体活力和灵活性的途径。只有这样做,社会主义才不会破产。齐泽克还引用了克尔凯郭尔和卢卡奇的说法。克尔凯郭尔曾说,革命不是一个渐进的进步,而是一个重复的运动,一个一而再、再而三的从头开始的重复运动。卢卡奇也说:"航程结束,航行开始。"一段特殊的革命航程结束了,真正的旅行才刚刚开始。

对于齐泽克来说,当下的问题在于苏联解体、东欧剧变的失败更好,原因在于斯大林的极权主义已经背离了社会主义。针对这一问题,列宁与斯大林的具体表现是不同的。在登山比喻中,列宁强调了在后退的过程中,由于各种因素的干扰,尤其是悲观主义的影响,后退特别容易陷入混乱,此时纪律就显得特别重要。这种纪律当然包含使用暴力。但列宁并不是一个极权主义者,这与斯大林极权主义并不相同。对于列宁来说,那些在退却过程中被剥脱了言论自由的权利的人,没有剥脱他们的沉默权,也就是他们被允许内心的自由,或者说"内心的流放"。然而对于斯大林主义来说,这种沉默权被取消了。人民大众被迫参加大型集会,表达对于斯大林主义的支持,艺术家和知识分子也被要求为斯大林或官方的马克思主义摇旗呐喊。这是列宁与斯大林的区别之一。区别之二在于,列宁支持苏维埃的每个民族国家的主权,但斯大林主义反对民族自由主义。区别之三在于,列宁关心的不是在一国建设社会主义,而是教育、普及教育、效率、技术等等,列宁嘲笑一切封建的社会主义。区别之四在于,列宁反对官僚统治,而是要求建立中央监察委员会,提出权力分工制衡、相互监督来解决谁来管理管理者的问题。斯大林这里则是权力高层的集权,这种集权的最极端形式是权力高层可以决定基层的意愿,基层不可能再有任何自主性的意愿。"中央委员会决定基层可以把何种愿望当作它自己的意愿交给更高层的权力。"①显然这些方面都表明斯大林的极权主义背离了共产主义。齐泽克认为这种共产主义当然失败更好。

问题是如何从头开始呢?齐泽克首先批评了传统西方马克思主义的虚假革命立场。传统西方马克思主义将共产主义的"从头开始"理解为重新寻

① [斯洛文尼亚]齐泽克:《如何从头开始?》,汪行福译,载《当代国外马克思主义评论》(8),人民出版社,2010年,第51页。

找革命主体的过程。传统西方马克思主义一方面引入了精神分析,讨论为什么工人阶级不能从自在走向自为,从而将自己转变为革命者。通过精神分析的讨论,西方马克思主义指出了社会环境和工人自身的无意识力更加阻止阶级意识的觉醒。另一方面,西方马克思主义开始寻找工人阶级的替身,他们寻找的是第三世界的农民、学生、知识分子和被排斥者。但齐泽克认为这样拼命寻找革命主体,其实表明了自己的不作为。"等待别人来为我们做事正是美化我们自己不作为的方式。"①也就是说,西方马克思主义者是理论上的"巨人",实践行动中的"侏儒"。这显然是虚假的左翼立场。

其次,齐泽克赞同巴迪欧的说法,如果没有共产主义假设,那么在集体行动领域就没有任何有意义或有价值的事情。没有共产主义视野、没有共产主义理念,历史和政治的变迁就没有什么让哲学家们感兴趣的东西了。但齐泽克认为,不能用康德的方式来解读巴迪欧。用康德的方式就是将共产主义假设理解为调节性的理念,通过复活伦理社会主义的幽灵,将平等视为先天的规范和公理。为什么不能将之视为一个永恒的理念呢? 齐泽克的观点是,如果"将共产主义当作一种永恒的理念暗示着产生它的社会环境也是永恒的,共产主义所反对的社会对抗总是始终存在着。从这里到对共产主义的解构的阅读仅一步之遥,即把共产主义视为在场、消除一切异化表征的梦想;一个以其自身的不可能性而行之天下的梦想"②。这里有两点:其一,伦理的共产主义的前提是假定了批判的对象的永恒性,先行假定对象是不可改变的,能够改变的是我们的心灵,这既陷入了宿命论,又陷入了唯意志论。其二,这样的解读共产主义实际上解构了共产主义,将之变成了一个梦想,包治百病的灵丹妙药。共产主义就不再是一个梦想了,而是一个幻想了。

最后,共产主义的生命力在于反对现实矛盾的行动,所以应该从资本主义社会现实中的对抗角度理解共产主义运动。在这个意义上,齐泽克认为,像巴迪欧那样仅仅对共产主义的假设保持忠诚是不够的, 必须在历史现实中分析对象,从而揭示实践的迫切性。齐泽克列举了四种对抗。"私有产权和

---

① [斯洛文尼亚]齐泽克:《如何从头开始? 》,汪行福译,载《当代国外马克思主义评论》(8),人民出版社,2010 年,第 54 页。

② 同上,第 55 页。

知识财富的不一致性、新的技术–科学的发展,尤其是生物领域发展的社会伦理意义,新的社会隔离形式–新的隔离墙和贫民窟。"最后一个被包容者和被排斥者之间与前面三者有着质的差别。其他三者涉及的是奈格里和哈特的共有物的问题,也就是我们的社会存在在本质上应该是共享的,但这些共有物的私有化是一种强暴行为,因此应该对之反抗。只有第四种对抗,即被排斥者才可以给共产主义正名。最大的私有化就是对通过共同体的私有化,就是排斥被排斥者。也只有被吸纳者和被排斥者的斗争,才是最关键的斗争。

真正的道路是:"越过康德往前,一个人应该在这里接着说,存在着这样的社会群体,由于它在社会等级的'私有'秩序中缺乏确定的定位,从而直接地代表着普遍性。"这就是朗西埃的非部分的部分。所有的解放性政治学都产生于理性的公共使用的普遍性和非部分的部分者的普遍性之间的短路,也就是两种普遍性的斗争。前者是康德说的理性的普遍性,后者是一种空洞的普遍性。齐泽克认为,青年马克思的梦想就是哲学的普遍性与无产阶级的普遍性结合起来。这个过程就是民主:被排斥者进入社会政治空间。

面对被排斥者,自由主义的民主观通常的立场是包容,对少数派的包容。"所有的立场都要被倾听,所有的利益都要被考虑,每个人的人权都要被保障,所有的生活方式、文化和习惯都被尊重,等等。"方式是谈判和妥协。齐泽克的观点是,这种方式没有注意到被排斥者所体现的普遍主义立场。齐泽克的立场是,不同角色的爆炸性组合,这个爆炸性组合让我们想起了阿尔都塞的观点,阿尔都塞关于辩证法的第三个阶段(从矛盾的转移到矛盾的压缩再到矛盾的爆炸)就是爆炸性组合。

(三)共产主义的共者

哈特、奈格里共产主义理论的关键词是"共者"。在哈特、奈格里看来,共产主义的政治想象首先就要超出私有与公有的逻辑。2008 年的经济危机带来了新的政治想象,带来了对新自由主义的批判。但在哈特、奈格里看来,我们的政治想象依然局限于一种要么资本主义,要么社会主义;要么运用私有财产的规则,要么使用公有财产的规则。当国家管控出现弊端时,人们想到就是私有化;当私有资本肆意扩张带来危机时,人们想到的就是公有化,即国家调控。哈特认为,共产主义必须要么走出社会主义,要么走出资本主义的想象。如果说财产"私有"对应的是资本主义,"公有"对应的是社会主义,那么"共有"对应的就是共产主义。当下的政治想象应该是以共者为基础的共产主义,这才是"另外的可能","既不是资本主义的私有财产,也不是社会主义的公有财产,而是共产主义的共者"。①

这种说法有没有理论与现实的依据呢?从理论上看,这种超出"公"与"私"对立的"共"在马克思的文本中有没有理论依据?从现实来看,这种共有指的是什么?这种共有何以能够成为共产主义的基础?

从理论上看,哈特、奈格里认为马克思在《1844年经济学哲学手稿》中为复兴共产主义提供了理论启示。哈特对《1844年经济学哲学手稿》两个笔记做了独特的分析。在《私有财产的关系》笔记中,马克思认为从传统社会到现代社会的变迁是从不动产到动产的变迁,是从地租到利润的变迁。哈特从马克思的分析中得出了三个基本要点:第一,动产对不动产的胜利显然不是量的胜利,而是质的胜利,是支配能力的胜利。就当时的客观现实而言,即使最发达的英国,工业从数量上也不占据支配地位,但动产对不动产的胜利不是一种数量的胜利,而是说其他生产形式都是按照工业生产所建构起来的。第二,动产对不动产的胜利,意味着利润取代了地租占据主导地位,利润取代了租金,成为主导的占有模式。在收取地租阶段,利润是外在于价值生产过程的,但利润的生产是内在于资本的生产过程的,这就提示了劳动是财富的唯一本质。第三,这里最关键的是马克思的分析方法,只有从社会中占据主导地位的生产方式出发,才能理解社会的变迁。这大体上类似马克思所指出的"人体解剖是猴体解剖的钥匙"。正是这种思维方式使哈特认为,要理解从资本主义到共产主义的过渡,就必须从社会中占据主导的生产方式出发。

从现实上来看,哈特、奈格里认为,当代资本主义正在发生一个新的转变,这就是非物质生产占据了主导。第一,非物质的或生命政治的生产成为新的主导方式。生产观念、信息、图像、知识、代码、语言、社会关系、情感等非物质形态占据了主导。第二,非物质生产领域占据主导,同样在质的意义上

① ［斯洛文尼亚］齐泽克:《如何从头开始?》,汪行福译,载《当代国外马克思主义评论》(8),人民出版社,2010年,第72页。

的,同样是在支配力、控制力和渗透力上来说,而不是在数量意义上的。非物质劳动是当今社会的"普照的光""特殊的以太"。在当今时代,工业不得不信息化,知识、代码、图像正在渗透到传统生产的诸多部门,情感和关切的生产在资本剩余价值生产过程中也更为关键。第三,从物质生产到非物质生产的转变同样意味着两种财产形式的转变。在马克思的时代,斗争发生在不动产(比如土地)和动产(比如物质商品)之间,今天斗争发生在物质和非物质之间。马克思当时关注的是财产的可动性、稀缺性和可复制性,今天的斗争就是专享财产和共享财产之间。共有与财产的冲突呈现为观念、图像、知识、代码、语言甚至情感都可以被私有化,并被当作财产,但管理所有权就更加困难了,因为它们太容易被复制和分享。为了实现它们的最大生产率,观念、图像、情感都必须成为共同的和共享的。第四,资本逻辑的内在矛盾就在于一方面私有财产要求将共有私有化,但另一方面,共有财产一旦私有化,其生产效率就低下。在新自由主义的影响下,共者越是被圈起来当作私有财产,其生产率就越会降低。资本生产关系的内在挖掘在于共者的扩张,这就必然意味着资本这种生产关系的瓦解。"正如马克思认为运动必胜于不动,今天是非物质的胜于物质的,可复制的胜于不可复制的,共享的胜于专享的。"①

如果说在非物质劳动占据主导的时代,共者打破私有财产的限制是客观的社会现实的话,这种客观的社会现实就一定意味着共产主义吗?这种判断有理论依据吗?这个问题关涉哈特所讨论的《1844 年经济学哲学手稿》中的第二个笔记"私有财产与共产主义"。哈特认为,"共者"是理解马克思这个笔记和理解共产主义的关键。

第一,"共产主义是扬弃了私有财产的积极表现"。这个积极表现是什么意思?马克思在解释这个积极表现时首先批判了粗陋的共产主义,粗陋的共产主义要求私有财产的普遍化。通常的解读是粗陋的共产主义不要求消灭私有制,只是在私有制的范围内要求平等化。在哈特看来,这种解释并不恰当,因为如果真的将私有财产彻底地普遍化,那么也就不再是真正的私有制了。在哈特看来,马克思这里强调的是,在粗陋的共产主义那里,尽管财产的

---

① ［美］哈特:《共产主义之共者》,陆兴宇译,载《当代国外马克思主义评论》(8),人民出版社,2010 年,第 76~77 页。

私有属性被剥离了,但仍保留了财产,粗陋的共产主义并不消灭财产。在哈特看来,马克思所强调的共产主义不仅仅是对私有财产的扬弃,而且是对财产本身的扬弃。马克思说:"私有财产使我们变得如此愚蠢而片面,以致一个对象,只有当它为我们拥有的时候……才是我们的。"①哈特从这里解读到,扬弃私有制也就是扬弃"只有当某物为我们拥有的时候才是我们的状态",这是一种什么样的状态?"当我们并不拥有某物,而它却仍是我们的,这会意味着什么?"②显然,扬弃私有财产的状态就是一方面某物并不为我们所拥有,但另一方面该物仍然是我们的。这种人与我的关系是什么呢?即不拥有又拥有,只有不拥有的时候才拥有。哈特认为,马克思所寻找的正是上述的"共者"。共者的特征在于,不能被私人占有,但又可以被共享。这种关系与财产关系不同,无论是私有财产关系,还是公有财产关系,看不到现实生活中的共有关系是我们自身的悲剧。"我们已经变得如此顽固,以至于我们只能把世界看作要么是私有的,要么是公有的。我们变得看不见共者了。"③

第二,在哈特看来,《共产党宣言》同样提示了共者。马克思在《资本论》中提到了"从资本主义生产方式产生的资本主义占有方式,从而资本主义的私有制,是对个人的、以自己劳动为基础的私有制的第一个否定。但资本主义生产由于自然过程的必然性,造成了对自身的否定。这是否定的否定。这种否定不是重新建立私有制,而是在资本主义时代的成就的基础上,也就是说,在协作和对土地及靠劳动本身生产的生产资料的共同占有的基础上,重新建立个人所有制"④。马克思在这里表达了扬弃私有财产的否定之否定的过程。第一个否定是资本主义私人所有制对以个人自己劳动为基础的私有制的否定,也就是资本主义对自给自足的小农经济的否定。第二个否定是资本主义私人所有制的自身否定,这个过程不是重新建立私有制,而是重新建立个人所有制。否定之否定是通过协作和共同占有实现的。在哈特看来,马克思这里提示了资本主义势必带来合作以及共者日益占据主导地位,资本主义带来推翻自身的共者的共产主义。但哈特认为,马克思在这里仅仅强调

① 马克思:《1844年经济学哲学手稿》,人民出版社,2000年,第85页。
②③ [美]哈特:《共产主义之共者》,陆兴宇译,载《当代国外马克思主义评论》(8),人民出版社,2010年,第81页。
④ 马克思:《资本论》(第一卷),人民出版社,2004年,第874页。

了物质因素,即把动产和不动产变为共有。这对非物质劳动占据主导的时代显然不合时宜。

第三,马克思在《1844年经济学哲学手稿》中对共产主义的定义则很好地解决了这个问题。马克思在《1844年经济学哲学手稿》中提道:"共产主义是对私有财产即人的自我异化的积极扬弃,因而,它是人向自身、向社会的即合乎人性的人的复归。"①哈特抓住的是"通过人并且为了人而对人的本质的占有"。首先,什么是占有? 占有不再是对象的占有,而是对人的占有,对人的本质的占有。马克思说:"人的本质在其现实性上不是抽象的存在物,而是社会关系的总和。"所以占有人的本质就是对人的社会关系占有。其次,这种不是以财产形式的占有,而是以感性中枢为形式,以创作和生产能力为形式。再次,这种占有也不是对某个已经存在的物的占有,而是一种创造,一种新事物的生成,也就是主体性的生产,全新感觉中枢的生产。为什么是这样的,哈特引用了马克思的原文:"在被积极扬弃的私有财产的前提下,人如何生产人——他自己和别人。"②哈特认为,这里要避开对马克思做人道主义的解释,似乎马克思预设了人的本质的理念,共产主义就是这个理念的实现。福柯指出,不能将马克思所理解的"人生产人"作为人道主义来理解。这个过程是对我们之所是的破坏,是对于完全他者性的创造,是一种创新。"生命政治的过程不仅仅局限于资本作为社会关系的再生产,而且为一种能够摧毁资本并创造全新的某种事物的自主过程提供潜能。"③这个过程通常被理解为新的剥削和资本控制,但在哈特看来,福柯已经指出了生命政治之生产实际上为劳动提供了更多的自主权,为自身的解放提供了武器和工具,从而超出了资本关系的界限。在哈特看来,扬弃私有财产的过程是一个自主的主体性生产过程,是对人性——新的看、新的听、新的想、新的爱——的人类生产。

哈特、奈格里认为,这是政治经济学批判中的生命政治维度。在这个维度中,马克思指出资本主义生产的目的不是创造对象、创造物,而是创造主

① 马克思:《1844年经济学哲学手稿》,人民出版社,2000年,第81页。
② 同上,第82页。
③ 〔美〕哈特:《共产主义之共者》,陆兴宇译,载《当代国外马克思主义评论》(8),人民出版社,2010年,第81页。

体,创造一种新的社会关系和生活形式。资本在马克思那里也不是一种物,而是社会关系或生活的形式。哈特举了一个非常有意思的例子:"我们可以把电冰箱和汽车的生产仅仅视为两个中转站,前者通向创造围绕着冰箱的原子式家庭的劳动和性别关系,后者则通向全部被隔离于各自在高速公路上的小轿车的个体和大众社会。"①这非常清楚地揭示了生产不仅是商品的生产,或者说不仅是物的生产,还是生产关系或生活形式的生产。

在对共产主义重新理解的基础上,哈特、奈格里回应了关于共产主义的四个质疑:

第一,共产主义假设历史是阶级斗争的历史。人们通常质疑这个斗争维度,通常认为历史是受资本控制的,因此不可能是斗争的历史。在哈特和奈格里看来,这种观点忽视了资本是一种社会权力关系,在这个权力关系中,无产阶级虽然处于从属地位,但从来都是生产资本的劳动力。非物质劳动不仅生产产品,也生产主体性,主体性的生产过程就是一个共产主义过程。

第二,成为共产主义者意味着反对国家。人们通常质疑共产主义并不反对国家,共产主义的初级阶段意味着以民族国家的方式实现劳动的集体配置。在哈特和奈格里看来,这也是错误的。共产主义不仅反对一切私有制,也反对一切国家公有制。共产主义意味着彻底的民主方式。作为革命主体的多众实际上是"诸单独性"(singularities)。这是一种典型的自治主义。

第三,成为共产主义意味着建立一个消灭剥削和国家的新世界。人们通常认为这是一种历史幻觉。但在哈特和奈格里看来,这里没有任何目的论和历史哲学框架,而是一种集体的欲望,这是一种对剩余价值的重新组织。随着非物质劳动占据主导,从劳动力榨取剩余的劳动越来越难以被资本家圈占,这就形成了反对资本的主体和众多的单独性。

第四,共产主义伦理也不是一种政治意识形态,而是一种反对国家的伦理,一种对屈从和剥削的反抗。共产主义伦理具有三个基本要素:反对国家的起义、共同的战斗和制度的生产。在这些因素中,存在两种激情:一是摆脱控制的反抗的激情,二是摆脱孤独的爱的激情。"当共产主义伦理显现为对

① ［美］哈特:《共产主义之共者》,陆兴宇译,载《当代国外马克思主义评论》(8),人民出版社,2010年,第84~85页。

穷人的权力和追求爱、平等和团结的共同欲望进行充分而创造性的结合之际,它再次就触及生命(或死亡)的宏大问题并呈现出崇高尊严的性质。"①

(四)共产主义的现实性

朗西埃的共产主义理论的关键词是"现实性"。马克思说:"共产主义对我们来说不是应当确立的状况,不是现实应当与之相适应的理想。我们所称为共产主义的是那种消灭现存状况的现实的运动。这个运动的条件是由现有的前提产生的。"在这里,马克思指出了共产主义的基本特征:第一,共产主义不是一个纯粹的应当或一个抽象的理念,不是一种抽象理念的外在化或具体化;第二,共产主义是在现实的前提基础上改变不合理现状的现实的运动。朗西埃对共产主义的现实性研究正是基于这两个方面。

共产主义的现实性不是共产主义理念的现实性。何为共产主义理念的现实性?在朗西埃看来,共产主义理念有两个基本的原理:其一,共产主义不是一个抽象的理念,而是一种现实的生活形式。在马克思看来,资本主义民主所主张的自由和平等仅仅存在于资本主义的国家和法律中,这种自由平等实际上是以市民社会中的不平等为前提的。市民社会中看起来也是自由平等的,但实际上未能实现这种自由和平等。因此,自由平等只是以一种孤立的形式存在于资本主义的国家和法律中,马克思所主张的共产主义则是要将自由与平等转化为一种感性的现实,将它安放在一个现存的共同世界中,这就没有了国家、法律领域的自由平等和市民社会中不自由不平等的区分。其二,这种生活形式不是原子式的个体的简单结合,从而消除自私性或不正义,这种简单聚集大体上相当于将一堆土豆装到口袋里,土豆之间的结合仍是任意的。共产主义是已经存在于社会中的普遍性的彻底实现,尽管这种集体合理地存在于私人利益的特殊性和非理性之中。正如马克思指出的那样,集体力量已经存在于资本主义生产的对象化形式中,只不过这种对象化形式在资本主义生产关系下仍是片面的。共产主义唯一需要做的就是,寻

---

① 〔意〕奈格里:《共产主义:概念与实践之思》,申林译,载《当代国外马克思主义评论》(8),人民出版社,2010年,第69页。

找一种重新占有这种生产力的集体的主体的形式。

在朗西埃看来，这种理解是有问题的，问题就在于这个"唯一性"，是不是寻找一种重新占有生产力的主体的集体的形式就是共产主义了？为了解决这个问题，共产主义理念还有两个补充性原理：一是假定存在着一种动力机制，这种动力机制消除资本主义的私人占有形式，实现这种集体力量，这是一种联合的力量；二是这个力量的实现过程是一个必然过程，其瓦解了宗教、民族、国家等其他共同体的形式，也就是说共产主义是一个不断消解传统共同体形式的过程。

在朗西埃看来，加上这两个原理之后，并没有解决上述的"唯一"问题，这样理解的共产主义现实性仍然不过是一种内在于共产主义理念之中的现实性，共产主义的现实性必须在当下的具体现实中有所体现。换言之，对共产主义现实性的分析既不能停留于马克思的共产主义理论中，也不能停留在关于资本主义的非正义方面（消极方面），而应该在现实的社会生活中找到共产主义的积极条件。

朗西埃认为，哈特和奈格里的分析为此指明了方向。哈特和奈格里认为，共产主义已经存在于资本主义的生产方式中。当下资本主义生产越来越少地依赖于物质产品，更多地生产服务和交往。物质商品的数量在减少，商品拜物教也在逐渐消亡。商品的生产是全球化的，既是物质的，也是非物质的集体理智。当代资本主义生产的不是私人占有的商品，而是人们的交往网络。生产与交换不再是分离的，而是在一个集体的过程中整合在一起。结果资本主义生产的内容开始从资本主义的形式中分离出来，这个内容变成一种共产主义力量，一种合作的非物质的力量。由此，第一，资本主义产生了自己的掘墓人。第二，马克思所说的"一切固定的都烟消云散了"也变成了现实。在后现代中，一切变成非物质的，这就使感性世界的现实性与集体理智不可分割。资本主义的生产网络使民族国家、政治行动等力量被削弱了，这也使其他形式的共同体趋于瓦解。第三，最终共产主义的现实性的形式在于诸众的不可分离的生活。诸众变成了存在的历史（History of Being）的最高表现，所以共产主义就具有存在论的意义。

朗西埃一方面赞同哈特、奈格里结合当代资本主义的新变化提出了共产主义的现实性；另一方面，朗西埃认为这种对共产主义的理解并不恰当，因为这种观点将共产主义与技术-本体论关联在一起。这个判断包含两个基本内涵:其一,将共产主义理解为某种本体论的彻底实现,忽视了共产主义运动的复杂过程;其二,将这个本体历史的实现归结为一种技术的实现形式。电力、电报、电视、电脑、手机、网络等被依次视为非物质技术的代表,共产主义的过程就变成了具有技术本体论保证的承诺了。在朗西埃看来,共产主义的现实性必须从"本体-技术诡计"①(onto-technological trick)中解放出来。

首先,非物质力量并不能发挥联合的作用。在朗西埃看来,全球计算机理智的网络是一回事,资本主义的全球理智是另一回事,理智能力的社会化更是另一回事。现实生活状态是:我们仍然需要消费食物、购买衣服、使用电脑,也就是资本主义集体理智的形式,而不是非物质交往形式,以及低廉的劳工形式、家庭中的无偿劳动和非法移民的地下商店等。其次,非物质化也不意味着非商品化。朗西埃借用了艺术实践的例子加以说明。朗西埃认为20世纪70年代,概念艺术家就打破了商品艺术的形式,不再创造可供私人占有的固定的对象,而是一些理念的具体形式,就是说从事非物质的精神生产。但朗西埃认为,精神和艺术财产并没有消失,艺术家更多的是出卖自己的理念,这就意味着理智自身取代商品的位置,意味着一种私有财产理念的彻底化。概念和图像的非物质化,不是抛弃了私人占有,而是变成了私人占有最佳的场所,出卖自己的理念是最典型的体现。最后,共产主义是一种悖论式能力的呈现。在朗西埃看来,如果有一种理智的共产主义力量的话,这不是各种理智力量的联合,而是一种私人占有的悖论式能力的呈现。"这种能力是任何人的能力的集体体现,是一种没有资格能力的人的能力,无论这种资格是出生、财富、科学或者其他。"②没有资格能力的能力是一种平等的能力,是对由国家、军事、经济、宗教、学术权威等所建构起来的感性世界的增补,也是一种歧见。共产主义就是以一种歧见打破政治治安化所带来的感性的分配和限制。

在这个意义上,共产主义具有美学的维度,也就是共通感打破感性的限

———

①   Jacques Ranciere,Communism:From Actuality to Inactuality,in *Dissensus:On Politics and Asethetics*,Continuum,2010,p.78.

②   Ibid.,p.79.

制。共产主义的共同性就是一种交感的共同体,是各种感性分配的界限的消失,所以共产主义也是一种美学革命的现实化。这种现实化具有非现实性。所谓的非现实性是指,共产主义的过程不受时间和地点的限制,既属于一个时刻又不属于这个时刻,既属于一个地点又不属于这个地点。成为一个共产主义的乌托邦意味着每个人和任何人作为思想者和行为者无条件性的平等。在朗西埃看来,资本主义可能产生越来越多的非物质,但这种非物质永远只是资本主义自身的非物质性。"资本主义永远产生资本主义。所以,如果共产主义意味着某种东西,那就必须与彻底不同于资本主义的逻辑和资本主义世界的物质性。同时,共产主义的异质性又不得不在资本主义世界中建构自己的框架,它又不可能外在于它。"①共产主义的持久性和乌托邦性意味着既内在于资本主义,又外在于资本主义,意味着在我们的思想、行动和斗争中建构一个特定的物质的和非物质的共产主义。

激进哲学在当代资本主义批判的基础上复兴共产主义理念无疑具有积极意义,有学者梳理了激进哲学思考共产主义的路向,一是精神与意义的共产主义(巴迪欧),二是主体力量和活动能力的共产主义(哈特、奈格里),三是末世论的共产主义(齐泽克),四是虚无化的共产主义(拉克劳、墨菲)。激进哲学对共产主义的阐释对于抵御全球虚无主义、相对主义和犬儒主义具有启发意义。②也有论者从共产主义的实现途径指出,在巴迪欧、阿甘本、朗西埃等当代激进理论家看来,走出资本主义的唯一希望就是被消失的民众勇敢地撕破飘浮在空中利维坦的幻想,为真实的生活开辟出一条道路。③

激进哲学将共产主义与社会主义对立起来则是不可取的,学界对此做出了积极回应。④在学界的回应中,学者更多地指出了激进哲学将共产主义

---

① Jacques Ranciere,Communism:From Actuality to Inactuality,in *Dissensus:On Politics and Asethetics*,Continuum,2010,pp.82-83.

② 参见鲁绍臣:《意义、主体与末世:新共产主义的路径与思考》,《黑龙江社会科学》,2016 年第 5 期。

③ 参见蓝江:《共产主义的可能性——当代激进政治理论家的思考》,《黑龙江社会科学》,2016 年第 5 期;蓝江:《生命政治学批判视野下的共产主义》,《吉林大学社会科学学报》,2016 年第 3 期。

④ 参见汪行福:《为什么是共产主义?——激进左派政治话语的新发明》,载《当代国外马克思主义评论》(8),人民出版社,2010 年;王福生:《当代西方激进左翼复兴共产主义观念的一个批判性考察》,《社会科学研究》,2018 年第 5 期。

与社会主义对立起来是错误的,但仅仅从这个角度展开批判分析还是不够的。激进哲学所理解的社会主义是陷入了极权主义的社会主义,在这个意义上,他们将共产主义与这种特定的社会主义对立起来也并非毫无道理。更关键的是,如果我们仅仅从这个对立角度做出回应,那么似乎我们就接受了激进哲学关于共产主义的理解,似乎他们对共产主义的理解就是正确的,错误仅仅在于将共产主义与社会主义对立起来。但问题在于,激进哲学所理解的共产主义本身就是有问题的,我们应该对他们的共产主义理念做出积极回应。

在马克思主义那里,共产主义与社会主义并非对立,尽管在写作《共产党宣言》时,为了与当时流行的各种社会主义区分开来,马克思、恩格斯使用了共产主义的说法。①但无论是马克思还是恩格斯,都没有将共产主义与社会主义区分开来。在《哥达纲领批判》中,马克思将社会主义理解为共产主义的第一个阶段,但这个第一阶段同样是共产主义运动的一部分。

共产主义无疑是一种理论,是一种信仰,但更是一场不断改变资本主义生产关系的现实运动。就此而言,第一,共产主义不是一种伦理革命。尽管哈特与奈格里从资本主义生产方式的变化来讨论共产主义,但他们将共产主义运动理解为非物质劳动的主体,也就是诸众的伦理革命,是一种相互之间的爱和团结,这显然将共产主义运动伦理化。巴迪欧将共产主义理解为一种平等观点受到齐泽克的批评,齐泽克的批评正是指出了如果将共产主义理解为一种调节性的平等观念,那么就将共产主义理解为一种伦理社会主义。

第二,共产主义不是一场彻底的否定性运动。共产主义是对以物的依赖为基础的人的独立性社会的超越。这种超越是具体的超越,是建立在普遍的物质变换、全面的社会关系、多方面的需要的满足和人的全面发展基础上的,是建立在每个人的自由全面发展基础上的,而不是对资本主义的简单否定。齐泽克将共产主义理解为一种彻底排斥者对吸纳者的革命,朗西埃将共产主义理解为一种没有目的的乌托邦,一种非现实性,这都错失了共产主义运

---

① 当时的社会主义者主要是两种:一是傅立叶、欧文所代表的空想社会主义者,二是小资产阶级的社会主义,主张在不触及资本的前提下,用各种灵丹妙药修补资本主义。这两种社会主义路向都是站在工人立场之外的,都属于上流社会的。参见《马克思恩格斯选集》(第一卷),人民出版社,1995年,第264页。

动的物质前提,都没有将共产主义理解为一场有规定的否定的运动。

第三,实现共产主义离不开共产党。标志着马克思主义诞生的文献是《共产党宣言》,这是"共产党"的宣言。这表明共产主义运动离不开共产党的领导,列宁的共产主义运动之所以能够取得成功同样离不开布尔什维克政党的组织作用。卢卡奇在《尾巴主义与辩证法——捍卫〈历史与阶级意识〉》中,明确地指出了《历史与阶级意识》唯一的目的就是证明布尔什维克的组织和策略是马克思主义辩证法唯一合乎逻辑的产物。[①]按照卢卡奇的说法,西欧社会主义革命失败的主要原因就是缺乏强有力的政党的作用,为此他在编辑出版《历史与阶级意识》时,才特意讨论了关于组织问题的方法论。葛兰西直接将共产党与马基雅维利的《君主论》关联起来,认为马克思的共产党就是"新君主"。这些都表明不可能抛开共产党讨论共产主义。整个激进哲学共产主义学说最大的问题就是彻底抛弃了共产党。哈特、奈格里将共产主义理解为诸众的自治主义,齐泽克和朗西埃将之理解为"非部分的部分"的运动,巴迪欧将之理解为平等观念的再度现实化。显然,这些抛弃了共产党领导的共产主义都具有空想性质。

---

① Georg Lukacs, *A Defence of History and Class Consciousness:Tailism and the Dialectic*, Verso, 2000, p.47.

第十三章 西方马克思主义现代性理论在中国的影响

　　西方马克思主义现代性理论在中国的传播与系统研究自20世纪90年代末至今已有二十年了,其理论源头可以追溯到1998年徐友渔教授所发表的《西方马克思主义在中国》一文。伴随着中国特色社会主义实践,特别是改革开放以来现代化历程的推进,一些学者对改革开放初期因受缚于所谓"正统的马克思主义"研究的"辩证唯物主义与历史唯物主义"研究范式,以致将西方马克思主义作为"假马克思主义"或"反马克思主义"理论思潮予以盲目定性与粗暴批驳的做法提出质疑,转而要求全面呈现、科学评价包括西方马克思主义在内的不同形态的马克思主义理论。在此期间,引进、翻译、介绍和传播西方马克思主义经典著作的工作大规模开展,又为学术界真正理解与把握西方马克思主义理论的实质奠定了非常重要的前提性基础。20世纪90年代以来,尤其是90年代中期以后,一方面,学术界在视马克思主义哲学为超越近代理性主义知识论哲学的现代哲学的解释路向上,与西方马克思主义基本达成一致,都主张开启马克思主义哲学的批判维度、价值维度和理想维度;另一方面,随着我国社会主义现代化实践的深入开展,现代性问题不断涌现,对现代性问题的关注和讨论呈集中态势,而西方马克思主义现代性理论恰好能够为回应中国现代化实践遇到的时代课题提供可供借鉴的丰富思想资源。因此,批判反思现代性问题这一西方马克思主义最为根本的问题意识和思想主题,逐渐引发理论界的持续关注。

　　从21世纪开始,西方马克思主义现代性理论研究逐渐升温,特别是2006年国外马克思主义研究二级学科成立以来,围绕学科基础理论和基本问题,特别是在中国当代社会语境关照下审视西方马克思主义可借鉴性这一意义上的研究成果大量出现，西方马克思主义现代性理论研究已然成为热点问题。2016 年 11 月在广西大学举办的第十一届全国当代国外马克思主义研究论坛，便以"西方马克思主义现代性问题"作为核心问题进行讨论。全国当代国外马克思主义研究会会长、复旦大学陈学明教授在大会致辞和学术演讲中，对会议主题进行的理论阐释、思想观点的合逻辑表达，将国内学界对国外马克思主义现代性问题的关注与研究推到空前未有的高度。从方法论上看，西方马克思主义现代性理论一经进入研究的视野，学者们就普遍本着历史性的思想和思想性的历史相统一的方法论原则，在时间维度辩证法和空间维度辩证法相一致的方法论意义上对其进行研究与把握。伴随近年来西方马克思主义现代性理论研究相对宽松的环境，学术界对西方马克思主义现代性理论的研究逐渐由观点追踪转向问题式探索，聚焦了西方马克思主义与启蒙现代性理论之关系、西方马克思主义现代性理论与现当代西方哲学之关系、西方马克思主义与马克思主义的现代性理论之关系、西方马克思主义现代性理论与中国问题四个主要研究向度，力争呈现出史论结合、以史带论、凸显问题、纵横交错的整体研究局面。系统回顾与详尽梳理西方马克思主义现代性理论在中国的传播、研究和理论效应，对于进一步深入领会与把握其发展历程、思想实质和当代影响有着重要意义。

一、西方马克思主义与启蒙现代性理论之关系研究

"启蒙"概念是 20 世纪西方马克思主义现代性理论话语中一个意蕴丰厚且能够将不同思想家的文本叙事悉数纳入其统摄与覆盖之下的核心概念，也是一个试图对西方马克思主义现代性理论做整体深度研究必须厘清与言明的关键概念。只要对西方马克思主义发展的历史进程稍做检审就能发现，西方马克思主义正是在近代西方启蒙哲学的理论视域之下，以启蒙现代性的批判路向及其运作机制作为其现代性理论的内在运思进路，其现代性理论可以说就是在对启蒙现代性持续反省与深层透视中逐渐生成的。通过梳理学术界的相关研究可以看到，学者们主要围绕西方马克思主义现代性理论的内在本质、研究方法、价值旨趣三个维度，对西方马克思主义与启蒙现代性理论的关系展开探讨。

从内在本质维度看,深入思考西方马克思主义现代性理论的叙事本质,并将其归结为一种启蒙现代性范式。对此,有学者在考察现代性的自我确证与内在批判时指出,早期西方马克思主义者视青年黑格尔派为其当代同人,把现代性理论转向一种"超越"于资本逻辑的"批判话语",但其批判的根本价值前设终究来源于启蒙现代性精神。社会批判理论因而体现为现代性哲学话语之一种:现代性的"内在批判"①。有学者更为直截了当地指出,西方马克思主义一经诞生就以探究当代资本主义现实症结为其存在根基,将全部理论置于对现代性思想内核的考量上。②在此基础上,有学者进而将西方马克思主义现代性批判的实质归结为"回归哲学批判",认为相较于马克思诊断现代性之"资本的逻辑"的实质要义,受缚于启蒙哲学的理性叙事框架的西方马克思主义背离了马克思所开启的资本现代性批判,又重新回归哲学层面,即从启蒙现代性的立场出发来批判和重建现代性。③有学者指出"现代性"概念在西方马克思主义理论家那里以理性作为其规范基础,指认其现代性理论就其性质而言仍属于理性主义批判范式。该学者分析道,尽管西方马克思主义理论家提出了不尽相同的解决途径,甚至还表现为理论上的对立,如哈贝马斯提出以主体间性为基础的交往理性来克服工具理性,以此反对卢卡奇、霍克海默和阿多尔诺,斥责他们都属于意识形态哲学范式。哈贝马斯虽然看到了别人的理论缺陷,但他自己最终也陷入了这种意识哲学范式的困境之中。特别是通过将其与马克思现代性理论相比,该学者深层地勘破其现代性理论的根本局限——他们没有真正坚持并立足于马克思历史唯物主义理论根基,因此"现代性"概念于西方马克思主义而言就始终不具有社会历史的存在论性质,而毋宁说它只是一种精神或文化层面的价值诉求,因而都体现为对启蒙现代性的意识形态或观念论的批判。④持相同观点的学者也指出,启蒙现代性以理性为精神内核,因此自黑格尔始就将理性确立为现

---

① 陈波:《现代性的自我确证与批判理论的规范基础》,《四川大学学报》(哲学社会科学版),2006 年第 5 期。

② 参见李双套:《论面向"现实问题"的马克思主义》,《中南民族大学学报》(人文社会科学版),2017 年第 5 期。

③ 参见刘雄伟:《从启蒙现代性到资本现代性——马克思现代性批判之实质要义》,《东南学术》,2017 年第 1 期。

④ 参见胡绪明:《西方马克思主义的现代性批判理论研究》。复旦大学,2009 年博士毕业论文。

代性批判的规范原则。而马克思超越了黑格尔以克服近代以来由主体性原则带来的理性的自我矛盾为目标的思辨诊断路径，开启了政治经济学批判的现代性重构。在此意义上，西方马克思主义重新回到并推延了以理性为核心的思辨诊断路径，建立起现代性与启蒙的关联，以对理性危机的深刻剖析为启蒙现代性危机之救赎路径的理论根基。①还有学者进一步对西方马克思主义者深陷意识哲学范式桎梏之根源进行探析，认为其根源就在于无视马克思现代性批判的理论内核，即现代性的辩证法思维。西方马克思主义者否认现代性与辩证法的本质性深层关联，仅建构了以"解释世界"为导向的批判话语，而不是以"改造世界"为旨趣的革命理论，仅探寻了哲学思考中对现代性的反思重构，而拒斥现实语境中对现代性的反思重构，把现代性批判曲解为无关乎历史生成具体情境的一种话语反对另一种话语的斗争。②

　　从研究方法维度看，揭示西方马克思主义现代性理论的时空维度辩证法所表征的人类形而上精神与启蒙现代性的批判精神内在契合的精神特质。学者们通过研究发现，无论是卢卡奇、葛兰西、霍克海默、阿多尔诺揭露资本主义文化意识形态的欺骗与宰制性，吁求恢复无产阶级主体意识之革命与危机时代的启蒙现代性批判，还是马尔库塞探析资本主义技术政治和极权主义联体恣意肆虐，揭示反抗意识和否定思维丧失的单向度谜题之繁荣时期的启蒙现代性批判，抑或是鲍德里亚摆脱资本主义的"物体系"与消费控制，破解符号逻辑的蒙蔽之消费时代的启蒙现代性批判，西方马克思主义现代性理论都以其对资本主义系列矛盾的洞悉和统治机理的解码，彰显了其现实批判的精神特质：西方马克思主义各路理论家及时跟进20世纪资本主义社会政治经济发展呈现的新境况，引导人们从资本主义的意识形态功能、技术政治功能、消费驯化功能等维度，探秘资本主义的合法性统合效能及其发展，指认资本主义统治手段的微观多样性、统治过程的隐匿操控性、统治效果的有效持久性及其负面影响，进而激发人们重塑主体意识、挣脱单向度的圈囿、突破象征符号的生存限定的斗争热情，旨在鼓舞人们探求对启蒙的救赎，释放现代性的解放潜能，实现向人的本真生存境界回归。正

---

①　参见马新颖：《西方马克思主义现代性批判理论及其当代意义》，中共中央党校，2012年博士毕业论文。

②　参见郑飞：《马克思的现代性批判思想》，《江苏社会科学》，2018年第6期。

是在这一意义上,有学者指出,西方马克思主义以自身的理论表征现代性所具有的双重维度——时间维度辩证法与空间维度辩证法——不懈坚持了人类形而上学的内在"超越"本质。时间维度辩证法强调的是横向超越,即整个人类文明的历史进程是一个不断反躬自省、内在超越、永恒求索的过程;空间维度辩证法强调的是纵向超越,呈示的是人类不断克服自身内在狭隘性、突破外在自然捆缚摆置性的过程。而在人类形而上的终极理想的驱动引导下,西方马克思主义在时间维度辩证法与空间维度辩证法相统一的方法论意义上,横向超越助推着人类文明接续递进、梯级提升,高扬起"精神引领",纵向超越达至在打破"订制"、不断被"抛"的窘境中布展出"现实方案"。①也有学者指出,西方马克思主义对现代性的批判基于如下两个维度展开:其一体现为时间维度的辩证发展过程,是将现代性领会为以自省性、批判性和革命性表达一种不断地内在否定、自我超越的冲动,从而把握资本主义的时代特征;其二体现为空间维度的辩证发展过程,是将人类形而上精神终极价值和终极存在的追索与现代性的内在否定、自我超越的冲动相互结合,从而自觉推进现代性批判的逻辑演进理路。时空双重维度及其统一呈现了现代性的批判精神与人类理性形而上精神的合一,有机地贯通了关涉人之价值的哲学思索与关于人之现实境况的理性批判。②

　　从价值立场维度看,考察西方马克思主义主张回顾与重构启蒙现代性的辩证意识,揭示其对中国特色社会主义现代化建设的现实意义。学者们一致认为,西方马克思主义现代性批判虽然表现为彼此殊异的理论形式,但它们的共同之处在于,都坚持一种现代性批判的辩证立场,这一点与后现代主义主张以非理性消解理性,从而最终告别现代性的虚无主义立场截然相反。卢卡奇以主客体辩证法克服理性主义形而上学的二元对立,试图从主体与客体相互作用所展开的历史中证明无产阶级在历史上的能动作用,从而证伪了韦伯"合理化"牢笼的悲观主义结论。霍克海默和阿多尔诺的工具理性批判虽然指向了启蒙现代性本身,但其批判的目的不是要放弃启蒙现代性,

---

① 参见韩秋红、孙颖、王馨曼、王临霞:《西方马克思主义现代性理论批判》,人民出版社,2018 年。

② 参见张美玲、张富国:《西方马克思主义哲学理路及其中国化适用路径》,《求索》,2015 年第 4 期。

而是通过对启蒙作为人类一般进步思想蜕变为工具理性统治的深刻反思，寻求一种"修复"理性的方案，其最终目的还是要坚持启蒙现代性。哈贝马斯则明确将现代性定义为一项未完成的设计，强调通过转换意识哲学范式为交往范式，以交往理性重建启蒙现代性的规范基础，呼吁人们在交往行为中都遵循伦理道德的规范性要求，进而在平等对话中消除等级压迫，达成相互理解与共识。基于此，有学者指出，在价值取向层面，西方马克思主义满怀"重建乌托邦"的执着愿景，呼吁反思现代性隐忧、拯救现代性精神、重建启蒙理性，在对启蒙现代性自身的诠释与确证中彰显其内隐的人类形而上精神的奥秘。①也有学者中肯地评价，诚然，西方马克思主义理论家们在应对现代性危机之时力有不逮，但一个无法否认的事实是，他们在犀利批露现代性堕落之时都抱有拯救现代性的期盼。②还有学者进一步分析西方马克思主义对待现代性之辩证态度的价值立场与理论旨趣对于现代化进程攻坚阶段的中国社会主义现代化发展道路的参考价值和启示意义，指出西方马克思主义倡导正视现代性的负面性后果，它通过切脉诊疗提出由资本主义内生逻辑悖论所导致的现代性危机的矫正补救方案，把对资本主义现代性和现代化进程各种弊端的反思最终转变成社会主义理想追求的必然性论证。正是这样的理论向度与价值取向，为当代中国特色社会主义现代化发展道路的科学性与优越性提供了强有力的验证。③这一分析向度近年来逐渐引发学术界的研究热潮，学者们普遍看到并肯定了西方马克思主义对启蒙现代性批判的辩证意识，强调这种辩证意识对于改革开放和中国特色社会主义现代化建设的深入推进具有非常重要的现实意义。

　　总体上看，学术界对西方马克思主义与启蒙现代性理论的内在密切关联的论析与解释，对当代中国马克思主义理论研究和当前中国特色社会主义现代化运动产生了不容小觑的理论效应。

　　首先，西方马克思主义现代性理论叙事的启蒙现代性范式彰显了西方马

---

　　①　参见韩秋红、王馨曼：《西方马克思主义现代性理论的思想特质》，《东北师大学报》（哲学社会科学版），2018 年第 1 期。

　　②　参见马新颖：《西方马克思主义的解放之路》，《理论视野》，2014 年第 7 期。

　　③　参见陈学明：《西方马克思主义现代性批判理论及其在当今中国的意义》，《马克思主义理论学科研究》，2017 年第 4 期。

克思主义对启蒙现代性之局限较为深刻的自觉意识，进而开创了其现代性的意识形态与文化批判的理论空间。然而正如佩里·安德森在其经典之作《西方马克思主义探讨》中一针见血地指出的那样，西方马克思主义彻底扭转了马克思对资本主义异化生产方式的批判路径，实质上把马克思的"政治经济学批判"的现实斗争降格为一种"哲学意识形态批判"的学院式话语。从这一意义上说，从马克思到西方马克思主义体现为一次愈来愈远离马克思主义真精神的理论退化。这一理论退化不仅变迁了西方马克思主义现代性理论自身的致思进路，而且深入影响了当代中国马克思主义哲学研究。20 世纪 90 年代末以来，随着我国西方马克思主义现代性理论的系统引入与传播，马克思主义政治经济学就处于日益被边缘化的境地。在较长时间里，学术界关注的焦点大多集中在马克思早期的"哲学文献"，而对《资本论》等晚期"政治经济学著作"的研究却退居次要地位，甚至有学者把作为"哲学家"的马克思与作为"经济学家"的马克思生硬割裂开来。显然，这种做法与西方马克思主义现代性理论的影响与渗透有着千丝万缕的关系。由此可见，学者们由于缺乏对其现代性理论的科学评估与价值评判，导致丧失了融入与促进马克思主义哲学中国化的自觉意识，从而不加反思地盲从了西方马克思主义者的研究轨迹，这在很大程度上阻滞了中国马克思主义哲学研究围绕马克思"政治经济学批判"这个核心话语体系的深入推进。就此点而言，其现代性理论对当代中国马克思主义哲学研究的消极影响大于积极影响。

　　其次，西方马克思主义在各个角度展开对当代资本主义的批判的过程中，实现了自身理论关于现代性的双维视角——时间维度辩证法和空间维度辩证法的统一，促成对现代性的话语重构。从本质上说，西方马克思主义对时间维度辩证法和空间维度辩证法的理解坚持的是人类形而上学内在的"超越"本质，时间维度辩证法强调横向维度的超越，空间维度辩证法强调纵向维度的超越，从而将人类不断认识自身、把握自身、超越自身的过程与不断克服内在自然本性狭隘性、克服外在自然局限性的过程统摄进一个发展历程，使横向超越的"精神引领"与纵向超越的"具体实施"交织贯穿于人类历史发展过程的始终。西方马克思主义正是在时间维度辩证法与空间维度辩证法相互交织的方法论意义上，既能够不断下沉到西方工业文明社会的现实之中，又能够自由上升到人类形而上精神的永恒探求、不懈追索之中，敞开其与众不同、独树一帜的理论特质。事实上,其现代性理论的时空维度辩证法相统一的双维图示为中国马克思主义理论研究贡献了尤为重要的方法论经验启示,促使学术界开启对其现代性理论的"史与论"的研究模式,通过对西方马克思主义理论家所处的社会历史条件和文化传统进行分析,准确把握作为当代"马克思主义新形态"的西方马克思主义现代性理论的内在逻辑与实质。同时,结合马克思主义发展史与马克思主义中国化的实践进程,结合对新时代中国特色社会主义道路的理论思考与现实探索,实现了对西方马克思主义现代性理论研究成果的批判吸收,建构了具有中国特色的学术话语。

最后,相比后现代主义对现代性的消解态度和消极结论,西方马克思主义在对待现代性危机时能够秉持客观辩证的态度,既能体察承认现代性理性内核给社会带来的发展与繁荣,又能够指认相伴现代化产生的现代性悖谬的资本主义制度根源,从而在价值取向上给予现代性一个合理的解释,给予现代性危机一个中肯的分析,使其在对本体论根基的坚守中最终将对现代性的批判指向对社会主义必然性的论证。西方马克思主义现代性理论的这种特点与指向为当代中国道路提供了合法性与合理性确证的理论资源。

具体而言,当今,随着改革开放进入深水区,中国特色社会主义道路也进入新的"历史拐点",而在这个新的"历史拐点"上,中国所要探讨的问题实际上就是在现代化负面效应日趋鲜明的当代,如何进一步确证中国特色社会主义道路的合法性与合理性的问题,如何对待"现代性"、如何面对"现代化"的问题。面对这样的问题,我们希望和需要走的是一条既能充分享受现代文明成果,又能使现代化过程中所出现的负面效应降到最低限度的道路,这条道路在现实中的表现形态就是中国特色社会主义道路。西方马克思主义现代性理论为这条道路找寻到了实现可能性,并为确证它的合法性与合理性提供了有效的理论资源。

二、西方马克思主义现代性理论与现当代西方哲学之关系研究

西方马克思主义现代性理论与西方哲学也具有内在的传承关系,其与现当代西方哲学的现代性理论和后现代的现代性理论一道,构成现当代西

方工业文明社会中现代性理论研究的重镇。特别是其针对西方现当代工业文明社会的现代性批判在思想基础、理论资源和研究问题上,都与西方传统哲学和现代哲学具有一致性,使得国内理论界对西方马克思主义现代性理论的研究愿意聚焦于"以西解西马"的进路。

早在 2006 年,由陈嘉明教授所著、北京大学出版社出版的《现代性与后现代性十五讲》一书,就是这一研究视角的代表性著作。该著作在深度厘定"现代性"概念的起源、内涵与特征的基础上,从西方近代哲学到现代哲学这条"理性主义范式"的超越路径视角,审视西方马克思主义代表性学者的现代性理论。这部著作贡献了现代性的基本原则、框架等"理论一般",也看到了现代性与西方哲学、西方马克思主义的相互交织、密不可分的关联。此后,有学者系统挖掘西方马克思主义现代性批判理论积极的、尚未充分发挥出来的潜力和内涵,遵循西方马克思主义自身整体性的理论对西方马克思主义现代性思想展开整体性、系统性研究,取得了显著成果。《现代性的迷思与真相——西方马克思主义的现代性批判理论》①一书直接以"西方马克思主义的现代性批判"为题,将现代性批判理论作为西方马克思主义不同阶段发展的内在运思逻辑,始终循着西方传统哲学向现代西方哲学演变的历史逻辑,对西方马克思主义现代性批判理论进行评说和定位,挖掘西方马克思主义对西方传统哲学的沿革和超越、对现代西方哲学的转轨与位移、对马克思主义的继承与背弃,在此基础上展现西方马克思主义通过对现代性问题的批判重塑现代性精神和拯救西方形而上学的历史作用。在内容上,该著作铺展了西方马克思主义以"异化问题""技术理性""日常生活""生态危机""女性问题"等概念为切入点和核心问题的现代性批判理路,系统地将分散的西方马克思主义的现代性相关理论整合为一个较完整的理论表述,不但厘清和诠释了西方马克思主义现代性批判的生成逻辑和理论特质,也构造了把握现代性的总体性认识框架。《西方马克思主义现代性理论批判》②一书也是一部立足于西方传统哲学宏阔丰厚的思想视野,系统探析西方马克思主义现代性理论的著作,试图在西方哲学由传统向现代的语境转换中,诠释西方

---

① 韩秋红、史巍、胡绪明:《现代性的迷思与真相——西方马克思主义的现代性批判理论》,人民出版社,2013 年。

② 韩秋红、孙颖、王馨曼、王临霞:《西方马克思主义现代性理论批判》,人民出版社,2018 年。

马克思主义理论中深蕴的传统情怀、当代话语和未来之意,在与西方哲学比较的视野中凸显西方马克思主义理论的特质。该书指出,西方马克思主义往往将自身的发展寄予现当代西方哲学其他理论学派的身上,衍生出"弗洛伊德主义的马克思主义""存在主义的马克思主义""结构主义的马克思主义",等等。这恰恰表征了西方马克思主义与众多其他现代西方哲学流派之间千丝万缕的联系与"纠缠"。因此,与其说西方马克思主义是在西方传统哲学的基础上生发出的西方现代哲学流派,不如说是西方哲学的现代转向——现代性批判的理论转向。

学者们梳理了西方马克思主义现代性理论与现代西方哲学的内在关系,指出西方马克思主义现代性理论是西方马克思主义者基于自身所处的历史条件、面临的时代问题而对现代性问题进行的理论阐释与实践探索,同时,它与现代西方哲学的转向存在着一种紧密的交融互动关系。学者们指出,卢卡奇、葛兰西、柯尔施等早期西方马克思主义者以如何激发作为历史总体之一部分的广大无产阶级的自觉阶级意识,并在此基础上探寻人类解放道路为其理论旨趣。他们的理论建构活动深受现代西方哲学非理性主义认识路线转向的影响。传统西方哲学终结后,现代西方哲学循着人本主义与科学主义两条思想脉络前行。其中,早期西方马克思主义与现代西方哲学人本主义思潮的关联最为密切,它们有着共同的批判指向和理论旨趣。即使在现代哲学中与人本主义分道扬镳的西方科学主义思潮,虽然在人的主体性等问题上同西方人本主义思潮及西方马克思主义相对立,但是在批判和超越传统理性主义的泛逻辑化专制方面也存在着许多共同语言。原因在于,尽管人本主义思潮强调哲学应当致力于反抗压迫、尊重人性、追求自由,而科学主义思潮则力争把哲学从对世界普遍规律的寻求转变成对各种科学问题的解释。但是两种思潮有其内在共通性:都反对把哲学的功能和历史使命归结为探求现象世界背后的绝对本体和普遍本质,转而吁求哲学应当通过向人的生活世界回归,揭示现实生活世界的秘密和规律,从而为人类解放与发展提供理论向导。

基于此,有学者指出,由于早期西方马克思主义者积极汲取现代哲学资源,把马克思主义哲学置于西方哲学现代转型的视域中加以理解与阐释,因而他们都试图跳脱近代理性主义认识论的禁锢去解释马克思主义哲学,强调马克思主义哲学超越于近代哲学的认识论阶段而进入了实践观与物质观相统一的新的阶段,是以探讨如何消除人的生存的异化状态、实现人类解放和人的全面而自由发展的实践论哲学,实现了哲学的革命性变革。由此,卢卡奇对近代理性主义哲学的实证主义直观性、形式理性主义及形而上学等持强烈敌视的态度,反复强调辩证法在马克思主义哲学中的正统地位,要求重新回归黑格尔辩证法传统。柯尔施高举马克思主义哲学新世界观的旗帜,把马克思对近代哲学的超越规定为一种总体性的批判。葛兰西始终基于哲学、历史和政治三者同一的立场,开启对马克思主义哲学的解读与探索,并将实践提高到本体地位来定义马克思主义哲学的本质特征,力图恢复马克思主义哲学中主观的、具有创造性的方面。鉴于此,该学者认为,共同的时代课题使早期西方马克思主义者更加注重马克思主义哲学本身内在包含着的革命性、批判性的规定;共同的哲学文化语境使他们都脱离于近代理性主义哲学的思维方式,转而运用现代哲学的思维方式来诠释马克思哲学变革的本质。西方马克思主义理论家各自所处的特定哲学文化传统又塑造了其各自鲜明的理论个性与哲学取向。①

　　在此基础上,有学者十分精准且凝练地对西方马克思主义的现代性理论与现当代西方哲学的关系进行了如下概括:首先,从理论自身发展的逻辑来看,西方马克思主义与现代西方哲学都是在批判传统理性主义的基础上发展起来的现代哲学思潮。其次,从理性的现实性来看,二者都是对西方理性主义危机的反思。现代科学主义、人本主义思潮同西方马克思主义都兴起于现代工业社会条件下现代性陷于深刻危机的背景之中,都致力于剖析技术理性和人本精神的张力所带来的人的存在主义和本质主义的两难境遇,力图在现代社会为人寻求安身立命之所。二者在现实性上是一致的,都是对现代工业社会现代性危机的深刻反思。虽然面对着共同的文化困境,西方马克思主义并没有简单重复现代西方哲学中人本主义和科学主义已有的理论命题,而是开发出新的理论境界:其一,在基本的哲学定位上,现代科学主义和人本主义思潮分别在实证科学和人本学的意义上来定位哲学,西方马克

---

① 参见王雨辰:《论我国西方马克思主义学术史研究的方法论和当代价值》,《吉首大学学报》(社会科学版),2018 年第 3 期。

思主义则在文化哲学的意义上来定位哲学；其二，理论定位上的差异也致使西方马克思主义与现代西方哲学的批判根基的相异，西方马克思主义的现代性批判由于直接把马克思的异化理论作为根基，使得其对人的存在和人的现代性境遇的理解更为全面和集中，理论深度更为深刻；其三，西方马克思主义同现代西方哲学在理论定位和理论深度上的差异又导致了理论前景的不同。具体来说，现代科学主义和人本主义发展中抽象化的思辨理性哲学范式始终占据主导地位，难以达到批判现实的目的。西方马克思主义的现代性批判通过将西方哲学理性和文化精神的形而上的思考与现实的人的生存方式的建构结合起来，呈现为一种对生命价值和意义极大关切的文化哲学和实践哲学范式，更具现实感和穿透力，前景更为广阔和光明。①

　　现当代西方哲学为西方马克思主义的创新与发展提供了宝贵的理论养料和发展动力。西方马克思主义理论家都是直面西方社会的现实问题，援引西方哲学的理论资源，通过重新解释马克思主义哲学来建构其现代性理论的。总体而言，对两者关系的探讨在很大程度上深化了中国学术界对马克思主义哲学真谛和理论本性的认识。理性主义引导下的现代性价值体系在现代工业文明条件下大大推动了人类文明的历史进程，然而事实上也遗忘了对人之存在的价值和意义进行关照与追问，为西方社会现代化实践带来了一系列负面效应，批判近代哲学理性主义与本质主义的各种现代西方哲学转向由此应运而生。其共同之处在于，吁求颠覆知识论哲学的思维与观念，而走向一种凸显人的多元的现实生活与实践、人的自主性与创造性的新的哲学思维方式。

　　正是在这种特定的社会和哲学文化背景下，西方马克思主义现代性理论家重启了对马克思主义哲学革命和马克思主义哲学根本性质的再探讨。对于他们而言，苏俄马克思主义，尤其是苏联模式教科书式哲学站在技术还原论、经济决定论的立场，强调马克思的唯物主义哲学与西方近代哲学以至整个传统哲学的共同点，从而把马克思主义哲学本质地降级为近代哲学意义上的体系哲学。而对于何以实现对马克思主义哲学革命和马克思主义哲学根本性质的真正把握，西方马克思主义现代性理论家们则强调必须站在

---

①　参见衣俊卿等：《20 世纪的文化批判：西方马克思主义的深层解读》，中央编译出版社，2003 年。

与近代理性主义哲学的决裂点上，把马克思主义哲学视为在哲学根本建构原则、哲学研究对象，以及哲学使命层面都区别于近代理性主义哲学的现代实践论哲学。细而论之，近代哲学将自然科学实证主义解释原则直接运用到了哲学中，以理性探索世界共同规律与唯一本质为哲学使命，以一元论知识体系样态呈现；作为现代哲学的马克思哲学则根植于人的实践活动，坚持唯物辩证法彻底的批判与革命精神，以人与自然之间的历史关系，以及处于实践关系（即社会历史）之中的人或自然为研究对象，以改变世界、人类解放为其哲学使命和政治理想。所以西方马克思主义现代性理论家批判将马克思哲学作为近代知识论哲学来进行阐释，指出这样的阐释只会将"唯物主义和唯心主义的全部争论退回到从康德到黑格尔的德国唯心主义已经超越的历史阶段"[①]。这是一种执着于将物质与意识绝对对立的阶段，势必导致马克思主义哲学愈来愈实证化与经验化，丧失价值理性和价值理想的维度，从而遮蔽了马克思主义哲学的人文关怀的意义。

西方马克思主义者由始至终强调马克思主义在解释与解决现实问题上的精华与宝贵之处，努力吸收马克思主义哲学的精髓要素，与西方广博的哲学思潮进行融合，因此才出现诸如"存在主义的马克思主义""结构主义的马克思主义""弗洛伊德主义的马克思主义""新实证主义的马克思主义""分析学派的马克思主义"等。在西方马克思主义现代性理论关于马克思主义哲学本质、功能及使命阐释的影响下，也伴随我国学术界对西方哲学由近代哲学思维范式向现代哲学思维范式转型的研究，我国学术界开始基于现代哲学的立场，从现实的人的本质及其实践活动出发，理解马克思所实现的哲学革命的实质，从而打破了"辩证唯物主义与历史唯物主义"阐释模式的霸权格局，科学批判了苏俄马克思主义哲学为确保社会控制有效性的意识形态话语的阐释弊病，把世界观、认识论、辩证法与历史观真正提升到马克思主义哲学的层次上，帮助学术界更好地理解了马克思主义哲学的本真精神。

---

① ［美］柯尔施：《马克思主义和哲学》，王南湜、荣新海译，重庆出版社，1989 年。

三、西方马克思主义与马克思主义的现代性理论之关系研究

马克思主义现代性理论与西方马克思主义现代性理论逻辑关系的研究是当前学术关注的主要问题。自 20 世纪 70 年代"人道主义与异化问题大讨论"开始,关于马克思主义异化问题的研究就有了向现实延展的意味。此后,伴随改革开放的深入,特别是社会主义市场经济的确立及发展,中国社会作为后发国家也出现了现代性问题,如何审视、分析和应对现代性问题需要在理论层面予以重点关注和深入研究。与马克思主义关于异化问题的研究相关联,西方马克思主义对现代性问题的关注和研究,特别是其在马克思现代性理论之后,围绕西方现代工业文明社会最新状况所进行的微观分析和现实批判,逐渐引起学界的关注,引发了对西方马克思主义现代性理论研究的热潮。在马克思主义现代性理论的维度上思考两者的内在本质关系,成为重要的研究方向。在此问题域上形成了几种代表性观点:

1. "一本多元论"

这种观点认为,马克思主义现代性理论在本质层面揭示现代性的症结与根源,西方马克思主义现代性理论则是本质派生的多元性阐释,代表性学者是复旦大学俞吾金教授。他认为,马克思作为全面诊断现代社会和现代性的第一人,其从经济哲学出发,分析以资本主义为特征的现代社会的生活现象——商品、货币、资本、异化,深入阐述了现代性的本质,为当代学者的现代性反思提供了重要的启示。诸如卢卡奇的"物化理论"、列斐伏尔的"日常生活异化"、德波的"景观社会",以及鲍德里亚的"物体系"与"符号消费"等西方马克思主义思想家对现代社会和现代性的诊断,正是在承继马克思的珍贵思想遗产基础上得以更为丰富多元地诠释。[①]还有学者认为,以卢卡奇、葛兰西和法兰克福学派为代表的西方马克思主义延续了马克思主义对资本主义批判的传统,并展开对资本主义的社会批判和文化批判,体现为当今西方学术文化的重要力量。[②]

---

①　参见俞吾金:《马克思对现代性的诊断及其启示》,《中国社会科学》,2005 年第 1 期。

②　参见石敦国:《亦近亦远马克思——马克思、现代性与当代中国》,世界图书出版公司,2012 年。

2. "嫁接重整论"

这种观点认为，马克思主义现代性理论与西方马克思主义现代性理论不是简单的理论继承关系，西方现当代社会理论特别是后现代主义的思想嫁接和重新诠释使其产生重要变化。其代表性学者为任平教授和罗骞副教授。任平在对鲍德里亚的资本–消费社会的符号学批判和对拉克劳、墨菲的新社会运动之转型嫁接的策略理论进行的研究中指出，这些理论是在后现代视域中对马克思思想资源的重整，马克思主义与现代性的关系随着历史发展之关联的变化而变化。①罗骞在其博士学位论文中揭示了马克思现代性批判理论的当代形象，从"后现代语境"对马克思现代性思想进行反思出发，选择了哈贝马斯、吉登斯、詹姆逊、鲍德理亚为代表，勾勒了他们从各自立场出发对马克思现代性理论进行的解构，基本上从现代性批判进路反映了当今学界对马克思思想进行研究的状况，为探讨和评价马克思的现代性理论确立了一个直接对话的理论平台，提供了当代国外著名思想家阐释马克思思想的最新成果，并对其进行了批判性的讨论。②

3. "视角差异论"

持这种观点的学者认为，马克思现代性理论和西方马克思主义现代性理论从研究的出发点、立场、基本目标，以及研究的深度和层次上都有显著的区别。有学者通过将西方马克思主义与马克思超越现代性的不同路径加以分析比较，认为与西方马克思主义回到"前现代性"的浪漫主义和走向"后现代性"的虚无主义不同，马克思所追求的是一条"通过现代性而扬弃现代性"的"超现代性"之路，表征着一场在根基处解构以资本逻辑为核心的西方现代性体系的革命。③还有学者认为，马克思主要从经济层面出发考察了黑格尔异化理论的消极方面，由此创立了劳动异化理论。西方马克思主义则主要从文化层面出发考察了黑格尔异化理论的消极方面，提出了各种文化批判理论，体现为在新的历史条件下对马克思异化理论的发展。④有学者提出，

① 参见任平：《马克思的现代性视域与当代中国新现代性建构》，《江苏社会科学》，2005 年第 1 期。

② 参见罗骞：《论马克思的现代性批判及其当代意义》，复旦大学，2005 年博士毕业论文。

③ 参见白刚：《资本逻辑与现代性——马克思哲学视野中的现代性批判》，《学海》，2013 年第 2 期。

④ 参见张严：《"异化"着的"异化"——现代性视阈中黑格尔与马克思的异化理论研究》，山东人民出版社，2013 年。

从复归政治生活和变革生产关系的差异理解马克思现代性理论与西方马克思主义代表性学者的现代性理论的差异,认为马克思的道路更为根本。①还有学者在将西方马克思主义思想家与马克思针对现代性问题产生的根本原因的对比思考中,得出西方马克思主义将当代社会危机归罪于理性形而上学是肤浅的,其根源只有在现代资本中寻找结论。②

4. "返本开新说"

这种观点认为,马克思现代性理论与西方马克思主义现代性理论的关系体现为返本开新,即马克思现代性理论为"本",西方马克思主义现代性理论是根植于"本"基础上的"新"形态和"新"发展。有学者认为,马克思的哲学具有鲜明的批判性,他的批判性不仅体现在对现实的感性活动的批判上,而且表现在其理论省思的自我批判上。马克思理论的生命力就在于对人类全部优秀文化遗产和19世纪西欧社会理论来源辩证的扬弃和内在的超越,也是其理论的自我超越过程。无疑,马克思的批判理论为西方马克思主义现代性理论提供了直接的理论基础和理论支援背景,马克思理论的批判旨趣和批判精神在哲学观上也无疑极大地影响了西方马克思主义理论家们的现代性态度。西方马克思主义理论家们认为,马克思主义的唯物辩证法在本质上开启了一个革命的辩证否定维度,这将重振马克思主义的批判精神奉为批判的首要任务,重新反思和构建现代性,实现理论对现实的变革作用,赋予人们清醒的意识去发掘被现代性所隐蔽和压抑的东西。

早期西方马克思主义代表人物在开辟新马克思主义的理论视野时,就把批判性和超越性视作自己的哲学本性,法兰克福学派的开创人霍克海默干脆直接将自己的哲学理论称为"批判理论"。

首先,马克思的批判理论和西方马克思主义的批判理论都是自己"时代精神的精华",都是对其所处时代所面临的问题的独特理论思索,但历史境遇的变化导致二者在理论批判主题上有重大差异:马克思的批判理论主要聚焦于经济、政治领域;西方马克思主义的批判理论则不然,它们跳脱传统的经济政治领域,将批判的矛头指向异化理论、技术理性、意识形态、大众文

---

① 参见白刚:《资本逻辑与现代性——马克思哲学视野中的现代性批判》,《学海》,2013年第2期。

② 参见孙承叔:《资本与现代性——马克思的回答》,《上海财经大学学报》,2006年第4期。

化、消费社会、心理机制、性格结构等更为广阔的文化空间,试图对现代性弊端做出全方位的讨伐与变革。

其次,历史境遇的不同和批判主题的差异导致了马克思现代性理论与西方马克思主义现代性理论在解决方式与路径上也存在着较大的差异。在马克思的政治经济学批判的透视下,资本主义政治和经济的异化成为马克思主义现代性理论的批判起点,无产阶级成为革命的主体力量,用暴力革命破除以压迫、剥削和社会关系物化为特征的资本主义社会异化过程,成为马克思的现代性出路和价值性旨归;而西方马克思主义不再从经济领域出发探寻异化的根源,而是将感性、精神、审美、艺术、心理、意识形态等领域视作新时代条件下革命最终成功和人类获得解放的突破口,对马克思的传统革命观提出质疑,以青年学生、知识分子为革命主体进行意识形态革命和文化革命。

最后,马克思与西方马克思主义的现代性理论都保持着一致的价值取向与终极关怀,两者都围绕一个核心目标:扬弃现实社会中的不合理性因素,使人摆脱加之于自身的异化力量而实现真正的自由与解放。但是两种理论在扬弃异化和恢复人的总体性的现实路径上存在着较大差异。①

5.“当代实施论”

这种观点将马克思主义与西方马克思主义现代性理论的关系定位为后者是前者在当今时代的实践。有学者在系统梳理本雅明对马克思唯物主义原则分析的基础上指出,本雅明思想的成功在很大程度上取决于对马克思主义的接受,这种接受不仅涉及对一些马克思主义基本原则的理解和运用,更涉及赋予马克思主义以新的时代内涵,是在新的时代条件下实施了马克思主义的现代性批判。②

国内理论界从马克思主义的现代性思想理论出发展开对西方马克思主义现代性理论的深入研究,在对马克思自身的现代性思想重视有加、深刻理解的基础上,对西方马克思主义现代性理论做出切中要害的分析和令人折服的评价,同时通过对马克思现代性思想理论和西方马克思主义现代性观

---

① 参见韩秋红、王馨曼:《西方马克思主义现代性批判理论的生成逻辑》,《马克思主义理论学科研究》,2017 年第 2 期。

② 参见王才勇:《本雅明与马克思主义》,《现代哲学》,2012 年第 6 期。

点进行深入比较，使马克思的现代性思想理论在与西方马克思主义现代性观点的交流碰撞中获得更多的话语权，使西方马克思主义现代性理论研究的旨趣和归依回到马克思主义理论本身的研究上来，在向马克思主义靠拢中不仅自觉维护和发展了马克思主义，而且实现了西方马克思主义现代性理论研究的价值旨归和根本意义。其具体体现为，西方马克思主义在分析和施救于现代性危机时，所采用的对马克思主义的开放性解读方式有助于我们坚定马克思主义信念，并推动马克思主义进一步中国化、当代化。当面对空前深重的现代性危机时，西方马克思主义者并未决绝否定，也未逃避隐遁，而是积极地在马克思思想中挖掘思想精华，并以一种开放的态度为马克思主义寻求新向度，也为现代性危机寻找可行的出路。一方面表现在对日益僵化庸俗的马克思主义理论潮流的转轨纠错，另一方面体现为根据现实问题借助马克思主义理论解救困境。第一方面在之前已有翔实阐述，现主要就第二方面加以分析。

西方马克思主义者在进行现代性批判、解救现代性危机时，立足于所发现的问题，尝试以新的理论形式为现实提供出路。卢卡奇期待通过无产阶级意识觉醒来变革资本逻辑带来的物化问题；葛兰西通过对马克思主义哲学的重拾与挖掘，期待实践哲学的实效性得以彰显；法兰克福学派不断关涉着发达工业社会中人的存在方式错位的问题，希望以社会主义制度取代资本主义的方式来缓解主客体间的紧张关系，真正释放理性的积极力量；生态学马克思主义更是从生态危机的角度提倡用社会主义制度来调和人与自然的紧张关系，实现人与自然的和谐共存。

总之，西方马克思主义者不断尝试把一些现代西方哲学思想"补充"到马克思主义哲学中去，这种对马克思主义的开放性解读、多元化发展，彰显了马克思主义的顽强生命力，反映了马克思主义所具备的因地制宜的属性，推倒了原有的一系列对马克思主义的错误理解，佐证了马克思主义理论的科学性与革命性，是面向现实、面向未来不断进行自我发展的具有世界意义的理论。这就有助于我们更加坚定马克思主义基本原理同中国实际情况相结合的理论可能性与有效性的信心，更加有利于在方法、结构、经验上从西方马克思主义中汲取优秀的成果与养分，以为我所用，推进马克思主义的当代化、中国化，从而确信中国特色社会主义道路的美好前景，并努力补充增益完善之。

四、西方马克思主义现代性理论与中国问题研究

西方马克思主义现代性理论在中国的传播与研究还体现为对中国问题的关注。近年来,伴随着中国社会发展过程中的现代性问题的迭出,对现代性问题的研究也就超出了一般意义上的对西方学者某一理论的关注,而转变成为聚焦当代中国社会的某些问题,力图在国外学者的相关研究中获得某些参照。在这一意义上,以问题为导向对西方马克思主义现代性理论的研究及其成果就显得尤为突出。有学者指出,所谓西方马克思主义哲学对现代性问题的探讨,主要是指他们对当代西方现代化进程中出现的科学技术的社会效应、消费问题与生态问题的分析,并把这种分析进一步上升到以启蒙理性为核心内容的现代性价值体系,由此形成他们的科技观、异化观、消费观和生态观等。①西方马克思主义的现代性批判理论主要围绕以下问题展开。

(一)西方马克思主义现代性批判理论中的物化研究

1. "物化"概念的研究

有学者在与物化、异化、对象化等相互比照意义上明晰其内涵,指出过去由于受卢卡奇和苏联教科书体系的影响,我国学术界对"异化""拜物教""物象化""物化"等概念没有做严格的区分,对其进行区分是学术研究的重要前提,在借鉴许多学者研究的基础上,提出物化是指物象化了的各种社会关系契机作为属于对象的物本身的、对象的自然属性而现象的过程。物化是指社会关系的位相本身消失,转移成物-属性的内在关系的位相。某个对象=客体,当它所承载的各种关系规定都被想象成其对象的对象属性时,就被规定为物。②

2. 典型学者物化思想研究

对物化研究主要集中于对卢卡奇物化思想的研究。有学者研究了卢卡

---

① 参见王雨辰:《西方马克思主义哲学基本理论问题论纲》,《社会科学战线》,2017 年第 3 期。

② 参见韩立新:《异化、物象化、拜物教和物化》,《马克思主义与现实》,2014 年第 3 期。

奇的"物化"概念,认为卢卡奇的物化不是传统人本主义话语中的异化逻辑,也不是马克思历史现象学中的事物化批判,青年卢卡奇自以为他是在马克思的"经济学分析"之上,去探求"在商品关系的结构中发现资本主义社会一切对象性形式和与此相适应的一切主体性形式的原形"。这是一个十分思辨但并不明晰的表述。①一些学者认为,卢卡奇的现代性理论的实质就是"穿越物化的幻相",也就是从物化"幻相"产生的内在逻辑寻求克服物化意识结构的"秘密武器"——辩证法,进而从辩证的总体出发,把孤立的"事实"不断提升为处于过程中的"现实",通过革命实践重建人与人之间的真实关系,而实现这一历史使命的正是无产阶级。②还有学者指出,卢卡奇准确地抓住了拜物教理论中的物化环节。所谓物化就是物的"商品形式化"。当卢卡奇凸显了拜物教中的"物化"问题的时候,他所意指的其实是资本主义社会中"商品形式"的普遍化。商品形式的秘密是拜物教的核心。"物化"是卢卡奇对于商品拜物教理论富有穿透性的一种解读,因为"物化"能够较为准确地表达出他所探求的资本主义现实的本质。③该学者还从物化理论的理论逻辑层面分析其变化,认为卢卡奇的物化理论和本雅明的意象辩证法的观念分别继承了马克思商品拜物教这样两个内涵。在当代西方马克思主义现代性批判理论嬗变中,拜物教理论的研究则更多地吸纳了弗洛伊德的相关思想,使得研究的指向发生了变化,即马克思着意于向外关注拜物教中的物如何具有神秘性的问题,弗洛伊德则着意于向内关注于拜物教中的人何以对物产生无休止的迷恋。

当代激进"左"派的代表人物齐泽克对于物的幽灵化的研究是这种研究转向的典型代表。④除卢卡奇外,还有一些学者的物化思想受到关注。比如对阿多尔诺物化理论的研究。有学者提出阿多尔诺主要围绕哲学、社会和文化三个向度展开物化批判,揭示了物化现象背后的同一性逻辑:在哲学层面,他分析了黑格尔的同一性思想,批判了概念拜物教;在社会层面,他解释了

---

①　参见张一兵:《马克思事物化范式的概念史考古》,《现代哲学》,2015 年第 1 期。

②　参见雪婷:《穿越物化的"幻相"——卢卡奇辩证法的真实意蕴》,《东北师大学报》(哲学社会科学版),2015 年第 9 期。

③④　参见夏莹:《马克思拜物教理论的双重内涵及其在西方马克思主义中的演化路径》,《马克思主义与现实》,2014 年第 3 期。

工具理性的同一性,批判了总体性的社会统治关系;在文化层面,他着重解释了交换价值的同一性,剖析了物化意识现象。阿多尔诺的物化批判理论分析了物化的本质、逻辑和表现形式,指出了这种作为社会病理学方式的物化,并突出非同一性的价值。①

还有学者分析了哈贝马斯的物化理论,提出他借助交往行为理论解释物化,即借助系统产生的生活世界病理学术语对物化问题的重新阐述,认为系统对生活世界的入侵导致物化的产生,因此必须发挥生活世界规范系统的潜能,这就实现了法兰克福学派物化批判理论从目的行为向交往理论的范式转型。②

3. 物化思想比较研究

有学者提出,西方马克思主义哲学的重要代表人物卢卡奇和俄罗斯白银时代哲学的重要代表人物别尔嘉耶夫,都从不同的理论视域出发,在对异化理论的继承基础上,进行了独特的理论探索。对异化理论的继承与探索在卢卡奇那里表现为"物化",在别尔嘉耶夫那里则表现为"客体化"。虽然别尔嘉耶夫的客体化理论与卢卡奇的物化理论在对异化的认知上存在一定差异,但从某种意义上可以说,两种理论都是对马克思主义异化理论的继承与发展。③可见,在对物化研究过程中,学者们在物化一般和物化特殊两个层面探讨了其所具有的本质内涵及其对揭示现实社会问题的重要意义。

(二)西方马克思主义现代性批判理论中的文化异化研究

学者们立足于对中国文化建设的反思,从西方马克思主义文化异化的现代性理论中汲取资源,提出对中国文化发展具有启示意义的观点。

---

① 参见彭子细、刘光斌:《物化批判的三个向度与物化的同一性逻辑——阿多尔诺物化批判理论探析》,《南昌大学学报》(人文社会科学版),2016 年第 12 期。

② 参见刘光斌:《从作为物化的合理化到生活世界殖民化——哈贝马斯的物化批判理论探究》,《兰州学刊》,2016 年第 1 期。

③ 参见周来顺:《物化与客体化——卢卡奇与别尔嘉耶夫异化思想比较研究》,《西伯利亚研究》,2015 年第 6 期。

1. 西方马克思主义文化异化理论的逻辑进路研究

有学者从肯定性维度和否定性维度梳理西方马克思主义代表性思想，通过分析和评价指出，总体来看，本雅明、洛文塔尔以乐观的态度对待和接受大众文化；霍克海默、阿多尔诺对其进行了深刻的批判；葛兰西虽然看到了作为意识形态的大众文化对人们的欺骗，但认为其仍有存在的合理性；马尔库塞开始对其持批判态度，后来则有所改变；哈贝马斯最初肯定了大众文化的积极作用，指出了它的商业性质。[1]有学者从基本逻辑出发，分析西方马克思主义文化异化理论的进展，认为以理论与实践的关系讨论为切入口，第二国际时代马克思主义内部分裂以后，由卢卡奇等人开辟的西方马克思主义传统由政治、经济批判转向了哲学和文化批判。这种文化批判经由法兰克福学派的启蒙、工具理性批判和批判理论的发展而臻于成熟，由于它以抽象的、大写的主体置换了现实的、具体的革命主体，导致了理论与实践之间越来越脱节，并使其主体性哲学批判和异化批判的文化批判特色越来越暴露出来。尽管如此，它为我们加深对马克思主义的理解和进行理论上的创新提供了可资借鉴的典范。[2]还有学者这样理解其理论逻辑，认为通过对卢卡奇的物化范畴加以概括和改造，并在韦伯的工具理性概念框架下，霍克海默、阿多尔诺提出了工具理性批判思想，并以工具理性批判为内在逻辑而展开了对西方主体性文化的批判。在此基础上，他们结合晚期资本主义社会和工业社会的特点，在工具理性批判的视域下，将对西方主体性文化的批判深化为技术批判和大众文化批判的理论，确立了西方马克思主义文化批判的转向。[3]

2. 西方马克思主义文化异化理论的现代性价值研究

学者从当代中国的现代生活状态分析出发，提出西方马克思主义文化批判理论深刻揭示了由资本逻辑所导致的文化商品化、媚俗化、娱乐化等问题，对当代资本主义文化异化和文化危机体现了一种强烈的反思意识和批

---

[1]　参见李庆霞：《西方马克思主义大众文化理论的辩证维度》，《河北学刊》，2012 年第 3 期。

[2]　参见杨兴林：《在哲学性与科学性之间——西方马克思主义文化批判的反思》，《河海大学学报》（哲学社会科学版），2012 年第 12 期。

[3]　参见管锦绣：《西方马克思主义的文化批判之内在逻辑——以霍克海默、阿多尔诺的工具理性批判为例》，《华中科技大学学报》（社会科学版），2013 年第 7 期。

判精神。西方马克思主义文化批判理论对于社会主义市场经济条件下把握文化建设规律、推进文化产业与文化事业的协同发展、走中国特色社会主义文化发展道路具有重要的启示意义。①还有学者认为,西方马克思主义对这种现代性文化危机的探索集中在技术理性异化危机、大众文化异化危机,以及人类生存异化危机中,他们对现代性文化危机的探索是对文化自觉的反省,是对现代性文化的重新建构。因而西方马克思主义这种文化自觉的思潮对当代中国构建现代文化有着重大启示,这体现在要以益智、益心、益德和益生价值构建具有中国风格、中国气派和中国特色的现代文化理念。②

3. 典型学派的文化异化思想研究

在对法兰克福学派文化理论的分析和研究中,有学者提出,法兰克福学派三期批判理论的发展意味着:从古典理性主义到感性浪漫主义再到理性现实主义,从激进乐观主义到激进悲观主义再到保守乐观主义,从欣赏、信奉到怀疑、批判再到超越、重建马克思主义,从文化主体哲学到语言交往哲学再到政治道德哲学("政治伦理学"),从"早期批判理论"到"新批判理论"再到"后批判理论"。③可见,文化哲学和对文化的研究是其在某一阶段上的重要主题。在法兰克学派文化理论的解构立场方面,学者认为法兰克福学派以其批判性与革命性的社会批判理论闻名于世,它对西方发达工业社会的深刻批判属于广义上的大众文化批判。学派的大众文化批判理论深刻揭示了工业社会的大众文化对于文化的解构:解构文化艺术的本质导致文化的异化的价值,导致文化经济商品化,解构文化的社会功能导致文化的政治意识形态化。④还有学者提出,法兰克福学派在中国本土的积极影响不仅体现在它对大众文化的批判,还体现在对作为总体的现代性的批判,如工具理性批判、意识形态批判、极权主义分析等,这些现代性批判理论为我国的现

---

① 参见胡绪明、舒超:《西方马克思主义的文化批判理论及其对建设社会主义文化强国的启示》,《武汉理工大学学报》(社会科学版),2015 年第 8 期。

② 参见彭洲飞:《现代人焦虑、现代性反思、现代文化建构——西方马克思主义对现代性文化危机的探索及其当代启示》,《兰州学刊》,2012 年第 2 期。

③ 参见王凤才:《从批判理论到后批判理论(上)——对批判理论三期发展的批判性反思》,《马克思主义与现实》,2012 年第 11 期。

④ 参见王青:《"大众文化"对文化的解构——法兰克福学派大众文化批判理论新解读》,《齐鲁学刊》,2013 年第 3 期。

代化建设提供了宝贵的理论资源。①

4. 对典型人物的文化异化思想研究

在对阿多尔诺的文化思想的分析中，学者认为阿多尔诺明确指出大众文化、文化工业是生产极权主义驯服工具的社会机器，极力抨击了将大众文化和文化工业"商品化"的倾向。在中国的文化工业中已经出现了这种现象。作者提出文化强国的"文化"绝不应该是"以娱乐消遣作为主要价值加以实现"的"精神快餐"式的文化商品。在对赖希的性格结构的分析中，学者针对赖希所提出的一定的"经济基础"就会形成一定的"文化形态"，"文化形态"再通过人的"性格结构"反作用于"经济基础"的观点，提出我国在开展"文化强国"建设的过程中无论如何是不能够忽略文化传者和受者的"性格结构"影响因素的重要作用。②

5. 对文化异化症状和超越文化异化对策的研究

有学者提出文化异化在历史和当下呈现出不同的症状：现代技术理性文化异化、性格结构与心理机制文化异化，以及大众文化异化，提出超越文化异化的方法：文化以弘扬人的主体价值为基本取向，确立人对文化的主体性地位，实现人的整体性、全面性发展，建立人的社会关系自由全面发展的共产主义社会。③在西方马克思主义文化异化问题的研究中，学者们已经形成从宏观上对文化形态与政治制度和经济基础运动关系的一般原理的把握，也形成以西方马克思主义文化理论为启示的中国社会文化形态与微观文化现象关系的深入探讨和分析，体现理论研究服务于社会发展。

(三)西方马克思主义现代性批判理论中的消费异化研究

消费异化是西方马克思主义现代性理论与中国现实结合较为紧密的问题，必然引起学者们的关注。

---

① 参见贺翠香：《法兰克福学派在中国的影响及其意义》，《马克思主义与现实》，2012年第1期。

② 参见高鑫：《西方马克思主义文化观述略》，《社会主义研究》，2013年第10期。

③ 参见张莉华：《文化异化的症状及其超越取向——基于历史唯物主义的视角》，《社会科学家》，2012年第11期。

1. 西方马克思主义消费异化影响研究

有学者认为，异化消费是当代资本主义最主要也是最具时代特征的异化现象，它是造成全球性生态危机的最现实具体的根源。异化消费既在客观上扭曲人的本性，又在现实中破坏生态环境，更在长远和整体维度上影响人的自由全面发展。克服异化消费的出路是建立一种积极的稳态经济发展模式并实行适度消费方式。今天的生态危机特别需要对消费行为进行生态约束、引领和规范。①还有学者认为，西方马克思主义消费异化理论揭示了现代社会消费从以前的满足人们生活、使人快乐的手段异化：一方面，它是对人们在劳动中失去自由的一种"补偿"，是人们逃避现实痛苦与不幸的避难所；另一方面，统治者对消费进行操纵和控制，使消费成为一种实施社会控制的工具。虽然"消费异化"现象产生于资本主义强盛时期，但是在社会主义初级阶段随着商品经济的发展而发展的中国也部分地存在。随着消费社会的到来，部分先富裕起来的国人正用挥霍浪费来肆无忌惮地改写着我们勤俭节约的优良传统，"消费异化"逐渐渗透到各种消费之中，亟须我们提出符合科学发展观的消费策略。②

2. 西方马克思主义消费异化总体性研究

还有学者梳理了马尔库塞、弗洛姆、巴特、列斐伏尔、鲍德里亚、莱易斯、阿格尔等人对消费异化问题的研究，认为他们结合消费社会批判，分别借由精神分析学、符号学、生态主义等学说入手，从力比多的压抑、社会符号化、生态危机的理论视角，对资本主义社会中的消费异化现象进行了各具风格的理论批判，指出他们将消费异化批判与各自不同的学术立场结合起来，颇具参考价值和时代性，但也存在过于理想化等问题。③

3. 典型学者的消费异化思想研究

有学者通过分析弗洛姆的消费异化理论指出，他所极力批判的消费异化现象在我们社会主义中国的今天也出现了某种程度的蔓延，各种铺张浪费、穷奢极欲的现象时有发生，这不得不引起我们的高度警觉。同时，弗洛姆

---

①　参见包庆德：《评阿格尔生态学马克思主义异化消费理论》，《马克思主义研究》，2012 年第 4 期。

②　参见邓奎、宋海燕、费赫夫：《西方马克思主义"消费异化论"与休闲养生消费》，《南华大学学报》（社会科学版），2014 年第 8 期。

③　参见宋德孝：《西方马克思主义消费异化批判的三个维度解析》，《创新》，2015 年第 1 期。

提出的一些扬弃消费异化的思想对我们今天养成科学、合理的消费行为具有重要的借鉴意义。①

　　还有学者通过分析高兹对当代资本主义为实现资本获利的目的鼓励异化消费行为展开的批判,严厉谴责资本主义颠倒了人与商品的关系,把人扭曲成消费机器的现象,加深了我们对资本主义制度所固有的矛盾和弊端的认识。受高兹消费批判理论的启迪,我国在现代化的进程中必须克服物质主义倾向,以人为本推进物质文明,培育尊重自然、以人为本、崇尚精神满足的消费模式,并使之成为全体公民所追求的生活价值取向。②高兹提出,资本主义为了确保其资本逻辑也即经济理性的扩张,在具体的政治操作层面上采取了功能性整合的策略:这样一种整合是非自主性的,超出个体的理解和控制之外的,并将导致社会的分化、理性的分裂、生活和工作的分离,以及人的异化,因而这样的整合对于个体而言是异在的,并遭到了反抗。为此,资本主义采取了一种新的整合模式——"福利性的补偿性消费政策"。高兹强调,这一策略是当代资本主义经济理性扩展和对工人进行控制的新工具,必将导致社会进一步分化,工人进一步物化并深陷于消费主义之中,使国家与社会进一步分离,其结果是乔治–奥威尔的噩梦的现代版将成为现实。③可见,学者们针对西方马克思主义消费异化理论,其对中国社会消费异化问题的启示研究已经将这一现象视为理论问题,从文化传统、商品关系和社会制度等层面分析其根源并提出了一些解决办法。

(四)西方马克思主义现代性理论中的审美异化研究

　　审美也是现代性问题集中体现的重要领域,审美异化现象在中国社会业已出现,自然引起学者们的关注。

---

　　①　参见刘海辉、张林:《异化的消费及其人道主义救赎:弗洛姆消费异化理论探析》,《理论观察》,2014 年第 8 期。

　　②　参见刘晓芳:《高兹的消费异化批判理论评析》,《学术交流》,2012 年第 9 期。

　　③　参见汤建龙:《资本主义"功能性整合"与"补偿性消费"批判——安德瑞·高兹当代资本主义批判理论探微》,《社会科学辑刊》,2012 年第 7 期。

1. 法兰克福学派审美现代性研究

有学者通过对法兰克福学派的审美现代性理论进行述评，指出法兰克福学派的审美批判理论只是资本主义特定历史时期和特殊语境中的一种话语模式，审美现代性与社会现代性之间不仅有对抗的一面，更有如马克思看到的相互依赖和促进的一面。只有站在马克思历史唯物论的高度，既充分肯定资本主义社会现代性的积极作用和进步意义，又通过审美现代性来克服社会现代性的阶段局限和特定时期的片面，才能促进人的自由全面发展。①

2. 西方马克思主义审美理论的特征及现实启示研究

有学者概括审美现代性的若干特征，包括审美现代性通过反对旧的和求新求异的策略建立了其合法性，也为其永远追求新奇做了铺垫，审美现代性具有无功利性或反功利性，审美现代性极力反对工具理性，审美现代性具有强烈的反思性等。②还有学者通过西方马克思主义对审美理论的研究，提出审美异化的三重问题，即审美主体的异化——在审美霸权面前，人失去了主体性，仅作为实现日常生活审美化的自动装置而存在；审美对象的异化——审美对象的深层内涵消失，仅提供感官的快适与满足；审美关系的异化——审美不再是自由自觉的精神性活动，而成为强制性的奴役活动。而这三种现象在中国社会都已经出现，如何在日常生活中避免、克服这种倾向，是值得我们深入思考的重要问题。③

3. 西方马克思主义审美理论的困境与问题研究

有学者站在马克思主义现代性理论立场上审问西方马克思主义的社会批判美学，认为尽管西方马克思主义的社会批判美学展现了犀利的社会批判和内在精神救赎的功能，但囿于这种批判理论的固有特点和方法方面的缺陷，这种批判模式无力将社会历史发展带出现代性的困境。④还有学者认为，面对近现代资本主义发展导致工具理性的盛行，引发人性异化的社会危机，西方美学家们试图通过审美（艺术）构建救赎世俗和人类精神自由的思

---

① 参见舒开智：《马克思主义美学视域中的审美现代性研究》，《东方论坛》，2013 年第 6 期。

② 参见李世涛：《现代性的审美救赎——西方审美现代性诸问题》，《学习与探索》，2012 年第 9 期。

③ 参见马草：《论审美霸权——对日常生活审美化的一种反思》，《东岳论丛》，2016 年第 5 期。

④ 参见许勇为：《现代性批判的审美化之困——西方马克思主义现代性审美救赎理论评析》，《人文杂志》，2013 年第 12 期。

想,对美学理论的深化和社会的发展具有重要的启蒙意义。但综观审美救赎思想发展的过程,单纯借助感性的审美救赎,不仅脱离了具体的社会实践,而且不加区分地夸大了审美的功能,导致救赎思想中具有与生俱来的虚幻性、片面性,必然走入迷途。①在审美现代性的再反思中学者们提出,审美救赎思想虽然具有积极意义,但也有无法解决的内在悖论"审美无利害","艺术自律"与审美救赎功能存在不可解的内在矛盾。如何让美的世俗性与超越性对立统一,也是审美救赎论始终无法真正解决的难题。这些理论困境决定了审美救赎只能是一种审美乌托邦,无法真正解决现代性危机。②审美异化的研究已经取得一定进展,对当代中国社会审美异化现象的分析和把握已经有了一定的广度和深度,为问题的解决提供了较好的思路。

(五)西方马克思主义现代性理论中的生态异化研究

生态问题是世界性的普遍问题,对生态问题是后马克思主义的重要问题域,中国的生态文明建设也日益凸显生态问题的重要性和必要性,对两者的关联性研究也成为学者集中研究的重要问题。

1. 西方马克思主义生态异化思想提出的理论逻辑研究

有学者从西方马克思主义现代性理论基本逻辑出发,提出生态问题出现的理论逻辑为:启蒙理性虽然以其知识性系统破除了宗教神话,却又走向它的反面;"控制自然"的哲学世界观加剧了人与自然的紧张关系;科学技术意识形态化保护的只是资产阶级自身的经济利益、社会制度和意识形态;异化消费则强化了业已存在的生态危机。③

2. 生态学马克思主义的生态异化思想研究

有学者集中研究生态学马克思主义,提出生态学马克思主义在回应西方绿色思潮对历史唯物主义理论诘难的基础上,开启了历史唯物主义理论的生态视域,并对资本主义社会展开了生态批判、技术批判和价值批判,提

---

① 参见杨岚、张瑞:《审美救赎的启蒙意义与迷途》,《贵州社会科学》,2016 年第 1 期。

② 参见马宇飞:《西方审美救赎思想的历史流变与当下反思》,《学术交流》,2014 年第 6 期。

③ 参见李明:《欧洲生态城市发展的成功经验及其对中国的借鉴意义》,《特区经济》,2016 年第 5 期。

出了他们的生态治理理论,形成了系统的生态学理论和现代性批判理论,对丰富和发展历史唯物主义做出了重要的理论贡献, 是我们生态文明理论研究与建设实践的可贵思想资源。①生态学马克思主义对唯物史观的理论贡献主要体现为, 生态学马克思主义通过分析历史唯物主义如何看待自然的极限、生产力发展理论、科学技术的社会作用,以及与生态思维方式的关系等问题,对历史唯物主义的现代性质展开了系统辩护,并论证了历史唯物主义与生态学的一致性。②在此基础上,分析其对我国生态文明建设的启示,指出启示有三点:一是生产方式变革是生态价值观变革的基础,二是人类中心主义价值观与生态文明并不必然矛盾, 三是生态文明与工业文明下的环境保护存在根本差异。③

还有学者提出, 生态学马克思主义是马克思理论与当代生态学相关理论相结合所产生的当代西方马克思主义新兴流派之一, 生态危机理论则是这一理论最具特色的思想内容, 它认为资本主义制度本身固然存在着政治危机和经济危机,生态危机则是这两种危机的集中体现。因此,如果要解决生态危机,就要从制度本身出发,建立一种与生态和谐相处的社会制度,就必须进行生态社会主义革命,通过革命建立生态社会主义制度。④

陈学明对生态学马克思主义现代性理论的定位具有指导性意义, 指出"生态学的马克思主义"在对待现代性的问题上完全继承了哈贝马斯和一些其他西方马克思主义的观点,它不像后现代主义那样,对现代化运动持全盘否定的态度,从批判现代化的各种负面效应,特别是对生态环境的破坏开始,进而否定整个工业文明的发展观和价值观,主张反增长、反技术、反生产,而是把现代化运动中的负面效应与现代性本身区别开来,要求走向"更现代主义的世界观"。它具有强烈的修复已经崩溃的现代性,继续追求文化、社会和经济领域的现代性可能性的动机。⑤

---

①　参见王雨辰:《论西方绿色思潮的生态文明观》,《北京大学学报》(哲学社会科学版),2016 年第 7 期。

②　参见王雨辰:《论生态学马克思主义对历史唯物主义理论的辩护》,《哲学研究》,2015 年第 8 期。

③　参见王雨辰:《生态学马克思主义对生态文明的三点启示》,《理论参考》,2012 年第 5 期。

④　参见刘闻名:《生态学马克思主义生态危机理论分析》,《北方论丛》,2016 年第 9 期。

⑤　参见陈学明:《西方马克思主义对当今中国所提供的理论启示》,《毛泽东邓小平理论》,2012 年第 12 期。

3. 有机马克思主义的生态异化思想研究

除生态学马克思主义之外，近年来兴起的有机马克思主义生态问题的现代性批判理论也引起学者们的广泛关注。有学者认为，有机马克思主义是当代西方工业文明社会新兴的理论学派之一，其为大众所熟知的是其针对工业文明所造成的生态危机，寻求积极拯救的方案的生态文明思想，但事实上支撑其生态文明观的前提是对资本主义政治经济学的全面批判和整体反思。这一批判主要通过对资本主义自由市场经济形而上学的机械发展观、"经济中心主义"，以及"工具理性"的系统反思挖掘其人与自然的不自由、人与人的不平等，以及人与社会的不正义的现实状况，为实现拯救提出发展绿色 GDP、打造共同体经济，以及借鉴中国特色幸福评价体系的方案。①

还有学者认为，有机马克思主义系统展开了对当代资本主义的最新批判，其批判的有机性表现为将生态危机与政治经济结合起来，具体体现为三方面逐步递进的内容：其一，生态危机与人道主义的双重灾难，并由此引申至资本主义自由、正义、权利话语的狭隘性等现代性矛盾的批判；其二，有限政府的政治哲学、自由放任的经济哲学等现代性本体性假设，是现代性矛盾的根源；其三，综合左与右的更具有机性的第三条道路是解决现代性矛盾的根本途径。②在这些研究的基础上，有学者立足于两者间的差别展开分析并指出，生态学马克思主义和有机马克思主义都批判资本主义制度和现代性价值体系，但生态学马克思主义侧重于通过分析资本主义制度本性与生态危机的必然联系，并在此基础上对现代性价值体系展开批判；有机马克思主义则侧重于分析现代性价值体系的特点与后果，分析个人主义价值观与经济主义发展观和生态危机之间的联系。理论侧重点的不同，导致了他们在解决生态危机途径问题上的理论差异。③

4. 西方马克思主义重要人物的生态思想与中国启示研究

在分析法兰克福学派和生态学马克思主义对生态问题的基本观点的基

---

① 参见谢昌飞：《有机马克思主义政治经济学批判及其理论逻辑》，《马克思主义研究》，2016 年第 9 期。

② 参见符妹、李振：《有机马克思主义视野中的"现代性批判"》，《云南社会科学》，2017 年第 3 期。

③ 参见王雨辰：《生态学马克思主义与有机马克思主义的生态文明理论的异同》，《哲学动态》，2016 年第 1 期。

础上,提出我国的生态文明建设要走出生态危机这一世界性普遍危机,就必须在意识层面审视和批判在工业文明占主导地位的工具理性及其异化,保持工具理性与价值理性在社会形态中的必要张力,最终实现生态文明建设的人与自然和谐共处的目标。[1]有学者通过研究马尔库塞倡导变革技术发展方向、克制过度消费、"人道的占有"自然、建立"适合于生存的社会"的生态批判和生态革命思想,认为其对消除当代中国现代化中的负面效应,对当前我们如何处理工业化进程中出现的人与自然矛盾,以及对建设社会主义生态文明具有重要的警示和借鉴意义。[2]还有学者研究高兹生态学马克思主义思想,并总结其对于中国社会的启示,将其归纳为三点:第一,在现存的社会生产方式下,是无法实施生态保护的,其唯一出路就是建立一种真正体现公平分配原则的社会主义生产方式;第二,生产方式的改变必须以文化价值观的改变为前提;第三,提倡"更少的生产,更好的生活"。[3]西方马克思主义生态异化的研究为解决中国生态问题提供了一定的理论借鉴,也为中国学者实现其中国化,提出具有中国特色、世界影响的生态问题解决思路和方案提供一定的启示。

理论界对西方马克思主义现代性理论与中国问题的研究始终立足于当代中国的社会现实,具有明确的问题导向,其产生的理论成果也的确具有启发价值,并对当代中国社会实践具有一定的参照意义。正如陈学明指出的那样,研究西方马克思主义现代性理论之于中国的价值关键在于如下结论:首先,我们决不能放弃对现代性的追求,因为现代性对人类有积极意义,即使在追求现代性的过程中出现了这样或那样的问题,那也不是现代性本身造成的。其次,我们也决不能放弃对追求现代性过程中所出现的种种负面效应的关注与消除。既然在追求现代性的过程中所出现的负面效应不是根源于现代性本身,那么我们就不应当对这些负面效应持无能为力的态度,而应当积极地寻找出现这些负面效应的真实原因,并且想方设法消除这些原因,使

---

① 参见邓环:《生态文明:工具理性异化的批判与终结》,《武汉理工大学学报》(社会科学版),2015年第6期。

② 参见李世书:《人与自然关系的异化与双重解放:马尔库塞的生态批判与革命》,《江西社会科学》,2016年第6期。

③ 参见高鑫:《西方马克思主义文化观述略》,《社会主义研究》,2013年第10期。

负面效应降到最低限度。①在这一指导性理解基础上，我们应该重点思考，我们在何种意义上定位和理解西方马克思主义现代性理论，使之为中国马克思主义更好地解决中国的现代性问题提供启示；我们应如何与西方马克思主义现代性理论展开对话，而非简单地评介；我们应如何超越西方马克思主义的现代性理论，使之不再仅仅是学习的对象，而是成为我们进步路上的阶梯。

有学者在分析西方马克思主义现代性理论基本问题的基础上，指出现代性批判有其无法逃匿的限度，即它不能证明有一个比现实世界更好的可能世界。在唯物史观的视域中，卢卡奇和法兰克福学派对机器大生产、消费社会和文化工业的某些批判在逻辑完备性与现实合理性等方面均有明显欠缺，诸如批判由生产力水平决定的劳动组织原则没有合法性，文化工业论隐伏着没落文化贵族不合时宜的傲慢与悲叹，等等。倘若不考虑现代性批判的限度，或离开当下中国的生活实践而盲目追随西方学术话语，学术研究便难以保持旺盛的生命力。②

五、对推进中国式的西方马克思主义现代性理论研究的思考

可见，这需要进一步反思如何推进中国式的西方马克思主义现代性理论研究。在这一问题域上，一些学者提出了一些具有启发性的观点。他们指出，与西方马克思主义进行理论对话、以史鉴今、接续再释，应成为国内理论界今天研究西方马克思主义更为重要的价值立场和致思方向。

（一）"对话经典"

"对话经典"不仅体现在对西方马克思主义的"西方式"理解——还原其历史语境和思想生成，用其概念、逻辑原汁原味地呈现出"西式的文化大餐"上，还体现在西方马克思主义理论给予研究者的是一个特殊的"视界"，用一种特殊的方式来进一步认识所见的世界。也就是说，西方马克思主义在中国

---

① 参见陈学明：《西方马克思主义研究在当今中国之意义》，《思想理论教育》，2016 年第 3 期。

② 参见成林、谌中和：《现代性批判及其限度——对几种现代性批判思想的质疑》，《哲学动态》，2016 年第 3 期。

的研究也应不仅仅是还原的历程,更应是对"思想的思想"——因着这一思想有着经验的固定点并由此延展开来,是一种中国式经验与西方式经验的交融,亦可称之为思想的对话。前一种方式的对话经典在理论研究的过程中较为常见,即对西方马克思主义的经典作品和经典文献做出思想的深度耕耘,再现西方马克思主义的精神实质;而后一种方式的对话经典,在当前国内的理论研究当中仍不多见,这两种对话方式的结合才是真正意义上的"思想对话"。就这一意义上的"思想对话",梁树发指出,研究西方马克思主义的最为首要的问题是西方马克思主义问题显现基础上的理论自觉,既要对西方马克思主义思想进行序列性和动态性的把握,更要强化问题意识,结合中国社会的现实情况,与西方马克思主义思想进行交流。事实上,以中国式的历史经验与现实理解进一步解读西方马克思主义,才能在其中延展出西方马克思主义与中国理论界相互结合的场域,挖掘出新的理论与现实的生长点。当把对话经典不再仅仅看作还原的过程,更看作理解和解释的过程,经典将会呈现出更丰富的内容。从对话经典的内容出发,有学者提出两个要求:一个是经典一定体现为西方马克思主义的经典,研究者应从中国社会的语境出发,对西方马克思主义的经典作品做出再理解和再诠释;另一个要求是与西方马克思主义思想家一道对话马克思主义的经典,在"共同的话题,不同的话语"的过程中建构马克思主义在当代发展的新形态。

(二)"以史鉴今"

"以史鉴今"即将西方马克思主义与中国社会现实境遇中的具体状况联系起来考察,择西方马克思主义理论中的合理因素来观照和审视中国化马克思主义。事实上,西方马克思主义非常认同马克思主义的精髓就是现实性这一观点,自然,这一与马克思主义具有亲缘关系的理论思潮也致力于从理论的高度把握实践中的困境和难题。所以当西方马克思主义是这样承续马克思主义的方法时,从西方马克思主义那里获得的也就并非仅仅是其学术思想,更是其分析问题和解决问题的视角与方法。在马克思主义与西方马克思主义相互比较的历史性与思想性研究中挖掘史与论的现实性的研究方式,才能使我们运用马克思主义的基本理论,有针对性地思考一些现实问题。

比如,当今中国的社会转型和社会发展经历了马克思所说的"卡夫丁峡谷",即没有经历资本主义生产方式的完全发展所实现的现代化就直接进入了社会主义的发展阶段。这就使得中国在现代化进程中滞后于西方社会,而在发展形态上领先于西方社会。如何在今天的中国更大程度地创造生产力的社会形态中澄清现代性问题的根源,批判借鉴西方社会应对现代性问题的理论成果,避免西方社会现代化进程中的各种问题和弯路,积极地探索合理健康的中国特色社会主义现代化道路,要求研究者在清楚地辨析西方马克思主义的理论性质、思想特质、理论形态等基本理论问题的基础上,把握住西方马克思主义历史进展中的"问题意识",站在马克思主义中国化的立场上明确西方马克思主义研究之于中国社会现代化转型的现实意义。

(三)"接续再释"

"接续再释"即对西方马克思主义现代性理论所提出的问题做出中国式回答。西方马克思主义对于作为意识形态的技术理性的批揭、对现代社会人的性格结构和心理机制异化的哀叹、对大众文化沦落为商品的忧思、对现代消费和生产矛盾加深的困惑、对生态危机就是社会危机的论证等,可以说这些都是任何区域、任何国度现代化进程中必然会面对的问题。随着全球化进程的推进,西方马克思主义现代性理论所探讨的问题、所出现的理论困境、所提出的解决路径等,已经对中国语境下的现代性建构形成事实参考,以"集体无意识"的方式显现出对中国问题的中国式回答。同时,对西方马克思主义的研究在"接续再释"过程中已体现出中国人对西方马克思主义的独特理解、评价定性和理论发挥。例如,对"西方马克思主义"概念的理解经历了一系列变化。最初,理论界倾向于将其界定为与第三国际的马克思主义特别是列宁主义相对立的西方思潮。因此,那时研究者用自身无法抹去的中国式立场为原则,采用"贴标签"的方式——或唯物或唯心,或真理或谬误,或先进或落后,或革命或反动,或无产阶级或资产阶级,西方马克思主义作为马克思主义的对立物受到批判和否定是相对自然的。

此后,随着中国现代化进程的不断深入,学界对西方马克思主义理论的理解也有一些新变化,如以政治和经济等重大理论与现实主题来理解西方马克思主义与正统马克思主义的区别，认为西方马克思主义更多是对现代资本主义社会中一系列政治和经济等重大现实问题的关切与分析，特别是用马克思、列宁等人的马克思主义思想来检视西方马克思主义理论思潮。由此学界产生了一些新认识：西方马克思主义是马克思主义理论在不同国度、不同社会历史发展状况下的再发展和再诠释，是西方共产党、工人党等在西方社会历史条件下对马克思主义理论和方法做出的运用和发展。当然其中充满了问题，但也代表着对马克思主义的理论与实践的一种探索。西方马克思主义当然是异质文化，需要品头论足、指指点点的同时，更需要对话与交流、解释与理解；需要对其"贴标签"，也更需要面向事情本身展开史与论的研究，将其丰富的内容展陈出来的同时，才能够进一步"贴好标签"——看清优势与局限，得知如何批判与借鉴；需要把握其理论研究的问题、思考的视域，才更需要解决现实问题的路径、时代的启示、借鉴的方式，方显给予西方马克思主义理论以"再释"意义上的价值和对西方马克思主义进行史与论研究的作用。①

　　在反思与应对现代性问题这一主题上，西方马克思主义现代性理论研究的中国意义得到有效彰显。伴随着改革开放和中国特色社会主义事业的不断推向前进，尤其是全球化趋势下中国对世界体系的逐渐融入，一方面，以理性化的社会运行机制和文化精神为主要内涵的现代性原则，上升为社会共同体进行政治、经济、文化等一切活动的最高标准；另一方面，社会的理性化及其合法化危机、贫富差距、人与自然的紧张关系、精神失落现象等"现代性后果"也随之浮现。这些现代性与发展问题都实际地为新时代的中国马克思主义理论研究提供了"时代"背景。而西方马克思主义所面临的时代性特征，使其注定以反思与批判现代性问题作为理论主题与基本论域。西方马克思主义涵盖马克思主义哲学的批判精神与"理论与实践相统一"的辩证法，深刻洞悉现代性危机并展开了多元而具体的研判与检视，因此可以说西方马克思主义的各种学说和理论就其本质而言体现为对现当代资本主义的现代性批判理论。随着全球化进程的不断深入，现代性的深刻危机日益弥漫

---

① 参见韩秋红、史巍：《西方马克思主义研究的方法论价值与局限》，《马克思主义研究》，2014年第8期。

全球,成为当代人类文明的一大根本性病症,对人类何以把握自身的当代际遇和历史命运提出了极大的考验。显而易见,现代性问题已构成了全球化情势下西方马克思主义与中国马克思主义理论研究之间的理论交集点。在此语境下,西方马克思主义现代性理论便自然而然成为中国马克思主义理论研究最为直接且富有启示性意义的理论资源。

国内关于西方马克思主义现代性理论的研究,从研究进展来看,西方马克思主义对于当代资本主义社会批判的独特哲学思考与方法原则,以及在此之上生发的多维度视角和个性化风格,有益于拓展和加深我们对现代性本质的认知,开启研究的新方向与新论域;从思想效果来看,西方马克思主义对现代性问题的理性剖析,也为我们介入当代西方资本主义的现代性及其文明,反思其适用界限而明确认识到不能将其视为人类文明与现代化的唯一模式,从而反过来为建设中国新型现代性道路开启更为宽广的思想视域和理论空间。细而论之,正是受到西方马克思主义现代性理论的启发,中国马克思主义理论研究开启了文化哲学研究、日常生活哲学研究、现代科学技术研究,以意识形态理论、现代国家批判理论、剥削理论等为主要内容和以公平正义为价值追寻的政治哲学研究,侧重社会正义与环境正义的马克思主义生态哲学和生态社会主义理论研究等一系列新方向和新论域,开展了独具特色的中国马克思主义理论研究和话语构建,不仅促使学者们进一步挖掘新问题,拓展马克思主义哲学研究的新论域,探寻马克思主义研究的新学术生长点,而且建立了中国马克思主义理论新形态与新时代中国现代化实践、与中国人的现实生活世界的有机关联。更为重要的是,西方马克思主义对现代性问题的批判性反思,也敞开了新时代背景下中国新型现代性道路的独特视域与世界意义。正如有学者敏锐指出的,"中国化"或"本土化"已成为人文社会科学研究的基本趋势,其中包含着学术和意识形态的双重诉求。[①]学术界对其现代性理论研究所取得的进展与突破,在一定意义上更为明晰地划定了西方资本主义现代文明自身的适用范围与历史界限。作为社会主义当代实践新形态的中国特色的现代性发展道路,并非完全照搬或直接移植西方现代性模式,其历史必然性是由"独特的文化传统、独特的历

---

① 参见王学典:《把中国"中国化"——人文社会科学的近期走向》,上海人民出版社,2017 年。

史命运、独特的基本国情"所决定的。中国道路的自觉意识就在于认识到"中国的发展不可能被完整地吸收到现代资本主义文明体系中去——中国发展道路的实际可能性首先就来自于这种不可能性"①。

同时，对西方马克思主义现代性理论的研究也促使中国学术界站在人类文明发展的高度阐述中国特色社会主义道路的世界意义，明确中国道路的探索与发展在"创设世界性的议题""主导'涉中'的议题"，以及"重构全球理性和世界精神"方面的积极作用，②从而为人类世界提供通向现代化道路的有别于西方现代性的另一个版本。基于此，深刻反思全球化背景下现代西方文明潜藏的系统性危机，打破对西方现代性发展道路的盲目崇拜和路径依赖，从而在理论上对中国新型现代性道路的合法性做出明确的回应与阐释，这正是西方马克思主义现代性理论研究的中国意义之所在。

西方马克思主义现代性理论的问题逻辑、理论范式及其思想效应是中国学术界开展西方马克思主义现代性理论研究的应有内容，其研究成果不仅能够使我们更加深入地把握西方马克思主义现代性理论的逻辑与实质，同时对于推进中国马克思主义理论建设、解答新时代中国特色社会主义现代化进程中的现代性问题具有重要的启示与理论借鉴意义。而想要在强调准确划界的前提下真正汲取西方马克思主义现代性理论的合理因素，既需要对其发展的内在逻辑和理论问题开展系统性与全景式研究，又必须立足西方哲学与马克思主义发展史的宏阔理论背景，瞄准马克思主义研究中至关重要的理论与现实问题，吸收西方马克思主义现代性理论，使之成为服务于中国马克思主义理论建设与创新的有益思想资源，实现二者之间的良性互通互动。

---

① 吴晓明:《当代中国的精神建设及其思想资源》,《中国社会科学》,2012 年第 5 期。

② 参见陈曙光:《中国时代与中国话语》,《马克思主义研究》,2017 年第 10 期。

天津市重点出版扶持项目

国家出版基金项目
NATIONAL PUBLICATION FOUNDATION

西方马克思主义在中国的历程与影响研究 下 册

陈学明 等◎著

天津出版传媒集团

天津人民出版社

第三编 >>>>>

西方马克思主义对中国哲学社会科学若干学科的影响

西方马克思主义在中国理论界产生的影响，一个重要方面是对中国哲学社会科学的各个学科产生影响。四十多年来，中国的哲学社会科学的各个学科都获得了长足的发展，而这种发展无不打上西方马克思主义的烙印。西方马克思主义对这些学科的影响既反映在对这些学科的基本构架、基本方法的影响上，也表现于对这些学科的基本理论的影响上，即西方马克思主义使这些学科改变了哪些基本理论观点。西方马克思主义对这些学科的影响，直接涉及中国现实社会的发展。在这四十多年中，中国哲学社会科学的各个学科在建设与发展过程中都发生过重大争论，这些争论往往都与西方马克思主义在中国的传播相关，特别是在哲学和美学领域，几乎所有的争论都是由西方马克思主义在中国的传播所引起的。当然，西方马克思主义对中国哲学社会科学各个学科的影响，其中既有正面的也有负面的。在所有这些学科中，哲学、政治经济学、新闻传播学、文学受西方马克思主义的影响尤甚。这里，我们就着重剖析西方马克思主义对这几个学科的影响。

第十四章 西方马克思主义对哲学的影响

　　国内对西方马克思主义的介绍和研究与改革开放同步。[①]四十多年来，西方马克思主义的研究可以说是马克思主义哲学研究最为活跃也是成果最为丰富的领域，对当代中国哲学发展产生了巨大影响。然而从被引进国内开始，学界对西方马克思主义基本性质及其影响就存在着不同的，甚至是根本相对的评价。如何客观评估西方马克思主义研究的影响，不仅是学科领域内部至关重要的事情，而且是关涉在改革开放走向的新历史阶段时，如何面对国外各种理论思潮，如何批判地吸收外来思想，从而形成适应新时代社会发展需要的哲学社会科学理论的问题。习近平指出："学习研究当代世界马克思主义思潮，对我们推进马克思主义中国化，发展21世纪马克思主义、当代中国马克思主义具有积极作用。"[②]与从教条主义立场否定和批判西方马克思主义的看法不同，我们认为，西方马克思主义的引进和普及对四十多年的改革开放实践和思想解放运动发挥了积极的正面作用，虽然一定程度上存在研究不深入、理解不透彻、反思不彻底，甚至盲目推崇和迷信的情况，但总的来说，国内西方马克思主义的研究者大都能够坚持实事求是的态度，能够结合我国的实际情况进行批判性吸收，对我们的理论创新和建设实践发挥了积极作用。站在新的历史起点上，全面回顾和总结西方马克思主义研究的

---

　　① 徐崇温在回忆西方马克思主义引进国内的背景时指出："从一开始就是由努力完成政治任务所带动起来的：在1977—1978年，胡乔木来中国社会科学院主持工作不久，找学术情报、哲学等研究所的领导前去接受任务说，中央某领导出访欧洲期间，接触到一种叫'西方马克思主义'的思潮，要我院搞一份材料出来供参考。"参见王雨辰：《西方马克思主义研究：问题及其意义》，《哲学研究》，2008年第1期。

　　② 习近平2017年9月29日在中共中央政治局就当代世界马克思主义思潮及其影响进行第四十三次集体学习时的讲话。

意义,客观分析西方马克思主义对理论研究和现实实践的影响,总结研究中的成功和不足之处,对我们进一步展开这项研究和推进马克思主义中国化和发展当代中国马克思主义十分重要。

本章主要分析西方马克思主义的引进对改革开放以来我国哲学学科发展的影响。总体来看,西方马克思主义对当代中国哲学新视域的开启、哲学新思维的培养、哲学新论题的提出等方面都产生了不可替代的积极作用,西方马克思主义者的许多思想和见解已经成为当代中国哲学的内在构成要素。就像陈学明指出的那样,国外马克思主义的研究,特别是西方马克思主义哲学的研究,成绩斐然,影响巨大,"研究国外马克思主义哲学在当代中国的理论意义和实践意义越来越被人们所认可,国外马克思主义哲学成为一门'显学'绝对不是偶然的"[①]。在陈学明看来,西方马克思主义研究使中国的马克思主义从教条化马克思主义的束缚中解脱出来,对推动中国社会的思想解放,增强马克思主义和共产主义信仰,深化马克思主义哲学和相关学科的发展,指引中国社会主义道路等方面都起到了至关重要的作用。把握西方马克思主义对我国哲学学科的影响,首先应该从这一研究与当代中国改革开放的关联出发。

一、为实事求是的思想解放路线提供了理论支援

从 20 世纪 70 年代末 80 年代初西方马克思主义引进国内以来,西方马克思主义逐渐成了马克思主义哲学研究的重要领域。在马克思主义一级学科设立以后,以西方马克思主义为研究重心的"国外马克思主义"被设立为一个二级学科。大体上可以说,在当代中国哲学研究中,尤其是在马克思主义哲学研究中,西方马克思主义哲学占据着显要位置,在理论上和实践上都产生着重要的影响。但是在一些人看来,西方马克思主义的研究甚至构成了某种所谓的"话语霸权",他们质疑西方马克思主义研究的意义。这种质疑与西方马克思主义是不是马克思主义的争论纠缠在一起,至今在一定程度上仍然困扰着西方马克思主义的研究,乃至于整个国外马克思主义的研究。尽

---

① 乔瑞金等:《英国的新马克思主义》,人民出版社,2013 年,序言第 2 页。

管 90 年代以来,国内对西方马克思主义放弃了简单批判和排斥,走上了学术研究的道路,但仍然不断有质疑、批判乃至反对西方马克思主义的声音出现。如何理解西方马克思主义研究的兴起、影响和意义? 这一研究领域在国内理论界的"走红"是否存在着深刻的现实基础和历史根据? 西方马克思主义的研究是适应了改革开放的实践,因此起到了积极的作用,还是说主要产生了消极的影响? 在我们看来,国内西方马克思主义研究的兴起具有深刻的现实基础,它在一定程度上契合了我国改革开放的时代需要,体现了时代的基本精神原则。西方马克思主义以一种开放的态度对待马克思主义,为新时代的思想解放运动提供了哲学理论的支援, 为实事求是地坚持和发展马克思主义的辩证立场提供了一个典型案例。

中国社会主义改革开放实践是一场深刻的社会历史革命, 它一路伴随当代中国由站起来到富起来再到强起来的伟大历程。实践标准大讨论揭开了改革开放的序幕,为改革开放的历史实践准备了思想条件。改革不仅是一场社会革命,更是一场思想革命、理论革命。改革开放之初,当我们打开国门睁眼看世界的时候,我们看到的不仅是自己社会生产力的落后,科学技术的不发达,更看到了一个丰富多彩的理论世界、精神世界。各种外来思潮蜂拥而入, 在促进思想解放的同时也对马克思主义的指导地位和社会主义理论带来不少冲击。

在这样的语境中, 西方马克思主义思潮的引进发挥了独特作用: 一方面,成为反对教条主义、本本主义的思想资源,提供了新的马克思主义理论形象,促进了思想解放的历程;另一方面,这一思潮又通过坚持马克思主义立场,对当代发达资本主义进行了全面批判,而不是盲目崇拜现代资本主义制度和文明。西方马克思主义这种既批判教条主义的传统马克思主义,又坚持发展马克思主义,尤其是坚持批判资本主义的双重立场,对重新打开国门的中国显得特别重要,契合了中国特色社会主义道路的基本思想逻辑,吸引了广大的马克思主义研究者。可以说,西方马克思主义的翻译介绍和研究传播参与了思想解放过程,成为创新性地阐释马克思主义、揭示马克思主义当代意义的重要理论资源。改革开放四十多年来,西方马克思主义对待马克思的辩证立场,在社会主义走向低谷时对马克思主义的坚持,在全球资本主义金融危机的情况下对当代资本主义的批判,为我们提供了一种开放的、与时代发展同步的马克思主义思想肖像，提供了在改革开放的历史条件下重新阐释马克思主义的理论资源。

我们知道，西方马克思主义产生于 20 世纪 20 年代，是在西方发达资本主义的社会历史条件下对马克思主义理论的重新阐释。西方马克思主义的产生本身就包含了时代性和地域性的视角，它反对教条主义，充分地体现了马克思主义在实践中不断自我批判和自我发展的精神。西方马克思主义的创始人卢卡奇曾明确地指出，正统马克思主义并不意味着无批判地接受马克思研究的结果，它不是对这个或那个论点的信仰，也不是对某本圣书的注解。①这样一种反对本本主义的批判精神完全符合我国革命过程中形成的马克思主义中国化逻辑，也符合当代中国改革开放的客观需要。西方马克思主义将马克思主义的理论同当代西方的各种思潮结合起来，在批判性对话中形成了多种形态的马克思主义思潮，激活了马克思主义的阐释空间，改变了马克思主义老态龙钟的思想肖像。尽管西方马克思主义思潮在理论上可能存在各种局限，但这种马克思主义的自我反思、自我批评的开放精神适应了我国改革开放的实践。西方马克思主义引入国内之后受到了学术界的青睐，在反对将马克思主义教条化，重新阐释马克思主义方面发挥了特定的历史作用。

革命年代的毛泽东思想就是将马克思主义基本原理同中国实践相结合的重要成果，提出了马克思主义中国化的基本路线，并且实现了马克思主义中国化的第一次飞跃。邓小平提出中国特色社会主义理论，也是在这样一条思想路线上发展起来的，是马克思主义与中国改革开放实践相结合实现的第二次飞跃。中国特色社会主义理论一方面坚持改革开放，在各个方面突破了传统社会主义模式的束缚，同时又要坚持马克思主义的指导地位和社会主义道路，避免改革开放背离社会主义的基本方向。西方马克思主义理论在发达资本主义条件下开创了马克思主义阐释的特殊路径。它们对马克思主义的阐释既不同于第二国际，也不同于第三国际的理论家，充分体现了地域特色和时代特征，在马克思主义阐释中保持着与时代同步的批判精神和开放精神。这种精神与中国特色社会主义道路和理论得以确立的精神基本上相同。国内西方马克思主义研究兴起之后，虽然有一定的曲折，存在各种不

---

① 参见［匈］卢卡奇：《历史与阶级意识》，杜章智等译，商务印书馆，1996 年，第 47~48 页。

同的观点,但总体上得到了各方面的认同和支持,迅速产生影响并发展壮大,是新时期最为活跃的学术领域,也成为思想解放的重要参与者和推动者。

西方马克思主义对当代资本主义的批判也给了我们重要的启示,有利于我们避免盲目地照搬照抄西方模式,在改革开放中坚持社会主义方向。就像习近平所说的那样:"当代世界马克思主义思潮,一个很重要的特点就是他们中很多人对资本主义结构性矛盾以及生产方式矛盾、阶级矛盾、社会矛盾等进行了批判性揭示,对资本主义危机、资本主义演进过程、资本主义新形态及本质进行了深入分析。这些观点有助于我们正确认识资本主义发展趋势和命运,准确把握当代资本主义新变化新特征,加深对当代资本主义变化趋势的理解。"①改革开放之后,面对着西方发达资本主义国家的成就,盲目崇洋媚外,盲目迷信资本主义的情况在一定程度上存在。西方马克思主义者对当代资本主义的各种批判,让我们清醒地意识到了资本主义存在的各种问题,这对于我们坚持社会主义,探索一条具有中国特色的社会主义现代化道路,具有重要的理论意义。尤其是苏联解体、东欧剧变之后,社会主义走向低潮,资本主义经济和自由民主制度被看作历史终结的情况下,许多西方马克思主义者坚持资本主义批判,充分阐释了马克思主义的当代意义,成为我们坚持马克思主义和社会主义道路的有力支持和捍卫马克思主义的重要思想资源。②

西方马克思主义反对宿命论和机械决定论的历史观,强调变革现实的历史主体性精神。这种精神也适应改革开放实践的客观需要,为披荆斩棘、锐意进取的改革开放精神提供了马克思主义的思想源头。在俄国十月革命之前,第二国际理论家机械的经济决定论思想曾经主导着马克思主义的阐释。在俄国十月革命之后,面对如何理解革命在落后国家的成功和在西方发达资本主义国家的失败,卢卡奇、柯尔施和葛兰西等西方马克思主义者反对

---

① 习近平 2017 年 9 月 29 日在中共中央政治局就当代世界马克思主义思潮及其影响进行第四十三次集体学习时的讲话。

② 参见陈学明和马拥军在《走进马克思》和陈学明在《永远的马克思》中的相关阐释。苏联解体、东欧剧变之后,西方马克思主义理论界力图证明,把苏联东欧社会主义的失败归结为马克思主义的破产是没有道理的,它只是一种模式的破产,不是社会主义也不是马克思主义本身的破产。参见陈学明:《永远的马克思》,人民出版社,2006 年,第 356~357 页。

机械论的历史观，突出强调了马克思主义的主体性精神，强调主客体辩证法。这样一种阐释不仅为我们开启了马克思主义理论阐释的新方向，而且满足了意气风发的改革开放实践需求。像习近平在庆祝改革开放 40 周年大会上的讲话中指出的那样，只要把握住历史发展大势，抓住历史变革时机，奋发有为，锐意进取，人类社会就能更好前进。主体性、实践性等成为新时期哲学的基本概念和阐释路径，实际上是时代精神在哲学上的反映。

　　回顾四十多年改革开放的历史，回顾新时期思想解放的历史，我们应该看到西方马克思主义研究的积极意义。只要我们坚持中国特色社会主义道路，认同这一道路的理论逻辑，既不走老路，也不走邪路，我们就应该清晰地看到西方马克思主义的积极作用，而不能对西方马克思主义采取关门主义、粗暴否定的态度。如果将这样一些纵有各种缺陷，却坚持马克思主义的理论思潮推到马克思主义的对立面，马克思主义就可能重新回到闭关自守、教条封闭的时代。真正的哲学是时代精神的精华，哲学学科和哲学思想的发展只是时代发展的思想表达。西方马克思主义对中国哲学学科发展的意义首先建立在这种根本时代意义的基础上。正是在这个基础上，像刘怀玉指出的那样："我们可以把西方马克思主义的研究作为深化与拓展马克思主义哲学当代意义理解视野的一个重要途径。事实上，在中国，西方马克思主义研究已经变成了中国化马克思主义当代性'自我理解'的一种基本方式和组成部分。目前中国学界对当代国外马克思主义思潮、西方哲学社会科学思潮的问题研究，既是马克思主义哲学研究的中国化发展过程中重要的'源头活水'，也是其中的一个必要的组成部分。"①可以说，西方马克思主义的影响远不只在马克思主义哲学本身，而是影响了整个当代中国哲学的发展。

二、促进并引领了哲学学科论域的根本转变

　　时代的变化常常以思想原则的变化为先导，并且推动着思想的变化。在这一过程中，哲学常常起到至关重要的作用。我们也能从哲学思想的变迁中

---

　　① 刘怀玉：《苏联化、西方马克思主义化与中国化——我国马克思主义哲学史研究 30 年的简要回顾与反思》，《教学与研究》，2010 年第 11 期。

看到时代的脉动。改革开放是以实事求是思想原则的恢复为起点的,正是一场关于实践标准的哲学大讨论拉开了改革开放的历史序幕,打破了对待马克思主义的教条主义态度,重新确立了马克思主义哲学的基本立场、观点和方法。这一哲学立场的重新确立,影响的不只是马克思主义哲学,而且是中国哲学学科的根本发展。西方马克思主义对马克思主义哲学进行的重新阐释,促进了中国哲学基本问题域的变化,从传统形而上学的思辨哲学转向了更加广阔和开放的领域,开启了哲学学科发展的新气象。

在改革开放之前,我们经历了全民哲学的时代。哲学教育和哲学普及在政治力量的主导下取得了不少成绩,在一定程度上提高了普通民众的哲学兴趣和哲学素质。但这样一种情况,一定程度上也导致了哲学的浅层化和非专业化。一些深邃的哲学问题被在经验常识的意义上处理,甚至一些哲学家和思想家受到了不公正的待遇。在理论研究上,哲学问题被简化成本体论问题和认识论问题,唯物主义的本体论、自然辩证法和反映论成了哲学的正确立场。以唯物主义和唯心主义、可知论和不可知论,以及形而上学与辩证法的对立简单地勾勒和判定哲学思想和哲学家就成了哲学研究的基本任务,实际上谈不上真正学理化的学术研究,马克思主义哲学原理被简化成了几个简单的抽象教条。有人戏称,整个哲学的理论就变成了五个正确的命题及其运用:世界是物质的、物质是运动的、运动是有规律的、规律是可以认识的、认识是可以指导实践的。甚至丰富多彩的人文社会科学领域都变成了唯物主义本体论及其原则的简单推广运用,失去了它的独特性和丰富性,有的学科直接被取消了。随着改革开放进程的推进,这种简单化的哲学观念和封闭体系被打破了。西方马克思主义的引进起到了重要作用。西方马克思主义以实践的观点阐释马克思主义哲学,将马克思主义哲学与当代西方哲学相结合,使马克思主义哲学从抽象的本体论和认识论之争中解放出来,为我们开启了全新的哲学视域。哲学关注的重心从思辨的形而上学问题转向了现实的社会历史领域,转向了现实的生存过程。

这种哲学论域的根本转变,首先涉及的是马克思主义哲学的基本论域和基本性质的重新断定。恩格斯认为全部哲学特别是近代哲学的基本问题是思维与存在的关系问题,这个问题的两个方面分别形成了唯物主义和唯心主义的对立、可知论和不可知论的对立。恩格斯的这一论断是从黑格尔、费尔巴哈等人那里继承和发展来的,对于理解哲学具有重要的意义。但是马克思主义哲学是以这种对立为出发点并且试图去解决这种对立呢,还是说它从根本上超越了这样一种思辨哲学的对立框架,不再处于这样的思辨对立之中?如果马克思主义哲学仍然在这样的问题框架之中,只是以新的方式回答了第一性问题和同一性问题的话,很显然马克思主义在哲学史上就没有根本的革命性意义,它最多被认为是传统哲学的完成和终结,而不是新的哲学的开启者。事实上,我们知道近代唯物主义已经从原则上对这两个问题做出了肯定的回答,唯物主义和可知论都不构成马克思主义理论的成就,至多是马克思主义哲学的出发点,并且是努力扬弃的出发点。综观马克思的著作也可以看到,这个问题从来没有成为马克思思想的主题,也没有成为恩格斯思想的主题。恰好相反,马克思在一些著作中明确地批判了这样一种抽象的形而上学提问方式,将抽象的唯物主义与唯心主义一道进行批判。但遗憾的是,传统马克思主义哲学恰好在这样一种框架中展开哲学论述,误识马克思主义哲学的基本论域,影响了整个中国哲学的基本面貌。正是改革开放之后,西方马克思主义的引进促进了中国哲学论域的改变。

反对马克思主义哲学近代化的阶段模式,可以说是整个西方马克思主义哲学的共识,核心的问题就是超越用近代哲学的基本问题框架,来阐释马克思主义哲学的基本性质和革命性的意义。西方马克思主义反对将马克思主义哲学拉回到前康德的唯物主义和认识论立场上进行解读,强调经历了德国古典哲学的中介,马克思主义哲学不在抽象的本体论视域中讨论本体论、认识论、辩证法等问题,而是批判和超越了这种基本的问题框架。①在西方马克思主义的许多哲学家看来,马克思以实践的思维方式根本地瓦解了这种思辨本体的问题框架,从而告别了西方的传统哲学,开启了新的哲学思想视域。对于马克思来说,哲学的根本视域是现实的社会历史存在,是现实生活的生产和再生产本身,社会和历史存在成为马克思主义哲学的基本对象。马克思与恩格斯曾说,我们仅仅知道一门唯一的科学,即历史科学。卢卡奇沿着马克思主义创始人的理论思路指出,对马克思主义来说,只有一门唯一的、统一的、历史的和辩证的、关于社会作为总体发展的科学。②这一观点

---

① 参见罗骞:《面对存在与超越实存》,人民出版社,2014年,第14~32页。

② 参见[匈]卢卡奇:《历史与阶级意识》,杜章智等译,商务印书馆,1996年,第47~48页。

对国内马克思主义哲学的重新阐释意义重大，它意味着指明重新定义马克思主义哲学对象和性质的基本方向。

在新的哲学视域中，马克思主义不再去追问绝对存在本身和抽象的绝对真理，而是对现实的社会历史存在过程展开研究和批判。正是由于立足于这种对马克思主义哲学的阐释，西方马克思主义者大多强调马克思主义哲学是历史唯物主义，而不是自然唯物主义和物质本体论。当然，他们对于历史唯物主义的阐释与斯大林体系的历史唯物主义概念不一样。他们不是将历史唯物主义看作辩证唯物主义在社会历史领域的推广和应用，而是在实践概念的基础上强调社会历史领域的主体性特征。像萨特等人就直接反对辩证唯物主义的概念，认为马克思主义哲学就是历史唯物主义。葛兰西等人虽然也使用辩证唯物主义概念，但已经是在历史的实践的意义上来使用这一概念，认为只有历史的才是真正辩证的唯物主义。①这样一种理论的变化，就为重新阐释马克思主义哲学和整个哲学开启了新的视域。在这一新的视域中，纵然还有对于本体论、认识论和辩证法等哲学议题的研究，但基本上都从属于对本体论形而上学的批判，成为走向后形而上学思想视域的理论步骤了。

西方马克思主义的开创者卢卡奇为了反对第二国际的马克思主义，首先以主客体辩证法为核心阐释马克思的思想，将社会和历史作为马克思主义的根本论域，率先将马克思主义从抽象的物质本体、自然辩证法和机械的反映论中解放出来。在他那里，马克思主义作为一种广义的总体性的历史科学，或者作为历史唯物主义被本质地呈现出来，实践和历史成为核心范畴。柯尔施以总体性来阐释马克思主义，重新肯定了马克思主义的哲学性质，批判了否定马克思主义有哲学，或者是以科学主义的方式来阐释马克思主义哲学的路线观点，并且明确地反对在抽象的唯心主义和唯物主义的本体论框架中理解马克思哲学，也具有根本意义。还有诸如葛兰西的实践哲学思想、法兰克福的社会批判理论，都促进了国内哲学基本论域的转变。国内哲学界的许多范畴和命题，比如实践唯物主义、实践本体论、实践哲学、实践思维方式等，都直接或间接与西方马克思主义的阐释有关，这些范畴共同的任

---

① 参见［意］安东尼奥·葛兰西：《狱中札记》，曹雷雨等译，中国社会科学出版社，2000年，第351页。

务就在于推动哲学从形而上学向后形而上学视域的转变。

在由西方马克思主义触发并且引领的马克思主义哲学论域的转移中，不论中国哲学还是西方哲学的研究都发生了重要变化。它们也借此摆脱形而上学视域，走进了新的哲学视野。就西方哲学的研究来说，许多研究对象，不论是人物、流派还是问题都是随着西方马克思主义被引入的。因为西方马克思主义思潮中的众多流派本身就是将马克思主义与当代西方哲学思潮相结合的产物。诸如黑格尔主义的马克思主义、存在主义的马克思主义、弗洛伊德主义的马克思主义、分析的马克思主义、结构主义的马克思主义等西方马克思主义哲学流派的引进，带动了国内学界对这些哲学流派的研究。改革开放之初，西方思潮的引进还面临着一定的阻力，而马克思主义思潮的引进具有更大空间，西方马克思主义的研究推动了外国哲学的研究。国内对外国哲学的研究再也不是停留在形而上学的框架之中，而是走向了后形而上学的思想视域。对于哲学史的研究，也不再是简单地以哲学基本问题的框架进行判定，而是做出更多精致细微的阐释，一个丰富多彩的哲学世界才迅速地呈现出来。哲学学科的基本面貌也发生了根本性变化：一些新的哲学领域和部门哲学蓬勃地发展起来，诸如语言哲学、存在哲学、历史哲学、价值哲学、政治哲学、文化哲学等，在新的哲学论域中成为学科的增长点。

三、突出并巩固了后形而上学的哲学世界观

西方马克思主义不仅带来了我国哲学研究视域的变化，而且打破了形而上学的哲学世界观，推进了哲学世界观原则的根本改变。后形而上学的哲学视域不再以抽象的自在性、绝对性和完美性来理解世界和现实，而是立足于西方马克思主义揭示出来的实践性、社会性和历史性原则把握世界和关于世界的认识，从而瓦解了形而上学的本质主义、抽象主义和绝对主义的世界观。这一世界观原则的基本变化，在国内被学者们表述为"立足于实践的历史性成为基本的解释原则"这样一个命题。只要我们对西方马克思主义理论有基本了解，并且大致清楚它在国内的传播过程就不难发现，国内学者将历史性作为世界观解释原则这一观点直接或间接地受到了西方马克思主义的影响。这一观点真正从哲学世界观的层面体现了马克思主义实事求是的

思想路向。

西方传统哲学作为形而上学是研究存在之为存在及其真理的学问。在传统西方哲学中,不仅研究的对象是绝对存在、存在之为存在本身,而且关于存在的真理也是绝对真理。存在及其真理都是没有时间和空间规定的抽象绝对。作为本质的存在及其真理与经验的现实世界相对立。经验世界被看作非本质的现象,关于经验世界的认识被贬低为没有真理性的意见。哲学就是对绝对存在和绝对真理的把握。哲学真理被看作放之四海而皆准的、绝对普遍性的真理,是没有历史规定性的绝对知识。这是一种形而上学的世界观,它脱离生存实践谈论非历史性的绝对真理和绝对存在,并且将这种绝对存在和绝对真理看作现实的主宰,为生活世界提供绝对的基础和价值来源。这种形而上学的世界观曾经主宰着我们对马克思主义的阐释。马克思主义被看作绝对抽象的教条和绝对真理,领袖的语录被看作绝对正确的"圣旨"。这些绝对真理和绝对意志被要求在现实中得到落实和贯彻,而不能有丝毫怀疑和背离。人们的思想自由和言论自由在对绝对真理和绝对意志的迷信和崇拜中被消解了。改革开放重新确立了实事求是的思想路线,意味着马克思主义哲学世界观的重新确立,重新肯定马克思主义对形而上学世界观的批判,强调以历史的眼光看待事物和关于事物的任何理论,强调真理的相对性、具体性、历史性。西方马克思主义强调历史性原则,从学理的层面上参与了哲学反对形而上学世界观的斗争,揭示了马克思主义反对形而上学世界观的革命性意义,对当代中国哲学世界观的确立起到了十分重要的作用。

西方马克思主义一般都反对教条化地理解和运用马克思主义的倾向,强调马克思主义理论本身的历史性。这一点在卢卡奇的《历史与阶级意识》中被明确地提出来了。在对马克思主义哲学的阐释中,卢卡奇极其强调马克思主义的实践概念,强调理论的历史性,反对将马克思主义神圣化和神秘化,可以说在对待马克思主义的态度上抓住了马克思主义世界观的精髓,这就是历史性的原则。就像恩格斯反复强调的那样:"马克思的整个世界观不是教义,而是方法。它提供的不是现成的教条,而是进一步研究的出发点和供这种研究使用的方法。"恩格斯还指出,马克思主义理论"是一种历史的产物,它在不同的时代具有完全不同的形式,同时具有完全不同的内容"。葛兰西也曾经指出,马克思主义哲学作为实践哲学,它以历史主义的方式思考自身,把自己看作哲学思想的一个暂时的阶段。①这种历史地看待问题的观点就是实事求是的态度,坚决反对将具体的理论当成抽象的绝对真理。

西方马克思主义一般都将马克思主义哲学理解为一种当代哲学,是对形而上学及其世界观的根本超越。许多西方马克思主义者从理论基础上批判将马克思主义做一种近代哲学的解读,认为这种解读将马克思主义拉回到了马克思主义哲学已经超越了的抽象形而上学之中,掩盖了马克思主义哲学世界观的后形而上学性质,看不到马克思主义哲学对于历史性原则的强调。陈学明指出:"'西方马克思主义'的早期代表人物对马克思主义所做出的一个重大贡献是他们最早觉察以这种形而上学思维方式来理解马克思哲学的错误,最早开始探讨马克思的哲学与近代形而上学世界观的界限,并努力把马克思超越近代哲学之处当作马克思在哲学上真正的创新点而加以挖掘和弘扬。"②这一点尤其体现在西方马克思主义的创始人卢卡奇、柯尔施和葛兰西的著作之中。卢卡奇对思辨辩证法的批评,柯尔施对于抽象物质本体论的批评,葛兰西的实践哲学概念,都包含了这一共同的思想方向。他们强调马克思主义哲学提供了一种超越思辨哲学的世界观,为反对抽象的绝对主义世界观做出了重要贡献。经过早期开创者的努力,后来的西方马克思主义者在此基础上展开他们的理论创造,反对形而上学世界观一般来说不再是他们理论的核心任务,而是成为他们的理论出发点。

西方马克思主义反对形而上学世界观的根本出发点是马克思主义的实践观点,强调以实践为基础的历史性原则,要求我们用一种历史的眼光看待世界和关于世界的认识,而不是陷入思辨的绝对主义。历史性的观点是西方马克思主义者强调的马克思主义的根本世界观原则。卢卡奇在《历史与阶级意识》中曾经指出,马克思将黑格尔哲学中的历史倾向推向了它的逻辑顶点,把社会和社会化了的人的一切现象都彻底地变成了历史问题。③卢卡奇始终强调我们要在历史性总体中才能理解和把握具体的事物。④葛兰西在《狱中札记》中更是明确地指出:"人们忘记了在涉及一个非常普通的用语

---

① 参见[意]安东尼奥·葛兰西:《狱中札记》,曹雷雨等译,中国社会科学出版社,2000年,第317页。

② 陈学明:《永远的马克思》,人民出版社,2006年,第356~357页。

③ 参见[匈]卢卡奇:《历史与阶级意识》,杜章智等译,商务印书馆,1996年,第66页。

④ 同上,第57页、第61页、第62页。

（历史唯物主义）的情况下，应该把重点放在第一个术语——'历史的'——而不是放在具有形而上学根源的第二个术语上面。实践哲学是绝对的'历史主义'，是思想的绝对的世俗化和此岸性，是一种历史的绝对人道主义。"①葛兰西认为，即便是通常所说的认识的客观性，也只是历史的普遍的主观。所有的这些表述都意味着一种后形而上学的世界观，意味着历史性成为基本的世界观原则。西方马克思主义的这一阐释，真正激活了马克思主义中的实践观念，真正是在后形而上学的当代思想视域中捍卫了马克思主义哲学的尊严。正是这样一种哲学立场的介绍和引入，给国内马克思主义哲学和哲学本身带来新的思想原则，这样一种思想原则与中国化马克思主义的结合，推动了当代中国哲学世界观的改变。

改革开放以来，在马克思主义哲学的阐释中，实践是一个根本的范畴。但我们知道，在之前我们也是高度强调实践概念的，而且实践性一直被阐释为马克思主义的基本特征。但过去的阐释主要是从政治活动的层面来强调实践，而且实践概念是作为理论认识活动的一个环节和要素得到强调的。实践概念没有在哲学基础的层面上被贯穿到理论阐释之中。实践概念既没有成为终结哲学本体论论域的基础，也没有成为新世界观得以提出的世界观基础。通过西方马克思主义对实践概念的突出和强调，结合我们曾经强调的实践概念，实践思维方式成为新的世界观原则的理论基础。以实践思维为基础，社会性、历史性、主体性、有限性等概念被突出地强调，以抽象主义和本质主义为基础的绝对主义世界观彻底地瓦解了。人们真正从形而上学的世界观中解放出来，哲学立足于生活世界的基础之上，在后形而上学的思想视域中得到展开。不仅马克思主义哲学，而且整个哲学都不再将自身理解为关于世界的绝对真理，而是一种立足于生活世界的对象性的理论。西方马克思主义的引进在此过程中发挥了重要的作用。我们可以看到，今天还存在着一些马克思主义的教条主义者和坚持一种形而上学世界观的人，一般来说他们对西方马克思主义是缺乏真正的了解的。当然，这并不妨碍他们对西方马克思主义做出各种铿锵有力的批判。正是这种无知和坚定，让他们自以为是地生活在形而上学的抽象确定性之中。

---

① ［意］安东尼奥·葛兰西：《狱中札记》，曹雷雨等译，中国社会科学出版社，2000年，第383页。

四、有助于塑造批判性的哲学思维方式

马克思主义从它诞生之日起就是一种批判的理论,不仅是理论的批判,而且是实践的批判。马克思主义理论的革命性和实践性意味着鲜明的批判性。马克思主义的经典著作中洋溢着批判的革命精神。在马克思开始批判现代资本主义文明之前,就以现代理性原则和自由原则批判封建的专制主义和极权主义,为自由民主制度辩护。马克思形成了现代资本主义批判视角之后,更是对现代资本主义文明本身展开了全方位的批判,揭示现代资本主义的历史进步意义和根本的历史局限性。这种批判并不是一种外在的否定,而是深入资本主义的内在机理,通过科学的理性批判为新的社会理想奋斗。马克思主义创始人的许多著作都以批判命名,他们的任务是"从世界本身的原理中为世界阐发新原理"。从基本的形态来说,马克思主义就是一种批判理论。但是当在马克思主义指导下的革命实践取得胜利之后,当马克思主义本身上升为一种统治的意识形态之后,马克思主义怎么样发挥这种批判和自我批判的精神,避免自身异化为一种抽象的意识形态呢?这在社会主义建设实践中始终是一个问题。马克思主义如果不能坚持和发展自身的批判性和革命性,将自身变成了封闭的理论教条和绝对正确的理论,拒绝批判、拒绝怀疑,一种批判的理论就可能走向自己的对立面,就像革命走向革命的异化一样。过去苏联没有解决好这个问题,马克思主义作为意识形态僵化了。我们在社会主义建设时期也没有很好地解决这个问题,"唯书""唯上"的情况普遍存在,人们缺乏理性的反思精神和批判精神。这是社会主义面临的根本挑战,也是我们今天作为一个马克思主义执政党面临的重大问题。马克思主义必须要发扬那种敢于自我批判和自我革命的精神,才可能保持强大的生命力和现实性。

改革开放首先是一场思想解放的运动,是在中华大地上掀起的一场新的启蒙运动。它重新唤醒了一种理性的反思精神和批判精神,拒绝一切未经理性反思的权威,不再承认任何理论或者个人具有天然的正确性和权威性。正像恩格斯颂扬启蒙思想家时指出的那样:"他们不承认任何外界的权威,不管这种权威是什么样的。宗教、自然观、社会、国家制度,一切都受到了最

无情的批判；一切都必须在理性的法庭面前为自己的存在作辩护或者放弃存在的权利。"①新时代就是这种反对迷信、崇尚理性的精神解放的时代。这种理性的反思精神和批判精神在新时代的哲学中得到了充分体现。这种理性的反思精神不仅批判教条化的马克思主义，重新激活马克思主义自我批判的精神，而且包括一般的对所有专制主义和封建主义残余的批判。可以说在所有的理论学科中，哲学以它独特的思维方式对思想解放运动发挥了极其重要的作用，对于改革开放过程中新的理性精神的形成发挥了极其重要的作用。从改革开放至今，在每一个社会发展的关键点上，都有哲学理性批判的声音。

在这一过程中，西方马克思主义成为塑造批判性哲学思想方式的推动者和参与者。一方面，西方马克思主义以反思批判精神提供了新的马克思主义思想肖像。就像张一兵曾经指出的那样，西方马克思主义"强化了马克思主义哲学的自我批判意识：西方马克思主义以其一贯的批判立场反对对马克思主义进行僵化和教条的理解，极力主张马克思主义的自我批判和历史反省"②。西方马克思主义从新的视角、时代语境和理论资源对马克思主义做出了创新性的阐释，展示了马克思主义理论的丰富性、差异性和时代性。一种不同于革命时代的新的马克思主义形象出现在人们面前，改变了教化的、形而上学化的马克思主义体系，为反思传统的马克思主义理解提供了理论资源，成为马克思主义哲学创新性阐释的重要因素。正是这些思想资源与我们改革开放实践的结合，"我国马克思主义学者不再是简单地接受苏联教科书，也不再是简单地否定西方马克思学和西方马克思主义的一些错误观点，而是结合我国的社会主义现代化建设的实践经验，以一种更加开放的视野来接受西方先进成果，在借鉴、消化、利用和超越西方马克思学和西方马克思主义过程中，把马克思主义哲学史研究推向了一个新的阶段"③。西方马克思主义对马克思主义的阐释本身就体现了理性的批判精神。在早期阶段，西方马克思主义的创始人批判第二国际对马克思主义唯科学主义的阐释，随

①　《马克思恩格斯选集》（第三卷），人民出版社，1995 年，第 719 页。

②　张一兵、胡大平：《西方马克思主义哲学的历史与逻辑》，南京大学出版社，2003 年，第 22 页。

③　刘怀玉：《苏联化、西方马克思主义化与中国化——我国马克思主义哲学史研究 30 年的简要回顾与反思》，《教学与研究》，2010 年第 10 期。

着苏联社会主义实践中问题的出现，西方马克思主义又批判苏联模式的社会主义，强调马克思主义的自由民主维度。这些理论契合了我们改革开放的思想语境，在中国当代哲学批判精神和批判思维的形成中发挥了积极作用。

另一方面，西方马克思主义不仅以批判的理性精神影响了我们的哲学思维，而且本身就对批判理性展开了深入研究，为理性的批判精神奠定了思想基础。可以说，相对于社会主义运动是从实践上继承了马克思主义的批判精神，西方马克思主义主要是从理论上发扬了马克思主义的批判精神和批判理论。西方马克思主义者的理论，显示出了强烈的反思性、批判性和否定性的特征。西方马克思主义的许多著作，诸如《理性的毁灭》《启蒙辩证法》《否定辩证法》《辩证理性批判》《工具理性批判》等，都充满了这种批判性的哲学思维。西方马克思主义批判理论及其批判思维的引入，促进了我们的思想解放，使我们从单向的肯定性思维中解放出来，能够以反思的、批判的立场看待现实，看待一种理论。正是这种哲学思维方式的形成，我们看到了民族精神的现代化成长，我们看到了从封建主义意识形态中走出来的历史成果。

当然，西方马克思主义者作为马克思主义的当代阐释者，经历了马克思主义理论的环节，他们对于哲学理性精神的阐释具有深刻的历史唯物主义基础，不是抽象的理性主义，而是一种辩证的理性主义精神。西方马克思主义者的反思和批判精神作为一种辩证的理性精神，没有因为它的批判性滑进虚无主义和相对主义的泥沼。他们很好地继承了马克思主义辩证的批判态度，展现的是一种辩证的、历史的理性精神。他们不仅辩证地批判现代资本主义，而且能够辩证地对待当代发达资本主义国家中的各种哲学流派。通过这种辩证的批判立场，他们将马克思主义的理论同西方当代哲学思潮结合起来，形成了众多的理论流派。这种辩证的理论批判态度，开马克思主义与当代西方哲学批判性对话的先河，也指示了一条当代中国哲学发展的基本路径。"这些年国内学界开始关注中国哲学、西方哲学与马克思主义哲学的对话与沟通，以促进本土学术话语的建构。如果从马克思主义哲学与西方哲学的对话与整合来说，国外马克思主义已经开了先河。卢卡奇、萨特、阿多尔诺，包括后来的哈贝马斯等，无不是在这个意义上展开自己的研究。也正是在这种学术对话与整合中,他们形成了自己独特的思路。"①

哲学是一种批判的理性思维方式,它要求和倡导反思性、批判性、否定性的理性思维,通过理性批判开启新的思想空间和理论视域。哲学教育在一定程度上就是这种理性思维的培养。哲学思维反对僵化、反对强制、反对封闭、反对守旧,因此它主张一种开放、平等、宽容、进取的理性氛围,而不是拒绝反对意见,甚至是打击报复。哲学批判的理性精神就像习近平在纪念马克思诞辰 200 周年大会上的讲话中指出的那样,要提倡理论创新和知识创新,鼓励大胆探索,开展平等、健康、活泼和充分说理的学术争鸣,活跃学术空气。要坚持和发扬学术民主,尊重差异,包容多样,提倡不同学术观点、不同风格学派相互切磋、平等讨论。要正确区分学术问题和政治问题,不要把一般的学术问题当成政治问题,也不要把政治问题当作一般的学术问题,既反对打着学术研究旗号从事违背学术道德、违反宪法法律的假学术行为,也反对把学术问题和政治问题混淆起来、用解决政治问题的办法对待学术问题的简单化做法。

五、提供了当代中国哲学的主要议题

改革开放四十多年来,西方马克思主义的研究不仅在哲学论域的转变、哲学世界观的变革和哲学思维方式的形成方面对中国哲学起到了积极促进作用,而且为当代中国哲学的发展提供了许多全新的议题,让许多重大的哲学论题进入中国哲学的研究视野。中国哲学研究在改革开放后不久,能够迅速地从相对封闭的状态进入当代国际哲学视野,跟上当代哲学的理论步伐,探讨当今时代面临的重大现实问题,西方马克思主义哲学的引进产生了重要影响。正像张一兵指出的那样,随着改革开放的深入,在我们生存世界市场化进程中,物化现象、消费文化和景观社会的广泛开展,西方马克思主义的批判理论获得了生长的现实空间,通过大众文化批判、社会理论等激进话语形式,西方马克思主义在今天中国学术文化界占据了重要一席,这是我们

---

① 仰海峰:《国外马克思主义研究的理论构图》,载《哲学基础理论研究》(第五辑),中国社会科学出版社,2013 年,第 120 页。

无法回避的。①

改革开放之前,受制于狭窄的哲学论域和形而上学的哲学思维方式,以及我们比较单一的社会生活现实,中国哲学的视野和议题单一,哲学不论作为学科还是作为思想领域都成了相对僵化的封闭空间。随着国门的打开,西方马克思主义和其他相关思想的引入,给我们带来新的议题,哲学研究进入一个全新的思想世界和理论世界。不仅不同流派的马克思主义被介绍进来,而且被这些流派关注的许多新议题随之被人们知晓,并且成为哲学研究的热点问题。诸如现代性批判②、工具理性主义批判、主体主义批判、实证主义批判、技术批判、大众文化批判、消费主义批判、生态批判③等,都随着西方马克思主义进入国内哲学界的视野,成为国内哲学界研究的重要问题。在一定程度上,甚至他们对问题的看法成为我们的看法,至少是成为我们理论阐释的重要资源。有的时候使我们的现实问题与西方马克思主义的理论联系起来,呈现出新的理论景象,比如使改革开放之初关于人道主义和异化问题的激烈争论,就属于这种状况。这一争论既同我们反思"文革"和社会主义实践的现实需求有关,更与西方马克思主义对马克思青年时期思想的重新发现和阐释有关。众多西方马克思主义哲学家从青年马克思思想出发,阐释了一种人道主义的马克思主义,物化和异化批判成为他们的主题。他们从这种对马克思的解读出发,不仅批判资本主义国家的异化现象,而且反思现实社会主义存在的各种消极现象。这样一种理论路向引进国内之后,结合思想解放对传统社会主义的反思,引发了激烈的争论。过去四十多年来,关于异化问

---

①　参见张一兵、胡大平:《西方马克思主义哲学的历史与逻辑》,南京大学出版社,2003年,第2页。

②　关于西方马克思主义现代性批判的意义,俞吾金曾经指出:"当我们结合我国的现实情况,对现代性现象学进行深入的反思时,是不应该撇开西方马克思主义者在这个领域里所留下的原创性的思想成果的。"俞吾金等:《现代性现象学——与西方马克思主义者的对话》,上海社会科学院出版社,2002年,第403页。在谈到卢卡奇的现代性批判意义时,吴晓明曾经指出,在20世纪的思想家中间,卢卡奇的现代性批判是极为重要,也是极为引人注目的,他非常集中地深入分析了现代性问题及其哲学根基,并且后来西方马克思主义的批判几乎都从他那里获得灵感。吴晓明:《超感性世界的神话及其末路——马克思存在论革命的当代阐释》,中国人民大学出版社,2011年,第302~302页。

③　在这一方面,陈学明的研究做出了重要贡献,他全面地介绍了生态学马克思主义的思想并对其意义给予了充分的肯定,认为在中国特色社会主义生态文明建设的过程中,生态学马克思主义的相关研究是值得借鉴的。陈学明:《谁是罪魁祸首——追问生态危机的根源》,人民出版社,2012年,第39页、第586页。

题、物化问题、人道主义问题、早晚马克思的问题成为马克思主义哲学研究的热门话题，至今在理论上还在不断得到讨论。

正是西方马克思主义的重新解读和阐释，为哲学研究带来了新思想、新议题和新研究视角。西方马克思主义的哲学研究不仅涉及马克思主义的经典作家，也涉及西方哲学史和当代西方哲学的重要流派。西方马克思主义对马克思主义经典著作的文本学研究，对马克思主义重要理论的重新阐释，以及用马克思主义对当代资本主义的批判性研究中提出的各种重要问题，都随着西方马克思主义的传入被介绍进来，构成了当代中国哲学的问题。正是"借助于他们的引领，我们至少可以带着问题去阅读马克思了。经济基础和上层建筑的关系、理论和实践的关系、人和自然的关系、自然和历史的关系等一系列此前无须深思的议题，由于西方马克思主义的提示，现在都需要不断地挖掘。坦率地说，20世纪70年代末以来国内学术界关于人道主义和异化问题的研究、关于主体性和实践唯物主义的研究、关于历史唯物主义的研究、关于文化哲学和生存哲学的研究等等，都曾受到西方马克思主义的有力激发"[①]。我们只要梳理一下改革开放后中国哲学界热衷的哲学主题、得到关注的哲学流派，就可以发现，它们大都与西方马克思主义存在直接或间接的关系，与西方马克思主义相关的当代哲学流派率先被介绍进来，并且优先得到了研究。

西方马克思主义对于国内哲学界基本哲学议题的引领在今天仍然在持续。进入21世纪以来，哲学界，尤其是马克思主义哲学界关注的许多问题有的是与西方马克思主义同步的，有的是西方马克思主义传统命题的延续和拓展，有的则是西方马克思主义新拓展出来的主题。比如说，目前有关当代资本主义和社会主义研究中的诸多议题，很多仍然是由西方马克思主义提出、展开后得到国内研究者的跟踪和呼应的，兹列举如下几个。

1. 关于新自由主义的批判

自新自由主义形成之日起，西方马克思主义者就对它进行了广泛批判，但是并没有引起广泛关注。直到2008年金融危机爆发之后，新自由主义批判成为马克思主义理论界的热点和前沿问题，金融危机被看作新自由主义

---

① 张立波：《西方马克思主义的意义与局限》，《哲学研究》，2008年第1期。

在西方蔓延近三十年的灾难性后果。一大批著名哲学家和知名学者,如法国的安德烈·阿尼,德国的哈贝马斯,英国麦克莱伦和卡利尼科斯,美国的大卫·哈维、贝拉米·福斯特都参与了对新自由主义的批判。至今为止,每年都有数量可观的专著和论文发表。许多国际知名的左翼论坛如"世界社会论坛""国际马克思大会""社会主义大会"等通过主题或专题会议,国际知名杂志如美国的《每月评论》、英国的《新左派评论》等通过专栏文章,从马克思主义的立场分析讨论了金融危机的成因、影响和应对策略,产生了广泛的影响。国内近十年来关于新自由主义的批判,虽然问题的切入点不一样,但西方马克思主义者的讨论对于国内研究的影响显而易见,这种影响不止在哲学界,而且是在整个理论界。国内相关的学术著作基本都涉及西方马克思主义的研究成果和基本观点。

2. 关于新帝国主义的批判

列宁的帝国主义论曾经是批判资本主义的重要理论,具有深远影响。一些国外的马克思主义者至今仍然强调列宁帝国主义理论的重要性,他们结合当代资本主义的发展和新的国际政治形势进行新帝国主义批判,形成了新帝国主义理论。大卫·哈维的《新帝国主义》和艾伦·伍德的《资本的帝国》,以及左翼理论家哈特和奈格里的《帝国》具有普遍的代表性。围绕着这些具有广泛影响的著作,理论界展开了热烈讨论。2006年,英国的《历史唯物主义》杂志围绕着这三本书展开了争论,美国的《重思马克思主义》于2006年也以"帝国主义和民主的梦想"为题讨论了相关问题。这些讨论力图揭示现代权力的领土逻辑与资本主义逻辑之间的关系,批判美国在全球推行民主政治的霸权实质。越来越多的研究者对于国家军事功能的强化和国际军事干预表示担忧,并强调新帝国主义的扩张没有真正有效地促进经济增长和分配正义,而是带来了地区动荡和人道灾难。这一主题不仅成为国内哲学界、政治学界等相关领域研究的直接对象,而且在当代强权政治和霸凌主义抬头的情况下,成为我们反对国际霸权主义的重要理论借鉴,受到了国内哲学界的普遍关注,成为政治学界和哲学界研究的重要议题。

3. 关于生态危机的批判

生态危机是当代人类面临的重大理论问题和实践问题,逐渐成为哲学、政治、经济、文化和国际关系等领域讨论的焦点。西方马克思主义是较早从哲学的视角展开生态危机批判的思潮之一,一方面,发掘马克思主义经典作家的生态思想;另一方面,从资本生产导致生态危机甚至人类毁灭这样一个新的角度展开资本主义批判,深化了马克思主义的资本批判理论。资本主义生态批判作为西方马克思主义研究的热点,活跃着一批知名的学者,还有专门的学术杂志作为理论宣传阵地,通过会议、教学、著述、政策咨询等各种方式产生着越来越大的影响,每年各种相关学术会议也十分繁多。西方马克思主义生态批判理论自20世纪后半期就被介绍到国内,在国内学界逐渐产生了重要影响。今天,生态哲学和环境哲学并不局限在马克思主义哲学的内部,而是成为一个基本的理论视角,在诸如中国哲学、政治哲学、管理哲学等众多的哲学领域都有研究。我们"生态文明"概念和"美丽社会"概念的提出,西方马克思主义都产生了重要影响。如今国内哲学界对生态文明理论的研究和阐释,很大一部分就是对西方马克思主义生态思想的研究。

4. 关于现代自由民主政治的批判

马克思主义认为,以启蒙运动和法国大革命为标志的现代解放仅仅是政治解放,人们只是获得了抽象的、形式的自由民主权利。经典作家通过政治经济学批判的方式揭示资本统治中的剥削和压迫,揭示了现代政治解放的局限性。20世纪末苏联解体、东欧剧变以来,美国以军事的、非军事的方式在全球推行自由民主制度,加上21世纪初连续不断的反恐战争和金融危机导致的各种社会问题,产生了一股否定马克思主义和社会主义的思潮,资本主义的自由民主制度再次被阐释为人类历史的终结。在这样的语境下,西方马克思主义者强烈地批判以福山等为代表的历史终结论,深刻揭示了资本主义自由民主制度的局限性,阐释马克思主义的自由、民主、和平等思想,从政治哲学的角度肯定马克思理论的重要意义。比如以科恩为代表的分析的马克思主义提出的平等主义的社会主义对于正义问题的探讨,以伍德为代表的政治马克思主义对于民主问题的探讨,在国际理论界都有广泛影响,马克思主义的阐释甚至因此出现了政治哲学的转向。这些研究一方面揭示了资本主义政治实践违背自由民主的承诺,比如以暴力和军事的方式在全球推行民主,民主选举变成了游戏政治和金钱政治等,另一方面从理论上揭示了资本主义制度本身与真正的自由民主平等价值的背离,对于我们反思资本主义具有重要的意义。西方马克思主义的这些观点和立场,在当代政治哲学的研究中占有一席之地,也是国内政治哲学研究当中重要的内容。

六、理论的不足和消极影响

前面我们从几个方面阐释了西方马克思主义对中国哲学发展的积极影响。从这些方面来看,西方马克思主义对当代中国哲学发展的影响主要是正面的、积极的。正是有西方马克思主义以及相关的其他国外思潮的引进,国内哲学才取得了巨大发展,出现了百花齐放的繁荣局面。但是我们不能忽视西方马克思主义的消极影响,更不能盲目地迷信西方马克思主义,并且把它教条化,"过分强调西方马克思主义的意义,把它视作对马克思文本的唯一客观的阐释,或者对马克思思想方法的唯一科学的运用,实质上是把西方马克思主义视作新的正统了"[①]。我们应该充分地肯定西方马克思主义对当代中国哲学发展的积极作用,但绝不能忽视西方马克思主义本身和我们研究西方马克思主义过程中出现的各种具体问题。正是这些问题的存在,对哲学学科发展产生了消极影响。在中国社会进入新的历史阶段,在全面总结改革开放四十多年成就和经验的今天,反思西方马克思主义研究,检视西方马克思主义对中国哲学乃至整个思想界的消极影响,对当代中国马克思主义哲学和中国哲学的建构具有十分重要的意义。

西方马克思主义是一个庞大的理论思潮,不同学派之间存在着巨大差异,同一学派内部不同思想家之间也存在着巨大差异。就像阐释它的积极影响只能从总体而言一样,对于它的消极影响的阐释也只能这样。这些消极影响的产生,有的是由于西方马克思主义理论自身的错误、不足、不清晰等,我们介绍研究的时候没有做出深入的辨析和阐释;有的是我们自己研究过程中的误解,把人家正确的理论理解错了,导致谬种流传,影响了我们对问题的看法;有的可能是人家在特定语境中的观点、议题,我们机械地照搬照用,出现了削足适履的现象;还有的可能是客观因素导致的理论局限,而我们对这些因素没有进行充分的分析,等等。诸如此类的情况我们应该实事求是地分析,尽量避免带来消极的影响。

[①] 张立波:《西方马克思主义的意义和局限》,《哲学研究》,2008 年第 1 期。

第一，从理论阐释的角度来看，在批评和反思传统马克思主义的时候，西方马克思主义者的阐释可能存在着一些偏差、模糊，甚至是错误的地方。我们对这些地方缺乏足够的批判和辨识能力，在将西方马克思主义引进国内时，产生了消极的负面影响。比如，西方马克思主义强调马克思主义哲学的当代性质，强调当代哲学对传统形而上学的超越。在这样的问题意识中，像卢卡奇、柯尔施、葛兰西、阿多尔诺、施密特等都批判把马克思主义哲学阐释为物质本体论和自然唯物主义。但是他们大多没有清晰地揭示马克思思想对近代唯物主义继承肯定的一面，而是强调了批判超越的一面。①国内引进西方马克思主义的时候，没有深入的辨析，导致了对马克思主义哲学基本定位上的混乱。又比如，辩证法问题从卢卡奇开始就是西方马克思主义哲学的重点，核心是提出实践辩证法或者叫主客体辩证法思想。但这一西方马克思主义辩证法的理论内核却奠基在卢卡奇对恩格斯误解的基础上，卢卡奇误判恩格斯对主客体相互作用连提都没有提到。事实上，恩格斯并非没有提到主客体的辩证关系。②卢卡奇的观点进入国内之后，产生了消极影响，导致一些学者抽象地否定自然辩证法，甚至跟着一些西方马克思主义者主张马克思、恩格斯对立论。诸如此类理论上的问题很多，正是由于介绍引进的时候缺乏深入的批判和分析，才产生了消极的影响。今天，在大量理论研究和积累的基础上，以一种批判性的反思态度展开西方马克思主义研究，我们就能够克服此类理论上的误解，辩证地对待西方马克思主义理论，避免其消极影响的产生。

第二，从与现实实践的关联来看，除了西方马克思主义早期的几位代表人物直接参与了革命实践，并且是工人革命运动的领袖外，后来的西方马克思主义者大都只是专业的学者，研究具有一种纯粹学院化的特征。佩里·安德森称之为一种脱离实践的特征。这当然不是说西方马克思主义者不关注

---

① 关于这一点，徐崇温在为《当代国外马克思主义和社会主义研究》丛书写的序中有过阐释。他强调，马克思主义在本体论上是外部自然的优先性和人类实践性的辩证统一，西方马克思主义强调了马克思主义哲学世界观的实践性，而忽略自然世界的优先性，因此没有根本上克服苏联哲学教科书的缺陷。陈学明、张志孚主编：《当代国外马克思主义研究名著提要》，重庆出版社，1996年，序第3~4页。对此，杨耕也有相关的阐释。参见杨耕：《为马克思辩护》，北京师范大学出版社，2010年，第420~421页。

② 参见罗骞：《面对存在与超越实存》，人民出版社，2014年，第24页。

现实,恰恰相反,他们以理论的方式密切关注资本主义发展,关注社会主义的建设实践。他们对当代资本主义进行了深入批判,对社会主义建设实践中的问题也提出了不少批评。但是由于缺少直接实践的基础,他们的理论往往批判有余,而缺少直接的现实性,因此没有在实践与理论统一的层面实现创新;虽然在理论上批判现实,甚至提出了激进的批判理论,却缺乏实践的通道和可能性。在后来的发展中,由于看到了现实社会主义实践中产生的各种问题,一些西方马克思主义者甚至拒绝实践,否定组织化社会实践运动的现实性和意义。这种学院化的理论态度,对国内哲学界的研究方式产生了消极影响。哲学研究中学术性凸显、专业化凸显,使得哲学渐渐远离了现实,远离了生活,远离了政治,成为与现实无关的书斋里自足的思想游戏。学术性与政治性的切割和分离,导致政治的话语越来越缺乏理论的素养,而学术的哲学话语越来越缺乏现实政治的关怀。正像王雨辰指出的那样:"在我国学术界流行的'思想淡出、学术凸显'这一大背景下,部分研究者无论是从研究对象和研究领域的选取上看,还是从研究的方法上看,其西方马克思主义的研究都呈现出越来越转向学院式的趋势。然而,我们研究西方马克思主义的最终目的并不是单纯为了造就'卢卡奇研究专家''鲍德里亚研究专家'等等,而是为了最终服务于马克思主义哲学的中国化,服务于形成中国气派和中国风格的马克思主义哲学,服务于解决中国特色社会主义实践中出现的问题。"①我们应该克服西方马克思主义纯粹学术性的哲学话语,与当代中国特色社会主义实践相结合,在理论与实践的结合中实现理论的创新,使得理论不仅能够表征并且能够指引时代前进的方向。

第三,从西方马克思主义理论与中国现实的相关性来看,我们的研究有时缺乏清晰的理论自觉,将西方马克思主义研究的问题当成我们自己的问题,导致了许多理论上讨论很多,很热闹,但与现实的客观需要相反的现象。这些研究没有与中国现实很好地结合起来,理论研究与现实脱节,甚至因此出现理论上的误判。出现这种状况,有时是因为西方马克思主义讨论的问题本身有其特殊的地域性;有的是其讨论的问题具有特殊的时代特征,在我们这里可能还根本没有成为现实的问题。比如,西方马克思主义从卢卡奇开

---

① 王雨辰:《西方马克思主义研究:问题及其意义》,《哲学研究》,2008 年第 1 期。

始,到霍克海默、阿多尔诺、马尔库塞、哈贝马斯等很早就展开了对科学技术的批判,揭示了科技发展的负面消息,甚至在一定程度上是技术悲观主义者。他们的理论产生了巨大的影响。但刚刚改革开放的中国,百废待兴,科教兴国必然是重大的国家发展战略,因此邓小平提出了科学技术是第一生产力的主张,我们应该强调的当然是科技发展的重大意义。但是西方马克思主义的技术批判思想,尤其是某些学者的技术悲观主义对此产生了消极影响。西方马克思主义的理性主义批判、主体主义批判、对现代启蒙精神的批判等,都是它们已经面临的现实问题,但中国应该说还有一个反对封建主义、蒙昧主义的启蒙问题,不加分析地将西方马克思主义的问题当成我们的问题,将他们的立场当成我们的立场,对现代精神的批判就可能跟传统主义、蒙昧主义结合起来,出现开历史倒车的现象。

第四,从对中国社会主义建设实践的理解方面来看,囿于理论视域和对具体情况的不了解,西方马克思主义者的许多阐释和评价可能是不确切,甚至是错误的。比如对“文革”的评价,有的西方马克思主义者就不太了解情况,甚至存在为“文革”辩护的理论倾向,不能实事求是地评价这一历史事件。国内有的人用这些理论家的看法为自己的立场辩护,形成了与主流话语和政治决议不同的声音,产生了消极影响。对中国特色社会主义的理解和评价也存在类似情况。有的西方马克思主义学者站在片面立场批判和否定其社会主义性质,有的批评甚至比较激烈。其实他们并不了解中国的历史背景和现实状况,往往从抽象的理论预设和主观愿望出发来评价中国化马克思主义。不能审慎地辨析,并将一些片面的观点当成真理,就会干扰我们的理论,甚至干扰我们的实践。

第五,在关于未来的看法上,西方马克思主义理论总体上侧重于资本主义的理论批判,远离工人阶级运动,有的存在着淡化甚至是否定未来共产主义的倾向。就像张一兵指出的那样:“20 世纪上半叶,工人阶级的革命渐渐进入低潮,而资本主义社会的经济却突飞猛进,统治力量也不断增强。西方马克思主义者们被迫与无产阶级革命实践相分离。所以,西方马克思主义的后人们,大多是哲学家、美学家和文学家,而不再是直接参与工人阶级革命的领导者们。可以说,从现实斗争转向文化批评,对于他们来说是一种无奈之举。"①这样一种状况,使得一些西方马克思主义者对未来没有信心,对共产主义抱有一种悲观的情绪。有的西方马克思主义者甚至再度将社会主义和共产主义看作一种乌托邦,从理论上肯定乌托邦对批判现实的意义,另一方面又强调了它不可能实现的乌托邦性。这样一种灰色情绪在国内的传播也产生了一定的消极影响,在哲学研究中对历史哲学、价值哲学、政治哲学等领域都有体现。如何从哲学基础理论层面为信仰、未来奠定一种非形而上学的基础,对克服这种消极影响是极其重要的。

---

① 张一兵:《当代国外马克思主义哲学思潮》(上卷),江苏人民出版社,2012 年,第 70 页。

第十五章　西方马克思主义
对政治经济学的影响

　　"西方马克思主义"的概念出现在 20 世纪二三十年代,是由德国著名哲学家、政治理论家和社会活动家卡尔·柯尔施首次提出并使用的。法国哲学家梅洛–庞蒂沿用了这一术语。英国马克思主义历史学家、"新左派"理论家和政论家佩里·安德森专门对西方马克思主义进行了探讨。20 世纪二三十年代、六七十年代,以及 20 世纪末和 21 世纪第一个十年,西方马克思主义经历了三次发展高潮,涌现了一批代表性人物和对马克思主义理论研究产生重大影响的成果。西方马克思主义与政治经济学并不存在直接的关系,导致它传播到中国后对当今中国的政治经济学的影响也是曲折地实现的。

一、西方马克思主义去政治经济学化的特征、成因及所带来的影响

　　西方世界的马克思主义研究可以追溯到 19 世纪 60 年代末《资本论》第一卷的出版。迄今为止,西方马克思主义从整体上取得了比较丰硕的研究成果,在学术界、思想界和政治领域都产生了广泛的影响。但是作为西方马克思主义的重要组成部分,马克思主义政治经济学早在 20 世纪初期就开始出现衰落的迹象。近些年来,相比于西方马克思主义在哲学等其他学科的繁荣,政治经济学的弱势地位还在继续,这种现象被称为"去政治经济学化",即指西方马克思主义在研究对象、研究主题、研究方法、研究人员的专业志向及研究成果等方面呈现出逐渐远离政治经济学的趋势。

（一）西方马克思主义"去政治经济学化"的特征

西方马克思主义"去政治经济学化"的特征主要有三个方面的表现：

1. 西方马克思主义研究具有日渐浓厚的哲学色彩，研究成果更加靠近哲学学科

西方马克思主义从诞生之日起，哲学家就一直占有多数席位。如西方马克思主义的三个创始人卢卡奇、柯尔施和葛兰西都是哲学家。西方马克思主义的"整个传统中最引人注目的一件事实就是：专业哲学家在其中占了压倒优势①。第二次世界大战之后，这种情况也没有得到改变，当时除了萨特放弃了学术生涯成为一名作家外，研究西方马克思主义的"所有的幸存者……都成为专业的哲学家"②。20 世纪五六十年代，当西方马克思主义研究的主阵地转移到高等院校之后，相关学者的学科背景也大多是哲学。如意大利共产党的一位重要人物德拉·沃尔佩，曾经以专业哲学家的身份发起了一场范围较广的哲学论战。由梅洛-庞蒂（1955）、佩里·安德森（1976）和马丁·杰伊（1984）等人在不同历史时期分别罗列的西方马克思主义者的名单中，专业哲学家无一例外地占据主导地位。正因为如此，国内学者通常把西方马克思主义定性为哲学、美学、政治学和社会学理论，"很少有人把西方马克思主义与经济理论联系在一起。事实也是这样，西方马克思主义理论家确实不太涉足经济学领域③，甚至"特别轻视以至反对马克思主义政治经济学"④。

多数研究者的专业哲学家身份，必然导致西方马克思主义在研究主题、研究方法、语言特点和叙述方式等方面不断靠近哲学学科。翻阅西方马克思主义的文献资料，极易让人产生西方马克思主义与西方马克思主义哲学、国外哲学流派或哲学思潮相等同的错觉。

---

① 　[英]佩里·安德森：《西方马克思主义探讨》，文贯中等译，人民出版社，1981 年，第 65 页。

② 　[英]戈兰·瑟伯恩：《从马克思主义到后马克思主义？》，孟建华译，社会科学文献出版社，2011 年，第 93 页。

③ 　陈学明、王凤才：《西方马克思主义前沿问题二十讲》，复旦大学出版社，2008 年，第 253 页。

④ 　陈学明：《20 世纪初西方三大马克思主义思潮的先后问世与相互角逐》，《北京联合大学学报》，2012 年第 3 期。

2. 除了哲学以外,西方马克思主义在文学艺术、社会学,甚至历史学等领域的研究成果和影响力,远远超过了政治经济学

西方马克思主义研究的哲学化倾向发生在 20 世纪 30 年代之后。从 40 年代开始,西方马克思主义又逐步转向文化批判领域。第二次世界大战后,文化研究成为西方马克思主义的一个重要传统。西方马克思主义把文化作为研究的中心议题,产生的必然后果就是忽视政治经济学和政治学。[①] 20 世纪 60 年代,随着马克思主义在西方世界的再一次复兴,当时关于哲学、艺术或社会学的马克思主义出版物很多, 却很少有刊物愿意为马克思主义经济学留出版面。斯皮瓦克尖锐地批判了西方马克思主义的文化研究潮流。她认为,西方马克思主义的研究兴趣过度集中在文化领域,而忽视了经济的重要作用,实际上偏离了马克思主义谋求全人类彻底解放这一正确的研究道路,在客观上起到了与资本共谋的作用。[②]

除了文化领域的繁荣以外, 西方马克思主义关于社会学和历史学的研究成果也十分显著。从 20 世纪 70 年代开始,随着世界社会主义运动和西方马克思主义研究陆续落入低谷, 马克思主义的研究传统在社会学和历史学中得到了保留。在这一阶段的美国,生态环境、性别种族、社会阶级、全球化和新帝国主义等社会问题成为西方马克思主义研究的重要主题。关注拉丁美洲的一些学者,如保罗·巴兰、安德烈·弗兰克、卡多索等人,主要以社会学为导向,研究不发达问题。与此同时,西方马克思主义在历史学领域也取得了很大的进展,如法国年鉴历史学派,在一定程度上受到马克思主义理论的影响,其主要代表人物布罗代尔关于"经济世界"的概念,对西方马克思主义的依附理论和世界体系理论都产生了一定的启示作用。而《马克思主义与整体性》一书的作者马丁·杰伊,以历史学家的视角梳理了马克思主义的整体性概念,试图从整体上为马克思主义的整体性提供一个"历史平衡表"[③]。他同

---

① See Martin Jay: *Marxism and Totality*, University of California Press, Berkerly Los Angeles, 1984, p.3.

② 参见李应志:《斯皮瓦克论马克思劳动价值理论的当代意义》,《马克思主义与现实》,2011 年第 6 期。

③ Martin Jay: *Marxism and Totality*, University of California Press, Berkerly Los Angeles, 1984, p.15.

时还强调指出,由于历史学家的思考是"非完成的、不确定的和解释性的"①,因而"西方马克思主义只是一个正在行进的过程"②,仍处在不断的发展和变动之中。美国当代知名的马克思主义经济史学家罗伯特·布伦纳,则运用马克思主义的阶级分析方法和历史唯物主义的方法,考察了人类社会与历史的变迁,对"阶级斗争和现代性的兴起之间的相关性进行了史学研究"③。作为一位非常活跃的西方马克思主义者,布伦纳的著述颇丰,其中很多观点和主张都引起中西方学界的热议。

总之,西方马克思主义的"去政治经济学化"现象值得警惕。安德森早在20世纪70年代就对西方马克思主义的哲学化倾向表示困惑,认为它"倒转了马克思本身的发展的轨道"④。如今,西方马克思主义研究的哲学化倾向仍在持续,而且相比于哲学、文化艺术、社会学和历史学等学科的进展,政治经济学的研究严重滞后。学术界必须高度重视"去政治经济学化",认真反思个中原因,并及时采取改进措施。

(二)西方马克思主义"去政治经济学化"的成因分析

西方马克思主义研究的"去经济学化"现象,具有深刻的社会历史和现实根源:

1. 20世纪西欧国家社会主义运动的多次失败和反马克思主义集权势力的影响,是导致政治经济学研究被冷落的一个主要原因

一方面,以脱离社会现实,忽视政治经济学,注重哲学、文学和艺术等方面为突出特色的西方马克思主义,是社会主义实践受到挫败的结果。20世纪20年代后,当苏联马克思主义日渐巩固的同时,英国、美国等世界上最大、最老的资本主义国家的工人运动不仅没有强大到足以推翻资本主义制度的地

---

① Martin Jay: *Marxism and Totality*, University of California Press, Berkerly Los Angeles, 1984, p.17.

② Ibid., p.15.

③ [英]戈兰·瑟伯恩:《从马克思主义到后马克思主义?》,孟建华译,社会科学文献出版社,2011年,第113页。

④ 陈学明、王凤才:《西方马克思主义前沿问题二十讲》,复旦大学出版社,2008年,第68页。

步,而且经历了接连不断的惨败。一些人的失望情绪剧增,"很少有人再相信正在兴起的第三世界将领导全球革命"①。于是西方马克思主义逐渐放弃了改造世界的努力,转而试图去解释世界。他们"切断了它本该具有的、与争取革命社会主义的群众运动的纽带"②,开始退回到书斋,变成了"彬彬有礼的乡绅"和"幻想破灭、失去了政治权威、墨守成规的学究",③而且颠倒了马克思由哲学转到政治学再到经济学的研究路线,对资本主义的经济分析大都消失了,代之以哲学、文学、艺术和意识形态等领域的繁荣。"马克思主义哲学不仅远远超出了它过去的中间水平,达到了全面成熟的高度,而且大多数西方马克思主义的代表人物还很典型地率先研究文学的发展过程——深入到上层建筑的更高领域——仿佛要以灿烂的文采来补偿他们对政治学和经济学的结构和基础的忽视。"④

另一方面,反马克思主义集权势力的影响,也迫使西方马克思主义逐渐远离政治经济学。20世纪30年代,随着纳粹德国势力的增强,西方马克思主义为了逃避现实问题而不得不转向纯学术的探讨。如作为西方马克思主义研究的重要基地,法兰克福研究所出于躲避纳粹的考虑曾出走美国。为了避免遭到政治上的报复和获得更多经济上的捐助,该研究所开始研究哲学、美学和艺术。20世纪40年代末,法兰克福研究所重新返回德国后,由于其重要成员纷纷被许以高薪或委以高位,他们的理论研究就更加失去现实批判的特点。"西方马克思主义给人以脱离现实政治活动的纯粹理论的印象,法兰克福学派要对此负主要责任。它的成员形成了一个国际性派别,他们享有终身教授职位,报酬优厚,不受市场的荼毒,受到学术机构的尊敬,但却对无产阶级日益蔑视——忘记了自己本来是应该支持无产阶级事业的。"⑤意大利的情况也大致如此。许多马克思主义者或者被投入监狱,或者被迫流亡海外,西方马克思主义的研究逐渐趋于沉寂。美国麦卡锡主义盛行期间,马克

①　Martin Jay: *Marxism and Totality*, University of California Press, Berkerly Los Angeles, 1984, p.6.

②　[英]佩里·安德森:《当代西方马克思主义》,余文烈译,东方出版社,1989年,第11页。

③　[英]特里·伊格尔顿:《理论之后》,商正译,商务印书馆,2009年,第31页。

④　[英]佩里·安德森:《当代西方马克思主义》,余文烈译,东方出版社,1989年,第13页。

⑤　[南非]达里尔·格雷泽、[英]戴维·M.沃克尔编:《20世纪的马克思主义——全球导论》,王立胜译,江苏人民出版社,2011年,第169页。

思主义作为异类成为被打击迫害的对象，与马克思有关的课程被清除出课堂,信仰马克思主义的人被送入牢房,一些对马克思主义有好感或者研究马克思主义的学者纷纷被解除教职，马克思主义理论变得销声匿迹。20 世纪 80 年代之后，由于苏联东欧社会主义国家的解体和新自由主义经济学主流地位的确立,西方马克思主义经济学研究再一次受到了强烈压制。

　　2. 对苏联马克思主义的不满，以及苏联等国家社会主义建设失败的教训,是导致西方马克思主义政治经济学缺少创新的重要因素

　　作为苏联马克思主义的对立物，西方马克思主义诞生伊始，赋予自身的一个特殊历史使命就是对苏联马克思主义进行清算。他们认为,苏联马克思主义禁止对重大问题进行公开讨论或者持有不同意见,"堵塞了理论与实践之间沟通变革的任何渠道"①,是僵化、教条的马克思主义。但是他们所谓真正的马克思主义研究，就是以冷落政治经济学、去政治经济学化为代价。加拿大学者阿兰·弗里曼在某种程度上分析了西方马克思主义"去政治经济学化"的原因,他认为西方马克思主义重视哲学、政治学、社会学和美学领域的异端，而对格罗斯曼和罗斯多尔斯基等人富有挑战性的经济学理论视而不见,主要原因在于对第二国际和第三国际机械论马克思主义的不满。②

　　20 世纪五六十年代,得益于凯恩斯主义经济学理论的指导,西方国家迎来了战后经济增长的黄金时期。与此同时,苏联社会主义计划体制的一些痼疾不断显现,经济上的重大失误、政治上的集权主义后果也被世人诟病,"当社会主义在东方正处于建设(或者被错建)期间,资本主义制度在西方也恢复了活力,这使得人们对马克思主义经济学的兴趣下降了"③。20 世纪 80 年代末,随着苏联东欧剧变,西方世界再一次开始攻击马克思主义。有的西方学者直接宣告马克思主义已经灭亡,社会主义的历史终结了。因为"根据苏联为自己设定的目标(即原创马克思主义观点中所描绘的社会主义)来评判,苏联实验应该是一场显而易见的大规模失败"。有学者认为不仅苏联、东

---

　　① ［英］佩里·安德森:《当代西方马克思主义》,余文烈译,东方出版社,1989 年,第 14 页。

　　② See Alan Freeman: *Marxism without Marx: A note towards a critique*, Capital Class, 34 (1), SAGE, p.1.

　　③ ［英］戴维·麦克莱伦:《马克思以后的马克思主义》(第 3 版),李智译,中国人民大学出版社,2008 年,第 355 页。

欧的社会主义实践已经失败,而且包括柬埔寨和朝鲜等国在内的一些"实现马克思式社会主义的尝试"的国家,也无一例外地都造成了"不可宽恕的后果",因此"以社会主义名义犯下的恐怖罪行不胜枚举,这足以让任何试图在21世纪追求社会主义革命道路的人止步不前"。①世界范围内的马克思主义又一次处于低潮,政治经济学研究自然无法实现突破与创新。

3. 在西方马克思主义经济学阵营内部,以追求研究成果的实用性、有效性为导向,经济学研究的功利化趋向明显,理论研究的短期行为限制了政治经济学领域的发展与创新

西方马克思主义研究的"去政治经济学化",并非意味着西方马克思主义完全将经济学研究拒之门外,或者该领域的研究彻底中断。事实上,第二次世界大战之后西方马克思主义经济学也取得了一些有价值的研究成果。如一些学者试图用马克思主义的立场、观点和方法探讨不发达国家贫穷落后的原因,不发达政治经济学成为西方马克思主义经济学的一个重要组成部分,其中以巴兰为代表的"垄断停滞论"、以多斯桑托斯为代表的"依附论"、以弗兰克为代表的"不发达的发展理论"、以沃勒斯坦为代表的"世界体系论"和以阿明为代表的"不平等交换论"等学说,从理论和现实两个层面分析了当前世界贫富分化的格局和第三世界国家长期落后的原因。再如,法国调节学派和美国积累的社会结构学派都把资本主义社会财富的积累作为研究重心,并且以制度为背景分析了20世纪以来资本主义的调节方式、积累体制和发展模式的变化,探讨了资本主义发展形态的多样性,以及资本主义经济危机等现实问题。他们的研究丰富和发展了西方马克思主义经济学,同时对新古典经济学、新制度经济学、演化经济学和新经济地理学等产生了一定的影响。

上述学者对西方马克思主义政治经济学的研究,共性在于理论与实践的密切结合,即他们都以现实问题为研究的出发点,以提供现实问题的解决方案为研究的宗旨和目标。应该说,与社会现实高度契合的理论研究值得提倡,但是一味强调实践的重要性,单纯以实践为导向的理论研究必将导致两种可能:一方面,在研究主题的选择上,把是否有用作为取舍的标准,研究活

---

① ［英］戈兰·瑟伯恩:《从马克思主义到后马克思主义?》,孟建华译,社会科学文献出版社,2011年,第299页。

动渐趋功利，研究成果也将由于缺少普遍意义和推广价值而无法产生持久的影响；另一方面，从短期看与现实关联度有所欠缺的、重大的基础性经济理论受到冷落，甚至以过时、无用等借口被彻底放弃。其最终的结果是，因为经济学基础理论没有得到足够的重视，以实用性、有效性为原则的现实经济问题研究由于缺乏深度的理论支撑，研究将无法深入，研究的成果和结论也将流于肤浅。最近西方马克思主义理论界关于资本主义经济危机的研究就是一例。2008 年美国次贷危机爆发后，经济危机问题成为理论研究的一个热点。但是现有的成果表明，绝大多数西方学者只是局限于经济危机的现象层面，研究的目标直指经济危机的解决方案和治理措施等当下难题，缺少从更深层次解释经济危机的根源、产生和传导机制等重大理论问题的研究。从这个意义上来说，西方马克思主义对经济危机理论的解读，尚不能与马克思的原创性贡献相提并论。

(三)西方马克思主义"去政治经济学化"的负面效应

"去政治经济学化"现象对整个西方马克思主义研究产生了非常不利的影响。

1. 西方马克思主义理论的整体性受到破坏，理论的发展和创新受到制约

近些年来，马克思主义的整体性问题成为国内外理论研究的重要内容。但是如何界定马克思主义整体性的概念，中西方学界至今没有达成共识。国外有些学者从代表更多人立场的角度论证马克思主义的整体性，国内学者大多围绕马克思主义理论、马克思主义的研究方法和马克思主义学科三个方面探讨马克思主义的整体性，研究宗旨是通过马克思主义理论和研究方法的整体性来论证马克思主义学科的整体性，谋求马克思主义理论学科建设的理论支撑。笔者依据国内学者关于整体性内涵的第一种理解，即从马克思主义理论自身整体性的观点出发，认为既然哲学、政治经济学和科学社会主义等理论学说共同构成整体的马克思主义理论，那么这些组成部分理应以互相依存、互相促进、彼此均衡、共同繁荣的平等关系共存于整体性的马克思主义框架下，如果只是把马克思主义作为哲学、政治经济学或科学社会主义来发展和建设，不仅是对马克思主义的片面理解，而且与马克思主义理

论的整体性背道而驰。

　　令人遗憾的是,西方马克思主义由于长期局限于哲学、文化艺术、社会学和历史学等领域而表现出来的"去政治经济学化"现状,一方面导致整个西方马克思主义研究成为枯燥的文字、晦涩的语言、似是而非的表述、模棱两可的观点的代表,沦落为一种自说自话、自我封闭、自娱自乐的小众游戏。"西方理论家中的论争充满令人望而生畏的专业术语,因为他们根本不是面向普通人,而是面向其他学富五车的知识分子小圈子。"①马克思主义理论无法实现普及和让更多的人了解,面临着越来越被边缘化的趋势。另一方面,由于西方马克思主义缺少对政治经济学的研究,"对于现代社会,只能用落后于时代的阶级斗争法来阐述"②,而这又加剧了西方社会对马克思主义的不解甚至反感情绪,从而为反对派关于马克思主义理论"过时论""错误论""放弃论"等主张提供口实。西方马克思主义研究阵营内部的这种自我瓦解,不仅导致理论自身的正当性受到质疑,更进一步限制了理论的发展和创新。

　　2. 马克思主义政治经济学理论体系发生断裂,不同观点和学说的沟通与交流日益困难,影响了马克思主义向更广范围的传播

　　长期以来,西方学者对马克思主义政治经济学的研究,重点集中在改造马克思的一些名词术语和基本原理,而完全忽略或损害了政治经济学理论本身的内在逻辑。如保罗·巴兰和保罗·斯威齐试图用"经济剩余"的概念代替马克思的"剩余价值"范畴,在西方马克思主义经济学研究领域具有广泛的影响;分析学派马克思主义的代表人物罗默,对马克思的剥削范畴进行了彻底的改造,剥削被泛化为任何人类社会都存在的不平等状态,马克思着重强调的生产资料私有制这一本质特征不复存在。根据罗默的术语改造,剥削现象也将出现于未来的共产主义社会,马克思主义理论的根基遭受致命打击。在改造《资本论》一些基本概念、术语的基础上,西方学者相继提出了一些替代性的理论学说,如用经济剩余增长规律代替马克思的利润率下降趋势规律,用斯拉法的标准商品体系替代马克思的劳动价值理论,用消费不足或利润率下降来解释经济危机的原因,从而放弃了马克思关于经济危机根

---

① ［英］彼得·沃斯利:《马克思与马克思主义》,铁省林等译,江苏人民出版社,2011年,第3页。
② ［日］关根友首彦:《马克思主义经济学的问题与复兴——以宇野藏的马克思主义经济学研究为例》,《国外书刊信息》,2008年,第11~12页。

源于生产资料资本主义私人占有制的结论。

西方学者改造《资本论》中的一些重要概念、范畴及基本原理的尝试，实质上陷入了文字游戏的怪圈。经过这些学者的改造运动，西方马克思主义经济学逐渐演变成一个个支离破碎的名词术语，或者若干空洞无物、极富辩护性的理论口号，完全没有顾及这些概念和原理的内在逻辑关联，其政治经济学研究呈现出碎片化的特点，再加上唯物主义与唯心主义、动态分析与均衡分析等多元方法论的对立与冲突，影响了不同观点的沟通和交流。这一切直接导致西方马克思主义经济学至今都无法建立一个概念清晰、逻辑严密、体系完整、观点明确、结论一致的理论体系，而马克思在《资本论》中确立的政治经济学理论的体系性特征恰恰是经济学持久魅力的重要源泉。西方马克思主义经济学的这一研究现状，既无法超越马克思的政治经济学原理，又不能在西方马克思主义阵营中得到足够的重视，得到应有的地位，并获得更广泛的推广。

3. 肢解了马克思主义理论的整体性

马克思正是借助于唯物史观从开始的"天才设想"走向最终的科学。英国古典政治经济学和马克思《资本论》之间的区别就在于它们的历史观不同。英国古典政治经济学认为"资本主义社会制度"是人类社会发展史上终极的、完美的状态。事实上，这一非历史的理论姿态并非英国古典政治经济学所独有的，而是所有资产阶级学者们所共同遵循的理论底线。同时，唯物史观只有在鲜活的理论与实践中，才能回答现实经济结构的矛盾问题。反之，没有唯物史观，政治经济学就会误入庸俗经济学的窠臼。今天我们要坚持马克思主义，要真正实现"马克思主义在意识形态领域的指导地位"，就必须坚持唯物史观的方法。然而这一传统在马克思主义的传播中、在我们严谨的学科划分中，以及在传统教材体系中日渐式微。就马克思主义的传播而言，众所周知，"十月革命一声炮响，给我们送来了马克思列宁主义"。但是由于历史的原因，我们对马克思主义政治经济学的唯物史观乃至对整个马克思主义理论体系的认识极大地受到苏联的影响，因为中国的马克思主义最早是从苏联传入的，我们所熟知的马克思主义经典著作最早也都是经苏联专家之手翻译而来。今天我们已经认识到，熟知并不一定是真知。实际上我们回顾一下历史或许可以认识得更清晰，从 1917 年第一个社会主义国家苏俄的成立到 1949 年新中国的成立，苏联一直垄断着马克思主义的话语权、解释权、编译权，苏联模式一时间不仅成为社会主义国家实践的模板，而且成为衡量马克思主义乃至社会主义真伪的标准。曾几何时，作为社会主义国家的中国，理所当然地接受了这种用僵化模式解读而来的马克思主义。实践在发展，时代在进步。不可否认的是，时至今日，一些由僵化模式解读来的马克思主义仍然强势地占据着我们头脑，并深刻地影响着我们对世界局势的认识。正如马克思所说的"死人抓住活人"①，这里的"死人"指的是来自苏联的《论辩证唯物主义和历史唯物主义》，特别是斯大林构建的《联共（布）党史简明教程》的研究范式。应该说，近年来中国学术界在回归马克思主义研究的整体性方面做了大量工作对此加以矫正，但是由于实践发展太快，以致"理论跟不上实践的步伐"，再加上"先入为主"的惯性思维导致产生"嵌入性"效应，由此形成"路径依赖"。

今天看来，传统马克思主义政治经济学研究范式的最大缺陷就是肢解了马克思主义理论的整体性，从而影响和削弱了马克思主义政治经济学的穿透力。就学科体系划分而言，学科的森严壁垒和"画地为牢"，使原本被抽离的政治经济学穿透力和现实审视性很难得到重新"恢复"。比如哲学学科更多地强调形而上的理念，只注重马克思相关文本的解读和深邃的思辨方法，排斥了经济学具有的现实性感知，较少关注经济现实；经济学的研究则越来越注重数学化的工具、数理模型和实证方法，以致缺乏了历史感和真实世界的感触。从事哲学研究的学者基本上不研究经济学，其理论只是充满了从逻辑到逻辑、从概念到概念的抽象思辨，却对经济现实的复杂现象难以给出具有历史穿透性的解释，而从事政治经济学研究的学者不研究哲学或不熟谙哲学的方法，对马克思的历史哲学的概念、范畴只是做一些简单的、形而上学式的理解，甚至简单地嫁接西方经济学的概念、范畴，一味用西方经济学的命题来套用经济现实，得出看似科学的结论，但这种结论不外乎是西方经济学命题加上现实证据形成简单的"拼盘"，不可能得出正确结论。政治经济学在森严的学科壁垒面前，必然表现出历史感的缺位和批判功能的失却。如果政治经济学连解释世界都有困难，就更别提改造世界。

---

① 《马克思恩格斯文集》（第五卷），人民出版社，2009 年，第 9 页。

与学科体系划分相比,教材体系与其紧密呼应,越来越呈现出僵化性和时滞性,这无疑也给"不景气"的马克思主义政治经济学再一次"重创"。尽管目前统一的政治经济学教材在原有的基础上做了巨大的调整,但总体上依然沿用苏联时代的体系,以致作为整体的政治经济学、政治学、哲学相统一的马克思主义理论划分为三个独立的学科:哲学、政治经济学、科学社会主义。作为马克思主义理论的重要方法论——唯物史观被划到了哲学,而哲学的研究脱离了经济学与政治学的现实,因而难以接地气;政治经济学归属到经济学领域,而经济学在追求表面"科学"的旗号下,越来越公式化、数学化、模型化,丧失了哲学的抽象力与思辨力,因而导致经济学本身应具有的理论性和思想性的缺失。政治经济学与哲学的分离,使原有的政治经济学在哲学领域远离了"物质的生活关系",从而脱离了经济现实;在经济学领域失去反思与批判的功能,既达不到哲学思辨的高度,也不能达到洞穿经济现实的深度。而在现实的教学与研究中,马克思主义政治经济学失去了对现实经济现象的理论指导和所具有的深刻历史必然性。政治经济学的学科体系划分与教材体系的构建应该是密不可分并相互形成正的反馈,一旦出现分割和不能形成正的反馈,政治经济学必然在这种学科体系与教材体系划分的夹缝中渐渐失去其生存的根基。

二、西方马克思主义的经济思想及其影响

西方马克思主义无疑首先是一种哲学、美学理论,其次是一种政治学、社会学理论,很少有人把西方马克思主义与经济理论联系在一起。确实,西方马克思主义理论家不太涉足经济领域。但是,像许多的哲学家、美学家不能够完全撇开经济纯粹地谈论其哲学和美学理论一样,西方马克思主义理论家在论述其哲学、美学理论时,也不能不触及经济学。所以,尽管在经典意义上的西方马克思主义没有专门的经济学著作,但它有自己的经济思想。

西方马克思主义不仅有自己的经济思想,而且因为这些经济思想独树一帜而产生了广泛的影响。回顾 20 世纪的经济理论,最引人注目之处是对马克思主义经济理论的一系列重大修正,而在这些重大修正中有不少是西方马克思主义理论家率先提出来的。西方马克思主义对传统马克思主义经

济理论的修正和批判,不消说在 20 世纪的经济学界,就是在 20 世纪的整个理论学术界,都引起了人们的广泛注意。当然,也对中国的政治经济学学科产生了重大影响。

这里,我们且把西方马克思主义理论家在经济学上的标新立异之处概括为对传统的马克思主义经济理论的六个方面的贬低与否定,这六个方面的贬低与否定严重地影响着中国的政治经济学学科的发展。

(一)贬低与否定马克思主义经济学在整个马克思主义理论体系中的地位

西方马克思主义理论家把马克思主义仅仅看作一种哲学,特别轻视甚至反对马克思主义经济学。在这方面,卢卡奇开了一个先例。他强调,一个人只要坚持了马克思主义哲学,即使将包括马克思主义经济学在内的马克思主义其他原理丢光了,仍不失为一个马克思主义者。他说,经济和建立在统计基础上的"精确的"经济理论总是落后于实际的发展。他从反对经济学那种崇尚事实的方法开始,进而否定整个经济学理论。在他看来,在各门学科中,资产阶级最钟情于经济学不是偶然的,这是因为经济学可以使他们只停留于事物的表面现象。他说,资本家及其理论代言人的目光只停留于经济生活的表面现象。马克思的《1844 年经济学哲学手稿》发表以后,法兰克福学派的一些代表人物更是通过解释《手稿》来论证马克思主义主要是哲学,而马克思主义经济学是从属于马克思主义哲学的。马尔库塞提出,在马克思的思想发展过程中,不存在从哲学向经济学的转向,马克思的各个阶段的思想都以哲学为中心。许多西方马克思主义理论家甚至否定马克思的《资本论》是一部经济学著作,而认为《资本论》首先是一部哲学著作。阿尔都塞就指出,要把《资本论》作为哲学著作来阅读。自第二国际的科学社会主义理论盛行以来,在马克思主义研究中确实存在着贬低马克思主义哲学,片面拔高马克思主义经济学的现象,并由此造成了严重的后果。西方马克思主义理论家对这种倾向提出批评,强调哲学在马克思主义中的地位是无可非议的,但他们显然走向了完全否定马克思主义经济学的极端。这种极端有着愈演愈烈的倾向。苏联解体、东欧剧变后,鉴于马克思主义经济学的许多原理已被实践证明不再适用的情况下，更多的马克思主义研究者加入了否定马克思主义经济学的队伍。西方马克思主义理论家是最早突出马克思主义哲学而否定马克思主义经济学的，因而他们受到了广泛的推崇。

（二）贬低与否定马克思主义经济学关于经济、生产力归根到底起决定作用的论断

西方马克思主义理论家对马克思主义经济学的否定与对经济本身的否定是相一致的。他们是现代西方对"经济决定论""唯生产力论"最激烈的批判者，而且这种批判贯穿于所有的西方马克思主义代表人物的所有的著作中。西方马克思主义的几个早期代表人物卢卡奇、柯尔施、葛兰西等就提出，要重新确定作为上层建筑的国家与经济基础的相互关系，反对把两者的关系理解成决定者与被决定者的关系。以后的西方马克思主义理论家都沿着这一思路高举反对"经济决定论""唯生产力论"的大旗。马尔库塞提出了这样一个命题：科学社会主义的失败是生产力崇拜的结果。他把科学社会主义的失败归结于以"经济决定论"和"唯生产力论"为理论出发点。在他看来，经济、生产力并不是社会发展的最终动力，因而科学社会主义者把一种理想的社会图景寄托于经济、生产力的发展上肯定是要破产的。他强调，向理想社会过渡的最终根源不能在生产力中去寻找。弗洛姆则指出，现代资本主义社会的最大的弊端就是以经济为社会发展的基础。他说，现代社会的基本原则是，为获取最大效率而奋斗。由于经济事实上不可能成为社会发展的基础，从而导致现代资本主义社会走上歧途。哈贝马斯批评以马克思主义，特别是马克思主义的经济理论拘泥于"生产范式"。他强调，拘泥于"生产范式"的马克思主义经济理论，在解释现代资本主义社会的发展和特征方面，在揭示现代资本主义向更合理的社会形态的转变的动力机制方面，已经失去了充分的和全面的生命力。他提出了如下著名命题：提高生产力的愿望并不即是争取美好生活的愿望。高兹将马克思主义经济学把经济视为社会发展的基础的观点称为"马克思主义的生产逻辑"。他强调，马克思主义的生产逻辑中不可能滋生出社会主义。阿尔都塞则用"多元决定论"来反对马克思主义经济学的"经济决定论"。他说，经济的归根到底的决定作用，是在各要素的主要

作用的相互调换中行使的。在 20 世纪,包括极大部分的马克思主义理论家在内的西方人和东方人都先后走上了经济主义的轨道,认为经济发展了,世界上的一切事情都迎刃而解。西方马克思主义理论家正是在这样的背景下发出了如此不协调的声音,尽管"曲高和寡",甚至还遭到了不少的嘲讽,但由于他们发出这样的声音确实不是随心所欲的结果, 而是严肃的理论思考的产物,因而还是值得人们重视。

(三)贬低与否定马克思主义经济学的劳动价值论和剩余价值学说

几乎所有的西方马克思主义理论家都对马克思主义经济学的劳动价值论和剩余价值学说持否定态度, 其中尤以马尔库塞和哈贝马斯的论述最为系统和彻底。请看马尔库塞的下述几个相互关联的命题:导致机器已不再作为个别的生产工具起作用的技术改革,似乎已使马克思的"资本有机构成"的理论不再适用了;随着马克思的"资本有机构成"的理论不再适用,马克思的剩余价值学说也告吹了: 自动化从本质上改变了死劳动与活劳动的关系;自动化趋向于使生产率不再由"个人的生产量",而是由"机器"所决定。在马尔库塞看来,既然马克思的劳动价值论坚持机器只能转移旧价值,活劳动方能创造新价值, 那么这说明马克思当时并未充分预见到随着科学技术的迅猛发展,资本的有机构成、价值的来源会发生变化。他认为马克思这是受到了历史条件的局限,因此劳动价值论和剩余价值学说的过时是不可避免的。哈贝马斯用以论证马克思主义经济学的劳动价值论和剩余价值学说过时的方式,与马尔库塞大同小异。他提出了如下著名的命题:科学技术成了第一生产力,导致马克思的劳动价值论成立的前提不存在了;既然马克思的劳动价值论过时了,马克思的剩余价值学说也失效了;价值理论的那些经典的基本范畴不足以分析如今政府的教育与科技政策。可见,哈贝马斯提出马克思主义经济学的劳动价值论和剩余价值学说已经过时的主要依据是: 在科学技术已成为第一生产力的条件下,创造价值的是物化了的科学技术,即自动化的机器,而不是劳动,自动化的机器可以直接创造价值。而他把在科学技术成为第一生产力的条件下的价值创造源泉归结到自动化机器本身的主要理由是：劳动者人数日益减少，所获得的利润却与日俱增。乍一看，马尔库塞、哈贝马斯用以论证劳动价值论和剩余价值学说已过时的理由是不难驳倒的，我们只要指出下述这些就够了：直接劳动者数量的减少是相对于一般的科技劳动和社会劳动而言的，减少不等于消失；自动化机器的发展加深了劳动社会化的含义，在某一范围内看来直接劳动的作用很低，但只要在更大的范围内观察就会发现，直接劳动的作用并没有像人们所设想的那样微不足道；与直接劳动的作用日益减弱相平行，一般科技劳动的作用日益增强，一般科技劳动量的增加"抵消"掉了直接劳动者的减少。但事实上问题没有那么简单，否则就不能理解为什么对马克思主义经济学劳动价值论和剩余价值学说的否定能如此迅速地从西方马克思主义理论家那里蔓延开来，成为一股全球性的思潮。这就要求人们在理论与实践的结合上做出深入的研究，而在进行这种研究时，西方马克思主义理论家的相关论述无疑是一个出发点。

（四）贬低与否定马克思主义经济学关于资本主义经济危机的理论

西方马克思主义理论家从对马克思主义经济学的劳动价值论和剩余价值学说的否定，进一步引出了对马克思主义经济学关于资本主义经济危机的理论的否定。哈贝马斯虽然不否认在当今资本主义社会中还存在着经济危机，提出"晚期资本主义"社会中经济危机始终不肯销声匿迹，但是他一再强调，他所说的经济危机不是马克思所说的那种以重复性出现为重要特征，以生产过剩为主要内容的经济危机。他断言，马克思所说的那种经济危机在当今资本主义社会中已不可能出现。他认为，在当今资本主义社会中出现的经济危机是经济领域的一种"产出危机"，即不可能产出足够的可消费的价值。在他看来，这种经济危机与马克思所说的那种经济危机是完全不同的两回事。他更强调，经济危机并不是像马克思所说的那样是当代资本主义社会的主要危机，当今资本主义社会的主要危机不是存在于经济领域，而是存在于政治、文化领域。他提出过这样一个命题："晚期资本主义"社会的危机已从经济领域转移到政治领域和社会文化领域。他认为，合理性危机、合法性危机、动因危机就是当今资本主义社会中的危机从经济领域转移到政治领域和社会文化领域的产物。列斐伏尔也激烈地批判了一些人以当今资本主义社会中经济不断增长的事实为依据，来否定这一社会中还存在着危机的事实。他强调，增长并没有阻止现存社会的解体，在他看来，当今资本主义社会经济不断增长的同时，对于这个社会加以否定的因素在"内部"滋生了，否定的因素不再产生于资本主义的外部，而是产生于资本主义的心腹地带。问题在于，他进一步指出，要看清当今资本主义社会经济增长的实质，即要认识目前促进当今资本主义社会经济增长的只是一些外在的因素，而不是内在的决定性的因素这一点，靠传统的马克思主义经济学的经济危机理论是断然不行的。他明确地指出，马克思主义的经济危机理论不可能促使人们认清在经济增长背后所存在的矛盾与危机。这就是说，列斐伏尔与哈贝马斯一样，也是在否定马克思主义经济学关于资本主义危机理论的有效性的前提下来论述当今资本主义社会的经济危机的。否定当今资本主义社会中还存在着经济危机，这是 20 世纪后半叶，特别是 20 世纪末的一个理论时尚。哈贝马斯、列斐伏尔等西方马克思主义理论家的论述与众不同之处，或者说最有价值之处在于，他们不是笼统地否定经济危机的存在，而只是否定马克思所说的那种经济危机的存在。无论是他们鉴于资本主义社会在第二次世界大战以后的新变化，对马克思所说的那种经济危机不可能再发生的说明，还是鉴于这种新变化，对当今资本主义社会的经济危机新形式的研究，都是我们探索当今资本主义社会经济危机的极有参考价值的思想资料。

（五）贬低和否定马克思主义经济学关于剥削的理论

西方马克思主义理论家普遍对马克思主义经济学关于剥削的理论持否定态度。这里且以两位分析的马克思主义的代表人物的论述加以说明。

罗默非常看重马克思的剥削理论，他甚至提出，马克思的剥削理论正是他的政治理论赖以成立的基础。但是他又认为，马克思的剥削理论只是一种古典的剥削理论，不能完全用来说明当今社会，马克思主义之所以走向危机，与其原有的剥削理论的陈旧不无关系。在他看来，全部的关键在于，马克思认为剥削也就是对被剥削者在剩余劳动时间里所创造的剩余价值的一种剥夺，而这样的剥削之所以可能，正是以生产资料的私人所有权为前提。如果按照马克思的古典的剥削理论来思考问题，那么在当今社会主义社会中剥削现象已经消失了。可实际上，在当今社会主义社会中剥削现象依然存在。于是，他提出要建立一种不是着眼生产资料所有制，与劳动价值理论不相干的剥削理论。他说，我们的任务是提出一种即使在生产资料私有制不存在的时候也生效的更一般的剥削理论。他引入了博弈理论，特别是这一理论的选择原则，给予剥削理论以更抽象化的、一般化的说明。他说，博弈理论的构成独立于劳动价值理论，博弈理论只是依据对财产关系的选择性说明来考察剥削问题。他一方面对资本主义的剥削加以重新解释，提出资本主义剥削的严格的定义需要在假定的选择中具备资本的人均分配形式，并强调他对资本主义剥削的解释比马克思的剥削定义更为优越；另一方面，他又阐述了在社会主义社会中也存在剥削的缘由，他说剥削在这种没有劳动力市场的经济模式中也可以出现。他提出了"社会主义剥削"的概念，并把"社会主义剥削"称为"身份剥削"。在他看来，只要人与人之间的不平等关系还存在着，剥削就不可能消失，他的结论是，身份剥削这种形式在当今的社会主义中盛行着。

埃尔斯特也非常强调马克思剥削理论的重要性。他说，剥削理论在马克思的著作中具有核心的重要性，但他同时又指出，像马克思那样把剥削定义为通过市场交易对剩余劳动的攫取则是错误的。他说，根据劳动价值论来定义剥削是不妥的。他对剥削给予更宽泛的解释，把剥削分为"市场的剥削"和"非市场的剥削"两类，并特别提请人们注意那种剥削的过程是在直接的、超经济的强制状态下发生的"非市场的剥削"。他还深入地探讨了剥削和权力的关系，提出不但"在非市场的剥削中，权力起着实质性的作用"，在"市场剥削"中，权力也强化了剥削关系。他说，国家本身有可能成为剥削者。

在西方马克思主义理论家中，除了分析的马克思主义的代表人物否定马克思主义经济学的剥削理论，持相同观点的人比比皆是。哈贝马斯就认为，现代资本主义社会中准政治性的工资结构的出现就反映了马克思的剥削理论的过时。他指出，在现代资本主义社会中，劳动力这种商品的价格是通过谈判，准政治性地加以确定的，在这样的劳动市场上，竞争机制已由这些国家赋予合法权力的组织的妥协所替代，其政治后果是出现局部的阶级妥协，理论后果是马克思原有的剥削理论的隐退。他说，对剥削率做出有利于那部分组织的最好的工人阶级的改变,有可能具有一种稳定持久的作用。西方马克思主义理论家对马克思主义经济学的剥削理论的否定与对马克思主义经济学的劳动价值论、剩余价值理论的否定是相辅相成的。他们对20世纪后半期所出现的新的剥削形式做出了新的探讨,这种探讨确实值得我们加以认真的研究。

(六)贬低和否定马克思主义经济学的生产方式理论

关于生产方式的理论是马克思主义经济学的基础理论,大多数的西方马克思主义理论家对这一理论也持批判的态度,并相应做了许多修正。这里也以两位分析的马克思主义的代表人物的论述为例加以说明。

柯亨反对传统的马克思主义经济学把生产方式等同于经济结构,以及把生产力也划入经济结构的做法。他指出,物质资料生产方式是生产力和生产关系的统一体,而全部生产关系的总和则构成社会的经济结构,不能把经济结构与生产方式混为一谈,但传统的马克思主义经济学常常把两者混淆在一起。正因为生产方式与经济结构不是一回事,他又强调,说生产力是生产方式的不可或缺的一部分,不等于说生产力是经济结构的不可或缺的一部分。请看他的相关命题:经济结构不是生产方式,而是生产在其中进行的权力框架;生产力不是经济结构的一部分;经济结构由生产关系单独构成。他进一步指出,传统的马克思主义经济学之所以出现这种混淆,关键在于没有充分认识生产力与生产关系的关系,传统的马克思主义经济学对生产力与生产关系的论述是存在着严重的缺陷的。他说,生产关系的特点是经济学的,生产力却不是。他用"质料性"和"社会性"来区分生产力和生产关系,即认为生产力是"质料性"的,而生产关系是"社会性"的。他说,生产力和生产关系的区分只是社会的质料性和社会性这一更一般的区分中显现出来的特殊情况。在对生产力进行具体研究的过程中,他反对传统的马克思主义经济学笼统地把人视为生产力的一个因素的做法。他认为,人与人的劳动力不是一个概念,而只有人的劳动力才实际地参与到生产力中去,但并不是人及人的一切活动都可以纳入生产力的范畴。他提出,在正常的情况下,正是人的劳动力,而不是人,才是生产力。在具体论述生产关系时,他又反对传统的马克思主义经济学把生产关系说成法律的所有权的关系的做法。他说,生产关系是对个人和生产力的有效的权力关系,而不是法律关系,尽管在现实生活中这种"有效的权力关系"必然会打上法律的烙印,但不应当因此把生产关系本身说成是一种法律关系。

W.H.肖也认为传统的马克思主义经济学的生产方式理论存在着诸多的缺陷和难题。他指责马克思把先前的世界历史生硬地拉到他所领悟的资本主义的生产力和生产关系的矛盾的理解之中。在他看来,关键在于马克思所揭示的那种生产方式演变的模式充其量只适用于资本主义社会,马克思却把它到处搬用,如运用于前资本主义社会。他说,马克思所描述的早期社会历史变革缺少导致由资本主义转向社会主义的那种动力和辩证特征。非商品社会根本不可能有一种在它的自主力和恒久性上可与资本主义相比较的经济动力。他认为,马克思之所以把只适用于资本主义社会的生产方式演变的模式扩展到其他社会,主要原因在于没有认清生产关系具有双重性,而只是简单地把生产关系等同于所有权关系。事实上,生产关系除了包含作为社会属性的"所有权关系"外,还包含作为自然属性的"劳动关系"。他说,严格地说,劳动关系和所有权关系都包含在生产关系这一标题下,劳动关系与所有权关系的区分,对于马克思的思想来说具有决定性的意义。

在西方马克思主义理论家中,因对传统的马克思主义经济学的生产方式理论不满而致力于加以改造的,绝不仅仅是分析的马克思主义的代表人物,马克思主义批评学派的巴里巴尔也是很突出的一位。巴里巴尔强调,马克思的生产方式的理论并没有给我们提供一个确定它的应用范围的依据,在这种情况下,我们即使掌握了这一理论,也只是以认识一种特殊的生产方式形式掌握这一理论的。他说,马克思告诉我们,剩余价值在封建生产方式中是具体可见的,但是我们只有在资本主义生产方式中才能认识剩余价值的实现;马克思告诉我们,政治对于生产方式来说具有独立性,可实际上,政治对于生产方式来说,只具有相对独立性。为了弥补这一缺陷,巴里巴尔认为非常需要一个同"生产方式"概念并列的第二个概念,这就是"再生产"的概念。他说,"再生产"概念的提出,使各种生产方式不再处于时间和空间的不确定状况。这些西方马克思主义理论家对传统马克思主义经济学不满是共同的,但用以改造的方式则各不相同。这些不同形式的改造,基本上概括了 20 世纪对马克思主义经济学生产方式理论研究的主要成果,我们可以对他们的这些研究成果提出这样或那样的批判,但不应忽视它们。

由于西方马克思主义理论家对马克思主义经济学上述六个方面的贬低与否定是在一些根本问题上的贬低与否定,由于他们的这种贬低与否定紧紧地同对时代的变化的分析联系在一起,由于他们在西方理论学术界往往是最早做出这样的贬低与否定的,所以他们的这些贬低与否定产生不小的影响也是可以理解的。但是如果认为西方马克思主义在经济学方面的建树全部表现为对马克思主义经济学的这六个方面的贬低与否定上,而其对经济学所产生的影响也全部是由这六个方面的贬低与否定引起的,那就大错特错了。有时候,维护一种学说要比批判与改造一种学说所做出的贡献和所产生的影响大得多。西方马克思主义理论家在批判马克思主义经济学的一些理论的同时,还在不断地为马克思主义经济学的另一些理论作辩护,而后者同样对中国的政治经济学界,乃至整个世界的理论学术界影响深远。综观今日之世界,对马克思主义或明或暗的否定已成一种时尚,而在对马克思主义的否定中,对经济学的否定尤甚。在一些人的眼中,马克思主义经济学只留下错误而没有任何正确的内容。在这种情况下,西方马克思主义理论家挺身而出对马克思主义经济学的若干内容加以维护,尽管显得那么离群索居、孤立无援,但还是引起了人们充分的关注。

下面我们将对西方马克思主义理论家对马克思主义经济学四个方面的肯定与维护一一做出介绍与评判。

1. 肯定与维护马克思主义经济学关于经济理性的理论

马克思主义经济学是在批判资产阶级经济学的经济理性的过程中形成和发展起来的。马克思主义经济学的宗旨就是论述经济理性的产生、危害和对其克服的途径。如果经济理性像当今许多人(包括一些所谓的马克思主义经济学家)所认为的那样有着充分的现实意义,只能弘扬不能否定,那么以批判和否定经济理性为宗旨的马克思主义经济学确实也就失去了存在的价值。西方马克思主义理论家深知这一点,因而他们在对马克思主义经济学的其他内容展开激烈的批判的同时,却对马克思主义经济学关于经济理性的理论竭力加以维护与肯定。在他们看来,只要马克思主义经济学关于经济理性的理论仍有时效,那么马克思主义经济学从整体上说还没有过时。

在这方面,高兹的《经济理性批判》一书可谓是代表作。高兹强调,马克思对资本主义生产方式的批判就是对经济理性的批判,马克思主义经济学就是对经济理性的批判学。在他看来,马克思主义经济学关于经济理性的理论的全部内容都没有过时,而且随着时代的演进,越发显示出现实意义。他特别提到了以下三点:

第一,对经济理性内容的揭示。他指出,马克思说经济理性的出现是与资本主义的诞生同步的,这一点完全正确。确实,在前资本主义的传统社会中,当人们可以自由地决定其需求的程度和工作的程度之时,经济理性是并不适用的。他高度赞扬马克思把经济理性的原则与"计算与核算"的原则、效率至上的原则、越多越好的原则联系在一起。他说,马克思把越多越好作为经济理性的标志抓住了问题的要害。

第二,对经济理性的危害的分析。高兹指出,按照马克思的观点,经济理性的危害可以归结为:一是使人与人之间的关系变成金钱关系,在马克思眼里,经济理性就是要扫除所有从经济的观点看来是不合理的价值和目标,而只是留下个人之间的金钱关系;二是使人与自然之间的关系变成工具关系,马克思把造成人与自然之间的关系变成工具关系的账记在经济理性的头上,而核心的问题是使劳动者失去人性。由于当年马克思所指出的经济理性的这些危害在当今世界屡见不鲜,因而马克思对经济理性危害性的分析对当代人具有警示作用。

第三,对克服经济理性的道路的设计。高兹把马克思所设计的克服经济理性的道路理解为打断"更多"与"更好"之间的联结,使"更好"与"更少"结合在一起。他说,当人们发现更多的并非必然是更好的之时,也就逃脱了经济理性的禁锢;当人们认识到不能用金钱购买到的东西恰恰正是最重要的东西之时,"以市场为根基的秩序"也就从根本上动摇了。他还指出,马克思把克服经济理性和实现劳动的解放联系在一起的思路无懈可击,超越经济理性不仅仅意味着让闲暇的时间压倒劳动的时间,而且要使劳动本身成为一种自主性的行为。高兹强调,现实告诉人们,当今人类要克服经济理性实现自身的解放,只能从马克思当年关于克服经济理性的论述中获得启示。

2. 肯定与维护马克思主义经济学关于资本主义生产目的的理论

西方马克思主义理论家反复向人们提出这样一个问题:现代资本主义

社会比起马克思所处的那个资本主义社会确实已有了很大的不同,那么现代资本主义生产的目的是否也已发生了变化,即现代资本主义的生产的目的是否已不像当年马克思所揭示的那样是为了追逐利润? 他们自己的回答是,尽管资本主义历经数百年已今非昔比,但其生产目的始终未变。从这一基本认识出发,他们极其看重马克思主义经济学对资本主义生产目的的揭示,经常提醒人们为了不被当代资本主义的一些表面现象所迷惑,必须牢记马克思的如下名言:追求高额利润,是资本主义生产的直接目的和决定动机[1];"生产剩余价值或赚钱,是这个生产方式的绝对规律"[2]。

弗洛姆把马克思对资本主义生产目的的揭示不但视为马克思主义经济学,而且视为整个马克思主义理论的最有价值的部分。他说,只要看一下当今资本主义社会是如何不择手段地提高利润率的, 就可知道马克思关于资本主义生产目的的理论对当今人们来说是何等重要。他提出,现代社会的基本原则是:为获取最大效率而奋斗。他也看到了资本主义生产目的与资本主义生产手段之间存在着尖锐的矛盾,看到了资本主义社会本来想通过不断扩大生产规模来提高利润,到头来却与其要达到的目的产生冲突的事实,但他认为, 资本主义社会的统治者是不会因为存在这样的矛盾和冲突而放弃对尽可能高的利润率的追求。

列斐伏尔指出, 马克思当年对资本家如何瞒心昧己地获取高额利润做了淋漓尽致的揭露,贯穿于《资本论》的主线就是说明,资本来到人世间每一个毛孔里都流着肮脏的血,我们现在阅读《资本论》就是要领会马克思对资本的这种批判,而《资本论》之所以令人百看不厌,正在于此。他还指出,资本主义生产的目的是赚钱,与资本家充满着铜臭味是紧紧联系在一起的。他说,资本家作为人,他是除了金钱以外别的什么都没有的人,我们可以从资本家身上读到资本主义生产的目的。

高兹认为,面对当今资本主义,唯一能使人们透过表面现象看清其本质的就是,马克思主义经济学关于资本主义生产目的的理论。他说,只要资本主义生产的目的没有变,其作为工人阶级乃至整个人类的对立面的属性就不会改变。他和其他西方马克思主义理论家一样反复强调,资本主义生产的

①　参见《马克思恩格斯全集》(第23卷),人民出版社,1972年,第272页。

②　《马克思恩格斯全集》(第23卷),人民出版社,1972年,第679页。

目的仅仅是使资本自身增殖、利润的逻辑和人的需要之间存在矛盾。与其他人稍有不同的是,他着重阐述,是马克思所说的资本主义的利润动机在破坏着生态环境。他认为,追求利润这一动机与生态环境保护是相冲突的,为了获取利润,资本家会最大限度地去控制自然资源。他要人们不要被目前一些资本主义企业也在重视环境保护的工作所迷惑,他指出,除了要看到这是不得已而为之,这是十分有限的之外,更要看到这些企业之所以如此做是认为有利可图。在他看来,马克思对资本主义生产目的的揭示同样适用于当今资本主义社会中的环境产业。他说,资本家从事环境保护工作,脑子里想的也是赚钱。

3. 肯定与维护马克思主义经济学关于资本主义经济运行方式的理论

马克思主义经济学不但揭示了资本主义的经济运行方式是自发的、盲目的,而且对这种运行方式展开了深刻的批判。可以把马克思主义经济学的全部内容概括为对那种自发的、盲目的资本主义经济运行方式的揭露和批判。自从资本主义国家实施国家干预经济以来,许多人都认为资本主义经济已改变了原先的自发的、盲目的运行方式,相应地,马克思主义经济学关于资本主义经济运行方式的理论也已趋于过时。多数西方马克思主义理论家不同意那些认为当代资本主义经济已超越了原先的那种自发的、盲目的运行方式的观点,坚持不懈地对资本主义经济的自发性、盲目性加以批判,并把这种批判作为他们对资本主义总的批判的一个有机组成部分。而他们在进行这种批判时,往往都是以马克思主义经济学关于资本主义运行方式的理论作为出发点和参照系。

在这方面,哈贝马斯的论述颇有代表性。他指出,第二次世界大战以来国家干预经济政策的实施并不表明资本主义经济的运行已从盲目的变成自觉的了,也并不表明马克思原先对资本主义经济方式自发性的揭露与批判,对当代资本主义来说已变为"对牛弹琴"。他明确地指出,用政府职能替代市场职能,事实上不可能也并没有改变全部经济过程的盲目性。在他看来,全部的关键在于实行国家干预不可能改变资本的基本运动规律。他断言,政府干预实现过程的行为,遵循自发起作用的规律。这就是说,政府干预表面上的有计划性改变不了资本主义经济运行的无计划性。他甚至把认为资本主义经济运行已从无计划变成有计划的观点称为"修正主义的论调"。他认为,这种论调失足于对当代资本主义社会中政府实行的计划经济的局限性的认识。他说,正是政府的干预政策使各种矛盾都被置于国家机器之中。在他看来,只要社会制度仍是资本主义性质的,就不可能出现垄断力量与国家机器力量之间的真正的联姻。尽管相对于自由资本主义而言,现代资本主义国家干预的范围大大扩展了,但这并不能改变国家干预只能作为自由竞争的一种补充的地位。他说,在现代资本主义社会,国家干预仍不过是一种以代理人的身份维护集体资本家意志的"非资本家"的行为。他详细地分析了现代资本主义国家的政府何以不可能制定出合理的政策来驾驭经济系统。他把此称为现代资本主义国家的"合理性的赤字"。他的结论是,"晚期资本主义"不可能成为有计划的资本主义。

4. 维护与肯定马克思主义经济学关于劳动分工的理论

第二次世界大战以来,随着科学技术的突飞猛进的发展,劳动的分工越来越细,而劳动分工的精细化带来的一个直接结果是劳动生产率的极大提高。在这种情况下,不少人已看不到掩盖在这种生产率的提高背后的消极后果,换句话说,生产率的提高已完全把劳动分工所造成的消极后果蒸发掉了。西方马克思主义理论家在这里再次表现出了独树一帜的品格。他们以马克思主义经济学关于劳动分工的理论为武器,致力于揭露越来越精细的劳动分工在今天所带来的越来越严重的消极后果。

卢卡奇提醒人们,不要仅看到马克思当年对资本主义的劳动分工在资本主义生产关系形成过程,特别是在从单一的专业劳动向工场手工业的分工协作过渡过程中的作用的论述,更要看到马克思当年对这种劳动分工所带来的种种恶果的批判。他指出,按照马克思的分析,劳动分工使雇佣劳动者成为局部工人;劳动分工使劳动者失去了独立生产的技能:他们的劳动力不卖给资本家就得不到利用;劳动分工加深了雇佣工人对资本家的依赖性。卢卡奇对资本主义社会中的异化现象做出了开创性的研究,他把劳动分工与异化联系在一起进行思考,并提出了这样一个命题:劳动分工直接导向异化。

马尔库塞极少涉足马克思主义经济学,但对马克思主义经济学的劳动分工理论表现出了浓厚的兴趣,他详细地研究了在高科技状态下,劳动分工对在生产流水线上运作的工人的影响。在他看来,当年马克思所揭露的劳动分工对劳动者必然带来的伤害在 20 世纪后半期得到了完全的验证。请看他是如何揭露劳动分工的后果的：现代资本主义社会的劳动分工促使人只在从事一些单调而无聊的、翻来覆去的动作；劳动分工使整个的人——肉体和灵魂——都变成了一部机器，甚至只是一部机器的一部分；技术上的劳动分工使人本身只起着一部分操作功能，而这一部分功能受着资本主义过程的协调器的协调；过细的分工促使劳动者只是履行一种预定的功能，而不能满足劳动者自己的需求。

在西方马克思主义理论家中，真正对马克思主义经济学的劳动分工理论做出深入研究，并运用这一理论详尽地考察现代资本主义社会的是高兹。他撰写了《劳动分工的批判》一书，把马克思在《资本论》中批判劳动分工的词句逐条与现代资本主义社会的现实相对照，得出结论，马克思似乎是看到了今天的情况才对劳动分工提出批判的。他关于劳动分工所提出的命题是振聋发聩的：强迫劳动导源于劳动分工，资本主义的劳动分工是一切异化的根源，与劳动分工联系在一起的工业资本总是意味着专制与暴力，劳动分工的发展与资本主义奴役人的强化程度成正比。他特别要求人们重视马克思把劳动分工视为由资本主义的生产目的所决定的思想。他说，资本家为了追逐利润，必然要实施劳动分工，只要工业资本存在一天，资本主义的劳动分工就存在一天，对工人的强制也就必然存在一天，工厂暴政和工业资本一样古老。高兹也注意到了当今所通行的所谓国际劳动分工。他说，所谓国际分工就是生产的专业化和决策的集权化。

我们在了解西方马克思主义理论家对马克思主义经济学六个方面的贬低与否定以后，再把握一下他们对马克思主义经济学的四个方面的肯定与维护，他们对中国的马克思主义政治经济学，以及对整个经济学的建树与贡献，也就一目了然了。

第十六章　西方马克思主义
对新闻传播学的影响

20世纪50年代以来，西方传统的媒体家族企业向跨国公司的转型，与全球媒介集团的高度集中化趋势同步进行，传播政治经济学聚焦媒体产权集中导致的产业垄断和美国媒体的文化霸权扩张，并由此展开批判论述。达拉斯·斯麦兹(Dallas Smythe)与赫伯特·席勒(Herbert Schiller)是传播政治经济学的先驱，他们由于汲取马克思主义的批判精粹而垂范传播学界。英美推崇备至的新自由主义经济政策逼退了凯恩斯福利方案，后福特主义追求的弹性生产与弹性消费为资本与剩余价值的弹性积累开辟了空间，一体化全球媒体市场经过20世纪80年代如火如荼的发展，到90年代已完全成型，其特征为：跨国公司控制、利润驱动、总部设在发达资本主义国家；全球传播产业趋势集中体现在去管制化、自由化、私有化、商业化、跨国经营、集团化。[1]随后，金融化、数字化迅速令传播产业的垄断化竞争登峰造极。

在西方社会，一方面以弗朗西斯·福山《历史的终结与最后的人》为代表的声音认为，历史将终结于自由民主制度，与此相适应的是，市场导向和行政导向的实证主义传播研究致力于透视民主政治的民意测验与推广唯效率和利润马首是瞻的市场占有率，传播专家减少误差的回归分析与问卷调查的样本数据等无一不隐喻着研究的客观性与科学性，公众理性受限于精确

---

① See Vincent Mosco, *The Political Economy of Communication: Rethinking and Renewal*, London: Sage, 1996. (2006年出版该书修订版)

计算,研究成果佐证了民主政体与市场驱动力的正当性。①另一方面,西方自由民主制度的种种经济缺陷与不平等伴随新自由主义与传播新科技主导的资本主义在全球的扩张而日趋加剧,技术与资本的壁垒再度攀高,严重削弱了公众的民主表达。政治上以美国为代表的国家及其盟友通过"建议性压力"(advisory pressures)、"融资机制"(financing mechanisms),以及直接干预选举等各种措施,给后共产主义国家带来一系列无法回避的棘手难题。②

正是全球经济危机与阶级冲突的背景,才孕育了马克思主义政治经济批判的流播。传播学作为一种跨学科的"情景化知识"(situated knowledge),受益于马克思理论深厚的批判现实主义对当代资本主义现实的相关论述,从而展开全球传播产业、传播制度、传播现象的批判传播研究,深具马克思主义传统的文化研究与传播政治经济学两种范式相互融合的批判传播研究随着资本主义世界的危机络绎而至。

"在许多人看来,社会主义在现实和想象中所遭受的挫折标志着马克思主义的最终消亡。然而,马克思主义仍提供着最全面的资本主义批判,同时令人信服地指出了可行的替代制度……作为一种理论传统,思想被认为是随着它力图了解、改造的物质世界而改变的。因此,每个时代都在改造自己的马克思主义,以发展这个理论传统来解决时代的问题。"③西方马克思主义对中国新闻传播学在观念层面有两方面影响:一是具有强烈现实批判色彩的西方马克思主义理论成为新闻传播研究的重要思想来源;二是学者在围绕西方马克思主义若干经典议题的讨论中,重新发掘出马克思、恩格斯著作的现实意义与价值。当下中国正处于大转型时期,相应地,学界"重返马克思"思潮日渐浓郁,新闻传播研究借鉴了西方马克思主义的批判研究范式,

---

① 对此,香港城市大学荣休教授李金铨谈论道:实证主义的范式,"特别是拉扎斯菲尔德与同事莫顿及学生卡茨等人合作不懈地研究,奠定了美国实证量化传播研究的基础,进而蔚为美国传播研究的主流,其长处短处都在这里。等到这个路数变成支配性的主流范式,学术发展逐渐呈现偏枯的趋势,几乎忘记了更早前芝加哥大学社会系还有另一个主要的传统,与欧洲的激进思潮更是南辕北辙"。李金铨:《传播研究的典范与认同》,《书城》,2014 年第 2 期。

② Gerald Sussman,Sascha Krader,Template revolutions:marketing u.s. regime change in eastern europe,*Westminster Papers in Communication and Culture*,Vol.5(3):91–112,2008,p.91.

③ [美]麦克·布洛维:《公共社会学》,沈原译,社会科学文献出版社,2007 年,第 189 页。

在研究对象上,超越了传媒业务层面的内卷化取向;在研究视野上,转向了揭示宏观政治经济结构和意识形态迷思的深层探索;在具体研究议题上,则表现为对商品化、劳工,以及阶级、社会性别等问题的关注。西方马克思主义深化了新闻传播学的理论阐释能力,一个曾经在学科竞争中被诟病为"有术无学"的学科,由此具有了一种能够与历史总体性相关联、相对话的可能性。

一、西方马克思主义与中国新闻传播研究的关联钩沉

(一)西方马克思主义在中国的发生语境

马克思主义与中国新闻学的关联,最初萌生于前者对中国革命实践的理念指引。裴宜理指出,辛亥革命为中国社会开启了一个不断追求现代政治体系的不确定性世纪。[①]在俄国十月革命后,特别是经过五四运动的洗礼之后,马克思主义作为一项具有颠覆性的政治与社会方案,在这种不确定性政治遗产的基础上,开始在中国历史时空中全面展开。到1920年左右,各种地方性的共产党组织先后在上海、北京、武汉、广州等地区组建起来。1921年7月,中国共产党正式成立。中国共产党成立以后,大力宣传马克思主义理论,并结合马克思主义新闻思想,深入工人群众,或创办各种早期无产阶级刊物,并组织和领导工人运动。在这一历史性的革命实践中,中国无产阶级新闻学理论逐渐萌芽,但彼时马克思主义在本土的实践仅聚焦于论证国家、政党与意识形态的合理性。

与在本土政治实践领域诉诸明确的颠覆性革命不同的是,在思想与学术领域,通过部分进步知识分子,马克思主义新闻理论开始传播与渗透到当时中国部分高校刚刚建立的新闻学系和研究机构中。其中,具有代表性的事件是北京大学新闻学研究会的建立和复旦大学新闻系的设立。1918年10月14日,北京大学新闻学研究会成立,并向校内外公开招收会员。该研究会以"研究新闻学理,增长新闻经验,以谋求新闻事业之发展"为宗旨,由北京大

---

① 参见裴宜理、周言、邱婕:《不确定的遗产》,《读书》,2012年第2期。

学校长蔡元培兼任会长,并聘请了两名专任导师,分别是北京大学文科教授、学会副会长徐宝璜和《京报》社长邵飘萍。北京大学新闻学研究会是我国第一个新闻学研究团体,也是我国新闻教育事业起步的标志。[①]其中,邵飘萍是在中国传播马列主义、介绍俄国十月革命的先驱者之一,而毛泽东、罗章龙等无产阶级革命家也曾是该会会员。到 1924 年,复旦大学由陈望道主持在中文系开设新闻学讲座,并在 1926 年扩充为新闻学组,到 1929 年复旦大学新闻学系正式成立。同年,复旦大学新闻学会成立。早在 1920 年 5 月,作为中国共产党上海地区早期发起人之一的陈望道就与陈独秀等人在上海组织马克思主义研究会,参与社会主义青年团的筹建工作,并翻译出版了《共产党宣言》(第一个中文全译本)。上述这些史实在当时对培养具有马克思主义新闻观的新闻人才,支持与推动无产阶级新闻实践,以及促进中国新闻学理论的发展,都发挥了重要作用。这一段历史既是马克思主义春风吹拂第三世界国家去殖民化后成为独立的现代民族国家的缩影,也是苏联马克思主义影响中国本土革命实践与学术研究的历史烙印。

其后,从新中国成立至 20 世纪 80 年代,马克思主义新闻理论对中国新闻学的影响,虽然仍围绕着政治功利性的根本逻辑,但是其策略重点已经发生了转变,即从革命时期无产阶级的阶级革命政治维度逐步转向新中国成立后无产阶级的阶级专政政治维度。在这一新的历史背景下,"文化操控"(Cultural patronage)成为中国共产党建立以马克思主义为导向的国家意识形态领导权的重要策略,[②]而这一策略又主要指向根据现实政治需求对革命资源的争夺与转换。

从历史发展的境况来看,从新中国成立至 20 世纪 80 年代,国家通过一系列制度安排,逐步建立起一种"总体性社会"(totalist society)[③],在其中,"国家对几乎全部的社会生活实行着严格而全面的控制。同时,对任何相对独立于国家之外的社会力量,要么予以抑制,要么使之成为国家机构的一部分"[④]。

---

① 参见黄瑚:《中国新闻事业发展史》,复旦大学出版社,2009 年,第 134~135 页。

② 参见裴宜理:《安源:发掘中国革命之传统》,阎小骏译,香港大学出版社,2014 年,第 178 页。

③ 孙立平:《转型与断裂:改革以来中国社会结构的变迁》,清华大学出版社,2004 年,第 2~3 页。

④ 孙立平等:《改革以来中国社会结构的变迁》,《中国社会科学》,1994 年第 2 期。

因此,在这种高度政治中心主义的社会结构中,①包括新闻学在内的人文社会科学直接沦为当时政治行动与制度安排的体制性要素。具体而言,一方面社会结构内部被高度政治化,无产阶级专政如何在国家制度安排方面全面落实与展开,又如何在思想与文化领域成就与维持其绝对性和唯一性,如此种种策略成为国家政治和社会思想领域的中心任务。在此情况下,马克思主义新闻理论作为一种对现实政治与社会秩序具有颠覆性力量的无产阶级革命的政治遗产,逐渐转换为一种巩固与强化现实结构的话语形式;同时这种政治遗产的实质性内涵也被巧妙地转换成对游离在党和国家之外的社会力量与意识形态的排斥。由此,中国新闻学自然强调"政治本位"高于"新闻本位",②其关注的焦点也集中到新闻与政治的关系层面,特别是对阶级性问题与党性问题的高度关注。另一方面,国内对外部政治因素的高度敏感和依赖,特别是对苏联马克思主义理论与实践模式的套用与推崇。在冷战格局和新中国"一边倒"的对外战略下,学习苏联马克思主义新闻理论模式也成为中国新闻学界的自然选择。

20世纪80年代以来,西方马克思主义在中国的传播对包括新闻传播界在内的整个人文社科学界均产生了不可忽略的影响,这种影响深深锚定在特定的历史语境之中:一方面,西方马克思主义在某种程度上是对长期以来在国内占绝对领导地位的马克思列宁主义的"延续与发展",因而对西方马克思主义的引介和研究具有政治层面的合法性;另一方面,不可否认的是,西方马克思主义在其发展演变中逐渐成为一种学院哲学,诚如佩里·安德森指出的,"西方马克思主义首要的最根本的特点就是:它在结构上与政治实践相脱离"③。但是这种"脱离"恰好满足了80年代以降,思想界在既有政治秩序内对转型中国进行批判性解读与反思的需要。

---

① 参见刘东超:《马克思主义中国化是儒家化吗?——兼与金观涛、郭齐勇、汤一介三位先生商榷》,《学术研究》,2011年第7期。

② 向芬:《新闻学研究的"政治"主场、退隐与回归——对"新闻论争三十年"的历史考察与反思》,《清华大学学报》(哲学社会科学版),2018年第1期。

③ 〔英〕佩里·安德森:《西方马克思主义探讨》,高铦等译,人民出版社,1981年,第41页。

（二）新闻传播学与西方马克思主义的构连

整体来看,从新中国成立以来,"正统"的马克思主义新闻观在中国新闻学教学与研究中一直稳固地占据主导地位。具体而言,"马克思主义新闻观包括马克思主义经典作家马克思、恩格斯、列宁和中国共产党领导人的新闻思想。其形成和发展经历了马克思恩格斯创立奠基、列宁继承发展和中国共产党领导人丰富创新的长期过程"①。无论是马克思、恩格斯、列宁、斯大林还是毛泽东,都没有留下一部新闻学专著或建立起一套系统性的新闻学理论,因此"我们写的书却不是马列原来的体系,因为他们原来没有建立过体系,这些体系是我们对他们思想的研究、揣摩、构思出来的"②。马克思主义新闻理论这种原始理论主体框架的系统性缺失,赋予其在中国的本土化实践一种灵活的结构性动力和一个宽广的操演性空间。

马克思主义新闻观对中国新闻学的影响,其源头可以追溯到中国共产党领导的革命斗争时期。马克思主义理论对于中国新闻学的影响,并不是遵循一种理论引介进而影响另外一种理论的模式,而是经历了一段特殊的历史过程,即马克思主义新闻理论被引入中国。首先,直接指导和影响了中国共产党领导的国内革命运动及其新闻传播实践;其次,在这种历史实践的基础上,中国第一代无产阶级新闻理论工作者再结合马克思、恩格斯、列宁,以及以毛泽东同志为主要代表的中国共产党人的相关理论和思想,总结和提炼出当代中国新闻学理论最初始的理论资源和理论框架。但是这一新闻传播模式带有极其浓厚的苏联马克思主义与中国革命实践结合的痕迹。王中在阐述中国新闻学理论的来源问题时,总结出以下五个基本来源:"(一)马、恩、列、斯等经典著作中有关部分(如'做什么'等)及苏共决议。(二)中国共产党的决议,延安《解放日报》的有关社论即论文。(三)苏共高级党校新闻班讲义。(四)中、苏两国业务经营。(五)杂志。"③

中国新闻学与马克思主义的结合,伴随着中国曲折的现代化进程,在不

---

① 《习近平新闻思想讲义》,人民日报出版社、学习出版社,2018 年,第 1 页。

② 甘惜分:《甘惜分自选集》,中国人民大学出版社,2007 年,第 368 页。

③ 王中:《王中文集》,复旦大学出版社,2004 年,第 40 页。

同历史时期以各种紧迫而复杂的形式显现出来。若将其放置于充满不确定性的中国历史进程中进行考察，可以发现，在不同的历史条件下，中国共产党及其领导的国家政权通过一套复杂的技术手段，沿着政治性与商品性两个基本维度，对马克思主义新闻理论进行了不同程度的策略性调用与转译，从而使中国新闻学研究也呈现出明显的阶段性历史特征。

在新民主主义革命时期，马克思主义新闻理论本土实践的主旋律聚焦于革命正当性、政治动员、统一党员思想等方面。回顾中国新闻事业及其相关理论研究的历程，可以看到，从《新青年》的创办与改组，到 1931 年红色中华通讯社的建立，1942 年延安《解放日报》的改版，1947 年的反"客里空"运动再到 1948 年毛泽东《对晋绥日报编辑人员的谈话》，以及刘少奇《对华北记者团的谈话》的发表等一系列的实践，作为马克思主义新闻理论在中国革命新闻实践中的具体化，为后来中国新闻学的建立和发展提供了基本的理论资源、框架与原则。朱清河和王青特别考察了延安时期中国共产党的新闻实践活动对中国新闻事业发展及其理论研究的深远影响。在他们看来，中国共产党在延安时期的一系列新闻实践，确立了中国新闻业发展的重要理论与实践范式，如期间确定了"一切为了群众"的党报价值追求，"党性原则"的党报职业理念，"党和人民的耳目喉舌"的党报的性质与功能，"全党办报，群众办报"的党报工作方针，以及坚持新闻真实性的党报的本质要求等。这一范式"数十年来，它不断地发展壮大，从整体上指导着中国马克思主义新闻传播事业的发展方向"①。

中国共产党通过一种隐蔽的"文化置位"（Cultural Positioning）策略，围绕革命政治的功利性这一基本原则，将马克思主义新闻理论放置于中国本土文化传统和底层民众意识的框架中，并通过巧妙的政治与文化方式，取得党员群体与基层民众的认可和支持，给充满颠覆性能量的革命行动及其理论创造一种基于普通民众的、组织化了的合理性与合法化形式。在这一历史过程中，中国新闻学产生和发展出了"党性原则""党和人民的耳目喉舌"与"全党办报，群众办报"等中国新闻学的基本议题和政治原则。

① 朱清河、王青：《延安时期马克思主义新闻传播范式的变与通》，《陕西师范大学学报》（哲学社会科学版），2018 年第 3 期。

在中国共产党的新闻事业实践取得充分发展后,胡乔木、陆定一等中国第一批无产阶级新闻工作者立足于历史唯物主义的基本世界观,尝试突破当时政治指导、政策决议的经验业务框架,在总结以往以马克思主义思想为指导的新闻事业实践经验的同时,展开了在新闻学理论层面的研究工作。如他们开始探讨新闻的定义、新闻价值、新闻事业阶级性等更具学理性的议题。因此,从理论起源的角度看,马克思主义新闻观对中国新闻学的影响,是通过其基本的原理指导具体的历史实践,再从具体的历史实践提炼和发展出中国新闻学理论,其基础脉络是通过革命实践过渡到理论研究的进路,即经历了一个"历史实践转译"的过程。

中国的新闻学研究是在中国独特的历史场景与革命实践中孕育并得以发展,伴随着中国曲折的现代化进程,其要澄清的理论问题和需要阐释的现实问题,在新的历史时期以另一种紧迫而复杂的姿态显现出来。在中国特殊的历史进程中,马克思主义新闻观对中国新闻学造成的影响,主要沿着政治性与商品性两个基本维度展开,并以此为基点,逐步向外扩散。

1. 政治性维度

这是马克思主义新闻理论赋予中国新闻学研究最为核心的内涵,其主要涉及阶级性、党性与人民性、群众路线、政治家办报等政治性框架,并深度内嵌于中国共产党及其国家政权阶段性的政治合法化策略之中,从而成为中国新闻学研究中不可动摇的价值和基本边界。

在中国新闻学研究领域,阶级性是一个无争议的理论共识问题,长期处在学科理论研究与争论的中心。"由于新闻事业具有强烈的阶级性和党性,因而研究新闻事业规律的新闻学也具有阶级性和党性。马克思主义新闻学应具有无产阶级的阶级性和党性。"[1]总的来看,新闻事业的阶级性或倾向性问题并不存在根本分歧,真正需要处理和厘清的问题在于,在具体的社会历史情境中,如何界定新闻事业阶级性的程度、范围、形式及其边界等问题。正如王中所指出的:"阶级性问题看起来简单,一接触到实际才感到不那么简单,许多问题还有待进一步探讨"[2],即阶级性问题需要根据不同情况加以对

---

① 甘惜分:《甘惜分自选集》,中国人民大学出版社,2007年,第261页。
② 王中:《王中文集》,复旦大学出版社,2004年,第300页。

待和讨论。在历史上,对这一问题的处置不当,一度严重禁锢和阻碍了中国新闻学的发展。

在随后的发展历程中,对阶级性问题的进一步探讨,更加抽象地展现为对党性和人民性理论与实践问题的探讨。"党性原则是马克思主义新闻观的核心理念,是马克思主义新闻思想和中国共产党党报理论的核心要义。"[①] 20世纪 80 年代以来,对党性是否可以以及如何实现与人民性相互协调统一的争论,就一直或显或隐地留存在中国新闻学学科研究和发展的主体脉络之中,并在根本上塑造着中国新闻学学科的基本架构。当前,习近平总书记关于新闻思想的重要论述再次提出和讨论了这一问题,并进一步确认和重申了党性与人民性相统一的论断。而从更加宏观的视角来看,对这一问题的探讨,其实质上又关联了对群众办报、政治家办报的一些具体理论的思考与阐发。"从历史角度看,新闻工作的党性和人民性及其相互关系问题,是无产阶级和社会主义新闻工作中一个始终存在的重大理论与实践问题。从马克思恩格斯列宁到中国共产党几代领导人对此都有深刻阐释,并且逐渐形成了较为完整、系统的'党性人民性相统一'的理论,使其内涵越来越清晰和明确。"[②]

2. 商品性维度

马克思、恩格斯等经典作家并未对于无产阶级新闻事业的商品性问题有过针对性的阐述。在中国,新闻事业商品性的问题是伴随着中国社会主义新闻事业改革而牵引出的一个历史性议题。对此问题的讨论成为学界在 20世纪 80 年代至 90 年代初的关注焦点。经过这一时期的研究和争论,社会主义新闻事业的商品性属性在理论和现实层面得到整体性的认可。[③]这一历史的理论性成果,逐步发展成为马克思主义新闻观的基本理论内涵之一。

在中国社会主义新闻学研究的历史中,王中较早明确地提出了报纸商品论的观点。王中认为,报纸不仅是一种宣传工具,而且其影响也要通过商品的形式来实现。他进一步阐述道:"从另外一个意义来讲,报社这种机关是党的宣传机关,但同时又是党所领导的一种企业。"[④]王中在当时提出这一观

---

① 宫京成、李彬:《群众路线:重塑马克思主义新闻观的灵魂》,《新闻与写作》,2018 年第 9 期。

② 郑保卫:《"党性人民性统一论"的理论来源与当代发展》,《新闻大学》,2018 年第 2 期。

③ 参见段钢:《"新闻商品性"之争与新闻学术史建构》,《探索与争鸣》,2011 年第 9 期。

④ 王中:《王中文集》,复旦大学出版社,2004 年,第 96~97 页。

点,足以显示出其敏锐的洞察力和前沿的视角。甘惜分虽然不反对报纸作为商品的观点,但他认为这并非新闻学研究的关注重点,也反对将商品性置于报纸或新闻事业根本属性的层次来考虑,新闻学所要关注的问题是新闻事业同政治的关系,同当前现实生活的关系,同群众的关系等。①实际上,从当时市场化转型的现实情境来看,甘惜分对于商品性的警觉逐步显现出某种"先知"的意味。②

在 20 世纪 80 年代之前,对于新闻事业商品性的讨论还局限于报刊。随着国内新闻事业改革的不断推进,一个更先锋的观点,即新闻是否具有商品性的问题,以及新闻商品性是否与党性、人民性、真实性等相冲突的问题,成为 20 世纪 90 年代前后学界争论的新热点。经过这一时期学者间的争论和研究,并随着国内新闻事业改革初显成效,新闻的商品性在中国新闻学研究领域中逐步被接受和认可,即新闻虽然作为一种社会意识或精神产品,也与其他形式的商品有所不同,但仍具有不可抹杀的商品性,③而且这种商品性并不必然与新闻的倾向性④、思想性、真实性⑤等其他属性相冲突。

20 世纪 90 年代中后期以来,伴随着中国新闻事业改革的持续推进,中国新闻学在对新闻政治性与商品性的讨论和研究方面,分别达成了一些基本的理论共识。对于两者间可能存在的理论冲突,党和国家则通过建构一套基于经济绩效基础之上的发展主义话语,采取了一种更为实用主义的策略,即绕开二者在理论层面纠缠不清的难题,在巩固和加强新闻事业与新闻理论政治性维度的同时,积极推进新闻传播事业的市场化改革,大力挖掘新闻事业商品性的现实价值潜能。加之新时期国内外学术交流的不断加强、社会科学之间的相互交叉渗透,作为一种科学的、开放的理论体系,⑥中国的新闻传播研究在政治性与商品性两个基本维度上都经历着剧烈的现代化转型。

---

① 参见甘惜分:《甘惜分自选集》,中国人民大学出版社,2007 年,第 195 页。

② 参见向芬:《新闻学研究的"政治"主场、退隐与回归——对"新闻论争三十年"的历史考察与反思》,《清华大学学报》(哲学社会科学版),2018 年第 1 期。

③ 参见童兵:《呼唤发育健全的新闻市场——兼议新闻商品性及其特点》,《新闻记者》,1993 年第 7 期。

④ 参见陈力丹:《再谈新闻商品性的几个问题》,《新闻界》,1987 年第 6 期。

⑤ 参见单波:《关于新闻的商品性问题的思考》,《现代传播-北京广播学院学报》,1995 年第 1 期。

⑥ 参见《习近平新闻思想讲义》,人民日报出版社、学习出版社,2018 年,第 1 页。

　　陆定一、胡乔木、甘惜分、王中、方汉奇、童兵、郑保卫、陈力丹等前辈作为马克思主义新闻观的教学与科研旗手，领衔了马克思主义与新闻研究的本土化工作。陆定一是中国马克思主义新闻理论研究的早期代表人物之一，其著名新闻学论文《我们对于新闻学的基本观点》对中国新闻学研究产生了深远的影响，也为建设中国特色的无产阶级党报理论与新闻理论奠定了重要基础。胡乔木作为中国共产党思想理论文化宣传战线的重要领导人，其对"党性和人民性是统一的"的研究与论断，[①]也是中国新闻学研究中的基本理念之一。中国人民大学新闻学院的甘惜分是中国新闻学界的泰斗，对中国新闻学理论进行了系统性研究，为中国新闻学理论搭建了重要的框架。甘惜分对新闻规律、新闻事业的倾向性、"新闻三角理论"和新闻媒体改革等一系列重要的议题进行了研究与阐述。其中，甘惜分在 1980 年出版的《新闻理论基础》一书是中国以马克思主义观点论述新闻理论的第一部理论著作，也是新中国成立后第一部正式出版的新闻理论专著，在当时新闻界引起了重大影响。复旦大学新闻学院的王中长期从事新闻理论教学和研究工作，他撰写的《新闻学原理大纲》，为我国新闻学走上系统化、理论化和科学化轨道建立了里程碑式的功绩，引起新闻学界、新闻业界的强烈反响。在新闻史研究方面，中国人民大学新闻学院的方汉奇提出，中国新闻史的研究必须坚持马克思主义的历史唯物主义和辩证唯物主义的原则，既要反对"左"的也要反对右的思想影响，其重要成果包括：《中国当代新闻事业史》《中国新闻事业通史》《中国新闻事业编年史》等。复旦大学新闻学院的童兵作为甘惜分的学生，其代表著作有《马克思主义新闻思想史稿》《马克思主义新闻经典教程》《马克思主义新闻观读本》等。中国人民大学新闻学院的郑保卫的代表作有《马克思主义新闻思想研究》《马克思主义新闻理论与实践研究》《马克思恩格斯报刊活动与新闻思想研究》《马克思主义新闻经典论著导读》和《中国共产党新闻思想史》等。中国人民大学新闻学院的陈力丹的代表作有《马克思主义新闻观思想体系》《马克思主义新闻思想概论》《马克思主义新闻观教程》等。由陈力丹主编的《马克思主义新闻观百科全书》一书成为当前马克思主义新闻观研究领域一项最新的重大成果。

------

　　① 参见向芬：《理论回响：从"党性与独立性问题"到"党性与人民性之争"》，《新闻与传播研究》，2018 年第 10 期。

进入 21 世纪以后,中国新闻学的学科自觉意识逐步发展起来,这一方面对内表现为对主流政治权力及其话语的相对疏离,如对新闻职业伦理、话语的建构,对学科专业性、独立性空间的寻求等;另一方面,对外展现为开始积极开展与国际新闻学、传播学界的对话、交流。党和国家层面则以更积极主动的姿态,重申与强化马克思主义在社会意识形态领域的主导性地位。马克思主义新闻观在各高校得到经费与政策的支持,学科建制化进程推进迅速,若干高校以此为新的学科增长点去争取教育部、中宣部的资源配置。

在学科自觉性方面,中国新闻学首先开始在中国历史文化的横向和纵向脉络中寻求自身的基础。在开拓马克思主义新闻理论在中国本土化新的可能性空间,以及追求"中国特色新闻学"建制方面,一些学者开始将目光投向中国自身的历史文化因素。童兵指出,历史悠久的中国文化积累、西方现代新闻传播思想的传入、马克思主义特别是马克思主义新闻观在中国的传播,三者构成当前中国新闻学学科体系的渊源。陈昌凤和虞鑫同样强调了中国本土历史语境的重要性,指出中国新闻学科是在当代中国的土壤里成长起来的。其次,现代西方新闻学理论开始被大规模引介到中国,并开启了本土化的尝试,并开始与马克思主义新闻理论在现代中国本土化开始发生碰撞与对话。其中,新闻专业主义话语成为上述两种本土化实践交叉与争论场域的一个焦点。

同一时期,国家重新积极介入包括人文社会科学领域在内的社会领域,"社会不再是在国家之外,而成为国家的一个工程……它代表一套新的治理能力,意欲全面渗入社会生活、吸纳社会"①。在这一历史性的趋势中,包括中国新闻学在内的社会人文学科,再次成为国家吸纳社会的意识形态工程中的关键环节。需要指出的是,这一时期的情况与改革开放之前对新闻学单一、僵化的政治性整合策略及其后果已有了一种本质性的差异,即实现了从政治性向"行政化"②的现代性转换。在 2018 年召开的哲学社会科学工作座谈会上,国家提倡和主导的哲学社会科学学科体系、学术体系、话语体系建设中,再次明确了坚持马克思主义,巩固马克思主义在意识形态领域的指导地位的根本价值要求。在实际操作过程中,国家通过行政力量与学科、学术

①② 项飚:《普通人的"国家"理论》,《开放时代》,2010 年第 10 期。

资源的策略性配置相结合的方式，主导国内学科发展与学术研究的经费格局，将中国新闻学系统性地吸纳进国家以马克思主义为导向的意识形态工程之中。在现实层面的另一个重要迹象是，21世纪初，特别是2016年以来，教育部在充分强调马克思主义新闻观的政治意义与现实指导性的基础上，积极协调与整合国内各高校新闻传播学院的学术资源，调整新闻学教学的课程设置，成立各种专业性的研究机构，使马克思主义新闻观的系列课程与学术会议在近三年获得空前发展。①

总之，从动态复杂的历史境况审视，马克思主义新闻理论一方面奠定了中国新闻学政治维度的基础，一直影响和塑造着中国新闻学基本政治理论框架的发展走向；另一方面，立足于不同政治与社会条件的中国本土实践，策略性地转换和更新着马克思主义新闻理论本土化的历史性内涵。同时，从二者实质性的内容层面来看，随着历史进程的推进，马克思主义对中国新闻学的影响已经从单一的政治维度，逐步走向一种政治性、市场化与社会化相结合的多重现代性构成。

总体而言，在剧烈且深刻的现代化转型背景下，中国新闻学之前聚焦的新闻政治性与商品性问题，在整体上经历了一个"政治松绑"的历史过程，即之前作为一个原则性的政治问题，随着20世纪80年代以来的企业绩效考核的正当性，而逐步被巧妙地导向了业绩竞争管理之中。媒体改革之后，主要呈现为媒体业界遵从的"事业单位、企业化管理"模式，以及理论层面意识形态属性和产业属性的分层定位。

与此并行不悖的是，中国新闻学科对政治及其意识形态层面问题的诉求也在同步推进。"改革开放时期，中国政府积极推动经济发展，更多地将其

---

① 除学术理论层面外，马克思主义新闻理论对中国新闻学的影响还存在另一个重要方面。正如华勒斯坦（1977）提倡扩展大学内部或与大学联合的各类机构，集合各方面的学者围绕某些紧要的主题展开共同研究。（华勒斯坦等：《开放社会科学》，生活·读书·新知三联书店，1997年，第111页。）为了在当前相对封闭的社会科学格局中进一步推进马克思主义新闻传播学研究，目前国内部分高校已建立了一批以研究马克思主义新闻观为主要目的的研究基地或研究中心。这是马克思主义新闻观在新时期继续发展，以维持与加强自身在中国新闻学研究中主导话语权的内在需要；同时，这些研究机构的建立反过来在学术研究机构的层面上，通过整合相关学术资源，又进一步促进了马克思主义新闻观的发展。

合法性基础建立在绩效之上。"①虽然之前马克思主义意识形态的全面性与绝对性,在很大程度上被巧妙地抽离出国家合法化的策略性话语,但是"为了把'现实存在的社会主义'结构合法化,后社会主义竭力保持未来的社会主义是人类的共同目标的模糊信念,同时又否认它在当前的社会政策中具有任何内在的决定作用"②。

　　与这种政策相适应的是,在看似席卷社会各个领域的市场化与"去政治化"的转型中,③中国新闻学研究实际上一直潜藏着一个极具稳定性与连续性的核心脉络,那就是对"告别革命"④思潮的抗拒与对革命资源的推崇及其话语的现代性转换,具体展现为对重述马克思主义新闻原理、重申无产阶级革命新闻事业合理性与历史正义性、重构马克思主义新闻学话语(如党性与人民性问题)等的不断追求。方汉奇、童兵、郑保卫、陈力丹等学界前辈作为马克思主义新闻观的教学与科研"护旗手",继承了这一重大历史任务。在意识形态属性的维度上,习近平总书记关于新闻思想、政治传播、网络舆情治理、国家意识形态安全、互联网时代的政治家办报问题等方面的重要论述,成为新时期马克思主义新闻观所要考察与阐释的重要内容,不断丰富着马克思主义新闻观的内涵及其在转型中国情境内本土化的灵活运用。

二、西方马克思主义与中国大陆的批判传播研究

　　西方马克思主义对中国新闻传播学学科的影响是一个极其复杂的话题,因为在中国,作为一个建制化的学科,其设立和调整并不单纯涉及学术问题,在很多情况下,它还是一个利益的分配与争夺过程。这里的利益主体既有来自官僚场域的,也有来自商业场域的。20 世纪 80 年代以降,在国内外学术趋向的作用下,文化产业、文化研究、符号学、文艺学、新马克思主义、西

---

① 赵鼎新、龚瑞雪:《"天命观"及政绩合法性在古代和当代中国的体现》,《经济社会体制比较》,2012 年第 1 期。

② [美]阿里夫·德里克:《重访后社会主义:反思中国特色社会主义的过去、现在和未来》,吕增奎译,《马克思主义与现实》,2009 年第 5 期。

③ 参见汪晖:《去政治化的政治、霸权的多重构成与六十年代的消逝》,《开放时代》,2007 年第 2 期。

④ 参见李泽厚、刘再复:《告别革命:回望二十世纪中国》,香港天地图书有限公司,1997 年,第 244 页。

方马克思主义等各种学术思潮与流派风起云涌，然而最后只有小部分被妥当地安置在教育部学科列表中。这种安排或者说取舍，也反映出特定时期国家意识形态的微妙变化。因此，关于西方马克思主义对新闻传播学影响的讨论，在很多情况下就是内嵌在这样的宏观历史情境之中。那么在今天看来，这种影响最显著的结果之一即千篇一律的、同质化的马列新闻传播思想开始变化或者松动。一方面，主流的学科分类被打破，因而各种哲学、社会学和文学的研究方法被新闻传播学者借鉴，各种新的研究对象、新的研究方法跃然于学者眼前。一言以蔽之，学术研究中出现了各种新的可能性，而西方马克思主义的这种影响是从原有正统范式内部的"褶皱"中生发开来的。另一方面，在国家行政权力、学术研究话语权和市场经济利益的复杂竞争中，新闻传播研究乃至整个学术研究被另一种趋势再次规制，如行政导向的实证主义研究。这一发展趋势并非偶发事件，其语境则是新自由主义经济政策的侵蚀与市场经济改革的深化。

伴随着改革开放的持续深入与市场经济的全方位转型，新自由主义理念已经深刻渗透到中国各项事业的改革进程，导致"后一九八九时期中国媒体最引人注目的发展，不再是争取新闻自由的抗争，而是在现有结构内急遽的商业化"①。中国社会剧变的洪流强烈冲击着传统的以意识形态宣传和政治鼓动为旨归的新闻教学与科研。转型中国的诸多社会问题反复再现于新闻深度报道，学界开始重拾西方马克思主义的人道主义、批判现实主义等内核，既梳理了新中国成立以来各类政治运动如何僵化、扭曲马克思主义，又重构了马克思思想理论的本土关怀，此乃转型中国语境中重新言说马克思的价值所在。西方马克思主义是一个极为庞大的思想系统，它涵盖了马克思之后包括卢卡奇、柯尔施、葛兰西、法兰克福学派、列斐伏尔和阿尔都塞等学者在内一系列交错纵横甚至是相互抵牾的思想理论。我们无意于苛求新闻传播学者做出细致的文化马克思主义思想流播的考据与思辨，但是具有强烈现实感的新闻传播研究者洞察到了西方马克思主义的批判精髓，捕捉到了物化、商品化、霸权、阶级、意识形态和公共领域等关键概念，并联系当代中国的行政权力与市场经济转型、新媒体技术结盟的语境，在与新闻传播产

---

① [美]约翰·兰特、[加拿大]赵月枝：《创新马克思主义传播政治经济学》，黄艾等译，《江西师范大学学报》(哲学社会科学版)，2016年第2期。

业相关的文化工业、劳工分析、阶级理论、社会性别批判等维度砥砺前行,形成了既有本土意识,又有国际视野的批判传播研究。

西方马克思主义在中国新闻传播学界影响的发生是一个长期而复杂过程,对此,本书冒着化约主义的风险将之具体化为两大研究传统在中国 20世纪末的发展与成熟:一是承袭自英国新马克思主义文本批评传统的文化研究(Cultural Studies),二是继承了马克思政治经济学批判路径的传播政治经济学(Political Economy of Communication)。因而研究西方马克思主义对中国新闻传播学的影响,在很大程度上就是探讨这两大批判研究范式的学术开垦与收获。①中国台湾学者在文化研究与传播政治经济学两个领域都业绩

---

① 近年来,伴随批判传播学的日趋成熟和西方马克思主义冲击的加深,新闻传播学界中众多以批判为旨趣的学者围绕相关议题著述颇丰。其中复旦大学与华东师范大学是国内当前在批判研究方面较为活跃和有影响力的两大重镇。在中英文著作方面,代表成果有:复旦大学新闻学院曹晋与加拿大西门菲莎大学传播学院赵月枝联合主编的《传播政治经济学英文读本》于 2007 年出版;复旦大学曹晋联合国际著名传播政治经济学专家文森特·莫斯可(Vincent Mosco),以及多伦多大学莱斯莉·里根·谢德(Leslie Regan Shade)主编出版的《传播与社会的批判研究》(英文读本)于 2014 年出版,该系列英文读本在 2019 年推出第二本——《批判传播研究:西方视野》;曹晋与默多克联合编著的《新媒体、社会性别、市场经济与都市交往实践》于 2015 年出版;曹晋与文森特·莫斯可联合出版的《传播政治经济学与中国案例研究》于 2018 年出版;北京大学新闻与传播学院王维佳的著作《作为劳动的传播——中国新闻记者劳动状况的研究》于 2011 年出版;2017 年,复旦大学新闻学院姚建华主编"西方媒介和数字劳工:西方的视角丛书",该丛书现有《制造业和服务业中的数字劳工》和《媒介产业的数字劳工》两卷等。在学术交流方面,2012 年以来,复旦大学新闻学院曹晋开办"新媒体与全球信息社会的公正传播学术营",迄今为止,已连续成功举办七届,吸收了来自世界各地的学员,打造了一块具有重要影响力的国内传播政治经济学研究的阵地。华东师范大学传播学院吕新雨除主编"批判传播学"书系以外,还领衔成立了"亚洲马克思主义传播研究所",在此基础上展开研讨会等活动,将国际马克思主义最新理论发展同中国新闻传播学术研究更加紧密地结合起来。当然,本章讨论的是当今学界一些较活跃的学者及其成果,在回顾今日的学术研究时,也不能遗漏早期学者的成果,如李琨、郭镇之、刘晓红等人的研究。

卓越,①海峡两岸的对话精彩纷呈。碍于篇幅,本节在此不做赘述。

(一)文化研究与新闻传播研究

文化研究主要指 20 世纪 50 年代以来,斯图亚特·霍尔、雷蒙德·威廉斯、理查德·霍加特等英国学者秉承马克思主义文本批评传统的学术流派,伯明翰大学当代文化研究中心(CCCS)是其学术阵地。文化研究兴起的初衷就是维护妇女、有色人种、工人阶级、少数族裔和"性少数"人群、原住民等遭受排斥与歧视的人群的利益,尤其女性主义对文化研究贡献良多。凡·祖伦将女性主义研究定位为一种激进的政治化研究过程,在她看来,女性主义研究与文化研究都"成长于马克思主义理论和左派政治理论,并与学术之外的进步政治运动和社会关怀相关联。两者都有展开文化批评的雄心壮志,致力于更好地理解并削弱各种权力关系"②。当然,文化研究领域围绕"权力"概念的讨论

---

① 在梳理中国的文化研究现状时,人们经常忽略台湾地区,然而有着复杂而深刻社会现实和历史的台湾,也是中国文化研究之重镇。一干学者立足于本土独特的历史场景,形成具有台湾经验的文化研究,代表者有陈光兴等,代表刊物有《岛屿边缘》《文化研究》(学刊)等。在台湾,文化研究为本土学者带来重要的批判理论资源,并与族群意识、后殖民、政治经济学相关联,"建构起一种阐释台湾地区问题的批判文化研究范式"[孔苏颜:《文化研究在台湾地区的兴盛与文学批评的文化转向》,《哈尔滨工业大学学报》(社会科学版),2017 年第 5 期]。此方面的代表作有陈光兴的《去殖民的文化研究》等。相比于大陆地区,台湾文化研究更显著的特点是具有强烈的实践感和现实介入意识。陈光兴在梳理台湾文化研究源流时认为:"八十年代中期以后台湾社会的巨变,特别是政治及社会运动的冲撞,使得多元缝隙能够出现,其中一个重要的现象就是当时风起云涌的文化批判/评论,它直接关联今天的文化研究。"(陈光兴:《文化研究在台湾到底意味着什么?》,2011 年 6 月 27 日,转引自 https://www.douban.com/group/topic/20735278/type=like,2019 年 1 月 1 日)因此,文化研究在进入这片岛屿之际就已然带有了强烈现实介入的自觉意识。在传播政治经济学研究方面,据冯建三的梳理,伴随着当时世界冷战格局和台湾内部局势的变化,作为批判的传播政治经济学,是在 20 世纪 80 年代后期开始进入台湾,并在 1992 年以后,随着市场化的推进和在退报运动、九〇一活动、地下电台运动、三退运动、公视正名运动和推动公集团电视运动等一些特殊媒体事件的影响下,获得了稳定的发展(冯建三:《传播政治经济学在台湾的发展》,《新闻学研究》,2003 年第 75 期)。其代表性的人物有陈世敏、陈百龄、冯建三、黄新生、刘昌德、魏玓、程宗明等,研究议题广泛涉及电影工业、音乐工业、广告工业、传媒体制、媒体兼并、劳工劳动、网际网络等。

② Liesbet van Zoonen, *Feminist Media Studies*, London, Thousand Oaks and New Delhi: Sage, 1994, p.6.

也是矛盾重重,这主要体现在"该领域一方面站在马克思主义的权力概念一边,一方面又反对'正宗'马克思主义的教条式过激主义;一方面支持女权主义,一方面又反对'激进女权主义'的独裁趋势;一方面支持反对白人继续统治政治生活和公众文化的运动,一方面又反对采取'种族纯粹主义'的形式"①。

伴随着晚期资本主义社会及其体制下大众传媒的发展,传统工人阶级的文化和情感结构发生了不可逆转的衰败。威廉斯在讨论劳伦斯的工业小说时说道:"在描述工业优先对于个体和整个社会影响的论述时,'机械的''碎裂的''无定形'这些词语将不断被沿用,正是这种心理状态,而非工业本身,导致了劳伦斯所强调的工业社会的丑陋面貌。"②这种丑陋的直接表征即为异化和物化了的工人阶级面貌。文化研究扼腕于此,通过扭转法兰克福学派对大众文化、通俗文化的冷漠态度,力图对一种作为总体"生活方式"的,而非"精英的""高雅的""上流社会的"的"文化"进行研究,以剖析其所试图传递的经验与意义,及大众对此的接受与抵制。

因为文化研究最早是作为一种文本批评的文学研究方法,所以中国大陆聚焦于该领域的学者几乎都有文艺理论与文学批评的学科背景,他们扎实的理论素养和深切的人文关怀,为大陆体制化的学界累积了很多本土问题意识和批判的传统,例如北京大学戴锦华、王一川等,南京大学许钧、周宪等,上海大学王晓明等,首都师范大学陶东风、汪民安等。甘阳认为,中国大陆自1985年以来的"文化热"被中外学者共同指认为"继'五四'以来中国最大规模的一次文化反思运动"③,这种反思是后"文革"时代中国在西方现代性冲击之下而产生的一种复杂的心理状态。在很大程度上看,文化研究在20世纪90年代中国学界的萌发,正源于一些学者对这种后革命时代大众心理状况的洞察与回应之需要。伴随市场化潮流的冲击,它的焦点转移到消费时代中政治意识形态和商业意识形态的关联之中。如在周宪与刘康主编的《中国当代传媒文化研究》一书中,采取典型的文化研究方法对中国当下的诸种媒介文化现象,如《百家讲坛》、春节联欢晚会、体育节目、博客时尚杂志、先锋艺术家、主流电影和广告,进行逐一梳理与探究。

---

① [澳]马克·吉布森:《文化与权力》,王加为译,北京大学出版社,2011年,第10页。
② [英]雷蒙德·威廉斯:《文化与社会》,高晓玲译,商务印书馆,2018年,第300页。
③ 甘阳:《八十年代文化意识》,上海人民出版社,2006年,第5页。

　　笔者认为，文化研究对中国新闻传播学的影响主要给予后者一种批判的研究方法，并拓宽研究对象和议题的范围，如吕新雨从 2002 年开始连续数年对春节联欢晚会的分析是国内该领域的代表性研究。在《仪式、电视与意识形态》一文中，吕新雨将国家意识形态置于春节晚会这一由国家电视台和社会大众共同参与建构的"文本"中，洞察到市场化对传统媒体这一行政主导的文化生产机制的影响，以及在此状况下国家意识形态的状态。①北京大学戴锦华在进行电影文本批评时的一大重要议题即社会性别的不平等，她在《不可见的女性：当代中国电影中的女性与女性电影》一文中犀利地指出，"一个在五四文化革命之后艰难地浮现出历史地表的性别，却在她们终于和男人共同拥有了辽阔的天空和延伸的地平线之后，失落了其确认、表达或质疑自己性别的权利与可能"②。尽管在新中国成立后的众多影视文本中，妇女具有了积极的政治形象，但正是这样的意涵与象征将妇女本身的性别特质放置于男性霸权政治的领地。除性别议题外，阶级研究同样是文化研究的核心旨趣。已有大量研究聚焦都市农民工群体的生活境遇、文化实践和心理经验。在此领域，吕途在《中国新工人：文化与命运》一书中以新生代农民这一群体为研究对象，深入工厂和工人们组建的工友之家，通过挖掘这一群在资本血汗工厂中劳动的青年工人的文化实践，探寻新工人的正在苏醒的阶级意识与抗争实践。此外，戴锦华也从阶级角度出发对电影进行了解析。如在《〈钢的琴〉——阶级或因父之名》中，她透彻地描绘出在转型中国的背景下，工人阶级主体性的落寞。

　　总的来看，文化研究激发了新闻传播学对符号、意义的生产与传播的关注，并为这一过程补入历史与政治的批判性维度。具体来看，文化研究的方法有文本分析和受众调查，尤其是其编码/解码理论更是为传播研究带来直接贡献。此外，文化研究还具有跨学科的特征，即它致力于打破学科壁垒，表明文学、历史、政治、经济乃至技术之间的关联。中国台湾学者认为："文化研究并不号称它有普世/普遍主义的性质，因为它的问题意识来自于具体的历史、社会、文化环境，是在面对特定的问题；但是这并不表示它没有抽象的理

---

① 参见吕新雨：《仪式、电视与意识形态》，《读书》，2006 年第 8 期。

② 戴锦华：《不可见的女性：当代中国电影中的女性与女性电影》，《当代电影》，1994 年第 6 期。

论意涵,好的、令人感动的文化研究往往对身处不同地理环境的研究是有启发、共振作用的。"①

因此,深受西方马克思主义影响的文化研究同新闻传播学间的互动表现在两个方面:一是媒介本身与媒介内容成为文化研究者的主要研究对象,二是文化研究这一批判研究范式成为新闻传播研究者的阐释路径。不可否认的是,文化研究范式过于聚焦具体文本,其目的在于通过对文本的编码/解码来读取背后隐藏的意识形态和霸权。因此,它缺少宏观的政治经济视角,在不断对微观文本意义的挖掘中,弱化了对文本与符号背后生产、分配、交换及消费进程的叩问力度,以及对现存政治经济结构权力网络的反思。如陶东风在《当代中国的文化研究》一书中指出:"文化研究既拆除了对资本主义政治、经济结构的暴动和爆破,同时也无力发起对资产阶级的文化阵地战。"②

进入 21 世纪以来,众多学者不断呼吁人文社科研究的东方特质和中国经验,这些试图挣脱西方学术研究理论话语霸权的努力,促使中国研究者学术主体性的觉醒和新的问题意识的产生。上海大学王晓明认为,中国经验"就是直面日常生活的感受,继承'中国革命'的丰富记忆,追究现实内部的压迫性结构"③。陶东风认为,"文化研究难以回避政治立场问题"。他指出,"文化研究的政治关切必须基于对人们生活的具体而复杂的现实生存境遇的深刻把握","文化研究要对权势说不,要为现存的权力关系、权力结构的受害者发声"。④在这一点上,文化研究与传播政治经济学的学术旨趣殊途同归,一方从文本入手解码,一方从结构入手解构,它们都是在为那些籍籍无名的弱势群体说话,或是直面或是迂回逼近社会中的结构性问题。

(二)传播政治经济学与新闻传播研究

传播政治经济学秉承马克思政治经济学的批判研究取向,从既有的经

---

①　陈兴发:《文化研究在台湾到底意味着什么?》,转引自 https://www.douban.com/group/topic/20765278/?type=like,2019 年 1 月 1 日。

②　陶东风:《当代中国的文化研究》,中国社会科学出版社,2016 年,第 53 页。

③　王晓明:《文化研究的三道难题》,《上海大学学报》(社会科学版),2010 年第 1 期。

④　陶东风、周宪主编:《文化研究》,社会科学文献出版社,2016 年,第 7 页。

济(生产)关系出发追问人的社会关系,将围绕媒介的一系列生产、分配、交换和消费过程视为充斥着压制与剥削的过程,认为媒体及其传播被结构性的商业和政治力量操控。

　　作为华语世界的传播政治经济学研究重镇,中国台湾学界的贡献不可磨灭。尤值得关注的是冯建三等前辈学者。冯建三毕业于莱斯特大学(Le-icester University),他较早翻译了一些批判研究领域内的重要文本,如达拉斯·斯麦兹的《传播:西方马克思主义盲点》、丹·席勒的《传播理论史:回归劳动》、雷蒙德的《电视:科技文化形式》、汤普森的《文化与帝国主义》等。冯建三的大量译作为华语学界研究提供了基础资料,这些奠基性开垦工作也滋润了中国大陆学者的传播政治经济研究和文化研究。冯建三长期致力于探讨以电视为代表的传播媒介背后的资本、政策和市场逻辑的内在关联,而广播电视正是中国台湾传播政治经济学研究的核心领域之一。[①]冯建三在《传播政治经济学在台湾的发展》一文中强调:"CPEC 在台湾主要用以分析并结合了广播电视的改革活动(如地下台、党政军三退、公视建台与公集团电视运动)。"[②]广播电视作为最为普及的电子传媒,有着最为广泛的群众根基,冯建三在新媒体潮流中立足于广电这一传统媒介场域,探讨其公共性转型和改革中的困难与出路,彰显出一名本土批判传播学者深厚的价值关怀。

　　中国大陆的曹晋、姚建华等学者与国际传播政治经济学界始终保持广泛的学术交往,著名传播政治经济学家文森特·莫斯可与当今"新左派"重要代表者格雷厄姆·默多克(Graham Murdock)长期到复旦大学新闻学院教授英文课程,带来国外最新的研究动态,不断推进本土传播政治经济学理论聚焦的劳工、阶级、社会性别等议题的全球对话,并激励中国大陆的青年学子参与国际学术会议或是出国深造。两位传播政治经济学界的资深前辈紧扣时代脉络,对物联网、智能城市、全球气候变暖、科技垃圾、技术鸿沟、技术崇拜等议题都有精深探索,尤其关注中国的传播新科技与社会变迁的互动关系。加拿大华人学者赵月枝近年来出版了《全球传播:迈向跨文化传播政治经济》(Global Communications: Toward a Transcultural Political Economy),《中国传播

---

　　① 　参见冯建三、卢迎安:《公共电视:理念、实践与挑战——访台湾政治大学冯建三教授》,《新闻大学》,2008 年第 2 期。

　　② 　冯建三:《传播政治经济学在台湾的发展》,《新闻学研究》,2003 年第 75 期。

政治经济学:权力与冲突》(*Communication in China:Political Economy, Power, and Conflict*),以及《维系民主》(清华大学出版社)、《传播与社会:政治经济与文化分析》(中国传媒大学出版社)等论著,她为大陆传播学研究提供了实证主义之外的另类风景。她对中国传媒制度和社会转型有独创分析,对有关信息技术和文化产业政策的研究具有战略性和前沿性。

1. 劳工议题

"劳动"是马克思主义最为核心的概念之一,同时也是理解传播政治经济学的关键路径。在日新月异的新媒体环境中,新型劳动已经超越马克思论述的工厂劳动,然而当下的互联网作为一种能够制造利润的生产资料(means of production),其与钢铁机器并无二致。当前传播政治经济学的一大重要领域就是聚焦新媒体语境中由资本与技术结盟而重构的新型劳动与新类别的劳工。

(1)数字劳动——从商品化受众到劳动者

关于"数字劳动"的定义人们往往莫衷一是,但一般来看即指人们通过使用数字化传播媒介这种劳动工具生产出具有交换价值的产品(即商品)的过程。新闻传播学中的数字劳动研究,在一定程度上,可视为学者在互联网 2.0 时代中对达拉斯·斯麦兹(Dallas Smythe)"商品化受众"研究的深化。作为传播政治经济学的早期代表,斯麦兹认为传播(communication)是西方马克思主义的一个盲点,并由此在 20 世纪 70 年代与众多西方马克思主义学者展开了著名的"盲点辩论"(blindspot debate)。斯麦兹认为,"传播的物质性在于受众的劳动被利用并且作为商品出售给了广告商",因此他们的传播研究重点不在于媒体的意识形态功能,而在于对媒体"创造剩余价值"的过程进行分析。[1]

审视当下的网络传播状况,我们发现互联网作为一种"民主"传播的典范,吸引着众多人参与到网络内容的生产过程中。从个人微博与博客的书写到视频网站中视频与字幕的制作,再到知乎等问答类网站中智识资源的贡献,我们看到现代人的生活处于另一种数字工厂之中。在资本的逐利驱动下,民众的日常网络接触信息被持续地收集、计算和监控,以挖掘出其中具有商业价值的内容。因而可以说,正是借由大众的数字劳动,互联网寡头的资本帝国才得以建构。在信息资本主义时代,"网络劳工是以最低成本和最

---

[1] 参见周延云、闫秀荣:《数字劳动和卡尔·马克思》,中国社会科学出版社,2016 年,第 143 页。

快速度进行资本积累的工具"①。学者们对数字劳动中的剥削机制进行了深入讨论，例如有学者认为互联网产业的运作模式是一种"以网民为中心的新型产业增值模式"，"通过传播技术结构设计与商业意识形态的运作，互联网产业企图将网民的传播行为转化为商业资本增殖的数字劳动，由此完成网民时间的殖民化与社会空间的工厂化"。②这一过程与卢卡奇的"劳动时间空间化"观点形成一定的联系，这两种机制或者说后果与人的境遇紧密关联。它们都呈现出这样一种趋势，即在商品化的规定性下，总体意义上的人被下降为一个处于自觉或不自觉的劳动过程中的人。简言之，他们都是马克思意义上由资本"出钱招雇的雇佣劳动者"③。

"公民记者"是在互联网商业意识形态的语境中形成的新概念，它促使人们积极投身"众包新闻"的劳动过程中，由此"成为廉价甚至是免费'贡献'自身劳动成果的'数字劳工'"④。另有伦敦政治经济学院黄炎宁的《中国社交媒体企业营销中的用户劳动和消费主义主体建构：以新浪微博上的杜蕾斯官方账号为例》论文，其聚焦社交媒体新浪微博中用户的数字劳动行为，"透视出媒体用户的劳动兼具'自由'和'免费'的特征"，指出人们在当今新媒体接触与使用中，所持续建构出来的是一种消费主义主体性。⑤

复旦大学新闻学院姚建华也对"众包新闻"生产中的弹性雇佣关系进行研究，认为在新媒体浪潮中，一些媒体机构不再雇用专业记者，而是"组建覆盖全球的新闻专员网络社群"，"通过与他们建立弹性雇佣关系，进而低成本、高效率地生产新闻内容"。⑥姚建华还对当前在世界范围内广为流行的"零工经济"（gig economy）进行探究，并由零工经济出发，对数字劳工面临的悲惨的现实困境做出了反思，认为这些零工劳工将逐渐成为"新型的不稳定

①　邱林川：《新型网络社会的劳工问题》，《开放时代》，2009年第12期。

②　吴鼎铭：《网络受众的劳工化》，《国际新闻界》，2017年第6期。

③　马克思、恩格斯：《共产党宣言》，中央编译局译，人民出版社，2015年，第30~31页。

④　吴鼎铭：《"公民记者"的传播政治经济学反思——以"数字劳工"理论为研究视角》，《新闻界》，2015年第23期。

⑤　参见黄炎宁：《中国社交媒体企业营销中的用户劳动和消费主义主体建构：以新浪微博上的杜蕾斯官方账号为例》，《传播与社会学刊》，2016年第37期。

⑥　姚建华、刘畅：《新媒体语境下众包新闻生产中的弹性雇佣关系研究》，《新闻爱好者》，2017年第11期。

无产者"①。

（2）知识劳工

"知识劳工"的概念与"数字劳工"既有重叠又有区别。弹性、情感和兴趣等劳动"动机"的掩饰或者神话化，导致人们忽视从劳动和生产的维度检视自身行为，由此陷入无意识的被剥削的境遇。这种"去劳动化"的理念同信息市场对劳动力资源的迫切需求达成了共谋。

复旦大学新闻学院曹晋领衔团队在《新媒体、知识劳工与弹性的兴趣劳动》一文中，透过民族志的研究方法洞察了中国大陆字幕组的生产过程，发现参与翻译和制作字幕的众多爱好者们在"兴趣"和"参与的满足感"的促使下，协同合作，不自觉地向资本市场奉献出集体智识资源，作者提出这是一种"隐形劳动"，并进一步指出正是这种劳动形塑了整个网络社会。在传播技术与新自由主义经济结合的背景下，福利国家盛行的福特主义转向了"市场经济国家时代深具弹性"的后福特主义，这一转型使得灵活自由的弹性工作制度逐渐取代终身雇佣制度。②在这种时代潮流中，作者还将目光转向"因市场经济和传播新科技而应运而生的网络编辑群体"，将这些网络编辑群体也视为一种网络知识劳工，进而分析他们"如何遭遇来自市场经济、雇佣制度、强制性消费主义等多重权力关系剥削"，以及如何沦为现代都市的新贫群体。③该课题组还进入上海一百个高知家庭跟踪观察学龄前儿童使用手机、平板电脑的情境，发现儿童是资本与技术最易驯服的廉价数字劳工，警醒家庭与社会反思技术异化的低龄化问题。④

2. 阶级议题

众所周知，阶级（Class）是马克思主义理论的一个核心分析范畴，但马克思本人并未专门就此概念进行深入论述。正如卢卡奇在《历史与阶级意识》中说道："就在马克思要规定什么是阶级的时候，他的主要工作被中断了，这对

---

① 姚建华：《零工经济中数字劳工的困境与对策》，《当代传播》，2018 年第 3 期。

② 参见曹晋、张楠华：《新媒体、知识劳工与弹性的兴趣劳动——以字幕工作组为例》，《新闻与传播研究》，2012 年第 5 期。

③ 参见曹晋、许秀云：《传播新科技与都市知识劳工的新贫问题研究》，《新闻大学》，2014 年第 2 期。

④ 参见曹晋、庄乾伟：《指尖上的世界：都市学龄前儿童与电子智能产品侵袭的玩乐》，《开放时代》，2013 年第 1 期。

无产阶级的理论和实践来讲都是一种灾难。"①但是根据马克思已有的文本，人们知道他认为阶级是经由劳动分工而产生的，"物质劳动和精神劳动的最大的一次分工，就是城市和乡村的分离……在这里，居民第一次划分为两大阶级，这种划分直接以分工和生产工具为基础"②。所以从很大程度上看，对阶级议题的关注是从对"劳动"问题的研究中引申而来。

伴随科学技术与劳动效率的日益提升，"虽然直接从事生产的工人的人数正在日益减少，但在各非生产部门不占有生产资料，以出卖体力和智力为生的人越来越多"③，并由此形成一个庞大的新劳工阶级。香港中文大学新闻与传播学院邱林川在"i 奴"或"21 世纪奴隶制"的分析框架下，从宏观世界体系的视野出发，对以富士康为代表的资本势力发起猛烈抨击。邱林川认为"i 奴不但包括电子制造业的工人，也包括使用电子产品不能自拔的'微博控'和其他形形色色的'数码劳工'（digital labor）"。他指出，在风云变幻的世界体系中，"亘古不变"的东西就是"资本主义对劳工的剥削和异化"，并通过与17 世纪大西洋三角贸易比较，得出了"二十一世纪奴隶制"下的新型三角贸易关系，即数码产品开发商（苹果）、生产商（富士康）以及作为"玩工"（play labor）的媒介用户（大众）之间关系。④此外，邱林川还分析了"网络化抵抗"的可能性。他认为："网络劳工作为社会化大生产的更高阶段，在适当条件下，同样可以为发挥劳动者主体性地位服务，从而支撑起新的劳工阶级形成过程。"⑤

邱林川的研究具有强烈的现实介入感和社会关怀意识，他不仅关注了数字产品的一线青工和社会上潜在的大众"玩工"，而且放眼于众多底层"原始劳工"（generic labor）的媒介接触，以及他们使用新型媒介进行的抗争，并通过揭露在此过程中异化劳动和工作的本质，以重新获取马克思所谓的对当下的"理解的基础"，由此唤起群体而非个体的"阶级意识"，挖掘他们能够在被资本包围的社会状态中"突围"的可能性。

当今，众多学人为"数字迷思""技术迷思"等议题着魔，热衷在书斋中做

---

① ［匈］卢卡奇：《历史与阶级意识》，杜章智等译，商务印书馆，2018 年，第 102 页。

② 马克思、恩格斯：《德意志意识形态》（节选本），中央编译局译，人民出版社，2018 年，第 50 页。

③ 陈学明：《时代的困境与不屈的探索》，黑龙江大学出版社，2015 年，第 166 页。

④ 参见邱林川：《告别 i 奴：富士康、数字资本主义与网络劳工抵抗》，《社会》，2014 年第 4 期。

⑤ 邱林川：《新型网络社会的劳工问题》，《开放时代》，2009 年第 12 期。

各种解构与批判。但是如果回避了阶级问题或仅仅将阶级议题置于文化分析的框架下，无疑就是"拿起知识分析的绣花针，戳戳资本结构的下腹部"，从根本上将批判贬为本质是"与资本结构远距离调情"的学术秀。[①]这也是德里达所批评的"要彻底地使马克思主义的参照非政治化"[②]。不过我们看到，在众多新闻传播研究中，如邱林川等人仍然坚持关注着那些政治经济地位低下、缺乏福利保障、媒介素养较低的原初意义上的工人阶级。他们的研究将新时代中国工人阶级的主体性与全球化的信息资本主义深刻勾连，描绘出生存在异化劳动和政经压力之下的中国底层劳工境遇，并进一步将这种境遇同当代社会大众（multitude）的数字化生存状态相关联，充分体现出传播批判研究浓厚的社会关怀色彩。

综上所述，传播政治经济学对阶级的理解没有简单局限在一种历史的、静态的和外在的范畴或关系上，必须认识到它还是"构成认同的一系列价值"[③]。因此，传播政治经济学没有停留在作为一种范畴的僵滞的阶级观中，而是积极探讨阶级的动态建构过程。具体来看，就是既关注在新媒体环境下"新工人阶级"和"新无产阶级"的形成过程，同时，也绝没有忽视那些狭义上的工人阶级的数字化生存境遇。

3. 社会性别

当批判的传播研究将目光从工厂、办公室、跨国公司转向家庭和爱情这些私人领域时，社会性别议题就自然而然浮现出来了。在西方马克思主义的影响下，中国新闻传播界围绕社会性别议题的研究主要表现在三个方面：一是在全球化市场中，对资本主义父权制文化产品的生产与再生产过程祛魅；二是继续从马克思、恩格斯政治经济学批判等经典文本出发，用价值学说等理论解释妇女的职场数字劳动和家庭劳动；三是采取阶级与社会性别议题交叉分析的方法，不仅关注妇女，还放眼于在新媒体生态中以同性恋为代表的各种"性少数"群体的权利与现实境遇。

复旦大学新闻学院曹晋将传播政治经济学与社会性别议题相结合，致

①　参见朱学勤：《书斋里的革命》，云南人民出版社，2006年，第5页。
②　[法]雅克·德里达：《马克思的幽灵》，何一译，中国人民大学出版社，1999年，第45页。
③　参见曹晋、[加拿大]莫斯可：《传播政治经济学与中国案例研究》，华东师范大学出版社，2018年，第5页。

力于中国本土化的性别批判研究。在《网络媒体"更年期"修辞与转型中国的市场经济》一文中,他聚焦于新媒体对妇女形象的生产和表现,对市场化潮流中的女性"更年期"修辞进行解构,认为在当下中国,"更年期"这一医学术语已然沦为一场商业资本、专业权威和传播媒介等多方的"合谋",其目的是更彻底地挖掘女性的消费力。①在曹晋等人的另一篇文章《新媒体、新修辞与转型中国的性别政治、阶级关系:以"绿茶婊"为例》中,更是对这种女性修辞进行鞭辟入里的讨论。文章将对女性的污名深刻镶嵌在转型中国的语境中,并且打通以往讨论性别问题与阶级问题的内在理路,指出"当代中国阶级差异藉由社会性别——特别是从社会主义、铁饭碗和无产阶级妇女身体到市场化社会、青春饭、女性化及性别化的女性身体之转型——这一意向得到传递。中国妇女的身体具有向性别化和商品化发展的趋势"②。

除了针对成年妇女的研究以外,还有一些讨论关注于女童,如韩雪莹的《传播政治经济学视野下的芭比文化批判》一文认为,尽管芭比娃娃的生产商"努力把她塑造成一位智慧、独立的时代女性,希望在她身上能折射出社会发展与女性进步",但现实是芭比娃娃的目标市场是美国的中产阶级与白人社会,芭比公司所做的是"为中产阶级的白人女孩儿们描绘她们华丽而洋气的梦"。③伴随各国经济全球化、一体化发展,这种"洋气"的梦想,早已遍布世界各地,它们为"美国梦"或更准确地说为"美国梦"背后所夹带着的帝国主义私货打通销路。郭若筠在《芭比娃娃:都市儿童的"洋玩伴"》一文中指出,在 1959 年的芭比模型中,芭比的胸围是腰围的整整两倍,但如果彻底舍弃芭比身上被盲点强调的女性气质的话,那就代表着舍弃了芭比娃娃数十年累积的商业神话和品牌资产(brand equity)。为了品牌的一致性(consistency),美泰公司将很难对芭比娃娃进行"彻底"的改造。只要美泰公司延续其性别化的开发与营销战略,其身上隐含的男性气质霸权与西方文化霸权属性就

---

①　参见曹晋、徐璐、许一凡:《网络媒体"更年期"修辞与转型中国的市场经济》,《陕西师范大学学报》(哲学社会科学版),2015 年第 3 期。

②　曹晋、徐婧、黄傲寒:《新媒体、新修辞与转型中国的性别政治、阶级关系:以"绿茶婊"为例》,《新闻大学》,2015 年第 2 期。

③　韩雪莹:《传播政治经济学视野下的芭比文化批判——浅谈芭比娃娃背后的性别与种族偏见》,《传播与版权》,2015 年第 8 期。

不会消失。至少芭比娃娃在中国的十几年和今后很长一段时间内,都将继续作为传播西方文化霸权的一个符号出现,规训着以女童为代表的使用者的自我认知,并成为维护西方资本主义全球扩张的一种工具。

三、结语

在英语世界,"学科"与"规训"(discipline)同形异义,这种措辞隐喻着学术研究与结构权力之间真实的关系。在当下,马克思主义相关学科的边缘化反映了新自由主义浪潮势力对批判学科的规训现实。诚如克里斯蒂安·福克斯(Christian Fuchs)和莫斯可指出:"马克思主义实质上成为所有社会科学的盲点","马克思主义学者被边缘化,而采取明确的马克思主义社会研究方法的青年学者们则面临着越来越严峻的危机职业的威胁"。[①]在新自由主义浪潮中,马克思正在被他的关怀者联合资本势力而冷酷地放逐,只有在周期性的经济灾难中、只有在弱者面临无法承受的压迫时,马克思才会像幽灵一般被请出,而后又迅速被放归神龛。然而资本主义的结构性危机无法在其修补与改良的努力中消失。在今天,中国新闻传播界对"正统马克思主义"的反思和对西方马克思主义的重新言说,无非是想在新时代、新型社会危机的条件下再次回归以批判与建构为核心的马克思批判现实主义的脉络。中国正处于关键的转型时期,新闻传播研究在直面纷繁复杂的政经环境与日新月异的技术更新之现实时,如何能够秉持具有良知与道义感的公正传播,这是马克思批判现实主义与新闻传播学共同的深刻忧虑与永恒追问。

---

① 〔瑞典〕克里斯蒂安·福克斯、〔加拿大〕文森特·莫斯可:《马克思归来》,"传播驿站"工作坊译,华东师范大学出版社,2016年,第4页。

第十七章　西方马克思主义
对文学理论的影响

在谈及西方马克思主义在中国文学理论界被接受之前，需要先阐明两个问题：第一，我们并非从空白的起点开始学习西方马克思主义的，而总是处在特定时代的思维结构中进行学习与思考。西方马克思主义是个松散的命名，所涵盖的理论家们无论在问题面向还是理论方法上都是错综复杂的。文论界从自身特定的问题结构出发去接受和阐释西方马克思主义理论，它们侧重处理的话题与哲学界并不同步，这一点在20世纪80年代表现得尤为明显。第二，本章将西方马克思主义对中国文学理论产生影响的论述起点设置在新时期。西方马克思主义所涵盖的理论家虽然有很多进入中国的时间较早，但以西方马克思主义为名将他们统摄起来却是新时期以后的事：比如在1985年第1至3期的《社会》杂志中，由贾小群、李平所撰写的对"文艺社会学"的介绍中就出现了戈尔德曼、弗洛姆等人的名字，但他们只是在文艺方法论的层面上被阐释，并没有与马克思主义所强调的社会批判问题过多关联。只有被统一命名以后，西方马克思主义才能建立相对统一的问题域和方法论，才会以独立资源的姿态进入文学理论的建构之中，因此本章将论述的重点放到了被命名之后的新时期以展开讨论。

关于理论界对西方马克思主义的接受问题，我们需要从新时期文学研究的转向开始说起。新时期伊始兴起了关于"人道主义"的讨论，这个话题在文论界的反响即需要重新追寻"人的文学"。鉴于此，文学理论慢慢开始了从以历史唯物主义为目的、阶级论为方法的建构范式中转型，建立新的体系范式的尝试：与"人道主义"的讨论相应的是，这些尝试以"人"为核心，将人的情感性因素抬得很高，"审美"因此就成了讨论的热门话题，他们试图以此为核心勾勒出新的文学体系来。在这种思潮的冲击下,新时期以后的文学理论构建中,文学的"自主性"和审美性就构成了讨论的热点问题。这个转变的任务一直持续到 20 世纪末,高楠在总结世纪文艺学的转变中,仍认为它面临着从工具性到学科主体、从代言向主讲转变的任务,①其背后包含的仍然是此种重建认识论的意图。

审美体系建构并非一帆风顺,政治的波折倒是外在,1983 年的"精神清污"等运动虽然短暂影响了体系的建构进度,却不能从根本上改变整个建构的走向。其真正的内在困境在于方法论的探寻,即文学理论需要找到哪些新的方法,将自己的审美体系完整地建立起来且流传下去。并且在阶级论、唯物论、典型论这一套原有的解读作品的理论逐渐失效以后,面对汹涌而来的中外"现代主义"创作实验,文学界又要以怎样的方法去处理这些五花八门的新事物? 又该如何将这些新的现象容纳进新的理论建构之中去,使之行之有效? 1985 年被称为方法论元年,在此前后兴起的"方法论热"思潮既可以看作批评理论的革新,也可以看作文论界对构建新理论的一系列实验。这是一个文学事件,但是也是一场蕴含在文学问题之中的思想实验。借助于对审美问题的讨论,也借助于对方法论问题的探索,文论界想要建构的是一套基于反思基础上更具现实感也更具人道主义关怀的理论体系。

西方马克思主义进入文论界的视野与"方法论热"有关。只是遗憾的是,它们一开始并没有扮演重要的角色,只是作为众多进入国内的外国资源之一,并不处于显眼的位置。一直到了 20 世纪末,才借助于现实环境和文艺理论问题域的转变而慢慢兴盛起来,成为当下的热门研究资源。如果说 20 世纪 80 年代与 90 年代文学理论偏向于靠批判政治来进行重建的话,那么 21 世纪之后的重建面向则极快地转向到了批判市场。以西方马克思主义文论在中国的发展史为线索,将其在中国文论界受到冷遇、转机、发展与兴盛的进程作为研究的对象,从中可以折射出的是新时期以来的中国文论乃至整个中国思想界的发展轨迹。本章将分两个时段对西方马克思主义文论在中国的流传和影响做出梳理,其目的一是在于更清楚地梳理西方马克思主义文论的流变史,二也是以流变状态为目的以探索新时期以来整个文学理论

---

① 　高楠:《中国文艺学的世纪转换》,《文艺研究》,1999 年第 2 期。

建构的演进状态。

一、第一时段：1980—2000 年

概言之，这一段是西方马克思主义进入中国文论界，却未能造成深入影响的时期。本节将分为三个问题来展开讨论：一是这些理论是怎样进入文论界的？二是它们为何没能造成影响？三是这一时期被引进的文论涉及了哪些话题？

首先需要对这一时期西方马克思主义进入中国的重要事件做出梳理：在西方马克思主义文论在中国新时期伊始的发展中，美国学者杰姆逊 1985 年 9 月至 12 月来北京大学讲学是一个重要事件。虽然对西方马克思主义所涵盖的理论家的接受中国早已有之，但这个事件是学界开始大规模接受西方马克思主义文论的催化剂。杰姆逊在讲座中为业界引入了"西方马克思主义"的概念，其中的一些方法论也为文论界拓展了新的研究视域。1988 年陆梅林选编了《西方马克思主义美学文选》，一时也激起了文艺界的讨论。文选涵盖的理论家包括卢卡奇、马尔库塞、阿多尔诺、威廉斯等人，涉及的理论内容包括马克思主义、美学、艺术等。虽然这部书选取的理论家错综复杂，但也堪称对西方马克思主义的作家、作品介绍得较为全面的作品。1987 年，在伍蠡甫、胡经之主编的《西方文艺理论名著选编》（北京大学出版社）选本中，阿多尔诺、布洛赫和马尔库塞的篇章已经出现；与此配套的 1989 年胡经之主编的《西方文艺理论名著教程》（北京大学出版社）教材，对卢卡奇、布洛赫、阿多尔诺、马尔库塞、本雅明也分别设置了专章。这些作品中所出现的名字都构成了文学界在这一时段内接受西方马克思主义理论的主要范围。重庆出版社在 20 世纪 90 年代前后出版了"国外马克思主义与社会主义研究丛书"，更大范围地对这些理论家和代表理论做了译介，这些都是国内学界有意识地以主题形式引入西方马克思主义理论的标志。但遗憾的是，译介看似如火如荼，却难以在文论界落地生根。这个判断大致有两个方面的佐证：

第一，西方马克思主义在这一时段研究成果的数量并不突出。笔者将人大复印资料（文艺理论）从 1980 年到 2000 年所转发的西方马克思主义研究文章做了统计，列表如下：

表 17-1　1980 年到 2000 年人大复印资料(文艺理论)转发的西方马克思主义研究文章

人大复印资料(文艺理论)		
日期	作者	篇名
1981 年第 8 期	程代熙	卢卡奇的现实主义文论——读书札记
1981 年第 10 期	思 效	关于卢卡奇论现实主义的几个问题
1985 年第 2 期	范大灿	文学是历史的一部分——对卢卡奇文学史观的评述
1987 年第 3 期	伍晓明、孟 悦	历史——文本——解释——杰姆逊的文艺理论
1987 年第 5 期	汪培基	西方马克思主义文学理论研究初探(上、下)
1987 年第 8 期	汪培基	西方马克思主义文艺理论研究——有关论述简介
1987 年第 8 期	于 亮	国外文艺社会学流派之我见
1987 年第 12 期	徐 贲	元批评 元历史——詹姆森的马克思主义释义学
1988 年第 4 期	伍晓明	文学批评与意识形态——伊格尔顿的马克思主义文学批评观
1988 年第 8 期	张旭东	寓言批评——本雅明"辩证"批评理论的主题与形式
1988 年第 12 期	杨小滨	T.W.阿多尔诺:最低限度的和谐
1990 年第 2 期	张 鹏	文学形式与现实的关系——卢卡奇、费歇尔、戈德曼比较
1990 年第 5 期	李衍柱	卢卡奇的典型观与布莱希特的诘难
1990 年第 9 期	程代熙	卢卡奇和布莱希特的现实主义——在歌德学院北京分院和《外国文学评论》联合召开的一次学术会议上的发言
1990 年第 9 期	扬·克诺普夫	"问题的实质是现实主义!"——关于布莱希特和卢卡奇的论战
1990 年第 12 期	龚政文	意识形态与艺术理论——对"西方马克思主义"的一种考察
1991 年第 2 期	黄世瑜、陈引驰	论西方马克思主义文论的演变及理论特征
1991 年第 5 期	黄世瑜、陈引驰	现实主义的现代反思——对西方马克思主义观点的评价
1992 年第 10 期	徐汝霖	马尔库塞的革命艺术理论评述
1993 年第 6 期	黄力之	卢卡奇文艺思想的属性判断问题
1994 年第 2 期	马 良	"艺术就是政治实践"——马尔库塞的艺术政治理论述评
1994 年第 2 期	关晓松	论马尔库塞关于艺术本质的理解
1994 年第 5 期	陶水平	从激进变革走向消极怀旧——本杰明艺术思想简论
1994 年第 5 期	边平恕	本雅明论现代艺术和艺术家在文化市场中的地位
1994 年第 9 期	王 雄	试论皮埃尔·马谢雷的"文学生产理论"

续表

人大复印资料（文艺理论）		
日期	作者	篇名
1994 年第 12 期	托尼·贝内特	科学、文学与意识形态——路易·阿尔都塞的文学理论
1995 年第 4 期	徐 贲	意识形态和"症状阅读"——阿尔图塞和马库雷的文学意识形态批评
1995 年第 11 期	曾永成	美学化政治乌托邦的幻灭与启示——评西方马克思主义的文艺政治
1995 年第 11 期	陶水平	关于"文化工业"与现代主义的思考——阿多尔诺艺术理论二题
1997 年第 2 期	王 杰	阿尔都塞学派文学批评的视野及其局限
1997 年第 3 期	杰姆逊、张旭东	"政治"、"美学"与马克思主义的创造性
1998 年第 4 期	王逢振	詹姆逊近年来的学术思想
1998 年第 8 期	马 驰	论葛兰西的实践理论及其文艺观
1998 年第 10 期	曹卫东	交往理性与诗学话语——论哈贝马斯的文学概念
1998 年第 12 期	伊格尔顿	后现代主义的矛盾
1999 年第 3 期	冯宪光	"西马"文论与中国当代文论建设
2000 年第 12 期	刘秀兰	卢卡奇论审美效果的丧失与发挥

　　这些看似丰富的成果，如果放在二十年近乎每年十二期的期刊容量里，所占比重实则微不足道。如果这份表格体现得不够明显的话，那么我们以单独的学术期刊作为单位再来看，其所占的比重便可见端倪了，以三大刊物为例：

表 17-2　《文学评论》1986 年至 1999 年刊发西方马克思主义研究文章

《文学评论》		
日期	作者	篇名
1986 年第 5 期	袁志英	当代西方文学社会学流派评介
1987 年第 1 期	伍晓明、孟 悦	历史——文本——解释——杰姆逊的文艺理论
1988 年第 2 期	伍晓明	文学批评与意识形态——伊格尔顿的马克思主义文学批评观
1988 年第 4 期	张旭东	寓言批评——本雅明"辩证"批评理论的主题与形式
1988 年第 6 期	杨小滨	T.W.阿多尔诺:最低限度的和谐
1990 年第 2 期	吴 康	论西方马克思主义的文学总体批评模式
1990 年第 5 期	张来民	文学艺术与意识形态——阿尔都塞的马克思主义文学理论
1991 年第 3 期	陈引驰	结构与演化——戈尔德曼的生成结构主义小说社会学

续表

《文学评论》		
日期	作者	篇名
1993 年第 6 期	张来民	文学文本,意识形态和历史现实——皮埃尔·麦舍雷的文学生产理论
1995 年第 1 期	徐　贲	意识形态和"症状阅读"——阿尔图塞和马库雷的文学意识形态批评
1996 年第 2 期	王　雄	卢卡奇与形式美学
1998 年第 4 期	曹卫东	交往理性与诗学话语——论哈贝马斯的文学概念
1999 年第 1 期	冯宪光	"西马"文论与中国当代文论建设

表 17-3　《文艺理论研究》1987 年至 1998 年刊发西方马克思主义研究文章

《文艺理论研究》		
日期	作者	篇名
1987 年第 6 期	R.威廉斯	现实主义与当代小说
1988 年第 3 期	阿多尔诺	艺术与社会
1988 年第 4 期	恩·布洛赫	艺术的继承
1990 年第 6 期	黄世瑜、陈引驰	论西方马克思主义文论的演变及理论特征
1996 年第 6 期	杰姆逊、张旭东	"政治""美学"与马克思主义的创造性
1997 年第 4 期	本雅明	历史哲学论纲
1998 年第 1 期	伊格尔顿	意识形态导论·结语

表 17-4　《文艺研究》1981 年至 2000 年刊发西方马克思主义研究文章

《文艺研究》		
日期	作者	篇名
1981 年第 1 期	程代熙	卢卡奇的现实主义文论——读书札记
1985 年第 1 期	范大灿	文学是历史的一部分——对卢卡奇文学史观的评述
1986 年第 3 期	詹明信(杰姆逊)	现实主义、现代主义、后现代主义
1987 年第 6 期	徐　贲	元批评　元历史——詹姆森的马克思主义释义学
1990 年第 2 期	王　杰	马克思主义对现代西方美学思潮的影响——兼谈现代美学体系的基本要求
1990 年第 6 期	龚政文	意识形态与艺术理论——对"西方马克思主义"的一种考察
1991 年第 5 期	王岳川	后现代文化策略与审美逻辑
1994 年第 1 期	黄力之	卢卡奇对象化理论的美学人道主义阐释
2000 年第 4 期	许　明	回应当下性——关于当代中国的马克思主义文论
2000 年第 4 期	王　杰	审美现代性:马克思主义的提问方式与当代文学实践

虽无法以偏概全，但对西方马克思主义文论进行介绍或研究的成果在单本刊物中甚至连一年一篇的平均数都难以达到，其受重视程度也能可见一斑了。更何况抛开其中的译文部分，这些成果还将进一步缩减。与此相应，西方马克思主义理论也很少能够作为资源出现在国内学者的文论分析文章中，它们并不是此时文论家们热衷的引文重点。此时文论界更偏爱于讨论人道主义、审美、精神、作家心理等话题，西方马克思主义在其中显得格格不入。在 1994 年胡经之、王岳川撰写的《文艺学美学方法论》（北京大学出版社）当中，文学社会学中占主导地位的仍是泰纳（丹纳）的三要素说，西方马克思主义理论家中只有卢卡奇的名字出现了寥寥数次。这个例子只是当时西方马克思主义理论家境遇的一个缩影。

第二，西方马克思主义理论在外国文论的译介丛书中所占据的地位并不突出。1980 年到 2000 年经历了"方法论热"的整个过程，除了译介的丛书外，学术期刊中的译介专栏也处于火爆状态：《文学评论》设有"外国文艺理论译丛"，《文艺理论研究》也有"外国文艺理论评介"，这些都为外国文论进入国内提供了窗口，但在这些栏目中，西方马克思主义理论出现的频率并不算高。《西方马克思主义美学文选》的出版是西方马克思主义研究的盛事，但它是"外国文学研究资料丛书"中的一本，全套丛书共有六十八本。"国外马克思主义和社会主义研究丛书"的出版的确是里程碑式的事件，但在 20 世纪八九十年代，其影响力与"现代西方学术文库""现代外国文艺理论译丛"等热门丛书相比还是有明显差距的。

因此，只能说八九十年代是西方马克思主义理论的引进期，但吸收并不能保证是与引进同时进行的，前者与国内的理论需求密切相关。结合国内的理论发展语境细究，西方马克思主义文论未受重视的原因，大致有两点：

一是在文学研究范式的转型中，被简单化的马克思主义文论受到了质疑，西方马克思主义为其所累。上文说到了此时文学研究范式的转变，审美范式借助于"人学"为文学寻找更有效的体系建构，这会涉及对原有体制的改写：这个思潮一方面表现在对马克思主义文学理论当中的核心概念进行重新阐释，比如典型、意识形态等；另一方面也致力于对新方法的探寻，为文学勾勒出新的研究体系。相比于论文，以体系方式呈现的教材更能表现出这些变化：文学研究中呈现的热门方法论，比如新批评、叙事学、精神分析等，它们改写了文学理论体系的写作方式，其表现为新时期教材中文学文本的部分越扩充越多。原有的马克思主义体系并没有被直接抛弃，而是通过新体系的建立重新找到其位置。在新的建构工作中，两套外国文论体系成了热门参考：第一个是 1984 年引入的韦勒克、沃伦的《文学理论》教材中的内外之分。这是一部以新批评方法为核心构建起文学体系的欧美教材，它将原有社会层面的内容放在了外部，内部则留给以"审美"为名的语文学。第二个是美国学者 M.艾布拉姆斯的文学结构。艾布拉姆斯将文学体系视为作家、作品、世界、读者四个要素的构成。这两个体系之所以受欢迎，是因为它们能够为国内如何中和新的研究体系与马克思主义文论的问题找到有效的应对方式，它们也为新文论体系提供了更加具有包容力的建构方法。只是在新的体系中，马克思主义文论无论被安置于外部研究，还是四要素中的"世界"部分，都只是作为补充部分而已，失去了以往的主导地位。一直以来，我们都能从刘安海、孙文宪的《文学理论》（1999 年）、王一川的《文学理论》（2003 年）、南帆等的《文学理论基础》（2008 年）中找到韦勒克与艾布拉姆斯体系的影子。可以说，当代中国文学理论的构建，往往是韦勒克、艾布拉姆斯与马克思主义的体系交织而成的，区别就在于二者的此消彼长。

　　新时期的文论转向新体系的建构有现实需要的因素，过度重视阶级斗争的社会批评模式让研究者感到厌倦，这已经成了不言自明的事实。文学范式的转型是人道主义讨论后的产物，其远离政治的意图更大于理论拓新，前者本身就被看作某种新的起点。陈晓明在 20 世纪 80 年代末就有这样的说法："二十世纪的文学走出深度之后，也不会一劳永逸地在'平面'上游戏，'平面'只不过是饱受磨难的文学（艺术）暂时的栖息地，当世纪末的悲哀再度袭来时，我们也不要指望文学会在这块'平面'上表演什么惊人的技艺。历史何去何从非杞人所能忧虑，一种理论和学说引导时代的思想潮流，既是偶然的，也是为诸多的力量制约的。在告别二十世纪的时候，这块'平面'会成为一块新的大陆吗？我们耐心等待吧，现在则要在这块'平面'上祈祷。"[1]这里对"深度"和"平面"的所指不言而喻，面对原有的马克思主义文论被简单政治化所留下的困境，即便是远离所留下的"平面"也是有价值的。所以说在

---

① 陈晓明：《拆除深度模式——二十世纪创作与理论的嬗变流向》，《文艺研究》，1989 年第 2 期。

这种文学转型的背景下,受累于被简单化的马克思主义文论思潮,本就带有鲜明社会批判痕迹的西方马克思主义文论受到冷遇并非难以理解。

二是即便在马克思主义文论的框架中,西方马克思主义的资源还要遭受排挤。其核心原因在于,马克思主义理论对文学的定位问题:在传统马克思主义理论中,生产力发展取决于经济基础与上层建筑之间的关系,文学属于上层建筑中意识形态的一部分。文学批评核心是唯物史观,其目的在于通过批判将上层建筑和经济基础的步调协调一致,从而促使群体的行动落实到推进生产力通往社会主义制度发展的有效实践当中去。文学批评中的观念是带有政治支撑的,其落实的途径也会更加直接。西方马克思主义的问题在于,囿于政治制度不同,他们的文学批判往往缺乏类似的政治支撑而更多停留于文化层面,这种原罪就导致了它们难以进入国内马克思主义者的法眼。黄世瑜、陈引驰两人分析了西方马克思主义的文论,但他们的评价同样是:

> 综合西方马克思主义文论在发展过程中,学术化趋向的负面阴影,即技术化地抛弃了马克思主义固有的实践性、革命性,成为资产阶级学术的组成部分;不恰当地看待艺术功能、孤立片面地看待美学性,而沦为浪漫化的乌托邦化的观念。前者是从外在的局势渗入到理论学说的性质,后者是由内在的理论取向映现了贯串各层面的基本困境,它们都反映着理论和实践脱离的可能与危害。这是深深根植于西方马克思主义思潮历史遭际和理论生涯深处的隐痛,就像我们在前面对其一般理论的分析中看到的那样。[①]

这也是新时期以来关于马克思主义学界"西方马克思主义非马"讨论的延伸,东西方之间不同的政治制度与实践方式造就了彼此不同的理解方式。这种隔阂使得这一时期无论在文学界还是哲学界,在吸纳西方马克思主义资源进入马克思主义理论的过程中都存在着较大的争议。

---

① 黄世瑜、陈引驰:《论西方马克思主义文论的演变及理论特征》,《文艺理论研究》,1990 年第 6 期。

　　结合以上两点原因，此时西方马克思主义理论的尴尬处境就可见一斑了：在文学研究范式的转型中，由于新的文论范式的形成，西方马克思主义理论累于被简单化的马克思主义文论的影响而未受重视；而在传统的马克思主义文论中，西方马克思主义又因"西方马克思主义非马"的问题陷入争议。这种在夹缝之中生存的处境就造成了西方马克思主义资源和其他西方理论资源一同被引进，却未获得重点关注；其相关的译文和研究一直都有，却未获得反响的直接原因所在。

　　接下来的问题是，在这些被引入国内却又未受到重视的西方马克思主义资源中，文论界所关注的理论家与话题有哪些？它们为此时的文论建构贡献了哪些特殊的资源？它们又为第二时段西方马克思主义理论的兴盛提供了哪些动因？通过上文表格可见，这一时段文论界所关注的理论家与徐崇温在 1982 年出版的《西方马克思主义》教材中关注的并不一致，早期代表人物除了卢卡奇之外，葛兰西与柯尔施在文论界均未获得太多重视；法兰克福学派因涉及美学和文化研究而成了相对的热门；英国文化马克思主义的理论家们虽未被命名，但也进入了文论界的视野当中——这是徐崇温的教材中所未曾重视的。新时期以来对文论问题的讨论形成了西方马克思主义文论发展的不同的接受面向：一方面，时代所讨论的文学问题会选择西方马克思主义范畴内的理论家，甚至截取同一理论家的不同理论面向；另一方面，西方马克思主义文论也影响了我们对文学和美学范畴的理解，转换了文学介入现实的方式。对理论家的选择与时代的理论探讨相关，本节将以三个关键话题为核心来阐述其中的纠葛：

（一）现实主义

　　对现实主义的解读涉及的是对马克思主义文论的转换问题。在传统的马克思主义文论当中，对"现实主义"概念的判断隐含在对唯物史观的认识范围内，其落脚点在于对社会主义现实主义话题的商讨。以群对这个概念特点的描述有三点："在现实革命的发展中真实地、历史具体地反映现实""不能也不应回避表现生活前进的方向——生活的理想""艺术描写的真实性和历史具体性必须与用社会主义精神从思想上改造劳动人民的任务结合起来"。①这些可以看作现实主义文论的基本范式,它背靠社会主义的发展体制而产生意义。当它被简单地和阶级斗争的方式结合在一起时就出现了问题,政治的激进也影响了文论的合理性。

文论界对卢卡奇理论的解读就是在新时期文论范式转型的脉络中进行的。卢卡奇的理论中有很多关于现实主义的论述,刚好能切入话题之中,这也是他出现在这场讨论中的重要原因。对卢卡奇现实主义理论的解读在 20世纪 80 年代初有过争论:程代熙的《卢卡奇的现实主义文论——读书札记》中,认为卢卡奇的现实主义是和人道主义相结合的,理由在于他将卢卡奇的整体性理论理解为"整体的人",而不是"经济基础与上层建筑的整体性",现实主义文学因此就成了表现"人的整体生存"的文学。而在范大灿的作品中,唯物史观仍然是贯穿于卢卡奇现实主义理论的核心标准,其背后的区分源自:"……卢卡奇把民主和现实主义看作是一切伟大文学的共同标志。从这里出发,他断定在文学发展中既有现实主义与非现实主义的分野,也有民主与反民主的对立。而且因为这两者总是统一的,也可以概括成为进步与反动的斗争。因此,划定进步与反动的界限,就成了卢卡奇研究文学发展过程所遵循的一项重要原则。"②在两种对卢卡奇现实主义的阐释中,我们可以看到唯物史观和人道主义两种文学建构范式的图示,它们影响了学者对卢卡奇理论的接受和判断。

到了 20 世纪 90 年代初文艺界的先锋派研究蔚然成风的时刻,现实主义的对立面从浪漫主义转向了现代主义。这一时段出现的几篇卢卡奇研究论文,包括张鹏、程代熙、克诺普夫,以及稍后的黄力之,他们都更偏向于从与布莱希特的争论中关注卢卡奇的现实主义理论,并尝试着用布莱希特的现代主义理论来批判或者吸收卢卡奇的现实主义。这源自失去了唯物史观的支撑后,现实主义的有效性在国内大打折扣,文论也逐渐从以社会为核心的"反映论"走向以作者为核心的"表现论",现代主义借此成了更有说服力的表达形式。此时学者对卢卡奇现实主义问题的阐释,无论是批判还是转化,所做的工作都是将这种手法从唯物史观的脉络转化到"如何理解现实"

---

① 以群主编:《文学的基本原理》(修订版),上海文艺出版社,1980 年,第 272~277 页。

② 范大灿:《文学是历史的一部分——对卢卡奇文学史观的评述》,《文艺研究》,1985 年第 1 期。

的问题上来。如张鹏的篇中所讲:"从卢卡奇、费歇尔、戈德曼乃至布洛赫对文学形式和现实关系的论述中,我们得到的启示是:任何具有生命力的文学的产生、发展都与其赖以产生的现实有关。它越与现实的变化发展相契合,生命力就越强;反之,就会最终被淘汰。同时,对待任何新的形式都不该以旧的标准或某一个尺度去衡量,而必须以产生它的社会现实为基本参照系。"①这种转化既可以看作为现实主义扩容,也可以看作为现代主义正名。在新的问题中,现实主义和现代主义变成了"面向现实"基础上的孪生概念,这种在卢卡奇研究中转变参照系以后的"现实主义"概念慢慢改写了文论教材中原有的相关定义。当"现实主义"新的概念被确立之后,对卢卡奇的文论研究也随之降温了。

(二)意识形态

对意识形态问题的讨论同样是在新时期文论转型的脉络里进行的,其批判对象也是被简单化马克思主义文论。在以往的文论界,意识形态更多是作为认知范畴而非理论话题出现的,这个概念在蔡仪的《文学理论》教材中出现的频率寥寥无几,这源自在文学研究中它有着相对稳固的理解范式:在马克思体系中,意识形态被定位于上层建筑的一部分并对应于经济基础。理论家们借助这个概念批评一些文学作品,理由在于它们没有立足于经济基础之上从而成了一种虚假的意识。一直到毛星在 1986 年第 5 期发表在《文学评论》中的《意识形态》一文,这种理解都未曾变化——他重视的是意识形态的物质性基础,认为意识形态虽在头脑中形成却是社会存在的一部分,但后者决定其物质性。

这一时期从伊格尔顿、阿尔都塞等人的理论中引入的"意识形态"概念,对文论界的影响大致可归纳为三点:首先,这些理论对"意识形态"概念的解读从历史感转向了现实性。虽然意识形态背后的唯物史观被保留,但伊格尔顿等人对这个概念的剖析更加侧重的是现实探索的层面。面对其所生存的

---

①　张鹏:《文学形式与现实的关系——卢卡奇、费歇尔、戈德曼比较》,《人大复印资料》(文艺理论),1990 年第 2 期。

资本世界,精神与物质此时都成了"意识形态"概念的呈现方式;其次,在于西方马克思主义理论家们突出了意识形态欺骗的内容。在他们的理论中,这个概念的性质是贬义而非中性,资本批判是他们分析意识形态问题的核心内容;最后,西方马克思主义理论家们突出了艺术的价值。与传统马克思主义文论不同的是,这里艺术的价值不仅在于表现生活,还在于认识生活,其基于批判而生的未来探索的一面被无限强调。当然,基于意识形态理论的这些转换不是西方马克思主义一家独创的,此时整个文论界对文学功能论的构造都是立足于探索性的基础上,其区别只是在于,是探索人性,还是探索社会。西方马克思主义为社会探索的层面提供了推力,而且在后来探索人性的道路连遇困境的情况下,社会探索的角色变得越来越重。

与影响相应,西方马克思主义对于意识形态问题讨论的价值也可以用三点来概括。首先,它松动了理论界认识意识形态问题的方式。在龚政文1990年的文章中,关于意识形态问题的表述就变成这样:"意识形态理论是历史唯物主义理论的一部分。与马克思主义的其他理论一样,它也留下了尚未开垦的领域和有待解决的问题。它本是一种指导性的研究方法,作为一种批评模式,在创始人那里则只具有一种简略的形式。"①这种对"简略形式"的重视也方便于将意识形态话题从知识范畴转向理论话题,也间接促进了后来思想界更大范围的意识形态讨论热潮。意识形态也高过了传统的马克思主义文论体系,成了一个独立的话题。其次,对艺术的现实探索性的重视也拔高了文学在马克思主义体系中的位置,激发了对其能动性的重视。在童庆炳的《文学理论教程》(1992年第一版)中,文学的定义就成了"审美意识形态",它所强调的文学审美的"特殊性"问题蕴含的就是在认识论层面对文学能动性的强调。不能说这类转变是西方马克思主义文论之功,但西方马克思主义的理论也确实与这种转变趋于一致。最后,由意识形态批判所形成的对认识论的强调,也使得大量西方马克思主义的文学研究方法进入文论界。徐贲在1995年讨论阿尔都塞的文章中引入了"症状阅读"的理论,强调"让沉默的部分说话"继而"获得关于意识形态的知识",即是一个例证。再到后来,杰姆逊

---

① 龚政文:《意识形态与艺术理论——对"西方马克思主义"的一种考察》,《人大复印资料》(文艺理论),1990年第12期。

的形式批评、哈贝马斯的交往诗学理论都进入学界,这都为西方马克思主义后来在文论界的兴盛奠定了基础。

21 世纪以来,意识形态变成了热门话题,这时其欺骗的一面已经被无限放大,不仅成了西方马克思主义的理论核心,甚至改写了马克思主义体系内的中性词义。我们可以在马驰在新世纪之后的论述中清楚地看到这一点:"西方马克思主义把意识形态看作是发达工业社会批判的核心,这一方面反映了他们对马克思主义批判理论的继承,把意识形态理解为虚假意识和异化意识,反复强调意识形态的要害在于替现状辩护,在于与现存分裂的和异化的世界认同;一方面也反映了他们对晚期资本主义社会当下问题的关注,特别是看到了在当代历史条件下意识形态的消极功能,揭示了现代技术世界中意识形态通过现代技术手段操纵人、压抑人、遏制社会解放的消极作用,所以他们把对于意识形态的批判看作是社会变革的先决条件。"①这个看法非马驰一人独有,甚至成为当下马克思主义研究的常见现象。其转换的原因在于,21 世纪的语境已和 20 世纪 80 年代有很大不同,国内的市场化改革业已深入、国内研究者遭遇到了很多与西方马克思主义学者类似的社会困境;再加上马克思主义中唯物史观在文论界的逐渐退潮,对文学现实探索的作用强调到新的高度,这都使得文学理论的问题域出现了巨大位移。由意识形态讨论带出的问题,激发了学者对大众文化批判、文化研究等领域的关注,西方马克思主义理论在文论界也进入了兴盛期。

(三)审美

审美是 20 世纪 80 年代以来文论研究的核心话题,但西方马克思主义作为资源进入这个话题当中,则与对现代主义的讨论相连。国内文论界很早就出现了对现代主义的介绍:在伍蠡甫 1981 年发表的论文《现代西方文论漫谈》和袁可嘉 1988 年主编的《现代主义文学研究》中,现代主义都是从文学创作或研究的标准上定义的,其内容包括意识流、荒诞派、新批评等创作或研究的方法。②现代主义写作手法强调的是艺术的反叛,强调独特性,其反

---

① 马驰:《意识形态批判及其对我国文论建设的启迪》,《人大复印资料》(文艺理论),2005 年第 4 期。

② 参见伍蠡甫:《现代西方文论漫谈》,《文艺研究》,1981 年第 6 期。

叛对象包括传统表达手法与现实问题两个层面的内容——它伴随着文艺界的"85 新潮"一起,成了推进这一时段文论转折的重要力量。因为对这种反叛性核心的分享,也使得西方马克思主义中部分文论与现代主义掺杂在一起,借助现代主义研究的通道共同进入文论界的视野当中。杰姆逊于 1984 年在北京大学的演讲为文论界带入了后现代理论,后者在 20 世纪 90 年代的传播中借助反叛性迅速吸纳了现代主义的部分内容。陈晓明在 1994 年的文章论及后现代的研究对象时说:"早期的后现代研究偏向于先锋派的实验,晚期的研究则更多转向大众文化。据说当今的后现代大师,如杰姆逊、哈贝马斯、列奥塔德、纽曼等人尤为关注大众文化。"①前一个对象可以看作后现代理论对之前现代主义研究对象的吸收;从第二个对象也可以看出,一些西方马克思主义理论家也混杂在这个理论范畴中进入了理论家的视野。他们带来了新的研究领域,90 年代的社会变化也让国内文论界对他们所研究的新领域切实可感,这些西方马克思主义理论家的出现,也标志着反叛性的对象更多从文学手法挪向了社会现实。对现代主义与后现代主义的研究也逐渐从文学手法层面挪向了这些手法所诞生的社会现象。

西方马克思主义文论作为资源进入审美的话题之中,促进了对现代主义问题研究的深入,也为审美问题从内部拓展了面向:审美问题的提出本身就带有超越性,只是在不同时期所试图超越的对象有所不同。80 年代的审美理论是基于人道主义之上的,它所要超越的是被简单为阶级论的马克思主义唯物史观。这种审美理论也在一段时间内影响了国内学界对西方马克思主义理论家审美问题的理解。徐汝霖在 1992 年的文章《马尔库塞的革命艺术理论述评》中,对马尔库塞的艺术(审美)革命论就有如此判断:"他认为,革命艺术的社会功能并不是为阶级斗争服务而是为快乐原则服务,实现个人的自由和幸福。"②这个观点明显是新时期审美话题中关于个体性讨论的一个翻版,卢卡奇被纳入这个话题里面。无独有偶,在胡经之 1989 年主编的《西方文艺理论名著教程》中出现的对卢卡奇、阿多尔诺、马尔库塞、本雅明的介绍,也都无一例外都是偏向于艺术、叙事、美学与感性的主题,基于这些

---

① 陈晓明:《后现代:精英与大众的混战》,载罗岗、倪文尖编:《90 年代思想文选》(第一卷),广西人民出版社,2000 年,第 178~179 页。

② 徐汝霖:《马尔库塞的革命艺术理论评述》,《人大复印资料》(文艺理论),1992 年第 10 期。

超越性的理论很容易会被人道主义审美理论所汲取——这些与前文陈晓明所讲的艺术"平面"相连,从而忽视了西方马克思主义理论家对资本秩序、社会结构的批判。

　　当对现代(后现代)主义的讨论在理论界站稳脚跟之后,西方马克思主义的资源就为审美提供了有别于政治批判的社会批判因素。西方马克思主义审美理论的兴盛一方面是时代的需求,另一方面也是带有反叛性资源,补充了人道主义审美理论因警惕政治而脱离社会现实的缺陷。对于人道主义建构的审美话题,西方马克思主义理论既是否定也是补充,毕竟审美的人无法离开社会生存的人而存在,后者不能因为对政治的否定而被轻易放弃。《西方文艺理论名著教程》中西方马克思主义部分的撰写者张旭东、刘小枫、王才勇等人,也都在后来的同类研究中超越了人道主义的审美范式。西方马克思主义所提倡的基于社会批判的审美理论借此成了新的生长点。作为杰姆逊大众文化的理论资源,法兰克福学派的美学理论也逐渐为文论界所重视。黄世瑜、陈引驰对此的论述是:"对于法兰克福学派的美学理论来说,针对'异化'困境,美和艺术是一种救赎,'异化'对其艺术思路来说更是一种规范性的理论概念,标志了美和艺术在当今世界中存在的意义和功能。"[1]这里所说的"异化"的社会现实从政治扩大到了生活的更大层面,对我们的日常生活进行操控的不仅有政治,还有经济等一系列因素,它落实在我们思维与行动的各个方面。在这里,审美与启蒙相结合,它们共同对抗作为欺骗的社会意识形态,带有反叛性的现代/后现代主义艺术成了其武器。借助这个审美理念,一些研究者更新了艺术功能论的说法,诸如陶水平所阐释的:"在商品交换关系和技术工具理性占统治地位的现代社会,艺术不被整合到一体化的社会中,蜕化为他律的存在,将是十分困难的。为了保住自己作为自律存在的生存权利,艺术与现代社会仿佛进行一场生死斗争,它把自己变成非艺术和反艺术,以表示对社会的批判和抗议。"[2]在这里,审美与艺术更加直接地与社会批判再次结合了。这也为审美打开了社会超越的维度,方便与政治

---

　　① 黄世瑜、陈引驰:《论西方马克思主义文论的演变及理论特征》,《文艺理论研究》,1990 年第
6 期。

　　② 陶水平:《关于"文化工业"与现代主义的思考——阿多诺艺术理论二题》,《人大复印资料》
(文艺理论),1995 年第 11 期。

问题重新地连接起来。后来马良、关晓松的研究尝试的也都是类似工作,这是西方马克思主义文论中不同于其他文论构建的地方。

西方马克思主义的审美理论,尤其法兰克福学派的理论在国内兴起的意义,一方面在于接续了马克思主义文论的传统,如陈学明判断的那样:"但必须看到,'西方马克思主义'理论家对艺术功能与性质的论述是在马克思主义的旗号下进行的,具有强烈的马克思主义色彩。他们不是一般地强调艺术是创造性行为,而是突出艺术是在现实中活动,揭示现实的矛盾;不是一般地突出艺术对现实的批判性和超越性,而是直接把艺术与革命联系在一起。"①西方马克思主义借助于文化批判让研究进入现实批判的维度。在另一方面,它也为国内的文论研究打开新局面提供助力:它回应了在否定了简单化的马克思主义文论后,文学与世界的关系如何处理的问题。这种基于市场化新语境下的审美理论比之前人道主义的审美理论更有活力。而且在新的研究中,审美也与意识形态批判的话题相交融,共同为业界打开了通向大众文化批判和文化研究的道路。

二、第二时段:2001—2018 年

这个时段是西方马克思主义在文论界蓬勃发展,并成为文学研究方法论建构的热门资源的时期。本节需要重点讨论的问题是,西方马克思主义文论在这一时段为什么会兴起,它在哪些研究方法或问题意识层面发挥作用,并对文学理论的建构产生了怎样影响的问题。

陶东风在 1994 年的作品《文化批评向何处去》中说过:

　　笔者基本同意这样的分析。中国的文化研究在 90 年代的兴起的确具有本土化语境与西方理论影响两个方面的原因,但是其中本土现实的挑战是更为根本的。杰姆逊的《后现代主义与文化理论》在中国的接受史颇能说明这个问题。这本书在大陆初版于 1986 年(陕西师范大学出版社),可以说是西方文化研究成果在中国的第一次亮相。但是在当

---

① 陈学明:《评"西方马克思主义"的文艺、美学理论》,《马克思主义美学研究》,2005 年第 8 期。

时没有引起什么反响。人们对它的兴趣大约在 1992 年左右才突然剧增。个中的原因恐怕是：90 年代中国的文化现实发生了巨大的变化，尤其是市场化、世俗化以及大众文化的兴起使得人们感觉到了文化研究的理论魅力。而且十分明显，人们对于这本书的兴趣主要集中在它对后现代大众文化形态与文本特征的描述（比如平面化、机械复制等）。另外一个同样来自接受研究的证据是，霍克海默和阿多尔诺的《启蒙辩证法》中文本出版于 1990 年；但它同样也是到了 1993 年才开始被大量引用（尤其是其中"文化工业：欺骗大众的启蒙"部分）。这都表明中国学术界对于西方文化理论的接受选择是受自己的现实文化需要制约的。①

陶东风的这段话点出了文化研究在中国兴起的核心原因，那就是时代的变化。如果说文化研究在 1994 年的兴起在他眼中已是热门现象的话，那么这种研究在 2000 年后的发展则是更多人始料未及的：文化研究如今已成为热门的研究范式，成了有能力去左右文学理论建构的重要力量。90 年代以来中国发生的巨大变化，源于国家的政治重心走向了市场化的建构与改革，商品经济一日千里的发展让我们的生活方式发生了剧烈的转变，资本批判这个原本过时的话题一时间又重新变回热点。基于对审美救赎与意识形态批判这个话题的铺垫，学界对文化研究的理解基本都集中在西方马克思主义理论，法兰克福学派是早期非常重要的资源，从引文看，此时的陶东风也未出其右。

通过表 17-1 也可看到，20 世纪末在文学理论建构中已经出现了一些为西方马克思主义资源正名的文章，这和文化研究的兴起形成了呼应：冯宪光试图从 "艺术与美学的人道主义""现实主义与现代主义之争""艺术的人文精神的失落与拯救"与"大众文化的问题"四个问题域中，找到中国现实问题与西方马克思主义得以沟通的通道，也试图围绕着这四条通道将西方马克思主义的批判理论汲取到对文学理论的构建进程当中去。②许明则是试图从提问方式上来赋予西方马克思主义文论合理性："西方马克思主义文论无可

---

① 陶东风：《文化批评向何处去》，《天津社会科学》，2000 年第 4 期。
② 参见冯宪光：《"西方马克思主义"文论与中国当代文论建设》，《文学评论》，1999 年第 1 期。

非议的成就得益于它们面对晚期资本主义提出和回答问题。这一立场完全与马克思本人相同。历史条件发生了变化，提出的问题当然就不同。"①这些固然呼应了陶东风所讲的社会转变的前提，但更有意味的意义在于，他们都不再像黄世瑜、陈引驰那样用警惕的目光来审视西方马克思主义文论了，而是更多以认同姿态去对待这些资源。其态度的转变，大概有以下两种原因：

第一，以往"西方非马"的栅栏消失了。如上文所述，囿于制度不同，西方马克思主义并没有直接将理论转化成社会实践的政治中介，这形成了国内学界批判它们的"原罪"所在。到了新世纪以后，国内的制度没有变化，政治中介也没有消失，但理论研究者的位置变了：一方面，国家的发展重心转移到经济领域后，原本在文学界与知识分子保持互动的态势就会逐渐冷却；另一方面，鉴于政治创伤，文论界也主动疏离了政治领域。人道主义审美范式的形成让文学研究者从政治走向学术：这一方面使他们获得了更大程度的研究自由，但另一方面，在远离了政治中介以后，他们也需要借助于研究来探索能够达成新的转认识为实践的路径，对文化的强调此时变得无以复加，接受西方马克思主义理论的工作就在这一语境当中进行。同样的身份，同样面对资本问题，这些都容易使这一时段的西方马克思主义文论与中国的文论研究者，甚至更大范围的思想界激起共鸣。同样不得不承认的是，由于研究者身份的转变，传统的马克思主义文论体系也与他们的现实更加格格不入，后者再也构不成阻碍西方马克思主义理论兴盛的障碍，西方马克思主义兴盛的过程也是传统马克思主义理论在文学研究中逐渐淡化的过程，它在接续马克思主义文化批判传统的同时，也在逐渐与其政治经济学层面的实践传统相脱离。

第二，传统文论建构的方式遭遇更大的挑战。这些挑战固然有政治重心在转向经济领域后，高度依赖于政治反思的人道主义审美范式因遭遇失去批判对象而失却其自身合理性的因素，但更重要的也在于其所应对问题的改变：如果说人道主义审美范式所面临的现实主义和现代主义之争尚属文学表达形式的内部争论，那么此时它所面临的则是外部文学媒介的大幅度转化问题——这不是能否凭借转换认知视角就能轻易消化掉的。面对影视

---

① 许明：《回应当下性——关于当代中国的马克思主义文论》，《文艺研究》，2000 年第 4 期。

剧、网络小说等新文学形式的出现,面对文学开始面向影视和网络等媒介需要而写作的新局面,传统文学理论所提供的研究范式就会暴露出其不足,甚至在这些新现象的冲击下,基于旧的书籍传媒所形成的"文学"定义本身就变成了问题。因此,这一时期对文化研究、对西方马克思主义理论的引入,其任务不仅有对新的社会现象的解释,还有为已不合时宜的"文学"重新找到新的研究方式和存在根基的意图。越来越多的诸如鲍德里亚、雷蒙·威廉斯、斯图加特·霍尔等西方马克思主义理论家都是在这个二重任务的驱使下进入文论界的视野当中的。基于文化研究也形成了很多新的文学分析机制,它们与传统的文论建构已有较大差别,甚至有些还在文学本质、审美意义等问题上与传统文论形成了鲜明的分歧。

与时代的变化相应的是,首先在于"西方马克思主义"的内涵明显扩大。冯宪光在 2014 年论述其概念时如此说:"本文涉及的西方马克思主义文论是广义概念,不是限定于以卢卡奇、法兰克福学派为代表的狭义的'西方马克思主义文论',而是指 20 世纪 20 年代以来至今,在西方各个主要国家,特别是资本主义国家里产生的一种与苏联模式不同的马克思主义文论。"①从中我们可以看到作者对 80 年代所形成概念的内涵的扩容。这种扩容的根基在于判定西方马克思主义的标准从"坚持马克思主义"到"与苏联模式不同",这种转变在新世纪之后逐渐在研究界达成共识。由于这种共识的形成,列斐伏尔、鲍德里亚、大卫·哈维、阿甘本、布尔迪厄、朗西埃等理论家都伴随或大或小的争议被吸纳到西方马克思主义的阵营当中;其次在于西方马克思主义理论更多的译本被介绍到国内来。更多的需要激发了更大规模的译介,从90 年代末开始,西方马克思主义的书籍开始大规模地进入中国,在比较著名的理论丛书中多能见到西方马克思主义理论家的译本,比如"20 世纪欧美文论丛书"(陈燊主编)、"知识分子图书馆"丛书(王逢振、希利斯·米勒主编)、"拜德雅"丛书(蓝江主编)、"文化生活译丛"(陶东风主编)、"人文科学译丛"(汪民安、张云鹏主编)、"精神译丛"(徐晔、陈越主编)等,而且越新出版的丛书,西方马克思主义理论家在其中所占据的比重越大。即便"西方马克思主义"所涵盖的理论家巨幅增长,但其中容纳的各个流派与代表人物也都有了

---

① 冯宪光:《西方马克思主义文论建构的两种主要路径》,《文艺理论研究》,2014 年第 2 期。

中文译本，而且很多作品不止一个，比如本雅明的《历史哲学论纲》等。与此相应，西方马克思主义理论也大幅度地被编入教材当中，成了西方文论与文学批评课程的重要组成部分。在当下通行的朱立元版《当代西方文艺理论》、马克思主义理论研究和建设工程版的《西方文学理论》教材中，我们都能找到相关的章节。

面对这一时段西方马克思主义理论爆炸式增长的新局面，再用列表的形式作为分析的起点已不可能：首先，是因为这一时段关于西方马克思主义理论的研究成果激增，当下尤甚。对西方马克思主义理论家或理论问题的探讨常会占据学术杂志文论板块的大部分内容，每年也都会有大量西方马克思主义理论的研究著作出版，再以表格的方式来呈现成果无疑会占据大量的篇幅。其次，在于西方马克思主义范畴的扩大化会导致概念界限的模糊不清。它不像21世纪之前那样以卢卡奇、法兰克福学派为主，具有清晰的界限了。大量对后马克思主义、新马克思主义的讨论也与西方马克思主义的概念混在一起，造成了这个概念的边界越来越模糊，难以厘清。最后，因为表格的价值此时也有较大的局限了。不同于上一时段的相对孤立，此时的西方马克思主义文论已经全面且深入地参与到了对文学与文化问题的讨论，已无法单独地剖析出来了。文化研究的兴盛带动了对文学问题的诸多探讨，西方马克思主义的资源也更多地出现在了文学研究的参考书目当中，这些潜移默化的影响是表格所无法展示的。因此，对这一时段的西方马克思主义文论发展，本节将仍采用关键词切入分析，借关键词带出关键的问题或方法，旨在描述其中新的研究对象和研究范式的形成，也对蕴含在其中的方法论转变进行反思。

第一时段的三个关键词仍然被使用着，它们都依时代的需要而兴，曾扮演过西方马克思主义文论进入中国文论界的领路人角色，但基于新的时期问题域转变，它们也遭受了不同的命运：有些因为时代的再次转变而遇冷，也有一些随着更多西方马克思主义文论的方法进入理论界后，降格成了这些理论的子话题。

现实主义的概念在20世纪90年代开始就退出了文论研究的中心位置，传统的马克思主义文论退潮后，它更是被降格成了普通的创作手法，其价值也逐渐被现代主义所汲取。在文学理论的研究中，现实主义偶尔仍会有人在讨论,但它出现在西方马克思主义文论话题中的频率却是少之又少,只是在教材中涉及卢卡奇的部分才会被人提及;在科研论文中,或是在涉及卢卡奇文学研究的部分才带一笔,比如王银辉的《新时期学界对卢卡奇人民性理论的接受》[《河南大学学报》(社会科学版),2017 年第 1 期];或是借此作为问题的起点将话题引申到其他层面中去,比如杜彩的《"西方马克思主义"美学中的现实主义边界问题》(《马克思主义美学研究》,2010 年第 2 期),朱印海的《论西方马克思主义现实主义文艺理论及其批判精神》(《中国中外文艺理论研究》,2015 年)等。

　　意识形态批判的话题是西方马克思理论得以进入文论界的重要通道。21 世纪以来,西方马克思主义对这个理论的改写在学界已经被普遍接受。南帆在 2007 年对意识形态做的说明就是:"意识形态可能是一批观念,一些图像,一些价值判断。意识形态拥有强大的覆盖范围,因而是人们想象生活的基本依据,甚至成为一些不言而喻的前提。意识形态不仅负责断定社会、历史、国家、正义、善与恶等等大是大非的观念,而且同时深入到人们饮食起居的日常生活。"①其概念背后的理论资源就从马克思转向了阿尔都塞。在传统的马克思主义文论退潮后,不同的文化研究范式就对这个概念不断进行着改写:在德国的法兰克福学派兴盛的时间里,意识形态从中性词变成了贬义词,它意指资本主义文化工厂所产出的流行文化对大众形成的欺骗效果。后来文化研究的资源重心从法兰克福学派转向了英国的伯明翰学派之后,意识形态的词义又从贬义重新变回了中性,它回到了原初的认知范式含义,用来分析大众文化现象当中那些错综复杂的关系样态。意识形态问题变得与社会权力相连,其中文学问题也变成了某种社会权力的运作问题,二者都成了文化研究中权力话题的组成部分。

　　西方马克思主义文论通过审美话题将文论构建的方向从远离政治挪向了社会批判,在一个更大的现实生活的空间被打开以后,法兰克福学派审美拯救理论的问题也随即暴露了出来:他们过于笼统地将大众文化拒斥为意识形态,使之审美拯救的道路受到质疑。随着伯明翰学派研究的兴盛,审美也被理解为权力相互角逐的场域,其拯救也不再自然而然。但另一方面,艺

---

① 南帆:《文学:构成与定位》,《文艺理论研究》,2007 年第 5 期。

术理论的兴起,也让法兰克福的审美拯救理论部分得到了传承。艺术理论有着比文学研究更宽阔的视野,它不仅能够将跨学科的研究构想进一步落实,也能将其他媒介的研究成果吸纳到视野之中,借此也涵盖了传统的文学研究。综上分析,接下来笔者将从大众文化、文化研究、艺术理论三个关键词出发,来梳理这一时期文论界对新问题、新方法和新趋势的思考。

(一)大众文化

"大众文化"概念背后是文论界对新现象的思考:这个词出现在 21 世纪之交,是带有洪水猛兽色彩的,其含义多在法兰克福学派文化工业批判的层面之上,背后蕴含的是一显一潜两个忧虑对象。

首先,显的是对现实问题的忧虑:商业娱乐化的趋势迅猛升温,享受当下的商业话语也逐渐将严肃讨论未来的学术话语边缘化。面对这种新现象,法兰克福学派的资本批判,尤其是霍克海默、阿多尔诺的研究更能激起此时期文学界的共鸣。霍克海默和阿多尔诺在《启蒙辩证法》中说过:"电影、广播和杂志制造了一个系统。不仅各个部分之间能够取得一致,各个部分在整体上也能够取得一致。"①这种被文化工业"包围"的忧虑在中国文论界感同身受,它与 90 年代文学界兴起的"人文精神"大讨论相重叠,在这些学者眼里,张艺谋、王朔等人代表的商业文化兴起背后蕴含的是以往文学当中人文关怀维度的失落。一直到童庆炳 2001 年在《文艺理论研究》杂志组织的笔谈中,大众文化与人文精神还是相对立的。

其次,潜在的对象则是对"大众化"政治话语的警惕。这个思路承接了人道主义审美范式的政治反思维度,鉴于大众化政策所造成的社会创伤,商业文化中兴起的粉丝狂潮很容易会让学者产生类似对"左"倾政治中狂热大众现象的恐惧。赵勇曾于 2003 年写过一篇大众文化与法西斯文化的对比,就是对这种忧虑的表达:

---

① ［德］马克斯·霍克海默、西奥多·阿道尔诺:《启蒙辩证法:哲学断片》,渠敬东、曹卫东译,上海世纪出版集团,2006 年,第 107 页。(注:由于译法不同,阿道尔诺即阿多尔诺。)

　　把电子媒介所制造的大众文化与法西斯主义通过电子媒介所进行的宣传作一比照,我们马上会发现这两者在结构上的相似之处:后者是通过催眠、自居等心理学方法让非理性话语与群众的无意识心灵形成共鸣;前者则是借助于隐藏的信息让统治意识形态在大众的无意识层面落地生根。两者表面上差之千里,其实却极为神似。于是,在阿多尔诺的理论建构中,法西斯主义宣传与大众文化生产就在这里胜利会师了。①

　　这里对"大众文化"的批判是与人道主义当中理性化个体的构想掺杂在一起的,其研究也和对意识形态问题的批判结合在了一起,成为互为表里的存在。对这两种对象的忧虑,都源自思想界对现代性进程的忧思:无论以启蒙、人道主义还是革命,所有的范式都是面向时代困境以严肃地讨论共同体未来的问题,都在面向未来塑造适合共同体的主体样态。但在当下的学者看来,90年代以来的大众文化严重阻碍了这些讨论的推进,对现实的重视取代了未来,对消费性狂欢的热衷取代了对严肃未来问题的讨论,承担共同体思维的研究者在现实中却成了边缘人,其宣讲遭受了无人喝彩的冷遇。

　　人文精神在现实的急速降温倒是外患,"大众文化"现象对新时期以来理论界的思维范式造成的冲击则是更加急迫的内忧。旧思维的瓦解往往来自对新事物的应对,但这个过程并非全部都往好的方向疾驰:大众文化研究的思想冲击,表面上的表现是它颠覆了当下审美认知的理论基础。大众文化的商业作品瓦解了康德美学的"无功利"内核,如傅守祥所判断的:"总之,大众文化以其商业性和娱乐性消解了'审美非功利性'的诉求,文化工业利用其'有目的的无目的性'驱逐了康德美学的'无目的的合目的性'。"②这将给新时期以来对美学范式的建构带来危机。但更深层次的影响在于,它瓦解了以往研究审美问题时的隐含前提,即对无功利背后普遍性的强调。无论是基于唯物史观的马克思主义理论,还是人道主义的审美体系,理论界谈及文学或文化问题时都有共同的维度在,它成了为文学与审美设置定义时追求普遍性的理论前提。

---

　　① 赵勇:《法西斯主义与大众文化——论阿多尔诺大众文化观中的一个主题》,《文艺理论研究》,2003年第5期。

　　② 傅守祥:《审美化生活的隐忧与媒介化社会的陷阱》,《文艺理论研究》,2007年第2期。

而在 21 世纪,研究界对大众文化的理解很长时间内都与文化工业相重叠,肖薇、邓静在 2007 年对《文化工业》词条的阐释中说:

> 在阿多尔诺和霍克海默那里,"文化工业"实际上包含两个层次的意思:一是指凭借现代科学技术手段,以标准化、规模化、机械复制等工业化方式生产出来的与高雅文化相对立的,以电影、电视、广播、报纸杂志等大众传媒为传播媒介的具有商品性、消费性特征的文化形态或曰文化产品,这是文化工业的静态含义。从动态的角度讲,文化工业是整个文化产品的生产和消费系统,而且在生产和消费的背后一直隐藏着一种强大的资产阶级意识形态力量,凭借这种力量,大众的自觉意识被束缚了,主体性被控制和操纵了,也是在这个意义上,文化工业实现了反启蒙的效果。[1]

借助于动态感,对大众文化的研究就深入到生活的各个层面,包括个体思维的内部,但原有共同体的未来维度就消融在这些对现实意识形态的探索与反叛当中,被转换成个体性或部分群体性中的反叛性未来。后来日常生活审美化思潮的兴起,一方面固然是美学研究深入化与现实化的后果,但另一方面也让对特殊状态的强调成为研究的前提。这一时期的大众文化批判工作加速了这种进程:普遍性和集体性都成了意识形态批判中被怀疑的词汇,让构建"求普遍"的意识都很难成立了,此时风靡学界的大众文化研究加速了在 21 世纪本已成为趋势的反共同性思潮。借助分析新现象而兴起的法兰克福学派,一方面他们承接起了马克思主义社会批判的传统,让研究具体化到生活的细节当中;另一方面却将理论的反叛基于这种具体化和现实化之上而瓦解了普遍性的基础,因此这种反叛很难在社会实践当中形成合力,它更多只是成了学者所表达出对社会现象不满的态度。

随着研究的具体化,"大众文化"的概念含义也变得更广泛,其对应的外语词汇也被区分为"mass culture"与"popular culture"两种。与法兰克福学派近乎同时进入学界的伯明翰学派在这种趋势中逐渐被更多人认同。王一川

---

① 肖薇、邓静:《文化工业 Culture Industry》,载王晓路主编:《文化批评关键词研究》,北京大学出版社,2007 年,第 29 页。

在 2004 年的《大众文化导论》中对"大众文化"的界定是："而今天所说的大众文化则主要是一个文化术语,并且是在中性意义上使用的,是指由大众媒介传播的都市文化产业与公众日常消费的文化形态。"①这种中性术语是伯明翰学派意义上的,其教材的接受程度也部分折射出了其定义的接受程度。这种变化一方面源自学界对理论研究的推进,但另一方面也与普遍性的瓦解相关:没有设置共同性标准的羁绊,反倒让学者能够更加理性地去认识身边复杂的现象,对大众文化的研究也会更加学术化,因此也就能够更加"中性"。这种转变对当下所造成的影响则表现是对大众文化的研究更加学术化——这可以视为研究的进步,因为它表现在对其现象的研究更加具体化:新的研究或是深入到了行为和现象的具体细节之中,比如消费、亚文化等;或是拓宽了某一理论家的知识论或话题向度,比如斯图加特·霍尔的"表征理论"等;或是具体化到了对国内兴起的某些文化现象的批评,比如"超级女声""我也是(me too)"运动等。在这种趋势中,更加复杂的伯明翰文化理论越来越符合研究者的需求,因此也变得越来越普及。但问题也在于,由于对普遍化追求的丧失,大众文化研究中的很多成果都无法与文论构建的工作相结合,它们更像是依靠探索传统文学所无法触及的领域与之各说各话,无法将这些分散的认识变成能够改变社会文化规则的合力。

(二)文化研究

本节所论述的是基于西方马克思主义文论所建构起的文化研究的内涵与得失,它不同于新时期基于精神分析、原型批评所兴起的人类学文化范式。如果说对大众文化的研究是依靠分析新的社会现象而生,那么文化研究的兴起则是直接出现于文论界,它被视为一种新的文学研究范式。关于文化研究,罗钢、刘象愚在 2000 年主编的《文化研究读本》当中的定义是:

> 狭义的文化研究是指第二次世界大战以后在英国逐步兴起,而后扩展到美国及其他西方国家的一种学术思潮和知识传统。尽管霍尔声

---

① 王一川主编:《大众文化导论》(第二版),高等教育出版社,2009 年,第 6 页。

称,文化研究没有一个"绝对的开端",但在追溯其根源时,大多数学者都把五六十年代之交出现的几部著作,如理查德·霍加特的《文化的用途》(1958),雷蒙·威廉斯的《文化与社会》(1958)、《漫长的革命》(1961),以及 E.P.汤普逊的《英国工人阶级的形成》(1963),看作它的奠基作。[①]

　　对起点的设置彰显的是对资源的选择,在国内很多对"文化研究"词条的解释,包括王晓路、王一川等人的解释中,伯明翰学派都是作为起点出现的。文化研究的方法看似复杂,但他们审视文学的视角却相对明晰,那就是把它看作一系列社会权力之间的文化竞技场。这不同于对大众文化现象的研究中学界从法兰克福学派到伯明翰学派的转向,而是一开始就是把伯明翰学派作为这项研究得以进行的基础:在这里,文化批判的意义多被文化斗争所置换——这不是要简单回到阶级斗争的研究路数上去,因为文化研究当中的斗争并非直接基于政治经济的阶级斗争,而是文化上意义上的斗争,其政治冲突是生活方式上的冲突,而且文化研究当中的阶级对立不是简单地资产阶级与无产阶级二元对立,而是强调多个社会团体的多种对立。

　　文化研究进入文论界初期,对于这种资源,童庆炳、南帆等理论家都是有所憧憬的。童庆炳的判断是:"文化批评给文学理论研究重新赢回来文化的视角,文化的视角将看到一个极为辽阔的天地。因此,文化研究在伸向文化的广阔的领域后,将扩大文学理论的版图和疆界。"[②]主要是在经历简单化马克思主义文论只见政治经济而不见审美,人道主义审美侧重审美而忽视政治经济的问题后,文化研究忽然为不能兼顾的问题找到了一个理想的结合点。因此,这种既有现实阐释力,又能为原有文论拓展空间的研究范式在21世纪的发展一片坦途:陶东风、周宪、陆扬、王晓明等人对此大力提倡,许多高校成立了文化研究的研究基地;陆扬、王毅也编撰了《文化研究导论》(复旦大学出版社,2006年)的教材,其中不仅涵盖了法兰克福学派和伯明翰学派,还有阿尔都塞、后现代等内容。如今,文化研究从研究方法已经拓展成容纳了研究对象、方法和体制的学术领域。

---

① 罗钢、刘象愚主编:《文化研究读本》,中国社会科学出版社,2000年,第2页。

② 童庆炳:《根植于现实土壤的"文化诗学"》,《文学评论》,2001年第6期。

　　随着文化研究范式越来越兴盛，它和传统文论的关系也从补充更多走向了对立：更强调社会层面内容的文化研究范式渐渐压过更强调文学内部研究的审美范式，而失去了审美的普遍性起点之后，文学也会变成操纵与反抗操纵的文化权力之争。这种研究范式的转变影响了学界对文学的理解，对此徐亮的描述是："在文化研究视野下，文学将遭遇什么？毫无疑问，文学被对待的方式改变了。文学不再被欣赏，人们不再以欣赏的姿态对待文学。首先，文学作品对于文化研究而言，只是一个例证，是展示各种诗学和政治学批评理论的场所之一。"①而且这种转变，国内的学界表现得比国外更加激进。雷蒙·威廉斯的《关键词：文化与社会的词汇》一书中尚有"literature"词条，但在汪民安的《文化研究关键词》（江苏人民出版社，2007 年）、周宪的《文化研究关键词》（北京师范大学出版社，2007 年）和王晓路的《文化批评关键词研究》（北京大学出版社，2007 年）同类著作中，"文学"词条或是没有出现，或是变成了"文本"。这也能说明在文化研究中，审美文学范式地位的尴尬，其定义被转化为庙堂与民间、中国和西方、文化与文学、文字与图像、经典与非经典、大众与精英等各项权力之间的零和博弈。这种转换固然是有道理且有价值的，但其所造成的后果是文学批评空前兴盛，其理论体系却再难建构起来。文学的标准是什么？文学的目的是什么？这些与本质相关的问题都失去了存在的价值，甚至连提问都被视为某种权力运行的帮凶——而实际上，本质问题体现的是对社会生活中文学所承载文化方向的构想，它更能承载的是构建社会共同体的任务。文化研究当中这种反本质思路的兴起，也让研究的目的论改变了走向。以王逢振在 21 世纪伊始的判断为例，他认为：

　　　　文化研究就是探讨我们在多大程度上受文化形式的支配，在多大程度上或以什么方式我们能够为其他目的运用文化形式，在多大程度上我们能够成为为自己的行为负责的主体，又在多大程度上我们的选择受到我们无法控制的力量限制。②

① 徐亮：《享受文学还是批判文学》，《文艺理论研究》，2006 年第 4 期。
② 王逢振：《文化研究与文学研究的关系》，《人大复印资料》（文艺理论），2001 年第 2 期。

这里文化研究的目的，乃至其中所倡导文学创作的目的被局限为个体争取自由，或者更宏大一些——为弱者争取权力的抱负，马克思主义理论中的共产主义目的被转化到"个体实现"或者"群体平等"的层面上来。但值得注意的是，这里所强调的斗争核心并不在于建立共同标准，而是争夺文化领导权。此时对葛兰西研究的兴起颇能说明问题，陆扬在《文化研究的马克思主义范式转换》(《文艺理论研究》,2011 年第 4 期)的研究中就认为，文化主义、结构主义、葛兰西霸权理论以及霍尔的连接理论，这是文化研究经历的四种马克思主义范式转换。共享同样的资源也意味着面临同样的困境，此时中国的文化研究变得和国外的研究无限接近。

文化研究固然能够促进批评的兴盛，促进文学创作的多样化，但囿于其内部问题种种，它难以为社会现实中人文精神的构建提供标准、为文学问题中对普遍性的追求提供资源，甚至会变成后者的阻力，因此文化研究常会以很多方式与后现代主义的理论混淆在一起：在高建平、丁国旗主编的"西方文论经典"丛书中，西方马克思主义的专题就被放在了第六卷《后现代与文化研究》当中。在这种趋势中，甚至文化研究中本想实现认识论融合的反学科化构想，也很容易被解读为对权力的建构与解读。面对文化研究所带来的问题，很多学者都表达过忧虑。高小康曾说："以批判性的意见取代科学研究的知识体系，学科就会变成文化沙龙或广场，学术性也会衰退乃消失。"①其思考的核心在于提出"批判之后怎么办"的问题，如果在热闹的权力分析之后没能留下任何有价值的遗产，那么这种分析就会显得苍白，小到对于一个学科，大到对于共同体的构建都是如此。文化研究成了独立的学术领域后，这个问题也就变得更加迫切。新兴的文化研究与传统文学研究的冲突，在于前者务实的研究方法无法与后者务虚的部分相融合，务实在于对现实化、多样化权力的强调，务虚则包含了共同性和理想性的标准。在失去政治经济学的维度后，如果再失去传统文学研究当中务虚的部分，文化研究的瓶颈就显而易见了。如何将文化研究与文学研究进行有效的整合，在当下仍是一项紧迫的工作，而且任重道远。

---

① 高小康：《让文化批判回到学术研究》,《人大复印资料》(文艺理论),2004 年第 5 期。

（三）艺术理论

艺术理论转向是当下文论发展的一个新的趋势，这源自文学失去艺术门类的核心位置，自 20 世纪 90 年代文学"失去轰动效应"以后，它就难以代表艺术，而是逐渐被艺术所覆盖了。这里的艺术转向，更像讨论文学与其艺术其他门类打通的可能性，而承担打通工作的资源有很多，西方马克思主义是其中的一种。在当下，西方马克思主义资源在艺术研究中已经兴盛，吕澎的观察是："80 年代艺术家和批评家的文章中经常出现的尼采、叔本华、弗洛伊德、萨特的名字在 90 年代逐渐被福柯、德里达、哈贝马斯、利奥塔、杰姆逊、罗蒂（Richard Rorty）这样一些名字所取代。"①究其原因，首先是艺术界遭遇了内有后现代思潮兴起，外有资本社会扩张的境况，西方马克思主义理论得以通过这些进入艺术界从而成为其理论资源；其次也在于文论界对审美及文化研究的讨论让西方马克思主义理论中大量关于艺术的话题进入业界视野：远至阿多尔诺、本雅明，近至布尔迪厄、朗西埃，对这些理论家的熟悉也为研究领域的转变和拓展奠定了基础。

西方马克思主义资源的特殊性，就在于它是面向溢出艺术之外的资本社会问题进行思考的，无论文学还是其他艺术门类都只是其切入问题的视角。从这个角度看，艺术这个研究视角之所以受到重视，因为它有着在文学研究中实现不了的两个优势：第一，它能拓展对理论界对西方马克思主义理论资源的汲取。阿多尔诺有很多的音乐理论，朗西埃的戏剧、电影理论也很丰富，这些都蕴含了他们基于社会批判所形成的文化构想。局限文学讨论并无法将这些构想涵盖全面。第二，艺术领域也更能够让西方马克思主义理论家的一些理论构想落实下来：比如文化研究中提倡的跨学科的认识论，不同艺术门类之间的比较会更方便将这种认识论落实到具体的研究当中去；又如西方马克思主义的审美拯救理论，艺术理论能帮助学者跃出文化研究与文学研究冲突中诸如本质问题的恼人纠缠，从更大的范围去探索审美拯救

---

① 吕澎：《论当代艺术二十年》，载方宁、陈剑澜主编：《中国文艺研究前沿报告》，华东师范大学出版社，2007 年，第 262 页。

中所蕴含的社会构想的实现途径。鉴于两项优势所提供的巨大空间,不仅有很多当下的文论名家转行去了艺术学院,比如周宪、王一川等;还有很多理论新锐研究问题的切入点一开始就在艺术领域而非文学,比如唐宏峰、常培杰等。他们本就有很强的理论研究功底,很多也是西方马克思主义领域的研究专家,艺术研究能够为他们拓展理论、思考问题提供了更大的平台。

艺术理论的转向,为21世纪文学研究中所触碰的问题提供了哪些思考资源? 第一,是它对文化研究中权力关系平面化的研究有所反思。在文化研究中,对文学的解读常会陷入意识形态问题下文化阶级的冲突当中去,这不仅有陷入重蹈简单化的马克思主义文论中政治批评旧辙的危险,还会阻碍文学作为一种认知方式为人们提供更宽阔视野的可能。而理论家提倡艺术理论的初衷,就是在于重新对文化研究当中所忽视的文学乃至整个艺术作为认识方式这一层面内容的呼唤。对认知视野的强调也让艺术理论比文化研究有了更大的包容性。周宪谈及艺术理论问题的表述是:

> 艺术理论是一个充满争议的知识领域。它介于美学和部门艺术理论之间的居间性,既是它所短又是它所长。从积极的方面来看,居间性使得艺术理论可以上通下达,对艺术研究起到更加有效的作用。正是这种居间性,使得来自不同领域的学者进入艺术理论的场域,构成了复杂的学术共同体,进而形成了一种协商性的合力状态,最终达成某种妥协性的共识。①

这种"居间"的艺术理论更像研究者构建能够绕过权力之争让认识视野得以结合的平台的尝试,也能更实现部分文化研究者所强调的"跨学科"视野的建立。尽管这种尝试还停留在认识论阶段,未能深入到社会实践,但无疑也是极有价值的。

第二,为各自理论所构建的未来目的寻找更有效的落实途径。这种未来目的是90年代左右所坚持的人文精神,它体现为文论构建中的共同体思考的起点。王一川所提出的艺术公赏力就是在这个起点当中思考问题:"艺术

---

① 周宪:《艺术理论的三个问题》,《文艺理论研究》,2014年第3期。

公赏力由于直接牵涉当今公共领域、市民社会或民主社会中艺术的公共性
如何建构的问题，因而已成为进入 21 世纪以来我国艺术界急需关注和研
究的一个新问题。"①王一川的议题是公共性的,他将人文精神的塑造落实
到了对公赏力的培养上:想要重设人文精神目标,坚持共同实现的维度,将
重心放在电影、戏剧等当下人们更为日常所接触的艺术媒介上,会比坚守
在文学孤城内进行抵抗更有效,王一川的转向也源自他对传播人文精神的
坚持。不同于王一川的是,一些理论家在放弃共同性维度之后,想要从西方
马克思主义资源中艺术拯救的路径上往前拓展,比如常培杰对阿多尔诺的
研究结论是:

> 　　对阿多尔诺而言,马克思主义,更确切地说是历史唯物主义,只是
> 一种思想方法而非政治主张。无产阶级革命所要求的"党派""实践"和
> "阶级主体"等观念,其实一直没有成为他的思想的重要主题。而且,正
> 是因为阿多尔诺对"艺术理性"和艺术作品"真理性内容"的坚持,使得
> 他与滑向纯粹感性、非理性地秉持"什么都行"(whatever)的"后现代主
> 义"拉开了距离。面对无限而流变的"现象"和"物化"现实,艺术的"赋
> 形拯救"和"否定姿态"无疑都是无望之举,但也正是在这"绝望"之中
> 寓于了"希望"。不过,阿多尔诺绝非希望依赖艺术获得最后的救赎的
> 审美主义者。于他而言,艺术只是让启蒙理性重回自己的应有轨道、人
> 类重新发现和回归自身的中介。更为深入而正确的理性化才是人类的
> 希望所在。②

　　他将艺术拯救带向了更大的"理性"范围,使之不止于否定的"游击战",
而是将批判的意义落实到构建更具阵地感的"理性"平台。借助这种转换,作
者试图借否定生出标准,由此完成从精英到大众、从理论批判到社会构建的
过渡——这是阿多尔诺的理论,也可以看作作者在当下所需要的阿多尔诺
理论。

---

①　王一川:《艺术公赏力的动力》,《人大复印资料》(文艺理论),2015 年第 6 期。

②　常培杰:《阿多尔诺对先锋艺术"自发性"的批判》,《文艺理论研究》,2017 年第 4 期。

　　这些基于西方马克思主义理论基础上的艺术理论探索，可以看作在政治远离的时代，理论家借助于艺术这个更便捷的平台思考政治问题、调动政治资源以转变社会秩序的尝试。艺术理论为西方马克思主义研究贡献了文论研究中所无法提供的认识活力，但也因为共享了西方马克思主义的资源，文论建构当中触碰的共同性起点失落、理论认识和社会实践隔离较远、过度强调文化层面阶层斗争的问题在艺术理论也并未得到更多的解决，艺术理论所贡献的认识论融合更多绕开了文论建构中所遭遇的问题而非回应它们。如上文所述，西方马克思主义理论的兴盛与国内文学研究的专业化有关，其艺术研究同样如此，失去政治经济的维度而仅靠文化批判是难以提供更加丰满的未来主体的，所以无论是西方马克思主义的文论家还是国内学者，他们的未来构想都无法比马克思的共产主义更进一步。

三、西方马克思主义文论发展史的总结与问题

　　综观西方马克思主义文论在新时期中国文学理论界的发展史，虽然其中错综复杂，但主体脉络还是相对清晰的：西方马克思主义文论在新时期的"方法论热"中以主题的形式被译介到国内，但在当时以审美为核心的文论体系建构中，限于理论需求与社会需要，它无法被吸纳为主要资源，故而发展得并不顺利。但此时的西方马克思主义文论却保留了文论建构中社会批判的内容，这提供了有别于其他文论的资源，它在文化批判的维度上也继承了马克思主义理论的传统。到了 21 世纪之后，社会秩序的急剧变化需要重唤文论建构的社会性批判维度，而学者对自身定位的调整也扫除了西方马克思主义理论传播的障碍，这些都导致了西方马克思主义理论在国内文论界的迅速兴起。但在其蓬勃发展的过程中，以西方马克思主义理论为核心的文化研究范式遭遇了忽视对普遍性的建构、对文化冲突的研究过于平面化、难以将理论认识转化为改变现实秩序的实践力量等问题，西方马克思主义文论在欧美世界的困境同样被带到了中国文论界。这门理论资源在中国文论界发展呈现出的种种问题，也间接折射出中国思想界当下所面临的困境。西方马克思主义文论发展的历程远非用简单的好坏标准所能够判断的，它与时代的需要密切相关，其所贡献的资源也是利弊交加的。当然，限于主题

与篇幅,本节对西方马克思主义资源在中国文论界发展的梳理难免有遗漏:
比如国内对阿尔都塞文论的研究历程;还有西方马克思主义文论的最新进
展——如段吉方所说的"文化生产美学"转向:"文化生产美学的理论转向是当
代西方马克思主义美学在'文化马克思主义'之后重要的理论发展,主要以布
迪厄的文学场文化区隔理论、朗西埃的'感知的再分配'理论和奥利维耶·阿
苏利、彼特·墨菲、爱德华多·德·拉·富恩特等人的审美资本主义理论为代
表,是西方当代马克思主义美学面对资本主义新的文化语境与理论形势而
展现出的新的理论思考,具有重要的理论启发。"①这不能不说是遗珠之憾。

　　西方马克思主义在中国文论界的发展有着复杂的面向,也是一个开放
的进程。作为一种外国资源,对西方马克思主义的接受史所折射的不仅是新
时期以来中国文学理论的建构过程,放大之后更是一个如何借助文学更好
地构建我们所共同的生活秩序问题。西方马克思主义文论承接的是马克思
主义的文论传统,其总的问题意识在于:文学承载了怎样的现实意识? 又应
该以怎样的方式参与进对理性社会秩序的建构? 以这个总的问题意识为参
考,当下的文论界不应停留于传统马克思主义文论、新时期的审美文论和当
下以西方马克思主义为核心的文化研究三种理论范式相互冲突的窘境。梳
理西方马克思主义在中国文学研究界的发展史不仅为了认识其资源的发展
过程,还为了帮助我们进一步将对西方马克思主义资源转化到未来的文学
理论,乃至社会共同体的构建工作当中来。只有在这个目的中,被新的研究
范式所抛弃的东西才不会被视为历史的弃物,对历史的梳理也不会被看作
毫无意义的事。综上所述,处理好与两种资源的协调问题对未来的西方马克
思主义资源转换工作已是迫在眉睫。

　　第一,处理好与西方马克思主义理论为根基的文化研究与文学理论的
建构相调和的问题。如今西方马克思主义资源在文论界处于冰火两重天的
现状:一方面,它在文化研究、西方文论教材中大热;另一方面,在文学理论
教材中的遇冷。其反本质化的研究方式与文学理论教材的构建难以融合,二
者往往处于各说各话,甚至相互否定的状态当中。反本质化的内核不是反知
识化,因为多数西方马克思主义理论家都有一套相对清晰的认知方式,它们

---

① 段吉方:《当代西方马克思主义美学的生产转向及其理论意义》,《文学评论》,2017 年第 5 期。

在文论教材中能够被传授也证明了多数理论是可以被知识化的；其内核也不是反目的论，因为很多西方马克思主义理论都建构了自己的未来目的，审美拯救即是例子。西方马克思主义文论反本质化的核心在于反对形成席卷个体的集体化目的：在中国的语境中，集体化往往与政治运动、商业文化所塑造的消费大众有关，这也是很多国内西方马克思主义研究者之所以接受西方马克思主义批判性理论的核心所在。但如上所述，文学本质话题虽然重要，因为它在为"当代社会需要怎样的文学"建构普遍性的方向，虽然其中固然有诸多的权力话语运行其中，但其中关系不止对抗，也有对话与妥协，后两者同样重要，而文论建构的方向需要大众化才能形成社会性的实践力量。本质的话题不仅在于构建普遍性的文学方向，还在于为这个方向构建出一个可以对话的平台。如果反集体性压制的后果是淡化了对这个平台的搭建，那么所有基于个体或特殊群体的未来想象，都会面临在现实中无法形成共鸣而陷于小众化和抽象化的境地。因此，西方马克思主义理论当中的反本质化应当是反集体性对个体性的压制，而非反构建普遍性平台的目的本身，在后者的层面上，西方马克思主义资源和当下对文学理论的建构工作并非不可通融的。

第二，处理好西方马克思主义文论研究与对马克思主义文论相调和的问题。马克思主义文论的重要贡献在于将文学目的和社会目的结合了起来，西方马克思主义理论接续了马克思主义文化批判的传统，却忽视了支撑批判的政治经济学维度：未来的文论建构需要将西方马克思主义的现实性批判融进传统文学理论构建普遍性平台的尝试中，同样需要在转化为社会实践的层面带进马克思主义文论中政治经济学批判的部分，如此才能更有效地将未来设想转化为社会现实。过去运用政治时的粗暴经验常会让学界忽视了政治作为实践中介的重要性，黄世瑜、陈引驰所担忧的西方马克思主义"原罪"并没有解决，而是在新时期以来学者自我定位的转向中被隐匿起来。在西方马克思主义资源中重新呼唤马克思主义理论，并不是要研究者跳出学院的身份，对于研究者而言，不管愿不愿意，学院身份都是我们思考问题的起点，但我们能做的是将学院身份视为社会身份的一种，使之面向马克思主义所隐含的社会改善目的而发挥作用。这个目的需要我们回到马克思主义文论中，回到被实践化的中国传统马克思主义文论中，从中探索调动政治经济中介的经验。张永清、马元龙在《后马克思主义读本》的前言中说：

> 今天的马克思主义理论家，如果他仍然坚持对未来抱有一个美好的梦想，如果他还希望对现实展开有效的批判，就必须重新思考马克思主义，甚至必须通过自己理论和实践两方面的努力去改造和发展马克思主义。①

这个宣言也点出了当下重回马克思主义的价值。而对于未来的文论建构而言，有对现实的批判与认识，有对普遍性的追求，也有将目的转化为现实的中介，才能更有效地将理论思考和社会改善相结合。三个层面的内容虽无法简单统一，却也不能缺乏互动，而如何处理几者之间的互动问题是未来文论建构所思考的重中之重，也是未来社会秩序建构所思考的核心问题。

---

① 张永清、马元龙主编：《后马克思主义读本·理论批评》，人民出版社，2011年，第1页。

第四编 >>>>>

西方马克思主义对中国意识形态、社会现实的影响

研究西方马克思主义给中国带来的影响，最后必须落实到对中国这几十年的历史进程的影响的研究上，对中国的意识形态、社会现实的影响的研究上，以及对马克思主义的中国化、中国特色社会主义理论的形成与发展的影响的研究上。也就是说，要探讨西方马克思主义为解决中国的现实问题，为马克思主义的中国化，为中国特色社会主义提供了什么样的理论资源。当然，对这种影响的研究，既有从"实然"层面上的研究，即考察业已产生的实际影响，又有从"应然"层面上的研究，即探讨潜在的影响，探讨那些尽管由于各种原因还没有充分展现，但按照内在的逻辑必然会在时空变换的维度上表现出来的影响。下面我们就从各个角度展开这一研究。在主要展现西方马克思主义在中国所产生的积极影响的基础上，我们也适当地揭示一下西方马克思主义在中国的负面效应。

第十八章　西方马克思主义与中国模式

　　自 20 世纪 70 年代末 80 年代初以来,中国社会已经历了三次重大变化:第一次是从"以阶级斗争为纲"转变为"以经济建设为中心",第二次是从闭关自守转变为全面开放,第三次是从"计划经济"模式转变为"市场经济"模式。

　　第一次转折使中国摆脱了传统的马克思主义的以政治为基础的路线,使中国走上了注重经济发展,把促进生产力作为目标的道路。那么这一条道路究竟如何走呢? 第二次转折使中国的门户大开, 中国决定通过向西方学习,通过引进西方的一切先进的东西来发展生产力。那么向西方首先学习什么呢? 第三次转折则对此做出了明确的回答,这就是首先学习西方的市场经济模式,通过实施市场化来推进经济的发展。

　　这三次转折实际上把中国引上了一条类似西方式的现代化道路。在中国的发展过程中,既注入了西方的因素,又加入了现代的因素。中国的一些志士仁人从 19 世纪末开始就一心想通过现代化让中国变得富裕和强大,到了 20 世纪末 21 世纪初,通过这样三次大的社会转折终于使自己梦想成真。这三次转折的性质是一目了然的,即中国实施的是西方式的现代化模式;这三次转折的成果也是有目共睹的, 即随着西方式的现代化模式在中国生了根、在了场,中国变得富裕起来了,中国的经济奇迹为世人所瞩目。

　　人们原以为, 中国会沿着这条道路继续走下去。但是当人类历史进入 2009 年时,一些中国人突然醒悟到中国目前的发展模式存在弊端,发现这一发展模式实际上是一把"双刃剑",它在给中国带来富裕的同时也正使中国问题显现,从而对此产生了怀疑,与此同时也忽然发现实际上中国又面临着新的历史转折。

　　从表面上看,这种醒悟、怀疑与发现是由西方世界特别是美国的金融危机带来的。几十年来，中国一直以西方的经济发展道路为"楷模"，一直老老实实地把自己摆在"学生"的地位，恭恭敬敬地奉西方人为"先生"。但金融危机爆发的严酷事实清楚地告诉人们，西方的发展模式也并非那么完美无缺，西方式的现代化给人们带来的并不全是"福音"。一场金融危机已把这种发展模式所隐含的矛盾充分地"显像化"了，我们一心想学习的东西原来是如此劣迹斑斑。一些中国人面对这场危机开始思考，中国是否还应当继续按照西方的发展模式走下去？人家已经为这种模式吃足了苦头，难道我们要明知前有"南墙"还非得撞上去吗？

从本质上看，这种醒悟、怀疑与发现是中国社会的现实所给予人们的。中国这些年是发展了、富裕了，在中国的大地上高楼大厦、高速公路是多起来了，中国存到外国银行的钱也多起来了，但这只是事情的一个方面，事情还有另一方面。实际上，所有这些成就都是建立在付出重大代价的基础之上的，而且这种代价使中国人很快无法再承受了。归结起来，当前中国主要面临以下三大问题：

第一，两极分化越来越严重。当一部分人依靠这种发展模式"暴富"的同时，另一部分人被迅速地推向社会的底层。城市与农村、沿海地区与内陆地区的差距日益拉大。当你走在繁华的城市马路上，进入你视野的不仅有光鲜亮丽的富人，更有衣衫褴褛的穷人。

第二，自然环境越来越恶劣。这些年来，自然环境所遭到的破坏非常严重。中国的工业化推进到哪里，自然环境的破坏就扩展到哪里。粗放型、高消耗的生产方式肆无忌惮地发展着，对自然环境的破坏也肆无忌惮地发展着。高污染的工业生产在不断从世界各地转移到中国，中国人感觉到自己的生态容量已快接近底线。

第三，人越来越成为"单向度"的消费机器。本来中国是比较重视精神因素的民族，中国人讲究"正己""内秀"，追求"和谐"与"平衡"。但现在这一切都改变了，不少中国人都已把"消费主义"作为自己的生活准则，一心追求物质利益的最大化。资本逻辑无情地把中国人驱赶到"你争我夺"的竞技场上，价值、道德严重失范。

上述三大问题是客观存在的，刚开始它们可能还不是那么严重，可能还被欣欣向荣的现象所掩盖着，但随着时间的推移，人们再也不能对其熟视无睹了。面对这样的现实，一些中国人对目前所走的道路开始反思是理所当然的。

看来中国还得经历新的变革。中国再次处于历史的拐点上。现实无情地告诉人们：中国必须实现现代化，还不能走西方的老路，中国必须开辟一条新的道路。

这条新道路的开辟需要理论资源。正是在这里，西方马克思主义正在为我们并继续为我们开辟中国道路提供其他任何思想体系都不可能替代的理论启示。

一、西方马克思主义的现代性理论使我们知道，在中国走上一条既能充分享受现代文明成果，又能使现代化过程中所出现的那种负面效应降到最低限度的道路是可能的

中国目前所面临的问题实际上是现代性的问题，中国目前所处的危机实际上是现代化的危机。中国这些年向西方学习，努力"西方化"，实际上也就是努力"现代化"，其"西方化"的过程实际上也就是"现代化"的过程。所以处于新的历史拐点上的中国所要探讨的问题，实际上就是如何面对"现代化"的问题。处于新的历史拐点上的中国，似乎只有以下两种选择：

第一种选择是，因为现代性给我们带来了磨难，使我们失去了诸多美好的东西，所以憧憬起前现代性的生活来，竟然产生了干脆放弃对现代性的追求，使中国成为一块置身于世界之外的"非现代化的圣地"的意念。有些人开始主张中国停止始于 20 世纪 70 年代末的西方化、现代化的历程。在有些人看来，既然现代化的弊端已暴露无遗，我们为什么不悬崖勒马呢？

第二种选择是，现代性是人类的必由之路，西方人走过的道路我们中国人也得跟着走。现代性的正面效应与负面作用都不可避免。我们只能置现代化所带来的种种负面效应于不顾，继续沿着原先的路走下去，让中国这块古老的大地彻底经历一次西方式的现代性"洗礼"。只有等到中国的现代化过程基本完成了，才有可能解决这些负面问题，倘若现在就着手去解决，只能干扰中国的现代化建设。

实际上，以上两种选择都是"死路"。前者要中国走回头路，而倒退无论

如何是无奈之举;后者则迟早会葬送中国,很有可能中国人民还没有充分享受到现代化的成果,代价就已把中国拖垮了。

那么处于历史拐点上的当今中国,还有没有其他的选择呢? 还有没有其他道路可走呢? 有。这就得求助于西方马克思主义。

笔者这里主要说的是西方马克思主义的现代性批判理论。西方马克思主义的现代性批判理论的特点在于, 它在激烈而愤怒地揭露在当代社会里现代性的负面效应时,并不全盘否认现代性对当代人的积极意义,并不把现代性的负面效应完全归结于现代性本身逻辑发展的必然结果, 并不希望现代人放弃对现代性目标的追求,而是要人们对现代性加以"治疗"。它努力地把物对人的统治追溯到人对人的统治, 而不是把人对人的统治掩饰为物对人的统治。它深信,只要换一种社会制度,换一种社会组织方式,换一种价值观念, 现代性理念以及作为这一理念具体实施的现代化运动完全有可能避免目前所出现的各种弊端。它强烈要求现代化运动不是与资本主义,而是与社会主义结合在一起, 提出了实现现代性的资本主义形式与社会主义形式之间的区别, 这样它就把对现代性和现代化运动的负面效应的揭露与批判变成了对社会主义理想追求的必然性的论证。

在西方马克思主义理论家中,直接强调要辩证地对待现代性,反对把现代性视为不可救药的,从而提出现代性的"救治"方案的是哈贝马斯。哈贝马斯批判现代性、现代化运动、现代文明社会,但不认为现代性、现代化运动、现代文明社会已不可救药。他说,我们要像马克思对待黑格尔那样对待现代性,"务必小心翼翼,切莫将婴儿和洗澡水一起倒掉,然后再翱翔于非理性的天空"。他认为,现代性是不能抛弃的,需要的是救助它。他向世人公开宣布自己"不放弃现代性计划","不屈尊于后现代主义和反现代主义"。哈贝马斯认为,拯救现代化的唯一出路是由主体哲学转向语言哲学,由工具理性批判转向交往理性,"把研究的重点从认识的–工具的合理性转向交往的合理性"。他把"交往理性"概念作为理解现代性的普遍范畴。在他看来,"交往行为"概念的提出,不但使人们真正了解了现代性出现危机的根源不是由现代性本身造成的, 而是由在资本主义条件下交往理性与工具理性之间的不平衡关系造成的, 而且使人们找到了摆脱现代性危机的道路, 即发展交往理性。他认为,到目前为止,现代性是以资本主义的社会结构为其实现形式的。

而现代性之所以是"一个未完成的方案",根本原因在于资本主义的社会结构无法完全释放现代性的理性潜能。正是从这里,他引出了改变资本主义社会结构的必要性。

作为西方马克思主义的最新形态的生态学的马克思主义在对待现代性的问题上,完全继承了哈贝马斯和一些其他西方马克思主义者的观点。它不像后现代主义那样,对现代化运动持全盘否定的态度,从批判现代化的各种负面效应,特别是对生态环境的破坏开始,进而否定整个工业文明的发展观和价值观,主张反增长、反技术、反生产,而是把现代化运动中的负面效应与现代性本身区别开来,要求走向"更现代主义的世界观"。它具有强烈的修复已经崩溃的现代性,继续追求文化、社会和经济领域的现代性可能性的动机。最负盛名的生态学的马克思主义者高兹在其著名的《经济理性批判》一书中提出,要为现代化确定一个界限,认为现代性的问题不是出在自身,而是出在越出了自己的范围。高兹说道:"我们当今所经历的并不是现代性的危机。我们当今所面临的是需要对现代化的前提加以现代化","当前的危机并不意味着现代化的过程已经走到了尽头,而我们必须走回头路。倒不如说具有这样一层含义:需要对现代性本身加以现代化"。①他还指出:"'后现代主义者'所说的标志着现化性的终结的东西,以及所谓的理性的危机,实际上是那种选择性的、片面的合理化,即我们称之为工业主义的东西赖以确立的准宗教的非理性的内容的危机。"②高兹强调现代化的过程并没有完成,而业已确立的现代化的界限正被不断突破。危机的不是现代性本身,而是其准宗教的非理性的内容。高兹认为,如果坚持当前的危机就是现代性的危机的观点,那么我们就必然处于对过去的怀旧的伤感之中,而不能赋予那些引起我们过去的信仰崩溃的变革新的含义和方向,从而也就不能从危机中走出来。现在的关键是要改变对现代化的观念,即那种把现代化视为没有界限的、可以漫无边际地加以突破的旧观念。他说:"我希望证明现代化具有本体论的和存在论的界限,证明这些界限只有伪合理化、非理性的手段才能加以突破,而正是这种伪合理化、非理性的手段,使合理化走向了反面","这里我的主要目的之一就是给我们能加以现代化的领域划定界限"。③所谓划定界

① ［法］高兹:《经济理性批判》,伦敦,1989年,第1页。
②③ 同上,第2页。

限,就是确立在现代化过程中哪些是可以做的,哪些是不可以做的,而不像现在那样什么都可以做。

有比较才有鉴别。只要把西方马克思主义的现代性批判理论与后现代主义的相关理论进行对照,其言之有理、鞭辟入里就会更清楚地呈现于前。在一定意义上说,西方马克思主义和后现代主义都源自对现代性理念,特别是对作为这种理念在现实生活中实际体现的现代化运动的危机和负面效应的愤然不满和激情批判。问题在于,这是沿着两种不同的路向所展开的批判。后现代主义对现代性理念和对现代化运动的批判有四个最显著的特点:第一,无视现代性理念和现代化运动给人类带来的福音,而对之持全盘否定态度;第二,不对现代化运动进行历史的分析,看不到现代化的一些负面效应有一个发生、发展的过程;第三,把现代化运动中出现的一切问题都说成是现代性理念和现代化运动本身带来的,是现代化运动逻辑发展的必然结果;第四,强烈要求回到前现代化状态去。西方马克思主义理论家可能比后现代主义者更早、更深刻地觉察到了现代化运动的负面效应,但他们在对现代化运动中出现的种种问题展开揭露和批判时,后现代主义者的所有这些特点在他们身上很少体现。他们在批判现代化运动中出现的负面效应的同时,又讴歌现代化运动给人类带来了物质文明,为人类开辟了一个全新的时代,使人类摆脱各种自然和历史的束缚。他们肯定现代化运动是推动近两百年来人类历史变革的主要动力。他们仔细地剖析了现代化运动中各种负面效应产生和发展的历史过程,富有说服力地向人们揭示现代化运动中所出现的所有问题并不是现代化运动本身、现代性的理念带来的,而是由目前推进现代化运动的社会环境,特别是社会制度所造成的。在他们那里,对现代性的批判与对资本主义的批判是一致的。他们相信,当人类推翻资本主义制度而在一种新的制度,即社会主义制度下生活时,就有可能充分展现现代性的积极意义,而与此同时大大地消除其消极影响。

联系西方马克思主义的现代性批判理论来反思中国的现代化运动,我们只能得出这样的结论:首先,我们绝不能放弃对现代性的追求,因为现代性对人类有积极意义,即使在追求现代性的过程中出现了这样或那样的问题,那也不是现代性本身造成的。其次,我们也绝不能放弃对追求现代性过程中所出现的种种负面效应的关注与消除。既然在追求现代性的过程中所出现的负面效应不是根源于现代性本身，那么我们就不应当对这些负面效应持无能为力的态度，而应当积极地寻找出现这些负面效应的真实原因，并且想方设法地消除这些原因，使负面效应降到最低程度。

令人感到欣慰的是，基于西方马克思主义所提供的这第三种选择在中国的大地上正逐步变成共识。中国将不会停止"现代化"的脚步，不把"现代化"与"西方化"混为一谈。这样，当下的中国一定会走出一条并非完全"西方化"的"现代化"新路来。中国一旦踏上这样一条新路，也就意味着将再次顺利地越过新的"历史拐点"。

二、西方马克思主义的市场社会主义理论，能为我们如何解决开辟中国道路必然面临的第一对矛盾，即人与人之间的矛盾——两极分化的日益加剧提供启示

我觉得我们必须正视市场经济的负面效应。

2010 年 6 月 3 日的《社会科学报》发表了赵修义的一篇题为"不要再回避生产关系了"的文章。赵修义在文中强调，在研究当今中国的问题时千万不能再"放弃生产关系的维度"，他还抱憾他在几年前就已撰文"提醒""不要忘记生产关系的维度"，"可惜应者寥寥"。在笔者看来，赵修义触及了问题的要害，研究当今中国的问题，离开了对生产关系的考察，那就是背本趋末、冬扇夏炉。

如果着眼于生产关系来思考问题，我们就要研讨市场经济与中国社会问题之间的关系。不能否认，市场经济有其消极面，同样不能否认，中国所面临的许多社会问题是由市场经济的消极面所产生的：

第一，市场经济把劳动者推向市场，使劳动者成为可以在市场中进行交换的商品，劳动者成为单纯的劳动工具。一部《资本论》就是对劳动者成为商品的控诉与揭露。劳动者一旦成为商品，劳动者就成为与其他"物"一样的东西。当劳动者在劳动力市场上将自己的劳动力作为商品交换出去以后，自己实际上已沦为附属于人的工具，他的唯一属性就是像工具一样做出动作。

第二，市场经济推崇效率至上原则，进行生产活动的出发点就是获取利润，使劳动过程成为纯粹谋取利润的过程，劳动者从属于国内生产总值。市

场经济必然是与效率联系在一起的，如果不是效率至上，还要市场经济何用？市场经济一旦与资本结合在一起，就直接围绕着为资本的增殖这一轴心旋转。资本的逻辑就是增殖，不顾一切地使自己的利益最大化，为了实现这一目标，就要借助于市场法则。生产的组织者完全服从于获取利润的目的，就不会再考虑劳动者本身的自我实现。

第三，市场经济把劳动者推到激烈竞争的风口浪尖上，人与人之间的关系变成主要是竞争的关系，劳动者在社会达尔文主义的笼罩下生活。市场经济是一种认可个人利益，肯定竞争的经济，这种竞争也表现在劳动者之间的竞争上。劳动者为了自己的生存，为了保持自己的"饭碗"不惜与自己的伙伴展开竞争，不惜"以邻为壑"。我们平时总讲市场经济这只"看不见的手"可不是文质彬彬的，也不是温良恭俭让的，更不是请客吃饭的，说的就是市场经济之下包括在劳动者之间竞争的无情。

第四，市场经济必然导致两极分化，以出卖劳动力为生的劳动者与依靠占有资本的人相比，总是处于弱势地位。在资本与劳动两者之间，市场经济是一种偏袒资本的经济。劳动者在市场经济中所获得的利益与资本的拥有者相比是微乎其微的。劳动者在市场经济所创造的巨大财富中只分得一小杯羹，绝大部分都流到了资本拥有者的口袋。

我们认为，市场经济以上四个方面的负面因素是客观存在的，关键在于我们敢不敢正视。著名的新自由主义者哈耶克写过一本题为"通往奴役之路"的书，他在这本书中详细而又旗帜鲜明地论证了计划经济是一条把人们引向奴役的道路。前一段时期，上海的一位民营企业家"另类"地发起一次国际研讨会，会议的主题是：我们是不是走上了另一条奴役之路？与会者大多认为，按照目前的市场经济模式搞下去，人类实际上已走上了另一条奴役之路，而且受奴役的首先是广大劳动者。

在这里我们从市场经济负面因素的角度探讨了当今中国的许多社会问题是如何造成的，那是不是就意味着我们主张废除市场经济模式，终止市场经济之路？这一结论不符合我们的本意。必须明确，我们这里所说的导致社会问题滋生的因素是"市场经济的负面因素"，而不是整个市场经济。正如中国"经济转型"的其他方面一样，从计划经济转变为市场经济，尽管也有正效应和负效应，但显然前者远远大于后者。我们不可能因为市场经济存在着这些负效应，而放弃整个市场经济模式。人类的复杂性就在于其目标是多元的，即使在同一历史时期，人类往往有着多种目标追求，人类不可能为了一个目标而放弃甚至牺牲其他目标。我们一方面不能因为实现增加社会财富、增强综合国力的目标而放弃提高劳动者地位的目标，另一方面也不可能为了实现提高劳动者的地位目标而放弃迅速将我国建设成一个强国的目标。我们需要在多种目标之间保持张力。

我们现在迫切需要一种既能扩大市场经济的正面效应，又能限制其负面效应的理论，从而促使中国的经济健康地运行下去。这是中国特色社会主义道路能否成功的关键之所在。

西方马克思主义的市场社会主义理论能为我们提供这样的启示。

当中国改革开放的总设计师邓小平提出市场只是手段，社会主义也可以搞市场经济，从而在全中国范围内掀起以社会主义市场经济为导向的经济改革浪潮时，一些西方马克思主义理论家也发出了把市场机制引入社会主义经济体制的强烈呼声。尽管在西方马克思主义理论家阵营内部也存在着反对把市场与社会主义结合在一起的声音，但无疑西方马克思主义的主流是力主把两者结合在一起的。尽管对市场社会主义的讨论由来已久，甚至可以追溯到 20 世纪 30 年代初，但这是在西方马克思主义理论家的推动下，这一讨论才成为一个热点。市场社会主义已成为当代西方马克思主义理论体系中的一个重要组成部分。最近几年，我国学界对西方马克思主义研究的另一个聚焦点就是对市场社会主义的研究。我国的研究者对市场社会主义研究的兴趣与日俱增，倒并不是在于市场社会主义在西方世界的影响日益扩大，在西方马克思主义理论体系中的地位日益增强，而主要是基于清理马克思的市场理论的需要，以及加深认识我国走社会主义经济道路的必要性的需要。

正因为如此，首先，我国的研究者对市场社会主义的研究与梳理马克思的市场理论是同步的。西方马克思主义的市场社会主义理论为我们正确地梳理马克思的市场理论积累了许多思想资料。一些西方马克思主义理论家指出，从马克思本人提出的理论来看，他是把市场经济与资本主义联系在一起的，而他所设想的社会主义所实行的是无市场的计划经济。所以这些西方马克思主义理论家所做的一件主要工作是改变马克思把市场与资本主义联系在一起,并进而认为社会主义无市场的观点。他们在这里的基本做法是把"市场"视为"中性机制",即社会主义和资本主义都可以利用的经济手段。我国的一些研究者在西方马克思主义理论家研究的基础上进一步论证,虽然马克思的市场理论从历史的评判,而不是从价值的评判的角度对市场机制也有所肯定,甚至对在资本主义社会中的市场机制的运行做出了详尽的考察,但是总的来说马克思对市场机制是持否定态度的,而这一点已被时代所超越。社会主义市场经济理论是马克思主义中国化的一个成果,是对马克思原有的市场理论的修正和发展。

其次,我国的研究者又把对"市场社会主义"的研究,把对社会主义市场经济这一马克思主义中国化的当代重要理论成果的把握,与对当代中国究竟为什么要走社会主义市场经济的道路,以及究竟如何走这一道路的认识结合在一起。在某种意义上,我们正是借助于对"市场社会主义"的研究,深刻认识到了社会主义市场经济是马克思主义中国化的当代重要理论成果,同样也正是借助于这一研究,特别是借助对社会主义市场经济这一马克思主义中国化当代重要理论成果的认识,日益坚定了走社会主义市场经济道路的信心,而且日益丰富和完善了具体实施社会主义市场经济的思路。

关键是要明确,只有切实贯彻社会主义市场经济理论,把市场这种配置资源的方式与社会主义的生产关系、价值目标联系在一起,才能真正缓解目前的两极分化日益加剧的现象。

严重的两极分化毕竟是客观存在的事实。我们看到一些自由主义思想家和文化保守主义者都在"安抚"那些处于两极分化一极的广大"穷人"。在一些自由主义思想家的言辞中,富人与穷人的区别即是成功人士与失败者的区别,他们把富人称为"成功人士",而把"穷人"称为"失败者"。在他们看来,穷人之所以"穷",主要由于他们在激烈的竞争中败了下来,他们没有把握住机会,所以失败了。尽管他们没有说出来,但显然他们要对这些穷人说的话是:"你们活该。"一些文化保守主义者则将传统儒学与佛学的一些理论经过他们"折射"后变成了纯粹的"天命论",他们正用这种"天命论"向广大的"穷人"说教:一切都是命里注定的,你们"安贫乐道"、认命吧!

马克思主义研究者能容忍这些自由主义思想家和文化保守主义者这样去"安抚"广大劳动人民吗? 当然不能。我们必须用借助西方马克思主义的市场社会主义理论来面对这一问题。这就是着眼于生产关系，着眼于调整劳动与资本的关系。

尽管我们必须清醒地认识到，中国现阶段的那种劳动与资本的关系，即在社会主义市场经济体制下的那种劳动与资本的关系，与马克思当年所研究的劳动与资本的关系有着本质性的区别。马克思所研究的劳动与资本的关系是建立在生产资料私有制基础上的，它具有阶级斗争的性质，它体现的是无产阶级与资产阶级之间剥削与被剥削的对抗性的阶级关系；而我们今天面临的劳动与资本的关系，更多地体现一种劳动与资本双方利益的诉求，是在社会主义劳动所有权与资本所有权实现过程中所发生的对立与统一的关系，但是我们还得承认，当下中国确实存在着劳动与资本的关系，我们千万不能闭着眼睛不看眼前事实。我们一方面不能把目前面临的劳动与资本的关系与资本主义社会中的劳动与资本的关系混为一谈，另一方面也不能回避现实，干脆不重视甚至不承认这种劳动与资本的关系的存在。

既然在当前中国还存在着劳动与资本的关系，那么马克思当年从劳动与资本的关系角度来探索两极分化的基本思路对我们就有借鉴作用和启示意义。只要我们真正从劳动与资本关系的角度去观察一下当今中国的两极分化，就能知道这究竟是怎么事。确实，当今中国存在着城乡差距、地区差距、行业差距等各种差距，但核心还是劳动者与各种形式的生产资料的占有者之间的差距。可以说，所有差距都是围绕着"劳动者与各种形式的生产资料的占有者之间的差距"这一轴心旋转。当今中国的要害还在于所谓"强资本、弱劳动"，即当今中国劳动与资本在收入分配中所占的比重存在较大差异，而且呈急剧扩大的趋势。据人社部工资研究所发布的数据显示，中国劳动者报酬占国内生产总值的比重已由 1990 年的 53.4% 降至 2007 年的 39.74%，呈逐年下降的趋势。而代表资本所得的固定资产折旧及营业盈余占国内生产总值的比重已由 1990 年的 34.9% 上升到 2007 年的 46.1%，呈不断上涨的趋势。再看一组数据：从 1991 年至 2005 年，职工工资总额从占国内生产总值的 15.3% 下降为 11%。这说明，在国家经济"大饼"扩展时，劳动者并没有公平地获得应有的利益，做大的"大饼"主要被资本侵吞了。无论是国有企业，还是民营企业、外资企业，因为存在着资本稀缺等因素，分配上向资方倾斜十分明显，资方经营者或管理者往往通过持股、年薪制、技术入股等形式,把主要利润放入自己的口袋,其收入所得远远高于普通劳动者的劳动所得。现在是由传统资本高回报所刺激的高投资推动的快速工业时代,这一时代的格局就是"强资本、弱劳动",这一格局决定了资本在分配制度中处于强势,而劳动者无法获取与其劳动价值相当的劳动报酬。

从表面上看,这种由分配不合理导致的两极分化,问题出在分配制度上,即没有真正体现功能性意义的"按劳分配"或"按贡献分配",但是分配是由生产决定的,实际上真正的根源还是在于目前的生产关系的不合理和不完善。正如刘国光所指出的,四十多年来我国贫富差距的扩大和两极分化趋势的形成,究其原因,所有制结构上的及财产关系中的"公"降"私"升和化公为私、财富积累迅速集中于少数私人,才是最根本的。既然如此,我们要真正解决当今中国的两极分化问题,关键就在于通过完善和改变现存的生产关系,从根本上解决当今劳动与资本的关系中那种错位和扭曲状态。

三、西方马克思主义的生态社会主义理论,能为我们如何解决开辟中国道路必然面临的第二对矛盾,即人与自然之间的矛盾——生态危机的日益加剧提供启示

面对如此严重的生态危机,人们都没有熟视无睹,而是提出了各种方案企图从这种危机中走出来。问题在于,这些方案真的能帮助人们消除生态危机吗?且看下述各种方案:

有的人企图通过将资本主义经济"非物质化(dematerialization)"来解决所有环境问题。所谓"非物质化"就是提高能源的使用效率,减少向环境倾倒废料的数量。将经济"非物质化"的途径就是通常所说的实施"低碳经济",也就是说,使经济成为"低碳经济"。

有的人企图通过发展科学技术来解决所有环境问题。他们向人们灌输这样一种观点:只要技术改进能够提高效率,特别是能源的利用效率,并且采用更良性的生产工艺,清除最严重的污染物,那么所有的环境问题都可以迎刃而解。

有的人企图通过把自然市场化、资本化来解决所有环境问题。持有这种观点的人坚持认为,"生态退化是市场化不彻底所带来的",必须"在市场中

内化外部成本”，因此他们主张通过赋予自然以经济价值，并更加充分地把环境纳入市场体系之中，来解决所有的环境问题。

有的人企图通过道德改革、建立生态伦理来解决所有环境问题。一些人正在呼吁开展一场"将生态价值与文化融为一体的道德革命"，把拯救地球、消除生态危机寄托于人的思想观念的变革。

我们不否认上述所有这些企图消除生态危机的设想有其合理性，但无论是哥本哈根世界峰会所发生的一切，还是日益严重的环境恶化的事实，都无情地告诉我们，仅仅指望通过上述这些途径来解决环境问题都是徒劳的。当代西方著名的生态学马克思主义者 J.B. 福斯特把上述所有这些途径和方法都称为在解决环境问题上的"幻想"，是有道理的。可以说，至今人类面对日益严重的生态危机，还没有找到真正能使自己从这种危机中走出来的思想武器。

生态学马克思主义是近二十年来西方马克思主义中发展最快的一个派别，在某种意义上可以说，它标志着西方马克思主义发展的新阶段。我国学者最近一段时期对西方马克思主义的研究集中于对生态学马克思主义的研究是理所当然的。研究者不仅深入研究 20 世纪七八十年代所流行的生态学马克思主义的一些代表人物，如高兹、本·阿格、莱易斯等的理论，而且跟踪研究自 20 世纪 90 年代初以来新涌现的生态学马克思主义的一些代表人物，如福斯特、奥康纳、佩珀等的思想观点。综观这一研究不难发现，研究者研究生态学马克思主义始终围绕着 "马克思究竟有没有生态理论以及马克思的生态理论究竟是什么"这一问题展开。生态学马克思主义理论家富有说服力地告诉人们：在马克思的著作中不仅包含着深刻、系统的生态理论，而且马克思的生态世界观是当今世界唯一能指引人们消除生态危机，建设生态文明的思想武器。我们的研究者及时地将生态学马克思主义的这一理论成果应用于挖掘和领会马克思的生态世界观。马克思的生态世界观的基本内容和特征在国内是在近年才昭示于众的，有些研究者甚至用在马克思的著作中存在着深刻的生态理论，以及这一理论具有强烈的现实意义来证明马克思主义的当代性，即证明马克思主义并没有"过时"。这无疑得益于对生态学马克思主义的研究，确切地说，得益于把对生态学马克思主义的研究与对马克思的生态学世界观的研究紧密地结合在一起。

　　生态学马克思主义理论家对马克思的生态世界观的研究，集中于对马克思的《1844年经济学哲学手稿》《共产党宣言》和《资本论》这三部著作的研究上，而我国的研究者也顺着他们的思路，主要从这三部著作中挖掘马克思的生态世界观，如在《1844年经济学哲学手稿》中，马克思关于人与自然相互关系，以及劳动异化与自然异化相互关系的理论；在《共产党宣言》中，马克思关于人建立与自然的可持续性关系的思考；在《资本论》中，马克思关于"新陈代谢"的阐述。我国研究者在研究生态学马克思主义的过程中始终着眼于对马克思的生态世界观的现实意义的阐述。在当今中国，从上到下对下述问题都有了较为清晰的认识：人类究竟应当与自然建立起一种什么样的关系？人与自然之间的和谐相处在人类理想社会中究竟居于什么样的地位？生态危机究竟对人类意味着什么？它会把人类引向何处？生态危机究竟是如何造成的？生态危机是人类追求现代文明的必然归宿还是可以消除的？当今人类究竟如何着手去消除生态危机？在消除生态危机的综合工程中最本质、最核心的是什么？这说明当今中国人不但认识了生态危机的性质与危害，而且也知道了如何摆脱生态危机，建设文明。这离不开马克思的生态世界观的指引，在一定意义上也与对生态学马克思主义的研究相关。关键在于，西方马克思主义为我们揭示了生态危机与资本逻辑的对立。

四、西方马克思主义关于人的存在方式的理论，能为我们如何解决开辟中国道路必然面临的第三对矛盾，即人自身内部身、心之间的对立——人的单向度的日益加剧提供启示

　　对于当今人们正日益成为"单面人"，即只是从满足自己在物质方面的贪欲这一维度来发展自己这一点，一些学者，特别是一些自由主义经济学家非但不加以指正，而且还想方设法推波助澜。由此造成人的生存的意义是不是仅在物质领域就能全部实现，还是必须从各个方面满足自己，在追求全面满足中来实现自己的意义，这一问题越来越尖锐地摆在人们面前。

　　沧海横流，方显英雄本色。西方马克思主义关于人的存在方式的理论在这一事关人类究竟应当如何活下去的关键时刻，显得具有特别重大的意义。

　　人们有时把西方马克思主义称为"人道主义的马克思主义"，这是有根据的,由卢卡奇所开创的西方马克思主义的主流,始终坚持把马克思主义归结为一种人道主义,而且围绕着人的本质、人的需要、人的交往、人的自由、人的价值、人的异化等进行系统的研究。在一定意义上,也可以把西方马克思主义称为"人学"。我国的西方马克思主义研究者对西方马克思主义的"人学"也情有独钟,在这方面所推出的著作和论文汗牛充栋。西方马克思主义理论家对人的研究往往是以对马克思主义的人道主义思想进行阐述的形式展开的,这就为我国的研究者把对西方马克思主义的"人学"的研究与理解和把握马克思的有关人的理论结合在一起,提供了很好的条件。最近几年,我国的一些研究者所从事的一项重要工作就是利用西方马克思主义理论家对人的研究,特别是对马克思主义人道主义研究的成果,形成了较为完整的关于马克思的人的理论的认识。可以说,在西方马克思主义的"人学"基础上,我们已经构建了马克思主义的"人学"体系。在这一体系中,马克思主义关于人的全面发展的理论占有突出的地位。

实际上,西方马克思主义理论家对马克思的人道主义思想的阐述,最有价值之处在于:一是揭示了马克思对人的本质规定的全面性,即揭示出马克思不管从什么样的角度去规定人的本质,他总把人理解成具有无限丰富性的总体的人;二是与此相应揭示了马克思总是全面地、整体地论述人的异化,即揭示出他所看到的人的异化,总不是某一方面的异化,而是整体的异化;三是由此出发进一步揭示了马克思所理解的人的发展的第一个要求就是其全面性,即揭示出他所说的人的发展是使人的各个方面、各个层次兼容并包地、相互协调地得以发展。我国研究者把马克思的人的全面发展理论从马克思对人的大量论述中突现出来,给予充分的关注,显然是吸收了西方马克思主义理论家的研究成果。

正当我们的研究者聚精会神地结合领会马克思关于人的学说,特别是马克思的人的全面发展理论,深入探讨西方马克思主义的"人学"之时,以习近平同志为核心的党中央为了使我国的现代化进程沿着正确的方向发展,针对我国的社会现实,提出了"四个全面"、新发展观等理念。我国的研究者又顺理成章地把对西方马克思主义的"人学"的研究,对马克思的人的全面发展理论的研究,又与对"以人为本"的思想、"新发展观"这一马克思主义中国化的最新理论成果融合在一起。一些研究者在通过对西方马克思主义的

"人学"的研究而加深领会和深刻理解了的马克思的人的全面发展理论的指引下,来认识"以人为本"的思想、"新发展观"的内涵和意义。有些研究者强调,贯彻"以人为本"一方面要切实改变"见物不见人"的现象,使我们的社会不是以商品、资本为中心,而是以人为中心,另一方面必须把以人为中心进一步落实到以"整体的人"为中心,即不把注意力仅集中于人的某一需求上,而是满足人的整体的需求。对于"新发展观",有些研究者强调对其深远意义的认识不能仅仅停留在使我们知道了我们必须使经济、社会、文化等诸方面全面地、协调地、可持续地发展,而应当更加深入到使我们明确了我们人必须全面、自由地发展自身,建立一种不是以"占有"为特征而是以"实现自身"为主要内容的新的生存方式。应当说,如果不深入研究西方马克思主义的"人学",特别是如果不结合这一研究深刻把握马克思的人的全面发展理论,是不可能对"以人为本"的思想、"新发展观"提出这些富有新意的见解的。

当今中国人民把自己所选择的道路称为"中国特色社会主义道路"。这就是说,中国人民认为自己的发展道路是"社会主义"的,而且这个"社会主义"是具有"中国特色"的。中国人民强调自己的道路是"中国特色"的,而实际上这条道路的开创对于整个人类的意义越来越呈现于前。中国特色社会主义道路的开创,极大地改变了中国历史的发展进程,与此同时,对世界历史的进程也产生了重大影响。中国特色社会主义道路所注重的是"特色",但强调"民族特色"并不是走入"民族狭隘性",恰恰相反,是对"民族狭隘性"的否定与超越,"民族特色"只是意味着一个民族充分调动自己的内聚力,形成和发挥自己的优势。在这一意义上,中国特色社会主义道路产生世界性影响是必然的,中国特色社会主义道路的开创是一个具有世界历史意义的重大事件。中国特色社会主义道路既具有中国性,也具有世界性。

中国特色社会主义道路是否具有世界历史意义,主要取决于它是否为人类文明应对所面临的人的存在方式的矛盾与危机做出了自己的贡献,能否成为人类追求文明进步的一条新路,能否为人类探索出一种新的存在状态。

如果这样去思考问题,那么我们就能充分认识西方马克思主义关于人的存在方式的理论的重要意义。

第十九章　西方马克思主义与
"马克思主义理论研究与建设工程"

目前我国的哲学社会科学界,特别是马克思主义理论界正在实施"马克思主义理论研究与建设工程"。这是一项具有深远意义的举措。

"马克思主义理论研究与建设工程"所要实施的内容十分广泛,西方马克思主义研究无疑是其中不可或缺的一个重要组成部分。我国学者是从 20 世纪 70 年代末开始从事西方马克思主义研究的,至今已有四十多年的历史了。在这四十多年的时间中,我国学者通过对西方马克思主义的研究,为坚持和发展马克思主义,为马克思主义的中国化,为马克思主义在当代中国发挥其应有的功能,做出了重要贡献。在当前实施"马克思主义理论研究与建设工程"的过程中,我国的西方马克思主义研究者不能袖手旁观,而应积极地、有效地投入进去。

那么从事西方马克思主义研究,对实施"马克思主义理论研究与建设工程"究竟有着怎样的意义并产生怎样的影响呢? 这里且列举若干。

一、从事西方马克思主义研究,促使我们更清楚地领悟马克思主义的当代意义

我国实施"马克思主义理论研究与建设工程"是建立在对马克思主义当代意义的认可基础上的。如果马克思主义像西方政要与右翼思想家所说的那样"已经死亡",只能"送进历史博物馆",那么我们确实没有必要再花大力气去进行马克思主义理论的研究了,更不必把此当作一项"工程"来加以实施了。正因为"马克思主义理论研究与建设工程"的领导者和组织者深切地

感受到马克思主义对 21 世纪的人类,特别是对正在进行社会主义现代化建设的中国人民来说,仍然是一面光焰万丈的旗帜,才会用如此大的魄力与勇气把马克思主义理论的研究和建设作为一项"工程"来加以实施。

"马克思主义理论的研究与建设工程"建立在对马克思主义当代意义的认可的基础上,而这一工程所要达到的一个基本目标也正在于富有说服力地告诉人们马克思主义并没有过时,21 世纪的人类仍然必须在马克思主义的旗帜下开创新的生活。这一工程成功的程度首先是看通过它的实施使人们对马克思主义的接受度增加了多少。而要做到这一点,借助于西方马克思主义理论家的眼光与论述是必不可少的。

在长达八十多年的时间里,尤其是在 20 世纪 20 年代初无产阶级革命在西方世界屡屡失败,人们普遍对革命前景丧失信心的背景下;在 20 世纪 50 年代至 60 年代随着斯大林的一系列错误被揭露,在全世界范围内掀起反马克思主义、反共产主义声浪的境遇中;在 20 世纪 80 年代至 90 年代苏东社会主义国家纷纷垮台,一些原先的"马克思主义者"急着倒戈,不少人都认为马克思主义行将销声匿迹的历史关头,西方马克思主义理论家却高举马克思主义的旗帜。他们不仅反复阐述马克思主义没有过时的观点,更着力于对这一观点进行深刻论证。把他们的这些观点和所做的论证介绍到中国,并做出相应的研究,显然是很有必要的。

特别需要指出的是,在苏联解体、东欧剧变后奋力起来维护马克思的西方马克思主义理论家中,有一些还是当代最有名的哲学大师。他们原先与马克思主义无缘,有的人还曾公开声称自己的思想体系是与马克思主义不相容的,但在苏联解体、东欧剧变后,他们出于自己的"学术良知"纷纷走近马克思,从"马克思主义已成为文化遗产,必然对当今人类产生影响""马克思主义对立面的存在决定了其不会过时""当今世界需要马克思主义作为前进的路标"等各个方面,论证了 21 世纪的人类仍然需要马克思主义。诚然,他们是站在各自特定的立场上,用特定的方法来论证马克思主义的当代意义的,但无疑,所有这一切都应该成为我们在实施"马克思主义理论研究与建设工程"中,用以论证马克思主义的当代意义,以及用以向人们宣传这种当代意义时的重要思想资源。

二、从事西方马克思主义研究，促使我们更正确地把握马克思主义的"真精神"

实施"马克思主义理论研究与建设工程"的一个主要内容是，使人们从对马克思主义的错误理解中解脱出来，完整地、准确地理解马克思主义。对马克思主义错误的理解包括两个方面：一是死守对马克思主义僵化的、教条的解释，二是对马克思主义加以随意的、主观的解释。当人们尚没有完全摆脱前一种倾向，即这种倾向还严重地影响着人们对马克思主义的正确理解，从而严重地影响着马克思主义履行自己的历史功能之时，后一种倾向又悄然兴起，在"只存在着对马克思主义的各种解释，而根本就不存在所谓的马克思主义的原道"这一相对主义、虚无主义思想方法的支配下，一些人任意地"制造马克思"，把许多与马克思主义风马牛不相及的理论观点强加给马克思主义。在这种情况下，人们渴望排除所有这些对马克思主义教条的、僵化的和随心所欲的解释，准确地、完整地理解马克思主义，把握马克思主义的"真精神"，当然与此同时，也渴望正在实施的"马克思主义理论研究与建设工程"能在这方面有所作为。

要实现准确地、完整地理解马克思主义，所要做的事情很多，回到马克思的语境中去研读马克思的原著是一个正确的途径，借鉴他人对马克思主义的研究成果也必不可少。而在所要借鉴的他人的研究成果中，西方马克思主义的成果则是十分重要的方面。这一方面是由于极大部分西方马克思主义理论家在极大部分的时间里，是带着寻找马克思主义的"真精神"的强烈意向去从事马克思主义研究的，与我们有着大致相同的研究目的；另一方面则是由于这些西方马克思主义理论家习惯于从原著出发去研究马克思主义，这种研究方法正是我们所推崇的。研究目的和研究方法的正确，使他们对马克思主义的研究所取得的成果不但丰富而且可信。今天我们在探讨马克思主义"真精神"的过程中，对他们的成果给予更多的关注和重视，也在情理之中。

西方马克思主义理论家，特别是其早期代表人物，是在反对第二国际和第三国际的一些理论家对马克思主义，特别是对马克思主义哲学的错误理解中逐步走近马克思的。第二国际的一些理论家以马克思曾提出要"消灭""终结"哲学为由,引申出马克思是要从根本上否认哲学的合法性,强调马克思的理论与哲学无缘,认为马克思的理论主要是一种社会理论和经济理论,这些人完全无视马克思所要"消灭"和"终结"的哲学只是以主客体分离为特征的西方近代形而上学哲学世界观;第三国际的一些理论家则抹杀马克思对西方近代形而上学哲学世界观的超越,坚持用西方形而上学哲学观的眼光来看待马克思主义哲学,把马克思主义哲学划归于西方近代哲学,而不是现代哲学的范围,即把马克思主义哲学视为与西方近代哲学没有根本区别的,以主客关系问题作为基本问题的哲学。应当说,第二国际和第三国际的这些理论家对马克思主义的这些错误理解至今还在影响着我们。也正是在这些错误理解的遮蔽和误导下,我们无法使自己对马克思主义的把握最大限度地接近于其"本真"。今天在实施"马克思主义理论研究与建设工程"的过程中,认真地探索一下他们为什么和如何花大力气去反对这些错误的理解的,以及如何通过这种反对逐步向马克思主义的"真精神"靠拢的,不无裨益。当然我们这样说并不意味着完全认可他们对马克思主义的理解,并不意味着认为唯有他们领会了马克思主义的"真精神"。我们在这里只是想表明,借助于他们的理解,会使我们找到一条通向马克思主义的"真精神"的捷径。

三、从事西方马克思主义研究,促使我们更全面地认识马克思主义与现代西方思潮的真实关系

中国学术界的一些马克思主义研究者确实长期存在着"唯我独尊"的心态,将现代西方思潮视为自己的对立面而一概排斥,认为马克思主义者面对现代西方思潮只能持批判的态度。而近二三十年,企图用现代西方思潮来取代马克思主义的倾向又悄然兴起,一些人冷漠和嘲讽马克思主义已到了无以复加的程度。马克思主义与现代西方思潮之间究竟是一种什么样的关系?马克思主义的研究者究竟应当如何面对现代西方思潮?实施"马克思主义理论研究与建设工程"当然对此必须给出一个令人满意的答案。因为倘若当今中国的马克思主义研究者连对这一问题也感到束手无策,那怎么能在与现代西方思潮的良性互动中坚持和发展马克思主义呢?

　　西方马克思主义是一种把马克思主义与现代西方思潮，特别是现代西方哲学流派结合在一起的思潮，西方马克思主义理论家不但"身体力行"地用现代西方哲学的一些哲学流派之"长"补马克思主义之"短"，或者说从现代西方哲学流派中吸收优秀的东西丰富和发展马克思主义，而且聚精会神和尽心竭力地揭示两者之间的真实关系，从而为他们的这种"取长补短"行为提供理论依据。他们相信，倘若马克思活到今天，他一定会像老鹰扑向小鸡一样向这些现代西方哲学流派"猛扑"过去，去鉴别、消化和吸收它们。既然当年他对德国古典哲学能够这样做，那今天他对现代西方哲学也会如此。西方马克思主义理论家对马克思主义与以现代西方哲学为核心的现代西方思潮两者真实关系的论述，为我们今天在实施"马克思主义理论研究与建设工程"的过程中，正确地揭示和把握两者之间的关系，提供有益的启示。

　　首先，西方马克思主义理论家揭示出，因为马克思主义和以现代西方哲学为核心的现代西方思潮，共同进行了终结和消解近代形而上学世界观和思维方式的斗争，从而两者之间的关系首先是盟友的关系。按照西方马克思主义的这一基本判断，我们就不能把两者截然对立起来，持两者之间只能择其一的态度，而是必须改变马克思主义和现代西方思潮两极对立的思维。在当前既要反对固守封闭的、僵化的马克思主义解释体系，而对现代西方思潮采取一概排斥态度的倾向，又要反对轻视马克思主义，弃之如敝屣，而对现代西方思潮则爱不释手，趋之若鹜的倾向。

　　其次，西方马克思主义理论家揭示出，尽管由于阶级基础和理论立场的不同，马克思主义与以现代西方哲学为核心的现代西方思潮两者之间存在着原则性的区别，但在理论内容、形态和特征等方面又有着诸多共同之处，从这一意义上说，两者之间的关系又是同质的关系。这就昭示我们：应当努力寻找马克思主义与现代西方思潮的共同点，努力吸收现代西方思潮的独到之处，并把此作为丰富和发展马克思主义的重要思想来源。

　　最后，西方马克思主义理论家揭示出，由于马克思主义对近代西方哲学的批判和超越比其他所有的现代西方哲学都更加坚决和彻底，所以它在超越近代西方哲学的同时，也超越了现代西方哲学，马克思主义哲学与以现代西方哲学为核心的现代西方思潮的关系更是超越者和被超越者的关系。不能把马克思主义哲学与现代西方思潮同日而语，在把握两者的关系时，既要看到它们之间的同质性,更要看到两者之间的差异和对立。既然如此,我们应当理直气壮地让马克思主义在我国占据统治地位,理直气壮地把马克思主义奉为指导思想,理直气壮地在马克思主义的旗帜下进行我国的社会主义现代化建设。

四、进行西方马克思主义研究,促使我们更自觉地使马克思主义面对现实

实施"马克思主义理论研究与建设工程"的直接目标是实现马克思主义的当代化与中国化,而要做到这一点,最要紧的就是使马克思主义面对现实,在这个过程中实现马克思主义的与时俱进。

人们总把西方马克思主义称为"学院式的马克思主义",其实这里所说的"学院式"仅仅是指他们研究问题的方式。从他们所关注的一些理论问题来看,他们并没有回避现实的挑战,相反,他们把马克思主义研究的目的直接说成是"认识现实"。在一定意义上说,西方马克思主义是在用马克思主义理解和说明现实的过程中形成和发展起来的。在他们深奥难懂的语言中负载着大量关于急剧变化的资本主义世界的信息,跳动着这个特定时代的脉搏。他们实际上用他们特有的语言和方式曲折地反映着他们生活的时代。苏联解体、东欧剧变后,许多西方马克思主义理论家痛定思痛,把苏东社会主义的失败归于马克思主义理论远离社会现实。在他们看来,凝固地、静止地、教条地理解马克思主义是苏联模式的马克思主义的一大特征,用这种没有生命力的马克思主义来指导社会主义建设,招致失败是必然的。于是他们更自觉地要求马克思主义贴近现实。联系当代重大现实问题来研究马克思主义理论,在现实生活中寻找马克思主义的生长点,是苏联解体、东欧剧变后西方马克思主义研究获得重大进展的一个标志。西方马克思主义理论家长期以来,特别是在苏联解体、东欧剧变后用与现实更紧密地结合在一起的实际行动,使马克思主义走出低谷,回击对马克思主义的各种挑战,会对正在实施"马克思主义理论研究与建设工程"的中国的马克思主义研究者产生强烈的震撼力。

实际上,不仅仅西方马克思主义理论家的这种面向现实的精神会震撼

我们，而且他们运用马克思主义理论理解和说明现实的许多具体内容也给我们带来诸多启示。当前我们主要面临什么问题？最主要的问题就是如何面对现代性，如何进行现代化建设。自从快步走上现代化轨道以来，我们一方面享受到了丰硕的现代化成果，另一方面我们又在经受现代化运动中出现的日益加剧的各种负面效应的折磨。实施"马克思主义理论研究与建设工程"，运用马克思主义来解决当代中国问题，就要为当代中国人如何面对现代性提供一个正确的答案，这是责无旁贷的事。西方马克思主义理论家对现实问题的关注正是聚焦于对现代化运动的分析，他们的现代性批判理论实际上主要回答了人类如何面对现代化的问题。

西方马克思主义的现代性批判理论的特点在于，它在激烈而愤怒地揭露当代社会现代性的负面效应时，并不全盘否认现代性对当代人的积极意义，并不把现代性的负面效应完全归结于现代性本身逻辑发展的必然结果，并不希望现代人放弃对现代性目标的追求，而是要人们对现代性加以"治疗"。它努力地把物对人的统治追溯到人对人的统治，而不是把人对与人的统治掩饰为物对人的统治。它深信，只要换一种社会制度，换一种社会组织方式，换一种价值观念，现代性理念和作为这一理念具体实施的现代化运动完全有可能避免目前所出现的各种弊端。它强烈要求现代化运动不是与资本主义而是与社会主义结合在一起，提出了实现现代性的资本主义形式与社会主义形式之间的区别，这样它就对现代性和现代化运动的负面效应的揭露与批判，变成了对社会主义理想追求的必然性的论证。所有这一切难道不会对同样正在努力寻找中国人民如何面对现代性的答案的"马克思主义理论研究与建设工程"的实施者们留下深刻的印象，并使其获取强有力的启示吗？

五、进行西方马克思主义研究，促使我们用更科学的态度对待马克思主义

"马克思主义理论研究与建设工程"的实施，不仅仅要实质性地推动马克思主义的中国化和当代化，而且要为如何科学地、正确地对待马克思主义确立原则和树立表率。在这方面，西方马克思主义理论家对待马克思主义的

态度值得借鉴。

综观西方马克思主义理论家研究马克思主义的全部理论活动，可以看到有一个基本的态度贯穿于始终，这就是把"回归马克思"与"推进马克思"有机地结合在一起：一方面，不断地探索马克思主义的"真精神"，努力正确、全面地领会马克思主义的立场、观点和方法，在西方出现了发现、鉴别、出版马克思主义原著的热潮，许多关于马克思主义的国际大会上的主题往往就是涉及对马克思的一些基本精神的领会，而且推出了一批阐述马克思主义基本精神的著作与论文；另一方面，努力实现马克思主义的现代化，使马克思主义不断向前发展，许多马克思主义的研究者把"拯救社会主义"的出路定位于实现马克思主义的基本理论与现实的密切结合，可以说，近年召开的每一次马克思主义研讨会，许多涉及马克思主义的书刊，都具有企图在理论与实践的结合上说明现实问题，从中进一步向前推进马克思主义的鲜明特色。正是这种把"回归马克思"与"推进马克思"有机地结合在一起的态度，为我们当今中国的马克思主义信奉者和研究者所必需，也是当今的"马克思主义理论研究与建设工程"所要确立的科学地、正确地对待马克思主义的首要原则。单纯性注重"回归马克思"是不够的，离开了"回归马克思"而去"推动马克思"也是注定要失败的，可贵的是，把两者有机地结合起来。中国正在实施的"马克思主义理论研究与建设工程"如果真正能在这一结合上下足功夫，做出表率，那么我们完全有理由对这一"工程"抱有希望。只要"马克思主义理论研究与建设工程"的组织者和实施者们、马克思主义的研究者们，以及马克思主义的信奉者们，真正对马克思主义持一种科学、正确的态度，马克思主义真理的光芒定将照耀我们在社会主义现代化的道路上不断走向新的胜利。

第二十章　西方马克思主义的总体性理论对当今中国的启示

　　20世纪20年代初,中欧、西欧的一些国家的共产党效法俄国十月革命模式举行无产阶级起义相继失败,革命形势处于低潮。卢卡奇、柯尔施等党内知识分子从自己切身的经历出发,探讨革命失败的原因。他们把失败的原因归结为无产阶级意识形态的危机,而在他们看来,所谓"无产阶级意识形态的危机"主要表现为无产阶级及其政党丧失了总体意识,即不能总体地、全面地观察和处理问题。于是他们强调要通过把握总体性来复兴革命。卢卡奇、柯尔施所提出的总体性理论虽然一度被人们视为西方马克思主义的主要理论支柱,但对其真正的理论价值一直没有加以很好地研究,更不要说充分阐发。实际上,随着岁月的流逝和时代的变迁,这一理论的现实意义越来越显而易见, 特别是对正在从事中国特色的社会主义现代化事业的中国人民来说,这一理论更具有毋庸置疑的启发作用。

一、西方马克思主义的总体性理论的主要特征

(一)把总体性视为马克思主义方法论的核心

　　卢卡奇明确地提出:"不是经济动机在历史解释中的首要地位, 而是总体的观点,使马克思主义同资产阶级科学有决定性的区别。总体范畴,整体对各个部分的全面的、决定性的统治地位,是马克思取自黑格尔并独创性地

改造成为一门全新科学的基础的方法的本质。"①柯尔施则说道:"马克思主义的唯物主义,首先是历史的辩证的唯物主义。换言之,它是这样一种唯物主义,它的理论认识了社会和历史的整体,而它的实践则颠覆了这个整体。"②卢卡奇、柯尔施认为,具体的、总体的观点是马克思对于辩证法和思想史而言最重要的贡献;相反,如果只关注于马克思的政治经济学批判,而忽略了支持这些批判的总体观点,那么将会丢失马克思思想中最富创造力、最具革命性的本质。只要分析一下马克思的代表作《资本论》的基本思路,就可知道卢卡奇、柯尔施他们把总体性归结为马克思主义方法论的核心是正确的。

在《资本论》中,马克思将经济关系看作一个有机整体,把它的生产、消费、分配、交换等环节都放入这个有机整体加以考察。"我们得到的结论并不是说,生产、分配、交换、消费是同一的东西,而是说,它们构成一个总体的各个环节,一个统一体内部的差别……因此,一定的生产决定一定的消费、分配、交换和这些不同要素相互间的一定关系……不同要素之间存在着相互作用。每一个有机整体都是这样。"③而"每一个社会中的生产方式都形成一个统一的整体"④。因而只有对社会的统一体有所把握,才能够历史地了解社会关系的变化过程。正是由于马克思对于资本主义的经济发展环节始终是放在关联整体中进行理解的,所以他才会将《资本论》视为"一个艺术的整体"⑤。除了《资本论》,马克思的其他一些著作也贯穿着总体的视角。在《1857—1858年经济学手稿》中,马克思明确地提出:"我们越往前追溯历史,个人,从而也是进行生产的个人,就越表现为不独立,从属于一个较大的整体。"⑥生产的主体,也就是社会主体总是"在或广或窄的由各生产部门组成的总体中活动着……生产的总体"⑦。而在《政治经济学批判导言》中,马克思更是提道:"最一般的抽象总只是产生在最丰富的具体的发展的地方,在那里,一种

① [匈]卢卡奇:《历史与阶级意识——关于马克思主义辩证法的研究》,杜章智等译,商务印书馆,1996年,第76页。

② [美]柯尔施:《马克思主义和哲学》,王南湜、荣新海译,张峰校,重庆出版社,1993年,第38页。

③ 《马克思恩格斯全集》(第12卷),人民出版社,1962年,第749~750页。

④ 《马克思恩格斯全集》(第4卷),人民出版社,1972年,第144页。

⑤ 《马克思恩格斯〈资本论〉书信集》,人民出版社,1976年,第196页。

⑥ 《马克思恩格斯全集》(第46卷)(上),人民出版社,1979年,第21页。

⑦ 同上,第23页。

东西为许多所共有,为一切所共有。这样一来,它就不再只是在特殊形式上才能加以思考了。"①"具体之所以具体,因为它是许多规定的综合,因而是多样性的统一。"②这里,马克思所谈到的超越"特殊形式"对具体的思考,只能被理解为把握总体对部分的规定性,才符合上下文的意思。

尽管马克思在很多地方没有直接用"总体性"这样的术语,但是许多论述实际上是围绕着这一隐蔽的范畴展开的。总体性原则确实是从青年马克思到老年马克思思想发展的一条不变的线索。由于卢卡奇他们强调马克思主义的核心是方法,所以在他们看来,既然马克思主义方法论的核心是总体性原则,所以总体性原则便是整个马克思主义的核心。卢卡奇有这样一段名言:"正统马克思主义并不意味着无批判地接受马克思研究的结果,它不是对这个或那个论点的'信仰',也不是对某本'圣'书的注解。恰恰相反,马克思主义问题中的正统仅仅是指方法。"③他这里所说的"方法",就是总体性方法,在他看来,只要坚持总体性方法,就有资格被称为"正统的马克思主义"者。

(二)强调总体性是无产阶级的阶级意识的主要内容

他们极端重视无产阶级的阶级意识在历史上的决定作用,而他们所说的无产阶级的阶级意识的主要内容就是把握总体性,亦即"保持对总体性的渴望"。"无产阶级的阶级意识是变成为意识的对阶级历史地位的感觉",阶级意识与对自身历史地位的感觉有内在联系。"阶级意识既不是组成阶级的单个个人所思想、所感觉的东西的总和,也不是它们的平均值",阶级意识完全不同于工人在日常生活中的心理意识,无产阶级的阶级意识只能是渴望总体性。他们把对无产阶级历史地位的论证变成对无产阶级的阶级意识至关重要的论证,而把无产阶级的阶级意识的至关重要的论证又变成对无产阶级把握总体性的决定一切的论证。在他们看来,无产阶级的阶级意识与资产阶级以及其他阶级的阶级意识的分水岭就是能否把握总体性。而只有无

---

① 《马克思恩格斯全集》(第12卷),人民出版社,1962年,第754~755页。

② 同上,第751页。

③ [匈]卢卡奇:《历史与阶级意识——关于马克思主义辩证法的研究》,杜章智等译,商务印书馆,1996年,第48页。

产阶级产生了总体性的阶级意识,并据此为其争取自身生存、发展的权利而改变着世界的时候,历史发展才真正从自为走向自觉。而无产阶级自我意识的觉醒和对总体的认识是历史发展中同一过程的不同侧面。

那么为什么总体性原则最终只能被无产阶级所掌握呢?卢卡奇是这样来回答这一问题的:无产阶级的阶级观点能够看到社会的整体,"只是因为对无产阶级来说彻底认识它的阶级地位是生死攸关的问题;因为只有认识整个社会,才能认识它的阶级地位;因为这种认识是它的行动的必要前提,在历史唯物主义中才同时产生了关于'无产阶级解放的条件'的学说和把现实理解为社会进化的总过程的学说"[①]。卢卡奇在这里所分析的无疑是正确的,诚如他所说的,掌握辩证法,对历史进行总体的理解和把握,是无产阶级内在的、本质的要求。当无产阶级开始意识到改变世界、解放自己的救世主只能是无产阶级自己的时候,对总体性的渴求就自然而然地发生了。

(三)把物化意识作为总体意识的对立面加以抨击

他们认为,历史要求无产阶级把握总体性范畴,可实际上,无产阶级往往不具备这种意识。原因何在呢?卢卡奇提出,阻止无产阶级把握总体性的,便是资本主义社会中的"物化"现象。卢卡奇是从马克思的《资本论》中关于商品拜物教的论述中推导出物化理论的。他把"物化"定义为:"人自己的活动,人自己的劳动,作为某种客观的东西,某种不依赖于人的东西,某种通过异于人的自律性来控制人的东西,同人相对立。"[②]从这里看,他的"物化"概念的含义近似于"异化"概念。但就卢卡奇论述物化的具体表现而言,他是把物化作为总体性的反面来描述的。他认为物化就是"总体形象的破坏"。他借用黑格尔《精神现象学》中关于在社会异化的初期普遍物被分割为个体原子的论述,认为资本主义大工业生产最严重的后果就是导致工人的"原子化"。在高度合理化的大工业生产中,随着生产的客体被分割为许多部分,生产的主体也被分割为许多部分,工人成为机械系统的一个零件,成为孤立的、抽

---

① [匈]卢卡奇:《历史与阶级意识——关于马克思主义辩证法的研究》,杜章智等译,商务印书馆,1996年,第70页。

② 同上,第147页。

象的原子。这种影响一直深入到工人的灵魂中去，以致形成一种"物化意识"。无产阶级一旦被这种"物化意识"占据头脑，就再也看不到社会的总体发展趋势，只能被局部的、眼前的利益牵着鼻子走。卢卡奇还把"实证的"自然科学研究方法看作资本主义社会"物化意识"的主要表现。因为在他看来，自然科学研究方法乃是"崇拜事实"的方法，但是从事实中是得不出总体意识的，只能孤立地、割裂地、专门化地考察事实。这样考察的结果，势必是主体只能"沉思默想"地面对着独立的客体，而无法看到一个主体和客体融为一体的总体。卢卡奇认为，整个资本主义社会正是用这样的"科学方法"来进行统治和控制的，整个社会成为一个合理的、系统化的，并且是按照"永久的、铁一般的""自然规律"进行运转的结构。人只能适应这个结构，而不能超越这个结构，于是就陷入一个支离破碎的系统中而不能自拔。卢卡奇在这里不但正确地分析了作为总体意识的对立面的"物化意识"的主要表现，而且精辟地指出了这种"物化意识"的形成过程及其危害性。

上述三个方面是卢卡奇、柯尔施等人关于总体性理论的要点。应当说，尽管这一理论正如许多研究者所指出的那样：深受黑格尔哲学的影响，存在着对马克思主义加以黑格尔式的曲解的倾向，但是由于这一理论把马克思主义中长期被人们遮蔽的一项重要内容——总体性原则揭示了出来，把无产阶级的阶级意识的核心内容——总体意识清楚地呈现于人们面前，从而它理应受到重视和推崇。通过卢卡奇、柯尔施等人这些论述，我们认识到，他们要求恢复总体性的意识，并把此作为复兴革命的必由之路，理由是充分的。

二、西方马克思主义的总体性理论的启示

卢卡奇、柯尔施等人既是理论家，更是实践家，他们研究总体性理论，绝对不会仅仅停留在理论的层面，他们是为了实践需要才去研究这一理论的，因而他们把重心放在如何运用这一理论指导革命实践上。卢卡奇这样说道："这种辩证的总体观似乎如此远离直接的现实，它的现实似乎构造得如此'不科学'，但是实际上，它是能够在思维中再现和把握现实的唯一方法。"①

---

① ［匈］卢卡奇：《历史与阶级意识——关于马克思主义辩证法的研究》，杜章智等译，商务印书馆，1996年，第58页。

卢卡奇、柯尔施等人把总体性原则作为"再现和把握现实的唯一的方法"加以运用。而真正对我们具有更大启发作用的,则是他们运用总体性的方法对现实的理解和说明,以及在此基础上所形成的革命实践战略。

(一)启示我们把当下的任务与长远的奋斗目标联系在一起,把眼前的工作放到历史的整体中来加以理解

他们谈及了总体的诸多方面,但是最受重视的是总体中的历史纬度。他们强调,总体性原则的核心内容是历史性。所谓的历史性,就是指人的一切活动都是在一定的历史中发生的,从而要真正理解当下的人的活动,只有把其置于历史的总体之中。总体性原则体现在当下,就是要将每一个当下理解为历史的总体。当下既是历史链条中的一环,并包含着从前所有的经历,又是自立于从前而对未来的展望。总体性原则是理解当下与历史之间辩证关系的钥匙。卢卡奇指出:"无论是研究一个时代或是研究一个专门学科,都无法避免对历史过程的统一理解问题。辩证的总体观之所以极其重要,就表现在这里。"①"辩证方法不管讨论什么主题,始终是围绕着同一个问题转,即认识过程的总体。"②在他们那里,历史与当下的统一过程,是无产阶级掌握历史总体性原则的过程,也是异化和克服异化的过程。他们认为,只有无产阶级登上历史舞台之后,历史才会真正具有现实性。换句话说,无产阶级作为先进的阶级,其根本任务就是从历史的角度理解和指引现实社会的发展。无产阶级的阶级意识最重要的标志不是从眼前而是从长远出发。对于如何理解人的当下的活动,马克思说过这么一段精辟的话:"人使自身作为类存在物即作为人的存在物实际表现出来……只有通过人类的全部活动、只有作为历史的结果才有可能。"③可见,卢卡奇、柯尔施等人要求把眼前的一切放到历史的总体去理解,是继承了马克思的立场。卢卡奇这样赞颂马克思主义:"马克思主义正统永远决不是守护传统的卫士,它是指明当前任务与历

---

①　[匈]卢卡奇:《历史与阶级意识——关于马克思主义辩证法的研究》,杜章智等译,商务印书馆,1996年,第61页。

②　同上,第85页。

③　《马克思恩格斯全集》(第42卷),人民出版社,1979年,第163页。

史过程的总体的关系的永远警觉的预言家。"①

　　把眼前的工作与长远的目标联系在一起，对当前中国人民来说特别重要。我国目前正处于并将长期处于社会主义初级阶段，我们当下只能做与"社会主义初级阶段"相符的事情。问题在于，我们在做眼前这一切的时候，千万不能把它们与马克思所指引的无产阶级和整个人类的最终奋斗目标相分离。我们一定要把革命的现实主义与革命的理想主义结合在一起。正如卢卡奇所指出的，无产阶级的最终目标不是在某处等待着的无产阶级的天堂，也不是在日常斗争的紧张中能愉快地被忘怀，只有在与日常操劳呈鲜明对照的星期日布道时才能被记起的图景，无产阶级的最终目标总是与历史的总体联系在一起，它总是渗透于整个社会过程之中。"这种最终目标不是与过程相对立的抽象的理想，而是真实性和现实性的一个环节。"②革命者倘若明白了这一点，就应该善于通过把当下平凡的工作视为历史的总体的一个环节，善于说明当下平凡的工作与长远目标之间的密切联系，来使之获得意义。从表面看，目前我们所做的事情可能与西方资本主义国家中人们所做的没有多少差别，但由于我们有着一种明确的趋向性，即趋向最终目标的倾向，从而我们所做的事情有着无上的意义。我们的优势就在于有着这种趋向性，而这种趋向性显然正如卢卡奇、柯尔施等人所说的，是作为无产阶级的阶级意识的核心内容的"总体意识"所赋予我们的。

　　卢卡奇、柯尔施等人要求把社会的各个环节看作一个有机的整体，全面地进行改变现实的斗争。在历史的纵向上，他们要求把过去、现在与未来联成一体，把每一个历史的瞬间都放到历史的长河中去观察；在社会的横断面上，他们则要求把社会的各个方面联成一体，把每一个实际接触的点都放到社会的整个面上去分析。卢卡奇强调，总体总是相对于部分而言的总体。部分不能够仅仅当作孤立的原子来理解，任何部分都始终处于与自身密切相关的系统之中。只有把社会生活中发生的事件放到社会的总体中去把握，将孤立的事件理解为社会的特定环节时，客观的事实才会自然而然地向我们呈现。他说道："只有在这种把社会生活中的孤立事实作为历史发展的环节

----

① ［匈］卢卡奇：《历史与阶级意识——关于马克思主义辩证法的研究》，杜章智等译，商务印书馆，1996 年，第 75 页。

② 同上，第 74 页。

并把它们归结为一个总体的情况下，对事实的认识才能成为对现实的认识。"①总体性原则就是要对人类的社会生活进行整体全面的理解,不能以单纯的自然因素来解释社会。"因此,具体的总体是真正的现实的范畴。"②"具体的总体"概念的提出,体现了马克思主义哲学对黑格尔辩证法的改造。马克思将黑格尔的辩证法创造性地应用到现实社会的分析中,将黑格尔的抽象的总体从天上返回到现实的人间,改造为具体的总体。在马克思那里,总体性不仅表述为对资本主义的历史发展过程的认识,也表现为资本主义社会中生产关系有机整体的认识。

柯尔施则具体地分析道,"实在"或"社会"是由三个方面构成的:一是"经济",它是唯一真正客观的和非意识形态的实在;二是"法和国家",它们并不全是真实的,因为它们被意识形态所覆盖;三是"纯粹的意识形态",它既不是客观的,总的来说也不是真实的,它是社会生活的一种扭曲的反映。他强调,按照总体性理论,这三者之间有着千丝万缕的联系,共同构成一个有机的整体。而他的企图就是要说明这一有机整体之间的内在联系。有的学者如此评价柯尔施的《马克思主义和哲学》一书:"这部著作的基本假定就是把社会作为一个总体加以说明,在这一不可分解的整体中,每一要素都支持并反映其他要素。"③

卢卡奇、柯尔施等人基于要把社会视为一个总体这样一种认识,进而提出了他们著名的"总体革命论"。在他们看来,马克思对资本主义社会的批判"从来都是对资本主义社会整体的批判",而对资本主义社会性的改造"从来都是总体的全面的改造"。在他们看来,既然社会历史的发展是一个复杂的系统,社会的各个环节构成了一个有机的整体,既然资本主义社会对无产阶级的统治是多方面的,实行的是"总体专政",那么无产阶级反对资本主义社会的斗争也应当是多方面的,无产阶级革命应当是"总体革命",即无产阶级不但要搞经济革命、政治革命,而且还要搞思想革命、文化革命,更重要的是,就是在进行经济斗争时,也应把经济斗争与整个斗争联系起来,经济斗

① [匈]卢卡奇:《历史与阶级意识——关于马克思主义辩证法的研究》,杜章智等译,商务印书馆,1996年,第56页。

② 同上,第58页。

③ [美]R.A.戈尔曼主编:《新马克思主义辞典》,伦敦,1985年,第237页。

争只有在革命的总体前景中才能获得意义。

我们现在已经推翻了反动阶级的统治，进入了社会主义建设时期。我们目前的主要任务是发展。卢卡奇、柯尔施等人用总体性原则分析社会，要求对社会现实进行总体性的改造，对我们确定发展什么，以及如何发展会提供有益的启示。

（二）启示我们把社会与个人的联系当作一个关联总体，维护个人自由与社会认同之间的合理张力

他们认为，社会和个人的联系以及社会和个人的意义，不能割裂开来理解，必须作为一个关联总体，才能得到恰当的理解。在社会各构成部分之间的联系中，最本质的也是最重要的，就是个人与社会的整体联系。卢卡奇指出，用总体性原则观察个人与社会之间的联系，一方面不能脱离单一的个人来谈论社会共同体，从而把社会共同体视为可以凌驾于单一的个人之上的抽象物，另一方面又不能撇开社会共同体笼统地谈论个人的自由，因为根本就不存在游离于社会关系之外的抽象的个人。他强调，只有把一个个人置于社会关系之中，这些个人才是真实的。他认为，马克思把人理解成社会关系的总和是绝对正确的。在他看来，只要明白了个人与社会的总体联系之后，也就能正确地看待无产阶级政党与单个的工人之间的关系了，他反对人为地割裂无产阶级政党与单个工人之间的内在联系，强调"党是无产阶级阶级意识的支柱，是无产阶级使命的良知"。柯尔施更是提出用总体性原则看待个人与社会之间的关系，关键是要保持个人自由和社会认同的内在张力。正确途径的出发点是个人的权利，而落脚点必须放在共同体上。

法国哲学家萨特继承了卢卡奇、柯尔施把社会与个人的联系当作一个关联总体的做法，更是提出用"统摄理解"的方法来看待现实的个人与社会之间的关系。"所谓统摄理解，无非就是我的实在的生活，也就是一种总体化的运动，它把我的邻人、我自己以及我的环境条件集合在正在进行的一种宏观化的综合性的统一之中。"① 在萨特那里，总体性原则的现实特征表现为社

---

① ［法］萨特：《辩证理性批判·方法问题》，徐懋庸译，商务印书馆，1963年，第114页。

会与个人之间一种全新的交往关系，这种交往关系并不是以牺牲个人自由和生活多样性为代价的,相反,对社会的总体认识将有助于个人与社会之间形成一种相互促进的联系。这种联系有机地结合了个人的自由和社会历史的进步。在总体性原则中,个人的自由解放既是社会发展的目的,又是社会发展的保障。

　　另一个法国哲学家梅洛-庞蒂则是用更为清晰的语言表述了卢卡奇、柯尔施关于个人与社会之间的总体联系的观点。他提出:"对于个人来说,社会不是个人遇到的意外,而是人的存在的有机部分","人在社会中的存在不同于物在盒子中的存在,人在其灵魂深处承受着社会","不仅个人把意义注入外部世界，而且世界也把意义注入个人","我们选择世界，世界也选择我们","我们在一个不可解脱的三角中同世界和其他人纠缠在一起"。①他认为，要真正知道如何去争取人的自由，就必须理解人与外部世界的相互关系,只要在与外部世界的相互作用中来理解自由,那么这样的自由就是现实的自由,真正在现实中起作用的正是这种自由。

　　卢卡奇、柯尔施等人的所有这些关于个人与社会相互关系的论述渗透着总体性原则，而了解这些论述也有助于我们解决目前在现代化进程过程中所碰到的一些难题。一些西方学者中的有识之士早已看到了现代性中的痼疾,其中最为重要的就是,一方面,面临非人化的极权主义倾向,另一方面,又经受否定一切权威的极端民主化倾向。在一定程度上,这一痼疾也正困扰着我们。如何在市场竞争中确立道德规范,如何在满足个人需求时兼顾他人利益，就成了社会主义市场经济体制发展中的重大问题。只有像卢卡奇、柯尔施等人那样强调个人与社会间的总体关系,个人才能真正成为社会历史的出发点和归宿,才能保证我们国家的现代化进程走出一条不同于西方的道路。

---

① ［法］梅洛-庞蒂:《知觉现象学》,伦敦,1962年,第452~454页。

（三）启示我们把人本身视为一个总体，实现人的全面、整体的发展

他们强调必须把总体性原则贯穿到对人本身的认识中去，从而提出了"总体的人"的概念，认为构成人的本真性的因素是全面的、综合性的，千万不能用某一特定的因素，如对物质享受的追求，来覆盖人的全面性，从而使人变成单向度的、片面的人。总体性原则并不主要体现在外在于主体的客观事实之中，总体性恰恰是对现实进行理解和把握的具体的人的根本特征。卢卡奇明确提出，人性趋向于总体的存在。他说："人的存在的总体就是人性"，这是把人性与总体联系在一起。在他看来，马克思有众多对人的本质的论述，其要旨就是突出人性的总体特征。马克思把人的本质归结为自由自觉的活动，即作为目的本身的消遣性的劳动。马克思把这种实现人的劳动这一本质所要求的人的能力的全面发展，直接表述为"全面发展自己的能力""发挥他的全部才能和力量""人的全部力量的全面发展"等。马克思强调人的本质是人的自然属性、社会属性和精神属性的统一。既然人的本质是这三种属性的统一，要实现人的本质就务必使这三种属性全面地得以发展。这就是说，不但要使作为人的自然属性的两大组成部分的体力和智力都得到自由而充分的发展，而且要使另外两种属性也相互协调地展示和强化。后两种属性的全面发展是与人的个性的全面发展紧密联系在一起的，它们构成了人的全面发展的综合表现和最高指标。马克思还把人的本质与人的需求联系在一起。无疑，人的需要是全面的、综合的和多层次的，所以为了实现人的本质，不仅要在广度上而且应在深度上满足人的需要，即应全面地、综合性地、多层次地满足人的需要。

柯尔施则指出，不管你从什么样的角度去规定人的本质，所看到的人都是具有无限丰富性的总体的人。因而不管你从什么样的角度去探讨人的发展，所得出的结论只能是，人的发展的第一个要求就是其全面性，即使人的各个方面、各个层次兼容并包地、铢两悉称地、相互协调地得以发展。

在西方马克思主义理论家中，对"总体的人"做出明确解释的是卢卡奇、柯尔施的继承者的列斐伏尔。列斐伏尔指出："总体的人是对无限而言的一

个极限""总体的人就是整个自然界""总体的人是生命和主体-客体",这是说人正是凭借其对总体的渴求才能实现与自然融为一体。在他看来,只有真正实现了总体性,才能克服异化。他明确地提出:"总体的人是消除了异化的人。"①由此出发,他把实现人自身的总体性看得至关重要,请看他的命题:"对于希望真正解决问题的人来说,唯一的出路就是努力把握自身的总体性。"②他基于马克思在《1844年经济学哲学手稿》中关于"全面的人"的论述,来阐述他的"总体的人"的概念。马克思说:"人以一种全面的方式,也就是说,作为一个完整的人,占有自己的全面的本质。"③在他看来,马克思所说的"全面的人"也就是他所说的"总体的人"。

另一位西方马克思主义理论家弗洛姆则愤怒地抨击了一些人不但把人歪曲成只是追求物质享受的人,而且把这种观点强加于马克思主义。他说:"在形形色色的说教中间,也许没有什么观念比马克思的'唯物主义'观念传播得更为广泛了。在有些人看来,仿佛马克思认为人的最重要的心理动机是希望获得金钱和享受,这种为获得最大利润而作出的努力,构成个人生活和人类生活中的主要动力。作为对这种观念的补充的是下述这个同样广泛流传的看法:马克思没有看到人的重要作用,马克思对人的精神需要既不重视,也不了解;马克思的'理想人物'是那种吃得好,穿得好然而'没有灵魂的人'。"④"为了正确理解马克思的哲学,应当扫除的第一个障碍就是对唯物主义和唯物史观概念的曲解。有些人认为,唯物史观应该是这样一种哲学,这种哲学主张人的物质利益,人对不断增加自己的物质福利和使生活日益舒适的愿望是他的主要动力。"⑤

卢卡奇、柯尔施等人在把人理解成"总体的人"的基础上,一方面展开了他们对当代资本主义社会把人扭曲成片面的人批判,另一方面又展开了对人必须全面发展的论证。西方的一些"左"派充分认识到了他们用总体的原则理解人,把人视为"总体的人"对西方资本主义社会的现实意义,即用它来

---

① [法]列斐伏尔:《辩证唯物主义》,巴黎,1962年,第147页。

② 转引自[南斯拉夫]R.卡拉尼:《列斐伏尔与马克思思想》,南斯拉夫《世界社会主义》杂志,1982年第32期。

③ 《马克思恩格斯全集》(第42卷),人民出版社,1979年,第123页。

④ [美]弗洛姆:《马克思关于人的概念》,纽约,1961年,第2页。

⑤ 同上,第8页。

评判现代资本主义,提醒人们对所处境遇的认识;用它作为社会发展目标来赢得人民的支持。实际上,他们的观点对正在进行社会主义现代化建设的中国人民同样具有现实意义:有助于纠正种种导致人日益走向片面化的不良行径,提高人们全面地发展自身的自觉性。中国共产党人已经把实现人的全面发展鲜明地写在自己的旗帜上,这是创造性地运用总体性原则的生动体现。社会主义的优越性不是主要体现在更高的国民生产总值增长率上的,而是体现在对人的全面发展的促进上的。社会主义现代化建设的这种性质与特点,决定了进行社会主义现代化建设离不开人的总体性理论、人的全面发展理论的指导。

(四)启示我们把理论与实践当作一个完整的现实的总体,致力于把人的理论活动与人的实际行为真正统一起来

卢卡奇、柯尔施等人对总体性的追求,归根到底是对理论与实践统一的追求。在他们看来,理论与实践构成了一个最基本的活生生的总体。如果连这样一个总体也把握不了,那么对上述所有其他的总体的把握,就将成为一句空话。在他们那里,理论与实践的总体性是同主体与客体的总体性、思想与现实的总体性相一致的。他们竭力反对离开总体的观点把主体与客体、思想与现实截然分割开来。卢卡奇指出,只要还坚持思维与存在相截然对立的观点,那么正如新康德主义者李凯尔特所抨击的那样,这只不过是"颠倒过来的柏拉图主义",只要思维和存在还保持着它们古老的固定不变的对立的话,只要它们在自己的结构中和在相互关系的结构中仍保持不变,那么认为思维是头脑的产物和因此是和经验的对象相一致的观点就同回忆说和理念世界一样,都是一种神话。

柯尔施更是明确地指出:"我们将证明:事实上,马克思和恩格斯决没有任何这样的关于意识和与现实的关系的二元论的形而上学观……他们从来没有想到过他们会被这样危险地误解……因为意识和现实的一致,是每一种辩证法,包括马克思的辩证唯物主义的特征。"①他还说:"在他们的一生

---

① ［美］柯尔施:《马克思主义和哲学》,王南湜、荣新海译,张峰校,重庆出版社,1993 年,第 47 页。

中,马克思和恩格斯都反对那种把关于直接给予的现实的思想、观察、感知和理解与这个现实对立起来,好像前者自身也是直接地被给予的独立本质的非辩证的方法。"①柯尔施因为指出了马克思的哲学超越了主客分立,遭到了当时第三国际中那些守护传统的马克思哲学解释体系的理论家的攻击,说他是一种"唯心主义的背叛"。他反驳说:"在意识与对象之间划一条严格的界限"是"所谓十足的常识,是最坏的形而上学"。在他看来,"俄国马克思列宁主义的职业阐述者"这样做"是不断地重复他们早已背下来的'唯物主义'字母表的 ABC",这是一种"哲学上的无知状态"。他说:"因为我那时相信,这个观点对于辩证唯物论者或革命的马克思主义者来说是不言而喻的,所以我与其说是详细说明了而不如说是假定了对于意识和存在关系上粗糙的、前辩证的,甚至是前先验观念的这种批判。"②

卢卡奇、柯尔施等人如此坚守主体与客体、思维与存在的统一,一个重要目的就是为了论证理论与实践的统一。卢卡奇这样说道:"认识现象的真正的对象性,认识它的历史性质和它在社会总体中的作用,就构成认识的统一不可分的行动。"③马克思主义作为一种无产阶级的理论,其本质特征就是与无产阶级的行动不可分。"历史唯物主义方法的本质是与无产阶级的'实践的和批判的'活动分不开的;两者都是社会的同一发展过程的环节。"④显然,他们所说的理论与实践的统一,不是指理论来源于实践,进而又为实践服务这样一种统一,而是指理论不仅仅反映了实践,而且本身就是实践的一个组成部分。由于这种把理论与实践视为一个总体的观点,是建立在把思维与存在相统一的基础之上的,因而不少人尽管批评其具有浓厚的唯心主义倾向,但与此同时又承认这是一种深刻和彻底的见解。我们也能从中获取启示。我们平时之所以不能做到理论与实践的真正统一,一个重要原因就是缺少总体性的观点。坚持总体性原则必然是坚持理论与实践相统一的立场。我们要记住,"理论与实践的统一只不过是无产阶级的社会历史地位的另一

---

① [美]柯尔施:《马克思主义和哲学》,王南湜、荣新海译,张峰校,重庆出版社,1993 年,第 50 页。

② 同上,第 75 页。

③ [匈]卢卡奇:《历史与阶级意识——关于马克思主义辩证法的研究》,杜章智等译,商务印书馆,1996 年,第 63 页。

④ 同上,第 71 页。

方面"①。我们一定要将现实理解为理论与实践的整体,不仅在思想上,而且在行动上积极地参与社会运动,将理论转化为改变世界的力量。这对于下定决心将自己的祖国建设成社会主义强国的中国人民来说非常重要。

---

① 〔匈〕卢卡奇:《历史与阶级意识——关于马克思主义辩证法的研究》,杜章智等译,商务印书馆,1996年,第70页。

第二十一章　西方马克思主义的
现代性批判理论对当今中国的启示

　　当代中国的发展已到了一个关键时刻。自实施改革开放以来,中国就走上了一条执着而又快速地追求现代性的道路。尽管历时只不过四十多年,但中国人民已充分享受到了现代性所带来的无比满足,另一方面也遭受了现代性所造成的种种磨难。当前中国确实面临一个如何对待现代性的问题:是置现代化所带来的种种负面效应于不顾,继续沿着原先的路走下去,把西方的现代性理念和现代化的道路照搬过来,让中国这块古老的大地彻底经历一次西方式的现代性"洗礼",还是因为在现代化的道路上经受了某些痛苦,干脆放弃对现代性的追求,使中国成为一块置身于世界之外的"非现代化的圣地"?我们知道,西方马克思主义曾经就现代性提出过系统的理论,他们中间的不少人是以批判和论述现代性著称于世的。在现代西方形形色色的现代性理论中,西方马克思主义的现代性理论有其独到之处。而西方马克思主义的现代性理论能为我们正确回答当前中国如何面对现代性这一至关重要的问题提供有益的启示。西方马克思主义在当代中国的意义可能主要体现在这里。

一、辩证地对待现代性

　　西方马克思主义的理论家在一些场合直接对现代性展开批判,在更多的场合则是通过批判当代资本主义社会中某一社会现象间接地对现代性展开批判,如对物化与异化、启蒙精神、大众文化、工具理性、日常生活、消费主义、生态危机、科学主义等的批判,都可以视为从不同角度对现代性的批判。

在一定意义上说，"西方马克思主义"的出现源自对现代性的种种负面效应的不满和激烈批判。正因为如此，"西方马克思主义"传入国内后，我们曾把注意力主要集中于他们所展开的批判上，"西方马克思主义"，特别是其中的法兰克福学派也因而作为一种"批判理论"广为人知。

西方马克思主义的现代性批判理论与现代西方的其他现代性批判理论相比较，如与后现代主义的现代性批判理论相比较，有着许多区别点，而这些区别点主要不是指我们通常所说的所谓它的批判比后者更系统、激烈之类。我们对"西方马克思主义"现代性批判理论研究的失误就在于往往把目光只盯在它与其他人或思潮批判的那些共同点上，而很少去分析它的真正特点所在。

西方马克思主义的现代性批判理论的特点在于，它在激烈而愤怒地揭露当代社会里现代性的负面效应时，并不全盘否认现代性对当代人的积极意义，并不把现代性的负面效应完全归结于现代性本身逻辑发展的必然结果，并不希望现代人放弃对现代性目标的追求，而是要人们对现代性加以"治疗"。它努力地把物对人的统治追溯到人对人的统治，而不是把人对人的统治掩饰为物对人的统治。它深信，只要换一种社会制度，换一种社会组织方式，换一种价值观念，现代性理念以及作为这一理念具体实施的现代化运动完全有可能避免目前所出现的各种弊端。它强烈要求现代化运动不是与资本主义而是与社会主义结合在一起，提出了实现现代性的资本主义形式与社会主义形式之间的区别，这样它就把对现代性及现代化运动的负面效应的揭露和批判，变成了对社会主义理想追求的必然性的论证。实际上，"西方马克思主义"的现代性批判理论的价值正是体现在这些与众不同的特点上，我们只有抓住这些特点深挖细找，才能为我们当前的社会主义现代化建设获取有益的启示。

二、正确地看待科学技术和理性主义

现代性的出现离不开现代科学技术的发展，而现代性的核心是理性主义和人道主义。西方马克思主义对现代科学技术、理性主义、人道主义的态度是与对现代性的态度相一致的。

　　人们总把西方马克思主义，特别是西方马克思主义中的法兰克福学派说成是反科学技术的。实际上，这也是个误解。确实，拿法兰克福学派来说，从 1932 年霍克海默发表《对科学的发觉及其危机》一文起，历时数十年，从来也没有停止过对科技理性的批判，而且他们往往把对科技理性的批判与对科学技术的消极的社会功能的揭示结合在一起。全部的关键在于，法兰克福学派对科学技术消极的社会功能的批判，是不是就是批判科学技术本身。换句话说，法兰克福学派有没有把科学技术在现今社会中所表现出来的种种负面效应，归结为是由科学技术本身造成的；有没有赋予科学技术一种原罪的性质，只要了解一下马尔库塞的"新科技观"就不难做出回答。在法兰克福学派的所有代表人物中，没有比马尔库塞对科学技术的批判更尖锐的了。即便马尔库塞一再强调，科学技术执行意识形态职能、变成统治工具与科学技术本身没有必然的联系，科学技术也完全有可能在新的历史条件下成为一种解放手段。他认为，当科学技术已变成统治或控制工具的时候，革命的理论家应当探讨使科学技术变为解放手段的必要性和可能性的问题。革命的理论必须承担一种新技术和新科学的纲领。①马尔库塞的"新科技观"清楚地表明，他并不认为科学技术产生的消极的社会作用是科学技术本身固有的属性。马尔库塞的这种观点在整个法兰克福学派中具有代表性，如作为这一学派的中坚力量与创始人的霍克海默，早在马尔库塞之前就强调，不能离开运用科学技术的客观条件来谈论科学技术的正效应与负效应，科学技术之所以产生一系列的"副作用"主要在于运用科学技术的外在环境不当。②在整个西方马克思主义和法兰克福学派中，马尔库塞、霍克海默对科学技术的这种态度具有典型意义。

　　西方马克思主义的有些著作明显是直接推崇理性主义的，如卢卡奇的《历史与阶级意识》和马尔库塞的《理性与革命》等，西方马克思主义因此而获得过"理性主义的马克思主义"的称号。但西方马克思主义有时又被人与反理性主义联系在一起，应该说，这也不是完全没有道理的。只要读一读霍克海默和阿多尔诺的名著《启蒙辩证法》，了解一下他们是如何揭示以理性和技术为核心的启蒙最终走向了反面，走向了理性的启蒙的自我毁灭的悲

――――――――――

① 　See H.Marcuse, *One-Dimensional Man*, Boston, 1964, p.166, pp.204-205.

② 　参见[联邦德国]马克斯·霍克海默:《批判理论》,李小兵等译,重庆出版社,1989 年,第 2 页。

剧的,就会很自然地这样去做。但人们这样做的时候千万要记住,他们对启蒙理性的批判,实际上主要是对启蒙理性蜕变为工具理性、科技理性的批判,他们在对工具理性、科技理性进行批判时,从来都是把价值理性、批判理性作为其对立面加以弘扬,而且在一定意义上,他们批判前者是为了让后者更好地支配这个世界。《启蒙辩证法》本身坚持着一种辩证的启蒙概念,至少可以说它对启蒙的态度是犹豫的。但是由于创作环境的影响,作者突出的是启蒙负面的效果,并且将启蒙精神与工具理性本质地联系起来。尽管如此,我们仍然不能一般地说作者采取一种对启蒙精神或现代性彻底的否定立场。例如,作者在书中写道:

> 我们并不怀疑,社会中的自由与启蒙思想是密不可分的。但是,我们认为,我们同样也清楚地认识到,启蒙思想的概念本身已经包含着今天随处可见的倒退的萌芽。在这方面,启蒙思想与相关的历史形态和社会制度比较起来并不逊色。如果启蒙没有对这一倒退的环节进行反思,它就无法改变自身的命运了。[①]

这段话一方面告诉我们,作者不仅把启蒙与倒退联系在一起,而且把启蒙视为与自由密不可分,另一方面又使我们知道,作者之所以要启蒙对“倒退的环节”进行反思,目的还在于“改变自身的命运”,如果作者已把极权、神话和倒退看作启蒙的必然宿命,那么也就不会产生这种“改变自身的命运”的奢望。下面的一些话则更清楚地表现了他们对改变启蒙的命运的期望:“其中对启蒙的批判,目的是想准备好一种实证的启蒙概念,以便把它从与盲目统治的纠结之中解放出来”[②],“只有在它摒弃了与敌人的最后一丝连带关系并敢于扬弃错误的绝对者, 即盲目统治原则的时候,启蒙才能名副其实”[③]。由于对《启蒙的辩证法》一书是不是完全否定启蒙这一点颇有争论,我们在这里再引一段原话:

---

① 　[德]马克斯·霍克海默、西奥多·阿道尔诺:《启蒙辩证法:哲学断片》,渠敬东、曹卫东译,上海世纪出版集团,2006 年,第 3 页。

② 　同上,第 5 页。

③ 　同上,第 39 页。

资产阶级用以攫取权力的工具,如能力的解放、普遍的自由、自决的权利,简言之,启蒙自身,一旦作为一种用于压迫的统治体系,就会反对资产阶级本身……启蒙也并未向统治本身提供那些旧有的意识形态所认可的可靠手段。启蒙的反权威倾向,当然它只是一种地下形式,仍然在理性概念中与乌托邦思想有着千丝万缕的联系,它最后向敌视贵族那样敌视资产阶级,当然,这种资产阶级很快就会与贵族制结为同盟。①

这段话又告诉我们,霍克海默、阿多尔诺他们不仅把当今的启蒙与极权主义相提并论,而且还提出当今的启蒙具有"与乌托邦思想有着千丝万缕的联系"的"反权威倾向",尽管"只是以地下的形式"。

对西方马克思主义的主流坚持主体性原则,坚持人道主义的观点这一点,大概很少会有人提出异议。如果笼统地把西方马克思主义说成是反现代性的,那么这显然无法解释反现代性的西方马克思主义会维护作为现代性核心的主体性原则和人道主义。西方马克思主义的早期代表人物都反对主客体对立,反对与客体二元分立的主体。但这并不意味着他们也像后现代主义那样要彻底消解主体,他们只是要求把人看作整体的人,而不是视为与客体对立的片面的人。他们要求重新认识人的存在及其活动的价值与意义。这就是说,人在他们那里,仍是一种确定的存在,他们的哲学具有一种实在性的主体的倾向。卢卡奇的主客体辩证法既是一种反对主客分离的辩证法,又是一种用主体去"包摄"客体的辩证法。他把主体构成并"包摄"客体作为主体和客体同一性的前提。卢卡奇的主客体辩证法说到底是为了从主体与客体的相互作用中展开全部历史,论证人在历史上的能动作用,即为了高扬人的主体性。

葛兰西更是把自己的"实践哲学"称为"历史的绝对的人道主义"。他不但公开提出"人是什么"是哲学提出的基本的和主要的问题,始终把人的问题放在自己整个研究的中心地位,而且竭力论证世界统一于人,统一于人的

---

① ［德］马克斯·霍克海默、西奥多·阿道尔诺:《启蒙辩证法:哲学断片》,渠敬东、曹卫东译,上海世纪出版集团,2006 年,第 101~102 页。

实践。他认为所谓"客观"就是"从人的角度客观",是"历史的主观"。①他这样问人们:离开了人,这个世界还有什么意义呢?

可见无论是卢卡奇的主客体辩证法,还是葛兰西的"实践哲学",都在反对以主客体分离为特征的主体性的同时,又致力于建立以主客体同一为特征的新的主体性。其对主体性的这种基本立场,被法兰克福学派所承继,而生态学马克思主义反对后现代主义对主体性,对人类中心主义的消解的理论出发点,也正导源于这种基本立场。生态学的马克思主义者则不是一般地批判人类中心主义,而是批判人类中心主义的资本主义形式。佩珀就这样说道:"人并不是一种污染源,人并不是生来就是傲慢、贪婪、好斗、富有侵略性,也不是生来就具有其他的种种野蛮性。假如人沾染了这些的话,那也并不是不可改变的遗传因素造成的,也不是原罪所致,而是流行的社会经济制度使然。"②他们从绿色政治的营垒中分化出来,致力于建立以人类中心主义为宗旨的生态政治。在哲学上,他们要建立一种以"人为尺度"分析人与自然关系的现代自然观。佩珀明确地指出:"生态学的马克思主义就是人类中心主义和人道主义。"③

三、对当代中国的启示

由于以前人们较多地注意西方马克思主义对现代性的批判和否定方面,因此这里我们着重论述其对现代性的肯定与"治疗"方面。只有把两者结合在一起,才能比较完整地把握西方马克思主义的现代性理论,而只要完整地把握这一理论就不难看出,西方马克思主义理论家对现代性的态度从总体来说是一种辩证的态度,而正是这种对现代性的辩证的态度会给予正在追求现代性、从事社会主义现代化建设的中国人民莫大的启示。

第一,西方的现代化事业出现了问题,中国的现代化事业虽然历时不长,但也出现了问题。我们必须要像西方马克思主义理论家那样,敢于正视和充分认识现代化事业中所出现的问题,而不能熟视无睹。

---

① See A.Gramsci, *Selections from the Prison Notebooks*, London, 1971, p.445, p.446.

② D.Pepper, *Eco-Socialism:From Deep Ecology to Social Jutice*, London, 1993, pp.232-233.

③ Ibid., p.232.

现在流行的一种说法是,目前中国尚处于"前现代化"时期,尚处于实现现代性、向现代化的过渡之中,在这过程中,出现种种负面效应,是实现现代性所必然要付出的代价。如果我们连现代化的门槛还未踏进,就急于去解决这些只能在实现了现代化后才能解决的问题,那其结果只能是干扰现代化的建设,会严重影响人们聚精会神去推进现代化进程。目前人们只能默默忍受在现代化过程中所出现的各种弊端。一切美丽的东西总要经历丑陋的阶段,蝴蝶是由虫子变的,中国要成为"蝴蝶"必定要经过"虫子"这一阶段。这是一种十分糊涂而又非常有害的观点。西方马克思主义理论家之所以如此尖锐地批判和揭露追求现代性的过程中所出现的种种负面效应,根本目的是要人们自觉地趋利避害,一方面充分享受现代性的硕果,另一方面把代价降低到最低限度。不错——蝴蝶是由虫子变的,但一切美丽的东西必先在某一阶段是"虫子"吗?如果中国实现现代性必须要付出重大代价,很有可能现代性的成果我们尚未享受到,而代价已经把我们葬送了。我们一定要在实现现代性的同时,不失时机地促进人的全面发展,实现社会的全面进步,即做到"鱼和熊掌可以兼得"。

第二,现代性的进程中遇到了挫折和困难,关键是找到出现挫折和困难的根源。我们必须要像西方马克思主义理论家那样,不把现代性进程中所出现的问题归罪于现代性本身,不把这些问题视为现代性合乎逻辑的必然归宿。

令人非常担心的是:一方面,一些人无视中国的现代性进程中所出现的种种问题,无视老百姓面对这些问题所发出的长吁短叹,一意孤行地走下去;另一方面,一些人即使看到了这些问题的存在,但与此同时又把这些问题说成是现代性内在逻辑的必然结果,似乎中国人的命要么被关在现代性的大门之外,无法享受现代性所赐予的满足与幸福,要么就是被现代性的内在逻辑所葬送。这里的关键在于,我们既不能无视中国的现代性事业所遇到的各种问题,更不能把这些问题说成是现代性本身造成的。在这种情况下,了解一下西方马克思主义批判现代性的负面效应,但不把这些负面效应直接与现代性联系在一起,批判科学技术消极的社会功能,但又不把这种消极的社会功能视为科学技术本身的原罪的观点和思路,是多么的重要!西方马克思主义理论家尽管按照他们的生活经历,看到的是现代性正在走向自己的反面的历史事实,但并不因此而简单地得出结论——这是现代性的必然归宿,这确实难能可贵。西方马克思主义的现代性理论昭示我们必须从实现现代性的社会组织方式、推进现代性的社会制度等方面来探索何以现代性的实际进程中出现了如此多的错误。

第三,必须正视现代性的进程中之所以出现种种问题,根本原因在于承受现代性进程的社会体制不完善这一点。我们必须要像西方马克思主义理论家那样,把对现代性进程中负面效应的批判,变成对社会主义目标追求的必然性的论证,变成推进改革和完善社会主义体制的强大动力。

大多数西方马克思主义理论家持有这样一个强烈的观点:在现行资本主义制度下,现代性进程不可能充分展现其正面效应,相反会越来越滋生和助长其负面效应。他们实际上把现代性的负面效应归结于现行的资本主义制度。[①]例如,生态危机、人与自然相互关系的失衡,这显然是现代性进程中出现的一个重大负面效应,西方马克思主义理论家就不把这一负面效应的账直接记在现代性的头上,而强调是资本主义制度的下的"追求利益最大化的利润动机"导致了这一负面效应,只要改变这一资本主义的生产逻辑,完全有可能避免这一负面效应。这样,他们就把对现代性进程中负面效应的批判与对资本主义制度的批判结合在一起。他们要求改变资本主义制度,变资本主义为社会主义,他们深信,在真正的社会主义制度下,现代性进程中的种种负面效应会得到有效的遏止。了解了西方马克思主义理论家的这些观点,我们一定会倍加珍惜我们的社会主义制度。不要忘记我们的现代化是在代表最广大人民根本利益的中国共产党领导下的社会主义现代化,在现代化前加上"社会主义"四个字表明我们是在与西方国家不同的社会制度下从事现代性事业,这不是我们的劣势,而是我们的优势。

---

① 有些学者因此而对西方马克思主义提出批评,认为这是把现代性与资本分离开来,在他们看来,资本、现行的资本主义制度也是现代性的一个不可分割的组成部分,现代性与资本与生俱来。这种观点不是完全没有道理,问题在于,不能由此得出结论,资本主义必然走向反面,现代性也必然走向反面。西方马克思主义理论家把现代性与资本主义制度剥离开来,说明现代性的负面效应不是由自身,而是由实现现代性的环境——现行的资本主义制度带来的,从而现代性只要脱离这样一种环境,完全有可能避免现在人们所经历的种种现代性磨难。

第二十二章　西方马克思主义的 存在方式理论对当今中国的启示

从 20 世纪中期开始，人类选择了一种以"消费主义"为主要标志的存在方式，这种存在方式开始流行于西方世界，后来在东方世界也逐渐被接受。

这种存在方式是人所需要的存在方式吗？人处在这种存在方式下真的非常幸福吗？人能否继续按照这种存在方式继续生活下去？这种存在方式会把人带到哪里？我们究竟是否需要换一种活法，寻求一种新的存在方式？这种存在方式刚出现，世界上一些有识之士以各种形式从各个角度对这一系列问题展开了思考。

在对这种存在方式做出探讨的所有思想家中，一些被称为西方马克思主义的思想家特别引人注目。他们对存在方式的研究历时数十载，尽管其中不乏错误与谬见，但总的来说属不易之论。在西方马克思主义的理论体系中，关于存在方式的理论显然是不可忽视的一个部分。随着沉湎于这种存在方式之中的人们逐渐开始觉醒，满足人对真正美好生活的需求、开创新的人类文明的意愿越来越强烈，西方马克思主义关于人的存在方式的理论的现实意义也不断地显现出来，人们越来越关注西方马克思主义这一方面的理论也在情理之中。让我们在这里走近西方马克思主义的这一理论，对其做一番考察，特别是探究一下这一理论为我们提供了什么样的启示。

一、当今人类究竟处于什么样的存在状态下？

当今人类究竟生活在什么状态下？这种状态有着怎样的特征？这正是西方马克思主义理论家所首先探讨的。

卢卡奇是西方马克思主义的开创者,他的《历史与阶级意识》一书被奉为西方马克思主义的"圣经"。他的这一著作开创了西方马克思主义思潮,同时也为以后的西方马克思主义代表人物对人的存在方式的研究奠定了基础。他用"物化"两字来概括生活在资本主义社会中的人的存在方式。这就是说,在资本主义社会中,人的最基本的存在状态是仅仅作为一种"物"而存在着,人与他人之间的关联也就是一种"物"与另一种"物"之间的关系。卢卡奇在论述"物化"这种人的存在状态时,着重剖析了人的劳动的"物化"。劳动明明应当是人自己的活动,现在却成了与自己相对立的东西,人自己非但不能控制它,而且反而受其控制,这就是"劳动的物化"。人活在世上最基本的活动,亦即最基本的存在状态是劳动,现在劳动这种人最基本的活动、存在状态也不属于自身了,而是成了"通过异于人的自律性来控制人的东西"。卢卡奇还进一步用"劳动的抽象"来概括人的劳动的"物化",也就是说,在他看来,在资本主义社会中,人的劳动的"物化"用哲学的语言表述就是使"具体的劳动"变成"抽象的劳动","抽象劳动"构成了现实的原则。卢卡奇认为,贯穿于人类劳动"物化""抽象化"的是人的劳动越来越朝着"合理化"方向发展。他抓住"合理化"展开论述,不仅把在资本主义条件下人类劳动的特征的分析,而且把资本主义条件下人的存在状态的分析,都引向了深入。卢卡奇认为,合理化原则就是"可计算性"。卢卡奇用"孤立化""原子化"来概括"根据计算,即可计算性来加以调节的合理化原则"给劳动者带来的割裂。"孤立化""原子化"是卢卡奇所描述的在商品形式所支配的社会中人们的基本存在状态。在卢卡奇看来,最严重的是这种以"孤立化""原子化"为主要标志的"物化"的人的生存方式还渗透了人的意识,形成了人的"物化"意识。卢卡奇在论述"物化"意识时强调停留于"直接性"(immediacy)是其主要特征。他进而提出,"物化"意识停留于"直接性"的过程也是丧失"总体性"的过程。

在西方马克思主义中,研究人的存在状态的最有影响的是马尔库塞,他的代表作《单向度的人》集中探讨了当今人的存在状态。马尔库塞认为,现代人都成了"单向度的人"(One-Dimensional Man),他用"单向度"来概括现代人的生存境遇。他所说的"单向度"主要包含以下五层含义:

第一,在消费领域,人被"虚假的需求"所操纵,人成了整齐划一的消费机器。马尔库塞强调,人具有各种各样的需求,这些需求的满足就是人的幸福。

但追求物质享受并不是人的主要需求，从而物质需求的满足并不能给人幸福。人与动物不同，其非但不满足于锦衣玉食，还力图摆脱物的束缚，追求更高尚的东西。现代人之所以在精神上感到莫大的痛苦，主要原因在于"单向地"把追求物质享受作为自己的第一需要，因此把自己降低为一般的动物。

第二，在生产领域，人的劳动以分工和专业化为基础，人成了千篇一律的整个生产体系的一颗螺丝钉。马尔库塞接受了马克思在《1844年经济学哲学手稿》中把人的自由自觉的活动——劳动作为人的本质的思想。他认为，人的真正的幸福就在于其本质的实现，而本质的实现主要表现为其劳动成为一种自由自觉的活动，即成为一种消遣活动。在他看来，现代人在劳动中非但没有实现自身，反而这种劳动掉转头来成了反对他自身的、不属于他的活动，其主要体现为人在劳动中成了"单向度的"、千篇一律的整个生产体系的一颗螺丝钉。

第三，在思想领域，人的思想受统治者所控制，人的思维都是"单向度的肯定性思维"。马尔库塞认为，就思想领域而言，现代工业社会的统治者已成功地把人的思想变成"单向度的思想"。人们接受了现代工业社会的统治者的灌输，就意味着他的思维已成了"单向度的肯定性思维"。这是现代人思维方式的"深刻变化"，这些变化有助于使思想和目标同现行制度的要求相协调，有助于把它们包容在制度之内，有助于拒斥那些与制度格格不入的东西。

第四，在文化领域，人所享用的是通俗文化而不是高层文化，人成为清一色的麻木不仁者。在马尔库塞看来，现代工业社会的统治者通过消灭高层文化中对立的、异己的和超越性的因素来消灭文化和社会现实之间的对立。本来，这些对立的、异己的和超越性的因素借助于高层文化而构成现实的"另一种向度"，现在这"另一种向度"不存在了，只剩下与现实相融合的"一种向度"了。人们在这种文化的熏染下，都昏昏欲睡，麻木不仁，他们不再去想象"另一种生活方式"。

第五，在政治领域，人受新的统治形式所控制，都被"一体化"进现行的社会制度。在所有这些"一体化"中，马尔库塞最注重的是作为蓝领工人的人与现代的社会制度的"一体化"，即被现代的社会制度所"同化"。马尔库塞认为，工人阶级与现代的社会制度的"一体化"是全面的、整体的，不仅包括生产、精神、心理，也包括利益，而其最终的结果就是工人阶级由资本主义社会的否定力量变成了肯定力量。在现代工业社会中，工人阶级的生存方式是与所在的社会相融合为主要特征的。

弗洛姆认为，人的存在方式主要有两种：一种是"存在"（to be），另一种是"占有"（to have），人类在日常生活中，总是在这两种方式中取其一而为之，或者取向"占有"，或者取向"存在"，而现代人的存在方式是"占有"而不是"存在"。在他看来，在重占有的现代社会中，人的神圣而不可剥夺的权力是在生活中不断地捞取、占有和获利。人的自我塑造和构建必须依赖占有，没有占有物，人就无法生活。财富成为证明拥有者力量的象征，至于财富是如何获得则不是一个重要的问题。财富与义务之间是没有任何关系的，财富的获取正当性无须进行道德的考量。只有在不触犯法律的前提下，人拥有无限而绝对的权利去获取和支配财富。弗洛姆认为，占有观念实质上是源于私有制的。在这种生存方式中，人们唯一信奉的就是据物为己有，并且一旦占有就可以永远将其保存下去。这种生存方式最大的特点就在于对分享的排斥，主体一旦获得了占有物，在使用过程中就无须再付出自己的能动性和创造性。在这种方式中，占有的一切皆为死物，人与占有物之间的关系是僵化的。乍看起来似乎人拥有一切，但是实际上是一无所有，因为我所有的、所占有的和所统治的对象都是生命过程中的瞬间。人所有的和人本身都变成了物的关系。从另一个角度来看，人所拥有的物也占有了人自身。这是因为人的存在是以物的存在为依据的，要证明自己的实力必须尽可能多地占有。这种重占有的生存方式，导致了人的异化，主体和对象之间是没有任何生命力，更不要说创造性。在一个重占有的社会中，即便是一个一无所有的人也迷恋自己的占有物，因为他毕竟还拥有一些东西，虽然这些东西在常人看来一文不值。在占有的基础上，人们还要想尽一切办法使自己所占有的东西增殖，以便从中获取更多的利润。按照弗洛姆的分析，人们不但可以把有形的事物作为占有对象，如金钱、财富、艺术品等，而且可以将无形的东西纳入占有的范围，如友谊、爱情、健康。人们不仅对物采取占有的态度，而且对人、对情感、对思想也持这种态度。

莱易斯提出，"人不是在生产领域而只是在消费活动中寻求满足"，系现代社会的人的存在方式的最主要的特征。他在其著名的《满足的极限》一书中，批判了现代工业社会把满足等同于无休止的物质消费的观念。他指出，现代工业社会正在把人们引向这样一种生活方式：人们居住在城市的多层高楼中，其能源供应、食品和其他必需品乃至废物的处理都依赖于庞大而复杂的体系，与此同时，人们又误认为不断增长的消费似乎可以补偿其他生活领域，特别是劳动领域遭受的挫折，因此人们便疯狂地追求消费以宣泄劳动中的不满，从而导致把消费与满足和幸福等同起来，换句话说，只用消费的数量来作为衡量自己的幸福的尺度。莱易斯指出，把消费与满足和幸福等同起来，正是现代工业社会处于异化之中的明证。"人与自然控制与服从的辩证法"是莱易斯构建人的存在方式问题的逻辑基础，体现了人与自然内在统一的原则。在莱易斯那里，控制自然的人本身被其内在心理所奴役。他认为，对自然和人的控制在社会统治阶级的引导下，内化为个人的心理过程；它是自我毁灭的，因为消费和行为的强制性特征破坏了人的自由。因此，继控制自然的意识形态批判之后，莱易斯反求人内在的人欲向度，通过分析需求结构本身、需求与商品内在关联，以及需求与幸福关系，进而廓清消费主义状态下人何以遭遇异化的存在问题。莱易斯批判"高集约度市场布局"预设了一种不断提高消费水平的生活方式，并将此作为个体的最高价值标准。这种经济形式通过曲解需求本性以及需求与满足间的内在关联，将主体的社会与经济行为定位于依赖高消费的生活方式。实际上，这只不过是对在生产领域所遭遇异化存在的补偿。

二、人处于这样的存在状态下真的很幸福吗？

鉴于当今世界上许多人都陶醉于这种只是在消费领域寻求满足，崇尚"占有"，以"物化""单向度"为主要标志的存在方式，这些西方马克思主义理论家不仅概括了当今人类究竟生活在什么样的状态，这种生态状态究竟具有怎样的特征，而且在此基础上着重揭示了人们生活在这样的状态下是不是真的十分幸福，这样的生活究竟是不是人真正应当过的生活。

马尔库塞认为，人处于"单向度"状态，从表面上看，人的生活是十分舒适的。人们清一色地拥有自己的高级住宅、小汽车，还有吃的和穿的东西，这当然是够幸福的了。但事实上，所有这些幸福都是建立在痛苦基础上的，"结果是不幸之中的欣慰"①。关键在于,这里所满足的只是一种虚假的需要,从而这种满足也只是一种虚假的满足。"现行的大多数需要,诸如休息、娱乐、按广告来处世和消费、爱人之所爱与恨人之所恨,都属于虚假的需要这一范畴。"②在这种情况下,"人们似乎活在他们的商品之中;他们的灵魂困在他们的小轿车、高清晰度的传真装置、错层式住宅以及厨房设备之中"③。这就是说,人们对现代工业社会提出要求,并实现自己的需求,人就失去了自己的本性,成了现代工业社会的附属品。在马尔库塞看来,这就是人同社会的一体化、一致化。"这种一致化的过程并非虚构而确是现实。然而这种现实又构成了异化的更高阶段,后者已经完成变成客观的事实;异化了的主体被其异化了的存在所吞没。"④

马尔库塞强调,正是在这种人成为"单向度"的人的过程中,人和物的关系完全颠倒了,人们好像是为了他们的商品而生活。不是产品为了满足人的需要而生产,而是人为了使产品得到消费而存在。人拜倒在物面前,把物作为自己的灵魂,这就意味着忘却、失去了自己的灵魂。失去灵魂的人还有什么幸福可言? 马尔库塞强调,人在发达工业社会里,无论是从其成为"消费机器"而言,还是就其充当"劳动机器"来说,都说明人在与物的关系上实际上已处于从属的地位,人已成了物的奴隶,但这是一种特殊的奴隶,即是一种"受抬举的奴隶"。他这样说道:"发达工业文明的奴隶是受到抬举的奴隶,但他们毕竟还是奴隶。"⑤他认为,是否是奴隶"既不是由服从也不是由工作难度来决定的","而是取决于人作为一种单纯的工具以及人沦为物的状况"。显然,在发达工业社会里,"人作为一种工具、一种物而存在",所以无疑这是"奴隶状态的纯粹形式"。⑥他还提出:"严重的是,生活在现代工业社会中的人明明十分痛苦,却感觉不到痛苦的存在,明明有病,却还自以为非常正常。他说,至于说到一个病态社会的公民,尽管他的举止态度在这种社会里是正

①②　[美]赫伯特·马尔库塞:《单向度的人——发达工业社会意识形态研究》,刘继译,上海译文出版社,2014年,第6页。

③　同上,第9页。

④　同上,第11页。

⑤　同上,第29~30页。

⑥　同上,第30页。

常的、适当的和健康的,我们还是禁不住要问:难道这样的个人就没有病吗?难道这种状况不要求对什么是精神健康持有异议吗? "①在他看来,关键在于,现代工业社会中的人已"进入这样的状况:他有病,并且把自己的病当作健康,而不是使这个自我感到健康和正常的他还注意到自己患有这种疾病"②。他强调的是,明明有病,却感觉不到自己有病,竟然还自以为十分健康,这只能说明病得很严重。

莱易斯也强调,生活在现代资本主义下人们的幸福是虚假的。现存资本主义制度鼓励享乐主义的生活方式,试图在消费与幸福之间建立某种必然性联结,将消费过程中个体需求的满足作为自身幸福的源泉。资本主义这种虚假的幸福观,鼓励个体将幸福标准等同于消费商品欲望的满足程度,遵从量的标准而非质的标准作为衡量个体满足的依据,把消费选择自由作为生产中异化存在的补偿。然而异化的人并无幸福可言,这种异化消费的结果必然是一种异化的幸福观。他对此做出了以下四点分析:

第一,商品流变特性与需求碎片化特征无法使个体获得满足与幸福。他深刻地指出,商品特性依据个体需求、感官经验、对象种类而重新划分,需求碎片化为更小的组成部分,并依据市场信息重新组合、集聚,形成新的形式,只是这是一种临时的、易变的、不稳定的形式,居于流动、重组中的需求碎片化,阻碍个体形成需求连贯目标,从而使个体无法有效判定适合自身的特定商品。

第二,个人无法将商品消费及满足和幸福直接建立有效连接。莱易斯抨击现代文化传媒传达一种将商品消费与幸福联系起来的错误观念,以日渐消弭的原始性日常生活背景作为激发人们消费欲望的导引,进而将消费欲望的实现与幸福形象紧密关联起来。

第三,以幸福模糊性特征推动个体从消费中寻找满足具有不合理性。异化消费的直接问题,在于将商品消费作为个人唯一的需求。莱易斯强调,满足与幸福的这种模糊性特征激发个体从商品消费中寻找存在感。他批判当下消费主义存在就是在个体的幸福满足感与商品消费之间进行一种实验,个体自身的需求与感觉是"实验对象",而市场成为个体寻找幸福感源泉的

①② [美]马尔库塞:《当代工业社会的攻击性》,载任立编译:《工业社会和新左派》,商务印书馆,1982年,第3页。

"实验室"。然而由于个体时间的相对有限性以及产品信息的不充分特点，人们盲目追求消费商品的数量而牺牲了对其他需求的体验，也将阻碍个体关注质的需求以及产品自身结构与特质。①

第四，消费主义导致的生态失衡危及人类未来的幸福。莱易斯认为，科学技术普遍应用于商品生产所带来的主要副作用在于给环境带来风险，而现有科技水平无法对其潜在危机做出有效评估。他指出，就长期的风险评估而言，目前尚且无法确定高生产、高消费的生活模式对于环境的潜在危害程度，并且针对复杂的生产与消费形式，个体与社会无法提供合理、健全的有效管控生态危机的方案，这也为科学技术在商品生产与消费过程中将产生的潜在风险带来不确定性。

哈贝马斯提出，现代人的存在状态所带来的一个严重后果就是使人的生活世界"殖民化"。他认为，正是人的社会存在自行异化出了否定性的因素，即人们的经济和政治"体制"（System）与人的"生活世界"相异化，并反过来造成对"生活世界"的殖民化。哈贝马斯通过描绘经济和政治的"局部体制"对原先整体性、系统性社会的分化、脱离、反制过程，也承接了西方马克思主义，特别是法兰克福学派社会批判理论的"异化"叙事，给出了一种有哈氏特色的"异化"模式。经济和政治这两个原先的局部体制，本来在理想的设定中是为人的以交往为基础的社会生活进行服务和保障的功能性存在：前者的主要功能是进行马克思所谓的物质生活的生产，包括在资本主义形式下的商品生产和流通，但这要受生活世界的符号生产的成就导引，而不是马克思式物质生产的单向制约作用；后者的功能就是以政治的权威对人的社会行为进行协调，以某种替代手段降低交往的复杂性，在近似形式上落实理想的交往目标。但是随着这两个局部体制的复杂性逐步增强，它们愈来愈有了相对的自主性，它愈来愈不再受到交往的规范制约，生活世界和体制原本在功能上的区分和彼此在互相联系、互为前提意义上的制约，逐步变为分离、分裂。在分化的基础上，体制更进一步发生了哈贝马斯所谓的对生活世界的"殖民化"，即不仅是停留在一般异化观点所谈论的反制水平上，不只是颠倒了支配与从属的相互地位，"殖民化"的提法所揭示的是体制对生活世界的深

---

① See Leiss W., *The Limits to Satisfaction*, Toronto: University of Toronto Press, 1976.p.18.p.90.

层入侵,是异化之后一种反向的"同化"。体制不是停留在二元分割形态上的控制,而是将生活世界也纳入其中作为自己的一部分,按照自己的面目加以改造,改变了后者原先的内容性质,体制吸收、兼并了生活世界,"局部"的体制成为唯一的、整个的体制。这种改变、吸收的基本方法就在于,抓住人与人发生联系的媒介,用体制所依据目的合理性的尺度,特别是目的合理性在现代资本主义当中的发达形式,取代了生活世界的交往结构。①这种体制对生活世界、对交往的殖民化就会造成深刻的危机,威胁人和社会的存在。他进一步强调,一旦人的生活世界被"殖民化"了,就意味着人处于深深的痛苦之中而不能自拔。

鲍德里亚认为,现代人的存在状态的最大特征在于,消费不再是建立在需求和享受基础之上的,而是建立在符号和编码的基础之上的。在消费社会中,"被消费的东西,永远不是物品,而是关系本身"②,而这是对人的最大程度上的奴役与统治。既然消费不再是物的某种功能性的获取,那么物品的存在形式在消费中势必发生变化。它不再是以单独的形式存在,而是以"全套"或"整套"的形式出现,从而产生某种意义。"很少有物会在其没有反映背景的情况下单独地提供出来。消费者和物的关系因而出现了变化:他不会再从特别用途上去看这个物,而是从它的全部意义上去看全套的物。"③它代表的不再是某种功能或需求,而是"另一种完全不同的东西——可以是社会逻辑,也可以是欲望逻辑——那些逻辑把它们当成了既无意识又变幻莫测的含义范畴"④。这代表着,当我们拥有这个物的时候,就等于拥有了这个物品所代表着的整体,拥有了物品背后的某种特殊的符号价值,比如社会地位、品位,等等。"人们从来不消费物的本身(使用价值)——人们总是把物(从广义的角度)用来当作能够突出你的符号,或让你加入视为理想的团体,或参与一个地位更高的团体来摆脱本团体"⑤,消费的深层逻辑是符号和编码,其最终实现的是标识人们的社会差异。在消费社会里,人们可能通过某一种消

---

① See Habermas, Jiirgen, *The Theory of Communicative Action*, Vol.2, Beacon Press, 1987, p.171.

② [法]让·鲍德里亚:《物体系》,林志明译,上海人民出版社,2001年,第224页。

③ [法]让·鲍德里亚:《物体系》,刘成富等译,南京大学出版社,2000年,第3~4页。

④ 同上,前言第2页。

⑤ 同上,第47页。

费,比如对奢侈的设备、食物、舒适的居住环境、基本的家具设备、女士专用化妆品、清洁用品、日常食物,以及求知欲等的消费,尤其是对奢侈的设备、奢侈品和求知欲的消费,将自己确定为"A 群体"(上层阶级),这也意味着同时完成了自己与"非 A 群体"的分割,实现了社会阶层的划分。

消费的魅力与功效就在于,"不仅在心理上保障了主人对某种东西的拥有,而且还发挥了一种社会学的功能,将拥有者纳入到一个以相同的方式来拥有个人所组成的阶级之中去,个人行为的符号成为社会凝聚的符号"[①],人们通过消费符号,来完成对自己身份、地位的界定,实现对社会的编码。这种编码的本质特征就是差异性,社会通过符号来编码,并最终根据消费的差异将社会划分为不同的社会等级。"物并不存在于对需要的满足之中,而是存在于象征性的劳动之中,存在于一种'生产'之中。这种生产包含了证明与生产的双重含义——物不仅被生产出来,同时还作为证明被生产出来。"[②]在符号的作用下,物质提供的不是某种功能性,而是"社会价值持续而有形的证明"。人们正是在消费而不是在生产中,完成了对资本主义社会关系的建构和强化。在生产社会中,人的本质和人的现实关系都被商品或货币所掩盖。那么到了消费社会,人的现实性和合理性,则只能存在于符号的编码之中,受符号/价值所控制。在进行消费的时候,人的理性选择能力完全被符号的控制和诱导所替代,不仅仅是物品,包括人的现实性与人的价值,都被湮没在符号/价值之下,人被消费所奴役,并最终丧失了自己的主体性地位。

三、人这样的存在状态是如何形成的?

这些西方马克思主义的代表人物不仅揭示了当今人类生活在以物为中心,从属于物的存在状态下,分析了在这种存在状态下人表面上十分舒适但实际上充满了痛苦,并且在此基础上进一步追溯了人何以处于这样的存在状态,即这样的存在状态究竟是如何形成的。在这里,他们把矛头直指资本主义的制度。

---

① [法]让·鲍德里亚:《符号政治经济学批判》,夏莹译,南京大学出版社,2009 年,第 28 页。

② 同上,第 13 页。

在西方马克思主义内部,对人的存在方式的研究发端于卢卡奇。与此同时,卢卡奇在西方马克思主义内部,也开了把资本主义下人的存在方式、生活方式的研究与生产方式的研究结合在一起的先河,也就是说,卢卡奇在西方马克思主义内部,最先把资本主义制度下人的存在方式归因于资本主义的生产方式。卢卡奇强调,要真正认识当今人类究竟处于什么样的存在状态,必须紧紧地把握当今商品范畴已成为整个社会的普遍范畴,商品的光芒已照射到社会的每个角落这一社会存在的"根本"。他这样说道:"在人类的这一发展阶段上","没有一个问题不最终追溯到商品这个问题,没有一个问题的解答不能在商品结构之谜的解答中找到"。在这种情况下,只有"在商品关系的结构中"才能"发现资本主义社会一切对象性形式和与此相适应的一切主体性形式的原形"。①他这里所说的"主体性形式的原形"指的就是人的存在状态。他所强调的是,只有在把人置于当今社会的"商品关系的结构中",才能把人的存在状态揭示出来。卢卡奇根据马克思关于资本主义的理论,特别是马克思在《资本论》中对商品拜物教的分析,强调资本主义社会的主要特征就是"商品交换及其结构性后果"对"整个外部的和内部的社会生活"产生"决定性的影响","商品交换"完全构成"社会进行新陈代谢"的"支配形式"。在这样一个社会中,生产本身,是为了交换价值而不是为了使用价值,即生产的目的不在于满足人的需要,而在于使一些人拥有更多的钱。在这一基础上,商品形式渗透到社会生活的所有方面,并按照自己的形象,即"商品的形象"来改造这些方面,使社会生活的所有方面都商品化,都进入交换领域。他认为,一旦是为了"使一些人的腰包装得更满"而进行生产,就会"对所有生活形式"产生决定性的影响。当然,这种影响主要表现在使人的存在状态发生根本性的变化。这就是使人形成以"物化"为主要标志的存在状态。卢卡奇反复强调的是,"商品只有在成为整个社会的普遍范畴时",商品的那种本质才会暴露无遗,而与此同时,在"商品关系"的基点上所形成的人的"物化"的存在状态,"才对社会的客观发展和人对社会的态度有决定性的意义"②。

高兹也揭示了资本主义生产方式与人类存在异化的内在关系。他认为,

---

　　① ［匈］卢卡奇:《历史与阶级意识——关于马克思主义辩证法的研究》,杜章智等译,商务印书馆,1996年,第143页。

　　② 同上,第146页。

资本主义生产方式作为历史发展的产物，规定了人基本的存在方式和存在关系。他从存在主义现象学和马克思主义历史唯物主义的立场出发，运用马克思的政治经济学批判的方法，对资本主义展开全面的生态批判，这种批判既是对资本主义生产方式的批判，也是对资本主义生活方式的批判。他强调，在资本逻辑的支配下，资本主义不能保证生产服从于需要，无法推动质的需要的扩张。同样，科学被军事化，教育、医疗被工业化，文化被商业污染，人的创造性也要屈从于利润的生产。在这样的语境中，高兹深刻地认识到：一方面，资本推动的人类社会发展已触及环境和自然资源的底线；另一方面，与资本同谋的制度、技术、教育、医疗等早已使人类基本的生存能力衰退，进而能够多次摧毁人类，人类社会的发展已触及社会的底线。他指出，与资本主义生产方式同步诞生的经济理性以"计算与核算"、效率至上、越多越好为原则，于是"足够"这一范畴就不像在传统社会中那样只是一个文化的范畴，而变成了主要是经济的范畴。在高兹看来，马克思对资本主义生产方式的批判范式就当代而言，它的更新形式就是对资本主义的经济理性批判。在马克思和恩格斯那里，作为资本主义特征的经济合理性要扫除所有从经济的观点看来是不合理的价值和目标。①按照马克思的观点，经济理性的危害，一方面使人与人之间的关系变成金钱关系，另一方面使人与自然之间的关系变成工具关系，而核心的问题是使劳动者失去人性。

　　哈维认为，当今人类正面临着日益严重的贫富分化与精神虚无的生存困境，这一困境的形成与城市空间的被侵袭密切相关，而城市空间的被侵袭显然是"空间资本化"的结果。哈维指出，21世纪的城市成为维系人们生存的主要场所，以及人类生活方式和质量的空间表征。然而在资本化的时代，资本拜物教笼罩着整个社会场域，城市空间的变革也必然被资本逻辑所操纵，城市所追求的是利润的最大化和财富的无限增殖，这必将造就资本化的城市空间景观和都市生活。他深刻地揭示了人的存在方式的恶化与城市空间的资本化之间的双向互动关系。他说，综观城市发展历程，自资本诞生以来，城市化实质上一直具有为资本增殖利润的功效，只不过，随着资本创新的空间转向，城市化转变为资本掠夺性积累的快捷方式。哈维把它称为"空间修

---

　　①　See André Gorz, *Critique of Economic Reason*, London and New York Verso, 1989, p.19.

复"，即资本通过内在的空间重组和地理扩展来吸收过剩资本，解决资本主义危机而得以生存下来的特殊方法。他鲜明地指出："如果没有内在于地理扩张、空间重组和不平衡地理发展的多种可能性，资本主义很早以前就不能发挥其政治经济系统的功能了。"①这意味着，城市空间与资本实现了相互依存，城市空间的变革与资本创新逻辑走上了同一轨迹，整个城市空间的设计与创造完全以市场为导向，以追求最大利润为目的，造就了"城市空间的资本化，资本的城市空间化"。他进一步指出，城市是人们所生活的世界，人们的生活方式与城市化密不可分，城市空间变革就是"规划"日常生活的过程。20世纪70年代以后，随着资本生产方式从福特主义向灵活积累的转变，都市消费习惯和生活方式也随之更迅速地变化。城市空间创造了自身特有的效果，到处充斥着意象性的和符号化的消费景观，人们被各种眼花缭乱的商品所围绕，被各种文化噱头所刺激，所享受的一个个瞬间安逸变成了个体的存在方式。哈维断言，"这意味着不只是扔掉生产出来的商品（造成巨大的一次性废品的问题），而且也意味着可以扔掉价值观、生活方式、稳定的关系、对事物的依恋、建筑物、场所、民族、已接受的行为和存在方式。这些都是即刻的和有形的方式，'更大的社会里加速的推进'以这些方式去冲击'个人普遍的日常体验'"②。

内格里指出，当资本主义实现全球化，我们看到的世界就是一个资本的世界。资本为自己创造了一个适合它存在和发展的世界。这意味着，这个世界并非适合人存在和发展的世界。基于此，他强调，欲知当今人的存在方式，必须将其置于资本全球化这一背景下才能正确地加以认识。他的基本观点是，这个世界之所以成为不适合人存在和发展的世界，主要原因在于资本为自己创造了一个适合它存在和发展的世界。他指出，当社会发展进入到"帝国"时期，即资本主义的最新发展阶段，非物质劳动成为社会生产劳动的主要形式，非物质劳动成为人的主要存在方式，它规定着人的本质。但是在"帝国"即资本主义最新发展时期，人通过非物质劳动并没有成为人和表现为人，没有因此获得更好的生存和发展，相反，人成为生产的主体性，最终实现

---

① ［美］大卫·哈维：《希望的空间》，胡大平译，南京大学出版社，2006年，第23页。

② ［美］戴维·哈维：《后现代的状况——对文化变迁之缘起的探究》，阎嘉译，商务印书馆，2003年，第357页。

的是资本的增殖和发展。内格里借用福柯的生命政治框架认为，从生命政治的视角来看，非物质劳动可以被置换为生命政治劳动。生命政治生产不再是商品的生产，而是主体性的生产。然而这一主体性是与资本的价值增殖机制相一致的主体性，而不是与无产阶级的自我价值增值机制相一致的主体性。与非物质劳动联系在一起的是"共同性"，当"共同性"处于资本的社会生产关系中，"共同性"实现的是资本的增殖，它相对于人的存在与发展来说，就是外在的、有害的、腐化的；而当"共同性"处于人的社会生产关系中，共同性实现的就是人的发展，那它就是有利的、生成性的。在内格里看来，当今资本主义社会所发生的正是前者而不是后者。内格里认为，在资本主义条件下的非物质劳动体现了资本主义社会生产异化的发展和深化，资本不仅剥夺劳动产品，还剥夺劳动过程本身，如剥夺协作，这是剥削生命政治劳动力的核心要素。因为生命政治生产日益具有的自主性，使得资本日益外化。资本为了剥夺生命政治劳动之间的协作，就对生命政治劳动自主生产出来的"共同性"进行占有。劳动者在创造"共同性"的过程中获得了部分自主性，但是"共同性"却被资本所占有，被社会制度所腐化。

四、为什么说让人处于这样的存在状态已成为统治的一种新形式？

西方马克思主义理论家对当今人的存在方式的研究，贯穿着对当代资本主义的批判。他们不仅论证了当今人的这种以"占有"为主要特征的、人从属于物的存在方式是由资本主义制度造成的，而且在此基础上进一步揭示出让人处于这样的存在状态实际上已成了资本主义统治的一种新形式。也就是说，当今的资本主义制度主要是依靠让人处于这样的存在状态来维持自己的统治的。

马尔库塞的《单向度的人》一书第一章的标题就是"控制的新形式"。马尔库塞的宗旨不仅是要揭示生活在现代工业社会中的人的生活方式是"单向度"，以及人在"单向度"下究竟过的是一种什么样的生活，而且更要说明使人处于"单向度"状态是现代工业社会控制人的一种新的形式。在他看来，具体地说，现代工业社会主要是借助于以下新的形式来控制人的：

第一,制造虚假的需求,通过控制人的需求来控制人。马尔库塞明确地指出,在当代工业社会,"把个人束缚于社会的机制已经改变,而社会控制就是在它所产生的需要中得以稳定的"①。这就是说,社会控制主要是借助于它所制造出来的需要来实现的,社会控制之所以如此稳定,主要是由于它制造出了一系列新的需求,人们都把注意力集中于为实现这些新的需求而努力奋斗。现代工业社会为了使其统治能继续下去,就实行"强迫性"消费,而"强迫"人们消费的主要手段就是制造"虚假的需求"。现代工业社会推行高生产、高消费的措施是维系资本主义制度生存和发展的主要途径。刺激消费当然是资本主义经济持续增长的动力,但刺激消费对资本主义更大的效应是实现了资本主义意识形态操控的需要。

第二,弘扬技术理性,通过把科学技术合理性变成政治合理性来控制人。马尔库塞提出,在现代工业社会里,科学技术实际上成了统治者手中的新的控制工具,利用科学技术来实现对人的统治是现代工业社会的又一新的控制方式。马尔库塞强调的是,尽管从近代以来科学技术从来都是被统治者用作控制人的手段,但是只有到了现代,技术统治才成了一种主要的统治手段。他认为,借助于科学技术来控制人在现代工业社会已经起着不可替代的作用,它对人的控制如此有效,以致个人的抗议几乎已变得不可能,原先那些代表新的人的生存方式的历史力量完全消失。

第三,渗入人的心理,通过改变人的本能结构来控制人。马尔库塞认为,现代工业社会控制人的最厉害的方式就是把控制渗入到人的心理,让人的心理自觉不自觉地服从统治者的统治。他说:"在现代的富裕社会里,在人的自由的现有的存在形式和能达到的可能性之间存在着某种矛盾,所以,如果社会想要避免发生过分的不快,它就必须使个人进行有效的合作。这样,人的心理就不自觉地和自觉地接受和屈从于制度的控制和操纵。"②他的意思是,在现代工业社会中现实的自由和可能的自由之间存在着极大的反差,在这种情况下,人们会意识到这种反差从而产生对现实的不满,为了使人们根

---

① [美]赫伯特·马尔库塞:《单向度的人——发达工业社会意识形态研究》,刘继译,上海译文出版社,2014年,第9页。

② [美]马尔库塞:《当代工业社会的攻击性》,载任立编译:《工业社会和新左派》,商务印书馆,1982年,第4页。

本意识不到这种反差，现代工业社会就想方设法地去改变人的心理，让人"不自觉地和自觉地接受和屈从于制度的控制和操纵"。

　　高兹认为，支配现代丰裕社会即现代资本主义社会的主导性逻辑已不是生产逻辑，而是消费逻辑。而使消费逻辑占有支配地位，即让人们都接受消费主义的生活方式，正是现代资本主义社会能使自己的统治得以稳固的主要奥秘之所在。他指出，在丰裕社会的新政治经济条件下，个体理论上从自然必然性中解脱出来了，具有为创造性的人性目的而进行活动和生产的可能性，而不再仅仅追求自然必然性的人性目的。[①]但是当下的垄断资本主义通过匪夷所思的消费意识形态逻辑阻止了将生产从属于创造性活动，甚至泯灭了所有创造性活动，最终永远地将消费从属于生产过程。马克思的预言应验了，他说垄断资本主义发现自己面临的是这样一个问题，即为了客体而将主体塑造为被市场化的；不是调整供给满足需求，而是使需求调整满足供给。[②]高兹认为，经济理性的铺展使得社会的所有方面都被支配着，极大地延伸了资本对私人生活的一切方面和各个领域的侵略，经济理性成为个体所接触的一切信息里的至高的主人。所以经济理性暴露了垄断资本主义的真实面目：作为需要以生产为目的的生产，以积累为目的的积累的社会体制，它也需要建构一个强制消费的社会体制。以同样肯定的口吻，他认为资本主义需要的是被动的消费者，这种被动人格的主动特征在消费的意识形态氛围下，被压制到极小化，而在这样的个体人格基础上，体制可以随心所欲地强加给个体的任何目的，赋予他体制所需要他具有的任何欲望和意愿。透过高兹对作为经济理性批判的总体性背景的消费社会的政治经济学批判性分析，我们可发现，资本主义社会制造的消费意识形态完成了对主体的谋杀。正是通过对需求和满足进行合法性的华丽包装，更深的社会的一级政治目的论问题被压抑了。消费不折不扣地成为一种极为隐蔽的资本主义政治行为。[③]

　　"消费社会"或消费时代的全面到来，是鲍德里亚对资本主义社会的新诊断。此处鲍德里亚所提到的"消费"，已经完全不同于生产社会里的"消

---

①②　See André Gorz, *Strategy for Labour: A radical proposal*, Beacon Press, 1967, p.70.

③　参见张一兵：《反鲍德里亚：一个后现代学术神话的祛序》，商务印书馆，2009年，第95页。

费"。在生产社会,消费还是作为生产和再生产的环节之一而存在,生产决定着消费。但是到了消费社会,与生产社会里的产品分配不足相比,到处是被堆积着的显而易见的过剩产品。在现代社会中,人们生产出来的产品已经变得极其"丰盛",甚至连弗洛伊德所提到的自然性欲在今天都沦为了被消费的对象。在这种情况下,现代社会就成了消费社会,推行消费成了现代社会得以存在的支柱。鲍德里亚指出,受政治经济学的影响,人们往往将消费视作对某种需要的满足。在他们看来,"需要"是由主体自发产生的,认为个人的需要都是自己进行选择的,因为你清楚地知道自己需要什么。鲍德里亚将这种把"需要"理解为"已经存在于人的内心之中了"的认知,看作一种基于人类学的神话。"我们相信一种真实的主体,被需求所驱动,将真实的物作为其需求获得满足的源泉。这完全是一种拙劣的形而上学。"①在他来看来,正是这种神奇的人类学偏见,对需要和满足进行了合法性的华丽包装,从而掩盖了"需要"得以产生的现实的社会、政治根源。鲍德里亚认为,这是人类理性的僭越和狡计。他强调,实际上,正是现代社会为了维护其统治,即出于其政治和社会的原因,才推行消费主义的生活方式,使这个社会成为一个消费社会。他否认在现代社会里还存在着那种可以进行自由选择的需要和消费。他指出,在消费社会里,单个的需要并不存在,所有的需要都被抽象为一个体系,以适应消费的需要,也就是说,"需要"是被体系作为一种生产力而再生产出来的。

在消费社会里,需求不再是对某一物品的需求,而是对差异性的需求,它被一般等价原则和一般的整合所操纵。所有的本能在需求中都被合理化了、被赋予了某种目的。就像奴隶被喂饱肚子,不是因为奴隶填饱肚子的生存需要,而是因为那个体系需要奴隶劳动。如果体系可以不供养人,人们可能就连面包也不会生产了。这也就意味着,与生产社会不同,消费的对象不再是物质性的产品,它们只是被用来享受或花费的,以满足人的某种需要,而不是真正的"消费"。他还指出,在现代消费社会中,消费是没有止境的,它置身于一个庞大的系统之中。在生产社会中,消费往往被看作对某种需要的满足,满足人的内心需求。那么这一需要一旦被满足,也就意味着消费的结

---

① [法]让·鲍德里亚:《符号政治经济学批判》,夏莹译,南京大学出版社,2009年,第60页。

束。但是在消费社会里，因为消费是为了维护这一社会的需要，所以消费也是没有止境的。

　　赖希把人的需求分为自然的需求和社会的需求，前者是先天的、与生俱来的，而后者是后天形成的，是社会加于人的。在他看来，人的本真性的存在状态是与满足人的自然的需求联系在一起的，一旦人放弃自然的需求而只是追求社会的需求，那就说明他的存在状态已经是非本真的，不是处于人的本性的存在状态。他还指出，使人放弃自然的需求而满足于社会的需求，正是现代独裁主义社会维持其统治的最主要的手段。这里的关键在于，独裁主义社会需要独裁主义的心理基础，也就是说，只有这个社会的普遍人格是独裁主义的，而不是民主主义的，这个社会的独裁统治才能得以维持。这种"独裁主义的性格结构"使外在的必然性或极权主义意识形态化，使人的能量服务于一定的社会经济制度。它使人通过受制于内心的权威服从于外在的、有形的、僵死的权威。它是人性中的一种非理性的、神秘的、毁灭性的力量。问题在于，这种"独裁主义性格结构"又是如何形成的？这正是赖希研究的重点。他认为，这是由现代社会对人的自然需求的压抑，特别是性压抑带来的。当人的自然需求长期得不到实现，爱的心理本能就要转移为破坏的心理本能，就会形成一种"独裁主义"的心理机制。在他看来，性压抑、"独裁主义性格结构"、独裁主义统治这三者之间存在着必然的内在联系。他问道：统治阶级肆无忌惮地奴役人、压迫人，是靠手中的权力、军队、监狱这些镇压工具，还是靠创造"剩余价值"这种剥削手段呢？他认为都不是。在他看来，靠的是"通过压抑自然本能创造出为保护自己所需要的那种性格结构"，对自然需求的压抑，让人生活在非本真的状态之下，实际上就是独裁统治者用于维护自己统治的主要支柱。他论证说，希特勒法西斯主义政权之所以要推行禁欲主义，就是为了创造"独裁主义性格结构"。希特勒和其他法西斯主义头子提倡女人服从男人，强行剥夺女人的性和经济的独立性，采取强硬手段反对控制生育、堕胎，鼓吹把德国姑娘、妇女从犹太人的"肉欲魔掌"中解放出来，对所有这些行为都不能就事论事地分析，而必须放到他们维护独裁主义统治这一总的背景下加以观察。在希特勒统治下的德国，有那么多的人甘于受法西斯主义的独裁统治，有那么多的人愿意做奴隶，与在那里普遍实施性压抑密切相关。赖希说，我们必须明确，奴隶就是由性压抑所带来的，"社会和个人的性经济学已经确认了这样一个事实：对青少年的性生活的压抑是产生被奴役的下属与经济上的奴隶的关键因素"①。就这样，他用特有的方式把对自然需求的压抑，视为统治阶级用于维护自己专制统治的主要支柱。

五、人如何才能摆脱这样的存在状态走向新的生活？

这些西方马克思主义理论家研究的重点显然在于揭示当今人的存在状态的特征，以及造成这种存在状态的根源，但他们并没有停留在"破"上面，对如何"立"，即对当今人类如何才能摆脱这样的存在状态、走向新的生活做出了探讨。尽管后者与前者比较起来显得比较零碎、肤浅，可其中也不乏富有启发性的见解。

我们还是从马尔库塞讲起。马尔库塞坚信："一种人类真正能够决定自己的生存的生活方式是可以找到的。"②在马尔库塞看来，现在的先进工业社会实际上完全拥有建设一种新的人的存在方式的条件，但只是"现有制度和终日在维护这个制度的集团"在阻碍着人们走向这样一种新的人的存在方式。他甚至认为，为这种新的人的存在方式，新的社会构想一种模式也并不是什么困难的事。他认为，为了摆脱现在这样的存在状态，下面这些事是必须做的：

第一，取消愚蠢的消费，用真实的需要取代虚假的需要。马尔库塞指出："一切解放都有赖于对奴役状态的觉悟，而这种觉悟的出现却往往被占主导地位的需要和满足所阻碍，这些需要和满足在很大程度上已成为个人自己的需要和满足。发展的过程往往是用另一种制度取代预定的制度；而最可取的目标是用真实的需要代替虚假的需要，抛弃抑制性的满足。"③他把取消愚蠢的消费，"用真实的需要取代虚假的需要"，作为人建立新的存在方式，获得解放的第一要义。

---

① ［美］赖希：《性革命——走向自我调节的性格结构》，纽约，1962 年，第 Ⅹ、Ⅵ 页。

② ［美］赫伯特·马尔库塞、［英］卡尔·帕泊尔：《革命还是改良》，师鹏译，外文出版局，1979 年，第 56 页。

③ ［美］赫伯特·马尔库塞：《单向度的人——发达工业社会意识形态研究》，刘继译，上海译文出版社，2014 年，第 8 页。

　　第二，改变科学技术的社会功能，"人道主义地"使用科学技术。尽管马尔库塞对在现代工业社会中科学技术履行消极的社会功能，科学技术成了统治人的工具提出了尖锐的批评，但他并不认为科学技术具有"原罪"，科学技术履行消极的社会功能是由科学技术本身的性质所决定的。基于此，他提出了"新科技观"，认为面对科学技术，人是可以做出选择的，科学技术完全有可能在新的历史条件下成为一种解放的手段。他提出了"人道主义地"使用科学技术的设想，并把此作为人走出"单向度"的生活方式，真正获得解放的重要途径。

　　第三，反对过度生产，重新确立生产目的。马尔库塞认为，无论是消除虚假的需要，还是合理地使用科学技术，都涉及如何组织生产的问题。如果像在现代工业社会那样，一味地扩大生产，把生产的过程单纯地理解为增加物质财富的过程，而且是多多益善，那么就不可能消除虚假的需求和合理地使用科学技术，当然也不可能创建人的存在方式。那种"为生产而生产""为发展而发展"，实际上是"癌细胞的疯狂裂变和扩散"，将会使现代文明陷入"过度生产"和"过度发展"的危机，并最终使人类成为其牺牲品。马尔库塞紧紧地把反对过度生产，重新确立生产目的与创建人的新的存在方式，走向新的文明联系在一起。

　　第四，进行心理结构的革命，把生活本能从破坏本能的优势中解放出来。马尔库塞注重心理结构、本能结构的革命，他把建立人的新的存在方式最后落脚于改变人的心理结构、本能结构。他说："社会渗入心理有多深，心理的健康和正常在多大程度上已不再是个人的事情，而是社会的事情了。社会和个人之间的和谐关系可能会有所进展，如果社会创造条件使自由、和平和幸福的现有可能性化为现实的话，就是说，如果创造条件把性欲、生活本能从破坏本能的优势中解放出来的话。"①马尔库塞在这里把创造条件将生活本能从破坏本能的优势中解放出来，等同于"使自由、和平和幸福的现有可能性化为现实"，并强调这是建立新型的社会和个人之间的关系、人的新的存在方式的主要前提。他认为，不但"可以在个人的本能结构里找到彻底毁灭全球这场游戏的根子"，也可以在个人的本能结构里找到人遭受苦难的

---

① ［美］赫伯特·马尔库塞：《当代工业社会的攻击性》，载任立编译：《工业社会和新左派》，商务印书馆，1982年，第6页。

根源之所在,从而强调建立人的新的存在方式,创造新的人类文明应当从改变人的本能结构,进行本能结构的革命入手。

　　尽管是马尔库塞的学生,但莱易斯并不像他的老师那样全面地探讨如何创建人的新的存在方式,而主要是紧紧地抓住改变消费主义这一点来展开对新的存在方式的论述。他强调,人类走向新的存在方式的关键就是从生产领域而不是消费领域寻找满足。他赞同马克思以劳动解放实现人的解放的观点,并开创性地提出了"从生产领域而不是消费领域寻找满足",主张人应该全面发展各种劳动能力,最终以劳动解放实现人的解放与全面发展。莱易斯的劳动解放论是实现自然解放的基础,也是克服人的异化生存、实现人性解放的根本路径。在某种意义上,莱易斯的劳动解放观既不是在一般意义上增强人征服或改造自然的能力,也不是提高科学技术发展创新水平,而是首先对控制自然的观念重新释义。这种控制自然不止于对外在自然的控制,而且指向人性本身,对"人性的逐步自我理解和自我训导",即"将人欲望的非理性和破坏性方面置于控制之下"。[1]可以发现,莱易斯更偏向于从人自身的内在维度展开对控制自然观念重新解读,试图从伦理与道德的层面重新还原、复归控制自然的本原之意。莱易斯的劳动解放观是在批判异化消费中树立起来的。莱易斯指出,当前我们所面临的现实社会具有这样的特征:"复杂的大规模技术,较高的能源需求,生产和人口都很集中,职能越来越专业化,商品的花色品种越来越多。"[2]正是这种高度结构化的社会组织形式使人变成一种异化的存在,并且所带来的消极后果随着社会繁荣而加剧。

　　为从根本上解决这一问题,莱易斯指出了两条道路:一是现有社会结构不变并继续鼓励维持高消费的生活方式,但这将导致更为严重的社会后果。因为人们在消费领域需求期望水平的提高,而满足人们需求的水平又在缩小,社会的不平等必然导致社会冲突的加剧。"要在这种条件下维持上述理想,就必然需要采取更富压制性的和集权主义的政治统治方式,而这种统治是由特权的少数代理人所操纵的。"[3]二是采取"开放态度",鼓励人们直接参与满足需求的创造性活动。莱易斯明确指出:"在当今社会,满足的可能性将

---

①　[加拿大]威廉·莱斯:《自然的控制》,岳长龄、李建华译,重庆出版社,1993年,第168页。

②　[加拿大]本·阿格尔:《西方马克思主义概论》,慎之译,中国人民大学出版社,1991年,第482页。

③　同上,第483页。

主要是生产活动而不是消费的组织功能。"①他认为,结合现代工业社会的整体发展水平,目前已经具备了寻找替代消费主义生活方式的条件与手段。他主张在人们没有对现有体制完全丧失信心之前积极创造一种良好的社会环境,"在这种环境中人们将受到鼓励去更直接地参与各项与满足需要有关的活动"②。莱易斯认为,交往的社会并不是以商品为中介形式的交往,而是鼓励人们直接参与生产活动进而发展创造性的劳动能力。

高兹则把创建人的新的存在方式寄托于摆脱经济理性。由于高兹主要把越多越好视为经济理性的原则,从而他认为"逃避经济合理性"的控制就是摆脱越多越好的原则。他强调必须打断"更多"与"更好"之间的联结,使"更好"与"更少"结合在一起。他认为,只要我们生产更多的耐用品,以及更多的不破坏环境的东西,或者生产更多的但每个人都可以得到的东西,那么工作与消费得越少,生活就更好是可能的。高兹认为,只有挣脱掉经济理性的禁锢,才能为现代人开辟出一个足够大的自由空间。在这一空间中,人们发现这是一个价值不能被量化的领域,发现这才是生活自主的领域。以经济为目的所进行的劳动大大减少之时,自主的行为有可能在社会中占据支配地位。应当把经济理性从闲暇时间中驱除出去。这样,闲暇将不再只是剩余或补偿,而是必不可少的生活时间和生活的原因。要使闲暇压倒劳动的同时,使自由时间压倒非自由时间。让这种自由时间成为一切普遍价值的承担者,即让创造性、欢乐、美感和游戏战胜劳动中各种效率、谋利的价值。高兹提出,一旦劳动降低到从属的地位,而自由的时间成为一切普遍价值的承担者,就会出现"一个可能的其他社会的远景"。他说:"这个未来社会不再是一个以劳动为基础的社会。"③那么超越经济理性是不是仅仅意味着让闲暇时间压倒劳动的时间,使社会不再以劳动为基础呢? 高兹认为并非如此。高兹所论述的超越经济理性的更重要的一个内容就是,使劳动本身也成为一种自主性的行为,即不仅要把经济理性从闲暇时间中驱除出去,也要让经济理性在劳动时间中无立足之地,不仅要在劳动之外寻求个人的自由发展,也要在劳动之内寻求个人的自由发展。他认为,这里至关重要的是不能使劳动仅

---

① Leiss W., *The Limits to Satisfaction*, Toronto: University of Toronto Press, 1976.p.18.p.90.p106.

② [加拿大]本·阿格尔:《西方马克思主义概论》,慎之译,中国人民大学出版社,1991 年,第 483 页。

③ [法]高兹:《经济理性批判》,伦敦,1989 年,第 212 页。

仅成为挣工资的手段,如果是这样,劳动必然失去其意义、动力和目标。实际上,人们为取得报酬的劳动所达到的不是其为自己所选择的目标,而是根据付给他们工资的人所制定的程序和时间表。他说:"存在着一种普遍性的混淆,这就是'劳动'(work)与'工作'(job)或'就业'(employment)之间的混淆,'劳动的权利'和'挣钱的权利'以及'得到收入的权利'之间的混淆。"①在他看来,现在人们普遍把挣钱的权利等同于劳动的权利,实际上你有权挣钱并不表示你已真正获得了劳动的权利,而在劳动领域超越经济理性就是让人们不仅获得挣钱的权利,而且真正获得劳动的权利。高兹认为,一般来说,劳动有三个层面:劳动过程的组织;与所生产的产品的关系;劳动的内容,即行为的性质和劳动所要求的人的才能。他强调,应该使劳动者在这三个层面上都能获得权利,从而都具有自主性。具体地说就是,这种劳动应是劳动者自己组织的,这种劳动是对自我确定的目的的自由追求,这种劳动应达到劳动者个人的目的。

莱易斯和高兹在西方马克思主义内部都属于生态学马克思主义派别,而马尔库塞在一定意义上也是一位生态学马克思主义者,所以他们构建人的新的存在方式的思路大致相同,即都是向消费主义宣战,沿着劳动解放的方向努力奋斗。下面我们再看看西方马克思主义内部几位非生态学马克思主义者从各个角度对创建人的新的存在方式的构想。

内格里认为,作为资本主义发展的最新劳动形式,并具备了霸权地位的非物质劳动,成为资本主义经济发展的主要驱动力。从生命政治视角来看,非物质劳动也是生命政治劳动,它是主体性的生产。然而主体性的生产是与资本的价值增殖机制相一致。这意味着人的发展是由资本所规定的,那么社会塑造出来的全新的主体,即社会个人就具有了资本属性,而当社会个人表现为财富创造的宏大基石时,社会个人就取代了机器,表现为新固定资本的形式。此时,人本身已成为新的固定资本,在物质上同直接劳动相对立而存在。基于此,内格里强调,创建人的新的存在方式的关键在于,使非物质劳动不与资本的增殖机制相一致,不使从事非物质劳动的人成为新的固定资本。他强调,非物质劳动者在创造共同性的过程中获得了部分自主性,其共同性

---

① [法]高兹:《经济理性批判》,伦敦,1989 年,第 221 页。

却被资本所占有,被社会制度所腐化。我们需要做的是重新占有共同性,实现无产阶级的自我价值增值,而不是资本的价值增殖。

哈维强调,从根本上看,以资本积累为原则的城市空间重组与再造的过程,就是资本主义生产关系再生产的过程。这预示着,要想建构一个充满希望的、理想的城市空间,实现人的自由全面发展,首要的前提是要超越资本逻辑。他号召开展一场反对把城市空间资本化的运动。这里的关键是,要唤醒人们的城市权利意识,从根源上对抗城市空间的资本化过程,摆脱被资本奴役的命运,恢复人自身的完整性在城市空间中的位置。他强烈地反对当今资本主义社会的统治者所倡导的"空间修复",认为资本正依赖"空间修复"既为资本积累开辟了空间道路,也为替代资本创造了条件。他指出,在这个世界上,由于"空间修复"所采用的"破坏性生产"对城市景观和日常生活所造就的巨大冲击,人们已经感受到资本化城市空间的粗暴与压抑,已经进行反资本化的抗争,城市权利意识开始觉醒,反资本的替代性方案在这个过程中已经存在,希望与光明依稀可见。他还指出,反资本的城市化并非简单的空间结构的颠倒或设计的矫正,它涉及从城市化过程所创造的张力中寻求未来新的可能性。他希望通过建构希望的城市空间来恢复人的完整性。

霍耐特提出的人走向新的存在方式的主要途径是"追求承认,拒绝蔑视"。他响亮地提出了"为承认而斗争"的行动口号。在他看来,承认斗争的主要目标就是个体的自我实现,这也是霍耐特所构想的创建人的新的存在方式的主要途径。霍耐特认为,在个体自我实现过程中,"非强制性"或"自由"并非仅仅意味着外部强制或影响的不在场,必须同时意味着心理封闭、压抑与内心恐惧的缺席。他提出,当然,这两种意义上的自由不能仅仅理解为通过他人尊重而获得的与自身能力和特质相对应的信任。霍耐特还指出,自由的自我实现前提依赖于主体自身不能控制的共同体,因为主体只有依靠互动伙伴的帮助才能获得这个前提。这样不难看出,爱、法权、团结这三种承认形式,就构成保障外部自由与内部自由实现的主体间性条件。霍耐特在区分个体自主三层含义——意志自由、行为自决、人格自主的基础上,提出了人格自主的主体间性构想。为了避免陷入心理分析或语言哲学的唯心主义方案,霍耐特试图在人格自主的主体间性构想框架中,逐步改变个体主体的心理前提。

在西方马克思主义的代表人物中，真正明确地把人的新的存在方式与共产主义联系在一起，强调创建新的存在方式与走向共产主义的同一性的则是巴迪欧。巴迪欧将共产主义的设想规定为三个序列：第一个序列开始于1791年法国大革命，结束于1871年巴黎公社，这一阶段主要确立了共产主义观念和平等思想。第二个序列是从1917年俄国十月革命到1966年中国的"文化大革命"，这一阶段主要是寻找实现共产主义设想的实践策略。苏联式的社会主义正是这一阶段的产物。我们现在正处于第三个序列，就是要重新发明共产主义，复活共产主义理念，将共产主义看作柏拉图的理念来恢复其名誉，也就是齐泽克所说的"从头开始"。巴迪欧强调"共产主义设想"能够在哲学的帮助之下形成一种新的存在形态，从而能够产生新的政治实验，其批判对象就是当下的资本主义秩序。进一步来说，他想借此设想恢复人的主体地位，并试图改变集体行动的秩序。因为在巴迪欧眼里，共产主义原则是永恒的，它不是人们所想象的乌托邦，也不是空洞的说教，而是各种社会反抗形式中体现出来的观念模式。这种观念模式具有很强的行动价值和实践意义，共产主义假设需要做的是与民主决裂，但实质上要实现的就是真正意义上的人的自由平等。巴迪欧以变革和批判的方式评价资本主义下人的生产方式，表明他想借助共产主义这一设想恢复人的主体地位，恢复人的本真性的存在方式。

六、西方马克思主义存在方式理论给予我们的启示

西方马克思主义理论家对人的存在方式的研究是一笔宝贵的理论财富。创建新的人的存在方式，走向新的人类文明，正成为人类刻不容缓的头等大事。人类在创建自己新的存在方式和新的人类文明的过程中理应重视这笔宝贵的理论财富。西方马克思主义关于人的存在方式的理论起码能够给予我们下述启示：

（一）西方马克思主义关于人的存在方式的理论使我们知道，我们实际上处于被物所支配、从属于商品的存在状态下

西方马克思主义关于人的存在方式的理论的主旨是，告诉人们他们究竟处于什么样的存在状态下。卢卡奇用"物化"来表述商品形式占支配地位的社会中的人的存在状态。他说，人与人之间的关系变成了一种物与物的关系，这种物与物的关系获得了"幽灵般的对象性"，当今人不是生活在这种冷冰冰的物与物之间的关系中吗？马尔库塞用"单向度"来概括现代人的生存境遇，他所说的"单向度"的主要含义就是人被"虚假的需求"所操纵，人成了整齐划一的消费机器。弗洛姆则把现代人的存在方式用"占有"加以概括，他引用马克思在《1844 年经济学哲学手稿》中的一段话来具体描述这种"轻存在、重占有"的存在方式："你的存在越微不足道，你表现你的生命越少，那你占有的也就越多，你的生命异化的程度也就越大。国民经济学家把从你那里夺去的那一部分生命和人性，全用货币和财富补偿给你。"莱易斯认为，现代人的存在方式的主要特征是不在"生产领域"而一味地在"消费领域"寻找满足。高兹提出现代人正沉浸在"经济理性"之中，把"计算与核算"的原则、效率至上的原则、越多越好的原则作为自己生活的准则。赖希批评现代人放弃本真的"自然需求"，而致力于追求非本真的"社会需求"，正因为如此，实际上现代人的生活是由社会所强加的非人的生活。哈贝马斯强调，现代人随着其交往行为日益变得不合理和遭到扭曲，人的生活世界已经被"殖民化"了。在萨特看来，现代人生活在个人与他人、社会的尖锐对立之中，人的自由遭遇了限制或被加上了锁链。内格里提出在现代社会里，"非物质劳动"已成为人的主要存在方式，但"非物质劳动"与资本的价值增殖机制相一致。哈维认为随着城市空间的日益"资本化"，当今人类正面临着日益严重的贫富分化与精神虚无的生存困境。鲍德里亚认为，被抽象的符号和编码所统治，正是当代人的存在状态。霍耐特提出拒绝承认即承认的被否定与剥夺，招致蔑视即人的完整性、荣誉或尊严不断受伤害，是现代人的主要生存境遇。

西方马克思主义理论家对当今人的存在状态的揭示确实是一帖清醒剂。他们对当今人的存在方式的描述尽管有着不同的表述方式，但共同的地

方是都认为，当今人类已完全被物、商品所支配，人实际上成了商品的奴隶，相应地又成了劳动的工具。或者说，人成了消费机器和劳动机器。他们在考察人的存在状态时都紧紧地抓住消费和劳动这两点做文章，即人在从事这两项最重要的活动时究竟有没有自我实现。马克思在《1844 年经济学哲学手稿》中做过如下生动的描述："人（工人）只有在运用自己的动物机能——吃、喝、性行为，至多还有居住、修饰等等的时候，才觉得自己是自由活动，而在运用人的机能时，却觉得自己不过是动物。动物的东西成为人的东西，而人的东西成为动物的东西。"[①]在马克思看来，资本主义社会的罪恶在于造成了这样的颠倒：吃、喝等明明是动物的功能，人却专心致志地享受，把此当作自己独有的功能来对待；劳动明明是只属于人的功能，人却偏偏不加重视，只是把此作为一种手段，实际上已把此视为动物的功能了。这些西方马克思主义理论家，把马克思的这一思想在新的形势下用自己的语言和方式做了进一步的阐发。对于把自己的生活活动作为自己意识和意志的对象的人来说，知道自己究竟生活在何种状态下，确立自己在宇宙中的位置，探索自己能够也应当通往的方向，比什么都重要。可惜的是，当今许多人实际上对自己究竟处于什么样的存在状态根本没有清醒的认识，甚至缺少去认识的自觉性。在这种情况下，看一看西方马克思主义理论家对我们的存在状态的描述，是很有意义的。

（二）西方马克思主义关于人的存在方式的理论使我们知道，我们生活在这样的存在状态下表面上很幸福，其实十分痛苦

其实，对当今一些人来说，对自己目前受消费主义等支配的状态并不是完全不知道，问题在于，他们并没有感到这样的生活有什么不好，反而陶醉于这样的生活。西方马克思主义关于人的存在方式的理论的可贵之处在于，不仅揭示了我们究竟处于什么样的存在状态下，而且进一步分析了我们生活在这样的存在状态下究竟是不是真的十分幸福，分析了这样的存在方式究竟是不是我们作为人应有的生活方式。

---

① 《马克思恩格斯全集》（第 42 卷），人民出版社，1979 年，第 94 页。

卢卡奇在论述"物化"这种存在状态时,是把这种存在状态与人的"被计算"和"加以合理化",以及人的"孤立化""原子化"联系在一起的。他要说明的是,这是一种"人不成其为人"的痛苦的存在方式。马尔库塞明确地认为人在"单向度"境遇下过的是"不幸之中的欣慰生活",即这种生活表面上是"欣慰的"实质上是"不幸的"。在他看来,关键在于,这种存在状态把应当是"整体的、全面发展"的人变成"片面的、单向度发展"的人,人一旦陷入片面发展,那么人即使意识不到自己的痛苦,实质上也是十分痛苦的。弗洛姆在说明现代人的存在方式是"占有"时,着重论述了这种存在方式对人来说意味着什么,即意味着人重新把自己降格为一般的动物。莱易斯提出,只是在"消费领域寻找满足"人的存在方式,实质上是鼓励个体将幸福标准等价于消费商品欲望的满足程度,遵从量的标准而非质的标准作为衡量个体满足的依据,这种幸福显然是"虚假的"。赖希形象地描述了人一旦放弃"自然需求"而完全受"社会需求"所控制,即放弃本真的存在方式,所面临的那种受压抑的痛苦境遇。哈贝马斯强调,"生活世界殖民化"、交往行为"不合理"的人的存在方式,实质上是人严重异化的生活方式。哈维对在城市空间被资本化的环境下人的生存境遇的描述,重点也放在揭示这种生存境遇实质上是生存困境。所有这些西方马克思主义理论家都强调在当今这种存在状态下,人其实是十分痛苦的。这显然对陶醉于这种存在状态的一些人来说,是一种提醒。难怪西方一些人看到西方马克思主义理论家对当今存在状态实质上是痛苦的分析后,"拍案而起",连声说我们原来过的是这样的日子。

判断一种生活方式是幸福的还是痛苦的,必须有一个用以衡量的标准。这些西方马克思主义理论家是把对人的存在方式的研究与"衡量标准"的探讨联系在一起的。在他们看来,这一"衡量标准"就是人本身,确切地说就是人的本质。凡是有利于人的本质的实现的生活方式就是幸福的,反之,凡是阻碍人的本质的实现,甚至扭曲人的本质的生活方式就是痛苦的。这样,他们在研究人的存在方式的同时,致力于对人的本质的探讨。这些西方马克思主义理论家大多是"人本主义"思想家,他们都强调人有独特的区别于一切动物的本质,人活在世界上的意义就在于实现这一本质,使这一本质现实化。他们都高扬的人的本质。至于人的本质究竟是什么,我们看到,总体来说,他们一是强调人的本质的"全面性",二是在"全面的"本质中尤其突出人的劳动,即把劳动视为人的本质之所在。而在强调人的本质的"全面性",尤其是强调人的本质是劳动的同时,他们特别反对把人的本质归结为单纯的对物质的需求,即把人说成仅是充满着物质欲望的人。他们就用这样的标准来衡量当今人的存在状态的好坏,即不断地追问当今人的这种存在状态能够体现人的全面发展吗?能够实现人的整体的人性吗?当今这种人的存在状态能够促使人的劳动的本质得以实现吗?能够使劳动成为一种自由自觉的活动,从而从中获取无穷的享受吗?必须指出,他们这种对人的本质的理解,在一定程度上接受的是马克思的相关理论。所以他们对当今人的存在状态是幸福还是痛苦所做的分析的积极意义,是马克思理论本身的积极意义。

(三)西方马克思主义关于人的存在方式的理论使我们知道,这样的"非人的"存在状态根源于资本主义制度,特别是根源于资本逻辑

这些西方马克思主义理论家不仅探讨了当今人的存在方式,而且进一步分析了这样的存在方式的原因。在分析这样的存在方式形成的原因时,他们的观点不尽一致,甚至存在着冲突。关键在于,如何看待资本主义制度与这样的存在方式之间的关系,有一些西方马克思主义理论家显然力图回避资本主义制度对产生这样的存在方式的根源性,但更多的西方马克思主义理论家强调,正是资本主义制度,特别是资本逻辑造就了当今人的这样的存在方式,他们把对当今人的存在方式的批判与对资本主义制度的批判紧紧地结合在一起。

在这方面,卢卡奇是个典型。他不仅用"物化"来概括当今人的存在状态,而且强调这种"物化"只有在资本主义的商品形式占支配地位的条件下才能形成。卢卡奇论述了商品范畴成为整个社会的普遍范畴、社会生活的所有方面都成为交换领域,对人的存在方式所带来的结果。综观进入市场经济时代以后人类的存在状态,我们会越发感到卢卡奇当年对在商品形式占支配地位的社会中人的存在方式的揭示的深刻性和尖锐性。高兹强调的是支配当今资本主义"丰裕社会"的既是消费逻辑,又是生产逻辑,资本主义的生活方式是与资本主义的生产方式紧紧联系在一起的,推崇利润至上的生产

方式,必然会形成"把消费得多等同于消费得好"的生活方式,"经济理性"支配资本主义生产方式的同时,必然贯穿于资本主义的生活方式。在内格里看来,"非物质劳动"之所以没有使人获得更多的"共同性"、更多的自由和解放,反而使人陷于更深的痛苦与不幸,根本的原因就在于"非物质劳动"受资本逻辑的控制,而这种"非物质劳动"是在资本主义进入"帝国"时期的"非物质劳动"。哈维在揭示"空间生产"盛行,城市空间被侵袭的时期的人的存在困境时,把矛头直指资本逻辑,强调所有这些对人的存在的威胁都是由于城市空间"资本化"所带来的。这些西方马克思主义理论家都透过物对人的统治进一步揭示人对人的统治。这显然是马克思主义分析人的存在状态的基本方法。

　　一些人似乎也觉察到了当今人类以消费主义为核心的存在方式的弊端,似乎也产生了要加以改变的想法。当然,要加以改变,前提是正确地找到滋生这种存在方式的原因。但是一涉及这种存在方式产生的根源,一些人就不敢直面生产关系,只想在观念形态里"兜圈子",把这种存在方式的形成竟然说成是某种价值观念出了问题。这样,似乎只要改变了某种观念,在"道德"领域里展开一场变革,这种存在方式也就能随之改变了。这些人了解了西方马克思主义理论家对当今人的存在方式的根源的分析,应当是有所触动的。这些西方马克思主义理论家清楚地告诉我们,消费主义的生活方式产生于利润至上的生产方式,这种利润至上的生产方式不改变,崇尚消费得越多越好的生活方式也就不可能改变。

(四)西方马克思主义关于人的存在方式的理论使我们知道,现代资本主义社会新的统治方式就是让人处于当今这样的存在状态

　　这些西方马克思主义理论家在揭示当今那种以"占有"为主要特征的人的生活方式,根源于资本主义以利润至上为特征的生产方式的过程中,还把制造和推行这样的生活方式,即让人成为"单向度"的人,说成是当今资本主义对人的一种新的统治方式。他们把当今资本主义的批判归结为其制造和推行这样的生活方式,让人处于这样的存在状态。正是这一点,构成了他们关于人的存在方式的理论最吸引人的地方。

　　明确地把使人处于当今这样的存在方式是现代资本主义社会的统治者对人实施统治的新形式的人是马尔库塞。他实际上已向世人宣告,现代资本主义社会对人的统治,已不是依靠拥有强大的国家机器,也不是制造剩余价值的经济手段,而是对人的生活方式的控制。用他的话来说,就是"利用可怕的生产复制千篇一律的意识、生活方式和个体行为的行为","使得顺从于这种缺乏人性的方式的人把这种顺从的虚伪概念当作'幸福'的概念来接受,把受到支配的生活当作舒适的甚至好的生活方式来接受"。马尔库塞是如此,其他西方马克思主义理论家也是如此。无论是弗洛姆、莱易斯、高兹、列斐伏尔,还是哈维,他们都把对现代资本主义社会中实施消费主义,提高到推行一种新的存在方式,实施一种新的统治方式的高度来论述。弗洛姆强调,现代资本主义社会如此"稳固",是与这一社会普遍地不是把"存在"而是把"占有"作为自己的存在方式密切不可分的。莱易斯认为,现代资本主义社会最"成功"的地方就是,使人不是在"生产领域"而是在"消费领域"寻找满足,这一社会让人只是在"消费领域"获取满足的过程也就是紧紧地支配人的过程。高兹通过考察资本主义"丰裕社会"中工人阶级的状态,来论证工人阶级"安于"这一社会的统治,源自接受了这一社会的统治者强加给他们的那种把"好"与"多"联系在一起的生活方式。列斐伏尔提出,当资本主义社会把异化深入到人的日常生活领域,人的日常生活也无时无处不处于异化状态之时,这个社会的统治才真正是稳固的。

　　这些西方马克思主义理论家对现代资本主义社会何以能够借助于制造和推行这种人的存在方式来实施自己新的统治的分析,既是独到的,又是深刻的。在他们看来,通过制造和推行这种人的存在方式来实施统治,实质上是对人的意识、心理和本能结构的统治。这种统治方式的一个重要特征就是可以控制人的意识、心理和本能结构。接受了这种人的存在状态,就是接受了制造和推行这种人的存在方式的社会的统治的意识形态,把统治者的意识形态变成自己的意识形态。一旦把统治者的意识形态变成自己的意识形态,就会按照统治者的要求来实现自己。这些西方马克思主义理论家在这里特别强调生活在现代资本主义社会中的人们会把痛苦的生活当作幸福的生活来领悟,把不幸的境遇当作舒适的境遇来接受。这方面,数马尔库塞、赖希、弗洛姆等人的分析所产生的影响力最深远。

（五）西方马克思主义关于人的存在方式的理论使我们知道，人类还是有希望走出当今这种人的存在方式，创建真正"属人的"存在状态

我们不否认，有些西方马克思主义理论家面对人类当今这种"非人"的存在方式，表现出了强烈的悲观主义色彩，他们揭示了当今人的这种存在状态的"反人性"，但往往又认为人走向这样一种状态是不可逆转的。须知，大部分西方马克思主义理论家并不持这种态度，而是表现出了一定的乐观主义态度。他们不但分析了当今人的存在方式的危害性，而且进一步探讨了改变这种存在状态的可能性和现实性，他们为改变这种存在状态提出了许多途径和方案，并且为新的人的存在状态提出了种种设想。他们的关于人的存在方式的理论最大的积极意义也正是体现在这里。

是不是对改变目前这种人的存在方式持有信心，全部取决于对形成这种人的存在方式的原因的分析。倘若把原因归结为现代性的理念，归结于科学、知识、理性等，那么与这些理念联系在一起的这种人的存在方式是不可改变的。但如果强调当今这种人的存在方式根源于资本主义的生产方式、资本逻辑，那么当今这种人的存在方式是完全有可能加以改变的。一些西方马克思主义理论家深受后现代主义的影响，或者说他们本身就是后现代主义者，在他们眼里，当今这种人的存在方式是现代性逻辑发展的必然产物，是人们信奉理性、科学的必然结果。所以只要人们还拥抱现代性，追求理性与科学，就必然会生活在这样的状态之下。大部分西方马克思主义理论家，他们在分析当今这种人的存在方式的根源时，往往追溯到资本主义的生产方式，特别是追溯到资本逻辑，这样他们就顺理成章地认为，只要改变了资本主义的生产方式，限制了资本逻辑，当今这种人的存在方式就能得以改变，新的人的存在方式就可以形成。本书介绍的西方马克思主义理论家大多是属于这种类型，他们也不否认现代科学技术对形成当今这种人的存在方式所起的作用，但他们不是笼统地谈论科学技术的作用，而是提出对科学技术的使用有一个"合乎人性地使用"和"违背人性地使用"的区别，认为只有后者才会导致当今这种人的存在状态。马尔库塞就是如此，他一方面强烈地批

判正是现代科学技术的广泛使用导致人成了"单向度的人",另一方面又提出了他的"新科技观",认为只要"人道主义地"使用科学技术,现代科学技术的广泛使用非但不会产生当今这种人的存在方式,还会创建新的人的存在方式。对理性在造成现代人过现在这样的生活方式中的作用的分析,他们更是反对笼统地论述理性的作用,而是强调理性只有成为科技理性、工具理性、经济理性,才会发挥这样的作用。当理性是价值理性、生态理性时,理性只能是"属人的"生活方式的"原动力"。对此,高兹的论述特别清楚明白,他的宗旨就是要把"经济理性"与"生态理性"严格地区别开来,强调由于"经济理性"的盛行,导致当代人不顾一切地向自然界索取,以满足自己的"消费得越多越好"的生活方式,但如果不是"经济理性"而是"生态理性"占据统治地位,那么人们自然会放弃"消费得越多越好",只重视消费的"量"的生活方式,转而推崇"适可而止",讲究消费的"质"的生活方式。

　　难能可贵的是,这些西方马克思主义理论家在展望未来人的新的存在方式时,又能把马克思对于未来社会主义、共产主义社会的设想联系在一起,借鉴了许多马克思对未来社会主义、共产主义所提出的种种特征的分析。马克思在《1857—1858年经济学手稿》中指出,前资本主义生产方式、资本主义生产方式、共产主义生产方式构成人类生产方式的三大序列,并因而决定了人的存在的三种状态,即人对人的依赖、以物的依赖性为基础的人的独立性、建立在个人全面发展和他们共同的社会生产能力成为他们的社会财富这一基础上的自由个性。他们特别推崇马克思在这里关于三种人的存在方式的区分,认为当今人的存在方式实质上就是马克思所说的人的第二种存在方式,而要创建的人的新的存在方式,就是马克思所说的第三种人的存在方式。弗洛姆把第二种人的存在方式简单地概括为"占有",把第三种人的存在方式简单地表述为"存在"。正因为他们把新的人的存在方式与马克思所描述的社会主义、共产主义联系在一起,所以在他们看来,为创建新的人的存在方式而努力就是为实现共产主义而奋斗。巴迪欧就明确地提出"共产主义的设想是人的真正的存在方式"。

　　综上,我们从五个方面分析了西方马克思主义关于人的存在方式的理论对我们的启示,虽然还可以讲下去,但无疑主要的就是这些。最后必须指出,西方马克思主义关于人的存在方式的理论并不都是真知灼见,实际上其中也充满了偏见和错误。只是由于我们在这里把注意力集中于从他们的理论中吸取经验,因而并没有对他们理论的是非曲直做出全面的评判。这一件事,我们将在其他地方去做。

第二十三章　西方马克思主义的生态理论对当今中国的启示

　　放眼望去,生态环境的恶化随处可见。保护生态环境,加强生态文明建设刻不容缓。那么我们究竟如何进行呢? 像有些人所说的那样,多投入一些资金、多解决一些技术问题就能解决问题吗? 笔者认为,生态学马克思主义的研究给予我们诸多启示。本章通过阐述生态学马克思主义的相关理论,思考一下我国生态文明建设究竟应当如何入手。

　　随着西方社会中生态运动的蓬勃兴起,生态学马克思主义也不断发展,有人甚至把生态学马克思主义视为马克思主义发展的最新形态。生态学马克思主义理论家长期从事对当今社会生态危机的严重性和根源的揭露,以及对人类摆脱生态危机出路的探讨。生态学马克思主义这一当今生态运动中的"红绿派"(Red-greens)与生态运动中的另一派别"生态中心主义",即生态运动中的"绿绿派"(Green-greens)不同,它基本上是在马克思主义的旗帜下进行理论活动的,从而它的许多理论观点对我们有颇多的启发之处。

一、透过人与自然的冲突去分析和解决人与人的冲突

　　怎样看待目前日益深重的生态危机、自然危机? 它们究竟是如何造成的? 这是当今研究生态文明必须要回答的问题。生态学马克思主义理论家的与众不同之处就在于,他们在回答这些问题时,不像其他的研究者停留在人与自然相互关系的层面,就人与自然的冲突来谈论人与自然的冲突,而是透过人与自然矛盾来揭露人与人的矛盾,把人与自然的关系问题提升到人与人关系的层面来分析研究。正是这一点,会给予我们深刻的启示。

　　关于生态保护问题,从表面上看,问题出在人与自然关系的层面。一般认为,之所以出现生态危机、自然危机,主要是由于人与自然相处的理念和方式出现了偏差。但生态学马克思主义理论家坚持认为,问题虽然出于人与自然关系的层面,但根源还是在人与人关系的层面。人与自然相处的理念和方式的偏差,是由人与人之间关系的偏差,或者说是由社会制度方面的偏差所决定的。这里且以三位生态学马克思主义理论家对生态危机的根源的分析加以说明。

　　高兹就把当今资本主义社会中的生态问题的根源追溯到资本主义的社会制度。他得出的基本结论是,资本主义的利润动机必然破坏生态环境,资本主义的生产逻辑无法解决生态问题。在他看来,资本主义社会中出现的各种生态问题都可以归结为资本主义的利润动机和资本主义的生产逻辑。他具体分析说,每一个企业都是自然资源、生产工业和劳动力等要素的联合体。"在资本主义的生产条件下,把这些要素联合在一起就能生产出最大限度的利润","任何一个企业都对获取利润感兴趣。在这种情况下,资本家会最大限度地去控制自然资源,最大限度地增加投资,以使自己作为强者存在于世界市场上"。①他具体地分析说:"资本主义的企业管理首要关注的并不是如何通过实现生产与自然相平衡、生产与人的生活相协调,如何确保所生产的产品仅仅服务于公众为其自身所选择的目标,来使劳动变得更加愉快。它所关注的主要是花最少量的成本而生产出最大限度的交换价值。"②把降低成本看得比保护生态环境更加重要,这就是资本主义的生产逻辑。贯彻这一生产逻辑怎么不会破坏自然呢? 高兹有时把对生态环境的保护与对生态环境的破坏之对立说成是"生态理性"与"经济理性"的对立。而他所说的"经济理性"就是"以计算和核算为基础的,把由于劳动手段的改进所节省下来的劳动时间尽一切可能加以利用,让其生产出更多的额外价值"③的资本主义理性。他认为,资本主义存在一天就要贯彻经济理性一天,而贯彻经济理性必然破坏生态环境。在他看来,离开了资本主义经济理性来观察生态问题是永远不得要领的。

---

　　①② ［法］高兹:《作为政治学的生态学》,波士顿,1980 年,第 5 页。

　　③ ［法］高兹:《经济理性批判》,伦敦,1989 年,第 2 页。

　　莱易斯指出,控制自然与控制人这两方面存在着内在的逻辑联系,从表面上看,当代文明社会中问题出在控制自然上,可实际上还是出在控制人上。他说:"在由'征服'自然的观念培养起来的虚妄的希望中隐藏着现时代最致命的历史动力之一:控制自然和控制人之间的不可分割的联系。"①莱易斯高度肯定霍克海默把人类历史的三个特征,即对自然的控制、对人的控制和社会冲突联结在一起。社会冲突是对自然的控制和对人的控制的联结因素。他说:"由于企图征服自然,人与自然环境以及人与人之间为满足需要而进行的斗争越演越烈,从局部地区扩展到全球范围。人类在历史上第一次作为一个整体开始经历一种特殊的冲突即普遍的全世界范围的冲突;一些远离权力中心地方的显然很小的事件都以它们对全球利益平衡的可能的影响来解释。地球似乎成了人类进行巨大自我竞技的舞台,人们为了实行对自然力的有力控制而投入了激烈的纷争。这似乎确证了黑格尔的历史是一个杀人场这句格言的真理性。"②由于对自然的技术控制而加剧的冲突又陷入追求新的技术以进行人与人之间的政治控制。加剧后的斗争使人与人更加拼命地彼此反对。在当代社会中,人们可以明显地看到,对自然的技术控制通过操纵需求转化为对人的控制。他说:"由于陷入社会冲突,技术构成了一种把控制自然和控制人联系在一起的手段。"③莱易斯在这里要求不但要把人与人之间的冲突,而且要把人与自然之间的冲突视为社会冲突,在社会冲突的背景下来理解人与自然之间的冲突。

　　福斯特提出,当今威胁着地球上所有生命的生态问题是由资本主义的世界经济造成的。他认为,不能笼统地说存在着人与生态之间的对立,实际存在的是生态与资本主义之间的对立。而且资本主义和生态之间的对立不仅是在某些枝节上的对立,而是各自作为一个整体相互对立。他把自己的一部著作直接命名为《反对资本主义的生态学》,就是为了表明资本主义经济是导致环境和生态问题出现的根源。他不同意环境经济学家把生态退化说成是市场的失职,说成是由于市场没有把环境当作一个要素纳入它的自我

---

　　①　[加拿大]莱易斯:《自然的控制》,灯塔出版社,1974 年,"序言"。参见中译本[加拿大]威廉·莱斯:《自然的控制》,岳长龄、李建华译,重庆出版社,1993 年,第 6 页。

　　②　[加拿大]莱易斯:《自然的控制》,McGill.Gueen 大学出版社,1994 年,第 158 页。

　　③　同上,第 147 页。

调节的体系所致，也不赞同技术资本主义者提出的借助于新的技术在发展经济的同时又能阻止环境退化。在他看来，这两种观点的要害是没有从人与自然的关系追溯到人与人的关系，从而都回避了资本主义经济制度来谈论生态问题。例如，在他看来，把二氧化碳排放所带来的环境污染仅看作一个技术问题或燃料效率问题就是错误的，问题的实质在于"资本积累的冲动推动着发达资本主义国家沿着最大限度地发展汽车工业这条路子走下去，把它作为生产利润的最有效的方式"①。他这样说道："资本主义制度希望借助于自然资本化来解决环境的办法是断然行不通的。关键在于，环境问题的真正根源在于资本主义的社会经济制度本身。"②

福斯特概括了资本主义经济生产的四条反生态法则，即"事物之间仅存的永恒关系就是金钱关系"；"只要不再次进入资本循环，事物走向何处则是无所谓的"；"凡是自我调节的市场懂得的便是最好的"；"自然的施予便是财产所有者的免费礼品"。第一条法则的"反生态性"在于，在资本主义条件下，所有人与自然的关系像所有人与人的关系一样，都可以归结为金钱关系，这种金钱关系异化了自然界中事物之间固有的关系，使自然界变得支离破碎。第二条法则的"反生态性"表现为，在当代资本主义的条件下的经济生产并不是一个循环系统，由于资本主义经济只注意到生产能否带来利润，因而它不会像前资本主义社会那样把生产的废物按照生态律纳入循环利用之中，而是贯穿着这样一根直线：从资源地到废物堆。第三条法则的"反生态性"体现在，用市场规则统领一切社会和自然规律，不仅社会成为市场赚钱的手段，自然也成为市场赚钱的手段，例如食物就成了赚取利润的手段，因而食物的包装、运输、贮藏优先于食物的营养价值。第四条法则的"反生态性"在于，资本主义在占有自然资源和能源时根本不会把"生态成本"列入"经济计算"的范围之内。对于资本主义经济制度来说，自然的资源和能源都是"免费的午餐"，作为比资本主义经济制度更高一级的"经理"的自然界却把此记在心头：你吃了免费午餐就得付出代价，即环境和生态的恶化。

上述三位生态学马克思主义理论家从不同的角度，通过揭示生态危机、

---

① ［美］J.B.福斯特：《反对资本主义的生态学》，美国《每月评论》出版社，2002年，第98页。

② 同上，第40页。

环境恶化与资本主义的内在联系,来说明生态问题往往表现为人与自然的关系问题,可实际上是人与人的关系问题。我们是社会主义国家,当然我们这里出现的生态问题不能直接说都是由于制度出了问题、人与人的关系出了问题,我们的社会制度、人与人的关系,应当说与生态文明没有根本的冲突。但这并不等于说,生态学马克思主义理论家那种"透过人与自然的冲突去分析和解决人与人的冲突"这一面对生态问题的基本思路对我们没有启发,在我们这里不适用。关键在于,尽管我们的社会制度、人与人的关系与生态文明并不存在资本主义社会中那样的根本对立,但这并不等于说我们的制度、人与人关系已尽善尽美,与生态文明是完全协调的,事实上,我们的许多生态问题与制度、人与人关系的不完善有关。在这种情况下,我们就应当从这些生态学马克思主义理论家那里吸取经验,不是仅从技术等层面而是善于从制度和人际关系的层面去分析中国的生态问题,着眼于通过不断改革我们的社会制度和人与人关系方面的一切不完善之处,来解决生态问题。

二、发挥社会主义社会对于建设生态文明的制度优势

生态学马克思主义理论家面对历史的新发展,在承认社会主义处于低潮的同时,仍坚信社会主义必然代替资本主义。他们在理论上考察了社会发展与生态问题的内在联系,提出生态文明是社会主义不可或缺的内涵,走向社会主义是解决生态问题的唯一选择。这一点,显然对于正在中国特色社会主义旗帜下从事生态文明建设的中国人民来说,也会具有启示作用,并会给予他们莫大的信心和鼓舞。

对生态学马克思主义理论家来说,最后诉诸社会主义从根本上来解决生态问题应当说是顺理成章的。生态学马克思主义透过人与自然的冲突揭示人与人的冲突,他们反对生态中心主义者回避资本主义制度,而是强调资本主义制度是生态危机的真正根源。相应地,在如何消除环境退化、生态危机的问题上,生态学马克思主义理论家也反对像生态中心主义者那样主张在资本主义制度的范围内,通过改进技术、实行分散经济等措施来消除生态危机,而是强调只有废除资本主义制度,废除由这一制度带来的贫困和不公

正,才能最终解决生态问题和环境问题。同样,在消除环境退化和生态危机后应建立什么样的社会的问题上,生态学马克思主义理论家也反对生态中心主义者崇尚"回到丛林去"的浪漫主义,以建立"生态乌托邦"为社会政治理想,而是立足于社会主义,以实现生态与经济、社会和谐发展,建立没有剥削和压迫的社会主义为理想目标。下面,我们通过剖析若干位生态学马克思主义者的相关论述对此加以说明。

高兹明确提出,保护生态环境的最佳选择是先进的社会主义。他认为,要有效地开展生态保护工作,必须具备这样的社会环境:生产实用的、不易损坏的物品,生产易于修理可长期使用的机器,生产较长时间不会过时的服饰;中央计划的主要工业仅仅为满足居民的基本需要而生产,各个城镇都有由完整的工具系列、机器和原料装备起来的工厂,在那里市民们为自己而生产,依照他们的情趣从事生产;人们有充分的闲暇时间去学习自己感兴趣的东西,不仅有读和写,而且包括各种手工艺,即所有那些被商业从人们身上剥夺并且只有通过买卖才能重新获得的各种专业技术。高兹指出,这样的社会环境就是社会主义的社会环境,只有在这样的社会环境下才能实施生态保护,换句话说,认为只有在社会主义制度下才能实施生态保护。他说:"生产力的经济规则与资源保护的生态规则截然有别。生态理性旨在用这样一种最好的方式来满足(人们的)物质需求:尽可能提供最低限度的、具有最大使用价值和最耐用的东西,而花费少量的劳动、资本和资源就能生产出这些东西。与此相反,对最大量的经济生产力的追求,则旨在能卖出用最好的效率生产出来的最大量的东西,以获取最丰厚的利润,而所有这一些建立在最大量的消费和需求的基础之上。"①高兹在这里清楚地向人们描述了两种理性的区别,并在此基础上强调,要实现生态理性,必须改变资本主义的利润动机,而这就意味着变资本主义生产方式为社会主义生产方式。社会主义生产方式可以而且应该与生态理性联系在一起。他认为,社会主义生态方式的合理性存在于生态理性的合理性之中。

高兹强调保护生态环境的最佳选择是先进的社会主义,但同时他又指出,他所说的社会主义并不是苏联模式的现存的社会主义。在他看来,苏联

---

① ［法］高兹:《社会主义、资本主义和生态学》,伦敦,1994年,第32~33页。

模式的社会主义在不能有效地实施生态保护这一点上，几乎与资本主义没有什么不同。关键在于，苏联模式的社会主义奉行的也是经济理性，而不是生态理性，也就是说，在苏联模式的社会主义制度下，社会生产和人的行为同样受制于经济的理性。只要是受制于经济理性，那不管是用计划还是用市场进行调节，都不会产生真正的社会主义。他强调，苏联模式的社会主义仅仅向人们提供了一幅资本主义基础特征的滑稽的放大画，因为它把追求积累和经济增长作为其主要目的。唯一与资本主义不同的是实施这种积累和增长的方式，即它试图用精心规划的、中心化的、外在的整体经济控制的市场取代了自发的外在机制，在一切行为领域中，它使得体系的全面合理性所要求的功能行为与个体的自我控制的行为方式的合理性相互分离。苏联模式的社会主义也曾实施种种改革，但由于这些改革的基本思路是建立在消费主义的基础之上的，即这种改革并没有对追求的目标做出丝毫的改变，而只是对实现这种目标的手段进行了调整，所以这种改革的结果是越来越向西方资本主义靠拢，而远离真正的社会主义。他认为，社会主义的本质是使经济行为服从于社会的目的和价值，如果不朝这一方向努力，现存的和传统的社会主义就不能成为真正的社会主义。

佩珀指出，既然生态危机的根源在于资本主义制度，在于这一制度不可改变的利润挂帅的经营战略，那么消除生态危机的唯一出路就是对这一制度实施变革，即变资本主义制度为社会主义制度。当然，他所说的社会主义不是传统意义上的社会主义，而是生态社会主义。佩珀指出，生态社会主义并不是以生态为中心，不能像一些生态中心主义者那样，认定生态问题主要出在人对生态环境的支配上，从而又认定只要放弃这种对生态环境的支配，把生态置于中心的地位就把问题解决了，认定理想的社会必须以生态为中心。佩珀强调，由于他并不认为资本主义社会中的生态问题的根源是不把生态环境放到中心的位置，所以他当然并不把取代资本主义社会的新的理想社会的主要特征归结为以生态为中心。佩珀指出，作为取代资本主义社会的理想社会，生态社会主义的主要特征是实施人类中心主义。当然这种人类中心主义不是现行资本主义社会中流行的技术中心主义意义上的人类中心主义，目前一些人所说的人类中心主义实际上是技术中心主义，即名义上是把人而实际上是把技术置于中心的位置。这里所说的人类中心主义与马克思所说的人道主义同义。他这样说道：

> 生态社会主义是人类中心主义(不过不是资本主义技术中心主义意义上的人类中心主义)和人道主义。它反对生物道德论和自然神秘论以及由它们所导致的任何各种可能的反人道主义的体制。它强调人类精神的重要性，强调这种人类精神的满足有赖于与其他自然物的非物质性的交往。人并不是一种污染源，人并不是生来就是傲慢、贪婪、好斗、富有侵略性，也不生来就具有其他的种种野蛮性。假如人沾染是这些的话，那也并不是不可改变的遗传因素造成的，也不是原罪所致，而是流行的社会经济制度使然。虽然不能把人与其他动物同日而语，但人也是自然存在物。我们所设想的自然是社会地被设想的和社会地形成的。而人所做的也是自然的。①

佩珀的这段话比较明确地阐述了他把生态社会主义理解为人类中心主义的缘由：如果不是把人而是把自然置于中心地位，颠倒人与自然的关系，认为真正的主人是自然，而人仅仅是自然的奴仆，把人与自然的关系神秘化，那么必然带来各种反人道主义的体制，结果是自然主人没有当上，大部分人却成了一小部分人的奴隶。人按照本性是理性的，人目前在面对自然时所表现出来的种种贪婪性、疯狂性是由现行的社会经济制度造成的，人按其本性与自然并不冲突。因此，只要改变了现行的社会经济制度，人的种种贪婪性、疯狂性就会相继消失，而恢复其理性。这样人就会按照理性的方式合理地、有计划地利用自然资源，满足人类物质上有限而又丰富多彩的需求。在这种人与自然关系的新模式中，人居于中心地位，自然是人的可亲可爱的家园，人与自然形成一种和谐的关系，可以真正实现自然主义与人道主义的高度统一。

福斯特认为，由于在维护生态平衡和维护资本主义所代表的快速与无限的经济增长之间存在着固有的冲突，所以在资本主义条件下，不可能通过

---

① [英]佩珀：《生态社会主义——从深生态学到社会正义》，伦敦洛特雷出版社，1993年，第232~233页。

"自然资本化"的路径来化解人与自然之间的矛盾。他还认为,由于资本主义条件下新技术的运用必须服从"资本的逻辑",也就是服从追求利润,让自身增殖的资本的本性,所以资本主义社会的技术进步也不可能从根本上解决环境问题。在此基础上,他提出只有通过社会革命和生态革命才能解决所有面临的环境和生态问题。他说,假如想要拯救地球,就必须与那种鼓吹个性贪婪的经济学和在此基础上构建的社会秩序一刀两断,转而去构建具有更能代表人的价值追求的新的社会体制。他提出新的社会体制"必须以人为本,特别是优先考虑穷人而不是利润的生产,必须强调满足基本需求和确保长期安全的重要性"①。他提出了"沿着社会主义方向改造社会生产关系","实现社会主义的复兴"的社会理想。在他看来,这种理想的社会形态"不是建立在以人类和自然为代价的积累财富的基础上,而是建立在公正与可持续的基础上"。②在这种理想的社会形态中,当然也有支配的力量,但这种支配的力量"不是追逐利润而是满足人民的真正需要和社会生态可持续发展的要求"③。实现生态化战略的过程也是变资本主义为社会主义的过程,在这一转变过程中,一方面需要工人运动与环境保护运动的结盟,消除工人与环保主义者的对立;另一方面需要国家层面上的协作行动,在满足社会需要的同时针对建立新的人与自然的关系做出规划,大力削弱国家与资本的合作关系,消除国家作为资本的代理人的角色。在他看来,社会主义对实施生态战略转化确实至关重要。他说:"在社会主义体制中,最大规模和最严重的破坏环境的根源,将以一种自身显示出超越资本能力而不仅仅是反对其利益的方式被直接加以铲除。"④他甚至提出,环境革命就是作为第三次人类革命的社会主义革命。他结合社会主义同资本主义的斗争史及环境运动发展和现状,提出了解决当前环境问题的基本策略——实现以"社会生态正义"为主要内容的社会主义。⑤

---

①　[美]J.B.福斯特:《生态危机与资本主义》,耿建新等译,上海译文出版社,2006年,第75页。

②　同上,第96页。

③　同上,第129页。

④　同上,第128页。

⑤　参见陈食霖:《人与自然的矛盾及其化解——评福斯特的生态危机论》,《国外社会科学》,2007年第2期。

上述三位学者对只有社会主义才能最终解决生态问题的论述，在整个生态学马克思主义中具有代表性，这是生态学马克思主义的庞大的理论体系中最值得人们深思的地方。必须指出，他们是在社会主义处于低潮时通过对当代资本主义社会生态危机的批判来论证建立社会主义的必要性，也就是说，在社会主义处于低潮时，他们在生态运动中高高地举起了社会主义的旗帜，这更显得难能可贵。他们围绕着生态文明的建设这一目标，从整体上解释社会主义增加了新的内容。生态社会主义从形形色色的社会主义流派中异军突起绝不是偶然的，这反映了传统社会主义理论的重大突破。我们目前是在中国特色社会主义的旗帜下进行生态文明的建设，我们基本上完成了这些生态学马克思主义理论家所要求的向社会主义的转变。因此，我们必须万分珍惜社会主义的优越性，在建设生态文明的过程中，充分展现社会主义制度的优势。

实施"以生态导向的现代化"、建设生态文明会面临很多难题，我们完全可以说，这些难题在资本主义社会中是根本不可能解决的，我们之所以能够如此有信心地去探讨解决这些难题的途径，根本原因就在于我们有社会主义制度和社会主义价值观的支撑。在资本主义社会中，即使有个别企业也企图实施生态转型，但由于整个制度是资本主义的，因而这种转型必然夭折。我们知道，在不同的企业中，由遵循生态文明规律所形成的价值无疑属于个别价值，而马克思这样指出，商品的现实价值不是它的个别价值，而是它的社会价值，就是说，它的现实价值不是用生产者在个别场合生产它所实际花费的劳动时间来计算，而是用生产它所必需的社会劳动时间来计量。在这种情况下，如果社会不能为企业走生态文明道路提供良好的大环境，那么这些个别企业即使想实现生态转型也是难以为继的，因为由于规模、技术、设备、市场等原因，它们实在不可能做到使其个别价值等于或小于社会价值。[①]这说明，只有从整体上实现社会主义，才有可能实施生态文明建设。环顾今日之世界，建设生态文明的呐喊响彻云霄，我们这里在下决心建设生态文明，西方资本主义国家的人士也提出要保护生态环境，改善人与自然之间的关系。看了这些生态学马克思主义理论家的论述，我们知道只有社会主义社会

---

① 参见贾华强：《牢固树立生态文明观念》，《文汇报》，2007 年 10 月 30 日。

才能有条件从根本上解决生态问题。正因为有这个条件,所以我们应当承担起在中华大地上率先建成生态文明的责任。

三、把建设生态文明与创建人的新的存在方式结合在一起

生态学马克思主义理论家把对生态文明的研究与对人的存在方式的研究紧紧地结合在一起。他们认为,建设生态文明最根本的意义就在于创建一种人的新的生活方式,或者说新的存在方式。生态文明的建设定将促使人的新的生活方式、存在方式的形成。他们要求人类自觉地把建设生态文明的过程变成创建人的新的生活方式和新的存在方式的过程。他们的这一观点给正在从事生态文明建设的中国人民带来了不可估量的意义。

当今世界上什么问题最大? 许多人都认为发展问题最大,即认为当今世界所有的问题都没有比我们的世界究竟如何发展的问题重要。但生态学马克思主义理论家认为,在他们看来,还有比发展更重要的问题,这就是如何生活的问题。只有真正明确了人类究竟如何生活的问题,才能真正知道我们这个世界究竟应当如何发展。在他们看来,如何生活的问题是与如何存在的问题紧密相连的,解决人的生活方式的问题实际上就是解决人的存在方式的问题。他们认为,当下人的存在方式实际上不是真正的人的存在方式。人的存在方式基本上分为两类:一类是"占有",即把人生存的意义归结为尽可能多地占有东西;人与包括自然界在内的外部世界的关系是一种占有者与被占有者的关系;另一类是"存在",即一个人并不因为其拥有东西,而是他的创造性、主动性,以及爱的表现等而存在。当今人的这种"占有"的存在方式最突出地体现在人与自然的关系上, 即人无止境地向自然界索取, 并占为己有。所以在他们看来,要改变这种"占有"的生活方式应当从改变人与自然的关系入手。只有人与自然的关系不再是占有者与被占有者的关系,只有自然界不再仅是作为人获取东西的对象, 只有人与自然真正建立起平等的伙伴关系,人与自然相处时不再具有一种占有者、征服者的感觉,人与自然新的关系就形成了,相应地,人的一种新的生活方式和一种新的存在方式也就形成了。下面我们具体来看几位生态学马克思主义理论家的相关论述。

高兹认为,建设生态文明对人来说就是要"逃避经济合理性"的控制,而

"逃避经济合理性"的控制就是摆脱"越多越好"的原则。他强调，在建设生态文明的过程中必须打断"更多"与"更好"的联结，使"更好"与"更少"结合在一起。在他看来，只要我们生产更多的耐用品和更多的不破坏环境的东西，或者生产更多的、每个人都可以得到的东西，那么工作与消费得越少，生活就变得越好。他说："当人们认识到并不是所有的价值都可以量化的，认识到金钱并不能购买到一切东西，认识到不能用金钱购买到的东西恰恰正是最重要的东西，或者甚至可以说是最必不可少的东西之时，'以市场为根基的秩序'也就从根本上动摇了。"①人们进入这样一种状态之中，并且对这种状态感到满意，则标志着人已经形成了新的生活方式、新的存在方式。在这种新的生活方式和存在方式下，人们会发现自己的生活不再完全被劳动所占据，不再被劳动所迷惑。人们发现这是一个价值不能被量化的领域，发现这才是生活的自主领域。以经济为目的所进行的劳动大大减少之时，自主的行为有可能在社会中占据支配地位。应当把经济理性从闲暇时间中驱除出去。这样，闲暇将不再只是剩余或补偿，而是必不可少的生活时间和生活的原因。要在使闲暇压倒劳动的同时，使自由时间压倒非自由时间，让这种自由时间成为一切普遍价值的承担者，即让创造性、欢乐、美感和游戏，战胜劳动中各种效率、谋利的价值。高兹有时候把人的这种新的生活方式和新的存在方式表述为"更少地生产，更好地生活"。他认为，生态文明一旦建成，生产的目的将不再是为了追求最大限度的利润，所以将会中止奢侈品的生产，而主要是生产那些人们确实需要的耐用、易修理、易生产并且无污染的东西。实行这样的生产，必然带来两大结果：其一，社会劳动将被限制在生产生活所需求的东西上面，从而工作时间能得到缩减，这将使人们获得更多的自由时间，大大地扩展他们的自由选择行为，个人和公众将以今天难以想象的方式显现自己并使他们的生存方式多样化；其二，人们在改变相互关系的同时也改变了同环境的关系，环境与人不再处于对立的状态，而是和谐相处，人们恢复了与自然界的活生生的内在联系。高兹强调，这两大结果都是同人们新的生活方式、新的存在方式联系在一起的。

莱易斯提出，构建生态文明的过程实际上是引导人们不是在消费领域

---

① ［法］高兹：《经济理性批判》，伦敦，1989 年，第 116 页。

而是在生产领域的过程，人们一旦认为自己的满足最终在于生产活动而不在于消费活动，人的一种新的生活方式、一种新的存在方式也就形成了。他指出，现代工业社会正在把人们引向这样一种生活方式和存在方式，即人们居住在城市的多层高楼中，其能源供应、食品和其他必需品乃至废物的处理都依赖于庞大而复杂的体系，与此同时，人们又误认为不断增长的消费似乎可以补偿其他生活领域、特别是劳动领域遭受的挫折，因此人们便疯狂地追求消费以宣泄在劳动中的不满，从而导致把消费与满足和幸福等同起来，换句话说，只用消费的数量用来作为衡量自己的幸福的尺度。莱易斯指出，把消费与满足和幸福等同起来，正是现代工业社会处于异化之中的明证。现代工业社会为了达到统治人的目的，不惜使人的一切方面都依附于集中的官僚体系，异想天开地让人在劳动中遭受到的挫折、痛苦通过消费的途径去消除、去麻痹。这样一种人的生活方式和存在方式，不仅是福利国家的合法性的基础，也是生态危机的根源。莱易斯强调，必须改变把消费与满足等同起来的那种生活方式和存在方式，人的满足应该到自己能从事的活动中去寻找，也就是说，人的满足最终取决于生产活动。他说："满足的可能性将主要是生产活动的组织功能，而不是像今天的社会那样主要是消费活动的功能。"①如果人们弄懂了这样一个事实：不断增长的消费是不可能补偿其他生活领域中遭受的挫折的，那么他们就会认为进步的社会变革的前景取决于在消费领域之外的其他领域，即在消费领域之外，照常能够达到满足和幸福。莱易斯还强调，社会把注意力集中于生产领域，让人们在从事自主的、创造性的劳动的过程中获取幸福和满足，并不意味着强迫所有的人都采用一种特殊的单一的生活方式，而是让人们有比现在更富于吸引力的其他种种选择。现在着眼于消费的投资决策只能导致单一的选择，即以集中的城市人口为基础的高集约度的市场布局，而一旦把着眼点转移到如何使人们在生产活动中获得满足，人们就能获得理想的生活环境，这对每个个人来说都是极富吸引力的。如果现代社会的投资方向不是强求人们过一种单一模式的生活，那么各个个人就可以有范围广泛的选择自由。"在这种情况下，各个个人就可能愿意在不同程度上靠日常需要的生产活动来获得满足，而不是从

---

① ［加拿大］莱易斯：《满足的极限》，多伦多，1976 年，第 105 页。

一般化的市场中的消费来获得满足。"①

如果说上述两位生态学马克思主义理论家主要是从哲学的角度阐述了建设生态文明究竟怎么样形成一种新的人的生活方式与存在方式，以及所形成的这种生活方式和存在方式究竟具有什么样的特征，那么另一位生态学马克思主义理论家奥康纳则主要从经济学的角度论述了这些问题。

奥康纳认为，按照马克思主义的经济学理论，所有商品都既有交换价值又有使用价值。"交换价值"是指"一种商品同所有别的商品的换算价值"，它是"用劳动时间来加以度量的"，因此它是"一个量的概念"；而"使用价值""相关于人的自然的或后天的需要"，它是"一个质的关系"。一定量的食物提供一定量的营养，一定量的石油或煤炭提供一定量的热量或能量，特定型号的汽车以特定的速度送人们去上班，特定种类的布料使穿着它的人感到或温暖或凉爽，特定的书籍在特定的技术领域中给读者以教育，这些说的都是"使用价值"。他指出，在资本主义社会，"由于资本主义生产的目的是为了追求利润"，所以"'使用价值'从属于'交换价值'，'具体劳动'从属于'抽象劳动'"。②"'使用价值'正在被日益纳入'交换价值'之中，这也就是说，越来越多的需要的满足（或没有得到满足）更多经常地体现在商品的（单个）形式中，而较少采取直接社会性的形式；譬如，更多的汽车，更少的公共交通；更多的治疗性健康，更少的预防性健康；更多的快餐，更少的家庭烹饪；更多由MTV制造的音乐，更少的本土音乐；更多的大型演出团体，更少的文化自我发展。"③有些活动，如从营养角度来研究食物，从健康角度来研究工作场所，根据上下班往返时间来考察交通运输系统，尽管从"使用价值"出发是"合理的"，可从"交换价值"出发往往是"不合理的"。

在奥康纳看来，建设生态文明在某种意义上说就是要改变资本主义社会中"使用价值"从属于"交换价值"的情况，反其道而行之，使"交换价值"从属于"使用价值"，让那些原先认为"不合理的"东西变为"合理的"。而无论是

---

① ［加拿大］莱易斯：《满足的极限》，多伦多，1976年，第108页。

② ［美］詹姆斯·奥康纳：《自然的理由——生态学马克思主义研究》，唐正东等译，南京大学出版社，2003年，第514页。

③ 同上，第520页。

就整个人类来说还是以个别人而言,当都重视"使用价值",都致力于使"交换价值"依附于"使用价值",就意味着与现行的生活方式和生存方式截然有别的新的生活方式和生存方式形成了。这种新的生活方式与生存方式不仅表现于在"使用价值"与"交换价值"两者之中重视前者,而且还相应地体现于在"质"和"量"两者之中推崇前者。在资本主义社会中,数量重于质量这是毫无疑问的,这实际上也体现出人的一种生活态度、一种生活形式。所以当生态保护运动中的马克思主义者提出要为"定性"而斗争,而不是为"定量"而斗争,也就是说,要为高品质的生活而斗争,而不是为仅仅增加数量而斗争,实际上他们也在创造一种人的新的生活方式和存在方式。

另外,奥康纳还提出,与生态文明建设相伴随的不仅是从重视"交换价值"向重视"使用价值"的转化,从重视"量"向重视"质"的转变,还有从重视"分配性正义"向重视"生产性正义"的转化。他说,环境保护运动要把社会主义"从对定量性改革实践和'分配性正义'的迷恋中拯救出来,代之以(或补充性)定性的改革实践和'生产性正义'"[1]。他指出,"分配性正义"指的是"事物的平等分配",而"生产性正义"指的是"事物的平等生产"。在资本主义社会中,通行的是"分配性正义",例如在环境方面,就是指环境利益的平等分配和环境危害、风险和成本的平等分配。而实际情况是,在资本主义社会中,人们越是信奉这种"分配性正义",环境越是遭受破坏。建设生态文明的关键是如何使"分配性正义"转变为"生产性正义",即从关注"生产和积累的正面因素和负面因素的平等分配"转变为关注"生产和积累的正面因素和负面因素的生产",前者涉及"社会交换关系",而后者涉及"包括劳动关系在内的社会生产关系"。[2]透过其晦涩的概念,我们知道他的意思就是,为了保护生态环境,我们不应当总是把目光盯在这个社会在分配方面是否正义上,而应盯在这个社会在生产方面是否正义上。他说:"正义唯一可行的形式就是'生产性正义';而'生产性正义'的唯一可行的途径就是生态学社会主义。"[3]从他的上下文来看,他在这里不仅要表达对"生产性正义"的推崇,而且还要说明当

---

①　[美]詹姆斯·奥康纳:《自然的理由——生态学马克思主义研究》,唐正东等译,南京大学出版社,2003年,第515页。

②　同上,第537~538页。

③　同上,第538页。

人们都去信奉"生产性正义"之时，一种与生态文明相称的人的生活方式和存在方式也就形成了。

尽管这些生态学马克思主义理论家是从"应然"这个角度来论述建设生态文明的过程应当是人的一种新的生活方式和一种新的存在方式形成的过程，生态文明下的人的存在应当是一种与资本主义社会中以"占有"为主要标志的存在不同的新的存在，但是他们的论述对我们还是颇有启发，主要是使我们知道了建设生态文明对人类来说究竟最后要达到什么样的目的，也就是说，应当朝哪一个方向走。目前西方世界一些人正在讨论 21 世纪是否有可能成为中国世纪的问题，在他们看来，如果说 20 世纪是美国世纪，那么 21 世纪完全有可能成为中国世纪。那么中国究竟发展成什么样子才有可能成为 21 世纪人类世界最具代表性、贡献最大的"领头羊"呢？笔者认为，即使 21 世纪中国的国内生产总值赶上甚至超过了美国，中国人的物质消费水平赶上甚至超过了美国，也不可能使 21 世纪成为中国世纪。中国的国内生产总值必须不断增加，中国人的物质消费水平必须不断提高，但中国人目前最需要做的事情是创建一种新的生活方式、一种新的存在方式。现在正在流行的那种人的生活方式和人的存在方式确实已到了悬崖勒马、改弦更张的时候了，目前整个人类都在呼唤一种人的新的生活方式和一种新的存在方式的出现。在这个节骨眼上，如果我们在建设生态文明的过程中，着眼于构建一种人的新的生活方式和新的存在方式，并且在中华民族的大地上，这种新的生活方式、新的文明样式率先被创建出来了，那么这难道不是对整个人类的划时代的贡献吗？

四、使建设生态文明成为一场伟大的思想革命

生态学马克思主义理论家在论述生态问题时有一个共识，即生态文明建设不是项目问题、技术问题、资金问题，而是核心价值观问题，是人的灵魂问题。他们都强调建设生态文明是一场伟大的思想革命。生态文明能否真正建成，取决于能否完成这场思想革命。毫无疑问，这一点对我们的启发也非同小可。

他们都致力于揭示生态危机的思想文化根源，认为今天人类所面临的

全球性生态危机,起因不在于生态系统本身,而在于我们的文化系统。目前的整个文化系统实际上已经走到了尽头,正是在这种思想文化的影响下,自然的生态系统已经被推向崩溃的边缘。目前世界上生态系统遭到破坏的程度是同思想文化、价值观念的堕落程度成正比的。基于这样一个基本认识,他们呼吁进行生态视角的思想文化审视。在他们看来,这种审视不但要揭示当今生态危机的思想文化根源,剖析现存的一些思想文化观点和价值观念是如何助长甚至引发生态危机的,而且要创建与生态文明相适应的思想意识和价值观念。他们反复论证,提升全人类的生态意识是建立生态文明的关键所在。他们常常这样向他人也向自己问道:面对如此严重的生态灾难,我们怎么能够不深入地反思自己的思想意识和价值观念? 他们深信,只要世界上多数人的良知和使命感还没有完全丧失,并焕发出来,那么一定会形成一个波澜壮阔的生态保护大潮。他们尽管没有直接参与生态治理的实践,但仍为挖掘乃至铲除生态危机的思想文化之根和从思想观念的角度为构建环境友好型社会做出了贡献。下面我们同样述评几位生态学马克思主义理论家的相关论述。

　　阿格尔提出,消除生态危机的出路就在于消除异化消费,实现人的需求的革命。他明确地指出:"生态学的马克思主义包含两种分析观点:一方面,它认为资本主义商品生产的扩张主义的动力导致资源不断减少和大气受到污染的环境问题;另一方面,它力图评价现代的统治形式——人类在这种统治形式中从感情上依附于商品的异化消费,力图摆脱独裁主义的协调和异化劳动的负担。"①在他看来,如何解决使人们"从感情上依附于商品的异化消费"这种现象是问题关键之所在,于是他提出了一种"期望破碎了的辩证法"(the dialectic of shattered expectations)作为社会变革模式,以取代根植于传统马克思主义的资本主义危机理论中的社会变革模式。他说:"生态学的马克思主义认为,新的危机动态是由我们称之为'期望破碎了的辩证法'引起的,这种辩证法是消费者突然从对资本主义的生产和消费的幻想中清醒过来和可能重新调整对于幸福含义理解的过程。"②

---

①② ［加拿大］阿格尔:《西方马克思主义导论》,加利福尼亚古得伊尔出版公司,1979 年,第272 页。

他所说的"期望破碎了的辩证法"包含着下述不可分割的四个过程:其一，当代资本主义社会从人类可以期望得到永无止境的商品的消费中获得其合法性,这就是说,当代资本主义社会的合法性是建立在刺激人们对商品没完没了的消费的期望的基础上的;其二,由于生态系统无力支撑无限增长,人们本以为可以源源不断提供商品的局面不可能持久下去,这样就使当代资本主义在工业繁荣和物质丰裕的时期竟出现了供应危机,这就是说,当代资本主义社会的生态危机必然转化为供应危机;其三,人们已习惯于把自己期望的那份物质丰裕看作异化劳动的补偿,当供应危机来临之时,他们的期望破碎了,开始对资本主义可以无限满足人的物质欲求这一点丧失信心,继而对整个资本主义制度产生怀疑,于是他们重新考虑人究竟需要什么;其四,正是在这期望破碎的过程中,在重新考虑人究竟需要什么的过程中,产生了出人意料的后果,这就是摧毁了许多陈腐的需求观念和价值观念,产生了新的期望和满足这些期望的方式,正是在那些期望破碎了的人的身上,焕发出了新的期望。

面临日益严重的生态危机,人们处于悲观之中。阿格尔认为,正是生态学的马克思主义的"期望破碎了的辩证法"使人们从这种悲观中解脱了出来。他说:"正是在我们称为'期望破碎了的辩证法'的动态过程中,我们看到了进行社会主义变革的强大的动力。"①生态危机摧毁了许多原有的需求观念和价值观念,使许多人对未来感到手足无措,一些人以为人类马上会放弃现代化的生活。对许多人来说,这将似乎像是世界的末日。生态学马克思主义可以帮助人们消除这种误解,因为它在促使人们摧毁原有的需求观念和期望的同时,会使人们确立起新的需求观念和期望,帮助人们经历一场需求的革命和期望的革命。当人们实现了这场革命,确立起新的需求观念和期望时,乐观、向上的气氛将重新回到人间,而解决生态危机需要人们的这种乐观、向上的新的精神状态。

莱易斯指出,在如何认识生态危机的根源及摆脱的途径的问题上存在着两个陷阱:一是一些政府官员所设下的陷阱。官方决策机构反复通过宣扬这样的论调来安抚人心:"环境问题基本上是一个经济代价问题","环境质

---

① ［加拿大］阿格尔:《西方马克思主义导论》,加利福尼亚古得伊尔出版公司,1979年,第323页。

量是诸种商品中吸引人的一种",只要生产的成本上去了,只要人们经受一个涨价的过程,环境问题是不难解决的,人们完全可以用金钱去购买到好的环境。莱易斯一针见血地指出:"这其中有两个强有力的社会机制在起作用:市场取向标准的普遍性和对工业技术革新能力的崇高信仰。"①他强调,"把环境问题归属于经济核算问题"实际上是一个"陷阱",倘若相信它就会成为"落入陷阱的牺牲品","结果是完全把自然的一切置于为了满足人的需要的纯粹对象的地位"。②二是一些思想家所设下的陷阱。一些思想家喋喋不休地宣扬,环境问题的根源在于科学技术本身,强调科学和技术是可以诅咒的对象,对这些假神的顶礼膜拜是生态危机和一切灾害的根源。莱易斯激烈地批评了这些思想家把科学和控制自然紧密联系在一起的观点。莱易斯指出,这些思想家"在关于科学对世界的控制是一项实用事业的观点中的错误,是没有对人的目标和目的范围进行分析。只说明对自然的科学研究及其技术应用是发生在一种操作的结构内还是很不够的。关键的问题是,在何种特殊的社会背景中它是操作的?"③莱易斯的意思是,他们的错误在于撇开了特殊的社会历史背景,而单纯在操作的层面上来论述科学的对自然的控制,没有真正揭示出科学在控制自然的过程中相互冲突的诸种成分,这样就无法以索解"追求控制的真正的历史动因"。

那么造成生态危机的真正根源究竟是什么?解决环境问题的关键究竟在哪里?莱易斯明确地指出,造成生态危机的真正根源是千百年流传下来的、厚厚地积淀在人们头脑中的控制自然的观念,而解决环境问题的关键也正在于改变人们原有的控制自然的观念。在他看来,控制自然的观念是一种意识形态,正是这种意识形态造成了与日俱增的环境问题。控制自然的观念这种意识形态具有意识形态的一般特征,"作为一种虚假意识,它是社会基本矛盾的指示器","它可以用来掩盖真正的矛盾"。只有深入理解这种意识形态的本性及其功能,才能找到解决环境问题的根本出路。他认为,正是在控制自然的观念的支配下,人类对自然的态度是如此的狂妄自大,把自然当

---

① ［加拿大］莱易斯:《自然的控制》,灯塔出版社,1974年,"序言"。参见中译本［加拿大］威廉·莱斯:《自然的控制》,岳长龄、李建华译,重庆出版社,1993年,第2页。

② 同上,第3页。

③ ［加拿大］莱易斯:《自然的控制》,麦吉尔大学出版社,1994年,第117页。

作"可蹂躏的俘获物"，而不是"被爱护的合作者"。在他看来，人类必须改变这种根深蒂固的统治自然的观念，跳出自我中心这个界限，努力从生态系统的整体利益出发，从人类与自然的关系是伙伴关系这个角度去思考问题，并以这样的思考来约束自己的生活和发展。

福斯特号召开展一场将生态价值和文化融为一体的道德革命。在他看来，倘若不迅速建立起一种新的生态文化和生态道德，以取代当前人们对待环境的不道德甚至非道德的恶劣行径，那么人类应付全球性的生态危机是完全无望的。他认为，目前人类对环境的那种不道德的观念和不道德的行为都是与一种他称之为"踏轮磨坊的生产方式"相关的。所谓"踏轮磨坊的生产方式"实际上就是资本主义生产方式。这种生产方式由处于社会顶端的资本的拥有者和处于低层的为维持生计而劳作的工人这两极构成。这两部分人都是这脚踏轮上的一部分。因为这种生产方式是建立在依赖能源密集型技术，投入大量的原材料和能源的基础之上的，所以它必然导致自然资源被快速地消耗，以及向自然环境倾倒更多的废料，也就是说，它必然与地球的生态系统是不协调的。福斯特认为，这种生产方式与一定的伦理观念相一致，没有相应的伦理观念，这种生产方式是不可能维持的。

福斯特列举出种种与"踏轮磨坊的生产方式"联系在一起的阻碍人们保护生态环境的伦理观念：第一，将土地视为商品的伦理观念。这种将土地视为商品的伦理观念必然滋生控制自然的观念，即认为大自然的存在就是要服务于人类并成为人类的奴仆。为了反对这种将土地视为商品的伦理观念，应当确立将土地看作属于我们的共同体的新的"土地伦理"观念，只有这样，人类才能怀着敬畏的心态使用土地，把是否能增进大地的"完整、稳定和美"作为判断我们行为的标准。第二，"金钱至上"的伦理观念。资本主义生产方式占主导的社会就是一个富人统治的社会。富人统治的社会必然会以金钱多少来作为衡量成功与否的标准。在这种情况下，试图通过呼吁社会金字塔顶部的个人和公司法人的道德发现来防止环境恶化，只能是痴心妄想。只有让这些富人不是处于金钱至上的观念的支配下，也就是说，只有在他们的头脑中出现了比金钱还珍贵的东西时，他们才有可能做出保护环境的善举。第三，个人利益在整体利益之上的伦理观念。"踏轮磨坊的生产方式"推崇的是个人的利益。个人为了一己之私可以不择手段，利益集团为了自己的小团体的私利也可以为所欲为。从私利出发,不要说代际平等,就是代内平等也必然被抛到九霄云外。实际上,只有整个人种、整个世界能够良性生存,才有我们每个个人的立足之地,"覆巢之下,安有完卵",这种观念是完全正确的。第四,通过竞争来出人头地的伦理观念。物竞天择已成了人们处理日常事务的天然法则。在这种法则的支配下,现代社会成了一个以竞争为核心价值观的社会,这样的价值观放到人与自然的关系上,就出现了人对自己的疯狂掠夺。由竞争至上的导向,单向支配关系必然是社会关系的主体,而单向支配关系必然带来等级制,即带来高等级者对低等级者的控制、奴役。实际上,现在我们首先需要的不是竞争而是共生。共生不但对人类社会,而且对整个生物圈的持续稳定都至关重要。正因为福斯特深刻地看到了人们正是在所有这些伦理观念的指引下肆无忌惮地破坏着生态环境,所以他要求人们从思想观念入手解决生态问题。他这样说道,在未来的生态社会中,"自然和社区的地位必然处于资本积累之上;平等和正义处于个人贪婪之上,而民主则处于市场之上"①。

　　这些生态学马克思主义理论家的以上的论述对我们是有震撼作用的。中共十七大在中国特色社会主义的旗帜上写上了生态文明的内容,这不仅是我国发展战略层面上的一个重大转变,而且是在思想观念上的一个重大进步。我们相信,通晓这些生态学马克思主义理论家的相关论述,我们对此一定能有更深切的领悟。我国的生态文明建设除了要有各级领导部门和领导者的重视之外,更需要强调广大人民群众的积极参与。而要唤起广大人民群众的参与意识,前提是他们必须要有强烈的生态意识,没有强烈的生态意识,哪来积极的参与意识? 中国有这样两个成语可以用来说明有没有生态意识将导致两种截然不同的结果:一是"积弱沉舟",如果 14 亿多中国人缺少生态意识,在日常生活中不太注意环境的保护,那么所付出的生态消耗将大得无法估量;二是"滴水成河",如果 14 亿多中国人都具有生态意识,都在这样的意识支配下注意环境保护,那么所累积起来的生态资源同样是数不胜数的。生态学马克思主义理论家常常把人的生态意识视为最大的生态资源,认为只要人类摆脱资产阶级价值观念的羁绊,普遍确立起生态意识,那么就

---

① 　[美]J.B.福斯特:《反对资本主义的生态学》,美国《每月评论》出版社,2002 年,第 82 页。

不会产生严重的生态灾难，即使灾难出现了，人们也能从容地克服。确实，当今世界的生态问题在很大程度上是由人造成的。解铃还须系铃人，人为的问题需要人来解决。只有唤起人的生态意识，才有可能使人在正确的价值观念的指导下去解决环境问题，承担起拯救地球、促使人与自然和谐相处的责任。

　　"生于忧患，死于安乐"是我们的古训。在推进中国特色社会主义的征途上，在实施生态文明的进程中，我们应当有一点儿"忧患意识"，我们首先要忧患的就是当今中国人是不是真的都具有了必须迅速行动起来从事环境保护工作的强烈冲动。我们真切地看到，"最大限度地满足人的物质需求"，仍然是当今一些中国人对理想社会的主流期望，然而老祖宗给我们留下的有限的生态容量怎么能填满这一巨大的欲壑呢？在这种情况下，我们怎么能不忧患呢？我们还真切地看到，当今一些中国人信奉"人人为自己，上帝为大家"，他们一方面千方百计地谋取自己的利益最大化，另一方面又将维护整体生态的责任推给了"上帝"，但"上帝"在哪里呢？西方思想家尼采不是早就喊出"上帝死了"吗？在这种情况下，我们怎么能不忧患呢？现在，以习近平同志为核心的党中央在新时代已经敲响了建设生态文明的战鼓，一场树立生态意识的思想革命必将在中国大地上首先展开，我们没有理由继续沉浸在怨天尤人、今愁古恨之中。随着生态文明建设的全面展开，随着"以生态导向和现代化"的全面实施，中国的自然环境和人民生活会发生翻天覆地的变化。中国的天必将是蓝色的天，中国的水必会是清澈的水，中国的人必定是健康的人。中国必将是"山青水清空气清，人美物美生活美"，"不是桃源，胜似桃源"。

第二十四章　西方马克思主义的公正理论对当今中国的启示

在资本主义世界内部，围绕对当代资本主义的整体看法，存在两种截然不同的声音：第一种声音是西方政要和右翼思想家对现代资本主义的歌颂，第二种声音是马克思主义代表人物及左翼思想家对当代资本主义的批判。批判焦点集中在资本主义发展过程中日益呈现的种种典型不公正，如贫富分化、不平等加剧、对弱势和少数群体的蔑视、生态剥削、空间剥夺等。在此基础上，西方马克思主义学者从社会制度、核心价值、社会内聚力、生态可持续发展、空间视野下的社会关系等不同角度出发，探索社会正义之道。我国改革开放四十多年来，生产力获得了巨大的解放和发展，整个社会获得了巨大的进步。但与此同时，贫富差距拉大，社会发展中不平衡、不协调、不可持续问题，以及制约科学发展的体制机制障碍凸显，公平正义的话题引起普遍关注。在这种背景下，对西方马克思主义学者的公平正义之声的聆听，以及有鉴别的吸收，不仅有助于我们正确认识马克思主义的当代境遇，开阔眼界，解放思想，摆脱对马克思主义的教条式的、僵化的理解，而且有助于我们认清当代资本主义的本质，认识资本主义表面的"自由""平等"背后的非正义和剥削，为社会主义正义辩护，通过制度的设计和完善，实现社会的公平正义，推动人们对社会主义和马克思主义的各种理论问题及实践问题进行研究，在与国外左翼学者对社会主义和马克思主义新的发展方向和道路探索研究的参照比较中，开创新的社会主义发展模式，推动中国特色的社会主义理论与实践。中国特色社会主义道路是全体人民共同富裕之路，公平正义、共享发展是中国特色社会主义道路的根本价值理念。我们应在有选择地借鉴、吸收西方马克思主义公平正义理论的基础上，从中国特色社会主义的本质出发,来界定社会主义的公平正义,以理论逻辑和实践逻辑为根据,建构中国特色社会主义的"正义性"话语体系。

一、突破公平与效率的悖论,坚定社会主义市场经济道路

公平与效率问题是中国在发展过程中,特别是改革开放以来日渐凸显的社会问题。改革开放突破了对社会主义做简单的平均主义式的教条理解,极大地调动了社会主体的积极性和创造性,解放了社会生产力,促进了社会发展。然而市场经济有其自身固有的缺陷,这种缺陷导致的结果就是社会不公、贫富两极分化。①社会不公、贫富分化早已在西方资本主义社会发展进程中显露无遗,那么社会主义是否由于实行市场经济就必然要重复西方国家的老路和旧路? 或者说,社会主义是否要因为这种市场经济的缺陷就放弃改革开放以来所选择的社会主义市场经济道路? 问题的焦点最后无疑都集中在这样两个问题上:如何通过社会主义的制度优势来消解市场经济的缺陷? 如何克服和消解市场经济的公平与效率这一悖论? 当此之时,西方马克思主义理论家发出了把市场机制引入社会主义经济体制的强烈呼声,我国学界也展开了对"西方马克思主义""市场社会主义"理论的研究。这一研究主要基于清理马克思的市场理论的需要, 以及加深认识我国走社会主义市场经济道路的必要性的需要。②

"市场社会主义"是一种关于社会主义经济体制或模式的理论,形成于20世纪六七十年代的苏联、东欧国家和西方的英、美、法等国。80年代出现了一些颇有影响的分支,如英国的市场社会主义学派、苏联的西伯利亚学派、美国分析学派的马克思主义的市场社会主义理论。随着苏联社会主义模式的破产,以及各国以市场为取向的改革的展开,市场社会主义日益引起人们的关注,苏联解体、东欧剧变后欧洲左翼理论家更多地转向这种理论的研究。如果说80年代以前的市场社会主义理论的焦点是在公有制条件下如何

---

① 关于市场经济自身缺陷的讨论,参见陈学明:《西方马克思主义对当今中国所提供的理论启示》,《毛泽东邓小平理论研究》,2012年第12期。

② 对此的详细讨论,参见陈学明:《西方马克思主义研究在当今中国之意义》,《思想理论教育》,2016年第3期。

利用市场来合理配置资源的话,那么90年代以来,随着社会贫富差距的拉大,市场社会主义更加致力于证明公有制和市场的有机结合能同时实现公平与效率,代表人物有美国的约翰·罗默(John E. Roemer)、戴维·施韦卡特(David Schweickart)和英国的大卫·米勒(David Miller)等。

尽管市场社会主义各流派提出的建立生产资料公有制与市场机制相结合的社会主义模式有所不同,比如约翰·罗默的"证券的市场社会主义",戴维·施韦卡特的"经济民主的市场社会主义"模式,以及大卫·米勒的"合作制的市场社会主义",但大致说来,市场社会主义具有以下主要特征:第一,把资源配置形式和社会制度分离开来,即把计划机制、市场机制与社会主义、资本主义分离开来。他们认为,计划和市场都是资源配置的手段,与社会制度的性质是没有关系的。第二,反对生产资料私有制的存在,主张实行生产资料的公有制,同时也允许和鼓励非公有经济的发展。比如罗默认为,社会主义可以利用一切有利于实现社会主义价值目标的所有制形式,施韦卡特尽管主张绝大多数企业是社会的集体财产,但也允许私营企业的存在以达到促进技术革新、活跃经济、增加就业的目的。第三,主张以市场作为资源配置的主要手段,但同时不排斥国家干预。在他们看来,资本主义国家在经济上相比于传统社会主义国家的高效率就在于采纳市场经济,而苏联模式表现出来的低效率和失败恰恰就在于取消了市场。因此,他们都力图提出和捍卫一种"把市场体制的力量和社会主义的力量结合起来的新模式"[1]。

不过具体到如何解决公平与效率,如果说罗默试图通过将全国所有国有企业的资产以证券形式平等地分配给所有成年居民,以实现企业利润平等分配的话,施韦卡特则强调经由对新投资进行民主的、社会的监督来实现这一目的。与罗默和施韦卡特各自诉诸经济手段和民主手段相比,米勒则为国家干预留下了更多的空间,他尽管主张大部分的商品和服务由市场来调节,但也同时认为:"市场社会主义需要政府部门,不仅可以确保市场运行的有效率,而且从更深层次上讲,可以确保整个系统服从我们的道德标准(例如在收入分配的问题上)。"[2]

① ［美］约翰·罗默:《社会主义的未来》,余文烈等译,张金鉴校,重庆出版社,1997年,第2~13页。

② David Miller, *Market, State and Community: Theoretical Foundations of Market Socialism*, Clarendon, Oxford University Press, 1989, pp.14–16.

对公平与效率这一社会主义市场经济的核心问题，我国学者在 20 世纪 90 年代前后也展开了丰富的、卓有成效的讨论，并基本达成如下共识：不论是"以公平取代效率"，还是"以效率规定公平"，都存在各自的偏颇。"以公平取代效率"显然不可取，因为没有效率的公平只能是绝对平均，而绝对平均也是一种不公平，非但没有尊重不同主体的劳动付出，甚至在社会低效率运行下只能带来普遍贫穷，而普遍贫穷绝对不是社会主义该有的特征。"以效率规定公平"的主张似乎认为效率可以离开公平正义而单独获得，忽视了最大的效率在于人民的积极性与创造性，却忽视了公平正义的社会环境对于激发人民积极性和创造性，进而提高社会效率的作用。该观点将效率与生产力同等而论，没有把握到生产力中最具有革命性因素的内容。按照"以效率规定公平"的逻辑，必然的推论将是：由于纯粹的市场竞争最公平，由此而产生的市场中的两极分化也将可以随着效率提高而自动解决。[①]这种思路同样不可取，因为社会主义的本质是"共同富裕"。市场经济的本质决定了它在资本与劳动两者之间更倾向于资本，而资本的逐利性以及资本与劳动之间的强弱对比必然会产生市场社会中的两极分化，靠市场经济本身的运行是无法自动实现"共同富裕"的。我国学者指出，公平与效率作为中国特色社会主义理论体系中的基本范畴，反映了中国特色社会主义社会建设的本质规律和普遍联系。改革开放以来，我们在理论和实践上对中国特色社会主义公平与效率这对范畴的认识经历了"打破平均主义、优先考虑效率"到"兼顾效率与公平""效率优先、兼顾公平"，再到"初次分配注重效率，再分配注重公平""初次分配和再分配都要处理好效率和公平的关系，再分配更加注重公平"的历史过程。提高效率和促进公平共同构成社会主义的本质要求。[②]

综上所述，作为对苏联模式和资本主义的替代模式而出现的"市场社会主义"模式的探索，与中国特色社会主义道路的探索方向是相一致的，突破了在市场与资本主义之间画等号，进而认为社会主义不可以有市场经济的观点。改革开放之初，邓小平明确反驳视市场经济为资本主义社会专利的观点，明确指出"社会主义也可以搞市场经济"[③]。如果说市场社会主义由于缺乏实

---

① 参见高兆明：《从价值论看效率与公平——再论效率与公平》，《哲学研究》，1996 年第 1 期。

② 参见黄刚：《中国特色社会主义视域中的公平与效率范畴研究》，《探索》，2011 年第 5 期。

③ 《邓小平文选》(第二卷)，人民出版社，1994 年，第 231 页。

践支撑而呈现较为浓厚的空想色彩的话,中国特色社会主义则在中国大地上展开了广泛的实践并已取得巨大的成功。在苏联解体、东欧剧变之后"社会主义终结论"甚嚣尘上的历史背景下,市场社会主义与中国特色社会主义联手发出走出社会主义低潮的强烈呐喊,不仅鼓舞了社会主义国家中的人们,坚定了人们对社会主义的信念,而且探索出了一条新的社会主义发展道路。就此而言,中国特色社会主义道路可以从市场社会主义理论中寻求理论佐证,市场社会主义也可以从中国特色社会主义道路的成功中看到理论转化为实践的希望。

市场社会主义把公有制引入市场经济当然是希冀追求一个更加公平正义的社会,但由于其总体方案是在资本主义制度框架范围内拯救资本主义,期望利用市场经济来实现社会公正、平等、民主等社会主义的价值目标。也正基于此,市场社会主义在对公有制的态度上表现出摇摆和不坚定。与其说市场社会主义视公有制为社会主义的基本特征,不如说其之所以主张把公有制引入市场经济,是把所有制看作实现平等、民主等正义理想的手段,如此一来,公有制是否有必要存在,就取决于正义理想能否实现。这种在所有制和正义关系问题上的颠倒,注定了市场社会主义与中国特色社会主义的分野。中国特色社会主义道路始终坚持把是否有公有制作为衡量社会主义是否变质的标准,并在此基础之上探索公有制的有效实现形式。公有制是划清资本主义社会与社会主义社会界限的基本标志,在公有制问题上踌躇不前,会直接动摇社会主义社会的根基,正义理想最终也将成为空谈和奢望。这一点当是市场社会主义对中国特色社会主义的反面警示作用。正如邓小平所说:"我们为社会主义奋斗,不但是因为社会主义有条件比资本主义更快地发展生产力,而且因为只有社会主义才能消除资本主义和其他剥削制度所必然产生的种种贪婪、腐败和不公正现象。"①

二、社会主义的平等原则与共同富裕

1995 年前后,"建立和完善社会主义市场经济体制"的目标已然确立,这

---

① 《邓小平文选》(第三卷),人民出版社,1993 年,第 143 页。

是自改革开放以来，当代中国的社会主义市场经济在实践和理论探讨方面所取得的积极成果。然而在经历了一段时间的发展之后，伴随贫富差距的拉大和公平正义问题的凸显，社会再分配的呼声越来越高，分配正义成为学界讨论的热点。任由贫富分化这种不平等现象的存在显然不符合社会主义的本质和"让一部分人先富起来"的初衷，但先富起来的人为何要带动后富？社会财富再分配是否侵犯了先富者的自由？分配正义究竟如何平衡自由和平等之间的关系？社会主义市场经济的正义性究竟如何体现？毕竟，如同绝对平均下的普遍贫困使得社会主义失去其吸引力一样，加剧的贫富差距和社会两极分化同样也会使社会主义制度的正当性受到挑战。我国改革开放过程中遇到的这些问题，在当代西方马克思主义各派思潮的社会主义构想中得到了丰富的表述。其中最值得注意的是以柯亨为代表的分析马克思主义学派在审视自由主义左翼和右翼的正义之争中，对社会主义平等价值的规范性论证。

　　自20世纪六七十年代始，美国和西方社会的新保守主义与自由主义就掀起了一场论战，论战的核心是自由和平等的关系问题。被誉为20世纪西方政治哲学领军人物的罗尔斯，以其纯粹程序的社会正义规范，特别是差别原则表达了对分配正义的理想追求，在古典自由主义对个体自由一贯的关注维度上拓展出对"平等"这一政治价值的重视，这也使得以罗尔斯为代表的左翼自由主义者呈现出一定的社会主义倾向。诺齐克对罗尔斯的公平正义理论提出质疑，他认为罗尔斯模式化的分配正义理论及其平等倾向会造成对个体权利的侵犯。诺齐克从对个人权利的坚持出发，提出持有正义理论，为资本主义的自我所有权进行辩护。面对自由主义左翼和右翼之间的这种交锋，柯亨以平等价值为例，鲜明批驳诺齐克的反社会主义论证，甚至在柯亨看来，具有一定平等倾向的罗尔斯的"平等"也不够彻底，他认为对于当前的社会主义者而言，必须"在稀缺的条件下寻求平等"，必须认真去研究为什么平等在道德上是正确的，究竟是什么使它具有道德上的约束力。①

　　柯亨被誉为分析马克思主义的旗手，社会主义平等主义的斗士。在分析马克思主义流派的代表人物中，柯亨是人们公认的分析马克思主义的创立

_____

① 参见[英]G.A.柯亨：《自我所有、自由和平等》，李朝晖译，东方出版社，2008年，导言第7页。

者和具有重要影响的代表之一。柯亨自称自己作为一个坚定的社会主义者,本来认为平等问题是无须特别进行研究的,但现在他越来越发现,不对经济平等实现的可能性做出道德上的捍卫和辩护,必然会动摇社会主义的信念。①柯亨对于公正一直抱有坚定的信念,他反对资本主义剥削所造成的不平等和不公正,也坚信任何马克思主义者都不能漠视现实中大量不公正现象的存在。针对诺齐克"交易正义"的观点,柯亨论证,不考虑交易结果是否正义,就难以避免权利不对等的形成以及可能加剧的社会阶级分化,就难以避免某些人的权利遭受损害。比如对于某个在市场经济中暴富的人,其后代将在社会中占有机会优势,从而对其他社会成员的后代造成不公平的竞争起点,并由此造成社会结构的不公平。柯亨认为,社会主义者不会签订这样的契约来破坏他们所珍惜的平等,人们应始终记得对某种可欲的社会生活的追求,以及对此所应负有的责任。②市场交易(总的来说)并不是绝对可靠的维护正义的力量,仅仅凭借公正的步骤并不能维护公正。③如果说市场机制是可以实行的,这也并不是因为从正义的角度来看它是无可指责的。④

　　在柯亨看来,市场社会主义的实践无疑有利于社会主义政治前景的最终实现,但柯亨认为,市场社会主义最多也只是一种第二好的东西。从社会主义的角度来看,市场社会主义无疑仍具有很多缺陷,因为根据社会主义的平等价值来判断和衡量的话,如果一种制度容许有广泛、巨大的收入不平等,那么这种制度就很难说是公正的。他声称,真正意义上的社会主义有两种固有的平等理想:一种是机会平等的原则,社会主义的机会平等与资本主义的机会平等规范的区别在于,社会主义的机会平等纠正了社会条件带来的不平等,不以私有制为前提,同时关注天生劣势带来的不平等,对于并非人们自己自愿选择的劣势结果给予合理补偿。社会主义的制度与实践就是要以某种方式来做出安排,使每个人都具有同样的生活前景。另一种是共同体互惠(communal reciprocity)的平等理想。人们之间是平等的、自愿的朋友关系,大家同舟共济,每个人都为他人服务,也得到他人的服务,从而实现共

---

① 参见[英]G.A.柯亨:《自我所有、自由和平等》,李朝晖译,东方出版社,2008 年,导言第 8~9 页。

② 同上,第 30~31 页。

③ 同上,第 49 页。

④ 同上,第 65 页。

同体的互惠。①接下来的问题是,这种真正意义上的社会主义平等理想如何实现呢? 柯亨认为,在马克思所设想的共产主义理想社会中,平均分配是其主要特征,当然这种平均分配的实现已经无须依靠强迫,而是一种已经实现了的"自愿平等"。但问题是,在共产主义尚未实现的现代社会,这种自愿平等如何成为可能?②既然在现代社会条件下,马克思所设想的那种物质财富极大丰富的状况还未实现,那么把"物质财富极大丰富"作为实现自愿平等的基础必然无法成立,人们可能会选择这样的设定:尽管社会普遍富裕程度较低,但社会成员都愿意从正义的信仰出发行事,当然,这种设定肯定难以与任何形式的自由意志主义相容。③在柯亨看来,无论是从"物质财富极大丰富"出发,还是从"社会个体"论的角度出发,总之,只要我们仍然限制在谈论对利益冲突的克服, 就表明人们仍然没有把克己作为解决冲突的可能性思路。在现代社会当中,各种各样的利益冲突在所难免,但如果在一定的物质条件下,人们能够做到自我克制,具备普遍的正义感,这些冲突就会得到妥善的解决。④柯亨指出,正义包括分配、美德、制度等维度,如果正义仅仅是一定形式的分配,就不可能"超越"正义和不正义。⑤

综上所述,在对以罗尔斯和诺齐克为代表的自由主义阵营有关分配正义还是持有正义的论争进行反思和评价的基础之上,柯亨有力回击诺齐克的反社会主义论证,坚定捍卫了社会主义的平等价值。认真面对社会主义市场经济发展过程中出现的贫富分化难题,探讨社会主义制度下的分配正义和社会平等问题,无疑是对马克思主义中国化的当代推进。在经典马克思主义的表述中,物质极大丰富既是平等的一个充分条件,也是平等的一个必要条件。在马克思看来,只要还没有达到完全的物质丰裕以消除一切主要的利益冲突和社会摩擦,"争取必需品的斗争……全部陈腐的东西"就一定会进行下去。⑥必须看到的是,进入 20 世纪以来,"物质极大丰富"已经遭到明确

①　参见周穗明:《政治哲学的平等主义规范与马克思主义的平等主义》,《当代世界与社会主义》,2013 年第 4 期。

②　参见[英]G.A.柯亨:《自我所有、自由和平等》,李朝晖译,东方出版社,2008 年,第 146 页。

③　同上,第 151 页。

④　同上,第 154~155 页。

⑤　同上,第 163 页。

⑥　参见《马克思恩格斯全集》(第 3 卷),人民出版社,1960 年,第 39 页。

的生态限制。因此,柯亨指出,现实的挑战或者说理论要应对的问题是:我们不得不在稀缺的条件下去寻求平等。①这也就意味着我们必须与时俱进,破除对马克思主义教条式的理解,因为在对马克思主义的教条式理解中,平等无须探讨,是会随着社会生产力的发展而自动实现的。

另外,柯亨视"市场社会主义"为一种"第二好的东西"的观点也激发我们再次认真审视社会主义的阶段性特点,进而进一步处理好近期目标和远期目标的关系,而这无疑也是对马克思主义的继承、丰富和发展。在马克思看来,共产主义的低级阶段的历史进步之处在于,按劳取酬原则不再只是资产阶级意识形态上的辩护词,而是实际地得到实施,因此按劳取酬的原则和实践在共产主义低级阶段已经不再相互矛盾。但尽管如此,按劳分配原则就其性质而言,仍然属于资产阶级的原则,因为它把人的才能视为"天然特权"。按劳分配原则显然是尊重自我所有的,而自我所有无疑是最为鲜明的资产阶级的革命原则。从《哥达纲领批判》中可以看到市场社会主义的弊端:它尽管可能会消除因对资本的所有权不同而引起的收入不公,却没有消除人们之间因才能的不同而引起的收入不公。②柯亨想要表达的是:能力正义正是构筑从社会主义第一阶段向第二阶段过程中的阶段性实践正义的表达式。能力正义就是要纠正市场社会主义这种必然的缺陷。纠正因对人的才能所有权不同而引起的收入不公。通过分配中的共享,提升每个人的能力,营造每个人全面自由发展的内外部条件和环境。

然而需要注意的是,在自由主义左翼和右翼的正义之争中,经济正义的问题都是作为一个分配问题被提出,或者只是简单地表达为一个分配正义的问题。在这种对正义问题的简化处理中,不论是自我所有权,还是财产所有权,都缺乏对相应生产关系之政治面向的分析。此外,柯亨对社会主义平等价值的论证与其早期对历史唯物主义的坚持割裂开来,由此走向对马克思主义的激进道德解读,这也使得柯亨对马克思的"自我所有"概念存在理解上的偏颇。根据柯亨的论述,社会主义的正义与自我所有是不能相容的。作为马克思主义者,要想保持最为珍视的平等信仰,就要坚定地拒绝自我所有原则。柯亨的观点简单地说就是:剥削永远是不公正的这一论断必须肯定

---

① 参见[英]G.A.柯亨:《自我所有、自由和平等》,李朝晖译,东方出版社,2008年,导言第13页。

② 同上,第292页。

自我所有原则。简言之，马克思主义者由于他们不加反思的剥削说而不得不肯定自我所有原则。①也就是说，柯亨认为，马克思主义者既然在劳资关系中坚持资本剥削劳动的立场，就必然无法摆脱自我所有的观念。现在的问题是，我们已经很清晰地认识到，自我所有的观念是自由意志主义的基础和立场。在柯亨看来，必须对剥削理论重新进行彻底的思考，才能不对福利国家所推行的再分配措施进行谴责，也不对马克思主义者或他们这些半马克思主义者所赞同的更为平等的再分配补偿措施进行谴责。②对于柯亨在马克思"自我所有"概念上的这一困惑，如果从马克思本人的观点出发，自我所有权只适用于谈论个人物品，一旦涉及生产资料、自然资源等公共财产，都必然属于社会持有，而非个人持有。如此按照马克思的观点对诺齐克进行反驳，我们就可以说，即便一个个体获得了某种持有，他也无权对这种持有按照他的意愿进行自由的处置，关键要看是何种"持有"。就《无政府、国家与乌托邦》一书的主旨来看，诺齐克可能并无意于提供这样的辩护，当然，另外的原因也在于对诺齐克而言，这的确是一个难以解决的根本问题。毕竟，在这个问题背后，更为实质和更为根本的，是坚持"资本主义"的正义观念还是"社会主义"的正义观念的重要分歧。③

根据马克思主义正义批判的视野，所有制正义才是根本的正义，是解决分配正义抑或经济正义问题的前提。中国特色的社会主义平等既不是要回到"大锅饭"式的传统社会主义的分配平均主义，也不是一种对"道德平等主义"的表面诉诸，而是要真正地充分发挥社会主义的制度优势，科学解决从形式平等到实质平等的问题。也就是说，中国特色社会主义的平等，不仅应促进劳动者个人积极性和社会机制活力的共同发挥，而且应使劳动者能够平等地拥有包括能力、劳动成果和财产权在内的个人自主权利。这是走向实质平等的进步，是对马克思主义平等主义原则的补充、创新和发展。④中共十

---

① 参见[英]G.A.柯亨：《自我所有、自由和平等》，李朝晖译，东方出版社，2008 年，第 169~171 页。

② 同上，第 172~173 页。

③ See Cheyney C. Ryan, Yours, Mine, and Ours: Property Rights and Individual Liberty, *Ethics*, Vol.87, No.2, 1977, pp.132–137.

④ 参见周穗明：《政治哲学的平等主义规范与马克思主义的平等主义》，《当代世界与社会主义》，2013 年第 4 期。

九大报告多处提到社会平等,不仅强调"建设社会主义法治文化,树立宪法法律至上、法律面前人人平等的法治理念"①,也强调"人民平等参与、平等发展权利得到充分保障"②,强调对宪法和法律规定的各种规范性平等要求的充分落实。无论如何,"平等应当不仅是表面的,不仅在国家的领域中实行,它还应当是实际的,还应当在社会的、经济的领域中实行"③。如果说社会主义国家的平等具有比以往社会的平等更具实质性的内涵,那就意味着社会主义的平等应当表现为更加广泛和充分的平等。

改革开放之初,邓小平就明确提出了共同富裕的目标。他指出:"社会主义最大的优越性是共同富裕,这是体现社会主义本质的一个东西。"④而共同富裕又必然要求共享发展,没有共享发展,就不可能朝着共同富裕的方向稳步前进。共享发展是走向共同富裕的理念要求,共同富裕是共享发展的必然结果。⑤习近平指出:"我国经济发展的'蛋糕'不断做大,但分配不公问题比较突出,收入差距、城乡区域公共服务水平差距较大。在共享改革发展成果上,无论是实际情况还是制度设计,都还有不完善的地方。为此,我们必须坚持发展为了人民、发展依靠人民、发展成果由人民共享,作出更有效的制度安排,使全体人民朝着共同富裕方向稳步前进,绝不能出现'富者累巨万,而贫者食糟糠'的现象。"⑥总之,中国现阶段以平等共享为取向的改革,符合"共同富裕""共享发展"的总体目标,既不回到平均主义的旧路,也努力超越空泛的道德许诺而最终实现实质平等。

当然,目前我国仍处于社会主义初级阶段,由社会生产力发展水平决定,具有过渡性经济形态的历史特征。依据马克思正义批判理论的精神,我国在公有制占主体地位的情况下实行市场经济,既要重视宏观层面的终极正义关怀,以消解市场经济的负面作用和贫富分化从而导向实质正义,也要有微观层面的程序正义的制度安排以支持实质正义理想的实现,二者并行

①　习近平:《决胜全面建成小康社会　夺取新时代中国特色社会主义伟大胜利——在中国共产党第十九次全国代表大会上的报告》,人民出版社,2017 年,第 39 页。

②　同上,第 28 页。

③　《马克思恩格斯全集》(第 20 卷),人民出版社,1971 年,第 116 页。

④　《邓小平文选》(第三卷),人民出版社,1993 年,第 364 页。

⑤　参见秦刚:《中国特色社会主义道路的价值取向》,《中国特色社会主义研究》,2016 年第 5 期。

⑥　《十八大以来重要文献选编》(中),中央文献出版社,2016 年,第 827 页。

不悖,才能真正切实推进社会公平正义的进程。具体而言,如何既避免过大的贫富差距,又防止导向绝对平均主义,使个人同社会整体之间的关系能够得到合理、有效的协调,最终实现共同富裕,应成为当前社会制度设计和政策制定的根本考量。

三、生态正义与绿色发展

伴随全球生态危机的日趋恶化,以及 20 世纪 60 年代中后期生态主义运动在欧美国家的兴起,对当代资本主义进行生态学视角的检视和批判逐渐成为当代资本主义批判的一个重要分支。20 世纪 70 年代以来,"生态"议题持续走热,西方绿色思潮、生态学马克思主义、有机马克思主义等流派竞相出场,其中影响较大的相关理论流派主要包括以安德烈·高兹、本·阿格尔、威廉·莱易斯、詹姆斯·奥康纳、大卫·佩珀等为代表的马克思主义生态主义,以及较近出现的以小约翰·柯布(John Cobb)、菲利普·克莱顿(Philip Clayton)和王治河等为主要倡导者的有机马克思主义。20 世纪 90 年代之前,西方学者普遍认为马克思主义缺少解决资本主义生态环境危机的理论方案,因而侧重用现代生态学理论对马克思主义进行修正和补充,然而 20 世纪 90 年代之后,生态学马克思主义者将目光转回到马克思的资本主义批判,并从中发掘马克思主义对解决全球化背景下生态危机的理论意义。这种研究视角的转换,意味着生态问题绝不仅仅是一个生态学意义上的问题,毋宁说,它与社会制度不可分割,而且广泛渗透到政治、经济、文化各领域,是一个事关社会制度、生产方式、生活方式和公平正义的社会问题。

生态学马克思主义最重要的特点和成绩之一,是在生态主题上对当代资本主义的批判。它主要从资本的逻辑本身、当代资本主义的生产和消费这三个方面,来揭示生态危机的本质和根源,并针对此根源对当代世界的各种"反生态"现象进行批判性的分析。生态学马克思主义认为,由于资本主义的过度生产和过度消费,生产异化已扩张到消费异化,造成了生态危机,并将取代生产危机,因而他们在反思当代资本主义对生态环境的破坏的同时呼吁生态正义。生态学马克思主义力图突破现代性意识形态的局限,主张危机的真正克服在于变革资本主义的扩张逻辑及生产方式,从而对仍滞留于资本逻辑中的技术决定论和环境经济学的经济简约论进行了尖锐的批判。由于当代资本主义所带来的全球生态问题日趋严重,生态学马克思主义对资产阶级的生产方式和社会制度的激烈批判,使之成为反对资本主义的一支重要力量。

西方生态学马克思主义学者从制度层面入手对生态问题根源的挖掘与我国学者的研究路径彼此呼应。我国学者普遍认为,生态问题有其制度根源,资本主义的资本逻辑内在地倾向于破坏和贬低物质环境,并造成剥削的存在,资本主义根本不可能解决生态问题,也根本不会走向一种生态正义。①既然不触动资本逻辑、资本主义制度,就不可能从根本上解决生态问题,那么直面资本逻辑、资本主义制度,变资本主义制度为社会主义制度,变资本主义生产方式和生活方式为社会主义的生产方式和生活方式,就成为彻底消除生态危机的唯一选择。因此,生态学马克思主义者的可贵之处就是,在资本主义世界中一再发出声音,强调走向社会主义是消除生态危机的最佳选择。他们把对生态危机的分析、批判变成了对社会主义必然性的论证。②

尽管生态学马克思主义学者在反思生态危机的资本主义制度这一根源的同时,都发出生态正义的呼声,其内部却存在着消费正义、分配正义、生产性正义等倾向性有所不同的探究路径。阿格尔和莱易斯通过对当代资本主义国家消费异化的批判实现了马克思主义的生态学转向,主张抑制对经济增长的无限制追求,主张对西方社会消费异化的批判必须从经济领域扩展到生态领域,强调实现从以量为基础的消费方式向以质为基础的开明消费转化的消费正义。

高兹同样主张节制欲望、控制消费,主张以生态理性代替经济理性,以实现资本主义生产逻辑的根本转向。与消费正义的路径相比,针对资本主义利用资本对穷人和弱者的压榨与盘剥,有机马克思主义特别强调分配正义,力主挑战资本主义异常不公平的财富分配制度,并在此基础之上捍卫生态正义,强调在国与国之间、人与人之间公正分配资源和机会,主张在个人、家庭、社区、国家等各个层面保护人们不可侵犯的生态权利。这自然也包括代际公平和代际正义,就是杜绝"吃子孙饭,断后人路",强调造福子孙后代,对

---

① 参见陈培永:《论生态学马克思主义生态正义论的建构》,《华中科技大学学报》,2010 年第 1 期。

② 参见陈学明:《资本逻辑与生态危机》,《中国社会科学》,2012 年第 11 期。

将来世代厚道。①

奥康纳则深刻批判分配性正义，倡导以生产性正义作为解决生态危机之道。奥康纳深刻批判了三种具体层次的分配性正义，即经济的正义，涉及国民财富、收入和负担的公平分配；环境的正义，关涉公民在环境利益和环境成本两个方面的公平分配；公共的正义，包括资本积累给某些特定群体所带来的利益与损害的平均分配。在奥康纳看来，这样的"正义"都是市场性的正义、虚假正义，用成本与价值衡量一切，因而既不能解决资本主义本身的问题，也无法解决资本主义与自然之间的关系问题。

奥康纳明确提出"生态正义"概念。他指出，人们对资本主义的普遍要求是分配性正义，但这在高度发展的世界中是根本不可能的，正义唯一可行的形态只能是生产性正义，而生产性正义的唯一可能性途径就是生态社会主义。②与以上路径相比，佩珀更注重从作为背景的社会正义入手，去探讨解决生态问题之道。在他看来，社会正义及其在全球范围内的缺失是所有环境问题中最为紧迫的问题。③环境问题无法脱离人们物质上的贫富来单独考量，第三世界的普遍贫困以及与之相伴的环境恶化与西方发达资本主义国家对第三世界国家的财富掠夺密切相关。生态问题的根源是不平等、不合理的经济关系、社会关系，生态问题"显然并不是不分阶级的——它们不平等地影响每一个人。富人比穷人更容易免除这些影响，而且更能够在面临危险时采取减缓策略以确保他们自己的生存"④。要想创造一个生态健康的社会，就必须从根本上改变国家与国家之间的不平等，改变发达国家利用自身技术优势向贫困国家输出环境问题的现状，生态正义要与社会正义结合在一起，构建以社会正义为基本特征的生态社会主义社会。⑤这种以社会正义为基本特

---

① 参见王治河、高凯歌、樊美筠：《有机马克思主义是一种厚道马克思主义》，《江海学刊》，2016年第 3 期。

② 参见[美]詹姆斯·奥康纳：《自然的理由》，唐正东译，南京大学出版社，2003 年，第 538 页。

③ 参见[英]戴维·佩珀：《生态社会主义——从深生态学到社会正义》，刘颖译，山东大学出版社，2005 年，中译本前言第 2 页、第 129 页。

④ [英]戴维·佩珀：《生态社会主义——从深生态学到社会正义》，刘颖译，山东大学出版社，2005 年，中译本前言第 2 页、第 129 页。

⑤ 参见石晨：《生态正义：资本逻辑的批判与超越——佩珀生态社会主义思想的启示》，《理论月刊》，2014 年第 12 期。

征的生态社会主义社会,不仅强调人与自然之间的正义,也强调社会关系的
公平正义,其基本原则包括社会平等、消灭资本主义、消灭贫穷、资源按需分
配,等等。

　　生态问题是我国学者关注较早、讨论也较为充分的一个议题,对于马克
思主义生态主义的理论资源,我国学者在鉴别批判和有选择地吸收的过程
中,在争论和明辨中做出符合中国国情的判断,并由此推动了政策层面的革
新。改革开放以来,我国经济高速增长,但环境污染也在不断加剧,在有关生
态问题的讨论中,一个核心的争论点就在于:经济增长和技术进步是否必然
与生态构成矛盾? 这个问题不回答清楚,就必然徘徊在"回退论"和"先污染
再治理"的死结之中。似乎要保护环境就不能发展,要发展就必然污染环境。
围绕生态学马克思主义的相关研究和讨论有助于我们认清这个悖论的实质
所在:资本主义是反生态的,只有社会主义制度才能解决生态问题;当前历
史发展时期,资本的合理性尚未消失,要在利用和限制之间寻求平衡。

　　首先,经济增长和技术进步并不必然与生态构成矛盾,因为生态问题的
根源是资本主义制度以及资本逻辑控制下以逐利为目的的盲目生产。扫除
了资本主义制度性障碍的生态社会主义,经济增长将可能实现与集体的整
体利益相一致的理性增长,技术进步和运用将服从于人类对多种满足方式
的创造,并服从和服务于人类和生态之间的和谐共同发展。①

　　其次,由于我国社会主义初级阶段仍面临多重的建设目标,对市场经济
发展道路的选择就意味着经济的运行仍在按照资本的逻辑展开,我们既无
法完全摒弃资本,也不能一味任由资本扩张,而是应以实施"生态导向的现
代化"为目标,努力做到在利用资本的同时限制资本,在保护生态环境与发
展生产力之间保持平衡,并最终实现对资本的超越而实现生态文明的建成。
资本的利用与资本的超越是同一个历史过程,生产目的的确立必须充分兼
顾"满足人的真实需要"并符合"自然界的尺度",要充分发挥"社会主义"对
"市场经济"的规制和引导作用,对生产"有意识地加以调节",使生产"按比
例协调地进行",将生产限制在"生态系统的承载力"的范围之内。社会主义
绝不能简单等同于发展生产力,社会主义之所以比资本主义优越,就在于能

---

　　① 参见王雨辰:《生态学马克思主义研究的中国视阈》,《马克思主义与现实》,2011 年第 5 期。

够限制资本逻辑的无限扩张，始终坚持社会主义生产以满足人的基本需要为目的的，而不是以营利为目的。如果把社会主义简单地理解成只是发展生产力，那么社会主义也会无止境地去"开发"自然，即无限制地利用自然资源，社会主义与生态保护也就失去了本质性的联系。①

此外，西方马克思主义学者注意把生态问题纳入社会正义的总体实现框架中来理解，对我国生态文明建设提供了有益的理论参考。生态问题绝不只是简单的生态环境问题，它与社会问题紧密关联，关系人们的生活质量和幸福指数。中共十八大报告明确指出，中国特色社会主义生态文明建设是实现中华民族伟大复兴的必由之路，是实现中国梦的绿色发展之路，"是关系人民福祉、关乎民族未来的长远大计……把生态文明建设放在突出地位，融入经济建设、政治建设、文化建设、社会建设各方面和全过程，努力建设美丽中国，实现中华民族永续发展"②。中共十八大报告明确提出"建设社会主义生态文明""努力迈向社会主义生态文明新时代"，不仅凸显了我国"生态文明建设"的政治意涵，而且体现了中国共产党对于"生态文明建设"的社会主义维度的理论自觉与政治追求。

中共十八大以来，以习近平同志为核心的党中央高度重视社会主义生态文明建设，坚持把生态文明建设作为统筹推进"五位一体"总体布局和协调推进"四个全面"战略布局的重要内容，坚持节约资源和保护环境的基本国策，确立建设美丽中国目标，坚持绿色发展，把生态文明建设融入经济建设、政治建设、文化建设、社会建设各方面和全过程，加大生态环境保护建设力度，推动生态文明建设在重点突破中实现整体推进。中共十九大报告更是要求"加快建立绿色生产和消费的法律制度和政策导向"。习近平指出，生态环境保护的成败，归根结底取决于经济结构和经济发展方式。经济发展不应是对资源和生态环境的竭泽而渔，生态环境保护也不应是舍弃经济发展的缘木求鱼，而是要坚持在发展中保护、在保护中发展，实现经济社会发展与人口、资源、环境相协调，不断提高资源利用水平，加快构建绿色生产体系，大力增强全社会节约意识、环保意识、生态意识。

---

① 参见陈学明：《资本逻辑与生态危机》，《中国社会科学》，2012 年第 11 期。

② 胡锦涛：《坚定不移沿着中国特色社会主义道路前进　为全面建成小康社会而奋斗——在中国共产党第十八次全国代表大会上的报告》，人民出版社，2012 年，第 39 页。

　　将生态理念付诸经济建设就是既要发展经济,又要保护生态环境;既要金山银山,也要绿水青山,但是要真正做到二者的统一是实践中的难题。在人民追求美好生活的新时代,只有实现绿水青山与经济发展的有机融合,才能真正消解发展不平衡现象,实现生产发展、生活富裕、生态良好,开创社会主义生态文明新时代。此外,我国积极参与全球环境治理,落实减排承诺,合作应对气候变化,保护好人类赖以生存的地球家园,推动人类命运共同体建设,为全球生态安全做出贡献,这也是社会主义生态文明的应有内涵和当然体现。

四、空间正义与新型城镇化战略

　　"空间"通常被视为物质生产的环境和背景,伴随着 20 世纪 60 年代西方国家城市危机的凸显,西方马克思主义学者开始把"城市化"作为一个有关资本主义条件下生产和再生产的社会组织形式问题进行研究。法国著名社会学家列斐伏尔指出:"空间是政治的、意识形态的,它真正是一种充斥各种意识形态的产物。"[①]在列斐伏尔看来,空间中弥漫着社会关系,社会空间的生产同样也是社会关系的生产与再生产。在列斐伏尔的推动下,诸多学者开始将城市问题研究置于空间视角之下,形成了社会科学中的"空间转向"。空间理论的代表人物主要有列斐伏尔、哈维、苏贾,等等。

　　列斐伏尔从对资本主义空间不正义的批判切入,指出在资本主义制度下,空间已被纳入资本主义的生产和再生产模式,空间不再仅是物理意义上的"容器",而是成为用于生产剩余价值的生产资料本身。所谓空间不正义,主要表现为精英阶层运用权力占有更多的空间资源,并借此对城市弱势群体构成压榨和剥削,造成社会在空间上的隔离。在列斐伏尔看来,对正义的追求就是要捍卫城市权利,保障城市居民对城市公共资源的平等享有。与列斐伏尔相比,苏贾更加突出强调了地理发展的不平衡对塑造和维持社会不平等的深刻影响。这种空间视角的批判在哈维出版于 1973 年的《社会正义和城市》中得到进一步的扩展和转向。在《社会正义和城市》中,哈维对城市

---

① 包亚明:《现代性与空间的生产》,上海教育出版社,2003 年,第 62 页。

规划、社会正义、空间与马克思主义政治经济理论之间的关系进行考察，从马克思主义地理学的视角出发对资本主义进行了有力的批判。哈维认为，城市空间的发展依赖于社会剩余的积累与分配，但社会剩余的积累与分配过程中同时也滋生着城市空间的隔离、剥夺和不正义，都市化的进程同时也是空间、经济、社会和政治进程的相互渗透和相互影响的结果。哈维指出，在城市化进程中，经济效率的要求并不总是与社会正义的要求相兼容，在城市化进程中发挥作用的市场和资本往往带来非正义的社会后果。因此，哈维一方面主张在复杂的城市空间分配的过程中，要始终坚持正义的原则，另一方面指出收入分配或任何类似的社会现象，都不能脱离社会关系而抽象地加以讨论。①哈维将城市空间问题和社会正义相连，一方面为分配正义增加了一个城市分析的维度，另一方面使得城市问题超越了地理学分析的传统框架，具有了更加深刻的政治经济学意涵。

对中国而言，伴随着社会主义市场经济体制的不断完善，新型城镇化发展迅速，城镇生活空间不断改善，但与此同时，改革开放过程中所出现的贫富分化、生态问题也在空间领域集中呈现。城乡、区域之间贫富差距扩大、社会分化加剧、公共服务配置不均等、生态环境恶化，种种社会关系的不平等所带来的不公平感、失落感在城市空间集聚，由此使得空间正义凸显为一个必须认真面对的议题。在此背景下，西方马克思主义围绕空间转向和地理学的历史唯物主义的讨论进入中国学者的视野，并在中国学界引发了持续的研究热潮。我国学者的空间问题研究同时指向全球化背景下的空间问题和中国特色社会主义发展道路中的城镇化问题，表现出强烈的问题意识和现实针对性。可以说，对中国学者而言，空间问题表现为"空间正义"和"空间中的正义"这两个不同的层次。从宏观层面来讲，我国城市化问题与资本逻辑的全球扩张密切相关；从微观层面来讲，城市化问题也是改革开放进程中不同利益群体之间的矛盾在空间领域的集中呈现。就宏观层面提出的挑战而言，学者们思考的主要理论问题是，中国特色社会主义发展道路如何能够克服资本逻辑的宰制，以及如何能够避免西方发达国家的现代性困境？就微观层面提出的挑战而言，必须处理的具体实践难题则是，我国应该走一条什么

① See Review：Social Justice and the City，Review by James L. Greer，*Ethics*，Vol.90，No.4（Jul.，1980）.

样的社会主义城镇化发展道路？当然,这两个层面的区分只是一种逻辑的区分,事实上,资本逻辑所主导的空间生产,是造成如上挑战的根本原因。以资本为核心、以利润率最大化为导向的城市空间的生产和再造,带来的是城市空间的盲目扩张,对环境资源的过度开发,对农村居民和城市弱势群体空间权利的剥夺。资本对城市生活空间广泛、稳固的介入,导致城市公共空间遭受侵蚀、挤压,日益衰弱的公共空间在资本的强大增殖力量面前更显脆弱,私人利益对公共生活的侵蚀反过来又不断削弱公共性对私人资本的制衡,资本不断获得其增殖、逐利的实际土壤和空间。

如前所述,西方资本主义在 20 世纪 70 年代已开始了由"空间中事物的生产"向"空间本身的生产"的过渡,资本的空间扩张取代时间而成为经济生产的主导因素, 经济金融化和信息化进一步巩固了空间在资本追逐利润过程中的地位。中国在改革开放之初所面对的,已经是进入空间资本化阶段的西方资本主义世界体系。[①]改革开放之后相当长的时期内,中国的产业发展和城镇化进程是在国际资本处于垄断地位、西方发达国家处于主导地位的环境下进行的。从资本主义国家转移到中国的高污染的低端生产环节,在利用中国的廉价劳动力和较低的环境污染成本的同时, 造成了自然环境的恶化,也造成了中国的生产空间长时间依附于资本主义生产世界体系,[②]呈现为哈维所说的"不平衡的地理发展"[③]。

资本逻辑推动下的空间生产, 不仅造成了农村依附于城市的城乡空间"二元"对立,也导致城镇空间碎片化发展,城镇空间生产背离了空间的使用价值功能,越来越屈服于资本增殖的要求本身。在以价值增殖取代使用价值居于城镇空间生产首要考虑的背景下,城镇空间的开放性、流动性、共享性被削弱,不同社会群体之间的空间隔离加剧,并成为社会不公平感的来源。以追求利润和获取剩余价值为不竭动力的资本逻辑, 在推动中国城镇化加速发展的同时,也成为中国空间正义问题的根源。

城市化问题是任何一个处于现代化进程中的国家都会遇到的问题,西方学者对发达国家"城市病"的反思有助于我们吸取经验教训,避免走西方

[①②]   参见陈建华:《中国城市空间生产与空间正义问题的资本逻辑》,《学术月刊》,2018 年第 7 期。

[③]   David Harvey, *The Urbanization of Capital*, Oxford, Basil Blackwell Ltd., 1985, p.159.

国家的老路。如果说资本主义的空间是以公共产品商品化、公共空间私有化、资本逻辑和利益至上的价值导向为核心特征，那么今天我们必须思考的是，社会主义的城镇化应该为人们提供一种什么样的生存空间？生活在社会主义城镇的人们应该享有一种什么样的生活方式？

不可否认，在资本全球扩张、资本逻辑广泛渗透的全球背景下，我国城市化发展道路也打上了资本的印记，并集中体现为发展不均衡问题。伴随着城乡二元对立，城市对边缘地区的空间剥夺，城乡之间、不同区域之间、不同人群之间的发展差距拉大，城市空间中的贫富对立日益明显，边缘群体、社会失利人群由于未能共享改革开放的成果，不公平感不断增加。此外，城乡发展差别拉大，高房价也引发了社会主义制度下居住权利的保障问题。这些问题折射出改革开放以来不同阶层、不同群体在实际生活中所产生的巨大落差。列斐伏尔等人的理论揭示了空间上的位置将始终与某种程度的相对优势或者相对劣势相联系，并由此导致空间生产和空间分配的不平等。但地理位置上的差异本身并不会造成严重的不平等，只是地理位置差异一旦被纳入资本增殖的逻辑，这种不平等的后果就会加剧。因此，认清空间不正义对我国社会可能带来的严重结果，在全面深化改革中大力推进城乡要素的平等交换和公共资源的均衡配置，构筑更加公平和谐的城市社会，仍然是实现将发展的成果更多更公平地惠及全体人民这一目标的紧迫任务。①此外，一个根本的问题就是如何对待资本？从历史的纵向发展和当代社会的展开图式来看，资本作为推动历史和当代社会运动的强劲力量，是人类实践的重要模式，虽然具有邪恶的历史和不正义的当代实践，但资本作为介入现代都市社会的强大推手，从建构的意义上、从哈贝马斯所言的未完成的现代性的角度看，则需要得到进一步规范，需要有限度、有限制地利用资本实现人类进步。因此，如何在现实的层面上规范资本的运作方向，直接关系资本是否能够扬弃自身，以升华为建构性的力量，重新定义和完成其正义的历史使命。②也就是说，在仍处于社会主义初级阶段的今天，我们一方面要强化社会

---

①　参见乔洪武、师远志：《经济正义的空间转向——当代西方马克思主义的空间正义思想探析》，《哲学研究》，2013 年第 12 期。

②　参见董慧：《公共空间：基于空间正义的一种尝试性思考》，《华中科技大学学报》，2017 年第 4 期。

主义的制度属性和功能,对资本进行规范、引导和限制,另一方面,则需要以开放共享、绿色包容的理念处理城镇化过程中的具体问题。

中共十八大报告指出,新型城镇化的核心是人的城镇化。2016 年 2 月 23 日,习近平针对推进新型城镇化建设指出,要坚持以创新、协调、绿色、开放、共享的发展理念为引领,以人的城镇化为核心。①以人为本的新型城镇化要求我们始终坚持空间正义原则,实现城市与乡村居民平等享有空间权益,平等享有发展机遇,使现代化与城镇化的成果惠及所有人群,避免过度资本化带来的空间非正义问题,实现空间正义。社会主义新型城镇化的"新",在于坚持以人为本、以人为中心,而非以资本为主导;在于充分发挥社会主义的制度功能,规范资本逻辑,把资本逻辑限制在一定的范围之内;在于以人的城镇化、以人的全面发展为目标,而非仅仅追求资本扩张和增殖;在于实现城镇化的经济、政治、文化、社会、生态文明等多领域、全方位的协同发展,而非仅仅追求经济利益的片面发展,充分体现空间正义性。简言之,新型城镇化的空间正义性就是要回归以人为主体的空间关怀,体现以人为本的人道价值,既要重视经济建设,也要重视大多数人的共同幸福和福祉递增,要在物质生产和精神生产中实现不同阶层、群体的利益与权利获得的公正性。②具体而言,加强新型城镇化空间生产与治理应以人的城镇化为核心,促进城镇基本公共服务全覆盖和均等化配置,促进社会空间正义与共享发展。在社会层面构建共建共享机制,在社会保障、生态保护、教育医疗、社会服务等领域中全面提升共建共享能力,增强市民在新型城镇化共建共享中的正义感、获得感、幸福感。共享要坚持发展以保障和改善民生为出发点和落脚点,全面解决好人民群众关心的教育、就业、社保、医疗卫生等问题,真正落实改革发展成果更公平地惠及广大人民群众。③在新型城镇化建设过程中,始终坚持空间正义原则,就是要将生态文明、绿色、协调等理念贯穿城镇化建设的全过程,加快构建绿色发展机制,选择绿色低碳生产生活方式和消费模式,

---

① 参见《习近平强调以人的城镇化为核心,要"四个更加注重"》,《解放日报》,2016 年 2 月 24 日。

② 参见陆小成:《新型城镇化的空间生产与治理机制——基于空间正义的视角》,《城市发展研究》,2016 年第 9 期。

③ 参见顾海良:《五大发展理念的"中国智慧"》,《前线》,2016 年第 1 期。

拓展城镇低碳空间。①

　　西方马克思主义的空间正义理论凸显了历史唯物主义的地理学维度，这种对空间维度的探讨丰富了马克思主义的理论，可以说对空间正义的重视，对空间正义的考量，已经成为马克思主义中国化的一个重要维度。中共十九大报告对社会主要矛盾的新表述，指明了以人为本的发展理念，以及满足人民对美好生活的追求对于社会主义中国的重要意义。如果说改革开放后相当一段时间我们要面对的主要矛盾是落后的空间生产能力、有限的空间产品和资源，与人民群众日益增长的空间需求之间的矛盾，必须依靠不断发展空间生产、不断提高空间生产能力才能逐步解决的话，那么随着改革开放以来社会生产力的巨大发展，城市化进程的加快，人们对空间产品的需要呈现更为复杂的特征，人民对居住空间的刚性需求与发展性、享受性、成长性空间的需求并存，而以炒作、营利为导向的房地产市场的不健康发展，则同时催生了高房价下刚性需求无法满足，以及恶意炒房带来的更为加剧的贫富两极分化和不公平感。

　　如果说马克思时代分析的焦点集中在生产过程，集中在劳动力本身所受的剥削和压迫，即资本家通过剩余价值生产对工人的剥削和压榨，则以空间为焦点的当代资本主义批判越来越聚焦于劳动力的"再生产"方面所受的支配和控制。如果说前者体现为生存本身的斗争，即缩短劳动时间、争取劳动权利的斗争，后者则体现为生存条件的斗争，或说生活条件的斗争，即关于生活、居住等生存条件和成本的斗争。西方资本主义城市的变迁见证了斗争形式的当代变迁，从早期捣毁机器、厂房的反物化斗争，到20世纪六七十年代反总体化、反精神压抑的城市革命斗争，再到当代街头政治、新社会运动，形式层出不穷。伴随着全球化背景下西方社会城市问题的凸显，以及社会科学研究领域的"空间转向"，"城市空间"问题进入当代西方马克思主义的理论视野，并深刻影响和改变了对当代资本主义的批判方式。西方马克思主义对空间理论的探索，对历史唯物主义的地理学维度的扩展，都丰富和发展了马克思主义，对时代议题的回应也充分彰显了当代马克思主义的活力和生命力。

─────────

　　①　参见任平：《空间的正义——当代中国可持续城市化的基本走向》，《城市发展研究》，2006年第5期。

五、批判理论传统中的正义与美好生活

20世纪五六十年代以来,伴随着西方发达国家后工业社会的发展进程,社会运动呈现主体的多元化、运动方式非主流化的新特点。社会中的弱势群体争取权利不再仅仅发生在物质性的分配领域,而且也发生在"为承认而斗争"的文化生活领域,经济变革的要求和文化变革的压力往往彼此缠绕。资本主义社会中弱势群体遭遇经济剥削和边缘化,要求以平等主义的分配来加以解决,由主流文化霸权的统治给弱势群体带来的身份蔑视,以及对社会成员造成的心理伤害,则使得斗争目标指向文化领域的身份承认。法兰克福批判理论第三代代表人物霍耐特和弗雷泽围绕再分配还是承认所展开的正义论争,正是这种双重变革要求的理论反映。

在霍耐特看来,在以往对正义问题的分析框架中,物质资源分配中的不平等所造成的利益冲突,很少被关联到道德层面,但这样一来,对当代资本主义社会经济和文化价值模式的深层关系就疏于讨论,无法很好地回应西方"后社会主义"的分裂状况,即所谓"身份政治"与阶级政治的分裂,也没有做到对资本主义全球化背景下社会苦难和受侮辱状况的高度敏感和深切关怀。由此,霍耐特寻求重新将社会斗争的动力关联到人类生活的"道德语法"。他认为,蔑视体验是社会反抗的道德动机,因此要拒绝一切形式的蔑视,促进承认的全面实现,唯有如此,一种"好生活"或者说一个理想的"正义社会"才能得以实现。他以"承认"作为其正义理论体系的中心范畴,"承认"在社会不同领域,即私人领域、社会领域和政治领域分别以爱、权利和团结的形式呈现,并分别对应于情感关怀、法律权利和社会尊重这三个不同的层面。作为社会成员,一旦经由以上三种承认形式形成社会个体的自信、自尊和自豪,那么对于该社会成员而言,就是一种"好生活"的实现。

出于对"为承认而斗争"可能会遮蔽"为再分配而斗争"的担忧,弗雷泽从三维视角出发,强调社会正义同时需要再分配、承认和代表权:再分配是正义的经济维度,承认是正义的文化维度,代表权是正义的政治维度。因此,参与平等原则在这三个层面的全面实现,就是理想的正义社会的实现。弗雷泽认为,再分配、承认和代表权三种诉求应被整合为共同的正义基础和互相

不可还原的正义维度,认为唯有这一框架,能够理解当代社会阶级不平等、身份等级制和文化蔑视的交错重叠。尽管2003年出版的弗雷泽和霍耐特合著的《再分配,还是承认? 一个政治哲学对话》呈现了霍耐特和弗雷泽的差异,但他们的共识也很明显:关注差异族群争取平等身份的文化斗争在当代已无法忽视,与此同时,伴随新自由主义全球化背景下经济不平等的增长,分配正义同样日益凸显其重要。

在《社会自由的观念》中,霍耐特进一步处理早期社会主义者就开始关注的一个理论和实践问题,即怎样弥合自由和团结之间的裂隙,实现与他者的团结,进而有助于实现更加广泛的政治包含。在霍耐特看来,如果正义仅仅被局限于益品分配,那么团结就被视为只能在公平的益品分配基础之上达成,理性的计算和个体的选择代替了关系性、共同性和相互性,表面的"合理性"遮蔽了实际的"冷淡":社会制度只关注物的分配,而忽略了更为温暖的相互关系,如同情、友爱、互助,等等。可见,在霍耐特这里,团结首先是一种关系性的概念,是经由相互承认的社会机制所实现的社会自由,与自由主义那种基于个体主义的利益性团结有着根本的不同。霍耐特反对那种暂时的利益结盟,希望可以探索一种团结所需的更为持久、普遍的基础。

简言之,由于当今社会的正义问题需要从多维度出发进行总体性分析,当代资本主义批判也就必须从三个无法归约的维度,即经济结构、身份秩序和政治结构出发来共同展开。如果说霍耐特更强调通过相互承认的机制来实现社会成员的包容并实现一种"社会整合"的话,弗雷泽则更强调经由一元三维的正义,特别是参与平等的框架所实现的"制度整合"。无论是霍耐特通过承认机制所揭示的"好生活"的规范,还是弗雷泽以"参与平等"为规范基础的三维正义,都指向对当代资本主义社会的分配不公、文化蔑视、政治压迫并存这一复杂现状的揭露和批判。当然,与马克思的彻底革命性相比,霍耐特希望通过规范性重构为社会各领域引进新的以"互补""承认"和"实现的需要"等词汇加以表达的规范性原则,通过社会领域中的参与者基于对承认机制的一致同意而实现社会自由,进而导致一种"道德上的进步"。这种对现代资本主义内部修正和更新的乐观看法, 多少忽略了资本主义逻辑中固有的紧张和矛盾。而弗雷泽将再分配、承认和政治代表权作为正义理论三个等量齐观的维度,也与马克思主义强调经济基础的决定作用相悖。尽管第三代批判理论家这种规范层面的批判尚未触及资本逻辑的制度核心，但仍不乏正义的道德力量和对人类解放的热烈情怀。这种正义的道德力量和对人类解放的热烈情怀，对于匡正社会道德失序和政治伦理失范，无疑有着非常积极的矫治意义，对于我国政治文明、社会文明建设而言，无疑也是一种有正面借鉴意义的精神资源。①

正如当代英国马克思主义学者肖恩·塞耶斯所言，尽管在马克思看来，哲学也是一种意识形态，但哲学的精神在于其批判精神，没有批判精神就不成其为哲学。如果回顾马克思及其时代，我们会发现，不论是被马克思批评为意识形态家的鲍威尔和蒲鲁东等人，还是马克思本人，他们对当时社会问题的不同批判都共同地促进了社会的进步。哲学如果不能发挥其批判功能，哲学的知识分子如果不能通过理性的研究去介入和规范这个社会，就是一种资源的浪费。马克思之所以伟大，就在于他通过批判而揭示了资本主义社会的缺陷，使人类看到了自身的问题，从而才有机会去避免和解决它们。②如果说批判精神是马克思主义哲学的特质，那么法兰克福批判理论第三代代表人物无疑继续秉承了马克思主义的批判传统。反思当前全球化时代的新矛盾，揭示当代西方社会的种种矛盾和冲突，努力探索建构"正义社会"，实现"好生活"的方案，展现了第三代批判理论家的新社会主义的正义构想。他们对文化承认和政治平等的正义维度的新补充，与传统社会主义争取经济平等的思想相连接，客观上为当代马克思主义的发展创造了更为广阔的空间。

改革开放以来，中国社会由传统社会向现代社会转型的步伐加快，人民对美好生活的需要日趋强烈，但在此过程中，我国面临的国际、国内环境也日趋复杂，新自由主义思潮的渗入强化了利益至上的资本逻辑，现代化带来的负面道德效应被放大，社会利益群体分化，利益调节机制失衡，权力腐败、公信力下降等非单一经济因素导致的社会冲突和社会风险增加，道德失范、社会心理层面的认同问题凸显。在此，第三代批判理论对当代西方社会种种

---

① 参见周穗明：《N.弗雷泽和 A.霍耐特关于承认理论的争论——对近十余年来西方批判理论第三代的一场政治哲学论战的评析》，《世界哲学》，2009 年第 2 期。

② 参见[英]肖恩·塞耶斯、林进平：《当代马克思主义研究：从理论走向现实》，《马克思主义与现实》，2013 年第 1 期。

新矛盾的揭示,对西方现代性之负面效应的道德病症的批判,警示我们充分重视现代化进程中各种新的社会矛盾,积极应对各种新的社会冲突。

首先,及时跟踪当代资本主义正义批判的最新进展,把握新自由主义主导之下的当代资本主义新危机的结构性特点,有助于我们透过资本主义社会中那些表面看来是零碎的、偶然的、局部的种种弊端,洞察资本主义深层的、必然的、系统性的、本质性的危机,把握新自由主义主导之下的当代资本主义新危机的结构性特点,使人们看清走向社会主义的必然性,增强我们的道路自信、理论自信、制度自信、文化自信;有助于我们从人类整体的观点来思考并解决人类社会共同面临的全球性正义问题,坚定不移地走中国特色社会主义道路,开创正义的、公平的、尊重多样性文化差异和多方面人类潜能的美好前景。

其次,把握全球化时代正义批判理论的前沿,深入分析全球化背景下正义理论的当代建构,有助于我们阐明与现代社会三个明确的社会秩序维度,即经济结构、身份秩序和政治结构相应的三个维度的正义观点:再分配、承认与代表权,结合中国社会发展现实,实现正义话语的转换,厘清社会公平的多种维度及彼此的关系,准确把握中共十八大报告中提出的权利公平、机会公平、规则公平的恰当内涵,努力寻求兼顾各方利益的平衡点,构建社会利益公平分配的制度规范,促进社会公平保障体系的建设。

最后,批判理论第三代理论家对新社会主义正义理想的追求,以规范理论的方式所表达的政治伦理,对于矫正现代化带来的负面道德效应具有正面建设作用,其对"公平分配""身份认同""政治代表权""平等尊重""平等参与""社会团结"等概念的诠释,增添了我们对理想社会和美好生活的现代理解。①

简言之,批判理论家倡导的多维正义的理念,对于我们解决现代化发展中的复杂矛盾和问题,促进社会关系的平等和谐,营造健康的社会心理氛围,必将起到积极的作用。伴随改革开放过程中社会利益群体的分化和多元化,社会非正义越来越体现在经济、政治、文化等多个层面,由此,对社会正义的探索也不应仅仅局限于分配正义,而应是多维度、全方位的探索。只有

---

① 参见周穗明:《N.弗雷泽和A.霍耐特关于承认理论的争论——对近十余年来西方批判理论第三代的一场政治哲学论战的评析》,《世界哲学》,2009年第2期。

不仅关注人民在改革开放过程中经济利益方面的实际"获得感"和"公平感",而且有对健康社会心理的积极建设,扭转资本逻辑支配下"社会达尔文主义"的弱肉强食给人们带来的心理压迫和精神扭曲,倡导"我为人人,人人为我"的社会主义风尚,塑造平等尊重、团结互助的社会主义风气,如此,人民的"幸福感"才能真正获得提升。

全球化进程、时空压缩,已经使得人类面临的全球问题具有了复杂性、共时性的特征,我国面临的种种发展中的问题,既有特殊性,也有普遍性,西方马克思主义学者特别是左翼知识分子对社会主义前途命运的真诚探讨,必将对中国特色社会主义道路产生启发和借鉴作用。中共十九大报告指出,"经过长期努力,中国特色社会主义进入了新时代","我国社会的主要矛盾已经转化为人民日益增长的美好生活需要和不平衡不充分的发展之间的矛盾","进入新时代,人民对美好生活的需要日益广泛,不仅对物质文化生活提出了更高要求,而且在民主、法治、公平、正义、安全、环境等方面的要求日益增长"。报告多次强调要"永远把人民对美好生活的向往作为奋斗目标"。这就意味着,我们必须深刻研究并领会我国社会主要矛盾发生变化的新特点,以社会主要矛盾的变化为主要依据,着力解决好民生问题,满足人民日益增长的美好生活需要,推动每个人全面而自由地发展,促进社会主义社会的全面进步。

六、中国特色社会主义公平正义观的建构

欧美发达国家自 20 世纪六七十年代以来,贫富分化、社会矛盾激化等深层问题凸显,西方马克思主义公平正义理论研究热潮的出现是时代问题催生的,表现出西方马克思主义学者对社会现实问题一贯的关注。公平正义问题在我国学术界的持续走热,同样是现实社会矛盾的凸显在思想界激起的回响。正义问题是以市场经济为基本经济体制的现代社会发展进程中必须面对的重要问题。伴随着改革开放和中国特色社会主义市场经济的确立,我国的经济腾飞、整体国力提升已经引起世界瞩目。但与此同时,西方发达国家现代化进程中出现的问题,如环境污染、不平等扩大化等也在我国发展进程中凸显。面对当代社会发展过程中的诸多不公,如何在 21 世纪发出马

克思主义的"正义呼声"，彰显马克思主义的时代性、在场性，是马克思主义学者的社会责任与担当，更是马克思主义理论学科的社会责任和担当。市场经济本身有其两面性，我们不能寄希望于这些问题会凭借市场本身自然而然地得到解决。我们既要正确看待市场的正面意义，正确认识我国仍处于社会主义初级阶段的基本国情，进一步推动我国市场化机制的健全和完善，也要反对市场崇拜，对市场持有批判的维度。

进入 21 世纪以来，全球化进程加快，世界各国在发展过程中呈现相似的"现代性病症"。当然，由于制度背景、发展阶段的差异，西方马克思主义所揭示的西方社会的种种不公正现象与我国社会发展所面临的公平正义问题有所区别。如果说西方马克思主义所批判的对象即当代资本主义已经是经历了市场经济的高度发展，而且其资本主义的制度框架决定了理论家们的建构方案大多囿于改良，一般都不会触及资本主义私有制的话，我国社会主义制度则为从根本上解决这些问题提供了制度前提，目前需要着力解决的是如何真正发挥社会主义的制度优势，抑制市场经济的负面效应，规范资本市场，控制资本逻辑的泛滥，走出一条有效规避西方现代化老路的新的发展道路。也就是说，我们必须在批判、吸收、借鉴西方马克思主义公平正义理论的基础上，建构适合中国特色社会主义的公平正义理论。这就要求我们在及时跟踪、介绍和研究当代资本主义正义批判理论的同时，始终坚持从马克思主义历史唯物主义的观点出发，做到合理借鉴国外马克思主义学者和西方左翼学者的理论资源，在中西比较的视域中阐释当代中国社会发展所需要的正义理论和正义话语，实现学术话语与国际接轨、实际问题立足现实的理论研究路径。在各种正义理论的当代争辩中，厘清西方马克思主义正义理论论争的当代意义，探索一种与不断扩展的自由主义权利和不断更新的阶级政治形式共存的方式，使得政治正义、文化正义能够成为持续追求社会经济再分配得以实现的不可或缺的部分，依法逐步建立以权利公平、机会公平、规则公平、分配公平为主要内容的社会公平保障体系，实现共同富裕、共享发展。

事实上，我国学者对此有着充分高度的自觉和共识，也正是在如何建构适合中国特色社会主义的公平正义理论这一问题上，学者们倾注了极大的学术热情，也展开了至今未息的持久争论。不论西方还是我国的马克思主义学者,都普遍认识到,如果说马克思主义对今天的社会问题不能言说,不能给出有针对性、说服力的分析,显然是对马克思主义理论资源的浪费。就公平正义问题而言,究竟如何挖掘马克思的公平正义理论资源,这也是自英美分析马克思主义内部一直延伸到我国学界并引起广泛争论的问题。因为要回答这一时代为我们提出的理论和实践命题,即如何建构中国的马克思主义正义理论,首先要回答的问题就是:马克思有无正义理论? 马克思如何看待正义?

对此,我国学者有不同的看法。有的学者认为马克思对正义的论述可分为两类:一类是基于历史唯物主义而谈论的正义观念,主要体现在马克思对拉萨尔、恩格斯对杜林的批判中,这类正义观念受经济制约,属于意识形态中最为抽象的部分;另一类是马克思本人持有的正义观念,隐含在他对资本主义剥削的谴责和对社会主义按劳分配的批评中。前者蕴含了马克思认为资本主义剥削是不正义的判断,后者则蕴含了马克思对社会主义分配正义的思考。

有的学者认为马克思拒斥"正义"与马克思对"正义"的看法密切相关。马克思对"正义"有三点基本看法:将"正义"视同宗教,视为意识形态,视为社会有机体患病的征兆。在这方面,马克思堪称是一位"出生在德国的中医专家"。马克思的深刻之处在于,提出"正义"虽是社会有机体患病的征兆,但要诊治存在正义诉求的社会有机体,不应在正义甚或分配正义层次上解决问题,而应深入到正义赖以产生的社会生产中去寻求解决。一旦解决了正义赖以产生的社会生产问题,正义问题也就解决了。[①]深入探究的话,"马克思如何看待正义"争论的核心问题其实是:历史唯物主义与正义的关系。

有的学者认为历史唯物主义与马克思的正义观念在内容上互不干涉,在来源上互不相干,在应用中互不否定。有的学者则对此提出质疑:一种剔除了历史唯物主义的"马克思主义正义观"怎么可能还是马克思主义的? 说历史唯物主义与正义观存在紧张关系,无非是说历史唯物主义消除了正义观所谓的"普适性"和"独立性",但由历史唯物主义所剖析并形成的正义观

---

① 参见林进平、张娜:《"如何构建中国的马克思主义正义观"研讨会综述》,《马克思主义与现实》,2016 年第 4 期。

并没有因此失去对现实生活的价值引导作用。另有学者指出，把历史唯物主义与马克思主义正义观对立并分离出来是难以想象的。更多的学者则试图打破这种历史唯物主义与正义的僵局，进一步思考历史唯物主义与正义的可能的"和谐相处"。在这一路径中，有的学者认为，规范理论需要经验理论作基础，历史唯物主义与正义二者可以很好地协调一致，可以以历史唯物主义为基础，构建一种具有强烈道德论证的马克思主义正义理论；有的学者则指出，历史唯物主义与普适性的规范伦理理论并非一种严重的相互排斥的关系，一种敏于事实的规范性的马克思主义正义理论是可能的。①

如果说 2014 年前后的争论主要集中在"马克思有无正义理论"和"马克思如何看待正义"的争论上，那么到 2016 年，马克思有无正义理论的争论已进入总结和反思阶段，表现为两种趋向：一种是强调马克思主义的整体性，反对在马克思与正义问题上的种种割裂；另一种则是将这个问题推进到更加深入的层面。国内学者在"马克思持有正义的理念"这一点上基本达成共识，但对于马克思的正义内涵究竟指什么存在较多分歧，也正是在这一点上，英美分析马克思主义的正义之争所凸显的问题，即究竟如何处理马克思主义理论中长期存在的哲学和政治经济学之间的割裂仍然没有得到彻底的解决。

马克思与正义理论在当代的讨论发端于 20 世纪 70 年代的英美学界，英美学者围绕该问题展开了长达三十多年的争论，为建构中国的马克思主义正义理论提供了丰富的思想资源。这种争论给我们的启发在于，是否可能从批判理论传统中来理解马克思的正义观？马克思无意于建构一种普世的正义观，但这并不意味着他没有对资本主义社会中明显不正义现象的愤怒和批判，不正义现象正是资本主义社会的严重病症，如果说马克思是那位要给资本主义进行诊疗的医生，他要做的是找出这种病症的病灶，并给出根除病灶的方案。不正义现象是事实，作为医生的马克思不可能不重视这个事实，但他也的确无意于通过对这种现象或事实的研究得出一套关于这种病症的"就病症谈病症"的形而上学的病理学理论，他要做的是深入研究病症

---

① 林进平、张娜：《"如何构建中国的马克思主义正义观"研讨会综述》，《马克思主义与现实》，2016 年第 4 期。

背后的各种根源,包括经济的、政治的、社会的、历史的、人类学意义上的,等等。只有把这种病症置于对整体资本主义制度体系的宏观审视中,才有可能真正找出病灶并给出可行的治疗方案。既然马克思也是从对不正义之种种事实入手,也会给出治疗方案,自然具有规范性内容,也包含了道德评价和判断,但这种规范性维度不是形而上学的纯粹应然,而是行走于历史发展脉络中,包含了种种实然的应然,这就是历史唯物主义与规范性的内在统一。

如果要区别于纯粹抽象的应然意义上的规范,可以说历史唯物主义中的规范是一种社会历史意义上的规范,是应然和实然的辩证统一,是事实和规范的辩证统一。没有正义精神规范和指引的历史唯物主义将是盲目的、没有方向的,没有历史唯物主义作为实然基础的正义,也将是抽象的,也将失去对现实生活进行关照的温度、深度和厚度。抽象的正义理论敏于分析但讷于批判,厚重的历史唯物主义视野长于对大尺度人类发展走向的把握,但易遮蔽具体历史发展环节中内在于人类主体的精神动力。马克思的正义观不是抽象的人类精神的思辨,也不是与现实世界隔绝的理想建构,而是作为历史发展主体的人类在实现全面自由发展和追求人类解放的过程中,对不正义的不断扬弃,对正义的无限趋近。可以说马克思主义的正义是一种人类历史发展视野中的正义,也可以说,马克思主义的历史是一部追求并无限趋近于正义的历史。

如果说传统马克思主义主要针对资本主义现代性所产生的问题,如生产方式问题、阶级斗争问题等展开批判,今天的马克思主义则必须思考更多的问题,这些问题不是从外部对马克思主义的一种人为强加,而是马克思主义面对当代世界发展的一种自觉回应。正如肖恩·塞耶斯所言:"虽然我不认可分析马克思主义的方法,但我也认为,分析马克思主义者所关注的正义、权利、道德等政治哲学和伦理学问题,应该成为当今马克思主义的研究主题。"①分析马克思主义通过这一研究,参与了西方学术界的主流话语,激活了马克思的理论资源,他们所研究的道德、正义和权利等主题也恰恰是当下社会主义国家所亟须探讨的。尽管在马克思的文本中,马克思批判甚至拒斥道德或

---

① ［英］肖恩·塞耶斯、林进平:《当代马克思主义研究:从理论走向现实》,《马克思主义与现实》,2013 年第 1 期。

正义的论辩,但这并不意味着马克思认为道德或正义是过时的语言垃圾。即使马克思本人认为道德或正义是过时的语言垃圾,也不意味着现实的社会主义国家和当今的马克思主义者就没有必要探讨道德、正义问题。因为理论是否有必要,应该由现实本身来界定,而不应该由某种思想教条来界定。而且依据马克思的文本,社会主义国家仍有必要研究道德、正义等论题。因为马克思所设想的共产主义的过渡阶段(即社会主义)还无法告别道德、正义和权利这样的意识形态观念。而我们现实的社会主义,其实还要落后于马克思所设想的那种社会主义,因此更是无法逾越这些问题。当然,就方法论而言,分析马克思主义对历史唯物主义辩证法的不恰当的排斥,使之缺乏整体感,不免陷入孤立分析的缺陷,将分析马克思主义的分析方法统摄在历史唯物主义的总体框架之下,将更有利于准确地理解道德、正义等问题。①

　　简言之,西方马克思主义的正义之争,凸显了在当今时代如何重新理解和认识马克思主义的伦理和道德价值的问题。这是一个由西方分析马克思主义最早于20世纪70年代引发的问题,也是一个在今天当人类面临全球性危机,迫切需要从马克思理论中寻找理论价值资源时,重新燃起学界持续讨论问题的热情。历史唯物主义与正义是否相容,是至今没有得到彻底解决的问题,但全球性危机的凸显,全球治理的困难,都在呼唤一种马克思主义理论所能够给出的价值指引,都在呼唤一种马克思主义的全球正义,正是在这里,扩展、澄清历史唯物主义的规范性内涵,寻找马克思全球正义的理论资源,共同聚焦于人类面对的全球性问题,构建人类命运共同体,已经成为紧迫的哲学任务和政治议题,而历史唯物主义的正义价值也必然在解决全球性问题的层面得到理解和彰显。无论如何,一个有生命力的哲学传统必须是能够与现时代进行对话的,而能够对当代社会新出现的广泛议题给出有说服力的阐释,也正是一种哲学传统之生命力所在。我们不应该拒斥对马克思主义传统所做的有意义的当代扩展。西方马克思主义研究主题的多元化,涵盖制度、分配、社会价值、生态、空间、社会心理、全球危机等新议题,马克思主义也正是在不断处理这些新问题的过程中,彰显其历久弥新的永恒魅力和当代价值。

---

　　① 　参见[英]肖恩·塞耶斯、林进平:《当代马克思主义研究:从理论走向现实》,《马克思主义与现实》,2013年第1期。

第二十五章　西方马克思主义
对中国的消极影响及其原因

在从各个角度充分展现了西方马克思主义在中国的积极影响以后,必须揭示一下它在中国的负面效应。这种负面效应是客观存在的,而且随着时间的推移,这种负面效应越来越"显性"化。其负面效应中最突出的是它抹杀马克思主义的政治经济学,强调马克思主义是一种哲学,从而把马克思主义归结为一种纯粹的文化批判、意识形态批判,正是这一点,无论是对当今中国的理论和实践都带来了不良后果。

中国是在20世纪70年代末80年代初开始接受西方马克思主义的。西方马克思主义传到中国时,它的主要形象就是一种社会批判理论,而这里所谓的"社会批判"实际上主要是文化批判、意识形态批判、哲学批判。我们想在这里,就这种文化批判、意识形态批判、哲学批判的消极影响进行一些反思。

一、对西方马克思主义的文化批判倾向必须把握的若干方面

(一)西方马克思主义的文化批判趋向,并没有如一些人所说的那样进入21世纪以后有所改变,相反愈演愈烈

这里,列举若干事实说明:

法兰克福学派的所谓"政治伦理转向",进一步使批判理论从政治伦理的角度对当代资本主义展开研究和批判。其中的核心人物霍耐特的承认理论及多元正义构想是建立在其道德心理学基础之上的。他甚至批判早期的

社会批判理论陷入了马克思主义传统的功能主义还原论，没有摆脱马克思主义的生产力的历史哲学。可以说，后期法兰克福学派的"政治伦理转向"并没有使原先的以文化批判为主要内容的社会批判回到经济批判上来，而只是使这种文化批判更聚集于伦理批判。

英国的马克思主义曾经有"文化马克思主义"之名。对马克思主义的所谓"经济还原论"的批判始终是他们的理论宗旨，正是围绕着对"经济还原论"的消解，英国的新马克思主义者建立了他们系统的意识形态理论和文化理论。进入 21 世纪以后，他们有的人更是把对资本主义的批判完全变成了文化–伦理的批判，把对社会主义的辩护完全变成了文化–伦理的辩护。

与西方马克思主义有理论渊源的所谓"后马克思主义"更是把西方马克思主义的文化批判、意识形态批判和哲学批判推向了极端。"后马克思主义"的主要标志就是解构传统马克思主义的生产力理论和阶级理论，并对意识形态和文化的自主性进行立论和解释。从"西方马克思主义"到"后马克思主义"，意味着对马克思主义的唯物史观的彻底放弃。拉克劳和莫菲强调，不是"经济的最终决定"赋予主体的优先地位，抑或是什么"历史规律的担保"决定了主体的霸权；鲍德里亚更是认为，以物质生产方式为基础的历史唯物主义根本不能实现对资本主义的根本批判。

与西方马克思主义有着千丝万缕联系的"东欧新马克思主义"也越来越否定历史唯物主义的注重经济、生产力因素的作用，而强调精神、文化、伦理因素的作用。如东欧新马克思主义的代表人物赫勒，就明确地把消解马克思主义理论中的"经济决定论"成分，以及否定历史规律论，说成是她的理论基石。

（二）西方马克思主义的这种注重文化批判、意识形态批判、哲学批判的趋向，确实"倒转"了马克思主义的理论路向

无论在国内，还是在国际上影响都很大的研究西方马克思主义的著作——佩里·安德森的《西方马克思主义探讨》，在概括西方马克思主义的主要特征时讲得十分清楚，西方马克思主义倒转了马克思本人的思想发展路向，即马克思是从重点研究哲学发展为重点研究经济学，而西方马克思主义是从重点研究经济学倒回去变成重点研究哲学和美学；马克思从以对资本

主义的哲学批判发展为主要是对资本主义的经济批判，而西方马克思主义从经济学批判倒回去变成主要是从事哲学和美学的批判。西方马克思主义的主要特征是把马克思主义归结为哲学，是一种"哲学的马克思主义"。应当说，佩里·安德森对西方马克思主义特征的这一概括是符合西方马克思主义的实际的。

在一定意义上，我们可以把马克思对资本主义的批判归结为现代性批判，但我们不能把现代性批判又归结为对传统哲学、对形而上学观念的批判。马克思成长于一种浓厚的启蒙精神的氛围之中，这是毫无疑问的，但把马克思的现代性批判归结为主要是对传统哲学、对形而上学观念、对意识形态的批判，显然是对马克思的误解。马克思的现代性批判有两大内容，即对形而上学观念的批判和对资本的批判，又不能把这两种批判相提并论，尽管对形而上学观念的批判为后来对资本的批判奠定了基础，但真正代表马克思的现代性批判的肯定是马克思对资本的批判。

马克思的现代性批判的历程是与他整个思想的转折相一致的。马克思青年时期追随启蒙现代性，批判专制的德国现实制度，从传统走向理性的现代是青年马克思的基本政治诉求。后来，马克思很快发现了现代解放的限度，认为现代只是一种政治意义上的形式解放，于是马克思转向了批判现代性的立场。可是当时马克思的这一切都是在哲学，尤其是法哲学领域之内发生的。再后来，马克思转向了经济学的研究。马克思使得"资本现代性"概念成为一个基本的范畴，现代与资本之间建立起了内在的联系。对资本的经济学分析批判实际上就是现代性批判在政治经济学领域的展开。虽然我们不能说马克思后来是"摈弃"了早期的对形而上学观念的批判，不能简单地说把马克思的现代性批判化简为经济学批判，但马克思晚期的政治经济学批判确实构成了马克思现代性批判的基本维度，西方马克思主义代表人物的文化批判和意识形态批判显然"倒转"了马克思的这一批判路向。

（三）西方马克思主义的文化批判和意识形态批判的开创者自己也意识到了单纯从事这种批判的危害性

卢卡奇开创了西方马克思主义，当然也开创了这种文化批判、意识形态批判、哲学批判。非常有意思的是,他本人对这种批判路向的实质与危害曾经做出深刻的揭露,这就是他在《历史与阶级意识》一书中对"伦理反对派"的批判。他所说的"伦理反对派"就是那些热衷于只是从文化、伦理、意识形态上批判和反对资本主义的人。他认为,这些人相信资本主义在经济上具有生命力,但又认为资本主义还有"坏的方面",为了希望有一种没有"坏的方面"、没有"弊病"的资本主义,他们还从事对资本主义的批判。在这种情况下,他们"有必要为自我堵塞了的客观革命道路寻找和找到一种主观代用品",也就是说,他们求助于伦理反对派这种"主观代用品",即仅仅出于伦理、文化上的要求去反对资本主义。他们使自己的行为完全向内,即试图在世界的唯一剩下不受约束的地方,也就是说,在人本身上改变世界。他这样说道:"有些'马克思主义者'在考察社会–经济现实时放弃了对历史过程作总体的考察,即黑格尔和马克思的方法。任何一个这样的'马克思主义者'一提出行动问题,他就必然回到康德学派抽象的要求伦理学上去。"①

　　西方马克思主义的文化批判、意识形态批判的另一个开创者柯尔施,也似乎意识到单纯地从事文化、意识形态批判既有违于马克思的宗旨,也无法击中这一社会的要害。柯尔施竭力推崇文化批判、意识形态批判,但他不否认,在马克思、恩格斯那里,"政治经济学的批判在理论上和实践上都是首位的","政治经济学的批判是马克思主义社会理论的最重要的理论的和实践的组成部分",比起其文化批判、意识形态批判来,马克思的政治经济学批判是一种"更为深刻、更为彻底的革命的社会批判"。②他认为,马克思本人实际上在其中后期已深刻地认识到不能像"直到 1843 年所认为的那样""可以把'任何'一种理论的或者实践的意识作为出发点",而是强调"法律关系、制度结构或者社会意识的诸形式,都不能从它们自身或者根据黑格尔的人类精神的一般发展来理解的","因为它们是根植于构成作为整个社会组织的'物质基础的骨骼'的生活的物质条件之中的"。③基于这样一种对马克思的理论的基本判断,尽管他作为一个西方马克思主义的开创者,还是一再提出

---

　　①　[匈]卢卡奇:《历史与阶级意识——关于马克思主义辩证法的研究》,杜章智等译,商务出版社,1992 年,第 90 页。

　　②　[德]柯尔施:《马克思主义和哲学》,王南湜、荣新海译,张峰校,重庆出版社,1989 年,第 46 页。

　　③　同上,第 45 页。

不能把马克思的政治经济学批判视为他对资产阶级社会批判的"全部",不能认为马克思在中后期所进行的哲学批判"仅仅是以一种偶然的、临时的方式进行的",不能否定马克思在中后期"实际上在更深刻、更彻底的方向上发展了他的哲学批判"[①],但是他强调的是必须把文化批判、意识形态批判与对物质生产关系的批判结合在一起,他甚至把文化批判、意识形态批判纳入"政治经济学批判"的框架来论述,认为政治经济学的批判"不仅包括对资本主义时代的物质生产关系的批判,而且还包括对它的社会意识的特殊形式的批判"[②]。在他看来,如果不这样做,文化批判、意识形态的批判只是在"虚妄的世界里兜圈子",而不能丝毫触动现实社会。

(四)阿尔都塞甚至预言放弃政治经济学批判,单纯从事文化和意识形态批判会使社会主义国家垮台

十分可惜的是,西方马克思主义文化批判、意识形态批判后来的发展方向证明,这一批判的继承者,特别是这一批判到了法兰克福学派那里,竟然将这一批判的开创者当初的告诫置若罔闻,从而使这一担忧变成了现实。西方马克思主义的社会批判理论变成了单纯的文化批判、意识形态批判理论。

西方马克思主义的著名代表人物阿尔都塞似乎预感到这样放弃马克思主义的政治经济的批判,热衷于文化和意识形态的批判,与此相应把马克思主义归结为主要是从事文化批判和意识形态批判的、以人道主义为出发点和宗旨的哲学理论,将带来什么样的严重后果。阿尔都塞在 1967 年为他的《保卫马克思》一书的英文版写了题为"致我的英文读者"的序言,他在这一序言中提出,他之所以要出版《保卫马克思》这一著作,是为了"对一种特定局势的干预",他所说的"特定局势"是指苏共二十大以后,国际共产主义运动掀起了把马克思主义人道主义化、致力于对资本主义文化批判和意识形态批判的倾向。他强调,这既混淆了马克思成熟的历史唯物主义与青年马克思的人道主义之间的界限, 也混淆了马克思主义理论与前马克思的资产阶

---

①② ［德］柯尔施:《马克思主义和哲学》,王南湜、荣新海译,张峰校,重庆出版社,1989 年,第46 页。

级理论之间的界线,其结果是阉割、葬送了马克思的真精神。他还预言,这样
做必然产生严重的政治后果,使马克思主义"没有能力解决自苏共二十大以
来形势所提出的现实的(其基础是政治的和经济的)问题,这样就产生了用
一些仅仅是意识形态公式的虚假'结论'来掩饰这些问题的危险"①。按照阿
尔都塞的观点,由于这些社会主义国家没有能力解决现实的政治的和经济
的问题,而是用文化、意识形态公式的虚假"结论"来掩饰这些问题,所以这
些社会主义国家易帜是早晚的事。后来历史的发展不幸被阿尔都塞所言中。
20 世纪 90 年代初,苏东社会主义国家果真像阿尔都塞二十多年前所预料的
那样纷纷垮台和解体了。至于其原因是不是如阿尔都塞所说的那样完全是
由于丧失了用马克思主义的政治经济学分析问题的能力,那是需要研究和
商榷的。但无疑,阿尔都塞所说的确实是其中一个重要的因素。

(五)西方马克思主义的文化批判、意识形态批判和哲学批判的要害是回避生产关系、资本逻辑来分析现代社会,特别是资本主义社会

为什么撇开了政治经济学批判,单纯进行文化、意识形态的批判不能触
动社会的根基,不能抓住问题的要害? 关键在于,构成社会的基础的确实如
马克思所说的那样是经济关系、生产关系,对社会进行政治经济学的分析就
是着眼于对生产关系的分析,而单纯进行文化、哲学的分析,则是游离于生
产关系的分析,对社会进行政治经济的批判,就是着眼于生产关系的批判;
而对社会单纯进行文化、意识形态的批判,则是游离于生产关系的批判。如
果不从生产关系这一社会的根基上来进行分析、批判,走向浅尝辄止、穿凿
附会就是必然的。这本来是属于马克思主义理论中最基本的原理,但常常被
我们所忘记。马克思主义的历史唯物主义引导我们从物质生产条件的生产
和再生产来了解这个社会,了解这个社会的文化特征及其价值取向等,而西
方马克思主义的文化批判、意识形态批判恰恰相反,它诱导人们只是从一个
社会的文化观念来理解这个社会。西方马克思主义的文化批判、意识形态批

---

① 复旦大学哲学系现代西方哲学研究室编译:《西方学者论〈一八四四年经济学—哲学手稿〉》,
复旦大学出版社,1983 年,第 205 页。

判促使人们滑向了"观念论"的泥沼。

我们在进行文化批判、意识形态批判时，头脑中总有一个用来评判真假、善恶、对错的标准。这个标准往往与对"人性"、人的价值取向联系在一起。问题在于，你的那个"人性"标准来自哪里？如果你放弃了政治经济学的分析，而只是满足于哲学和文化的分析，那你必然撇开了社会生产关系，以某种抽象的人性假设为出发点，以此作为评判标准。单纯的文化和意识形态批判，最后都会变成以脱离社会关系的个人的所谓"理性"作为出发点。历史唯物主义清清楚楚地告诉我们：我们平时所说的"人性"，人的价值取向和行为方式，是由人所处的经济关系所决定的，从而我们必须在历史形成的社会经济结构的整体制约中来分析人的价值取向和行为方式。

对社会进行文化和意识形态的分析和批判，其对象当然涉及的是政治、法律和伦理等上层建筑领域的现象。问题在于，如果我们缺少政治经济学的视角，我们在分析和批判这些上层建筑现象时，就往往有可能把这些现象与人的意志联系在一起，认为它们取决于人的意志，而不是依据作为不以人的意志为转移的社会存在的经济关系，来对它们做出说明。历史唯物主义又清清楚楚地告诉我们：政治和法律的制度，以及道德规范这些上层建筑都是建立在经济关系这一基础之上的，从而我们必须根据经济关系来理解政治法律制度和道德规范。

西方马克思主义的文化批判、意识形态批判确实是有违于马克思主义的历史唯物主义的。

二、西方马克思主义的文化批判在中国所产生的消极影响

在讲了上述五点看法以后，让我们集中探讨一下西方马克思主义的这种文化批判、意识形态批判和哲学批判的现实意义。

笔者的基本看法是，西方马克思主义的文化批判、意识形态批判、哲学批判尽管不能说完全没有历史作用和积极意义，但从总体来看，这种批判的消极面大于积极性。无论是考察这种批判的理论意义，还是估量它的实际效应，都不能不得出这一结论。现实无情地告诉我们，单纯地从事文化和意识形态批判，不把这种批判与政治经济的批判结合在一起，或者说不把这种批

判推进到政治经济的层面,不把这种批判落实到政治经济的现实上来,这种批判往往会干扰我们对社会真正弊端的认识,使我们无法真正抓住社会的要害,不能实现我们作为批判者的原先的宗旨。

(一)在国际视野中来分析西方马克思主义的文化批判、意识形态批判、哲学批判的现实意义

在世界上"别无选择论",即人类除了走资本主义道路没有其他选择的观点普遍流行的情况下,在以福山为代表的"历史终结论",即强调资本主义的制度将会一统天下的观点普遍流行的情况下,在到处是为资本主义高唱赞歌的情况下,应当说西方马克思主义的这种对资本主义的文化批判、意识形态批判、哲学批判发出了另一种声音,还是具有积极意义的。

但是我们还得认真地、平心静气地思考一下西方马克思主义的文化批判、意识形态批判、哲学批判,以及我们追随这种批判所进行的哲学活动,究竟有没有,以及在多大程度上触动了西方社会的根基。如果说在美国金融危机、欧洲信贷危机之前,人们对这一点还可能看不太清楚,但经历这场危机以后,应当说看得比较清楚了。

全部的关键在于,当今资本主义国家出现的所有这些问题,根源于什么。如果确实根源于资本主义的生产方式,根源于资本逻辑,那么西方马克思主义的这种批判的作用就十分有限了。

(二)在国内的背景下分析西方马克思主义的文化批判、意识形态批判、哲学批判的现实意义

西方马克思主义的文化批判在理论上所造成的严重后果只要指明下述这一点就一清二楚了:我国学术界马克思主义政治经济学研究的衰落,以及马克思主义哲学的研究出现严重的经院化的倾向与西方马克思主义的文化与意识形态批判的广泛传播密切相关。

这几十年,我国的马克思主义研究,从总的来说是,对马克思主义的政治经济学的研究日益衰落,以致到了在一些名牌的高等院校马克思主义政

治经济学没有声音、没有立足之地的地步。以此相比较,对马克思主义哲学的研究还比较活跃。但与此同时,马克思主义哲学的研究由于完全割裂了与马克思主义政治经济学的研究,从而出现了严重的纯学术化、经院化的倾向,有些学者把此称为马克思主义哲学研究的"自我放逐"。

这究竟是什么原因呢?原因有很多。20世纪下半叶,特别是20世纪八九十年代以后的一系列事件的发生,客观的真实历史状况似乎构成了对马克思的经济理论和科学社会主义的否证,从而对马克思主义的研究似乎只能退缩到较为抽象的哲学和文化领域,这当然是一个重要原因。但不可否认,之所以出现这种局面,与西方马克思主义在国内的广泛传播是分不开的。也就是说,西方马克思主义把马克思主义归结为哲学,把马克思主义的批判主要归结为文化、意识形态批判,对我国的马克思主义研究产生了强烈影响,造成哲学研究"一枝独放"。

关键还在于在实践带来的严重后果。我们现在总埋怨我们的社会不和谐、不平等,问题是这种不平等、不和谐是如何造成的?

我们要建立和谐、平等的社会,顺着西方马克思主义的文化批判、意识形态批判、哲学批判的思路,我们只会满足于批判种种不和谐、不平等的思想观念,并致力于从老祖宗那里找和谐文化、平等文化的思想根源,以为只要把这些传统的和谐、平等观念移植到今天,当今中国的和谐、平等社会就建立起来了。深受西方马克思主义文化批判、意识形态批判影响的人不知道或者不愿意正视,一个社会能不能和谐与平等,主要不取决于这一社会中的人们是不是拥有和谐、平等的观念,而主要在于这一社会中是不是具有和谐和平等的客观条件。倘若这一社会根本不存在和谐、平等的客观的社会基础,那么即使再传播和谐、平等的理念,也不能建成和谐、平等的社会。所以我们构建和谐、平等的社会,应当主要着力于批判和改变导致不和谐、不平等的社会生产关系,而不应当只是把构建和谐社会当成观念的文化建设。

首先,当今中国社会的不平等与不和谐是人与人之间的不平等与不和谐,这主要表现为两极分化越来越严重。比较流行的一种意见是把两极分化主要视为一个涉及公平的道德问题。这样,他们往往是在道义和虚妄的世界里谈论中国当前的不公平和两极分化现象。他们对当今中国的两极分化现象的分析与批判纯粹是一种文化、伦理的分析批判。由于他们把研究公正与不公正纯粹作为一个伦理道德问题，热衷于在伦理学范围内研讨公平与不公平现象，从而他们"顺理成章"地把解决不公平现象寄希望于人们道德观念的变革，寄希望于人们良心的发现。在笔者看来，这是我国多年来远离政治经济的分析批判、热衷于文化和意识形态的分析批判的理论路向，在对待两极分化问题上的自然延伸。事实越来越清楚地表明，只有马克思主义的政治经济学理论才是我们认识和解决当今中国两极分化现象的思想武器。运用马克思主义的政治经济学分析，当今中国的两极分化主要是由于劳动与资本之间的不平衡，或者说某种程度上的对立造成的。

其次，当今中国社会的不平等与不和谐是人与自然之间的不平等与不和谐，这主要表现为生态危机越来越严重。对于日益严重的生态危机，现在一些人也热衷于在道德、伦理的范围内去认识和解决。随着人与自然矛盾的不断加剧，生态伦理学也逐步成为显学。他们把之所以出现生态危机，归结为因为人对自然缺乏道德观念，即人不把自然作为伙伴，而是作为奴役对象。于是他们企图通过道德改革、建立生态伦理来解决所有环境问题。一些人正在呼吁展开一场"将生态价值与文化融为一体的道德革命"，把拯救地球、消除生态危机寄托于人的思想观念的变革。现在越来越多的人认识到这是一种幻想。人们对自然的"不道德"纯粹是由他们的某种道德观念决定的吗？改变对自然的"不道德"只要建立起某种新的对自然的道德观就可以了吗？人对自然的新的道德观纯粹依靠说教就可以建立起来吗？我们必须重新回到马克思的政治经济学，借助于马克思主义的政治经济学批判来观察和思考当今的生态危机问题。只要拿起马克思的政治经济学批判这一思想武器，我们马上会清晰地看到，造成当今生态危机的根源当然有很多，但主要的根源是资本逻辑，资本是使生态出现危机的罪魁祸首。

如果我们这样去认识当今中国的不平等、不和谐现象，那么我们自然会得出这样一个结论：当今中国仅仅依恋于西方马克思主义的文化批判、意识形态批判、哲学批判是远远不够的，还应回到马克思主义的政治经济学批判，应当把文化批判、意识形态批判、哲学批判与政治经济学批判紧密地结合在一起。

参考文献

一、中文原著

1.《邓小平文选》(第二卷),人民出版社,1994年。

2.《邓小平文选》(第三卷),人民出版社,1993年。

3.《十八大以来重要文献选编》(中),中央文献出版社,2016年。

4.《习近平谈治国理政》(第二卷),外文出版社,2017年。

5.习近平:《之江新语》,浙江人民出版社,2014年。

6.陈炳辉:《后马克思主义的理论》,中国社会科学出版社,2011年。

7.陈伦杰:《卢卡奇文艺理论的中国接受研究》,华东师范大学,2008年。

8.陈学明、马拥军:《走近马克思——苏东剧变后西方四大思想家的思想轨迹》,东方出版社,2002年。

9.陈学明:《谁是罪魁祸首:追寻生态危机的根源》,人民出版社,2012年。

10.陈学明:《永远的马克思》,人民出版社,2006年。

11.陈永森、蔡华杰:《人的解放与自然的解放:生态社会主义研究》,学习出版社,2015年。

12.复旦大学哲学系现代西方哲学研究室编译:《西方学者论〈一八四四年经济学—哲学手稿〉》,复旦大学出版社,1983年。

13.韩庆祥、邹诗鹏:《人学:人的问题的当代阐释》,云南人民出版社,2001年。

14.韩秋红、史巍、胡绪明:《现代性的迷思与真相——西方马克思主义的现代性批判理论》,人民出版社,2013 年。

15.韩秋红、孙颖、王馨曼、王临霞:《西方马克思主义现代性理论批判》,人民出版社,2018 年。

16.和磊:《葛兰西与文化研究》,中国社会科学出版社,2011 年。

17.胡爱玲:《意识形态　领导权与知识分子——葛兰西实践哲学研究》,河南人民出版社,2009 年。

18.康晓光、刘诗林、王瑾:《阵地战:关于中华文化复兴的葛兰西式分析》,社会科学文献出版社,2010 年。

19.李金勇:《葛兰西文化领导权思想研究》,中国矿业大学出版社,2015 年。

20.李鹏程:《葛兰西文选》,人民出版社,2008 年。

21.李青宜:《阿尔都塞与"结构主义的马克思主义"》,辽宁人民出版社,1986 年。

22.刘仁胜:《生态马克思主义概论》,中央编译出版社,2007 年。

23.马驰:《卢卡奇美学思想论纲》,东北师范大学出版社,1997 年。

24.乔瑞金等:《英国的新马克思主义》,人民出版社,2013 年。

25.孙伯鍨、张一兵主编:《走进马克思》,江苏人民出版社,2008 年。

26.孙麾、丁立群主编:《马克思主义文化哲学研究》,中国社会科学出版社,2015 年。

27.孙建茵:《文化悖论与现代性批判:马尔库什文化批判理论研究》,黑龙江大学出版社,2011 年。

28.孙民:《政治哲学视域中的意识形态领导权——从葛兰西到拉克劳、墨菲》,人民出版社,2012 年。

29.孙宜晓:《葛兰西历史主义思想研究》,合肥工业大学出版社,2013 年。

30.王凤才:《蔑视与反抗——霍耐特承认理论与法兰克福学派批判理论的"政治伦理转向"》,重庆出版社,2008 年。

31.王雨辰:《生态批判与绿色乌托邦:生态学马克思主义理论研究》,人民出版社,2008 年。

32.王雨辰:《生态学马克思主义与后发国家生态文明理论研究》,人民出版社,2017年。

33.温儒敏:《新文学现实主义的流变》,北京大学出版社,2007年。

34.徐崇温:《怎样认识"西方马克思主义"》,重庆出版社,2012年。

35.叶惠珍:《葛兰西文化领导权思想及其话语路径研究》,社会科学文献出版社,2016年。

36.衣俊卿:《人道主义批判理论:东欧新马克思主义述评》,中国人民大学出版社,2005年。

37.衣俊卿:《现代化与日常生活批判:人自身现代化的文化透视》,人民出版社,2005年。

38.衣俊卿等:《20世纪的文化批判:西方马克思主义的深层解读》,中央编译出版社,2003年。

39.余文烈等:《市场社会主义:历史、理论与模式》,经济日报出版社,2008年。

40.俞吾金、陈学明:《国外马克思主义哲学流派新编》(西方马克思主义卷),复旦大学出版社,2002年。

41.俞吾金:《实践诠释学:重新解读马克思哲学与一般哲学理论》,云南人民出版社,2001年。

42.张伯霖等编译:《关于卢卡奇哲学、美学思想论文选译》,中国社会科学出版社,1985年。

43.张传开:《马克思主义哲学前沿问题研究》,安徽人民出版社,2006年。

44.张维为:《中国触动》,上海人民出版社,2012年。

45.张一兵、胡大平:《西方马克思主义哲学的历史逻辑》,南京大学出版社,2003年。

46.张一兵:《回到马克思:经济学语境中的哲学话语》,江苏人民出版社,2014年。

47.张一兵:《文本的深度耕犁——西方马克思主义经典文本解读》(第一卷),中国人民大学出版社,2004年。

48.张一兵主编:《当代国外马克思主义哲学思潮》(下卷),江苏人民出版社,2012年。

49.周凡、黄伟力主编:《新马克思主义评论——哲学的政治及其辩证法》(柯尔施专辑),上海三联书店,2015年。

50.周穗明主编:《20世纪西方新马克思主义发展史》(下),学习出版社,2005年。

51.周兴杰:《批判的位移:葛兰西与文化研究转向》,中国社会科学出版社,2011年。

二、外文译著

1.《马克思恩格斯全集》(第4卷),人民出版社,1972年。

2.《马克思恩格斯全集》(第12卷),人民出版社,1962年。

3.《马克思恩格斯全集》(第42卷),人民出版社,1979年。

4.《马克思恩格斯全集》(第46卷)(上),人民出版社,1979年。

5.《马克思恩格斯选集》(第一至四卷),人民出版社,2012年。

6.《马克思恩格斯文集》(第五卷),人民出版社,2009年。

7.《1844年经济学哲学手稿》,人民出版社,2000年。

8.《资本论》(第一卷),人民出版社,2004年。

9.[比]J. M. 布罗克曼:《结构主义》,李幼蒸译,商务印书馆,1980年。

10.[德]阿梅龙、[德]狄安涅:《法兰克福学派在中国》,刘森林译,社会科学文献出版社,2011年。

11.[德]哈贝马斯:《哈贝马斯访谈录》,李安东、段怀清等译,上海人民出版社,1997年。

12.[德]黑格尔:《逻辑学》上卷,杨之一译,商务印书馆,2012年。

13.[德]霍克海默尔、[德]阿多诺:《启蒙辩证法》,洪佩郁、蔺月峰译,上海人民出版社,2003年。

14.[德]霍耐特:《自由的权利》,王旭译,社会科学文献出版社,2013年。

15.[德]柯尔施:《马克思主义和哲学》,王南湜、荣新海译,重庆出版社,1993年。

16.[德]马尔库塞:《单向度的人》,刘继译,上海译文出版社,2014年。

17.[德]内格特:《政治的人》,郭力译,漓江出版社,2015年。

18.[法]贝尔纳·亨利·列维:《萨特的世纪》,闫素伟译,商务印书馆,2005年。

19.[法]列维-施特劳斯:《野性的思维》,李幼蒸译,中国人民大学出版社,2006年。

20.[法]路易·阿尔都塞:《保卫马克思》,顾良译,商务印书馆,1984年。

21.[法]让·鲍德里亚:《符号政治经济学批判》,夏莹译,南京大学出版社,2009年。

22.[法]让·鲍德里亚:《消费社会》,刘成富等译,南京大学出版社,2000年。

23.[法]萨特:《辩证理性批判》,林骧华等译,安徽文艺出版社,1998年。

24.[法]萨特:《辩证理性批判·方法问题》,徐懋庸译,商务印书馆,1963年。

25.[法]萨特:《存在与虚无》,陈宣良译,生活·读书·新知三联书店,2007年。

26.[法]雅克·德里达:《马克思的幽灵》,何一译,中国人民大学出版社,1999年。

27.[加拿大]阿格尔:《西方马克思主义概论》,慎之等译,中国人民大学出版社,1991年。

28.[加拿大]威廉·莱斯:《自然的控制》,岳长龄、李建华译,重庆出版社,1993年。

29.[美]爱德华·苏贾:《后现代地理学》,王文斌译,商务印书馆,2004年。

30.[美]伯尔特·奥尔曼编:《市场社会主义——社会主义者之间的争论》,段忠桥译,新华出版社,2000年。

31.[美]赫伯特·施皮格伯格:《现象学运动》,王炳文、张金言译,商务印书馆,2011年。

32.[美]马克·波斯特:《战后法国的存在主义马克思主义:从萨特到阿尔都塞》,张金鹏、陈硕译,南京大学出版社,2015年。

33.[美]约翰·罗默:《社会主义的未来》,余文烈等译,重庆出版社,1997年。

34.[美]詹姆斯·奥康纳:《自然的理由——生态学马克思主义研究》,唐正东等译,南京大学出版社,2003年。

35.[南非]达里尔·格雷泽、[英]戴维·M.沃克尔编:《20世纪的马克思主义——全球导论》,王立胜译,江苏人民出版社,2011年。

36.[瑞士]皮亚杰:《结构主义》,倪连生译,商务印书馆,1984年。

37.[匈]赫勒主编:《卢卡奇再评论》,衣俊卿等译,黑龙江大学出版社,2011年。

38.[匈]卢卡奇:《历史与阶级意识》,杜章智等译,商务印书馆,1996年。

39.[意]安东尼奥·葛兰西:《现代君主论》,陈越译,上海人民出版社,2006年。

40.[意]葛兰西:《火与玫瑰》,田时纲译,人民出版社,2008年。

41.[意]安东尼奥·葛兰西:《狱中札记》,曹雷雨等译,中国社会科学出版社,2000年。

42.[意]奈格里:《超越帝国》,李琨、陆汉臻译,北京大学出版社,2016年。

43.[意]萨尔沃·马斯泰罗内主编:《一个未完成的政治思索:葛兰西的〈狱中札记〉》,黄华光、徐力源译,社会科学文献出版社,2001年。

44.[英]G. A.柯亨:《自我所有、自由和平等》,李朝晖译,东方出版社,2008年。

45.[英]埃里克·霍布斯鲍姆:《如何改变世界:马克思和马克思主义的传奇》,吕增奎译,中央编译出版社,2017年。

46.[英]彼得·沃斯利:《马克思与马克思主义》,铁省林等译,江苏人民出版社,2011年。

47.[英]戴维·麦克莱伦:《马克思以后的马克思主义》,李智译,中国人民大学出版社,2008年。

48.[英]戈兰·瑟伯恩:《从马克思主义到后马克思主义?》,孟建华译,社会科学文献出版社,2011年。

49.[英]克里斯托弗·皮尔森:《新市场社会主义》,姜辉译,东方出版社,1999年。

50.[英]佩里·安德森:《当代西方马克思主义》,余文烈译,东方出版社,

1989 年。

51.[英]佩里·安德森:《西方马克思主义探讨》,高铦、文贯中、魏章玲译,人民出版社,1981 年。

52.[英]斯蒂夫·琼斯:《导读葛兰西》,相明译,重庆大学出版社,2014 年。

53.[英]特瑞·伊格尔顿:《文化的观念》,方杰译,南京大学出版社,2006 年。

54.[英]托尼·本尼特:《形式主义和马克思主义》,曾军译,河南大学出版社, 2011 年。

55.[英]维特根斯坦:《哲学研究》,韩林合译,商务印书馆,2013 年。

三、外文原著

1.Alain Badiou, *L'Aventure de la philosophie française*, Fabrique, 2012.

2.André Gorz, *Critique of Economic Reason*, London and New York Verso, 1989.

3.Catalano, *A Commentary on Jean-Paul Sartre's Critique of Dialectical Reason Volume 1, Theory of Practical Ensembles*, The university of Chicago Press, 1986.

4.D.Pepper, *Eco-Socialism*, Routledge, 1993.

5.David Harvey, *The Urbanization of Capital*, John Hopkins University Press, 1985.

6.David Miller, *Market, State and Community: Theoretical Foundations of Market Socialism*, Clarendon Press, 1989.

7.Georg Lukacs, *A Defence of History and Class Consciousness: Tailism and the Dialectic*, Verso, 2000.

8.Gregory Elliott, *Althusser*, Presses universitaires de France, 2008.

9.H. Marcuse, *One-Dimensional Man*, Routledge, Beacon Press, 1991.

10.Habermas, *The Theory of Communicative Action*, Heinemann, 1987.

11.Isabelle Garo, *Foucault, Deleuze, Althusser et Marx*, Demopolis, 2011.

12.J. Yunker, *Capitalism Versus Pragmatic Market Socialism*, Kluwer Academic Publisher, 1993.

13.J. Habermas, *Theorie des Kommunikativen Handelns*, Suhrkamp, 1995.

14.Jacques Ranciere, *Dissensus*, Continuum, 2010.

15.James A. Yunker, *Capitalism versus Pragmatic Market Socialism*, Kluwer Academic Publishers, 1994.

16.Jean-Claude Bourdin, *Althusser: une lecture de Marx*, PUF, 2008.

17.Jonathan Dollimore and Alan Sinfield eds, *Political Shakespeare: Essays in Cultural Materialism*, Cornell University Press, 1994.

18.Leiss W., *The Limits to Satisfaction*, University of Toronto Press, 1976.

19.Leo Löenthal, *An Unmastered Past: The Autobiographical Reflections of Leo Löenthal*, University of California Press, 1987.

20.Levinas, *Unforeseen History*, University of Illinois Press, 2004.

21.Louis Althusser, *Éléments d'autocritique*, Hachette Littérature, 1974.

22.Martin Jay, *Marxism and Totality*, University of California Press, 1984.

23.Michael Hardt and Antonio Negri, *Empire*, Harvard University Press, 2000.

24.Pranab Bardhan and John Roemer, *Market Socialism: The Current Debate*, Oxford University Press, 1993.

25.Raymond Williams, *Marxism and Literature*, Oxford University Press, 1977.

26.Gramsci, *The Modern Prince*, Lawrence & Wishar Ltd, 1957.

27.Vincent Mosco, *The Political Economy of Communication: Rethinking and Renewal*, Sage, 1996.

四、期刊论文

1.艾珲:《"西方马克思主义"辩证法理论述评》,《毛泽东邓小平理论研究》,1987 年第 3 期。

2.艾晓明:《胡风与卢卡契》,《文学评论》,1988 年第 5 期。

3.陈学明:《法兰克福学派的批判理论在当代中国的意义》,《江海学刊》,2000 年第 5 期。

4.陈学明:《论罗莎·卢森堡的总体性方法的当代价值——兼评卢卡奇对罗莎·卢森堡的研究》,《马克思主义与现实》,2006 年第 4 期。

5.陈学明:《马克思主义在本质上是哲学——论柯尔施的〈马克思主义和哲学〉所给予我们的启示》,《复旦学报》(社会科学版),2006 年第 5 期。

6.陈学明:《评"西方马克思主义"》,《社会科学辑刊》,1991 年第 5 期。

7.陈学明:《评西方马克思主义所开辟的马克思哲学的解释路向——重读柯尔施的〈马克思主义和哲学〉》,《学术月刊》,2004 年第 5 期。

8.陈学明:《西方马克思主义研究在当今中国之意义》,《思想理论教育》,2016 年第 3 期。

9.陈振明:《工具理性批判——从韦伯、卢卡奇到法兰克福学派》,《求是学刊》,1996 年第 4 期。

10.陈振明:《卢卡奇的"批判的科学哲学"理论——〈历史和阶级意识〉的一个论题》,《科学技术哲学研究》,1992 第 4 期。

11.邓晓芒:《"柯尔施问题"的现象学解——兼与徐长福先生商讨》,《哲学研究》,2005 年第 2 期。

12.杜章智:《谈谈所谓"西方马克思主义"问题》,《现代哲学》,1988 年第 1 期。

13.段忠桥:《分析的马克思主义的一般特征及其三个代表性成果》,《教学与研究》,2001 年第 12 期。

14.段忠桥:《西方马克思主义是一个历史的具体的概念——与徐崇温同志商榷》,《中国人民大学学报》,2004 年第 6 期。

15.高清海等:《马克思哲学的当代价值综论》,《中国社会科学》,2001 年第 5 期。

16.郭剑仁:《探寻生态危机的社会根源:美国生态学马克思主义及其内部争论析评》,《马克思主义研究》,2007 年第 10 期。

17.贺翠香:《法兰克福学派在中国的影响及其意义》,《马克思主义与现实》,2012 年第 1 期。

18.贺来:《"现代性"的建构——哲学范式转换的基本主题》,《哲学动态》,2000 年第 3 期。

19.胡军良:《试论哈贝马斯对话伦理学的四重理论限度》,《浙江社会科学》,2009 年第 2 期。

20.胡绪明、韩秋红:《〈历史与阶级意识〉与现代性批判——基于卢卡奇物化理论的现代性考察》,《长白学刊》,2006 年第 6 期。

21.胡绪明、陈学明:《卢卡奇对现代性批判的基本路向及价值》,《理论探索》,2007 年第 1 期。

22.胡义成:《简评"西方马克思主义"的实践观》,《辽宁师范大学学报》(社会科学版),1981 年第 2 期。

23.黄德良:《"西方马克思主义"实践观述评》,《毛泽东邓小平理论研究》,1987 年第 2 期。

24.金光俊、孙纯良:《评"西方马克思主义"的"总体革命"论》,《社会科学战线》,1991 年第 1 期。

25.孔明安:《政治霸权的逻辑及其普遍性的困境——简析后马克思主义视域中的普遍性与本质主义之争》,《国外社会科学》,2013 年第 1 期。

26.李佃来:《"柯尔施问题"的政治哲学求解》,《马克思主义与现实》,2012 年第 6 期。

27.李佃来:《论葛兰西实践哲学的政治意蕴》,《人文杂志》,2012 年第 5 期。

28.李怀君:《谈谈当前"西方马克思主义"争论的实质》,《马克思主义研究》,1983 年第 3 期。

29.李建群、杨晓英:《总体性方法与现代社会发展观》,《西安交通大学学报》(社会科学版),2001 年第 4 期。

30.李伦:《坚持马克思主义历史观——关于"东西方马克思主义历史观""优劣论"的质辩》,《辽宁师范大学学报》(社会科学版),1991 年第 6 期。

31.李稳山:《匈牙利发表文件重评卢卡奇》,《当代世界与社会主义》,1985 年第 2 期。

32.李知恕、黄金辉:《葛兰西实践哲学述评》,《西南民族大学学报》(人文社科版),2002 年第 5 期。

33.梁树发:《葛兰西的实践哲学体系—— 一种关于葛兰西的马克思主义观的新的观察视角》,《浙江学刊》,2004 年第 6 期。

34.刘梅:《文化分析范式和研究策略——威廉斯与哈里斯文化唯物主义之异同》,《哲学动态》,2014 年第 12 期。

35.刘仁胜:《生态马克思主义发展概况》,《当代世界与社会主义》,2006年第 3 期。

36.刘同舫:《西方马克思主义的理论性质与中国意义》,《中国社会科学》,2010 年第 5 期。

37.卢之超:《关于人道主义和异化问题的再认识——兼与薛德震同志商榷》,《马克思主义研究》,2008 年第 3 期。

38.马驰:《西方马克思主义文艺理论研究中值得关注的几个问题》,《文艺理论与批评》,2008 年第 2 期。

39.欧阳谦:《卢卡奇的总体性思想辨析》,《教学与研究》,2012 年第 4 期。

40.沈耕、毛怡红:《历史的主客体概念与历史观的基本问题——兼评西方马克思主义的"主体和客体的辩证法"》,《哲学研究》,1987 年第 7 期。

41.师戟:《"西方马克思主义"并非马克思主义》,《高校理论战线》,1990年第 4 期。

42.孙伯鍨:《关于总体性的方法论问题——评卢卡奇(早期)对马克思历史辩证法的理解》,《江苏社会科学》,1998 年第 4 期。

43.孙乐强:《从总体性到总体化:萨特人学辩证法的内在逻辑转变——萨特〈辩证理性批判〉解读》,《福建论坛》(人文社会科学版),2008 年第 9 期。

44.孙亮:《重新理解马克思与马克思主义哲学范式转型——对当前马克思主义哲学研究的三点困惑》,《人文杂志》,2008 年第 5 期。

45.孙向晨:《萨特、莱维纳及他者问题》,《江苏社会科学》,2006 年第 1 期。

46.孙正聿:《"生存论转向"的哲学内涵》,《哲学研究》,2001 年第 12 期。

47.唐正东:《生产条件的批判之维与当代资本主义的超越之路:詹·奥康

纳的生态学马克思主义观及其评价》,《南京社会科学》,2007 年第 6 期。

48.童世骏:《批判与实践——新法兰克福学派对美国实用主义的兴趣》,《华东师范大学学报》,2001 年第 5 期。

49.汪行福:《政治现代性视域中马克思与黑格尔关系再思考》,《复旦学报》(社会科学版),2017 年第 3 期。

50.汪信砚、程通:《论柯尔施对马克思的哲学观的误读》,《世界哲学》,2016 年第 6 期。

51.王凤才:《文化霸权与意识形态国家机器——葛兰西与阿尔都塞意识形态理论辨析》,《马克思主义与现实》,2007 年第 3 期。

52.王凤才:《再思批判理论与马克思主义的关系》,《求是学刊》,2015 年第 1 期。

53.王福生:《"总体性"与"非同一性"——论阿多诺对卢卡奇总体性辩证法的批判》,《人文杂志》,2008 年第 3 期。

54.王福生:《现代性批判与总体性辩证法——卢卡奇的〈历史与阶级意识〉解读》,《岭南学刊》,2008 年第 1 期。

55.王福生:《重温柯尔施的马克思主义观》,《社会科学研究》,2014 年第 1 期。

56.王兰媛:《西方马克思主义的"实践一元论"》,《高校理论战线》,1990 年第 3 期。

57.王南湜:《我们心中的纠结:走近还是超离卢卡奇》,《哲学动态》,2012 年第 12 期。

58.王祥俊、范群松:《"西方马克思主义"评析》,《广西师范大学学报》(哲学社会科学版),1991 年第 1 期。

59.王晓升:《正义制度建构中道德因素的作用——罗尔斯和哈贝马斯方案剖析》,《社会科学辑刊》,2008 年第 1 期。

60.王雨辰、孙珮云:《论西方马克思主义在中国的解释史及其影响》,《马克思主义与现实》,2018 年第 4 期。

61.王雨辰:《总体性·物化·阶级意识——青年卢卡奇的理论主题及其当

代影响》,《江汉论坛》,1998 年第 6 期。

62.魏小萍:《主体性问题研究综述》,《教学与研究》,1994 年第 6 期。

63.翁寒松:《当前"西方马克思主义"问题新争论之我见》,《马克思主义研究》,1989 年第 1 期。

64.吴晓明、徐琴:《论柯尔施对"庸俗马克思主义"的批判与反拨——〈马克思主义和哲学〉的阐释定向及存在论基础》,《云南大学学报》(社会科学版),2004 年第 3 期。

65.吴晓明:《当代哲学的生存论路向》,《哲学研究》,2001 年第 12 期。

66.吴晓明:《卢卡奇与现代性批判——〈历史与阶级意识〉的分析定向及存在论基础》,《天津社会科学》,2002 年第 5 期。

67.夏莹:《如何理解葛兰西实践哲学中的"必然性"?》,《南京社会科学》,2012 年第 10 期。

68.谢斌:《西方马克思主义与自然辩证法》,《北京社会科学》,1987 年第 3 期。

69.徐崇温:《"西方马克思主义"研究在我国的开展》,《江西师范大学学报》(哲学社会科学版),2012 年第 1 期。

70.徐崇温:《不要把唯心实践观说成实践唯物主义——评杜章智、翁韩松等同志的青年卢卡奇观》,《马克思主义研究》,1989 年第 3 期。

71.徐崇温:《关于"西方马克思主义"研究中的若干问题》,《马克思主义研究》,1988 年第 1 期。

72.徐长福:《求解"柯尔施问题"——论马克思学说跟哲学和科学的关系》,《哲学研究》,2004 年第 6 期。

73.许九星、韩玉芳:《第十六讲——西方马克思主义》,《当代世界社会主义问题》,1986 年第 3 期。

74.薛民、敦庸:《"西方马克思主义"的主要特征试析》,《上海师范大学学报》(哲学社会科学版),1983 年第 2 期。

75.薛民、俊达:《关于西方马克思主义的几点思考》,《哲学动态》,1986年第 11 期。

76.杨乔喻:《不在场的"理论实践"——解析阿尔都塞 1962—1963 年"结构主义的起源"研讨课》,《马克思主义与现实》,2017 年第 4 期。

77.仰海峰:《马克思哲学:客观描述与哲学批判的内在统一——重读柯尔施的〈卡尔·马克思〉》,《学习与探索》,2007 年第 2 期。

78.姚大志:《发达资本主义社会与无产阶级革命——西方马克思主义革命理论初探》,《吉林大学社会科学学报》,1988 年第 3 期。

79.叶汝贤、蒋斌:《关于"西方马克思主义"的争鸣》,《马克思主义研究》,1989 年第 4 期。

80.雍建雄:《浅论"西方马克思主义"的总体性理论》,《湘潭大学学报》(哲学社会科学版),1989 年第 1 期。

81.余源培:《论马克思主义发展史上的列宁主义阶段——兼评"西方马克思主义"对列宁哲学思想的诘难》,《复旦学报》(社会科学版),1982 年第 5 期。

82.俞吾金:《在重新理解马克思哲学的途中——卢卡奇、德拉-沃尔佩、科莱蒂和阿尔都塞的理论贡献》,《上海交通大学学报》(哲学社会科学版),2007 年第 5 期。

83.张盾:《在什么意义上黑格尔辩证法是马克思哲学变革的思想源头?——从"卢卡奇-科耶夫解读"看》,《复旦学报》(社会科学版),2008 年第 3 期。

84.张康之:《实践本体论是主体化的本体论——评西方马克思主义的实践本体论》,《河北学刊》,1991 年第 1 期。

85.张立平、徐春艳:《论奥康纳和福斯特关于生态马克思主义的三大分歧》,《求索》,2013 年第 9 期。

86.张汝伦:《西方马克思主义实践观述评》,《社会科学辑刊》,1983 年第 5 期。

87.张双利:《对资本主义危机的末世论洞见——论卢卡奇有关现代性的思想》,《马克思主义与现实》,2005 年第 4 期。

88.张秀琴:《物化、总体性与阶级意识——卢卡奇意识形态理论研究》,《社会科学论坛》(学术研究卷),2005 年第 7 期。

89.张义修:《当代德国语境中的马克思哲学与批判理论——访拉尔·耶

吉教授》,《哲学动态》,2017 年第 2 期。

90.张翼星:《怎样分析"西方马克思主义"的性质》,《中州学刊》,1989 年第 2 期。

91.张战生:《"西方马克思主义"刍议》,《马克思主义研究》,1986 年第 3 期。

92.赵司空:《论卢卡奇的总体性理论对构建和谐社会的意义》,《江淮论坛》,2008 年第 3 期。

93.郑端:《马克思主义和哲学:柯尔施的言说及其影响》,《教学与研究》,2003 年第 9 期。

94.郑飞:《现代性辩证法视野中的现代性批判——青年卢卡奇哲学思想评析》,《社会科学辑刊》,2008 年第 2 期。

95.周凡:《重审卢卡奇的物化理论》,《社会科学家》,2003 年第 2 期。

96.朱庆祚、欧力同:《实践的观点和唯物主义——从"西方马克思主义"的"实践观"谈起》,《社会科学》,1980 年第 3 期。

97.宗锦福:《"西方马克思主义"与当代社会主义》,《社会主义研究》,1987 年 1 期。

98.邹诗鹏:《马克思实践哲学的生存论基础》,《学术月刊》,2003 年第 7 期。

后 记

本书是国家社会科学规划基金资助重大项目"西方马克思主义在中国的历程及影响研究"(项目批准号:16ZDA099)的最终成果。该项目2016年立项,历时三年按时完成。

我是这一重大项目的首席专家,组织了国内多位知名专家、学者共同完成本课题的研究。参加本课题研究的相关专家及具体分工如下:陈祥勤(第一章),胡绪明(第二章部分),姜国敏(第三章),陆凯华(第五章),赵长伟(第六章),刘怀玉(第七章),王春明(第八章),王雨辰(第九章),金瑶梅(第十章),乔瑞金、马援(第十一章),单传友(第十二章),韩秋红、孙颖(第十三章),罗骞(第十四章),周文、邰丽华(第十五章部分),曹晋(第十六章),王健(第十七章),宋建丽(第二十四章)。向上述各位表示衷心的感谢!其余章节及导论均由本人撰写。

天津人民出版社的领导与相关编辑一如既往地支持我们,不断地敦促我们如期完成课题的研究,又及时地推出研究的成果,与他们的合作已成为一种享受。

陈学明

2019 年 6 月 2 日